DIE
ENGLISCHE VERFASSUNG

BAND II

DIE ENGLISCHE VERFASSUNG

VON

A. LAWRENCE LOWELL

PROFESSOR DER STAATSWISSENSCHAFT AN DER HARVARD-UNIVERSITÄT

Autorisierte deutsche Ausgabe

Herausgegeben und übersetzt von
Regierungsrat Dr. Herr, unter Mithilfe des
Regierungs-Assessors Freiherrn v. Richthofen

BAND II

Verlag von Veit & Comp. / Leipzig 1913

Druck von Metzger & Wittig in Leipzig.

Inhalt.

Band II.

Seite
Einunddreißigstes Kapitel. Untergeordnete Parteiorganisationen . 1
Zweiunddreißigstes Kapitel. Das Wirken der Parteiverbände . . 17
Dreiunddreißigstes Kapitel. Die Arbeiterpartei 22
Vierunddreißigstes Kapitel. Kandidaten und Wahlen 42
Fünfunddreißigstes Kapitel. Die Stärke des Parteibandes . . . 65
Sechsunddreißigstes Kapitel. Politische Schwankungen 94
Siebenunddreißigstes Kapitel. Die bestehenden Parteien 106

Dritter Teil.

Lokalverwaltung.

Achtunddreißigstes Kapitel. Örtliche Verwaltungsbezirke 120
Neununddreißigstes Kapitel. Die Flecken. Der Gemeinderat . . 135
Vierzigstes Kapitel. Die Flecken. Die ständigen Beamten 161
Einundvierzigstes Kapitel. Die Flecken. Ihre Zuständigkeit und ihre Einnahmequellen 171
Zweiundvierzigstes Kapitel. London 191
Dreiundvierzigstes Kapitel. Der Londoner Grafschaftsrat 203
Vierundvierzigstes Kapitel. Kommunalbetriebe (Municipal trading) 220
Fünfundvierzigstes Kapitel. Andere Kommunalverbände 253
Sechsundvierzigstes Kapitel. Die Staatsaufsicht 268

Vierter Teil.

Unterricht.

Siebenundvierzigstes Kapitel. Öffentliches Elementarschulwesen . 277
Achtundvierzigstes Kapitel. Mittelschulwesen 304
Neunundvierzigstes Kapitel. Die Universitäten 322
Fünfzigstes Kapitel. Schulwesen in Schottland 333

Fünfter Teil.

Die Kirche.

Einundfünfzigstes Kapitel. Organisation der Kirche 340
Zweiundfünfzigstes Kapitel. Einkünfte der Kirche 351
Dreiundfünfzigstes Kapitel. Der Freikirchenbund 357

Sechster Teil.

Das Reich (Empire).

Seite
Vierundfünfzigstes Kapitel. Bestandteile des Reichs 362
Fünfundfünfzigstes Kapitel. Die Kolonien mit Selbstverwaltung . 368
Sechsundfünfzigstes Kapitel. Die Kronkolonien 383
Siebenundfünfzigstes Kapitel. Indien und die Protektorate . . . 395
Achtundfünfzigstes Kapitel. Der Reichsstaatenbund (Imperial Federation) 404

Siebenter Teil.

Die Gerichte.

Neunundfünfzigstes Kapitel. Geschichte der Gerichte 412
Sechzigstes Kapitel. Die heutigen Gerichte 425
Einundsechzigstes Kapitel. Der englische Rechtsbegriff 444
Zweiundsechzigstes Kapitel. Wirkungen des Rechtsbegriffs . . . 460

Achter Teil

Schlußbetrachtungen.

Dreiundsechzigstes Kapitel. Aristokratie und Demokratie . . . 475
Vierundsechzigstes Kapitel. Staatliche, private und lokale Interessen 484
Fünfundsechzigstes Kapitel. Fortschritte des Staatssozialismus (Paternalismus) 490
Sechsundsechzigstes Kapitel. Partei- und Klassengesetzgebung . 500
Siebenundsechzigstes Kapitel. Schluß 508

Einunddreißigstes Kapitel.

Untergeordnete Parteiorganisation.

In einem früheren Kapitel habe ich die untergeordneten Parteiorganisationen als dienstbare Geister der Partei bezeichnet, die keinen Anspruch darauf erheben, auf die Politik der Partei einen bestimmenden Einfluß auszuüben, sondern sich darauf beschränken, die Volkstümlichkeit der Partei zu erhöhen, ihre Interessen zu fördern und ihren Erfolgen an den Wahlurnen die Wege zu bahnen. Infolge der Konzentration der Verantwortlichkeit für politische Maßnahmen im Kabinet sind derartige Körperschaften in England besonders zahlreich vertreten und hoch entwickelt, und einige von ihnen sind älter als irgend eine jetzt bestehende Parteiorganisation. Die bei weitem wichtigste von ihnen, das Zentralbureau der Partei, ist bereits häufig erwähnt worden. Es kann wunderbar erscheinen, daß man das Zentralbureau als untergeordnete Parteiorganisation bezeichnet, weil es das Hauptstück des Parteimechanismus darstellt, aber der Ausdruck soll sagen, daß eine Körperschaft der Partei untergeordnet ist, und nicht, daß sie der hauptsächlichsten Parteiorganisation untersteht. Das Zentralbureau fällt sicherlich unter die obige Definition, die zwar ungewöhnlich ist, aber doch wohl als richtig gelten kann, zumal sie die wesentlichen unterscheidenden Merkmale hervorhebt. Das Zentralbureau.

Seiner geschichtlichen Entwickelung und seiner gegenwärtigen Natur nach ist das Zentralbureau ein erweitertes Einpeitscherbureau und steht als solches unter der direkten Leitung der Parteiführer im Parlament. Bei den Liberalen geht die Sache auf den Namen des Liberalen Zentralvereins, der aus den Subskribenten für seine Zwecke besteht, und mehrere 100 über das ganze Land verstreute hervorragende Männer umfaßt.[1] Aber tatsächlich tagt der Verein Seine Organisation.

[1] Er wurde 1861 gegründet.

als solcher niemals, seine Tätigkeit wird vielmehr von einem Exekutivkomitee verrichtet, das nominell von dem Vereine gewählt, tatsächlich aber von den Einpeitschern zusammengesetzt wird. Der Verein veröffentlicht keine Protokolle oder Berichte über seine Verhandlungen, und ist in Praxis eigentlich nur ein bequemes Werkzeug zur Unterstützung der Einpeitscher bei ihrer außerparlamentarischen Arbeit. In der konservativen Partei wurde sogar die Vereinsform zur Zeit der Versöhnung mit Lord Randolph Churchill 1884 fallen gelassen. Seit diesem Jahre hat der Parteiführer nur die ihm geeignet erscheinenden Leute gefragt, und die Tätigkeit des Zentralbureaus wird auf einer Konferenz dreier Männer, des Führers, des Haupteinpeitschers und des Generalagenten geregelt. Der letztere ist tatsächlich eine äußerst wichtige Persönlichkeit, durch dessen Hände die Hauptfäden des politischen Mechanismus im Lande laufen. Wir haben seine enge Verbindung mit dem Landesverband besprochen und gesehen, wie er dadurch, daß seine besoldeten Untergebenen, Sekretäre der Bezirksverbände waren, viele Jahre hindurch in enger Verbindung mit den Lokalvereinen im ganzen Lande blieb. Dies ermöglichte es dem Zentralbureau, je nach Lage der Sache als Vermittler oder Puffer zwischen den Lokalvereinen und den Parteiführern aufzutreten. Dieses besondere Band mit dem Verband ist jetzt zerrissen, aber das Bureau unterhält noch im ganzen Lande seine Agenten. Überdies spielt der Generalagent eine leitende und lange Zeit sehr wertvolle Rolle bei der Arbeit der großen Londoner politischen Klubs. Der Liberale Zentralverein hat einen ähnlichen Beamten, der aber keine Persönlichkeit von gleicher Bedeutung ist. Infolge des verhältnismäßigen Mangels an reichen Männern im liberalen Lager sind die pekuniären Hilfsmittel ihres Zentralbureaus viel geringer als die ihres Rivalen, und es kann in den Provinzen keine besoldeten Agenten unterhalten. Der Chef hat unter seinem unmittelbaren Kommando nur den Stab des Hauptquartiers in der Parlamentsstraße, und muß sich in seinem Verkehr mit den Lokalvereinen der Hilfe des Liberalen Landesverbandes und der freiwilligen Hilfe bedienen, die ihm etwa die Agenten der Lokalinstanzen leisten.

Seine Tätigkeit.

Das Zentralbureau hat natürlich nichts mit der Formulierung der Parteipolitik zu tun, soweit nicht etwa die Parteiführer es über den Einfluß befragen, den eine Maßnahme voraussichtlich auf die Stimmung der Wähler ausüben wird. Seine Sache ist es lediglich, die Wahlen zu gewinnen, und da ein Erfolg bei den Wahlen zum großen Teil auf langer und sorgfältiger Vorbereitung beruht, so ist das Bureau fortdauernd tätig, obgleich seine Tätigkeit natürlich am fieberhaftesten und stürmischsten einsetzt, wenn eine Auflösung stattfindet. Der Liberale Landesverband und der Landesverband der Konservativen Vereine erstreben dasselbe, und daher liegt in dem gemeinschaftlichen Arbeiten mit ihnen, ganz abgesehen von dem Wunsch, sie von allerhand Unfug abzuhalten, ein großer positiver Vorteil. In beiden Parteien hat man dies dadurch erreicht, daß man Zentralbureau und Landesverband in denselben Räumen unterbrachte und den Sekretär des einen als Ehrensekretär des anderen verwandte.[1] Eine der naheliegendsten Aufgaben beider Körperschaften, der sie sich infolgedessen gemeinsam gewidmet haben, besteht in der Verbreitung politischer Schriften. Diese werden tonnenweise in Gestalt von Zeitschriften, Pamphleten und unzähligen Flugblättern versandt. Die Liberalen geben allmonatlich eine Nummer des „Liberal Magazin" und ihre Gegner eine Monatsschrift unter dem Namen „Handweiser der Tagespolitik" (Handy Notes on Current Politics) heraus. Die Konservativen verbreiten ferner den Constitutional Almanach und das Constitutional Year Book, welch letzteres sowohl ein wertvolles politisches Jahrbuch wie auch ein Parteihandbuch darstellt, und ihre Gegner geben in gleicher Weise das Liberale Jahrbuch heraus. Die Pamphlete enthalten Reden, Material zu verschiedenen Fragen, Winke für den Wahlbetrieb und ähnliche Dinge der Art, wie man sie sich vorstellen kann, dagegen spekulieren die billig gedruckten Flugblätter, die häufig politische Karikaturen wiedergeben, in krasserer Form auf die Vorurteile der Menge.

Verbreitung von Schriften.

Eine andere Tätigkeit des Zentralbureaus besteht darin, daß es Wahlkreisen, die nach Kandidaten auf der Suche sind, solche vorschlägt. Diese Aufgabe hat keine der beiden Parteien in die Hände der demokratisch organisierten Parteiverbände gelangen lassen, und sie verleiht erheblichen Einfluß, weil ein Abgeordneter, der seinen Sitz den Einpeitschern verdankt, natürlicherweise sich ihnen zu Anhänglichkeit verbunden fühlt. Das Zentralbureau drängt seine Vorschläge niemals ungebeten auf, wenn aber ein Wahlkreis um seinen Rat bittet, ist es stets in der Lage, zwei oder drei Personen vorzuschlagen. Leute mit parlamentarischem Ehrgeiz wenden

Empfehlung von Kandidaten für das Parlament.

[1] Kapitän Middletons Nachfolger war nicht Ehrensekretär des Landesverbandes, trotzdem er nach wie vor einen Sitz im Parteirat hatte. Das war bezeichnend dafür, wie sehr unglücklicherweise die Einmütigkeit zwischen den beiden Körperschaften gelitten hatte.

sich häufig dieserhalb an die Einpeitscher, und es wird eine Liste über sie geführt, wobei diejenigen bevorzugt werden, die imstande sind, ihre Wahlausgaben selbst zu tragen, oder die sich wohl um die Partei verdient gemacht haben, und insbesondere diejenigen, die bereits brav um ein hoffnungsloses Mandat gefochten haben.

Unterstützung bei Aufbringung der Wahlkosten.

Noch ein weiteres wichtiges Tätigkeitsfeld liegt in der Beschaffung von Geldern für Kandidaten, die nicht die gesamten Kosten ihrer Wahl erschwingen können. Gemäß dem militärischen Grundsatz, die Aufmerksamkeit des Feindes abzulenken und so seine Kräfte zu erschöpfen, stellen beide Parteien in so vielen Wahlkreisen als nur möglich, selbst da wo die Aussichten auf Erfolg gering sind, Kandidaten auf. In England fallen aber die Kosten der Wahlen nahezu ganz den Kandidaten zur Last, da die Parteigänger am Orte selten viel hierzu beisteuern,[1] und es ist keine Kleinigkeit, Leute zu finden, die sich in erhebliche Unkosten ohne wesentliche Aussicht auf Erfolg stürzen. Um daher einem Kandidaten eine Kandidatur zu ermöglichen, muß man häufig einen Teil seiner Ausgaben bezahlen, und dies geschieht oft auch in Wahlkreisen, die keineswegs hoffnungslos sind. Der durch dieses Verfahren gewonnene Einfluß über die Parlamentsmitglieder, die unterstützt worden sind, ist in einem früheren Kapitel gestreift worden, und die Macht, die es über viele Lokalvereine gibt, braucht kaum mehr geschildert zu werden, doch sei erwähnt, daß das Ganze wegen der größeren ihnen zur Verfügung stehenden Mittel zugunsten der Konservativen in die Wagschale fällt.[2]

Pekuniäre Hilfsmittel des Zentralbureaus.

Die Macht des Zentralbureaus ruht in nicht geringem Grade auf seinen pekuniären Hilfsmitteln. Früher erhielt die Regierung unter der Bezeichnung „Geheimfonds“ („secret service“) aus der Staatskasse eine jährliche Zuwendung von £ 10000, die sie zu Parteizwecken, ohne Rechnungslegung verwandte. Dies wurde 1886 abgeschafft, und seit jener Zeit ist die Kriegskasse, wie sie manchmal genannt wird, durch private Beiträge gespeist worden. Reiche Leute, die große Summen für die Partei hergeben, geben dieses

---

[1] Früher wurden hierfür in Lancashire und Yorkshire von wohlhabenden Parteimitgliedern erhebliche Summen aufgebracht.

[2] Die Tätigkeit und der Scharfsinn des Konservativen Zentralbureaus in Erfindung von Mitteln zum Herankommen an die Wählerschaft ist bemerkenswert gewesen. Ein Mittel aus jüngerer Zeit sind die Reisekutschen oder Wagen, deren man sich dort bedient, wo man keine Versammlungen abhalten kann. Ein Mann fährt die Kutsche und hält die Ansprachen, während ein Junge nach dem Pferde sieht und die Transparentbilder vorführt.

Geld lieber dem Zentralbureau als einen lokalen Ausschuß, einmal weil hierdurch der Sache tatsächlich besser gedient wird, und zweitens weil die Aussichten auf einen Lohn dafür besser sind. Selbst in den von Korruption freiesten Ländern bleiben große Zuwendungen an Parteien nicht ganz ohne Belohnung. In England hat man die roheren Formen der Bezahlung politischer Schulden längst überwunden, und heutzutage gibt es nur wenige öffentliche Ämter, über die die Regierung frei verfügen kann, und nahezu alle diese Ämter, wenigstens die in der Verwaltung des Mutterlandes müssen für im Parlament geleistete Dienste aufgespart werden. Aber der Strom der Ehren und Würden ist noch nicht versiegt. Titel und Ritterwürde werden so sehr wie je umworben, und niemand stößt sich daran, wenn sie seinen Parteigenossen verliehen werden. Man sagt gemeinhin, daß ein genügender Beitrag zur Parteikasse den Titel eines Baronet und vielleicht sogar die Pairswürde einbringen wird, und manchmal beziffert man die Summe, die zu ersterem nötig ist, genau. Nicht etwa, daß jemand dies vertraglich ausmachen kann: ein solcher Versuch würde mit Entrüstung zurückgewiesen werden, aber eine vertrauensvoll hingegebene Spende soll im allgemeinen ihren Lohn bringen. Wenn die Mitglieder beider Parteien behaupten, daß ihre Führer niemals einen Baronetstitel als Entgelt für eine Zuwendung zur Kriegskasse verleihen, wenn diese Ehrung nicht anderweit verdient ist, daß aber ihre Gegner so etwas tun, so kommt man zu dem Schlusse, daß der Anspruch eines Empfängers, wenn man von seiner Spende absieht, nicht immer ohne weiteres klar zutage liegt. Aber dies alles beruht größtenteils auf Vermutungen, denn das Zentralbureau legt nicht öffentlich Rechnung, und außer dem Parteiführer, dem Haupteinpeitscher und häufig dem Generalagenten weiß niemand, welche Summen beigesteuert sind oder zu welchem Zwecke sie verwandt worden sind.

Politische Klubs.

Eine in die Augen fallende Form der untergeordneten Organisation bietet der englische Parteiklub, der seit langer Zeit ein politischer Machtfaktor ist. Der älteste von ihnen, der noch seinem ursprünglichen Zwecke treu geblieben ist, ist der Carlton-Klub, der 1831 als Mittelpunkt konservativer Betätigung begründet wurde. Er erreichte die Ziele, die er sich gesteckt hatte, und wurde zum Treffpunkt von ehrgeizigen oder politisch interessierten Tories. Da aber die Anzahl seiner Mitglieder beschränkt war, und sehr viele Leute ihm anzugehören wünschten, ergab sich bald eine lange Anwärterliste, und ein Jung-Carlton-Club (Junior Carlton) wurde gegründet. Auch dies genügt dem Bedürfnis nicht, und in der Gegend

Die konservativen.

der großen Klubs, also in der Nähe von Pall-Mall gibt es außerdem noch den Konservativen, den Konstitutionellen und den Jung-Konstitutionellen Klub, und ferner gegenüber dem Parlamentsgebäude den St. Stephensklub und den, wie der Name besagt, in der Londoner City residierenden City-Carlton-Club. Ähnliche Parteiklubs bestehen auch in den großen Provinzstädten.

Ihre Betätigung. Der Zweck aller dieser Gesellschaften besteht darin, die wichtige Rolle, die die Klubs im englischen Gesellschaftsleben spielen, für Parteizwecke auszubeuten. Sie sind Mittelpunkte der Verbreitung und nicht der Erzeugung politischer Ansichten, denn sie versuchen nicht die Partei zu leiten, oder die Politik der Führer zu beeinflussen, aber sie tragen unzweifelhaft dazu bei, ihre Mitglieder fest an der politischen Stange zu halten, und sie am Abirren von der Parteiherde zu hindern. Die sechs großen konservativen Klubs im Londoner Westende entwickeln auch in gemeinschaftlicher Arbeit mit dem Zentralbureau und unter seiner Oberleitung eine gewisse aktive Missionstätigkeit. Die politische Tätigkeit des Carlton-Club, des bedeutendsten aller dieser Klubs, spielt sich tatsächlich in jenem Bureau ab, und tatsächlich hat er auch kein eigenes politisches Komitee. Die anderen haben politische Ausschüsse, aber der Generalagent der Partei ist Sekretär der meisten dieser Komitees. Sie veranstalten Vorträge, Transparentausstellungen und dergleichen in den konservativen Arbeiterklubs im Lande und ermuntern sie zeitweise durch Widmung eines Klaviers oder eines anderen Anziehungspunktes.

Die Arbeiterklubs. Die politischen Arbeiterklubs entstanden nach der Ausdehnung des Stimmrechts 1867, wurden besonders auf konservativen Seite sehr zahlreich und vertreten oft die Stelle eines lokalen Parteivereins. Den kleineren von ihnen hat man tatsächlich das Vorrecht der Entsendung von Delegierten zu der Landesverbandskonferenz gegen Entrichtung nur der Hälte der regelmäßigen Gebühr zugestanden. Obgleich die Jahresbeiträge solcher Klubs notwendigerweise gering sein müssen, stehen sie doch angeblich auf eigenen Füßen, aber in vielen Fällen werden ihre Ausgaben wohl teilweise durch Spenden des Abgeordneten oder des Kandidaten für den Wahlkreis bestritten werden. Sie verfügen über einen Raum für Versammlungen und gesellschaftliche Veranstaltungen, über Räume für Lektüre, Kartenspiel und andere Spiele und gewöhnlich auch über eine Bar. Vor ungefähr 12 Jahren kam man auf einen genialen Gedanken, um das Interesse für diese Klubs und die Vorteile, die sie ihren Mitgliedern bieten, zu erhöhen. Ein Verband konservativer Klubs wurde unter dem Vorsitz Lord Salisburys gegründet.

Er wird von den sechs großen Parteiklubs in Westminster unterhalten und geleitet, und stellt unentgeltlich jedem angegliederten konservativen Klub Vortragende und Debattierpreise, leiht ihnen Büchergestelle und liefert ihnen zu billigen Preisen Klubbedürfnisse. Er verleiht ihren Mitgliedern die Ehrenmitgliedschaft in den 750 angegliederten, über das ganze Land verteilten Klubs.[1] Er hat einen Radfahrerklub gegründet, gibt eine Monatszeitung, die Nummer zu einem Penny heraus, und stellt das unvermeidliche Abzeichen zur Verfügung, das sowohl die Sehnsucht der armen Menschennatur nach Unterscheidungsmerkmalen stillt, als auch die Treue zu der Sache, die das Abzeichen verkörpert, fördert.

Ihr Nutzen.

Die Arbeiterklubs haben bei den Wahlkämpfen nicht allzuviel geleistet. Sie stellen keine erhebliche Anzahl emsiger Arbeiter. Im Gegenteil neigen die Mitglieder nur allzusehr dazu, im Klubhause Karten zu spielen, wenn man im Wahlkreise ängstlich nach freiwilligen Werbern Umschau hält. Kurz, diese Klubs haben die Begeisterung für die Politik nicht angefacht; das will aber keineswegs sagen, daß sie wertlos sind. Unzweifelhaft werden die Mitglieder und damit viele Verwandte und Freunde der Mitglieder in der Treue zu ihrer Partei gefestigt. Gewöhnlich verlangt man von den Mitgliedern die Unterzeichnung einer Verpflichtung zur Unterstützung der Partei und ihrer Führer und ihren Austritt für den Fall ihrer Meinungsänderung.

Die liberalen Klubs.

In der liberalen Partei haben sich die Parteiklubs nicht so vollkommen entwickelt, denn die Liberalen haben sich weniger auf sozialen Einfluß aller Art gestützt. Auch haben sie Unglück gehabt; ihr großer Treffpunkt in London, der 1836 gegründete Reformklub war über die Home Rule-Vorlage scharf gespalten, und da keiner von beiden Teilen das Übergewicht erlangte, sondern nach wie vor sowohl Liberale wie Liberale Unionisten aufgenommen wurden, hörte er auf, ein wirklicher Parteiklub zu sein.[2] Um diese Zeit wurde indessen der Liberale Landesklub gegründet, ein mächtiger Verein mit mehreren tausend Mitgliedern, der als Treffpunkt der Partei und als Versammlungsort dient, aber keinen Anspruch darauf macht, als solcher irgendwelchen Einfluß auszuüben. Ferner gibt es mannigfache liberale Klubs in London und in den Provinzen, aber es hat

[1] Die Klubs aus anderen sozialen Schichten, wie z. B. die reichen Parteiklubs Londons und der Provinzstädte sind zwar Mitglieder des Verbandes, gehören aber natürlicherweise nicht zu den angegliederten Klubs.

[2] Brooks, der alte Klub der Whigs, hatte ein ähnliches Geschick erfahren.

keinen Zweck, sie als politische Machtfaktoren zu behandeln, weil ihre Bestätigung der ihrer konservativen Rivalen ähnlich ist; obgleich sie sich im allgemeinen in engeren Grenzen hält.

Die Primelliga (Primrose League).

Die ungewöhnlichste Erscheinung unter den Hilfsorganisationen des englischen Parteilebens ist sicherlich die Primroseliga. 1883 bei Gelegenheit der Enthüllung der Statue Beaconsfields von Mitgliedern der Vierten Partei begründet und nach seiner angeblichen Lieblingsblume benannt, schien sie mit ihren dem Rittertum nachgeäfften Titulaturen zur Lächerlichkeit geboren zu sein, sie nahm aber einen so reißenden Aufschwung, daß sie in wenigen Jahren den Konservativen eine wertvolle Stütze wurde und bei den Liberalen erhebliche Befürchtungen erweckte. 1887 hatte sie nach erst vierjährigem Bestehen bereits über eine halbe Million Mitglieder, nach weiteren vier Jahren hätte sie eine Million, und gegen Ende des Jahrhunderts ungefähr $1^1/_2$ Millionen Mitglieder. Sie umfaßt Angehörige beider Geschlechter und Leute jeder sozialen Stellung. Ihre Erfolge als Wahlmaschine verdankt sie tatsächlich diesen beiden Umständen, denn die englischen mittleren und unteren Klassen neigen dazu, sich bei der Stimmabgabe durch die oberen Zehntausend, und insbesondere Damen von hoher sozialer Stellung stark beeinflussen zu lassen.

Die verschiedenen Arten von Mitgliedern.

Um eine auf alle sozialen Schichten berechnete Organisation zu schaffen, ist die Verfassung der Liga sehr kompliziert. Die Mitglieder bestehen aus Rittern, Damen und Assoziierten; die Ritter und Damen zahlen an den Großrat (Grand Council) ein Eintrittsgeld und einen jährlichen „Tribut" in Höhe einer halben Krone, außer den etwa von ihrer örtlichen „Habitation" erhobenen Beiträgen, während die Assoziierten zwar dieselben Vorrechte genießen, aber nur die Lokalbeiträge bezahlen. Die Assoziierten gehören der ärmeren Bevölkerung an, und bilden $^9/_{10}$ der Mitglieder, während die Ritter und Damen, deren Zahl ungefähr gleich ist, aus den Schichten stammen, die für die Erhaltung der Liga pekuniär mehr tun können. Aber ihre regelmäßigen Beiträge genügen nicht, und zur Beschaffung von mehr Geldern wurde ein Rechtskapitel für Ritter (Imperial Chapter for Knights) und ein Damen-Großrat (Ladies' Grand Council) mit Jahresbeiträgen von je einer Guinee geschaffen. Die Liga belohnt indessen nicht nur die Beiträge, sondern auch die Arbeit; der Ritter, der als Junker (knight-harbinger) beginnt, kann nach einem Jahre verdienstvollen Dienstes „zu der Würde eines Rittergenossen erhoben werden", eine Dame kann zum Verdienstgrade befördert werden und ein Assoziierter zu der Würde eines

Ehrenritters oder einer Ehrendame, und für besonders verdienstliche Tätigkeit im Dienste der Sache ist ein Großkreuz der Liga in fünf Klassen geschaffen worden. Für jeden Grad der Mitgliedschaft, für alle Würden und Ämter werden schimmernde Abzeichen und Schnallen zu lohnenden Preisen vergeben, und ihre Anziehungskraft auf die Masse beweist der Umstand, daß enorme Mengen von ihnen verkauft worden sind.

Ein Zweigverein der Liga wird Habitation (Wohnstätte) genannt. Er wird durch eine widerrufliche Bestallungsordre des Großrates gebildet und muß mindestens 13 Ritter oder Damen zählen. Seine Geschäfte werden von einem Exekutivkomitee geführt. Den Vorsitz in seinen Versammlungen führt ein Präsidialrat („ruling councillor") oder eine Präsidentin („dame president") und was wesentlicher ist, er hat Beamte („wardens"), denen es obliegt, neue Mitglieder zu gewinnen, und um die Stimmen aller Wähler ihrer Bezirke zu werben. Die Habitationen sind in Gruppen unter Bezirks- und Provinzialräten zusammengefaßt, und alljährlich findet in London eine Grand-Habitation statt, auf der jeder Bezirksrat durch einen und jede Habitation durch zwei Delegierte vertreten ist. Dies ist eine große Versammlung, die eine gehobene Stimmung aller Anwesenden erzeugen soll. Abgesehen von der Wahl von Rechnungsprüfern und einiger Mitglieder des Großrates erledigt sie keine Geschäfte, sondern hört lediglich eine Rede des Großmeisters — gewöhnlich des Führers der konservativen Partei — an, wohnt der Überreichung von Bannern an die Lokalhabitationen, die sich am besten bewährt haben, bei, und starrt auf die Tribüne, die von Damen der Aristokratie und hohen Lords eingenommen wird. Die ganze Leitung der Liga ruht in der Hand des Großrates, der gänzlich aus Männern besteht und so zusammengesetzt ist, daß er sich tatsächlich selbst ergänzt.[1] Er ernennt alle Beamten, verfügt über alle Angelegenheiten der Liga, erläßt Vorschriften, regelt die Aufnahme von Mitgliedern, erläßt die Bestallungsordres für alle Habitationen und verausgabt die Gelder. Es besteht allerdings auch ein Damengroßrat, der aber nicht von Bedeutung ist, und insbesondere keinerlei Umlaufschreiben, Flugblätter oder sonstige Veröffentlichungen Namens der Liga ohne Zustimmung des Groß-

Organisation.

[1] Er besteht aus dem Großmeister, den vier Vorstandsmitgliedern und dem Schatzmeister, aus neun von den Habitationen in den neun Provinzen gewählten Mitgliedern, aus zwölf Erwählten des abtretenden Großrates, aus 16 Erwählten der Großhabitation und acht von dem Großrat Zugewählten.

rates loslassen darf. Bei alledem wird aber die Liga tatsächlich von dem Vizekanzler geleitet, der an der Spitze ihres ständigen Londoner Zentralbureaus steht.

Die Zwecke der Liga.

Jedes Mitglied der Liga muß auf Ehre und Gewissen schriftlich die Versicherung abgeben, daß es nach seinem besten Können für die Erhaltung der Religion, der königlichen Staaten und der britischen Reichssouveränität eintreten will. Diese Zwecke will der Verband angeblich ganz unabhängig von der Parteipolitik verfolgen. In seinen Veröffentlichungen versicherte er beständig, daß der Zweck seiner Gründung nicht der war, eine bestimmte Person oder Partei an die Macht zu bringen, sondern gewisse Grundsätze zu vertreten und daß er jede diese bedrohende Regierung, ob konservativ oder liberal, bekämpfen würde. Natürlich sagt er dann weiter, daß „im gegenwärtigen Augenblicke die radikale Partei diese Grundsätze angreife." Tatsächlich ist er nichts anderes als ein großer Wahlapparat zur Erringung konservativer Siege an den Wahlurnen. Seine Propagandatätigkeit entwickelt er nicht nur bei bevorstehenden Wahlen, sondern andauernd. Beim Herannahen einer Wahl lösten sich allerdings lange Zeit hindurch die Lokalhabitationen aus Furcht vor einer Übertretung des Gesetzes über die Wahlkorruption formell auf, aber der Großrat sah eine gesetzliche Notwendigkeit hierfür nicht als vorliegend an, und „bestimmte, daß sie sich während der Wahlkämpfe nicht auflösen oder suspendieren sollten, daß vielmehr die Präsidialräte sich und ihre Habitationen ganz zur Verfügung des Wahlagenten der von der Liga unterstützten Partei stellen sollten, so daß die Mitglieder der Liga sich als organisierte Körperschaften und nicht lediglich als einzelne Bürger betätigen könnten."

Art und Weise ihres Vorgehens.

Gleich anderen Verbänden gibt die Liga eine Monatszeitschrift heraus, überschwemmt das Land mit Flugblättern und ermüdet es mit Vorträgen. Weit wichtiger ist aber ihre Tätigkeit bei der Eintragung der Wähler und bei der Stimmenwerbung, wobei sich die Damen als ganz besonders erfolgreich erweisen, denn ein Arbeiter wird oft mit einer Dame über seine politischen Ansichten und seine häuslichen Angelegenheiten reden, wenn er die Fragen eines Mannes hierüber unangenehm empfinden würde. Die Mitglieder der Liga veranstalten Versammlungen, verteilen die Parteischriften, stellen Wagen bei den Wahlen zur Verfügung, und verrichten mit Begeisterung alle die wenig beneidenswerten Dienste des Bezirkspolitikers, auf denen der Erfolg bei den Wahlen in so hohem Grade beruht. Die Hauptquelle der Macht der Liga liegt indessen auf gesellschaftlichem Gebiete, und trotz einiger angeblicher Fälle von

Taktlosigkeit wird dieser gesellschaftliche Einfluß der Regel nach mit außerordentlichem Geschick benutzt. Rang und Titel haben für nahezu alle englischen Schichten großen Reiz, und man sagt, daß der Erfolg einer Habitation gesichert ist, wenn der ortsansässige Junker oder ein Pair für ihre Leitung gewonnen werden kann; anderenfalls wird sie nur schwer auf einen grünen Zweig gelangen. Die reichen oder vornehmen Mitglieder der Liga geben Tees und Empfänge in ihren Häusern oder Parks, die Ritter und Damen veranstalten billige Vergnügungen mit Erfrischungen und Tanz oder dramatischen Vorführungen, zwischen die man etwas politische Belehrung einfließen läßt. Wenn man die Liberalen hört, so ist das lediglich Spekulation auf das Bedürfnis der Masse, sich zu schustern, während die Anhänger der Liga sich rühmen, daß es „den gegenseitigen Verkehr zwischen allen Gesellschaftsschichten fördere", und „Schichten miteinander verknüpft habe, die vorher geschieden waren und an deren weiter fortdauernden Scheidung Agitatoren ein Interesse hatten." Die Liberalen beschweren sich auch darüber, daß die Liga die Wähler insofern beeinflußt, als sie sie in ihrer Existenz dadurch bedroht, daß der Kaufmann seine Kunden oder der Pächter seine Pachtung zu verlieren fürchtet. Die Liga weist diese Anschuldigung zurück, und in ihrem Programm findet sich eine Bestimmung, daß „jeder Versuch der Gewinnung von Mitgliedern durch Bedrohung mit Entziehung der Kundschaft oder der Gunst oder durch irgend etwas an den sog. Boykott Heranstreifendes streng verboten ist." Eine solche Beeinflussung wird nicht systematisch und wahrscheinlich nicht oft absichtlich ausgeübt, aber der Ladenbesitzer in einer Landstadt besitzt ohne Frage genügend Menschenkenntnis, um sich zu sagen, daß es für sein Geschäft gut ist, wenn er mit seinen reichen Nachbarn auf gutem Fuße steht.

Ihre Leistungen.

Niemand kann bestreiten, daß die Primroseliga ein wertvoller Bundesgenosse der konservativen Partei gewesen ist, aber der Umfang ihres Einflusses läßt sich sehr schwer bestimmen. Er macht sich an einem Orte mehr, an einem anderen Orte weniger geltend, und richtet sich ungefähr danach, wie sehr die soziale Stellung dort ins Gewicht fällt. Er ist im allgemeinen auf dem Lande bedeutender als in den Städten, macht sich im Süden von England mehr als im Norden geltend, und tritt am wenigsten in Schottland hervor, wo das Volk einen starken Unabhängigkeitssinn hat und sich durch gesellschaftliches Blendwerk wenig imponieren läßt. Ihr Einfluß ist auch je nach der Zeit sehr verschieden. Wenn das politische Leben ruhig ist, oder es sich um die Kundgebung der Treue zur Regierung, oder um patriotische Impulse, wie bei den Wahlen während des südafrikanischen Krieges dreht, so bedeutet sie viel, wenn aber die Leidenschaften oder die persönlichen Interessen stark aufgerührt sind, so klingen die Saiten, auf denen sie spielt, nur schwach an. Ihr wirkliches Arbeitsfeld liegt nicht auf dem Gebiete der Überzeugung der entschiedenen Parteimänner, sondern in der Zusammenfassung der Unentschlossenen, und in Zeiten starker Spannung haben ihre Bemühungen viel weniger Einfluß auf den Urteilsspruch der Nation als sonst.

Liberale Frauenorganisationen.

Sobald die Primroseliga Erfolge erzielt hatte, und lange bevor sie die enorme Mitgliederzahl späterer Jahre erreichte, bildeten die der liberalen Partei angehörigen Frauen einen Verband, um ihn in ähnlicher Weise für ihre Partei nutzbar zu machen. In den trüben Tagen nach dem Sturz der Home Rulevorlage und des Gladstoneschen Ministeriums infolge der allgemeinen Wahlen von 1886 wurden alle Organisationsbestrebungen unterstützt, und im Februar 1887 wurde der Liberale Frauenbund unter dem Präsidium von Frau Gladstone gegründet. Seine Verfassung und sein Arbeitsplan wurden indessen nicht der Primroseliga entlehnt, sondern dem Liberalen Landesverband, denn er stützte sich nicht auf gesellschaftliche Anreize, sondern auf Beeinflussung durch Reden und Flugschriften. Er wird von einem Exekutivkomitee geleitet und besitzt einen aus Delegierten der Lokalvereine bestehenden Rat. Auch hält er Jahresversammlungen ab, die aber lediglich eine Gelegenheit zum Anhören von Reden bieten, denn die Satzungen bestimmen, daß sie „zur Erörterung der Bundespolitik, die indessen nur von dem Rate (Council) geändert werden kann", dienen.

Spaltung in zwei Vereine.

Merkwürdigerweise erhob sich fast gleich zu Anfang ein Zwiespalt über die Verbandszwecke. Einige Mitglieder wünschten das allgemeine parlamentarische Frauenstimmrecht unter die Hauptzwecke aufgenommen zu sehen, während andere, trotzdem viele von ihnen das Stimmrecht wünschten, der Ansicht waren, daß das Hauptziel der Triumph der liberalen Partei sein müsse, und es nicht klug sein würde, diesen dadurch zu gefährden, daß man sich auf eine nicht im liberalen Programm enthaltene Frage versteifte. Der Verband spaltete sich bald in diese beiden scharf geschiedenen Gruppen, die miteinander fünf Jahre lang um das Übergewicht rangen. Zunächst waren diejenigen, die das Frauenstimmrecht unter ihre Hauptziele aufnehmen wollten, in einer kleinen Minderheit; ihre

Zahl wuchs aber äußerst schnell, und 1892 erzielten sie eine entscheidende Abstimmung zu ihren Gunsten. Jede Partei beschwerte sich über unschöne Handlungsweise der Gegenpartei, und der Streit spitzte sich so zu, daß die Mitglieder und die Lokalvereine, die gegen die Aufnahme des Frauenstimmrechts in das Programm des Verbandes waren, austraten und einen neuen Verband, nämlich den „Liberalen Landes-Frauenverein" gründeten. Bis heute haben sich alle Versöhnungsversuche als fruchtlos erwiesen, aber die beiden Verbände haben positive Feindseligkeiten vermieden, und beide haben keine Lokalvereine an Orten gegründet, wo sich bereits der andere Verband festgesetzt hatte. Tatsächlich nehmen sie im politischen Leben eine sehr verschiedene Haltung ein. Das Verhältnis des Liberalen Frauen-Landesvereins zur liberalen Partei ist das einer englischen Gattin, eines treuen aber untergeordneten Kameraden. Auf ihren Versammlungen sprechen ständig Männer; er faßt wenig Beschlüsse, und diese stimmen mit der offiziellen Parteipolitik überein.

Natur des Frauenbundes.

Der Liberale Frauenbund (Womens Liberal Federation), der eine viel größere Mitgliederzahl hat, ist andererseits unabhängiger, und seine Versammlungen tragen einen mehr weiblichen Charakter. Die Geschäftsordnung bestimmt nicht ohne Grund, daß „ein Mitglied, das das Wort ergreift, sich streng an den zur Erörterung stehenden Antrag halten sollte." Die zur Annahme gelangenden Resolutionen sind manchmal sehr zahlreich, und viele von ihnen beziehen sich auf Fragen, die speziell für Frauen von Interesse sind. Man debattiert lebhaft darüber, es werden Abänderungsanträge gestellt und oft kommt es zu einer Abstimmung. 1899 nahm der Rat beispielsweise Resolutionen über Home Rule, über die Entstaatlichung der wallisischen Kirche, über die Reform des Hauses der Lords und über das Frauenstimmrecht an, dankte dem Zar für seinen Erlaß über die Haager Konferenz, sprach sich für die Brüderlichkeit zwischen den Völkern und für internationale Schiedsgerichte aus, beschloß, daß diese Resolution zur Kenntnis des Zaren und internationaler Frauenversammlungen gebracht werden solle, nahm verschiedene Beschlußanträge über Enthaltsamkeit, das Unterrichtswesen und die Arbeitergesetzgebung und andere über die staatliche Reglementierung des Lasters, über die ungleiche Behandlung der Geschlechter, über die Londoner Verwaltung, über die Skaverei in Zanzibar, den Vogelschutz, die Altersrenten, die Bereitstellung von Arbeiterwohnungen und die Vivisektion an. Im Laufe der Debatte über die Einschränkung der Frauenarbeit beschloß er auch ein persönliches Vertrauensvotum für seine Präsidentin. Die Parteiführer, die unter dem Newcastler Programm geseufzt haben, wird eine derartige Masse von Resolutionen nachdenklich über die möglichen Wirkungen des Frauenstimmrechts stimmen.

Ihre Tätigkeit. Die liberalen Frauenverbände betätigen sich mit Erfolg bei der Eintragung der Wähler in die Wählerlisten, bei der Stimmenwerbung und bei der Einwirkung auf Männer, die keine große Lust haben, an die Wahlurne zu treten. Manchmal geschieht dies unmittelbar, und manchmal mittels des Einflusses ihrer Frauen, und man sagt, daß im Norden, wo die Charaktere unabhängiger sind, der politische Einfluß der Ehefrauen mehr hervortritt. Die Frauenverbände wirken auch erzieherisch, verbreiten die gewöhnlichen Druckschriften der Partei und drucken auch einige eigene Flugblätter, aber ihr sozialer Einfluß ist viel geringer als der der Primroseliga, weil sie ihn wenig zur Geltung zu bringen versuchen, da ja der Glanz und der Schimmer von Rang und Titeln viel weniger traditionelle Gewalt über die Liberalen hat, und da auch die durch die Home Rule-Vorlage von 1886 veranlaßte Spaltung der Partei sie vieler Leute von Reichtum und Titeln beraubte, und sie dadurch sehr ins Hintertreffen gegenüber ihren Gegnern in der Zahl der gesellschaftlich hochstehenden Mitglieder brachte.[1] Die englischen Frauen nehmen ein besonders lebhaftes Interesse an politischen Dingen und sind ein wichtiger politischer Faktor geworden. Ihr Einfluß äußert sich zwar nicht bei den Wahlen zum Parlament, denn sie sind vom parlamentarischen Stimmrecht ausgeschlossen, und auch nicht wesentlich bei der Kommunalverwaltung, wo ein Teil von ihnen das Stimmrecht besitzt. Auch wirken sie nicht durch die Überzeugungskraft ihrer Ideen, die auf die Politiker keinen großen Einfluß zu haben scheinen, wohl aber als Arbeiter im Dienste der Partei. Wenn es wahr ist, daß Frauen mehr dazu geeignet sind, für Ideen zu leben, zu streben und zu sterben als eine neue Idee zu fassen, so sind sie mit ihrer politischen Tätigkeit in England auf dem rechten Wege, denn sie verwenden ihre Kraft hauptsächlich dazu, der einen oder der anderen Partei zum Siege zu verhelfen, und es kann nicht überraschen, daß ihre Kraft am gewichtigsten für die Partei in die Wagschale fällt, die angeblich die bestehende Staatsordnung erhalten will.

---

[1] Indessen besteht ein von Damen begründeter Liberaler Geselligkeitsverein (Liberal Social Council) zur Vereinigung von Parteiführern und Parteigängern auf Abendgesellschaften.

Andere Hilfstruppen.

Die Tories haben noch einen weiteren Verband nach dem Muster der Primroseliga, der gleich dieser Wahlzwecken dient, aber längst nicht die gleiche Bedeutung hat. Er heißt Konservative Landesliga, besteht hauptsächlich aus Arbeitern und ist in Logen organisiert. Die Liberalen hatten eine Zeit lang eine ähnliche Liga, die eingegangen ist. Ferner gibt es noch Gesellschaften, die lediglich Redner für öffentliche Versammlungen liefern sollen. Die älteste von ihnen, der Achtziger Klub (Eighty Club) führt seinen Namen auf das Jahr zurück, wo er von einer Gruppe begeisterter junger Liberalen begründet wurde. Wie jedes brauchbare Werkzeug, das eine Partei sich zurecht gemacht hat, von der anderen übernommen wird, so wurde auch er von der anderen Partei nachgeahmt, und sein Gegenstück in der konservativen Partei ist der United Club. Außer diesen Verbänden haben von Zeit zu Zeit andere bestanden, die irgend eine bestimmte Idee vertreten wollten, ohne doch die Einheit der Partei zu stören. Auf seiten der Liberalen muß man hierin den Nationalen Reformverein von Manchester, der sich an die radikaleren Elemente wendet, und die Liberale Liga rechnen, die in der Partei groß-britische Gesinnung zu verbreiten suchte; aber derartige Vereine pflegen entweder klein oder von kurzer Dauer zu sein.

In dieser Skizze der politischen Verbände sind nur Verbände erwähnt worden, die mit den beiden Hauptparteien des Landes zu sammenhängen. Sie stehen offenbar zum politischen Leben in einem ganz anderen Verhältnis als die auf die kleineren unabhängigen Gruppen entfallenden Verbände. Die Irischen Nationalisten und die Arbeiterpartei haben ihre eigenen Verbände, und die Organisation der letzteren wird später in einem eigenen Kapitel geschildert werden, doch hat die Frage, wer sie leitet und den maßgebenden Einfluß in ihnen hat, keinen direkten Einfluß auf die Stellung des Kabinetts. Eine Gruppe, die der Liberalen Unionisten hat dagegen in Wahrheit aufgehört, eine gesonderte politische Existenz zu führen, und ihr Parteiapparat steht insbesondere seit der 1904 erfolgten Annahme des Chamberlainschen Gedankens der Vorzugszölle durch den Parteirat tatsächlich im Dienste der konservativen Partei. In vielen Wahlkreisen gibt es gemeinsame unionistische Komitees, die aus Vertretern der konservativen und der liberal-unionistischen Vereine bestehen. Aber die Landesverbände, die doch das gleiche Ziel verfolgen, sind gänzlich voneinander getrennt gehalten worden. Es mag daher am Platze sein, zu erwähnen, daß der Verband der Liberalen Unionisten eine teilweise Nachahmung der liberalen Organisation ist. Es besteht ein Verband für die Midlands und ein Zentralbureau, aber kein Verband für das ganze Land. Es gibt ferner einen liberal-unionistischen Frauenverein und einen liberalen Unionklub öffentlicher Redner. Aber die ganze Organisation stellt der Hauptsache nach ein Überbleibsel dar, das Resultat unvollkommener Verschmelzung.

Nachdem wir so die verschiedenen Seiten des Parteimechanismus betrachtet haben, stehen wir vor dem Problem, in welchem Verhältnis sie normalerweise zu der parlamentarischen Regierungsform stehen.

Zweiunddreißigstes Kapitel.

Das Wirken der Parteiverbände.

Gegenstand der Erörterung.

Wenn das System eines verantwortlichen Ministeriums notwendigerweise eine Parteiregierung bedingt, so bestimmt es auch in erheblicher Weise das Wirken der Parteiorganisationen. Doch müssen wir hier die Rolle, die von den Parteien im politischen Leben des Staatswesens gespielt wird, von der Arbeit des Mechanismus im Innern der Partei unterscheiden. Der Unterschied ist derselbe wie der zwischen dem Einfluß der Macht zur See auf die Geschichte und der der Bedeutung der Maschinen für ein Kriegsschiff. Die beiden Dinge stehen im Zusammenhang, sind aber nicht identisch, und die Unfähigkeit, die beiden Begriffe auseinander zu halten, ist zum großen Teile an der insbesondere in Amerika über das Verhältnis der Parteien zum politischen Leben herrschenden falschen Auffassung schuld. Sowohl die Rolle, die die Parteien in der Regierung des Landes spielen, als auch das Wirken der Organisationen innerhalb der Partei sind je nach den politischen Verhältnissen eines jeden Landes verschieden, und das letztere allein bildet in seinem Zusammenhang mit dem englischen parlamentarischen System den Gegenstand dieses Kapitels.

Betätigungsmöglichkeiten der Parteiorganisationen.

In einem Lande, das nach dem Parteisystem regiert wird, wäre es denkbar, daß der Parteiverband das Feld seiner Tätigkeit so weit zöge wie die Partei selbst. Er könnte in seinen Versammlungen oder seinen Ausschüssen alle Gesetzentwürfe formulieren, die auswärtige Politik bestimmen und die innere Verwaltung bis in die kleinsten Einzelheiten hinein kontrollieren und beeinflußen. Wenn wir das Kabinett als ein Parteiorgan betrachten, ist dies genau der in England gegenwärtig bestehende Zustand, denn im Bereich der ganzen Parteienregierung gibt es nichts, wofür nicht ein Minister verantwortlich wäre. Wenn wir aber von Parteiorganisationen reden, so begreifen wir darunter der Regel nach das Kabinett nicht mit, wir denken an den Parteimechanismus außerhalb der Regierungsorgane. Wenn wir das Wort in diesem Sinne gebrauchen, so beschränkt sich die Parteiorganisation auf ein weit engeres Feld. Wenn wir die Details der Verwaltung und die Besetzung der untergeordneten Beamtenstellungen außer Betracht lassen, die nicht in die eigentliche Parteisphäre fallen, und in die sich die Parteien in England glücklicherweise nicht mischen, kann man sagen, daß die Parteiorganisationen im allgemeinen drei regelmäßige Aufgaben haben: 1. Festlegung der Parteipolitik, 2. Aufstellung der Kandidaten für Ämter und 3. Versuch, das Volk für sich zu gewinnen und einen Sieg an den Wahlurnen davonzutragen. In den Vereinigten Staaten, wo die Art der Verfassung zu einer starken Entwickelung des Parteimechanismus außerhalb des Rahmens der Regierung geführt hat, üben die Organisationen alle drei Funktionen aus; aber mit Rücksicht auf die Eigenart des parlamentarischen Systems kann dies für die beiden führenden Parteien Englands nicht zutreffen.

Festlegung der Politik.

Wir haben bereits gesehen, daß das Newcastler Programm der Ausgangspunkt von Schwierigkeiten und innerer Schwäche für das liberale Kabinett wurde, und dies war kein Zufall. Es war nicht auf eine zufällige Rivalität politischer Machtfaktoren zurückzuführen, sondern ergab sich aus der ureigensten Natur eines verantwortlichen Ministeriums. In dem Kapitel über das Kabinett und das Unterhaus habe ich ausgeführt, daß das Bestehen von Kommissionen mit wirklicher Gesetzgebungsgewalt nicht vereinbar mit der notwendigen Konzentration der Macht in der Schatzamtsbank ist. Nun läßt sich dies beides auf denselben Grundsatz zurückführen. Wenn das Ministerium vollkommen für die Gesamtgesetzgebung und für die Leitung der gesamten Politik verantwortlich sein soll, wenn es bei jeder Niederlage über eine wichtige Frage zurücktreten muß, so muß es auch das Recht haben, die Richtlinien seiner Politik selbst zu wählen. Die Maßnahmen der Minister müssen wenigstens dem äußeren Schein nach ihrer eigenen ernsten Überzeugung entsprechen. Das Haus wird ihnen keine Gefolgschaft leisten, wenn sie es nicht führen, und sie können zu ihm nur würdevoll und eindrucksvoll reden, wenn ihnen ihr Programm nicht offensichtlich von anderen aufgenötigt ist. All dies gilt noch viel mehr von einer Politik, die von einem außerhalb des Parlaments stehenden Verbande formuliert wird als von einer von einer Kommission des Hauses vorgeschriebenen Politik, weil der außenstehende Verband die Stimmung des Hauses weit weniger kennt und sich um die Ansichten der Abgeordneten wenig kümmert. Das Newcastler Programm hatte Schwierigkeiten genug im Gefolge und ging doch nicht einmal so weit, den Führern eine von ihnen nicht gebilligte Politik aufzunötigen, denn es sollte doch nur Dinge enthalten, hinsichtlich deren die ganze Partei einschließlich der Führer aufrichtig übereinstimmte. Der einzige Kummer war, daß es gleichzeitig zu viele solche Dinge ostentativ in den Vordergrund schob und die Minister in die peinliche Lage versetzte, zwischen ihnen zu wählen, ohne Enttäuschung zu verursachen. Die durch das Programm geschaffene Lage war unbequem; wenn aber der Verband weiter gehen sollte, wenn er etwa gar zweifelhafte Punkte erörtern und zur Abstimmung bringen und tatsächlich den Versuch machen würde, die Politik der Partei zu bestimmen, würde die Situation unerträglich werden. Man kann sich ein System vorstellen, in dem die Minister und die Abgeordneten einer Partei absolut gebunden sind, die Anordnungen der Organisation auszuführen. Der Caucus würde dann ein richtiges Außenparlament darstellen, und das Unterhaus würde zu einer reinen Maschine zur Ausführung seiner Wünsche werden, in diesem Falle würde aber das Kabinett dem Caucus und nicht dem Parlament verantwortlich sein, und die gegenwärtige Regierungsform würde gänzlich verändert werden. Solange also ein dem Unterhause verantwortliches Ministerium regiert, muß die Politik offensichtlich vom Kabinett allein bestimmt werden, und ein ernsthafter Versuch eines Parteiverbandes, sie festzulegen, verträgt sich hiermit nicht.

Auswahl der Kandidaten.

Die Lokalvereine wählen natürlich die Kandidaten zum Parlament aus und können durch die Wahl von Personen, die ihre Ansichten teilen, einen starken Einfluß auf die Politik ausüben. Auch läßt sich hiergegen nichts einwenden, wenn nur die Zusicherungen, die sie von ihren Abgeordneten fordern, nicht dergestalt sind, daß sie die Abgeordneten der Partei vom harmonischen Zusammenwirken abhalten. Die Landesverbände der Partei haben niemals den Versuch gemacht, über die Aufstellung der Kandidaten durch die Lokalvereine zu bestimmen, und wenn auch das Zentralbureau Kandidaten namhaft macht, versucht es doch nie, seine Günstlinge den Wahlbezirken aufzunötigen. Ganz anders steht es mit der Wahl der Minister. In den Vereinigten Staaten wird der Präsident von einem Parteitag aufgestellt, weil das nahezu der einzig mögliche Weg ist. In England haben die beiden Parteiverbände zeitweise davon gesprochen, an der Wahl des parlamentarischen Führers beteiligt zu werden, aber dieselben Einwände, die gegen die Formulierung der Politik durch sie erhoben sind, gelten noch viel mehr für ihr Auftreten hierbei. Die Minister müssen die Führer der

Mehrheit im Parlament sein, und können ihre Führerrolle nur versehen, wenn sie ihr Vertrauen genießen. Nehmen wir einmal als erwiesen an, daß ein Parteitag zur Wahl von Staatsmännern geeignet ist, so würde er in den meisten Fällen nicht dieselben Leute wählen, die als Führer aus dem Kampfe des Unterhauses hervorgehen. Obgleich er vielleicht Männer erkiesen würde, die an Charakter, Fähigkeiten und Klugheit ebenso hoch stehen, würden sie doch häufig nicht das Vertrauen des Hauses genießen. Lord Althorp beispielsweise würde aller Wahrscheinlichkeit nach niemals der Erkorene eines Parteitages gewesen sein, und doch genoß er das Vertrauen des Unterhauses, und ähnliche Beispiele aus späterer Zeit könnten angeführt werden. Die Auswahl der Minister und die Erzielung eines harmonischen Zusammenwirkens zwischen ihnen ist heutzutage der delikateste Teil des parlamentarischen Systems, und letzteres würde nahezu unmöglich werden, wenn sie oder auch nur der Premierminister allein von einer anderen Gruppe von Männern erwählt werden würden, als von der, auf deren Unterstützung das Kabinett angewiesen ist, um am Ruder zu bleiben.

Wahlmache.

Es ergibt sich also, daß abgesehen von der Auswahl der Unterhauskandidaten durch die Ortsvereine, die einzigen allgemeinen Aufgaben, denen sich die Parteiverbände in England mit der dort entwickelten parlamentarischen Regierungsform unterziehen können, mit der Erringung von Wahlsiegen zusammenhängen. Hierfür haben sich die Konservativen teilweise wegen ihrer größeren finanziellen Hilfsmittel und des größeren sozialen Einflusses ihrer hochstehenden Anhänger als besser gerüstet gezeigt als die Liberalen. Ihr Parteimechanismus ist vollständiger, appelliert an mehr Beweggründe, arbeitet mit abwechslungsreicherem Handwerkszeug und untersteht einer energischeren und zentralisierteren Leitung. Die Liberalen haben die Ideen der Staatslehrer des 18. Jahrhunderts und der philosophischen Radikalen geerbt. Sie haben immer dazu geneigt, ihre Feldzüge auf die Annahme zu stützen, daß der Mensch im wesentlichen ein vernunftbegabtes Wesen ist; dagegen behandeln ihn die Konservativen mehr als ein Impulsen und Eingebungen zugängliches Geschöpf. Ferner macht der konservative Landesverband geringeren Anspruch darauf, die Politik der Partei bestimmend zu beeinflussen. Soweit er dies in Anspruch nimmt, ist es offensichtlich eine Fiktion, die niemand hinters Licht führt; dagegen werden die Resolutionen des Liberalen Landesverbandes von vielen Leuten ernst genommen, und führen jedesmal, wenn die Liberalen zur Macht gelangen, dazu, entweder die Aktionsfreiheit der Regierung einigermaßen zu beschränken oder eine gewisse Enttäuschung hervorzurufen. Der Unterschied erklärt sich unzweifelhaft ebenso sehr aus den Traditionen der beiden Parteien und aus der Art ihrer Mitglieder wie aus ihrer Organisationsform. Aber beide Dinge sind gleichzeitig Ursache und Wirkung, und für unsere Zwecke brauchen wir zwischen beiden nicht zu unterscheiden. Es genügt die Feststellung, daß von den beiden außerparlamentarischen Verbänden der konservative Verband in größerem Einklang mit der Regierung durch ein verantwortliches Ministerium gestanden hat.

Wie alles, was in der Entwickelung begriffen ist, unterliegt auch das englische Regierungssystem ständigem Wechsel. Kein Jahrhundert ist dahingegangen, ohne daß es erhebliche Abänderungen erfahren hat, und es kann wohl sein, daß das heutige System in der nahen Zukunft wesentliche Abänderungen erleiden wird. In den letzten 50 Jahren haben sich die Parteien mehr und mehr konsolidiert, und die Macht des Kabinetts hat sich immer mehr vergrößert. Vielleicht wird diese Entwickelung in Zukunft so weit gehen, daß die Verantwortlichkeit der Minister gegenüber dem Unterhause nahezu ganz durch eine Verantwortlichkeit der Mehrheit gegenüber den Ministern abgelöst wird. Wahrscheinlicher wird die Entwickelung die umgekehrte Richtung einschlagen. Es ist möglich, daß die Arbeiterabgeordneten, die bei den letzten Wahlen so erheblich zugenommen haben, immer zahlreicher werden und schließlich die Scheidung des Hauses in zwei bestimmte Fraktionen hindern werden. Da ihre Partei nicht zur Unterstützung eines Ministeriums begründet ist, stehen sie mehr unter dem Einfluß ihrer Organisation, und es ist wohl möglich, daß sie ebenso wie in Australien, wo sie seit längerer Zeit politische Bedeutung besitzen, wie die Astronomen sagen, Störungen in den Bahnen der älteren Parteien verursachen werden. In dieser oder auch in anderer, gänzlich unvorherzusehender Weise mag das parlamentarische Regierungssystem Wandlungen erfahren, und damit mag sich auch die Stellung der Parteiverbände ändern, aber solange das gegenwärtige System besteht, kann die Organisation der beiden großen Parteien, so demokratisch auch ihre Gestalt sein mag, und so große Macht sie kühnlich für sich in Anspruch nimmt, nichts anderes als eine Hilfsorganisation sein. Der Entwickelungsgang, den die beiden Verbände durchgemacht haben, ist kein zufälliger. Er ist das Ergebnis desselben Anpassungsprozesses, der das ganze englische Regierungssystem in seiner Konsequenz ausgebildet hat.

Dreiunddreißigstes Kapitel.

Die Arbeiterpartei.

Die dahinterstehenden Machtfaktoren.

Wenn man die neueren Versuche, eine direkte Vertretung der Arbeiter im Unterhause zu erzielen, schildern will, hat es keinen Zweck, über das Jahr 1868 zurückzugehen, wo die arbeitenden Klassen zuerst das Stimmrecht in größerem Umfange erhielten. Seit jener Zeit sind zwei gesonderte Faktoren, der Sozialismus und die Gewerkvereine an der Arbeit gewesen, um Arbeiterabgeordnete ins Parlament zu bringen, und die Geschichte der Bewegung hat sich um die wechselnde politische Betätigung und die gegenseitigen Beziehungen dieser beiden Faktoren gedreht. Von den beiden war der Sozialismus der aggressivere, aber die Gewerkvereine hatten eine ungleich größere Mitgliederzahl und verfügten über weit größere pekuniäre Hilfsmittel, und daher war man für die erfolgreiche Durchbringung von Arbeiterkandidaten auf ihre Mitwirkung angewiesen. Diese Mitwirkung wurde nicht ohne weiteres in den Dienst sozialistischer Ideen gestellt, denn der britische Arbeiter ist kein Theoretiker. Nebelhafte Träume von einem idealen Zukunftsstaat üben wenig Anziehungkraft auf ihn aus und er neigt nicht sehr zum Klassenhaß. Er ist praktisch, ja beinahe konservativ gesinnt, und nur drückende Übelstände lösen bei ihm prononzierte politische Ideen aus. Wenn die Übelstände beseitigt sind, begibt er sich gern wieder unter die Führung der Schichten, die gewöhnlich die Politik in der Hand gehabt haben.

Die ältere Gewerkvereinsbewegung.

Die Rolle, die die Gewerkvereine bei den Parlamentswahlen seit dem Reformgesetz von 1868 gespielt haben, zeigt verschiedene Phasen.[1] Nachdem einige unabhängige Arbeiterkandidaten bei den allgemeinen Wahlen jenes Jahres vergeblich kandidiert hatten, nahm der Kongreß der Gewerkvereine die Sache in die

---

[1] Über die politische Stellung der Gewerkvereine in der Vergangenheit vgl. man Sidney u. Beatrice Webb, „Industrial Democracy", S. 250 ff., 537 ff.

Hand und schuf eine Arbeitervertretungsliga (Labour Representation League), die bei den allgemeinen Wahlen von 1874, wenn auch ohne großen Erfolg, 13 Kandidaten aufstellte. Man beschwerte sich damals über die gesetzliche Regelung hinsichtlich der Gewerkvereine und unerlaubten Vereinigungen, und als dieser Beschwerdepunkt durch das Parlament im wesentlichen beseitigt war, starb die Bewegung ab. Ein 20 Jahre später unternommener Wiederbelebungsversuch hatte keinen Erfolg, und der Gedanke, ins Parlament mittels gemeinschaftlichen Vorgehens Arbeitervertreter aller englischen Gewerkvereine zu senden, schlummerte bis 1899. Die verschiedenen Gewerbe hatten nicht genügend gemeinsame Interessen, um ein gemeinschaftliches Vorgehen leicht zu machen. Die Gewerkvereine eines bestimmten Gewerbes oder eines einzelnen Wahlkreises konnten sich viel leichter geltend machen, und 25 Jahre hindurch nahmen sie die Arbeitervertretung nahezu ganz für sich in Anspruch. Einige von ihnen, besonders die Bergarbeitervereine von Durham, Northumberland und Süd-Wales, brachten ihre Kandidaten in einigen Fällen bei jeder allgemeinen Wahl durch, und so war denn seit langem eine kleine Arbeitergruppe im Unterhause vorhanden.[1] Aber obgleich diese eine besondere Gruppe bildeten und ihre Unabhängigkeit von den beiden großen Parteien betonten, so gerieten doch ihre Mitglieder allmählich in immer engere Fühlung mit der liberalen Partei. Die liberalen Lokalvereine sahen oft von der Aufstellung von Gegenkandidaten ab und stellten sogar ihre Vertreter als Kandidaten auf. Ihr hervorragendster Mann, John Burns, der, als er 1892 ins Parlament einzog, mehr oder weniger ein Sozialist war, wurde 1905 ein Mitglied des liberalen Kabinetts. Gegenwärtig gehören im Unterhause die von einem Gewerkverein oder einer örtlichen Vereinigung von Gewerkvereinen aufgestellten Kandidaten zu der sog. Liberalen Arbeitergruppe, die eng mit den Liberalen verbunden ist und sich scharf von der Arbeiterpartei unterscheidet, die kürzlich durch eine zu diesem Zweck erneut ins Leben gerufene

[1] Ein Anhang zu dem Bericht der Konferenz über die Arbeitervertretung von 1902 gibt die Zahl der gewählten Arbeiterabgeordneten wie folgt an: 1874, 2; 1880, 3; 1885, 11; 1886, 9; 1892, 15 (und bei einer Nachwahl 1894 ein weiterer); 1895, 12 (und bei späteren Nachwahlen drei weitere); 1900 11. Bei den allgemeinen Wahlen von 1906 wurden 56 gewählt. 1900 und später wurde ein Teil der Arbeiterabgeordneten von den sogleich zu erwähnenden Landesverbänden aufgestellt und die übrigen standen in mehr oder weniger engem Zusammenhange mit der liberalen Partei. (Anm. des Übersetzers: Bei den allgemeinen Wahlen im Januar und im Dezember 1910 wurden jedesmal einige 40 Abgeordnete der Arbeiterpartei gewählt.)

gemeinsame Bewegung der Gewerkvereine des ganzen Landes gegründet wurde.[1]

Die Gesellschaft der Fabier.

Mittlerweile waren verschiedene sozialistische Verbände gegründet worden. Einer der ersten von ihnen, die 1883 gegründete Gesellschaft der Fabier, nahm ihren Namen zum Zeichen dafür an, daß sie sich für den Triumph ihrer Grundsätze nicht auf die Gewalt, sondern auf die allmähliche Gewinnung der Geister verlasse. Obgleich sie 1893 anfing, die Betätigung der Sozialisten und Gewerkvereine bei den Wahlen zu empfehlen und sich seitdem an diesen Bewegungen beteiligt hat, trägt ihre Tätigkeit der Hauptsache nach einen Missionscharakter und äußert sich in Gestalt von Versammlungen und Schriften. Aus diesem Grunde hat sie niemals versucht, eine große Anzahl von Mitgliedern zu gewinnen, und so hatte sie denn 1906 nur 784 eingeschriebene Mitglieder.[2] Ihre größte Tat lag vielleicht darin, daß sie zur Beseitigung scharfer Vorurteile dadurch beitrug, daß sie die besitzende Klasse an sozialistische Ideen gewöhnte und ihre Geister für solche Experimente der Gesamtheit, wie die Übernahme der gemeinnützigen Betriebe (public utilities), auf die Kommunalkörperschaften aufnahmefähig machte. Aber obgleich es eine Anzahl angegliederter Gesellschaften gleichen Namens im ganzen Lande gibt, hat sich die Bedeutung der Gesellschaft in den letzten Jahren doch allmählich vermindert. Die Fabier stehen zwar im guten Verhältnis mit der Arbeiterpartei und sind in ihrem Wahlausschuß vertreten, scheinen aber heutzutage geringen Einfluß auf die Arbeiter zu haben.

Der sozialdemokratische Verband.

Eine andere sozialistische Organisation sehr verschiedener Art ist der Sozialdemokratische Verband, der seine erste Jahreskonferenz 1881 abhielt. Anders wie die Gesellschaft der Fabier besteht er im wesentlichen aus dem Arbeiterstande angehörigen Personen,[3] und sein Aufbau trägt strengen Bundescharakter. Die Mitglieder gehören alle örtlichen Zweigvereinen an, zahlen aber monatlich je drei Pennys, die an das Zentralbureau gesandt werden. Es gibt auch angegliederte Vereine, die an das Zentralbureau jährlich für jedes Mitglied einen Schilling zahlen und die Berechtigung genießen, zu der Jahreskonferenz Delegierte zu entsenden, die indessen kein

Sein Aufbau.

---

[1] Ein Vertreter eines Bergarbeitervereins, Taylor aus Chester le Street, Durham, schloß sich 1906 der Arbeiterpartei an.

[2] Bericht der Konferenz der Arbeiterpartei von 1906, S. 28. Der Bericht derselben Konferenz für das Jahr 1901 gibt diese Zahl auf 861 an.

[3] Der Verband zählt natürlich sehr viel mehr Mitglieder als die Gesellschaft der Fabier. So hatte er 1901 9000 Mitglieder.

Stimmrecht bei wichtigen Fragen besitzen. Um 1906 hatte sich die Zahl der Zweigvereine und angegliederten Vereine allmählich auf 151 gehoben. Alljährlich wird eine Landeskonferenz der Delegierten der Zweigvereine zur Festlegung der Politik der Partei abgehalten, und hier kommt es manchmal zu hitzigen Debatten. Hier wird auch ein Exekutivrat, der aus sechs Londoner und aus sechs Provinzialmitgliedern besteht, gewählt, und dieser ist keineswegs eine reine Verwaltungsstelle, denn die Verbandsorganisation ist in mancher Hinsicht äußerst autokratisch. Vorbehaltlich eines Berufungsrechtes an die Konferenz hat der Exekutivrat das Recht, wegen einer „gegen die Ziele und Grundsätze oder das allgemeine Wohlergehen des Verbandes verstoßenden“ Handlung ein Verbandsmitglied auszuschließen oder einen Zweigverein aufzulösen. Von diesem Recht hat man auch wirklich Gebrauch gemacht und 1903 mehrere Mitglieder wegen öffentlicher Angriffe auf die Leitung des Verbandes ausgeschlossen. Und dies ist noch nicht alles. Kein Verbandsmitglied kann sich als Kandidat für irgend ein lokales öffentliches Amt ohne Genehmigung seines Zweigvereins oder als Parlamentskandidat ohne Zustimmung des Exekutivrates aufstellen lassen. Er muß sein Programm und seine Wahladresse sowohl dem örtlichen Zweigverein wie dem Exekutivrat zur Zustimmung unterbreiten, er muß es sich gefallen lassen, unter der allgemeinen Aufsicht des Zweigvereins in lokalen Dingen und der des Exekutivrats in parlamentarischen Dingen zu stehen, und er muß auf Aufforderung des Exekutivsrates die Stellung, die ihm die Wahl verschafft hat, niederlegen. Überdies müssen die Mitglieder und Zweigvereine sich hinsichtlich der nicht vom Verband aufgestellten Arbeiterkandidaten nach den Direktiven des Exekutivrates richten. Natürlich brauchen sich die Leiter dieses Verbandes keine Sorge über das Verhältnis des Verbandes zu einem künftigen Ministerium ihrer Partei zu machen.

Der Sozialdemokratische Verband greift nicht zu Gewaltmitteln, Seine Ziele. trotzdem er mit dem revolutionären Sozialismus des Festlandes stark sympathisiert und über den allgemeinen Klassenkampf redet. Sein Programm ist umfassend. Es beginnt mit „der Vergesellschaftung der Produktionsmittel, der Verteilungs- und Austauschmittel, die in Zukunft von einem demokratischen Staate im Interesse des ganzen Gemeinwesens verwaltet werden sollen und der vollständigen Emanzipation der Arbeit von der Herrschaft des Kapitalismus und des Landjunkertums.“ „Diese Emanzipation“, so erklärt es, „kann nur das Werk der Arbeiterklasse selbst sein“, und zur Erlangung von mehr Material und moralischen Vorteilen für die arbeitenden Klassen zwecks Organisation und Durchführung des Klassenkampfes verlangt es gewisse sofortige Reformen. Viele von diesen beziehen sich auf Dinge wie Arbeitszeit und Arbeitslohn, Alters- und sonstige Renten, Gemeineigentum an Monopolen und öffentlichen Betrieben, aber unter ihnen befindet sich auch die Abschaffung der Monarchie und der stehenden Heere und die Nichtanerkennung der Staatsschuld. Wenn dies Programm auch für die praktische Tagespolitik noch kaum etwas bedeutet, so hält doch der Verband unentwegt an seinen Ideen fest. Er ist seiner Natur nach allen Kompromissen abgeneigt, und ist infolgedessen unfähig, mit anderen Leuten zusammenzugehen, wodurch er seinen Einfluß selbst beschränkt hat. Auf die Streitigkeiten in seinen eigenen Reihen haben wir bereits bei dem Ausschluß von Mitgliedern einen Blick geworfen; die Reibungen mit anderen Arbeiterverbänden werden sich aus der Geschichte dieser Verbände ergeben.

Verhältnis zu den großen Parteien.

Die Stellung des Verbandes zu den beiden führenden Parteien des Landes wird lebhaft durch das Vorgehen der Konferenzen von 1899 und 1900 beleuchtet. Auf der ersteren Konferenz wurde ein Beschlußantrag angenommen: „daß nach Meinung dieser Konferenz die organisierten Stimmen der sozialdemokratischen Partei Großbritanniens insgesamt zur Vernichtung der liberalen Kandidaten verwandt werden sollten, indem die Stimmen bis zu den allgemeinen Wahlen und während dieser unentwegt für Tories abzugeben seien"; und das Exekutivkomitee erhielt den Auftrag, die erforderlichen Schritte zu ergreifen, um die Stimmabgabe so zu regeln, daß gegen alle liberalen Kandidaten mit Ausnahme der auf dem äußersten radikalen Flügel stehenden gestimmt würde. Die Resolution wurde damit begründet, daß „überall da, wo unabhängige Kandidaten aufgestellt würden, sie sich gegenüber Pufferkandidaten in Gestalt von Liberalen erblickten. Ihre einzige Hoffnung bestehe darin, die Macher dieser Pufferkandidaturen entweder zu gewissen Konzessionen an den Verband oder zur Zurückziehung der Kandidaturen zu veranlassen." Im nächsten Jahre vollzog man vor den allgemeinen Wahlen eine politische Wandlung, indem man eine Resolution annnahm, „daß im Hinblick auf den Zusammenbruch der liberalen Partei es für den Sozialdemokratischen Verband zur Unmöglichkeit werde, bei den nächsten Wahlen die auf der letzten Jahreskonferenz beschlossene Wahlpolitik zu befolgen, und daß bei der veränderten Lage der Dinge die sozialdemokratischen Stimmen auf eigene Kandidaten, wo solche aufgestellt seien, vereinigt und in anderen Wahlkreisen nur den Kandidaten gegeben werden sollten, die die kapitalistische Reichspolitik in Südafrika bekämpft hätten und die bestimmte näher bezeichnete sozialistische Vorlagen unterstützen. Wo sowohl die Liberalen wie die Tories die vorerwähnte kapitalistische Politik unterstützten, hätten sich die Sozialisten der Abstimmung zu enthalten."

Wahlen öffentlicher Beamter.

Der Verband bestrebte sich, seine Ansichten durch Versammlungen, durch Demonstrationen unter freiem Himmel, durch Flugblätter und durch sein Wochenorgan „Justice" zu verbreiten und versuchte ihnen durch Wahl seiner Mitglieder in die öffentlichen Körperschaften politischen Nachdruck zu verleihen. In die Vertretungskörperschaften der Flecken, Distrikte, Gemeinden und Armenverbände von England und Wales hat er in den letzten Jahren 60—80 seiner Kandidaten entsandt, und zeitweise gehörte der Bürgermeister von West Ham dem Verband an; trotzdem der Verband aber 1906 8 Kandidaten bei den Parlamentswahlen aufstellte, die zusammen mehr als 20000 Stimmen auf sich vereinigten, vermochte er doch ebenso wie bei den früheren Gelegenheiten, die Wahl keines einzigen Abgeordneten durchzusetzen.[1]

Die Unabhängige Arbeiterpartei.

Der erste planmäßige Versuch, Sozialismus und Arbeiterpartei zusammenzuschweißen, wurde auf der Bradforder Konferenz im Jahre 1893 gemacht, wo die Unabhängige Arbeiterpartei gebildet wurde. Die Konferenz war von Delegierten vieler Ortsgruppen der Arbeiterpartei, des Sozialdemokratischen Verbandes und der Gesellschaft der Farbier besucht.[2] Eine Verfassung und Satzungen wurden beschlossen, die sich als Ziel „das Kollektiveigentum und die Kollektivverwaltung der Produktionsmittel, der Verteilungs- und Austauschmittel" steckten, und als Mittel zur Erreichung dieser Ziele „Vertretung des Volkes im Unterhause durch fest auf ihr Programm verpflichtete Vertreter der Parteiziele" angaben. Ferner wurde ein unmittelbares Aktionsprogramm mit folgenden Forderungen aufgestellt: Allgemeiner Achtstundentag, Abschaffung der Überstunden- und der Akkordarbeit sowie der Beschäftigung von Kindern unter 14 Jahren, Fürsorge für die Kranken und Alten usw., freier religionsloser Unterricht auf allen Stufen, Arbeit für die Arbeitslosen, Besteuerung zur Beseitigung unverdienter Einkommen und

Ihre Organisation.

---

[1] W. Thorne, der 1906 für Südwest-Ham gewählt wurde, ist ein Mitglied des Verbandes. Er war indessen nicht von ihm aufgestellt, sondern von dem Komitee für Arbeitervertretung. Grayson, ein ausgesprochener Sozialist, wurde im Juli 1907 in einer Nachwahl für Colne Valley gewählt.

[2] Es waren die Gesellschaften der Fabier aus London und verschiedenen Provinzialstädten vertreten.

allgemeine Abrüstung der Völker. Der Verband sollte aus Zweigvereinen bestehen, die Delegierte zu der Jahreskonferenz entsenden, und diese sollte ihrerseits einen Landesverwaltungsrat wählen. Dieser Verwaltungsrat war ausdrücklich angewiesen, die Beschlüsse der Konferenz auszuführen und nicht dazu bestimmt, ohne vorherige Befragung einer zu diesem Zweck zusammenberufenen Sonderkonferenz neue Richtlinien zu geben, aber er wurde natürlich die Hauptfeder des Verbandstriebwerkes. Ein Parlamentskandidat konnte nur dann auf finanzielle Hilfe von der Partei rechnen, wenn er sich schriftlich zur Unterstützung der Ziele und des Programms der Partei, zur Opposition im Unterhause und zum Zusammengehen mit der Mehrheit der Partei verpflichtete. Von Zeit zu Zeit sind Verfassung und Satzungen im einzelnen geändert worden. Man hat das erstrebte Ziel großartiger als „Ein auf der Vergesellschaftung von Land und Kapital beruhendes industrielles Gemeinwesen" gefaßt. Unter die Mittel und Wege zur Erreichung des Zieles hat man die Unterweisung der Allgemeinheit in den Ideen des Sozialismus und die Vertretung sozialistischer Prinzipien in allen Wahlkörperschaften aufgenommen. Das unmittelbare Aktionsprogramm ist auf Frauenstimmrecht, dreijährige Legislaturperioden, Stichwahlen und Kommunalbetrieb aller von den Kommunalverbänden hierfür für geeignet erachteten Gewerbszweige, insbesondere der Schankstätten und Hospitäler ausgedehnt worden. Zu gleicher Zeit wurde die Kontrolle über die Wahlen zentralisiert, denn es muß jetzt vor jeder allgemeinen Wahl eine besondere Konferenz zur Festlegung der hierbei zu befolgenden Parteipolitik einberufen werden[1] und niemand kann ohne Zustimmung des Verwaltungsrates als Kandidat aufgestellt werden.[2]

Fortschritte der unabhängigen Arbeiterpartei.

Wie alle derartigen Verbände versucht die Unabhängige Arbeiterpartei ihre Mitglieder durch auf den Jahreskonferenzen beschlossene Resolutionen zu leiten und in gleicher Weise auch die öffentliche Meinung zu beeinflussen. Diese Resolutionen beschäftigen sich nicht nur mit unmittelbar mit dem Sozialismus und der Arbeiterklasse zusammenhängenden Dingen, sondern — insbesondere in den letzten

---

[1] Bei Nachwahlen wird die Wahlparole von dem Verwaltungsrat nach Benehmen mit dem Lokalzweigverein ausgegeben.

[2] Durch einen Nachtrag von 1906 wurde die Zahl der Mitglieder des Verwaltungsrates auf 13 erhöht, von denen 7 von Lokalverbänden und die übrigen von der Konferenz gewählt werden. Die Zweigvereine entrichten jetzt an den Verwaltungsrat für jedes Mitglied monatlich einen Penny und jährlich 10 Schillinge für jeden zu der Konferenz entsandten Delegierten.

Jahren — auch mit allgemeinen politischen Angelegenheiten. Zum gleichen Zwecke veröffentlicht sie gelegentlich Pamphlete und viele Jahre lang gab sie eine monatlich erscheinende Zeitschrift Namens The News heraus, bis sie diese Ende 1903 durch die Wochenschrift Labour Leader ersetzte. Die Gesamtmitgliederzahl aller Zweigvereine ist erheblich, scheint aber nach den ersten paar Jahren nicht mehr sehr stark zugenommen zu haben. Schon im Jahre 1896 gab der Verwaltungsrat die Mitgliederzahl auf über 20000 an, während 1901 der Verband an den Arbeitervertretungsausschuß Angliederungsgebühren für nur 13000 und 1906 für höchstens 16000 Mitglieder zahlte, obgleich das Interesse der Arbeiter am politischen Leben zu jener Zeit äußerst lebhaft war. Aber die wirkliche Mitgliederzahl eines derartigen Verbandes ist selbst für den unmittelbaren Einfluß eines solchen ein höchst unvollkommener Maßstab. Einen besseren Maßstab bietet die Menge der zu öffentlichen Ämtern gewählten Kandidaten. Nun hat die Unabhängige Arbeiterpartei den Versuch gemacht, ihre Mitglieder sowohl in Kommunalkörperschaften aller Art als ins Parlament zu entsenden, und seit 1897 hat sie ein Verzeichnis ihrer Vertreter in Körperschaften des öffentlichen Rechts in einem Anhang zu dem Jahresbericht der Konferenz herausgegeben. Zählt man Grafschafts-, Flecken-, Bezirks- und Gemeinderäte, Armenbehörden, Schulräte und dergl. in England und Schottland zusammen, so besaßen sie alles in allem 1897 zwischen 200 und 300 derartige Vertreter. Diese Zahl hob sich langsam bis 1905, wo sie plötzlich einen gewaltigen Sprung auf nahezu 400 machte, trotzdem die Schulräte (school boards) in England abgeschafft worden waren. Ebenso wurden schließlich Parlamentssitze erobert, trotzdem anfänglich die Resultate enttäuschten. Bei den allgemeinen Wahlen von 1895, den ersten Wahlen nach ihrer Gründung, stellte die Partei 28 Kandidaten auf, von denen 5 mehr als 3000 Stimmen auf sich vereinigten; aber keiner von ihnen wurde gewählt, und selbst Keir Hardie, ihr Präsident, der vor Begründung der Partei 1892 für den Südbezirk von West Ham gewählt worden war, büßte seinen Sitz ein. Auf der vor den Wahlen zur Bestimmung der Wahlparole der Partei abgehaltenen Sonderkonferenz hatte man den Beschluß gefaßt, nur ausgesprochene Sozialisten zu unterstützen, und die Delegierten stimmten in ihrer überwältigenden Mehrheit dafür, sich lieber der Abstimmung ganz zu enthalten als irgend eine Stimme für einen Konservativen oder einen Liberalen abzugeben. Bei den nächsten allgemeinen Wahlen von 1900 machte man großzügigere Politik und bemühte sich ernstlich, mit Arbeiter-

Erfolge bei den Wahlen.

verbänden, die nicht im strengen Sinne sozialistisch waren, zusammenzuarbeiten. Auf der Sonderkonferenz kam man dahin überein, nicht nur Sozialisten, sondern auch andere Arbeiterkandidaten zu unterstützen, und in Ermangelung von solchen jedem Zweigverein die Entscheidung über die am meisten im Interesse der Arbeiter und des Sozialismus liegende Wahlparole selbst zu überlassen. Bei dieser Gelegenheit gewann die Unabhängige Arbeiterpartei ihren ersten parlamentarischen Sieg, indem sie die Wahl von Keir Hardie durchsetzte. Sechs Jahre später, bei den allgemeinen Wahlen von 1906, wo sich eine allgemeine radikale Hochflut geltend machte, erzielte sie einen weit größeren Erfolg, denn nicht weniger als sieben ihrer Kandidaten und 16 ihrer Mitglieder wurden ins Unterhaus gewählt, doch geschah dies mit Hilfe eines sogleich zu beschreibenden anderen Verbandes.

Ihre inneren Kämpfe.

Die Unabhängige Arbeiterpartei ist stets sozialistisch gewesen, und hat doch versucht, sich der Mitwirkung der nicht überzeugten Sozialisten unter den Arbeitern zu versichern. Dies hat von Anfang an zu einem Widerstreit der Meinungen zwischen den unentwegteren Elementen in ihren Reihen und denjenigen geführt, die das Prinzipienreiten der Erreichung greifbarer Erfolge hintanstellten. Die Meinungsverschiedenheit zeigte sich schon bei der Beratung des Verbandsnamens auf der Gründungskonferenz. Hier wurde ein Antrag gestellt, den Namen Sozialistische Arbeiterpartei anzunehmen; um aber die breiten Schichten der Arbeiter und nicht nur die Sozialisten für sich zu gewinnen, wurde dieser Antrag nahezu einstimmig zugunsten des Namens „Unabhängige Arbeiterpartei" abgelehnt. Jahr für Jahr wurde die Frage wieder angeschnitten, aber der Verband lehnte konsequent die Namensänderung ab. Teilweise ist es wohl hierauf zurückzuführen, daß die Gesellschaft der Fabier und der Sozialdemokratische Verband den Beitritt ablehnten.

Streitigkeiten mit dem Sozialdemokratischen Verbande.

Es war sicherlich wenig glücklich, daß zwei Verbände, die im wesentlichen dieselbe Idee vertraten, dieselben unmittelbaren Ziele verfolgten und im allgemeinen dieselben Mittel verwandten, getrennt arbeiten sollten, und es wurden Versuche gemacht, sie zu vereinigen. Die Hindernisse, die sich dem in den Weg stellten, rührten sowohl aus prinzipiellen Bedenken wie aus persönlichem Groll her. 1894 bestellte der Verwaltungsrat der Unabhängigen Arbeiterpartei eine Kommision zu Verhandlungen mit dem Sozialdemokratischen Verbande über den Gedanken eines harmonischen Zusammenwirkens. Die Sache wurde dem Verbande bei einer Konferenz im August dieses Jahres unterbreitet, auf der ein Delegierter sich dahin aussprach, daß „die Unabhängige Arbeiterpartei und der Sozialdemokratische Verband zwei verschiedene Ziele verfolgten. Der Sozialdemokratische Verband erstrebe die Abschaffung der Lohnarbeit, und die Unabhängige Arbeiterpartei erstrebe bessere Löhne für die Lohnsklaven." Es wurde sodann ein Antrag angenommen, „daß nach Ansicht der Konferenz deshalb kein Bedürfnis für die Sonderexistenz der Unabhängigen Arbeiterpartei bestehen könne, weil der richtige Platz bewußter Sozialisten sich innerhalb einer revolutionären sozialistischen Organisation wie der des Sozialdemokratischen Verbandes befinde." Indessen wurde eine Kommission zur Abgrenzung des Verhältnisses beider Verbände bestellt, aber natürlicherweise führte dies zu nichts. Im nächsten Jahre erließ die Unabhängige Arbeiterpartei ein Umlaufschreiben mit dem Vorschlage der Bildung einer einzigen sozialistischen Partei, worauf der Verband nach einiger Hin- und Herschreiberei antwortete, „daß die gegenwärtigen Umstände eine Hoffnung auf Erfolg in dieser Hinsicht nicht rechtfertigten".

1897, wo sich die politischen Meinungsverschiedenheiten anscheinend abgeschwächt hatten, wurde die Sache erneut aufgenommen, und Vertreter der beiden Parteiräte traten zusammen und kamen dahin überein, daß die Vereinigung in einem einzigen Verbande wünschenswert sei. Die Frage wurde dann den Mitgliedern beider Verbände unterbreitet mit dem Ergebnis, daß 5158 dafür und 886 dagegen stimmten. Der Sozialdemokratische Verband betrachtete die Abstimmung als entscheidend und wollte demgemäß vorgehen, aber diesmal zuckte die Unabhängige Arbeiterpartei zurück. In Anbetracht der geringen Anzahl von Mitgliedern, die an der Abstimmung teilgenommen hatte, legte der Verwaltungsrat die Sache der Jahreskonferenz von 1898 vor, verwahrte sich gegen einen Schritt, der die Partei plötzlich auflösen und ihre Mitglieder in neue und zweifelhafte Verhältnisse bringen würde, und sprach sich dahin aus, daß eine Verbündung im gegenwärtigen Momente ratsamer sei als eine Fusion. Die Konferenz machte sich dahin schlüssig, eine neue allgemeine Abstimmung der Mitglieder über die Frage Verbündung oder Fusion herbeizuführen. Hierbei ergab sich eine sichere wenn auch geringe Mehrheit für die Verbündung und diese Entscheidung wurde von der nächsten Konferenz bestätigt. Der Sozialdemokratische Verband weigerte sich indessen, dieser Idee zuzustimmen, weil „dies zu einer Fortsetzung der persönlichen Streitigkeiten und zur Verewigung des Übels führe". Die Verhandlungen erregten Anstoß und gaben auf der Konferenz der Unabhängigen Arbeiterpartei zu Klagen Anlaß, daß die Mitglieder der ewigen Zänkereien unter den Sozialisten müde wären, und daß nur die Führer die beiden Verbände getrennt hielten. In diesem kritischen Zeitpunkt wurden die Zwistigkeiten der beiden Verbände zwar keineswegs beseitigt, aber doch in den Schatten gestellt durch die erfolgreichste bisher eingeleitete Bewegung für gesonderte Vertretung der Arbeiterinteressen im Parlament.

Das Komitee für Arbeitervertretung.

Die Unabhängige Arbeiterpartei leitet ihren Ursprung auf einen Gewerkvereinskongreß zurück und die neue Bewegung ist gleicher Herkunft. Der im September 1899 tagende Kongreß beauftragte seinen Parlamentsausschuß, alle kooperativen sozialistischen Gewerkvereins- und Arbeiterverbände in England und Wales zu einer gemeinschaftlichen Versammlung zwecks Beratung der Mittel und Wege zur Erzielung der Wahl von mehr Arbeiterabgeordneten bei den nächsten Parlamentswahlen einzuladen.[1] Da das Hauptziel in der Bildung eines Komitees zur Förderung der Wahl von Arbeiterabgeordneten bestand, bezeichnete man die neue Organisation, die ihren Namen von dieser Körperschaft entlehnte, bald als Komitee für Arbeitervertretung (Labour Representation Committee). Die im Februar 1900 in London tagende Versammlung war von Delegierten der Gewerkvereine, der Gesellschaft der Fabier, des Sozialdemokratischen Verbandes und der Unabhängigen Arbeiterpartei beschickt.

Seine Gründung.

Streitigkeiten unter den Sozialisten.

Erklärlicherweise brachen sogleich Streitigkeiten zwischen den unentwegten und den opportunistischen Sozialisten aus. Die erste Resolution erklärte sich in ihrer ursprünglichen Fassung dafür, daß eine parlamentarische Vertretung durch Mitglieder der Arbeiterklasse erforderlich sei. Man erhob Bedenken gegen den Ausschluß von Personen, die nicht selbst Arbeiter seien, und nach Besprechung wurde der Antrag in der Weise verändert, daß er sich nunmehr für die Vertretung durch Männer ausspricht, die mit den Bestrebungen und Forderungen der Arbeiter sympathisierten. Dies war lediglich ein Vorgefecht. Die Delegierten des Sozialdemokratischen Verbandes beantragten eine zweite Resolution dahin, daß die Vertreter der Arbeiterbewegung im Unterhause eine besondere Partei bilden sollten, „die auf der Grundlage der Anerkennung des Klassenkampfes stehe

[1] In ähnlicher Weise ging man gleichzeitig im Kongreß der schottischen Gewerkvereine vor; und eine in Edinburgh im Januar 1901 tagende Sonderversammlung verlief ebenso wie die Februarversammlung in London und rief ein schottisches Arbeiterkomitee ins Leben, welches dem englischen Komitee für Arbeitervertretung entspricht und bis auf den heutigen Tag bestanden hat.

und zu ihrem Endziel die Vergesellschaftung der Produktions-, Verteilungs- und Austauschmittel habe." Die Delegierten der Unabhängigen Arbeiterpartei beantragten einen Zusatzantrag, der jeden Hinweis auf den Klassenkampf und den Sozialismus vermied und brachten ihn durch. Daraufhin sagte die Justice, das Organ des Verbandes, in einem Leitartikel, daß die „Resolution den Führern der Unabhängigen Arbeiterpartei die Gelegenheit zum Bezeigen jener Verräterei geboten habe, an die wir unglücklicherweise gegenwärtig bereits gewöhnt sind." Diese Sprache scheint den Verwaltungsrat der Unabhängigen Arbeiterpartei verletzt zu haben, denn er sandte an den Parteirat des Verbandes einen Brief des Inhaltes, „daß solche Angriffe dem freundschaftlichen und harmonischen Verhältnis beider Verbände, auf das wir hinarbeiten, nicht förderlich sind," und mit der Anfrage, ob der Artikel in der Justice der offiziellen Stellung des Verbandes Ausdruck gäbe. Der Parteirat des Verbandes beschloß sodann formell, daß er „jenen Artikel als vollkommen richtige Wiedergabe seiner Beurteilung des Verhaltens der Delegierten der Unabhängigen Arbeiterpartei auf dem Kongreß für Arbeitervertretung anerkenne, und ihm als berufenes Parteiorgan seine Zustimmung erteile." Die Mitglieder des Parteirates führten in ihrem Bericht an die nächste Konferenz aus, daß sie nur in dieser Weise hätten antworten können. Der Verwaltungsrat der Unabhängigen Arbeiterpartei beschloß aber, sich auf keine weiteren Verhandlungen mit ihnen einzulassen, bis diese Anschuldigungen zurückgenommen worden seien. Auf der nächstjährigen Konferenz des Komitees für Arbeitervertretung brachte der Sozialdemokratische Verband erneut eine Resolution ein, die Kandidaten auf die Anerkennung des Klassenkampfes festzulegen, sie wurde aber abgelehnt, und im August beschloß der Verband formell, aus der neuen Organisation auszutreten.[1]

Organisation des Komitees für Arbeitervertretung.

Trotz dieser Streitigkeiten schritt die zur Begründung des Komitees für Arbeitervertretung zusammenberufene Versammlung auf ihrem Wege vorwärts. Sie nahm eine Reihe von Resolutionen an, die drei Jahre später in die Form einer Verfassung umgegossen wurden. Diese wurde von Zeit zu Zeit etwas erweitert, und die hier wiedergegebenen Einzelheiten stammen aus der revidierten

[1] Zu weiterer Erregung gab die ohne Benehmen mit den anderen Arbeiterverbänden erfolgte Aufstellung eines Kandidaten des Sozialdemokratischen Verbandes bei einer Nachwahl im Oktober 1901 in Dewsbury Anlaß; man bezeichnete dies als einen Vertrauensbruch. Tatsächlich haben die Reibungen mit dem Sozialdemokratischen Verbande niemals aufgehört.

Fassung von 1906. Das Komitee für Arbeitervertretung, oder wie man es nach den Siegen von 1906 nannte, die Arbeiterpartei, wird bezeichnet als ein Verband von Gewerkvereinen, Gewerkschaftskartellen, sozialistischen Vereinen und örtlichen Arbeitervereinen, und die Gewerkvereine haben sich so zahlreich angeschlossen, daß gegenwärtig die gesamte Mitgliederzahl der angegliederten Gesellschaften nahezu eine Million erreicht.[1] Die allgemeine Leitung hat die Jahreskonferenz, zu der die Gewerkvereine und sozialistischen Vereine einen Delegierten für je 1000 Mitglieder und die Gewerkschaftskartelle und Lokalkomitees für Arbeitervertretung so viele Delegierte entsenden dürfen, als ihre Beitragsleistung rechtfertigt.[2] Aber die laufende Verwaltung ruht in der Hand eines dreizehnköpfigen Exekutivkomitees, dessen Mitglieder auf der Konferenz von den Vertretern der verschiedenen, die Partei ausmachenden Bestandteile gewählt werden,[3] und eine sehr einflußreiche Stellung nimmt der auf der Konferenz gewählte und unter dem Komitee arbeitende Sekretär ein.

Kandidaten fürs Parlament.

Der Zweck der Sache ist „die Organisation und Erhaltung einer parlamentarischen Arbeiterpartei mit eigenen Einpeitschern und eigener Politik“ und dieser Zweck soll „durch die Wahl von Kandidaten erreicht werden, für deren Kandidaturen sich eine angegliederte Gefellschaft finanziell verantwortlich gemacht hat, und die von einer ordnungsmäßig berufenen Konferenz des Wahlkreises auserkoren sind“. Daher erstreckt sich die Tätigkeit des Komitees hauptsächlich auf die Kandidaturen. Die Kandidaten werden von den örtlichen angegliederten Vereinen namhaft gemacht und dann vom Komitee bestätigt, da aber gute Kandidaten nicht immer leicht aufzutreiben sind, und die Bestätigung an verschiedene Bedingungen

---

[1] 1906 waren 158 Gewerkvereine angegliedert, ferner 73 Gewerkschaftskartelle, d. h. gemeinschaftliche Organe für die verschiedenen Gewerkvereine eines Ortes, zwei sozialistische Gesellschaften, die Gesellschaft der Fabier und die Unabhängige Arbeiterpartei, endlich zwei erst seit 1905 aufgenommene örtliche Komitees für Arbeitervertretung.

[2] Jede dieser Gesellschaften zahlt wenigstens £ 1, 10 s. und darf hierfür einen Delegierten entsenden, kann aber für jede weiteren von ihr entrichteten zehn Schillinge einen weiteren Delegierten entsenden. Wenn eine Abstimmung verlangt wird, wird sie mittels Karten vorgenommen, die nach der Zahl der Delegierten, auf die eine angegliederte Gesellschaft ein Recht hat, ohne Rücksicht auf die Zahl der tatsächlich anwesenden Delegierten ausgegeben werden.

[3] Gegenwärtig wählen die Delegierten der Gewerkvereine neun Mitglieder, die der Gewerkschaftskartelle und Lokalvertretungskomitees eins, und die der sozialistischen Vereine drei.

geknüpft ist, so pflegte das Komitee eine Liste von Personen vorrätig zu haben, die seine Billigung besitzen, und aus deren Reihen die Lokalverbände nach Wunsch einen Kandidaten auswählen können. Die Bedingungen, denen ein Kandidat genügen muß, um von dem Komitee auf den Schild erhoben zu werden, sind in der revidierten Bundesverfassung von 1906 wie folgt aufgeführt:

Sie müssen der Partei gehorsam sein.

1. Kandidaten und Mitglieder müssen sich zu dieser Verfassung bekennen, sich verpflichten, die Beschlüsse der parlamentarischen Partei bei Ausführung der Ziele der Bundesverfassung anzuerkennen, sie dürfen ferner vor ihren Wählern lediglich unter der Bezeichnung „Arbeiterkandidaten" auftreten, sich unter keinen Umständen mit einem nicht angliederungsfähigen Parteiverbande identifizieren oder dessen Ziele fördern und keinen vom Exekutivkomitee der Partei anerkannten Kandidaten bekämpfen.

2. Die Kandidaten müssen sich verpflichten, nach ihrer Wahl sich der parlamentarischen Arbeiterpartei anzuschließen.

Wie bei den anderen Arbeiterverbänden muß ein Kandidat sich daher verpflichten, im Fall seiner Wahl nicht nach seinen eigenen Ansichten zu handeln, sondern sich der Entscheidung der Partei, zum wenigsten in den die Parteiziele berührenden Fragen zu fügen. Diese Verpflichtung wurde gemeinschaftlich mit der Zusicherung, nicht im Dienste einer anderen Partei tätig zu sein, 1903 in die Bundesverfassung aufgenommen, weil Herr Bell, der im vorhergehenden Jahre der Vorsitzende der Konferenz gewesen war, sich für die Wahl liberaler Kandidaten ins Parlament eingesetzt und Anzeichen der Verfolgung einer eigenen unabhängigen Politik verraten hatte. Um sich zu versichern, daß die Verpflichtung übernommen ist, pflegte das Komitee die Kandidaten aufzufordern, vor ihrer Bestätigung als Kandidaten die Verfassung zu unterschreiben. Einige Leute hat man ausgeschlossen, weil sie sich dessen weigerten,[1] der Verband ist aber der Ansicht, daß er, um ein politischer Machtfaktor zu sein, seine kleine Gruppe von Vertretern eng zusammen und in Gefechtsdisziplin halten muß. Diese Verpflichtung ist indessen nicht das einzige Mittel zum Ziel, ein anderes Mittel liefert die Geldfrage.

Pekuniärer Einfluß auf sie.

Die Arbeiterabgeordneten sind der Regel nach keine wohlhabenden Leute. Wenn sie ins Parlament entsandt werden, müssen sie ihren Beruf aufgeben und können dies nur tun, wenn sie ihren Unterhalt aus anderer Quelle beziehen. Die Vertreter der Gewerkvereine

---

[1] Zu diesen gehörte Bell, der sich daraufhin der liberalen Arbeitergruppe im Parlament anschloß.

haben gewöhnlich eine Unterstützung von diesen Gesellschaften erhalten, aber bei einer so allgemeinen organisierten Bewegung wie der des Komitees für Arbeitervertretung ergab es sich von selbst, daß die Sache in mehr systematischer Weise geregelt wurde. Außer den gewöhnlichen Beiträgen für die Parteizwecke[1] zog man von den angegliederten Verbänden jährlich einen Penny für jedes Mitglied zur Bildung eines parlamentarischen Fonds ein. Ein Teil dieser Mittel wird zur Bestreitung eines Viertels der Gebühren des Wahlbeamten für die Kandidaturen verwandt, während der Rest der Wahlkosten von den Lokalverbänden, die den Kandidaten aufstellen, getragen wird. Aber der Hauptzweck des Fonds besteht in der Zahlung eines Gehaltes von jährlich £ 200 an jeden Vertreter der Partei im Unterhause. Indessen war die Zahl der gewählten Abgeordneten 1906 so groß, daß dadurch der Fonds unerwartet stark in Anspruch genommen wurde, denn es ergab sich aus den Rechnungen des Komitees, daß der Beitrag von einem Penny nur ungefähr £ 4000 abwarf, welche Summe nach Abzug der Wahlkosten bei weitem nicht dauernd zur Bestreitung eines Gehaltes von je £ 200 für die 30 Abgeordneten der Partei ausreichte.

Natur der Partei.

Mittels der übernommenen Verpflichtung sind die Vertreter des Verbandes im Unterhause zu einer einheitlichen Partei gemacht worden, außerhalb des Parlaments aber ist das Komitee für Arbeitervertretung oder die Arbeiterpartei kein geschlossener Verband. Sie ist kaum ein Verband, sondern mehr ein Mittel zur Zusammenfassung der politischen Tätigkeit vieler unabhängiger Organisationen zu einem einzigen Zwecke, dem der Wahl von Arbeitervertretern ins Unterhaus. Mit Lokalangelegenheiten befaßt sie sich nicht, und selbst bei politischen Wahlen sind ihre Machtmittel sehr begrenzt. Sie hat keine örtlichen Werkzeuge, ja nicht einmal Zweigvereine, denn die angegliederten Vereine sind nahezu alle zu ganz verschiedenen Zwecken gebildet worden und unterstehen seiner Leitung nicht. Seine Stärke liegt hauptsächlich auf moralischem und in geringem Maße auch auf finanziellem Gebiete. Sie strebt dahin, den Gewerkvereinen politische Energie einzuflößen, und versucht durch die auf den Konferenzen beschlossenen Resolutionen die öffentliche Meinung in vielen Dingen zu bestimmen. Sie erhebt

---

[1] Die angegliederten Gewerkvereine und sozialistischen Vereine zahlen jährlich 15 Schilling für je 1000 Mitglieder oder einen Bruchteil hiervon. Die Gewerkschaftskartelle und Lokalvertretungskomitees zahlen £ 1, 10 s. und für jeden weiteren Delegierten auf der Konferenz weitere 10 Schillinge.

Kandidaten auf den Schild, aber abgesehen von der in Aussicht gestellten finanziellen Unterstützung hat dies nur die Bedeutung eines Rates an die angegliederten Vereine und Arbeiter, der von diesen aber nicht befolgt zu werden braucht.

Ihre Erfolge.

Und doch hat sich die Partei zum großen Teil wegen ihrer losen Organisation und des Mangels einer Befehlsgewalt, politisch als die bei weitem erfolreichste aller Arbeiterbewegungen erwiesen. Unzweifelhaft hat sie Glück gehabt. In einem Augenblick entstanden, wo der südafrikanische Krieg dem Radikalismus die tiefste Ebbe brachte, hat ihre Laufbahn bisher stets aufwärts zum Erfolg geführt. Doch hatte sie selbst im Anfang bereits gewisse Erfolge zu verzeichnen. Die allgemeinen Wahlen von 1900 fanden statt, bevor sie völlig organisiert war, aber sie brachte zwei ihrer Kandidaten durch, und diese erfuhren durch spätere Nachwahlen eine Vermehrung, denn 1902 wurde ein weiterer Sitz und im Jahre darauf wurden noch zwei errungen. Damals wurde die rechtliche Stellung der Gewerkvereine sehr schwer von der Entscheidung des Hauses der Lords in dem Taff Vale-Fall betroffen, die sie für schadensersatzpflichtig für rechtswidrige Handlungen ihrer Angestellten bei einem Streik erklärte. Die Entscheidung wurde 1901 gefällt, und mit Recht oder Unrecht rief sie unter den Gewerkvereinen ein starkes Gefühl des Mißvergnügens und eine gesteigerte politische Betätigung hervor, als dies seit Jahren der Fall gewesen war. Da sie in eine Zeit fiel, als die öffentliche Meinung am Vorabend ihrer Abkehr von der Regierung stand, gab sie im Verein mit der Abneigung der Arbeiter gegen die Chinesenarbeit in Südafrika und gegen die von Chamberlain vorgeschlagenen Nahrungsmittelzölle dem Komitee für Arbeitervertretung lebhaften Wind in die Segel. Bei den allgemeinen Wahlen von 1906 stellte es 50 Kandidaten auf und brachte 29 hiervon durch. Auch Herr Taylor, der lediglich von einem Bergarbeitergewerkverein aufgestellt war, unterschrieb nach der Wahl die Bundesverfassung, und so bildete sich im Unterhause eine 30 Mitglieder zählende Gruppe, die zu gemeinschaftlichem Vorgehen verpflichtet war, mit eigenem Vorsitzenden und eigenen Einpeitschern. In Würdigung dessen, daß der Zweck der Bildung einer gesonderten Arbeitervertretung im Parlament erreicht war, wurde der Name des Verbandes in „Die Arbeiterpartei“ umgewandelt.

Die Arbeitergruppen im Parlament.

Dieselben Kräfte, die das Komitee für Arbeitervertretung unterstützten, fielen auch zugunsten der Kandidaten der nicht mit ihnen verbrüderten Gewerkvereine ins Gewicht, und daher gibt es jetzt zwei Gruppen von Arbeiterabgeordneten im Hause; jede hat ihren

Vorsitzenden und ihre Einpeitscher und beide sind von beträchtlicher und ziemlich gleicher Stärke. Dem Namen nach ist ihre Stellung sehr verschieden, der praktische Unterschied ist aber viel geringer. Die eine von ihnen, die sog. Liberale Arbeitergruppe, verfolgt in gewerblichen Fragen ihre eigene Politik, bildet aber im übrigen einen Teil der liberalen Partei. Sie zählt 26 Mitglieder, ohne Einrechnung von John Burns, der vor seinem Eintritt ins Kabinett der Gruppe angehörte. Die Gruppe hat außerhalb des Parlaments keine Organisation, und ihre Mitglieder sind nicht verpflichtet, einheitlich vorzugehen. Die andere Gruppe ist die Arbeiterpartei, die sich für gänzlich unabhängig von allen anderen Parteien erklärt, aber in Wirklichkeit mit den Liberalen in Dingen übereinstimmt und sie zu unterstützen geneigt ist, die nicht die speziellen Arbeiterinteressen berühren. Ihre Mitglieder sind unzweifelhaft radikaler als der Durchschnittsliberale. Viele von ihnen sind Sozialisten und die Gruppe hat einen sozialistischen Akzent, doch ist sie nicht auf den Sozialismus eingeschworen, und kann dies auch der Natur ihrer Aufgabe nach nicht sein. Gleich anderen englischen Parteien bestehen ihre Ziele nicht in der Verfechtung einer Theorie oder eines Prinzips, sondern in der Vereinigung großer, in ihren Ansichten weit auseinander gehender Menschenmassen zu unmittelbarer gemeinschaftlicher Aktion, und dies bestimmt ihre Haltung. Gegenwärtig kann sie nicht offen sozialistisch sein, weil sie sich hiermit manchen Arbeiter entfremden würde, den sie für sich zu gewinnen versucht hat.[1]

Verhältnis der Arbeiterpartei zu den Liberalen bei Wahlen.

Derselbe Umstand bestimmt das Verhältnis der Arbeiterpartei zu den Liberalen insbesondere in Wahlzeiten. Ihre Parteigänger stammen aus den beiden älteren Parteien. In Yorkshire beispielsweise kamen ihre Anhänger meistens aus dem liberalen Lager, während in Lancashire, wo die Weber im allgemeinen konservativ

---

[1] Ein Beispiel für die praktische und versöhnliche Haltung der Partei gibt das Jahr 1905, wo man zur Verhinderung von Doppelkandidaturen ein Übereinkommen auf gegenseitige Unterstützung mit dem parlamentarischen Komitee des Gewerkvereinskongresses traf. Dies Übereinkommen bestimmte unter anderem, daß alle Arbeiter- und Gewerkvereinskandidaten, deren Kandidaturen vom parlamentarischen Komitee gebilligt sind, und die nicht das Programm einer anderen politischen Partei vertreten, von dem Komitee für Arbeitervertretung unterstützt werden sollen, auch wenn sie nicht von ihm auf den Schild erhoben sind, und daß das Komitee für Arbeitervertretung keinen Zweifel darüber lassen sollte, daß seine Bundesverfassung in den Wahlbezirken, wo kein Arbeiterkandidat aufgestellt ist, nicht zur Wahlenthaltung verpflichtet.

sind, ihre Gefolgschaft sich zum sehr großen Teil aus deren Reihen rekrutierte. Sie könnte sich daher, auch wenn sie wollte, nicht liberal nennen, weil viele frühere Tories, die sich bereitwillig an einer unabhängigen Arbeiterbewegung beteiligen, ihre Stimmen nicht für einen Liberalen abgeben würden. Auch erleidet man dadurch nicht etwa erheblichen Stimmenverlust auf der anderen Seite, wenn kein liberaler Kandidat aufgestellt ist, denn die große Masse der Radikalen kümmert sich sehr wenig darum, ob ein Kandidat sich als Angehörigen der liberalen oder der Arbeiterpartei bezeichnet. Nichtsdestoweniger bemüht man sich, da die Arbeiterpartei in Wirklichkeit den Liberalen viel näher steht als den Konserativen, einigermaßen, Gegenkandidaturen zu vermeiden. Dies geschieht nicht systematisch oder durchgängig, und die beiderseitigen Zentralbureaus scheinen darüber wenig zu verhandeln, es besteht aber eine Art von stillschweigender Verständigung, daß es nicht im Interesse der Liberalen liegt, da einen Kandidaten aufzustellen, wo ein Arbeiterkandidat bessere Aussichten haben würde, und daß es abgesehen von einem Versuch, auf einem neu in Angriff genommenen Gebiete die Stärke der Bewegung zu konstatieren, für die Arbeiterpartei nicht richtig ist, eine Kandidatur aufzustellen, die wahrscheinlich einen liberalen Sitz an die Konservativen ausliefern würde. Allerdings standen ja bei den allgemeinen Wahlen von 1906 von dem Komitee für Arbeitervertretung auf den Schild erhobene Kandidaten in vielen Fällen Liberalen gegenüber, aber doch weit weniger häufig, als dies gegenüber Konservativen der Fall war und in den Wahlbezirken mit zwei Abgeordneten, in denen sie auf dem Platz erschienen, traten gewöhnlich ein Liberaler und ein Arbeiterkandidat auf, die nicht im eigentlichen Sinne Gegner waren.[1]

---

[1] Überdies waren die Kandidaten des Komitees für Arbeitervertretung gegenüber den Konservativen entschieden erfolgreicher als gegenüber den Liberalen. Bei den allgemeinen Wahlen bewarben sie sich in England und Wales um 33 Sitze mit je einem Abgeordneten. In einem dieser Fälle war der einzige andere Kandidat ein Liberaler, der den Sieg davontrug. In 20 Fällen stellten die Liberalen keinen Kandidaten auf, und die Arbeiter brachten 15 ihrer Leute gegen konservative Gegner durch. In den anderen zwölf Fällen, wo beide Parteien Kandidaten aufgestellt hatten, gewannen die Liberalen und Konservativen je fünf Sitze und die Arbeiter nur zwei. Das Komitee für Abeitervertretung bewarb sich ferner um zwölf Wahlkreise mit je zwei Abgeordneten und benannte in jedem Falle nur einen Kandidaten. In einem dieser Fälle waren die einzigen anderen Kandidaten zwei Liberale von denen der eine erlag. In einem anderen Fall benannten die beiden alten Parteien je zwei Kandidaten und es ergab sich, daß beide Liberale mit

Zukunft der Arbeiterpartei.

Ob die Arbeiterpartei in den nächsten Jahren zunehmen oder abnehmen wird, ob sie unabhängig bleiben oder wie die andere Arbeitergruppe sich enger an die liberale Partei anschließen wird, kann man nicht leicht voraussehen. Der Einfluß eines politischen Verbandes auf seine Anhänger, seine Fähigkeit, den Enthusiasmus zu erwecken und Stimmen zu gewinnen, hängt in England nicht so sehr von der Anziehungskraft seiner Theorien oder der Vorzüglichkeit seiner Grundsätze als von der Überzeugung ab, daß er etwas zuwege bringen kann. In dieser Hinsicht hatte die Arbeiterpartei in der ersten Session des neuen Parlaments seltenes Glück. Die Regierung versuchte den Beschwerden der Gewerkvereine über den Taff Vale-Fall mittels einer Vorlage über die gewerblichen Streitigkeiten (Trade Disputes Bill) abzuhelfen, die bestimmte, daß ein Gewerkverein nur für von seinen Angestellten innerhalb ihrer satzungsgemäßen Zuständigkeit vorgenommene Handlungen schadensersatzpflichtig sein solle. Eine von der Arbeiterpartei eingebrachte Gegenvorlage bestimmte, daß die Gewerkvereine in keinem Fall für das unrechtmäßige Handeln ihrer Angestellten haftpflichtig sein sollten. Zuerst wandte die Regierung durch den Mund des

---

Leichtigkeit gewählt wurden. In den übrigen zehn Fällen stellten die Liberalen und die Arbeiter je einen Kandidaten und die Konservativen an vier Orten einen und an fünf Orten zwei Kandidaten auf. In neun von diesen zehn Flecken wurde der Arbeiterkandidat gewählt und neben ihm in einem Fall ein Konservativer und in den übrigen ein Liberaler. In Schottland, wo das Komitee nur zwei Abgeordnete durchbrachte, kam es zu häufigeren Konflikten mit den Liberalen. Die vier von dem Komitee für Arbeitervertretung auf den Schild erhobenen Kandidaten — in einem doppelsitzigen Wahlkreis und drei Wahlkreisen mit je einem Abgeordneten — sahen sich in jedem Fall einer vollständigen Liste der Liberalen und der Konservativen gegenüber. Es ist lehrreich, diese Zahlen anderen gegenüber zu stellen, die das Verhältnis der Arbeiterkandidaten, die in keinem Zusammenhang mit dem Komitee für Arbeitervertretung standen, zu den Liberalen zeigen. Einige von ihnen, die als liberale Kandidaten aufgestellt waren, sind in den Wahlberichten als Liberale aufgeführt, und von den 33 nicht als solche Bezeichneten wurden bei den allgemeinen Wahlen von 1906 (ausschließlich der Sozialisten) in England und Wales nur sechs von Liberalen bekämpft. Nur zwei von diesen sechs wurden gewählt, und einer von ihnen schloß sich unmittelbar darauf der Arbeiterpartei an, während von den übrigen 27 alle bis auf fünf, und zwar selbstverständlich mit Hilfe der Liberalen gewählt wurden. Diese Tatsachen zeigen, wie weit die unabhängigen Arbeiterabgeordneten gegenwärtig in die liberalen Hürden eingedrungen sind. Merkwürdigerweise ist der Zusammenhang in Schottland viel weniger eng. Dort standen dem halben Dutzend unabhängiger Kandidaten überall Liberale gegenüber und erstere wurden sämtlich geschlagen.

Generalstaatsanwalts ein, daß dies zu weitgehend sei, nach wenigen Tagen aber gab sie nach. Der Premierminister verhalf mit mehreren seiner Kollegen durch seine Stimmabgabe der gegnerischen Vorlage bei der zweiten Lesung zum Siege, und erklärte sich mit der entsprechenden Abänderung seiner eigenen Vorlage einverstanden. Dies hatte den Anschein eines großen Sieges der Arbeiterpartei, doch wurde in Wirklichkeit das Zugeständnis nicht gemacht, weil sie es verlangten, sondern weil es sich ergab, daß ein großer Teil der Liberalen bei den Wahlen in dieser Frage bindende Verpflichtungen übernommen hatte. Die Bestimmung war selbstverständlich ein Zugeständnis an die Arbeiter, sie wurde aber mehr durch den Druck der Wähler auf die liberalen Kandidaten als durch die Betätigung der organisierten Arbeiterpartei erreicht.

Bei der großen Majorität, die hinter dem Kabinet steht, ist es nicht wahrscheinlich, daß die Arbeiterpartei während der gegenwärtigen Legislaturperiode großen Einfluß auf dasselbe ausüben oder große Taten zuwege bringen wird. Und wenn sie einmal in der Zukunft das Zünglein an der politischen Wage bilden sollte, wird sie mit nahezu zwingender Notwendigkeit gemeinschaftliche Sache mit den Liberalen machen, und das, ohne sich öffentlich der Zugeständnisse rühmen zu können, die den Preis ihrer Unterstützung bilden. Dies bringt uns in der Tat auf einen der beiden Umstände, die gegen den dauernden Bestand der Arbeiterpartei als unabhängiger Gruppe ins Gewicht fallen, nämlich die auf Aufsaugung der dritten Parteien durch die Reihen der Regierung oder der Opposition gerichtete Tendenz des englischen Parlamentarismus. Der andere große Faktor liegt in der Schwierigkeit der Aufrechterhaltung der Eintracht zwischen den Elementen, aus denen die Arbeiterpartei zusammengesetzt ist. Die Ideale der Sozialisten werden von der großen Masse der Mitglieder der Gewerkvereine keineswegs geteilt, und die letzteren nehmen nur dann rege am politischen Leben teil, wenn sie einen bestimmten Beschwerdepunkt haben. Und was von größerer Bedeutung ist, jeder der Verbände, die über die Arbeiterstimmen verfügen möchten, wird von einigen wenigen Leuten geleitet, von denen viele geringe Geschäftserfahrung haben, und häufig eifersüchtig und argwöhnisch auf die Führer eines rivalisierenden Verbandes sind. Ob in Ermangelung akuter Beschwerdegründe das Gefühl des gemeinschaftlichen Interesses in der Arbeiterklasse sich stark genug zur Überwindung dieser Hindernisse erweisen und eine Sondervertretung der Arbeiter im Unterhause dauernd erhalten wird, ist eine der Fragen, über die die Zukunft entscheiden wird.

Vierunddreißigstes Kapitel.

Kandidaten und Wahlen.

Die Kandidaturen sind wenig umstritten.

Ein Fremder, der es versucht, sich in die Einrichtungen eines fremden Landes zu versenken, ist häufig erstaunt, daß die Leute, mit denen er spricht, die in seinem Kopfe sich auftürmenden Schwierigkeiten nicht verstehen. Er fragt sich, warum bestimmte politische Ursachen nicht die Wirkungen erzeugen, die er daheim unter anscheinend ähnlichen Verhältnissen beobachtet hat, und erhält keine befriedigende Antwort, weil diese Wirkungen durch Umgebung und Tradition ausgeschlossen sind, die dem Befragten in der natürlichen Ordnung der Dinge zu liegen scheinen. Sie geben für diese Dinge keine Erklärung, denn es fällt ihnen niemals ein, daß irgend eine Erklärung nötig sei. Kipling hat diese Schwierigkeiten in seiner Erzählung „Ein Irrtum in der vierten Dimension" beleuchtet. Nun versetzt es einen amerikanischen Beobachter des englischen Regierungssystems in Erstaunen, wie wenig die Aufstellung als Kandidat für das Parlament umworben ist. In den Vereinigten Staaten wird um die Aufstellung oft so heiß wie um die Wahl selbst, und mit den üblichen Wahlmachinationen gefochten. In vielen Wahlbezirken, wo eine sichere Mehrheit der Partei vorhanden ist, ist dies der einzige wirkliche stattfindende Kampf, indem die einmal erlangte Aufstellung als Kandidat mit der Wahl gleichbedeutend ist. In England ist ein Parlamentssitz viel begehrt, man hört aber nicht, daß die Mandatshungrigen um die Parteivereine werben, um ihre Aufstellung durchzusetzen und innerhalb des Parteimechanismus sich eine eigene Organisation zu schaffen versuchen. Soweit dies überhaupt vorkommt, geschieht es in sehr ruhiger Weise und in sehr geringem Umfange, und wenn überhaupt, wird nur sehr selten der Versuch gemacht, die Entscheidung des Exekutivkomitees dadurch umzustürzen, daß man den Kampf vor das breitere Forum des Parteirates zieht. Kurz, man kämpft nicht lebhaft um die Aufstellung als Kandidat für das Unterhaus, und dies kommt anscheinend hauptsächlich von dem verhältnismäßigen Mangel an ausgesprochenen persönlichen Neigungen bei der Wahl eines Vertreters, und von der begrenzten Zahl möglicher Kandidaten. Diese beiden Dinge müssen näher untersucht werden.

Ursachen hiervon.

Die Wähler sind hauptsächlich an dem Sieg der Partei, zu der sie gehören, und an der Erlangung der Macht durch ein Ministerium, das sich zu ihren Prinzipien bekennt, interessiert. Die spezielle Person, die als ihr Vertreter auf einer Bank hinter diesen Ministern sitzt, ist ihnen zwar keineswegs gänzlich gleichgültig, aber doch von geringerer Bedeutung, und dies gilt nicht nur von den Wählern im allgemeinen, sondern auch von der kleinen Gruppe von Männern, die stark im politischen Leben stehen. Sie bilden keine Vasallenscharen, die ihrem Führer in der Hoffnung auf Erlangung persönlicher Vorteile folgen. Er hat keine Ämter zu vergeben und kann keine Gnadenbeweise des Staates unter sie verteilen. Er kann nicht einmal viel zur Förderung der Sonderinteressen seines Wahlkreises tun, weil abgesehen von Aufwendungen für Werften, Kasernen und dergleichen aus der Staatskasse nichts für Anlagen in den Kommunen gezahlt wird und die Privatgesetze sich seinem Einfluß nahezu gänzlich entziehen. Wer seine Wahl unterstützt, kann von ihm außer den geringen Summen, die im Dienste der Partei bei der Eintragung oder bei der Wahl Tätigen gezahlt werden, wenig erwarten, der Wahlkreis kann höchstens auf Hätscheln (nursing) rechnen, und dergleichen wird sich ein Kandidat sehr angelegen sein lassen, der einigen Wohlstand und eine offene Hand besitzt. Die Lokalpolitiker lieben einen freigebigen und volkstümlichen Mann, sie lieben jemand, der einen guten Eindruck macht, und insbesondere einen hervorragenden Mann, auf den sie stolz sein können, sie freuen sich, wenn sich der Abgeordnete im Parlament auszeichnet und legen Wert auf sein treues Halten zur Partei, aber im übrigen sind sie keineswegs besonders stark für seine Person eingenommen, und sicherlich bilden sie keine Clique von Intriguanten, deren materielle oder politische Aussichten von der Wahl ihres Gönners abhängen. Die Aufstellung liegt in der Hand weniger Leute, aber diese sind an der allgemeinen Politik interessiert und abgesehen von gelegentlichen Lokalfreundschaften besteht ihr Ziel gewöhnlich mehr in der Eroberung des Sitzes für die Partei als in seiner Überantwortung an eine bestimmte Person.

Die Wähler haben keine starken persönlichen Wünsche.

Soviel über die Stellung der Wähler; die der möglichen Kandidaten fällt noch erheblich mehr ins Gewicht, denn die Wahl ist in vieler Hinsicht beschränkt.

Die Begrenzung in der Auswahl d. Kandidaten

beruht auf dem Anspruch auf Wiederaufstellung,

In erster Linie hat der augenblickliche Abgeordnete einen starken Anspruch auf Wiederaufstellung, der abgesehen von Fällen direkten persönlichen Anstoßes oder ausgesprochener politischer Meinungsspaltung nahezu unweigerlich von dem Lokalverein berücksichtigt wird. Hierdurch ist nun bereits über einen großen Teil der Mandate verfügt, die gute Wahlaussichten bieten, weil, wer einmal Abgeordneter gewesen ist, gewöhnlich Abgeordneter zu bleiben wünscht, und seine Partei, die einmal den Wahlkreis erobert hat, ihn im allgemeinen wahrscheinlich auch bei der nächsten Wahl erringen wird. Aber sogar ein unterlegener Kandidat, der den Kampf brav geführt hat, hat ein gewisses herkömmliches Recht auf Wiederaufstellung, wenn er darauf Wert legt, und sein Begehren hiernach wird im allgemeinen je nach den Erfolgsaussichten, die sich ihm bieten, größer oder geringer sein. Für viele der aussichtsreichsten Mandate gibt es daher ständige Kandidaten.

auf den Kosten,

Ferner wird die Zahl der möglichen Kandidaten durch die Kosten beschränkt. Abgesehen von Arbeiterkandidaten, hinter denen die Gesamtkraft einer Gewerkvereinsorganisation steht, fallen die Wahlkosten nahezu ganz dem Kandidaten zur Last und sind keineswegs unbedeutend. Zuerst kommen die jährlichen Kosten für Eintragung in die Wählerliste in Betracht und sodann die Wahlkosten selbst. Beide sind nicht gering, und hierzu kommen die ständigen Kosten der Warmhaltung (nursing) der Wählerschaft. Diese weichen im einzelnen sehr voneinander ab, sind aber meistens erheblich und bilden eine der Ursachen für die herrschende Gewohnheit, die Kandidaten bereits lange vor einer in Aussicht stehenden Auflösung aufzustellen. Die Wähler lassen sich gern verhätscheln, und diese Sitte gewährt dem Kandidaten die Möglichkeit sich bekannt zu machen und sich Dank bei den Wählern zu verdienen, was um so wichtiger ist, weil er oft ein Fremder ist, mit dem sie zur Zeit der Aufstellung nicht bekannt sind. Wenn wir die Kosten der Wahl in einem umstrittenen Wahlkreise auf £ 500—1000 und die durchschnittlichen jährlichen Kosten für Eintragung und Warmhaltung auf £ 400 oder £ 500 annehmen, was keineswegs hoch gerechnet ist,[1] so ist es klar, daß die Zahl der Leute, die diesen Preis für einen Parlamentssitz zahlen, nicht unbeschränkt ist, und daß die Zahl derer, die diese Kosten lediglich für die Möglichkeit, einen Sitz zu erringen, auf sich nehmen, noch geringer ist. Denn man darf nicht vergessen, daß die Aussichten auf irgend einen klingenden

[1] Die Schätzungen sind auf Schottland und Irland nicht anwendbar.

Lohn sehr gering sind. Die Abgeordneten erhalten keine Diäten, sie müssen in London während der kostspieligsten Jahreszeit leben, wenige von ihnen erhalten jemals als Minister usw. Gehälter, und auch diese meist erst nach langjähriger Arbeit im Unterhause.

So rekrutiert sich denn abgesehen von den Arbeiterabgeordneten das Haus hauptsächlich aus Leuten, die die Sache erschwingen können. Die Radikalen klagen hierüber, begehren die Besoldung der Abgeordneten und die Übernahme der Wahlgebühren auf die Staatskasse. Aber ich habe bereis ausgeführt, daß die Wähler selbst die Wahl reicher Leute bevorzugen, daß die Wahlkosten mehr auf die Sitte der Warmhaltung als auf die amtlichen Wahlgebühren zurückzuführen sind und daß das ebenso sehr die Schuld der Wähler wie die der Kandidaten ist. Ohne Frage übernimmt ja das Zentralbureau der Partei einen Teil der Wahlkosten der Kandidaten insbesondere dort, wo die Aussichten auf Erfolg nicht günstig sind, aber auch dies führt nicht zum Aufkommen neuer Elemente, weil die in dieser Weise unterstützten Kandidaten natürlich zur so wie so meist im Parlament vorherrschenden Gattung gehören.

auf der Bevorzugung von Gentlemen,[1]

Es ist aber nicht der Reichtum allein, der die Auswahl auf Mitglieder einer einzigen Gesellschaftsschicht beschränkt. Die Wählerschaft bevorzugt im großen und ganzen gerade diese Schicht. Die in England herkömmliche Regierung durch Gentlemen hat in den breiten Volksschichten nichts von ihrer Macht eingebüßt. Dies liegt heutzutage nicht so sehr an dem örtlichen Einfluß der alten Grafschaftsfamilien, denn obgleich dieser keineswegs verschwunden ist, so hat sich doch mit dem Wechsel der wirtschaftlichen Verhältnisse die Zahl der landsässigen Junker, die sich einen Sitz im Parlament leisten können, erheblich vermindert. Es liegt an dem Geist der Ehrerbietung oder — wenn man so sagen will — der Schusterei, der trotz einer wirtschaftlichen Revolution und trotz des Aufsteigens der Demokratie noch sein Dasein fristet. Dies tritt am meisten hervor bei Titeln aller Art oder einem Verwandtschaftsverhältnis mit einer vornehmen Familie, was stets Anziehungskraft ausübt, und wird unterstützt durch die Eifersucht, die in den sog. unteren und unteren Mittelklassen gegen Leute aus ihrer eigenen gesellschaftlichen Stellung herrscht. Selbst ein Arbeiter mit politischem Ehrgeiz soll seine schlimmsten Feinde unter seinen eigenen Kollegen finden, wenn er nicht etwa als Kandidat eines Arbeiterverbandes auftritt.

---

[1] (Anm. des Übersetzers.) D. s. gebildete Männer von guter Herkunft, anständiger Gesinnung und gesellschaftlicher Stellung.

auf der Zulassung der Wahl von Leuten, die ihren Wohnsitz nicht im Wahlkreise haben,

Es scheint ein Widerspruch in der Behauptung zu liegen, die Sitte, ebensowohl Fremde wie Ansässige zu Abgeordneten zu erwählen, beschränke die Zahl der möglichen Kandidaturen, und doch ist dies der Fall. Die Zahl der denkbaren Bewerber um jeden Parlamentssitz wird natürlich hierdurch enorm vermehrt, aber die Zahl der Leute, die sich darauf versteifen, in einem bestimmten Wahlbezirk zu kandidieren, wird vermindert. Niemand ist auf den Bezirk beschränkt, in dem er wohnt; wenn er dort auf ernste Opposition stößt, wird er wo anders ebenso gute Aussichten haben, und statt in seinem heimatlichen Bezirk einen verzweifelten Kampf zu führen, wird er sich nach einem Wahlkreis umsehen, wo die Aussichten für seine Aufstellung und seine Wahl günstig sind. Daher fallen heftige Kämpfe über die Aufstellung zwischen Männern weg, die nur die eine Chance, ein Mandat zu ergattern besitzen, daß sie sich den maßgebenden Einfluß im örtlichen Parteiverbande sichern.

auf dem Mangel an politischen Trittbrettern,

Ein anderer Umstand, der die Zahl der Kandidaten beschränkt, liegt in dem Fehlen einer politischen Pyramide mit sich nach oben verengernden Stufen, wie man das in einigen anderen Ländern hat. Häufig tritt jemand ins Haus der Gemeinen ein, der früher keinerlei durch Volkswahl besetztes Amt inne hatte. Tatsächlich kann man dies als allgemeine Regel bezeichnen. Er pflegt seine Karriere nicht als Gemeinde- oder Bezirksrat zu beginnen, dann Ratsherr oder Mitglied des Grafschaftsrats zu werden und so allmählich auf der Stufenleiter des öffentlichen Dienstes empor zu klimmen, bevor er ins Parlament eintritt, und umgekehrt verfügt man nicht über eine große Anzahl von Leuten, die durch einen entsprechenden Bildungsgang für eine Aufstellung als Kandidat geeignet sind. Viele Abgeordnete sind ja zweifelsohne bereits in Lokalverwaltungsbehörden tätig gewesen, aber dies ist nicht so allgemein üblich geworden, daß man diese Stellungen als regelmäßige Trittbretter in einer politischen Karriere bezeichnen kann, auch scheint diese Sitte nicht nennenswert an Verbreitung zu gewinnen. Tatsächlich ist der Abstand zwischen Parlament und örtlichen Verwaltungskörperschaften so groß, daß diese wohl keine Pflanzschulen für Kandidaten werden.

und auf der Art und Weise der Aufstellung.

In gewissem Maße liegt dies auch an der Art und Weise, in der die Aufstellung der Kandidaten durch die Partei erfolgt. Der Kandidat wird der Regel nach von einem kleinen hierfür gewählten Unterausschuß ausgesucht, dessen Wahl ohne weitere Umstände von dem Lokalverein hingenommen wird. In der liberalen Partei ist dies nicht stets der Fall, und wo der Ausschuß zwischen zwei oder mehr Personen schwankt, fordert er diese oft auf, an aufeinander folgenden Abenden vor dem Rat oder Exekutivkomitee des Vereins zu sprechen, welch letztere Körperschaft dann einen von ihnen auf den Schild erhebt. Die Aufstellung beruht in solchen Fällen der Hauptsache nach nicht auf Stimmenwerbung und Intriguen, sondern auf öffentlichem Wettreden. Dieser Weg ist weniger demoralisierend als der andere und zeitigt doch schlechte Wirkungen, weil viele der Besten ihn nicht schätzen und ihn nicht betreten. Von den Konservativen wird die Sache geschickter gehandhabt. Bei ihnen kommt sowohl in Schottland wie in England ein Kampf um die Aufstellung als Kandidat wenn überhaupt je so doch äußerst selten vor den Rat (council) eines Lokalvereins. Wenn der kleine Ausschuß sich nicht über die vorzuschlagenden Kandidaten einigen kann, und noch zwei oder drei Leute vorhanden sind, die die Sache weiter verfolgen wollen, so machen sich Einflüsse von außerhalb dahin geltend, daß alle bis auf einen ihre Kandidaturen zurückziehen. Irgendein in der Nachbarschaft durch seine hohe gesellschaftliche Stellung oder seinen machtvollen Einfluß in der Partei hervorragender Mann legt sich zu dem Zweck ins Mittel, und es kann in Einzelfällen erforderlich werden, die Führer der Landespartei anzurufen, doch ist dies bedenklich, weil es die Hoffnung auf eine bestimmte Belohnung für die Befolgung ihrer Wünsche einflößt. In jedem Falle wird ein Mann, der seine Kandidatur zurückzieht, für ein Zurücktretenlassen seiner persönlichen Wünsche einen gewissen Anspruch auf künftige Berücksichtigung erheben können. Diese Art und Weise der Auswahl der Kandidaten vermindert offensichtlich die Zahl derer, die offen ihre Wahl erstreben, und führt den Kampf um die Aufstellung als Kandidat auf ein Mindestmaß zurück.

Das Verfahren bei der Aufstellung.

Die Aufstellung erfolgt daher in den meisten Fällen durch die Mitglieder eines kleinen Ausschusses. Man sollte annehmen, daß diese bei Ausfindigmachung eines geeigneten Kandidaten auf keine Schwierigkeiten stoßen würden und daß die einzige Schwierigkeit darin läge, die Auswahl unter einer Masse im Wahlkreise wohnhafter und auswärtiger Bewerber zu treffen, aber aus den bereits geschilderten Gründen ist dies keineswegs immer der Fall. Der Kandidat ist unfraglich häufig durch die Verhältnisse gegeben, er sitzt vielleicht gerade im Parlament, oder hat sich um den Sitz bei den letzten Wahlen beworben und manchmal ist beim Freiwerden eines Mandates jemand am Orte vorhanden, dessen Stellung ihm einen durchschlagenden Anspruch auf Aufstellung gibt. Ein solcher Mann gibt den besten Kandidaten ab, aber er dringt nicht immer durch. Ein im Bezirk wohnender Mann hat sich gewöhnlich außer Freunden auch Feinde gemacht, seine Nachbarn, die dasselbe Recht auf Berücksichtigung wie er zu haben glauben, werden wahrscheinlich auf ihn eifersüchtig sein und oft dem jungen Sproß eines vornehmen Hauses oder einem erfolgreichen Londoner Anwalt oder Bankier den Vorzug vor ihm geben. Wenn daher auch ein Fremder, der nicht zum Wahlbezirk gehört, manchmal als „carpet-bagger" (Mann mit der Reisetasche)[1] verhöhnt wird und irgend eine phantasievolle Beziehung zu dem Wahlkreise auszuhecken versucht, geben doch im ganzen die Wahlkreise den im Kreise wohnhaften Kandidaten keinen Vorzug oder doch wenigstens keinen ausgesprochenen Vorzug. Man hört sogar die Behauptung, daß sie direkt im Nachteil seien, und tatsächlich sind die Abgeordneten ungefähr zur Hälfte nicht in ihren Wahlkreisen wohnhaft.[2]

Wenn kein geeigneter Kandidat im Wahlkreise vorhanden ist, und auch kein Auswärtiger Anspruch auf Aufstellung hat, pflegt das Komitee sich an das Zentralbureau der Partei zu wenden, das absichtlich seinen Rat nicht unverlangt aufdrängt, aber stets erbötigt ist, auf Wunsch Vorschläge zu machen. Es schlägt unweigerlich mehr als einen Namen vor, einesteils weil es wünscht, daß die Leute, die ihm ihren parlamentarischen Ehrgeiz bekannt gegeben haben, sehen, daß das Bureau sich bemüht, Sitze für sie ausfindig zu machen, und mehr noch, weil es ängstlich den Schein vermeiden möchte, daß es den Wahlkreisen die Kandidaten diktiert. Die Sitte der Befragung des Zentralbureaus ist so allgemein, daß viele Abgeordnete ihre Sitze durch seine Vermittelung und manchmal, wie wir gesehen haben, mit seiner pekuniären Hilfe erlangen. Dem, der an den ausgesprochenen Lokalpatriotismus gewöhnt ist, den die Demokratie in einigen anderen Ländern erzeugt hat, erscheint es befremdlich, daß die Wähler einer Provinzstadt sich nach Westminster wenden, um einen ihnen gänzlich unbekannten Kandidaten zu erhalten. Ebenso wie das Fehlen heftiger Kämpfe um die Aufstellung liegt dies an der Sitte der Wahl Auswärtiger, an der begrenzten Auswahl von Kandidaten und daran, daß den über die Aufstellung entscheidenden Männern der Regel nach mehr an dem Erfolg ihrer Partei als an der Persönlichkeit ihres Vertreters liegt.

---

[1] Anm. des Übersetzers: Ursprünglich Bezeichnung für Republikaner der amerikanischen Nordstaaten, die 1865 nach Beendigung des Bürgerkrieges nach den Südstaaten auswanderten und durch Stellenjägerei sich möglichst die Taschen füllten.

[2] Nach der Schätzung von Ostrogorski zur größeren Hälfte. Bd. 1 S. 451.

Daß die persönlichen Eigenschaften doch immerhin eine gewisse Wirkung auf die Wähler ausüben, kann man an den Wahlkreisen mit zwei Abgeordneten sehen, wo bei annähernd gleicher Stimmenzahl der Parteien nicht selten ein Kandidat einer jeden Partei gewählt wird, indem der Kollege des die meisten Stimmen auf sich vereinigenden Kandidaten weit genug zurückbleibt, um den Favoriten der anderen Liste den Sieg zu ermöglichen. Bei den allgemeinen Wahlen von 1900 war dies beispielsweise in vier von den 23 Flecken mit zwei Abgeordneten der Fall.[1]

Geringe Anzahl unabhängiger Kandidaten.

Unabhängige Kandidaten, die die Kandidaten der Parteiverbände bekämpfen, sind in den letzten Jahren wenig aufgetreten. Wenn wir für den Augenblick die Kandidaten der Arbeiterpartei, der Sozialisten und der Irischen Nationalisten, die zu bestimmten politischen Parteien gehören, und ebenso einen gelegentlich gewählten schottischen Hufner (Kleinpächter auf den schottischen Inseln) außer Betracht lassen, so zeigen die Fälle, wo in Großbritannien mehr als zwei Kandidaten um einen Sitz gerungen haben, seit 1885 eine ausgesprochene Abnahme. Bei den allgemeinen Wahlen dieses Jahres gab es 32 solche weiteren Kandidaten, aber elf von ihnen vereinigten weniger als je 200 Stimmen auf sich, und 15 erhielten, soweit man aus den Zahlen schließen kann, nicht genug Stimmen, um das Ergebnis zu beeinflussen, obgleich man natürlich unmöglich positiv behaupten kann, daß sie das Ergebnis nicht beeinflußt hätten. Bei den allgemeinen Wahlen von 1886, die sich um die Home Rule-Frage drehten, gingen die Wogen des Parteikampfes hoch und die Parteien waren scharf geschieden. In drei Wahlkreisen konnten die Konservativen und Liberalen Unionisten zu keinem Einvernehmen gelangen, so daß beide Parteien Kandidaten aufstellten,[2] und in einem anderen Wahlkreise standen sich zwei Liberale gegenüber; aber in keinem dieser Fälle scheint das Ergebnis hiervon beeinflußt gewesen zu sein. Faßt man die folgenden drei allgemeinen Wahlen von 1892, 1895 und 1900 zusammen, so traten hierbei alles in allem nur zehn solche ferneren Kandidaten auf, von denen fünf weniger als je 100 Stimmen und einer weniger als 200 Stimmen auf sich vereinigten, während von den übrigen vier, die eine erhebliche Stimmenzahl erlangten, nicht ein einziger nach den Zahlen das Wahlergebnis

[1] In einem anderen Flecken mit zwei Abgeordneten (Bolton) war nur je ein konservativer und ein liberaler Kandidat aufgestellt, die bei der vorhergehenden Wahl die beiden anderen Kandidaten, einen Konservativen und einen Liberalen, geschlagen hatten.

[2] In zweien dieser Fälle erreichte der Liberale Unionist keine 300 Stimmen.

ernsthaft beeinflußt zu haben scheint. Bei diesen drei allgemeinen Wahlen wurde also ein solcher Kandidat durchschnittlich nur in einem Wahlkreis auf 170 aufgestellt und hatte in den meisten Fällen nichts Erhebliches hinter sich. Die Frage der Tarifreform, über die die konservative Partei scharf gespalten war, führte bei den Wahlen von 1906 zu einer größeren Anzahl dritter Kandidaten. Wenn man von den Universitäten absieht, standen einem Liberalen in neun Wahlkreisen ein Unionistischer Freihändler und ein Unionistischer Zollreformer gegenüber und in dreien dieser Fälle errang der Liberale dadurch den Sieg. In vier weiteren Fällen war außer dem Unionisten und dem Liberalen ein dritter Kandidat vorhanden, der sich als liberal oder unabhängig bezeichnete, aber in keinem dieser Fälle beeinflußte sein Auftreten anscheinend das Ergebnis. Diese Zahlen machen es klar ersichtlich, daß abgesehen von den Ausnahmezeiten, wo eine der beiden großen Parteien unter solchen inneren Zwistigkeiten leidet, wie sie 1886 unter den Liberalen und 1906 unter den Unionisten herrschten, Fälle, in denen unabhängige Kandidaten den regelrechten Parteikandidaten gegenüberstehen, gegenwärtig selten vorkommen.

Gründe hierfür.

Die Sache liegt so, daß, da sich das politische Leben in England um staatspolitische Fragen dreht, und die zu entscheidenden Fragen von den parlamentarischen Parteiführern zurecht gemacht werden, der intelligente Wähler nicht so sehr für Herrn X. oder Herrn Y., wie für das Ministerium oder die Opposition stimmt, und daher selten genügend Interesse an den persönlichen Ansichten und der persönlichen Umsicht eines Kandidaten nimmt, um deshalb den Erfolg seiner Partei durch Unterstützung der Aufstellung eines dritten Kandidaten zu gefährden. Auf diesem Wege führt der Parlamentarismus in England zu einer ebensolchen Beschränkung der Kandidatenzahl, wie sie in Amerika durch mehr entwickelte und straffer disziplinierte Parteiverbände erzielt wird. Überdies existiert der Hauptgrund, der in den Vereinigten Staaten für unabhängige Kandidaturen spricht, in England nicht. Ein Abgeordneter hat hier wenig Gelegenheit, sich selbst oder seinen Anhängern Vorteile zu verschaffen und kann daher durch gewissenlose Stellenverteilung keine Mißstimmung erregen, und daher hört man nichts von dritten Kandidaten, die ohne Rücksicht auf politische Meinungsverschiedenheiten lediglich als Protest gegen politische Schachergeschäfte aufgestellt werden. In England finden sich sehr geringe Anklänge an die beiden in Wechselbeziehung stehenden Typen des amerikanischen politischen Lebens, den Beutepolitiker (spilsman) und den Reformer.

Arbeiterkandidaten.

Bei Besprechung der dritten Kandidaten habe ich nichts über die häufigsten Fälle dieser Art gesagt, weil sie zu einer ganz verschiedenen Kategorie gehören. Die Irischen Nationalisten beispielsweise bilden eine ganz für sich bestehende Partei im Staate. Sie sind keine dissentierenden Liberalen, sondern eine wirkliche dritte Partei, die ihr eigenes Programm verficht, und als solche gehören sie nicht in eine Besprechung der Aufstellung unabhängiger Kandidaten. Bis zu einem gewissen Grade traf dies auch bei den Arbeiterverbänden zu, aber ihre Stellung ist sich nicht stets gleich geblieben. Im letzten Kapitel habe ich darauf hingewiesen, wie die liberale Partei sie in ihre Gefolgschaft einzureihen versucht hat, um die gegenseitige Bekämpfung von Kandidaten der Liberalen und der Arbeiter zu verhindern, und in vielen Fällen hat sie dies auch erreicht. Ihre Erfolge haben indessen von Zeit zu Zeit gewechselt. Wenn man die Kandidaten des Sozialdemokratischen Verbandes und andere Kandidaten, die als Sozialisten auftraten, nicht mitzählt, traten 1885 vier Arbeiterkandidaten gegen Liberale auf, 1886 keiner, 1892 14 und 1895 hob sich diese Zahl auf 24. 1900 fiel sie wieder auf drei, im Jahre 1806 aber erhöhte die vermehrte Rührigkeit der Arbeiterverbände und insbesondere die Bildung des Komitees für Arbeitervertretung mit seinem Hauptgrundsatz der Unabhängigkeit die Zahl dieser Konflikte auf 32, und zwar trotzdem die Liberalen in vielen anderen Fällen keinen Gegenkandidaten aufstellten. Die Arbeiterkandidaten vereinigen auf sich gewöhnlich eine so bedeutende Stimmenzahl, daß in ungefähr $^1/_3$ der Fälle, in denen Liberale und Arbeiterkandidaten sich in den letzten 25 Jahren gegenseitig bekämpften, das Resultat in der Wahl eines Konservativen bestand. Aber nach einer Periode unabhängigen Auftretens seitens der Arbeiterverbände nötigt die Gefahr des Verlustes von Mandaten an die Konservativen entweder zu einem Zusammengehen mit den Liberalen oder zu einer Machteinbuße.

Sozialistische Kandidaten.

Die rein sozialistischen Verbände haben sich in viel kleinerem Umfange betätigt; die meisten Gegenkandidaten gegen Liberale, nämlich sieben, stellten sie im Jahre 1906 auf.[1] Überdies haben sie selten soviele Stimmen auf sich vereinigt, um das Wahlresultat zu beeinflussen.

Vorschläge der Einführung einer Stichwahl.

In diesem Zusammenhang mag es angebracht erscheinen, den Vorschlag zu erwähnen, vom Festlande statt der Wahl durch relative

---

[1] Bei diesen Wahlen standen zwei weitere Kandidaten Arbeiterkandidaten in Fällen gegenüber, wo keine liberalen Kandidaten aufgestellt waren.

Mehrheit das Prinzip der absoluten Mehrheit mit einer Stichwahl, falls kein Kandidat die absolute Majorität erreicht, zu übernehmen. Dies würde nach der Ansicht vieler Leute verhindern, daß die Aufstellung eines dritten Kandidaten das Mandat dem gemeinschaftschaftlichen Gegner überliefert, und hat daher bei den Liberalen viel Anklang gefunden. Vorlagen zur Einführung dieser Neuerung sind im Parlament mehr als einmal eingebracht worden.[1] Ein sich für dies Prinzip aussprechender Antrag wurde am 5. April 1895 vom Haus der Gemeinen mit 132 gegen 72 Stimmen auch wirklich angenommen, und 1897 wurde die Sache von dem Liberalen Landesverband aufgegriffen. Während des Sommers ließ das Exekutivkomitee in den angegliederten Vereinen eine Denkschrift unter dem Titel „Die Stichwahl“ umlaufen, die einiges Material über die Praxis im Auslande nebst vielen Gründen für und wider enthielt. Es wurde sodann auf der Versammlung des Gesamtausschusses im Dezember eine Resolution beantragt und mit großer Mehrheit angenommen, die Sache wurde aber niemals dem Parteirat unterbreitet, und zwar zweifelsohne aus dem Grunde, daß die Ansichten hierüber nicht genügend übereinstimmten. Es ist natürlich, daß die Liberalen von der Idee einen möglichen Vorteil erhoffen, weil sie mehr als die Konservativen unter den dritten Kandidaturen, die von Arbeitern und anderen aufgestellt werden, leiden und der Ansicht sind, daß diese bei einer Stichwahl für den liberalen Kandidaten stimmen würden. Aber es kann kaum zweifelhaft sein, daß dieses System zu einer Vermehrung der dritten Kandidaturen führen würde, denn ein Arbeiterverband würde durch die Aufstellung einer unabhängigen Kandidatur keine Gefahr laufen, das Mandat den Konservativen zuzuschanzen, während er so seine Stärke zeigen und vielleicht die Liberalen nötigen könnte, seine Kandidaten bei der Stichwahl zu unterstützen. Es ist auch keineswegs sicher, ob nicht die Reibereien und das politische Unabhängigkeitsgefühl der extremen Elemente, die durch die häufigere Aufstellung dritter Kandidaturen bei der Hauptwahl hervorgerufen werden würden, schließlich so starke Zwistigkeiten herbeiführen würden, daß ein notgedrungenes Zusammengehen bei der Stichwahl sie kaum wieder gut machen könnte. Auf dem Festlande hat das System anscheinend, statt zu einer Konsolidierung der Parteien zu führen, nur eine Vervielfachung

[1] Zwei solche Vorlagen wurden 1894 und eine 1895 eingebracht. Auch in früheren Vorlagen, beispielsweise von 1872 und 1882 fanden sich hierauf hinzielende Bestimmungen.

der Parteien gezeitigt und so jene dem Parlamentarismus abträgliche innere Auflösung des Parlaments gefördert.[1]

Wer die englische Walkampagne schildern will, stößt gleich dem Richter, der über die Wahlbeschwerden entscheidet, zunächst auf die Frage, wann die Wahlperiode beginnt. Für unsere Zwecke kann man sagen, daß sie mit der jährlichen Eintragungsarbeit einsetzt oder sich vielmehr ständig fortsetzt. In einem früheren Kapitel haben wir bereits gesehen, daß die Eintragung hauptsächlich den Wählern selbst überlassen ist, d. h. den Parteiverbänden, denn falls nicht die eine Partei eine große zahlenmäßige Überlegenheit hat, wird der Erfolg wahrscheinlich von den Stimmen der gut gesinnten aber indolenten, gleichgültigen oder energielosen Wähler abhängen, und man kann nicht darauf rechnen, daß diese sich selbst eintragen lassen werden. Der örtliche Parteiverein muß das für sie tun, und um sich zu vergewissern, daß er damit seinen Freunden und nicht seinen Gegnern dient, muß er die Wähler umwerben. Wo rührige Vereine vorhanden sind, geschieht dies sehr gründlich, die politischen Gesinnungen eines jeden Wählers werden soweit als möglich festgestellt, und ebenso sein Anspruch auf Eintragung und alle Einwände, die etwa gegen sein Stimmrecht erhoben werden könnten. Es scheint, als ob die Dienste unbesoldeter Werber hierfür nicht von großem Wert sind, und man pflegt daher eine große Anzahl von Leuten zu dingen, was einen erheblichen Teil der Eintragungskosten ausmacht.

Wahlverfahren.

Eintragung.

Einmal jährlich sitzt der Revising Barrister zu Gericht zur Entscheidung aller Eintragungsstreitigkeiten. Tatsächlich nimmt er eine richterliche Stellung ein, entscheidet über Anträge und Einwände nur nach dem ihm vorgelegten Material und dies Material wird ihm von den besoldeten Sekretären der Lokalvereine vorgelegt. Sie gehen natürlich darauf aus, möglichst viele ihre Anhänger in die Wählerliste zu bringen und gegen möglichst viele Gegner Einwendungen zu erheben. Wie weit man hierin geht, kann man aus einem in der Hand des Verfassers befindlichen Terminskalender des Revisionsgerichtshofes für Liverpool für 1898 ersehen, nach dem die Gesamtzahl der dem Gericht unterbreitete Anträge und Einwände bei einer Gesamtwählerschaft von 84000 13102 betrug. Die Sekretäre der Lokalvereine treten vor dem Gerichtshof dem Namen nach als Vertreter des Antragstellers oder des Widersprechenden auf, in Wirklichkeit aber vertreten sie die politischen Parteien.

[1] Vgl. Lowell, „Governments and Parties“. Bd. II S. 108—111.

Wie Anwälte in einer Prozeßsache schließen sie tatsächlich bindende Vergleiche, obgleich diese mehr im Interesse der Lokalvereine als der in Frage kommenden Personen liegen mögen. In Glasgow beispielsweise wurde von den Parteiverbänden im Mai 1899 ein Flugblatt herausgegeben, das ein Übereinkommen enthielt, daß in den nächsten fünf Jahren alle Anträge von Aftermietern von dem Stadtsyndikus entschieden werden sollten und daß alle Parteien seine Entscheidung als endgültig betrachten und den Gerichtshof bitten sollten, sie zugrunde zu legen.

Unumstrittene Mandate.

Abgesehen von den Bemühungen, die persönliche Bekanntschaft mit den Wählern aufrecht zu erhalten und sich ihre Zuneigung durch Hätscheln zu sichern, schließt die Wahlarbeit eines Kandidaten oft mit der Eintragung ab, weil kein Gegner aufgestellt ist. Dies liegt hauptsächlich an einer besonderen Eigenheit des englischen Wahlgesetzes. In anderen Ländern erfolgt bei jeder Wahl eine Abstimmung, selbst wenn nur ein einziger Kandidat aufgestellt ist, und zwar auf öffentliche Kosten. Unter diesen Umständen kann eine politische Partei einen Kandidaten mit geringen oder gar keinen Kosten aufstellen und dann den Kampf mit soviel Nachdruck führen, wie sie will. In England aber wird in Fällen, wo nur ein Kandidat aufgestellt ist, dieser ohne Abstimmung als gewählt verkündet, während beim Vorhandensein von zwei Kandidaten eine Abstimmung auf ihre gemeinschaftlichen Kosten erfolgen muß. Nun werden die Kosten in solchen Fällen der Regel nach von dem Kandidaten selbst getragen, wenn er nicht das Zentralbureau seiner Partei zur Bestreitung eines Teiles davon bestimmen kann, und daher überlegt man es sich, sich als Kandidat in Wahlkreisen, wo die Aussichten auf Erfolg gering sind, aufstellen zu lassen. Und dies um so mehr, weil jemand, der sich um ein Mandat ohne Erfolg bewirbt, eigentlich weiter nichts als einen gewissen Anspruch darauf erwirbt, bei anderer Gelegenheit für einen besseren Wahlkreis empfohlen zu werden. Daher ist die Zahl der unumstrittenen Sitze bei allgemeinen Wahlen gewöhnlich groß. Ganz abgesehen von Irland, wo es in den nationalistischen Hochburgen für die englischen Parteien zwecklos ist, Kandidaten aufzustellen, und abgesehen von den Universitäten, die eine besondere Gruppe bilden, gab es bei den allgemeinen Wahlen von 1895 119 Mandate, d. h. $^1/_5$ der gesamten Mandate der Grafschaften und Flecken Großbritanniens, die unumstritten waren, und 1900 belief sich diese Zahl auf 161 oder beträchtlich mehr als $^1/_4$. Bei weitem die meisten Kandidaten, denen keine Gegner gegenüberstanden, waren Konservative, weil die Aufstellung von Kandidaten in aussichtslosen Wahlkreisen hauptsächlich eine Kostenfrage bildet und die Konservativen mehr reiche Leute besitzen als die Liberalen. Sie besitzen auch einen größeren Zentralfonds zur Unterstützung von Kandidaten und benutzen ihn, um den Krieg in das feindliche Land zu tragen. Bei den allgemeinen Wahlen von 1906 waren Enthusiasmus und Hoffnungsfreudigkeit bei den Liberalen so groß, daß sie darauf ausgingen, abgesehen von den Universitäten und dem Sitz des Sprechers, in jedem Wahlkreise außerhalb Irlands einen für die Zollfreiheit der Nahrungsmittel eintretenden Kandidaten irgendwelcher Schattierung aufzustellen, und so sank denn die Zahl der unumstrittenen Mandate in den Grafschaften und Flecken auf 29.

Der Wahlkampf.

Niemand läßt sich zum Parlamentskandidaten aufstellen, wenn er nicht das erforderliche Geld und die erforderlichen Bemühungen aufwenden will, um einen frischen Kampf zu führen, und daher bedeutet ein Wahlkampf einen äußerst lebhaften Kampf. Wenn die Zeit gekommen ist, die die über eine Wahlbeschwerde entscheidenden Richter vermutlich als den Beginn der Wahlperiode bezeichnen werden, ändert sich die Art des Kampfes. Dieser Zeitpunkt wird bei einer Nachwahl mit dem Ergehen des Wahlbefehls erreicht sein, bei allgemeinen Wahlen wird er eintreten, wenn das Parlament aufgelöst ist, oder vielleicht auch, wenn ein Wechsel des Ministeriums stattfindet, der binnen kurzem eine Auflösung herbeiführen muß, aber zu welcher Zeit er auch eintritt, er bringt einen Wechsel in der Art des Vorgehens mit sich. Von dem Augenblick an, in dem die Wahlperiode beginnt, ist der Kandidat gesetzlich verpflichtet, einen Agenten zu ernennen, der alle Wahlkosten verausgaben und Rechnung über sie legen muß. Inwieweit diese Angaben zuverlässig sind, ist bereits erörtert worden, aber es kann kein Zweifel darüber bestehen, daß das Hätscheln der Wähler und das Haschen nach Volkstümlichkeit durch Werke freigiebiger Mildtätigkeit vertagt oder doch wenigstens mit äußerster Vorsicht vorgenommen werden muß. Ein Brief an ein Lokalblatt, in dem es heißt, ein gewisser Kandidat sei beschuldigt worden, die Wähler zu bestechen, er habe aber lediglich einer armen nicht stimmberechtigten Witwe 5 Pfund geschenkt, kann ihm ohne Risiko von Vorteil sein, aber solche Dinge kann man nicht weit treiben.

Vorträge.

In noch anderer Weise wechselt die Art des Kampfes mit dem Beginn der Wahlperiode; das Konvertitenmachen tritt in den Hintergrund und die Heranschaffung lauwarmer Anhänger an die Wahlurne wird wichtiger. Daher spielen solche Mittel wie Vorträge, die hauptsächlich Proselyten machen sollen, eine geringe Rolle. In jenen Tagen, als die Liberalen und mehr noch die Radikalen daran glaubten, daß die politischen Ansichten in einem demokratischen Staate von der Vernunft bestimmt würden, wurde viel Gebrauch von Vorträgen gemacht, obgleich sie aber bis zu einem gewissen Grade auch noch von den Konservativen übernommen wurden, haben sie doch ständig an Boden im englischen politischen Leben verloren. Das Volk interessiert sich vielmehr dafür, zu hören oder zu lesen, was die leitenden Staatsmänner auf beiden Seiten über die laufenden politischen Fragen sagen, als daß es irgend einem unbekannten Redner zuhört, der im Parteigeiste Sachen vorträgt, die sicherlich von den Gegnern bestritten werden werden. Der politische Vortrag ist kein Suchen nach der Wahrheit, sondern ein der Regel nach von einem Manne zweiten Ranges vorgetragenes Parteiplaidoyer. Es ist daher nicht wunderbar, daß er aus der Mode kommt, und sicherlich ist er zur Wahlzeit nicht am Platze.

Parteischriften. Ein Tätigkeitsfeld, das während allgemeiner Wahlen nicht weniger angebaut wird als sonst, ist das der Verteilung von Parteischriften. Diese sind verschiedener Art, vom einzelnen billig auf einen halben Bogen Papier gedruckten Flugblatt bis zu Pamphleten mit eingehenden Darlegungen über spezielle Gegenstände oder mit den Reden hervorragender Politiker. Alle diese Sachen werden in enormen Mengen von den Landesverbänden der Parteien veröffentlicht, und um die Gesetze über die Wahlkorruption nicht zu übertreten, werden sie in Wahlzeiten an die Lokalvereine oder die Kandidaten zum Selbstkostenpreise verkauft, aber ihr Einfluß zum wenigsten während jener Zeit kann zweifelhaft sein. Die längeren Pamphlete werden wahrscheinlich wenig gelesen, abgesehen von Rednern usw., die gut mit dem Material Bescheid wissen und auf Einwände vorbereitet sein müssen. In allen Ländern werden derartige Pamphlete verbreitet, aber die kolossalen Mengen von einzelnen Flugblättern, die gleich den Blättern im Herbste verstreut werden, sind eine Eigentümlichkeit englischer Wahlen. Die berufsmäßigen Agenten sind indessen der Ansicht, daß es zwecklos ist, sie in Bündeln zu verteilen, weil sie weggeworfen werden würden, und daß es viel zweckmäßiger ist, das eine auf eine bestimmte soziale Schicht berechnete Flugblatt auszuwählen und es allein zu versenden. Gelegentlich kann unzweifelhaft ein geschickt abgefaßtes Flugblatt oder eine treffende Karikatur einen nicht geringen Erfolg haben,[1] um aber in der

[1] Eine solche von den Liberalen Unionisten 1895 veröffentlichte Karikatur soll auf die Wahlen von Einfluß gewesen sein. Ihr Gegenstand war die neue

Aufregung einer Wahl die Aufmerksamkeit zu erregen, arbeiten die Parteien in derberer Weise. An den Mauern, in den Ladenfenstern, auf Grasplätzen und wo man es sich überhaupt nur vorstellen kann und die Gutmütigkeit es gestattet, erscheinen Aufrufe, die in kurzen Worten an das Vorurteil, den Egoismus oder den Humor appellieren, und gleichzeitig erfindet man auf Volksmelodien abgestimmte Knittelverse zum Ohrenschmause.

Öffentliche Versammlungen.

Eine andere ständige Agitationsweise besteht in öffentlichen Versammlungen. Sicherlich sind sie von Wert, wenn gerade keine Wahl stattfindet, denn sie bilden, um einen kaufmännischen Ausdruck zu gebrauchen, eine wirksame Art der politischen Reklame. Sie beschleunigen den Parteipuls in der Nachbarschaft, insbesondere wenn einige Redner bekannte Männer sind, und hier und da hört man, wie wichtig es für einen Wahlkreis ist, wenn sich ab und zu dort ein Staatsmann aus der Kabinettssphäre hören läßt. Überdies bieten sie eine ausgezeichnete Gelegenheit, um die Ansichten der Führer vor die breite Öffentlichkeit zu bringen, weil diese ihre Reden in der gesamten Presse des Landes sehr eingehend wiedergegeben werden. Öffentliche Versammlungen sind auch eine ständige Begleiterscheinung der Wahlkämpfe, obgleich ihr Wert in diesen Zeiten von den berufsmäßigen Agenten sehr stark bezweifelt wird. Diese behaupten, daß die Versammlungen, um äußerlich möglichst erfolgreich zu erscheinen, von den rührigen Kräften der Partei besucht werden, die anderweit nützlichere Verwendung finden könnten. Natürlich wollen die Leute, die sie besuchen, nicht bekehrt werden, und bei dem Lärm einer Wahl sind solche Versammlungen kaum nötig, um die Partei nicht in Vergessenheit gelangen zu lassen, sie sind aber nützlich insofern, als sie den Kandidaten die Möglichkeit bieten, sich zu zeigen, und vor allem bilden sie einen Teil des Apparats zur Erzeugung von Begeisterung oder doch anscheinender Begeisterung. Die Menschenkinder lieben es, ihre Ansichten durch die ansteckende Kraft, die großen Massen innewohnt, zu verherrlichen,

---

Home Rule-Vorlage, die die irischen Abgeordneten im Unterhause beibehielt, und das Flugblatt stellte einen Iren dar, der auf einem mit „Dublin" bezeichneten Stuhle sitzt und seine Füße auf einen anderen Stuhl mit Namen „Westminster" gelegt hat. John Bull, der neben ihm steht, sagt: „Sind Sie nicht der Ansicht, daß Sie an einem Sitz, den Sie allein einnehmen, genug haben, und nicht außerdem noch meinen Stuhl zu benutzen brauchen?" Hierauf antwortet der Ire, indem er auf den Stuhl, auf dem seine Füße liegen, zeigt: Sie können ruhig dort Platz nehmen, und ich will Ihnen etwas Platz machen, aber Sie müssen nicht denken, daß Sie einen Stuhl ganz für sich in Anspruch nehmen können."

und wie ein hervorragender Organisator gesagt hat, haben sogar die Indianer einen Kriegstanz, bevor sie in die Schlacht ziehen. So werden denn zur Wahlzeit in der ganzen Welt Versammlungen veranstaltet, angeblich um das Volk zu unterrichten, in Wahrheit aber, um den Mut der Parteigänger zu heben. Im Zusammenhang hiermit hört man ziemlich viel von einer englischen Sitte, die einen gewissen Beigeschmack nach Volksbildung hat, und das ist das „Durchhecheln“ (Heckling), d. h. das Stellen von Fragen an den Kandidaten nach Beendigung seiner Rede. Aber in Wirklichkeit sind die Fragen nicht ernst gemeint, wenigstens außerhalb Schottlands, woher die Bezeichnung der Sitte rührt. Sie werden nicht von Leuten gestellt, die ehrlich der Wahrheit nachgehen, und sind auch nicht das gebräuchliche Mittel zur Festlegung von Kandidaten. Es sind lediglich Versuche, ihm eine Falle zu stellen oder ihn lächerlich zu machen, und werden gemeinhin von seinen Gegnern und oft von dem Agenten seines Gegenkandidaten ersonnen. Es steckt manchmal viel Humor in ihnen, und sie geben ein gutes Bild von der Gewandtheit und Geistesgegenwart des Kandidaten und seiner Fixigkeit in witzigen und schlagfertigen Antworten.

Durchhecheln (Heckling).

Gewaltsame Auflösung von Versammlungen.

Die Versammlungen sind in Wahrheit nicht stets öffentlich, denn in einigen Fällen sind sie nicht jedermann zugänglich, der ihnen beizuwohnen wünscht, sondern der Eintritt ist nur den Besitzern von Karten gestattet, die nur den Parteianhängern ohne weiteres zugehen. Der Grund für diese Vorsichtsmaßnahmen liegt in der Befürchtung, daß ohne sie die Gegner in großen Scharen herbeieilen, die Redner durch Lärm am Reden verhindern oder sogar die Tribüne stürmen und sich der Versammlung für ihre Parteizwecke bemächtigen würden. Diese Gefahr ist keineswegs imaginär, denn derartige Dinge sind sehr häufig vorgekommen, und hier und da wirft man einer Partei vor, daß sie Furcht vor einer öffentlichen Versammlung habe. Selbst wenn der Zutritt nur mit Karten erlaubt ist, hat der Pöbel der anderen Partei manchmal die Türen gewaltsam geöffnet und die Versammlung zur Auflösung gebracht. Man liest am nächsten Tage, daß die Fenster des Saales zertrümmert und die Möbel demoliert wurden, und daß mehrere Politiker, deren Namen vielleicht in jedermanns Munde sind, die Tribüne zwangsweise verlassen und sich durch eine Hintertür oder durch ein Fenster retten mußten. Natürlich sind diese Exzesse angeblich immer unvorbereitet gewesen und lediglich die Folge eines zufälligen Zusammenkommens von Leuten, die sich über die Kundgebung von ihnen nicht passenden Ansichten ärgern, es sei aber betont, daß dies Verfahren selbst von den Führern der Partei keinen oder kaum einen Tadel erfährt.

Aston-Park 1884.

Der berühmteste Fall ereignete sich am 13. Oktober 1884 in Birmingham, das Lord Randolph Churchill bei den nächsten allgemeinen Wahlen den Gegnern streitig machen wollte. Er sollte mit Sir Stafford Northcote zu einer für ihn nach Aston-Park einberufenen Monstreversammlung sprechen, und Eintrittskarten wurden in ungezählten Mengen ausgegeben, bis das Komitee erfuhr, daß viele dieser Karten in die Hände der Radikalen gelangt waren und die fernere Ausgabe von Karten verhinderte. Daraufhin organisierten, um sich der graphischen Sprache Winston Churchills zu bedienen: „ein paar Arbeiter — nur eine Handvoll verachteter Lohnarbeiter — aus eigenem Antriebe ohne Unterstützung ihrer Partei, und keiner anderen Triebfeder als der Begeisterung für Freiheit und Reform gehorchend eine Gegendemonstration. Der Versammlungsort wurde durch ein unglückliches Zusammentreffen unmittelbar außerhalb der Mauern von Aston-Park gewählt, und es traf sich so, daß sich hier an dem bestimmten Tage ein Wagen mit Leitern und anderen nützlichen Werkzeugen einfand.“ Die Mauer wurde erstiegen, von innen eine Bresche gebrochen, und ein Pöbel von 15000 Personen strömte hinein. Bei dem folgenden Tumulte wurden die Hauptredner von einer erregten Menge verfolgt und konnten sich kaum vor ihr retten. Die Sache wurde im Unterhause bei einem Zusatzantrage zur Thronadresse zur Sprache gebracht, und in einer interessanten Debatte, die jedermann bei Hansard nachlesen kann, wurde der Versuch gemacht, die Verantwortlichkeit für den Aufruhr festzustellen.

Der Grund dieser Ausbrüche.

Die gewaltsame Herbeiführung der Auflösung einer öffentlichen Versammlung steht anscheinend in Widerspruch mit den Grundideen der Demokratie und dem Gerechtigkeitsgefühl. Aber in England geschieht dies nicht, weil man die Äußerung gegnerischer Meinungen im allgemeinen nicht vertragen kann. Es wird niemals der Versuch gemacht, eine Zeitung zu unterdrücken, die unpopuläre Ideen vertritt. So wurde beispielsweise während des südafrikanischen Krieges, wo sog. Proburenversammlungen ständig angegriffen wurden, die Freiheit der Presse vollständig geachtet. Die Engländer betrachten nämlich eine gewöhnliche politische Versammlung mehr als eine Demonstration als eine Gelegenheit für ernsthafte Debatte und halten daher die Veranstaltung einer Gegendemonstration für durchaus in der Ordnung. Diese Ansicht scheint nicht nur ein Überbleibsel der rauhen Sitte der alten

Hustings[1] zu sein, da sie keinerlei ausgesprochene Neigung zeigt, zu verschwinden. Auch wird die Sitte der zwangsweisen Herbeiführung der Auflösung von Versammlungen von der öffentlichen Meinung nicht verurteilt, denn wenn dies der Fall wäre, würde ein einigermaßen entschlossenes Vorgehen der Polizei und ein paar Verhaftungen mit strengen Strafen für Aufruhr in ihrem Gefolge der Sache schnell ein Ende machen.

Stimmwerbung.

Aber bei weitem die wirksamste Form politischer Betätigung in Wahlzeiten, die weit mehr einbringt als die Parteischriften oder die öffentlichen Versammlungen, ist die persönliche Umwerbung der Wähler. Das Terrain ist bereits gelegentlich der Eintragung in die Wählerliste gut sondiert worden, aber dies macht es nicht unnötig, es beim Herannahen der Wahlzeit erneut und zwar bei den Flecken äußerst systematisch zu beackern. Da die Verwendung von besoldeten Werbern bei den Wahlen gesetzwidrig ist, betätigt sich ein Heer von freiwilligen Kräften, Männern und Frauen. Es würde eine kühne Behauptung sein, daß diese stets aus ganz selbstlosen Beweggründen handeln, daß sie nicht bei den Eintragungen einen Schnitt machen oder gelegentlich in späterer Zeit Zeichen der Dankbarkeit empfangen. Die Sache ist bereits bei Besprechung der Wahlgesetze gestreift worden. Aber abgesehen von allen gegen Entgelt tätigen Hilfsarbeitern findet sich eine ganze Schar von gänzlich unbesoldeten Werbern, die allein aus Anhänglichkeit an die Sache oder Freundschaft für den Kandidaten wirken.

Wo die Werbung gut organisiert ist, sind die Stimmbezirke, in die der Flecken gesetzlich zerfällt, in Häuservierecke untereingeteilt und jedes Häuserviereck ist einem Werber zugewiesen. Diese sind mit Werbebüchern bewaffnet, die Spalten für Haus und Namen des Wählers, seine Nummer in der Wählerliste, ob er ein Anhänger oder ein Gegner des Kandidaten oder unsicher ist, seine gegenwärtige Adresse nach einem etwaigen Umzuge, und einige andere Bemerkungen enthalten, z. B. ob er sich von selbst zur Wahlurne begeben wird, oder ob ein Wagen zu seiner Heranholung entsandt werden muß. Jeder auffindbare Wähler wird einmal besucht, und die zweifelhaften noch häufiger, in vielen Fällen 12—20 mal. Denn obgleich der Hauptzweck darin besteht, die politische Zugehörigkeit eines Mannes zu entdecken, und ihn, falls er zur eigenen Partei neigt, zur Wahlurne zu bringen, wird doch die Kunst der Überredung

[1] Anm. des Übersetzers: Wahlbühne; Versammlung zur Wahl eines Parlamentsmitgliedes.

keineswegs gänzlich außer acht gelassen. Es gilt als wichtig, den Beruf des Wählers und seine Verbindungen festzustellen, um ihn in sachgemäßer Weise beeinflussen zu können, z. B. durch seine Kirche oder seinen Geistlichen, durch einen Ratsherrn, oder wenn er ein Schankwirt ist, durch den Brauereibesitzer, von dem er geschäftlich abhängig ist. Von seiten der Arbeitgeber, sowohl der physischen wie der juristischen Personen scheinen indessen wenig Versuche gemacht zu werden, einen Druck auf ihre Arbeiter auszuüben oder sie um ihre Stimme anzugehen. Nach allem was man hört, sind solche Fälle selten und werden insbesondere im Norden, wo der Sinn für persönliche Unabhängigkeit stark entwickelt ist, scharf gemißbilligt; doch ist das Anhänglichkeitsgefühl an einen guten Arbeitgeber oft lebhaft genug, um seinen politischen Ansichten immerhin einem gewissen Einfluß auf viele seiner Leute zu sichern.

Ihre Eindringlichkeit und ihre Erfolge.

Der Zweck des Stimmwerbens läuft natürlich darauf hinaus, die Bestimmungen über das geheime Stimmrecht im Ballot Act illusorisch zu machen und hier und da weigern sich Leute, mitzuteilen, für wen sie stimmen wollen. Dies gilt besonders von kleinen Krämern, die ihre Kunden nicht vor den Kopf stoßen wollen, meist aber haben die Wähler keine ernsten Bedenken dagegen, ihre Ansichten wenigstens den Werbern ihrer eigenen Partei gegenüber zu äußern. Aus diesem Grunde ist es viel leichter, die Zahl der Anhänger seiner Partei als die der Gegner genau festzustellen, und ein gewitzter Agent rechnet die als zweifelhaft gemeldeten Wähler nahezu gänzlich dem Gegner zu. Nach einer gründlichen Werbung soll ein guter Agent mit einem Spielraum von 5 % wissen, wie viele Stimmen auf seinen Kandidaten entfallen werden, während dieser Spielraum hinsichtlich der Stimmenzahl seines Gegners mindestens zwei- oder dreimal so groß sein wird. Im ganzen wird in den meisten Fällen überraschend zäh geworben und damit eine ziemlich zahlreiche Stimmenabgabe erzielt. In den Grafschaften Großbritanniens geben durchschnittlich zwischen 75 und 83 % der eingetragenen Wähler tatsächlich ihre Stimme ab; in den Provinzflecken ist dieser Durchschnitt ein wenig höher, während er sich in den Wahlkreisen der Hauptstadt mit 65—78 % niedriger stellt.[1] Wenn wir uns gegenwärtig halten, daß hierin die unumstrittenen Sitze nicht einbegriffen sind — sie

[1] Die durchschnittlichen Prozentsätze für die Wahlen von 1895, 1900 und 1906 waren ungefähr folgende:

repräsentieren bei normalen Wahlen nicht viel weniger als $^1/_4$ der Wähler und vermutlich die Bezirke, in denen der politische Parteigeist im ganzen am wenigsten entwickelt ist —, so scheint der Prozentsatz der abgegebenen Stimmen nicht sehr groß zu sein; aber andererseits bilden die außerhalb des Wahlkreises wohnhaften Wähler, für die es oft mit Schwierigkeiten verbunden ist, ihr Wahlrecht auszuüben, einen beträchtlichen Bruchteil der Wählerschaft, und der lange Zeitraum, bevor die Wählerliste in Geltung tritt, schließt viele Leute aus, die in der Zwischenzeit fortgezogen sind. Unter den unumstrittenen Sitzen befindet sich sicherlich eine Anzahl, bei denen das Ergebnis nicht ernsthaft zweifelhaft ist, und man könnte annehmen, daß sich der Kandidat in solchen Fällen nicht mehr bemühen und keine größeren Ausgaben machen wird, als es zur Sicherung seiner Wahl unbedingt erforderlich ist. Aber dies ist nur zum Teil richtig, weil die Stärke der Mehrheit in alle Winkel des Landes telepraphiert und mit den Ergebnissen früherer Wahlen verglichen wird. Sie wird veröffentlicht mit dem Bemerken, daß Herr X. so und so viel Stimmen gewonnen oder verloren hat, die für Herrn Y. oder für ihn selbst bei der letzten Wahl abgegeben waren, und diese Mitteilung ist nicht ohne Bedeutung für seinen Ruf als erfolgreicher Politiker.

Der Kandidat.

Der Kandidat selbst wirbt gegenwärtig sehr wenig. Die alte Sitte, daß er alle Wähler des Fleckens besuchte, nach ihren Kindern fragte und sie um ihre Stimmen bat, ist mit der zunehmenden Zahl der Wähler unmöglich geworden. Aber es ist noch von Wichtigkeit, daß er bekannt ist, und daß er noch etwas mehr ist als nur ein Name, der die Parteien vertritt, denn bei den unwissenden und gleichgültigen Wählern kann selbst die geringste Bekanntschaft entscheidend ins Gewicht fallen. Man hat Arbeiter sagen hören,

	1895	1900	1906
Englische Grafschaften	81,0	77,2	83,5
Wallisische Grafschaften . . .	76,5	62,8	78,4
Schottische Grafschaften . . .	79,4	75,7	79,9
Hauptstädtische Flecken . . .	70,1	65,1	77,8
Englische Provinzflecken . . .	82,6	78,8	85,2
Wallisische Flecken	86,6	72,3	85,7
Schottische Marktflecken . . .	71,9	72,0	82,9

Diese Zahlen stimmen nicht genau, weil in Wahlkreisen mit zwei Abgeordneten die statistischen Angaben nicht die Zahl der abstimmenden Wähler, sondern nur die Zahl der abgegebenen Stimmen geben.

daß sie für einen Kandidaten stimmen würden, weil er ihnen eine Glückwunschkarte zu Weihnachten gesandt habe. Hauptsächlich weil er im Wahlkreise besser bekannt ist, hat ein Einheimischer einen Vorsprung, und aus demselben Grunde ist ein hervorragender Staatsmann, z. B. ein Kabinettsminister, dessen Persönlichkeit sich dem großen Publikum eingeprägt hat, noch ein besserer Kandidat als der Einheimische. Die einfachste Möglichkeit, sich bekannt zu machen, bietet sich in den Versammlungen, in denen er spricht, und wo er die öffentliche Aufmerksamkeit auf sich lenken kann, indem er sich in eine Art Turnier mit seinem Gegner einläßt, bei dem jeder von beiden, wenn auch in verschiedenen Versammlungen, dem anderen antwortet. Der Kandidat besucht auch die Hauptquartiere der Partei in den Stimmbezirken eines Fleckens oder in den Hauptorten eines Grafschaftswahlkreises, wo er, wenn auch nicht die Masse der Wähler, doch wenigstens die rührigsten Kräfte trifft, die unter den Wählern werben. Kurz, der Kandidat versucht sich so sehr in den Vordergrund zu schieben wie nur möglich.

Die von ihm gegebenen Zusicherungen.

Während der Wahlkampagne, in öffentlichen Versammlungen, durch Deputationen oder durch Appelle der Presse wird er ersucht, seine Ansichten über politische Fragen aller Art zu äußern, und soll sich in bestimmter Richtung festlegen. Einige dieser Dinge sind von fundamentaler Bedeutung, andere sind reine Steckenpferde und dritte haben wiederum hauptsächlich lokale Bedeutung. Der Kandidat kann, auch wenn er möchte, häufig eine direkte Stellungnahme nicht vermeiden, und man sagt gemeinhin, daß ein Abgeordneter ins Parlament bis über die Ohren in allen Fragen festgelegt eintritt. Aber bei einem Regierungssystem, das wie das englische so streng auf die Parteinote abgestimmt ist, sind die Zusicherungen des einzelnen Abgeordneten von geringerer Bedeutung als es scheinen könnte. Ein Kandidat kann und wird sich natürlich nicht gegen eine politische Maßnahme festlegen, für die sich die Führer seiner Partei bereits ausgesprochen haben, und hinsichtlich anderer Fragen, die von den Ministern nicht aufgegriffen werden, haben die Zusicherungen des Kandidaten beinahe keinen realen Wert, weil kein Gesetzentwurf in einer streitigen Frage Aussicht auf Verwirklichung hat, wenn er nicht zur Regierungsvorlage wird. Bleiben also nur Fragen übrig, vor die man die Regierung während einer Legislaturperiode stellt, ohne daß sie dazu bei den allgemeinen Wahlen eine bestimmte Stellung eingenommen hat. Ein bezeichnendes Beispiel für den Mangel an Vorsicht seitens der Regierung und seine Folgen bot sich 1906 bei Gelegenheit der Forderung der Gewerkvereine, daß ihre Fonds in Zivilprozessen der Haftpflicht nicht unterliegen sollten. Da das Kabinett keine Erklärung darüber abgab, was für eine Vorlage es einbringen würde und seine Anhänger nicht davor warnte, sich auf eine bestimmte politische Richtlinie festzulegen, so versprachen viele von ihnen während der Wahl die Unterstützung der Forderung der Gewerkvereine. Das Ergebnis war, daß die Minister nach Einbringung ihrer Vorlage entdeckten, daß ein großer Teil der Liberalen bereits bindende Verpflichtungen übernommen hatte, und sich genötigt sahen, ihre eigenen Gedanken aufzugeben und den der Arbeiterpartei zu übernehmen. Aber derartige Fälle sind nicht sehr häufig. In der Hauptsache werden sie bei unvorhergesehen auftauchenden Fragen eintreten, bei denen bindende Zusicherungen kaum gemacht sein werden.

Der Wahltag. Die ein bis drei Wochen dauernde Erregung des Redens und Werbens erreicht ihren Gipfelpunkt an dem zum Wahltag bestimmten Tage, Männer, Frauen und Kinder tragen die Farben ihrer Partei und jauchzen ihrem Kandidaten zu, und dieser, häufig begleitet von seiner Gattin, fährt herum, besucht die Geschäftsräume der Wahlausschüsse oder zeigt sich der Bevölkerung. Wagen — und mit dem neuen Kulturfortschritt Automobile —, die von reichen Parteifreunden bereit gestellt werden, arbeiten fleißig und bringen die Wähler an die Wahlurne, und man kann Equipagen mit einer Krone auf dem Wagenschlag sehen, in denen vielleicht ein Arbeiter in seiner Bluse sitzt. Währenddessen sind der Wahlagent und seine Leute hart bei der Arbeit. Vorher sind Stimmkarten an die Leute gesandt worden, die in der Werberliste als Freunde des Kandidaten vermerkt stehen, und diese Stimmkarten werden durch den Wähler dem Vertreter der Partei an der Wahlurne zurückgegeben. Sie werden sodann an das Bureau des Wahlausschusses gesandt, wo sie mit den Listen verglichen werden, und Wagen werden nach den Wählern ausgesandt, die ihr Stimmrecht noch nicht ausgeübt haben. Schließlich gelangt der schwere Tag zu seinem Ende, der Wahlakt wird geschlossen, die Stimmen werden gezählt, das Ergebnis wird verkündet und eine Menge von Parteigängern jubelt dem Sieger zu, der ihnen für ihr Vertrauen dankt und das sagt, was man unter diesen Umständen zu sagen pflegt, während der unterlegene Kandidat auf etwas weniger stürmische Zurufe ebenfalls mit den üblichen und der Lage entsprechenden Worten erwidert.

Fünfunddreißigstes Kapitel.

Die Stärke des Parteibandes.

Die Statistik ist sprichwörtlich irreführend. Wenn man sie mechanisch benutzt, um sein Wissen zu bereichern, führt sie leicht auf falsche Wege. Sie macht ein gesundes Urteil keineswegs entbehrlich, wenn sie aber mit Vorsicht verwandt wird, ist sie als Mittel zur Entdeckung der Wahrheit unentbehrlich. Das gilt ganz besonders von jenen politischen Erscheinungen, über die alle Welt genug Bescheid weiß, um häufig darüber zu reden, und die doch wenige genügend kennen, um sich darüber eine zuverlässige Ansicht zu bilden. Wenn er seine Eindrücke nicht an der Hand der Statistik berichtigt, wird ein Beobachter in jedem Lande wahrscheinlich hinsichtlich des Einflusses des Parteiwesens irre geführt werden, denn er wird sich der Dinge scharf bewußt, die ihm als unrichtig auffallen, der Fälle, in denen das Parteiwesen zu Zwecken gemißbraucht wird, die ihm ungebührlich zu sein scheinen, und andererseits beachtet er es kaum, wenn es für von ihm als richtig erachtete Zwecke in Aktion tritt. Die Macht der Parteien in solchen Dingen kann ungeheuer sein, und doch schenkt er ihr keine Aufmerksamkeit, nicht weil sie sich im Verborgenen geltend macht, sondern weil sie offen zutage tretend und natürlich ist. Der amerikanische Reformer, der über die Tyrannei der Parteimaschine schimpft, versucht, wenn er nicht ein reiner Lehnstuhlkritiker ist, eine andere Parteimaschine ins Leben zu rufen, die, wenn auch von edleren Beweggründen ausgehend, und nur das öffentliche Beste erstrebend, doch genau so untolerant, um nicht zu sagen despotisch wie die von ihm bekämpfte ist.

Trugschlüsse bei der Beobachtung.

Die Gefahr eines Irrtums ist besonders groß für einen ausländischen Beobachter, auf den fast in jedem Lande die Stärke des Parteibandes einen großen Eindruck macht. In seinem eigenen Vaterlande versteht er das Spiel der Kräfte einigermaßen, aber im Auslande nimmt er zunächst nur die Resultate war, die sie zeitigen.

Er sieht, daß diese oft vernunftwidrig sind, daß viele Dinge im Namen einer Partei geschehen, die anscheinend lediglich deren eigenen Interessen dienen und sogar mit den von ihr angeblich vertretenen Grundsätzen in Widerspruch stehen, und er kommt zu dem Schlusse, daß das Parteiwesen eine blinde auf Vorurteil oder Begehrlichkeit beruhende Gewalt sei. Auf diese Weise mißversteht er leicht die von ihm wahrgenommenen Erscheinungen. Er neigt auch zu der Annahme, daß eine von ihm einmal beobachtete Kraft in allen Richtungen gleichmäßig Wirkungen äußere, aber eine derartige Annahme ist höchst bedenklich. Beispielsweise hat in Amerika das Parteiwesen viel größeren Einfluß bei den Wahlen als bei der folgenden Gesetzgebung, während dies in England, wie wir sehen werden, nicht der Fall ist.

Stärke des Parteibandes bei den englischen und amerikanischen Wahlen.

Die verhältnismäßige Stärke des Parteibandes bei Wahlen in den verschiedenen Ländern ist schwer zu wägen, weil dafür keine genügenden statistischen Unterlagen vorliegen. Nach einer flüchtigen Prüfung der Ergebnisse scheint es indessen, als ob der dauernde Halt einer Partei an den Wählern in England ebenso stark ist wie in den Vereinigten Staaten. Das zahlenmäßige Verhältnis der Wahlkreise, die während einer langen Reihe von Jahren dauernd die Kandidaten derselben Partei gewählt haben, kann als Prüfstein, wenn auch als ein sehr mangelhafter Prüfstein gelten. Seit dem Reformgesetz von 1885 sind ungefähr 40 % aller Wahlkreise des Vereinigten Königreichs ununterbrochen im Besitze einer Partei gewesen, während dies während der gleichen Zeit in ungefähr 35 % der Wahlbezirke für den Kongreß der Vereinigten Staaten der Fall war. Für Amerika können diese Zahlen allerdings nicht ganz genau ermittelt werden, weil die Wahlkreise nach jeder 10jährigen Volkszählung neu ausgelegt worden sind, und die Statistik hat daher nur einen annähernden Wert. Überdies sind die politischen Verhältnisse gewisser Teile beider Länder derartig, daß sie kaum als typisch angesehen werden können. Die andauernden nationalistischen Siege in Irland können zur Abschätzung der Stärke der Parteizugehörigkeit bei gewöhnlichen britischen Wählern nicht wohl mit in Betracht gezogen werden, und dasselbe gilt von der Abstimmung des „Einheitlichen Südens“ („Solid South“) in Amerika. Wenn wir demgemäß Irland weglassen und ebenso die Universitäten außer Betracht lassen, finden wir, daß etwas mehr als ein Drittel der Grafschafts- und Fleckenmandate Großbritanniens seit dem Reformgesetz von 1885 ständig in der Hand derselben Partei geblieben ist, während dies in den Vereinigten Staaten nur bei ungefähr einem Viertel der Kongreßsitze nördlich von Mason und Dixons Linie der Fall war.

Ein anderer unvollkommener Prüfstein besteht in den Schwankungen der Gesamtzahl der bei den allgemeinen Wahlen abgegebenen Stimmen. Nun erzielten bei den Präsidentenwahlen seit 1880 die Demokraten die größte Stimmenmehrheit 1892, wo sie um 7 % mehr Stimmen als die Republikaner aufbrachten, und die größte Mehrheit der Republikaner findet sich 1904, wo sie 50 % mehr Stimmen als die Demokraten erzielten. Wenn wir beides zusammenzählen, erhalten wir eine Spannung von 57 %. In England haben die Konservativen[1] bei den allgemeinen Wahlen seit 1880 im Vereinigten Königreich niemals über 15 % mehr Stimmen als die Liberalen und die Liberalen niemals über 32 % mehr Stimmen als die Konservativen erzielt.[2] Zählt man Beides zusammen, so ergibt sich eine Spannung von 47 %. Diese Zahlen enthalten natürlich keine Stimmen aus den unumstrittenen Wahlkreisen, weil dort keine Stimmen abgegeben wurden, und tatsächlich läßt sich schwer sagen, wie man diese Wahlkreise mit berücksichtigen kann. Nach den letzten drei Wahlen wurden Versuche gemacht, die Zahl der Wähler auszurechnen, die in den unbestrittenen Wahlkreisen für beide Parteien gestimmt haben würden, wenn Gegenkandidaten aufgestellt worden wären. Die Resultate wurden hauptsächlich von den Ergebnissen früherer Wahlen in diesen Orten abgeleitet und nach der allgemeinen Tendenz der Stimmenverteilung in anderen Orten modifiziert, und

[1] Einschließlich der Liberalen Unionisten.

[2] Die Zahlen sind ungefähr die folgenden:

	Konservative	Liberale	Liberale (einschließlich Arbeitervertreter und Sozialisten)
1885	1935216	2156952	
1886	1423765	1241357	
1892	2056737	1921614	1981554
1895	1780753	1657856	1698245
1900	1676020	1503652	1520284
1906	2308391	2899330	3045157

Wenn die für Nationalistische Kandidaten abgegebenen Stimmen von 1886 bis 1895 als liberale Stimmen mitgezählt würden, würde dies das Verhältnis der Parteien ändern und die Schwankungen etwas verringern, denn es würde die Höhe der größten konservativen Mehrheit außerordentlich herabdrücken und die größte liberale Mehrheit um nur 2 % erhöhen.

die Zahlen, zu denen man gelangte, erhöhen natürlicherweise die Höhe der Stimmenmehrheit für die siegende Partei, aber kaum in ausreichender Weise, um an die amerikanischen Schwankungen heranzureichen. Diese Merkmale sind sehr unvollkommen, soweit man aber nach ihnen urteilen kann, scheint ein Beweis dafür erbracht, daß die Parteianhänglichkeit bei den englischen Wählern ebenso stark ist wie in den Vereinigten Staaten.

Die Stärke des Parteibandes in den Parlamenten.

Der Einfluß des Parteiwesens auf die Gesetzgebung, der Grad, in dem man sich im englischen Parlament und in den verschiedenen amerikanischen gesetzgebenden Körperschaften nach der Parteizugehörigkeit richtet, kann mit weit größerer Genauigkeit bestimmt werden, weil für diesen Zweck ausgiebige statistische Zusammenstellungen gemacht sind. Diese Zusammenstellungen sind dadurch gewonnen, daß man die Zahl der Abgeordneten beider Parteien zusammenstellte, die im Laufe einer Sitzungsperiode über jede Frage, bei der namentliche Abstimmung erfolgte, bejahend oder verneinend abstimmten. Dies Verfahren wurde auf die Abstimmungslisten des Unterhauses und auf die Ja- und Neinstimmen in beiden Häusern des Kongresses während einer Reihe von Sessionen und ebenso auf die Ja- und Neinstimmen in einzelnen Sessionen der gesetzgebenden Körperschaften verschiedener Staaten angewandt.[1]

Statistische Zusammenstellungen für das Unterhaus.

Bei Auswahl der zum Vergleich heranzuziehenden Sitzungsperioden des Unterhauses ist der Versuch gemacht worden, die Perioden auszuscheiden, in denen ein Wechsel des Ministeriums stattfand oder die aus irgend einem anderen Grunde anormal waren. Ich wählte also die Jahre 1836, 1850, 1860, 1871, 1881, 1894 und 1899.[2] Es war nicht immer leicht, die Parteizugehörigkeit aller Abgeordneten festzustellen, besonders da es ja lange Jahre bei den Anhängern Peels usw. im dritten Viertel des Jahrhunderts üblich war, sich Liberal-Konservativ zu nennen. Von diesen Männern waren einige tatsächlich Liberale und andere Konservative

---

[1] Für die vollständige Statistik muß der Verfasser auf seinen Vortrag „Der Einfluß des Parteiwessens auf die Gesetzgebung in England und Amerika" im Bericht des amerikanischen historischen Vereins von 1901 verweisen. Die statistische Übersicht und ein Teil des Textes dieses Kapitels sind aus diesem Vortrag entnommen.

[2] Für 1836, 1850, 1860, 1871 und 1894 wurden die gedruckten Abstimmungslisten verwandt. Für die beiden anderen Jahre, 1881 und 1899, konnte der Verfasser ihrer zur Zeit der Aufstellung der Tabellen nicht habhaft werden. Für 1881 sind die Zahlen dem parlamentarischen Gelbbuch entnommen, das in diesem Jahre aus den Abstimmungslisten von T. M. Roberts zusammengestellt wurde, und für 1899 wurde die Abstimmungsliste aus Hansard entnommen.

geworden, aber die Aufgabe ihrer Unterbringung wird durch die merkwürdige psychologische Tatsache etwas erleichtert, daß viele von ihnen, die sich nicht mit einem Parteinamen bezeichnet sehen wollten, beinahe stets mit den Einpeitschern der einen Partei in die Wandelhalle schritten. Ernstere Schwierigkeiten machte die Unterbringung bestimmter halb abgesplitterter Abgeordnetengruppen. Sollten z. B. die Radikalen oder die Nationalisten in irgend einem bestimmten Zeitpunkt als Liberale oder nicht als solche gezählt werden? Offensichtlich hätte dies das Ergebnis beeinflußt, denn sie stimmten nicht so ständig mit den liberalen Einpeitschern wie die anderen Parteimitglieder, und daher würde ihre Nichtberücksichtigung dazu beitragen, die Einheitlichkeit bei den Parteiabstimmungen als größer erscheinen zu lassen, während ihre Mitzählung den entgegengesetzten Eindruck erwecken würde. Bei Entscheidung dieser Frage ließ sich der Verfasser von der überwiegenden Stellungnahme der Gruppe in der in Frage stehenden Session bestimmen. Die Radikalen wurden tatsächlich durchweg als Liberale betrachtet. Die Home Rulers oder Nationalisten wurden andererseits 1850, 1881 und 1899 als selbständige Partei gezählt, während im Jahre 1894 beide Gruppen der nationalistischen Partei als Angehörige der liberalen Partei betrachtet wurden.[1] In den übrigen in Betracht kommenden Sitzungsperioden treten die Iren nicht als eine besondere Gruppe auf. Auf der anderen Seite des Hauses wurden die Anhänger Peels 1850 nicht mitgezählt, während Konservative und Liberale Unionisten 1894 und 1899 zusammen als eine Partei gezählt wurden.

Die Ergebnisse wurden in Übersichten oder Tabellen zusammengefaßt, die in der Anmerkung wiedergegeben sind; um sie aber verständlich zu machen, muß ich vorausschicken, daß als eine Parteiabstimmung einer Partei willkürlich eine solche angenommen ist, bei der mehr als $^9/_{10}$ der an der Abstimmung teilnehmenden Abgeordneten in gleichem Sinne stimmten, und umgekehrt, als keine Parteiabstimmung eine Abstimmung gilt, bei der mindestens $^1/_{10}$

Unglücklicherweise war es für den Verfasser absolut unmöglich, vollständige Listen für alle diese Jahre mit Ausnahme von 1881 und 1894 zu erhalten. Für alle anderen Jahre fehlt eine oder fehlen mehrere Abstimmungen in den Listen; da es sich aber um höchstens sieben in einem jeden Jahre handelt, ist der mögliche Irrtum sehr gering und so gering, daß er die Verhältniszahlen der Ergebnisse kaum beeinflußt.

[1] Das Ergebnis wird übrigens dadurch nicht beeinflußt, ob die kleine Gruppe der Parnelliten 1894 zu den Liberalen gezählt wird oder nicht.

der Parteimitglieder dafür und dawider stimmte, wo sich also mindestens $^1/_{10}$ der abstimmenden Abgeordneten der Partei von dem Gros der Partei trennte.[1]

Begriffsbestimmungen und Zeichen.

[1] In den folgenden Tabellen wird eine Parteiabstimmung durch ein Sternchen bezeichnet und das Gegenteil durch ein Kreuz. Nun muß bei jeder Abstimmung die Stellung der beiden führenden Parteien betrachtet werden, und daher erhält jede Abstimmung zwei Zeichen, und zwar eins für jede der beiden Hauptparteien. Das erste Zeichen bezieht sich auf die Abstimmung der Konservativen, das zweite auf die der Liberalen, und so bedeutet denn z. B. das Zeichen *†, daß die Konservativen bei der fraglichen Abstimmung ein Parteivotum in die Wagschale warfen, während dies die Liberalen nicht taten. Aber es passiert manchmal, daß die Mehrheit beider Parteien dieselbe Stellung einnimmt. Natürlich muß man solche Fälle von den Fällen unterscheiden, wo sie sich gegenüberstehen, und daher sind in den Fällen, wo die eine Partei ihr Parteivotum im gleichen Sinne abgibt wie die Mehrheit der anderen Partei, die beiden Zeichen in Klammern gefaßt. Um bei dem bereits erwähnten Beispiel zu bleiben, bedeutet das Zeichen (*†), daß die Konservativen als Partei abstimmten, während die Liberalen dies nicht taten, daß aber die Mehrheit beider Parteien im gleichen Sinne stimmte. In Fällen, wo keine Partei als solche abstimmte, schien es zwecklos, die Fälle zu unterscheiden, in denen die Mehrheiten übereinstimmend und entgegengesetzt abstimmten. Alle diese Fälle sind daher gleichmäßig mit dem Zeichen †† bezeichnet. Die Stellungnahme der kleineren politischen Gruppen ist in diesen Tabellen nicht berücksichtigt, weil ihre Mitberücksichtigung entweder einen falschen Eindruck hervorrufen oder die Zeichen außerordentlich verwickelt gestalten würde.

Erläuterung der statistischen Tabellen.

Die erste hier abgedruckte Tabelle oder Übersicht gibt die Häufigkeit der verschiedenen Sorten von Abstimmungen für alle untersuchten Sessionen an; um aber die Resultate für Vergleichszwecke übersichtlicher zu gestalten' bringt die zweite Tabelle oder Übersicht in vier Spalten für die verschiedenen untersuchten Sessionen: 1. Die Zahl der Fälle, wo die beiden Parteien entgegengesetzte Parteivota abgaben, also wirkliche mit ** bezeichnete Parteivota. 2. Die Fälle, wo nur die eine Partei ein Parteivotum abgab, die andere aber nicht, wo aber die Mehrheiten beider Parteien in verschiedenem Sinne abstimmten, hierhin gehört natürlich sowohl *† und †*. 3. Die Fälle, wo dasselbe der Fall war, wo aber die Mehrheit beider Parteien im gleichen Sinne stimmte, das sind (*†) und (†*) und 4. die mit †† bezeichneten Fälle, in denen keine Partei ein Parteivotum in die Wagschale warf. Hinter jeder Spalte befindet sich eine andere Spalte für den Prozentsatz, aus der man mit einem Blick ersehen kann, inwieweit die Parteien in den verschiedenen untersuchten Sessionen solidarisch abstimmten. Aus der zweiten Tabelle sind alle Abstimmungen weggelassen, die innerhalb der beiden Hauptparteien nahezu einstimmig waren, wo also mehr als $^9/_{10}$ beider Parteien im gleichen Sinne stimmten. Dies sind die in der ersten Tabelle mit (**) bezeichneten Fälle. Dies kommt in den untersuchten Sessionen des Unterhauses niemals mehr als siebenmal vor, mit Ausnahme von 1881, wo es sich enorm oft, nämlich 212 mal ereignete. Es handelt sich hier um Punkte, die von den Home Rulers aufs Tapet gebracht wurden, und sowohl von den Konservativen wie von den Liberalen fast einmütig bekämpft wurden. Solche Abstimmungen müssen offensichtlich bei Fest-

Zunahme der Parteiabstimmungen seit 1850.

Die Tabellen zeigen eine große Wandlung in der verhältnismäßigen Anzahl der Parteiabstimmungen im Unterhause von 1836 bis zum Ende des Jahrhunderts, die sich nicht krampfhaft, sondern allmählig vollzog und darum nicht auf Zufall, sondern auf dauernde Gründe zurückzuführen ist. 1836 betrug der Prozentsatz der Abstimmungen, bei denen beide Parteien als solche entgegengesetzt stimmten, 22,65 $^0/_0$. Er verminderte sich 1850 auf 15,89 $^0/_0$ und 1860 auf 6,22 $^0/_0$, stieg 1871 auf 35,16 $^0/_0$, 1881 auf 46,73 $^0/_0$ und 1894 auf 76,03 $^0/_0$ und fiel dann 1899 etwas auf 68,95 $^0/_0$. Nebenbei gesagt, wird die letztere Verminderung ausgeglichen durch die im Jahre 1899 gegenüber 1894 zu konstatierende starke Zunahme der Abstimmungen, bei denen nur eine Partei ein Parteivotum in die Wagschale warf, die Mehrheiten beider Parteien aber entgegengesetzt stimmten und durch die dementsprechende prozentuale Ab-

---

stellung des Prozentsatzes der parteimäßigen Abstimmungen in jeder Session außer Betracht bleiben.

Die auf diesem Wege gewonnenen Tabellen oder Übersichten sind die folgenden:

Tabelle I.

	Jahre	**	(**)	*†	†*	(*†)	(†*)	††	Zusammen
Konservative und Reformer . . .	1836	41	· 5	25	21	36	11	47	186
Schutzzöllner und Liberale einschließlich der Radikalen (Anhänger Peels und Anhänger der Personalunion zwischen England und Irland nicht inbegriffen)	1850	51	7	41	45	53	22	109	328
Konservative und Liberale	1860	16	3	16	34	47	15	129	260
Konservative und Liberale	1871	90	7	36	42	30	10	48	263
Konservative u. Liberale (die irischen Home Rulers nicht inbegriffen) .	1881	93	212	12	18	37	21	18	411
Unionisten und Liberale (mit den irischen Nationalisten)	1894	184	4	10	9	27	2	10	246
Unionisten und Liberale (irische Nationalisten nicht inbegriffen) .	1899	242	6	64	14	13	10	8	357

Die folgenden Zahlen geben eine Vorstellung von der relativen Stärke der Parteien in den zum Vergleich herangezogenen Sessionen, obgleich sie infolge von Anforderungen im Mitgliederbestande natürlich nicht für die ganze Session vollständige Genauigkeit in Anspruch nehmen können: 1836 Konservative 260, Reformer 395; 1850 Schutzzöllner 217, Anhänger Peels 104, Liberale 297, Radikale 21, Anhänger der Personalunion zwischen Irland und Eng-

nahme der Fälle, in denen die Mehrheit beider Parteien im gleichen Sinne stimmte. Die Spalte für die Abstimmungen, bei denen keine Seite des Hauses ein Parteivotum abgab, liefert uns einen Beleg für dasselbe. Der Prozentsatz dieser Abstimmungen betrug 1836 25,97 %. Er weist bis 1860, wo er 50,19 % erreichte, eine Steigerung auf, und ging dann jede Dekade mehr herunter, bis er 1904 nur 4,13 % betrug und 1899 mit 2,28 % beinahe gänzlich verschwand.

Anscheinend verminderten sich also die Parteiabstimmungen vom Reformgesetz an bis etwa zur Mitte des Jahrhunderts und weisen seit jener Zeit eine ständige Zunahme auf. Nach den Zahlen fällt der Tiefpunkt ins Jahr 1860, aber in Wahrheit liegt er etwas früher, weil die hierbei versuchte Gruppierung der Parteien irreführend ist. In der Übersicht für 1860 sind alle Abgeordneten als Konservative oder Liberale aufgeführt, während sie 1850 in Schutzzöllner, Anhänger Peels, Liberale und Repealer geschieden und bei Ermittelung der Zahl der Parteiabstimmungen nur die Schutzzöllner und Liberalen als die beiden Hauptparteien in Betracht gezogen sind. Tatsächlich war das Haus 1850 so stark in unabhängige Gruppen aufgelöst, daß man es unmöglich wie 1860 ganz in Anhänger und Gegner des Ministeriums scheiden kann. Die Zersplitterung der Parteien war in den Jahren nach der Aufhebung der Kornzölle und dem Sturz Sir Robert Peels 1846 größer als jemals seit dem Reformgesetz von 1832, und daher kommt es, daß, wenn man nicht die beiden Hauptparteien allein, sondern alle Abgeordneten berücksichtigt, das System der Parteiregierung zu dieser Zeit in der Tat seinen Tiefpunkt erreichte.

---

land (Repealers) 18; 1860 Konservative 305, Liberale 348; 1871 Konservative 263, Liberale 385; 1881 Konservative 242, Liberale 337, Home Rulers 60; 1894 Konservative 268, Liberale Unionisten 49, Liberale 272. Anti-Parnelliten 72, Parnelliten 9; 1899 Konservative 337, Liberale Unionisten 66, Liberale 185, Anti-Parnelliten 71, Parnelliten 11.

Tabelle II.

Jahr	**	%	*† †*	%	(*†) (†*)	%	††	%	Zusammen
1836	41	22,65	46	24,86	47	25,97	47	25,97	181
1850	51	15,89	86	26,79	75	23,36	109	33,96	321
1860	16	6,22	50	19,46	62	24,12	129	50,19	257
1871	90	35,16	78	30,47	40	15,63	48	18,75	256
1881	93	46,73	30	15,88	58	29,15	18	9,05	199
1894	184	76,03	19	7,85	29	11,98	10	4,13	242
1899	242	68,95	78	22,22	23	6,55	8	2,28	351

Abnahme der Niederlagen der Minister.

Der veränderte Umfang des parteimäßigen Stimmens, der ja die Stärke des Parteizusammenhalts und den Einfluß der Führer auf ihre Anhänger zum Ausdruck bringt, findet seinen Ausdruck auch in der Zunahme oder Abnahme der Niederlagen der Regierung in den verschiedenen Sitzungsperioden des Parlaments. Natürlich ist die genaue Anzahl der Niederlagen in einer bestimmten Session im hohen Grade Zufallssache, und erreicht überdies leicht eine ungewohnte Höhe, wenn wie beispielsweise 1868 ein Ministerium ohne eine Mehrheit im Hause um seine Existenz ringt. Doch wechselt sie im Laufe der Jahre im umgekehrten Verhältnisse mit der Stärke des Einflusses, den die Bank des Schatzamtes auf die Partei besitzt, und die in der Anmerkung wiedergegebene Tabelle, die die Gesamtzahl der Regierungsniederlagen in jeder Session des Unterhauses seit 1847 enthält, zeigt uns doch sicherlich, daß diese mit einigen Schwankungen von der Mitte bis zum Ende des Jahrhunderts ständig die Tendenz, sich zu vermindern, gezeigt haben.[1]

Fälle, in denen ihre Anhänger gegen sie stimmten.

Als weiteres Beweismittel für obige Folgerung ist es von Bedeutung, inwieweit die Abgeordneten der herrschenden Partei gegen ihre eigenen Minister gestimmt haben. Eine Mehrheit der am Ruder

---

[1] Zahl der Abstimmungen, bei denen die Regierungseinpeitscher in den Parlamentssessionen von 1847—1906 unterlagen.

Tabelle III.

Sitzungsperiode	Niederlagen d. Regierung	Sitzungsperiode	Niederlagen d. Regierung
1847—1848	3	1857:	
1849	2	Erste Sitzungsperiode . . .	1
1850	12	Zweite Sitzungsperiode . .	7
1851	13	1857—1858:	
1852:		Vor Amtsantritt Lord Derbys	1
Vor Amtsantritt Lord Derbys	1	NachAmtsantritt Lord Derbys	5
NachAmtsantritt Lord Derbys	2	1859:	
1852—1853:		Erste Sitzungsperiode . . .	4
Vor Amtsantritt Lord Aber-		Zweite Sitzungsperiode . .	2
deens		1860	7
Nach Amtsantritt Lord Aber-	1	1861—1862	10
deens	15	1862—1863	13
1854	15	1863	13
1854—1855	12	1864—1865	12
1856	15	1865	10

befindlichen Partei stimmte beim Hammelsprung gegen die Einpeitscher der Regierung: 1836 4 mal, 1850 12 mal, 1860 3 mal, während die Partei sich in 3 weiteren Fällen in zwei gleiche Hälften spaltete. 1871 trat der Fall 8 mal, 1881 2 mal, 1894 2 mal, wenn die Nationalisten nicht als Liberale gezählt werden, und 5 mal, wenn sie als solche gerechnet werden, ein, und schließlich kam es im Jahre 1899, als die Konservativen am Ruder waren, nicht nur nicht ein einziges Mal so weit, sondern in keinem Falle stimmte auch nur $^1/_5$ der an der Abstimmung teilnehmenden Unionisten gegen die Regierung. Um die Mitte des Jahrhunderts war es nicht ungewöhnlich, daß ein Kabinett vor einer ihm von seinen eigenen Anhängern beigebrachten Niederlage durch die Hilfe seiner Gegner bewahrt blieb. Gegenwärtig ist so etwas außerordentlich selten ge-

(Fortsetzung der Tabelle III.)

Sitzungsperiode	Niederlagen d. Regierung
1866	3
1867	9
1868	18
1869	2
1870	6
1871	7
1872	11
1873	6
1874	2
1875	0
1876	1
1877	1
1878	0
1878—1879	4
1880:	
Erste Sitzungsperiode	0
Zweite Sitzungsperiode	2
1881	3
1882	3
1883	7
1884	5
1885:	
Vor Amtsantritt Lord Salisburys	5
1885:	
Nach Amtsantritt Lord Salisburys	1
1886:	
Erste Sitzungsperiode	7
Zweite Sitzungsperiode	0
1887	1
1888	2
1889	1
1890	1
1891	3
1892	0
1893	3
1894	1
1895	2
1896	1
1897	2
1898	0
1899	0
1900	0
1901	1
1902	1
1903	0
1904	2
1905	1

worden. Dies liegt auch nicht etwa daran, daß die Kabinette aus Furcht vor Niederlagen vorsichtig geworden sind und die Abstimmung mehr als früher freigegeben haben. Im Gegenteil hat sich mit der Abnahme der von einzelnen Abgeordneten inaugurierten Gesetzgebung die Zahl der Abstimmungen, bei denen die Einpeitscher der Regierung die Zähler spielen, vermehrt. Im Jahre 1836 belief sie sich auf weniger als die Hälfte, betrug aber in den Sitzungsperioden von 1894 und 1899 beinahe $^{9}/_{10}$, und daß diese Entwickelung, wenn sie auch von Jahr zu Jahr verfolgt, etwas sprunghaft erscheint, im ganzen eine ununterbrochene war, ergibt sich aus dem gruppenweisen Vergleiche der Sessionen. Nimmt man die Jahre von 1851—1860 einschließlich, so fungierten die Einpeitscher der Regierung in 69,90 % und in den Jahren 1878—1887 in 81 % der Abstimmungen als Zähler.

Gleiche Entwickelungstendenz bei beiden Parteien.

Die auf größeren Parteizusammenhalt hinauslaufende Entwickelung beschränkt sich in England nicht auf eine Partei, denn obgleich die Liberalen stets unabhängiger als die Konservativen waren und weniger Neigung besaßen, unbedingt der Leitung ihrer Führer zu folgen, trat doch die in Rede stehende Wandlung bei ihnen nicht weniger hervor. Die Zahl der Parteiabstimmungen war bei ihnen zwar stets geringer als bei den Konservativen, hat sich aber immer ungefähr im gleichen Abstande gehalten.[1]

---

[1] Wenn wir dies Zahlenverhältnis für die zum Vergleich herangezogenen Jahre auf der oben angegebenen Grundlage ermitteln, ergibt sich folgende Zusammenstellung:

Tabelle IV.

Jahr	Zahl der Abstimmungen	Konservative				Liberale			
		*	%	†	%	*	%	†	%
1836	181	102	56	79	44	73	40	108	60
1850	321	145	45	176	55	118	37	203	63
1860	257	79	31	178	69	65	25	192	75
1871	256	156	61	100	39	142	55	114	45
1881	199	142	71	57	29	132	66	67	34
1894	242	221	91	21	9	195	81	47	19
1899	351	319	91	32	9	266	76	85	24

Daß sich der Prozentsatz der Parteiabstimmungen bei den Liberalen 1899 verringerte, war die natürliche Folge davon, daß sie sich statt am Staatsruder in der Opposition befanden, und daß die Parteiabstimmungen bei den Konservativen nach Erlangung der Macht nicht eine entsprechende Zunahme zeigten, muß fraglos auf ihre sehr große Mehrheit zurückgeführt werden, die stets ein Stein im Wege der Erhaltung der Parteidisziplin ist.

Eine ausgesprochene, sich über viele Jahr erstreckende politische Wandlung ist nicht zufällig, und die Gründe der Zunahme der Parteiabstimmungen liegen zum Teil in der Eigenart der englischen Geschichte dieser Zeit und teils in der normalen Entwickelung des Parlamentarismus.

Historische Ursachen der Zunahme der Parteiabstimmungen.

Die durch die Agitation für das Reformgesetz von 1832 angefachten Leidenschaften hielten den Parteigeist einige Jahre lang lebendig. Die Parteigrenzen waren allerdings zu jener Zeit nicht so scharf gezogen und die Parteimitglieder nicht so fest zusammengeschlossen wie heutzutage. Die Whigs und Radikalen bildeten durchaus keine homogene Gruppe, und die Minister der Whigpartei wurden häufig von den Torystimmen gegenüber Forderungen ihrer radikalen Anhänger unterstützt. Und doch hat das Reformgesetz dem politischen Leben neue Richtlinien gewiesen, und die konservative Reaktion, die nach den ersten Erfolgen der Liberalen einsetzte, schien zu zwei ziemlich gleich starken Parteien führen zu sollen, die einander dauernd gegenüberstehen und sich gegenseitig an der Macht ablösen. Aber diese Lage der Dinge dauerte nicht lange. Weder die Parteien noch die Ansichten waren gründlich in sich gefestigt. Die Ereignisse entwickelten sich dazu zu schnell, und die Aufhebung der Kornzölle hatte nicht nur eine nie wieder geheilte Zersplitterung in den konservativen Reihen, sondern auch ein allgemeines Schwinden des Parteizusammenhalts im Gefolge. In diesen Tagen spielte Lord Palmerston, der gegen Ende 1851 aus dem Ministerium gedrängt worden war, weil er aus eigener Machtvollkommenheit seiner Zustimmung zu dem französichen Staatsstreich Ausdruck verliehen hatte, sein „Wurst wider Wurstspiel mit John Russell“ (wie er es nannte) und „drängte ihn“ binnen zwei Monaten bei dem Milizgesetz „aus dem Amte“. Einige Jahre lang verdrängten Lord Palmerston und Lord John Russell nach Art der leitenden Staatsmänner in parlamentarisch regierten Staaten des Festlandes sich entweder gegenseitig der Reihe nach oder saßen als Kollegen im selben Kabinett. Während der fünfziger Jahre wurden drei verschiedene Ministerien durch die Desertion eines Teiles ihrer eigenen Anhänger gestürzt. Die Parteien waren damals in der Tat in einem Zustande der Verwirrung. Die schutzzöllnerischen Konservativen waren ständig in einer Minderheit, während die Liberalen für eine arbeitsfähige Mehrheit und damit für den Besitz der Macht auf den guten Willen der Anhänger Peels angewiesen waren. Die beiden letzteren Gruppen bestanden in der Tat lange Zeit hindurch selbständig nebeneinander, trotzdem sie in ihren Ansichten schwerlich mehr voneinander abwichen als ihre Mitglieder untereinander; und da sie zusammen eine sichere Mehrheit im Parlament besaßen, konnten sie sich — was besonders für die Whigs, die in der Mitte zwischen den Anhängern Peels und den Radikalen standen, gilt — innere Streitigkeiten gestatten, ohne damit ihre Grundsätze oder den Besitz der Macht fortgesetzt zu gefährden.

Da zwei Leute zu einem Streit gehören, so kann die Parteidisziplin einer Partei nicht aufrecht erhalten werden, wenn ihr nicht eine andere zu bekämpfende Partei in genügender Stärke gegenübersteht, um ihr den Besitz der Macht ernsthaft streitig machen zu können. Einer solchen sah sich die liberale Partei nach Peels Sturz 1846 mehr als 20 Jahre lang nicht gegenüber. Während des ersteren Teiles dieser Zeit stand sie mit der einen Hälfte der früheren konservativen Partei auf freundlichem Fuße, während die andere Hälfte machtlos war, und dieselben Umstände, die ein streng einheitliches Vorgehen der Liberalen unnötig machten, machten es für ihre Gegner zwecklos. Während der zweiten Amtszeit Lord Palmerstons verschwanden die Anhänger Peels indessen als Sondergruppe und wurden zum größten Teile von der liberalen Partei aufgesogen; und der Tod dieses Staatsmannes im Jahre 1865 beseitigte einen starken Reformhemmschuh und leitete ein neues Kapitel der Parteigeschichte ein. Diese Wandlung trat nicht gleich offen zutage; denn die Wahlen von 1868 gaben Gladstone eine so große Mehrheit, daß er sich um die abweichenden Ansichten kleinerer Gruppen seiner Anhänger im Hause nicht zu kümmern brauchte. Es folgte nun das goldene Zeitalter des Liberalismus, wo seine Grundgedanken ohne zu viel Rücksicht auf die Erfordernisse des Parteikampfes in die Tat umgesetzt werden konnten. Aber diese Zeit dauerte nicht lange, und bevor sie zu Ende ging, hatte Disraeli eine gewaltige Torypartei aufgebaut, deren Aufbau indessen erst einige Jahre, nachdem die Reformgesetze von 1867—1868 die Wähler um ein neues Element bereichert hatten, zum Abschlusse gelangte. Bis 1874 erzielten die Konservativen niemals eine Mehrheit im Unterhause. Sie gelangten allerdings 3 mal ans Staatsruder, aber nur als Lückenbüßer, während die Mehrheit ihre inneren Meinungsverschiedenheiten beilegte und sich für eine neue Regierungsperiode zusammenschloß. Seit 1874 hat stets eine Opposition bestanden, die sich vertrauensvoll an das Volk wenden konnte, wenn die Minister untereinander in Streit gerieten oder ihren beherrschenden Einfluß im politischen Leben einbüßten.

Daß der Zwiespalt in der liberalen Partei bei der ersten Home

Rule-Vorlage nicht gleich dem Streit der Konservativen über die Aufhebung der Kornzölle zu einer allgemeinen Lockerung der Parteibande führte, wird teilweise darauf zurückzuführen sein, daß die Frage, da die Vorlage scheiterte, ungelöst blieb, teils auch auf den demokratischen Charakter der Wählerschaft, die den Einfluß der Partei als eines politischen Machtfaktors erhöhte, und teils endlich auf die normale Entwickelung des Parlamentarismus.

Organische Ursachen der Zunahme der Parteiabstimmungen.

Ich habe bereits ausgeführt, daß der englische Parlamentarismus aus dem Kampf der politischen Parteien entstand und auf ihre Stärkung hingewirkt hat, indem er den Abgeordneten zur Unterstützung seiner Führer in allen von ihnen als Vertrauensfragen behandelten Dingen zwingt. Das System hat auch eine Rückwirkung auf die Minister. Da das Kabinett jederzeit gestürzt werden kann, so daß sein Leben recht eigentlich vom fortdauernden Kriege abhängt, muß es suchen, seine Anhänger stets in der Hand zu behalten, und da jede Niederlage, so gleichgültig sie auch sein mag, selbst wenn sie nicht verhängnisvoll wird, nachteilig wirkt, muß es versuchen, jede ungünstige Abstimmung zu vermeiden — und dieses Bemühen erklärt zum Teil die viel größere durchschnittliche Präsenzziffer, die die heutigen Abstimmungen gegenüber denen in der ersten Hälfte des letzten Jahrhunderts aufweisen. So drängt der Parlamentarismus sowohl vom Standpunkt des Abgeordneten wie von dem des verantwortlichen Ministers aus auf größerere Solidarität der Parteien bei der Abstimmung. Diese Entwickelung wurde durch die weite Ausdehnung des Stimmrechtes infolge der Gesetze von 1867—1868 und 1884 gefördert. Beim Vorhandensein weniger und hochgebildeter Wähler und noch mehr innerhalb der Mauern einer eine solche Wählerschaft vertretenden gesetzgebenden Kammer besteht die Möglichkeit, die feineren politischen Schattierungen zu erkennen, den Wert der Kompromisse zu würdigen und selbst mit zeitweisen Koalitionen zu rechnen, und daher kann die Parteigrenze einigermaßen unbestimmt sein. Aber die Demokratie liebt die scharfen Kontraste, die scharf zugespitzten Alternativen, scharf umrissene Streitpunkte und die offene gegenseitige Bekämpfung der Parteiführer. Sie hat ein besseres Verständnis für den Kampf der beiden vordersten Reihen als für die spezielle Bedeutung der zur Debatte stehenden Vorlagen. Wenn nicht Dinge von lokalem Interesse in Frage kommen — und diese werden durch das englische Verfahren nahezu ausgeschaltet — so neigt eine Demokratie dazu, die Partei zu unterstützen und sich verhältnismäßig wenig um die Einzelheiten zu kümmern.

Ein großer Teil der solidarischen Parteiabstimmungen scheint daher das natürliche Ergebnis des englischen Parlamentarismus zu sein, und wird wahrscheinlich mit gewissen Abstufungen in gewöhnlichen Zeitläuften so lange wiederkehren, als jenes System seinem inneren Wesen treu bleibt. Wenn jemals die Macht des Kabinetts auf der einen Seite und die der Wähler auf der anderen Seite die Vorherrschaft erringen und das Parlament auf diese Weise viel von seiner Bedeutung verlieren sollte, würden allgemeine Wahlen beinahe gleichbedeutend mit der periodischen Wahl einer Kommission zur Führung der Regierungsgeschäfte sein. In diesem Falle würde die Fiktion einer vollständigen Übereinstimmung in allen politischen Fragen vielleicht nicht erforderlich sein, und die Abgeordneten einer Partei würden vielleicht größere Freiheit in der Äußerung ihrer speziellen abweichenden Ansichten besitzen, aber in einem solchen Falle würde das parlamentarische Regierungssystem seiner Natur untreu geworden sein.

Die allgemeine Ansicht, daß die Macht des Parteiwesens nicht zugenommen hat.

Eine Erörterung dieses Gegenstandes würde unvollständig sein ohne einen Versuch, die gemeinhin von den Abgeordneten vertretene Ansicht zu erklären, daß die Parteigrenzen heute nicht starrer sind, als sie früher waren. Man sagt oft, daß die unabhängige Stimmenabgabe nichts an Häufigkeit eingebüßt habe. Daß diese Ansicht irrig ist, wird durch die Zahlen bewiesen, aber schon daß sie vertreten wird, ist bezeichnend. In Wahrheit hängt der Grad, in dem jemand sich des Zwanges bewußt wird, die Bitterkeit, mit der er sich über Tyrannei oder umgekehrt über zu laxe Parteizucht beklagt, nicht von dem Umfange der tatsächlich ausgeübten Parteigewalt ab, sondern von dem Verhältnis, in dem diese zu der ihm als richtig vorschwebenden Ausübung dieser Gewalt steht. Die Auflehnung gegen die Herrschaft der Theologen kommt nicht in einem Zeitalter des Glaubens, sondern wenn die Skeptik in Blüte steht, und dasselbe gilt von den politischen Parteien. Es ist wirklich bezeichnend, daß 1894, als die Parteien bei den Abstimmungen weit geschlossener abstimmten als in früheren Zeiten, die Zeitschriften voller Klagen über die Auflösung des Unterhauses in Einzelgruppen und voller dunkler Prophezeiungen eines Zusammenbruches des parlamentarischen Regierungssystems infolge der Unmöglichkeit der Erhaltung des Parteizusammenhalts waren. Und diese Ansichten waren auch nicht einmal gänzlich unbegründet. Der Parlamentarismus in seiner gegenwärtigen Ausbildung erfordert eine weit strengere Parteizucht, als dies vor 50 Jahren der Fall war, und vielleicht eine straffere Parteidisziplin, als sich stets aufrecht erhalten lassen wird. Und doch kann ein Abgeordneter im Unterhause sich dieser Parteieinwirkung und der allmählichen Steigerung dieser Einwirkung so lange nicht bewußt werden, als diese sich natürlich, dauernd und gleichmäßig äußert. Wie Sir Henny Maine bei Besprechung des Parteiwesens sagt, „ist die Schwierigkeit, vor die es insbesondere die Engländer stellt, sehr ähnlich der, in der sich die Menschen einst befanden, als man ihnen sagte, daß die Luft Gewicht habe. Sie umgab sie so weich und übte einen so gleichmäßigen Druck auf sie aus, daß die Behauptung unwahrscheinlich schien".

Haltung des Abgeordneten.

Die Stellung, in der ein intelligenter Mann zu seiner Partei steht, schildert Lecky in seiner „Darstellung des Lebens" (Map of Life) hübsch wie folgt: „Ein Abgeordneter", so sagt er, „wird bald einsehen, daß er sich eine Materie aussuchen muß, die er selbst beherrscht, während er in vielen anderen Fragen blindlings mit seiner Partei stimmen muß." Und weiter: „Jeder Abgeordnete kennt die Szene, wenn nach einer vor nahezu leeren Bänken geführten Debatte die Abstimmungsglocke erklingt, und die Abgeordneten zur Entscheidung der Sache hereinströmen. Es herrscht zunächst eine Art Unsicherheit. Man hört wieder und wieder die Fragen, ‚wofür werden wir stimmen? worum handelt es sich?' Dann erhebt sich der Sprecher und klärt mit einem Zauberspruche die Lage. Dieser Spruch verkündet, daß je nach Lage des Falles die Regierungseinpeitscher als Zähler für die Jas oder die Neins fungieren." Es sei darauf hingewiesen, daß Lecky diese Art, blindlings mit seiner Partei abzustimmen, mit der bewußten Unfähigkeit, ein vernünftiges Urteil über die in Rede stehende Frage zu gewinnen, erklärt, aber es ist ohne weiteres klar, daß die Praxis sich nicht auf solche Fälle beschränkt.

Gründe der allgemeinen Ansicht.

Die Ansicht, daß die Abgeordneten noch ebenso unabhängig von den Parteien seien wie jemals, beruht zum großen Teil darauf, daß nahezu in jedem Parlament 2 oder 3 Leute vorhanden sind, deren Mandate sicher sind, und die aus Temperament, aus Ehrgeiz oder aus Enttäuschung beständig ihre Führer angreifen und gelegentlich auch gegen sie stimmen. Solche Abgeordneten gibt es indessen sehr wenige und ihr Auftreten hat selten einen bemerkbaren Einfluß auf das politische Leben. Die Ansicht wird auch dadurch bestärkt, daß die Debatte früher hauptsächlich von den Ministern und einer Handvoll ihrer eifrigsten Gegner geführt wurde, und daß der Landjunker, der das Vorrecht besaß, hinter seinen Namen das M. P.[1] zu setzen, selten sprach und den Pflichten seines Mandates dadurch zu genügen glaubte, daß er bei wichtigen Ab-

[1] Member of Parlament, also Abgeordneter.

stimmungen durch die Wandelhalle schritt. Heutzutage sind die meisten Abgeordneten ängstlich darauf bedacht, daß ihre Wähler sie als tüchtig an der Arbeit in Westminster ansehen und daher hat sich die Zahl derer, die sich an den Debatten beteiligen, außerordentlich vermehrt, und jeder, der sich zum Reden anschickt, versucht den Anschein zu erwecken, als ob er seine persönliche Ansicht äußere. Dies wirkt auf den Fremden, der zum erstenmal auf den Tribünen den Verhandlungen beiwohnt, verwirrend. Er hört so viele Leute auf beiden Seiten des Hauses frisch von der Leber weg über die Mängel einer Vorlage sprechen, Abänderungsanträge stellen und die Stellung der Minister kritisieren, daß er zu dem Glauben kommt, daß das Ergebnis der Abstimmung tatsächlich zweifelhaft ist; wenn aber die Stimmenzähler über das Ergebnis berichten, sieht er, daß die Regierung fast ihre gewöhnliche Mehrheit erlangt hat. Man könnte einwenden, daß die Macht der Parteien in den Abstimmungslisten größer scheint, als sie wirklich ist, weil ein Abgeordneter, der nicht gegen die Einpeitscher stimmen will, sich, wenn er ein lebhafter Gegner einer Vorlage ist, häufig gänzlich der Abstimmung enthalten wird. Wer sich aber aus Parteigründen der Stimme in Fällen enthält, wo er sonst mitstimmen würde, befolgt immer noch halb das Parteigebot, so daß selbst in diesen Fällen das Resultat der Abstimmung einen Fingerzeig, wenn auch nicht einen zahlenmäßig genau faßbaren Beweis der Macht der Partei über ihre Anhänger liefert. Merkwürdigerweise hat gerade der Umstand, daß die Abgeordneten sich mehr an der Debatte beteiligen, durch stärkere Inanspruchnahme der Zeit des Parlaments dazu beigetragen, die Chancen der Vorlagen von Abgeordneten und damit die Chancen aller Vorlagen ohne Anspannung des Parteizwanges zu vermindern. Tatsächlich wurde also gerade hierdurch die Zahl der Abstimmungen vermehrt, bei denen die Einpeitscher der Regierung Zähler sind und die Stimmen nach der Parteizugehörigkeit abgegeben werden.

Zahl der Parteiabstimmungen im Kongreß.

Wenn wir uns vom englischen Parlament zu den gesetzgebenden Körperschaften der Vereinigten Staaten wenden, finden wir dort eine ganz andere Zahlenreihe. Fünf Kongresse wurden zum Vergleich herangezogen, und zwar die 1844, 1862, 1886, 1896 und 1898 gewählten, und bei jedem Kongreß wurden alle Sitzungsperioden beider Parlamentshäuser untersucht. Aus der in der Anmerkung enthaltenen Übersicht der Ergebnisse[1] ergibt sich, daß nicht

[1] Für die vollständigen Tabellen der Ja- und Nein-Stimmen und die Art ihrer Zusammenstellung muß der Leser auf den ursprünglichen Artikel in dem

dieselbe ständige Tendenz wie im Unterhause hervorgetreten ist. Die Zahl der Parteiabstimmungen wechselt außerordentlich von einem Kongreß zum anderen und selbst von einer Session zur anderen, aber sie verrät keine ausgesprochene Entwickelungstendenz.

„Bericht des Historischen Vereins für Amerika“ für 1901 verwiesen werden. Die Übersicht der Ergebnisse ist folgende:

Tabelle V.

	**	%	*† †*	%	(*†) (†*)	%	††	%	Zusammen
29. Kongreß (gewählt 1844).									
Senat:									
Erste Session	30	15,54	81	41,97	19	9,84	63	32,64	193
Zweite Session	18	16,66	55	50,92	9	8,33	26	24,07	108
Beide Sessionen	48	15,95	136	45,18	28	9,30	89	29,57	301
Repräsentantenhaus:									
Erste Session	36	7,89	199	43,64	30	6,58	191	41,89	456
Zweite Session	31	18,34	65	38,46	25	14.80	48	28,40	169
Beide Sessionen	67	10,72	264	42,24	55	8,80	239	38,24	625
38. Kongreß (gewählt 1862).									
Senat:									
Erste Session	27	6,98	152	39,28	60	15,50	148	38,24	387
Zweite Session	5	3,16	33	20,88	28	17,72	92	58,23	158
Sondersession	—	—	—	—	1	16.66	5	83,33	6
Sämtliche Sessionen . .	32	5,81	185	33,58	89	16,15	245	44,46	551
Repräsentantenhaus:									
Erste Session	150	36,49	126	30,67	33	8,03	102	24,82	411
Zweite Session	24	14,46	69	41,57	13	7,83	60	36,14	166
Beide Sessionen	174	30,15	195	33,79	46	7,97	162	28,08	577
50. Kongreß (gewählt 1886).									
Senat:									
Erste Session	33	23,41	49	34,75	19	13,47	40	28,37	141
Zweite Session	111	66,48	23	13,77	11	6,59	22	13,70	167
Sondersession	1	100	—	—	—	—	—	20,06	1
Sämtliche Sessionen . .	145	46,93	72	23,20	30	9,71	62	20,06	309
Repräsentantenhaus:									
Erste Session	13	12,08	51	34,22	35	23,49	45	30,20	149
Zweite Session	14	16,09	38	43,67	10	11,49	25	28,73	87
Beide Sessionen	32	13,55	89	37,71	45	19,06	70	29,66	236

Sie ist allerdings im ersten dieser Kongresse sehr viel niedriger als im letzten, und unzweifelhaft neigt sie im allgemeinen zu einer Steigerung, doch finden sich große Schwankungen und zwar manchmal zwischen zwei Sessionen desselben Kongresses. Es hat sich beispielsweise oft ereignet, daß die Zahl der Parteiabstimmungen in einer Session doppelt so groß war wie in der anderen. Am meisten fällt dies bei dem 1896 gewählten 55. Kongreß auf. Hier betrug der Prozentsatz der Parteiabstimmungen in der ersten Session des Hauses 85,71 und in der dritten nur 20, und im Senat belief er sich in der ersten Session auf 69,47 und verschwand in der dritten Session gänzlich. In solchen Fällen, und überhaupt immer, wenn die Zahl der Parteiabstimmungen besonders groß ist, liegt dies an irgendeiner speziellen Maßnahme, zu der die Parteien Stellung nehmen. Im 55. Kongreß lag es an dem Dingleyschen Tarifgesetz, zu dessen Beratung die Parlamentshäuser zu einer Sondersession zusammenberufen waren, und ebenso waren die

(Fortsetzung der Tabelle V.)

	**	%	*† †*	%	(*†) (†*)	%	††	%	Zusammen
55. Kongreß (gewählt 1896).									
Senat:									
Erste Session	116	68,47	28	16,77	9	5,39	14	8,38	167
Zweite Session	12	10,71	61	54,46	15	13,39	24	21,43	112
Dritte Session	—	—	9	20,45	16	36,36	19	43,18	44
Sämtliche Sessionen	128	39,63	98	30,35	40	12,38	57	17,65	323
Repräsentantenhaus:									
Erste Session	30	85,71	3	8,57	2	5,71	—	—	35
Zweite Session	47	49,47	35	36,85	5	5,26	8	8,42	95
Dritte Session	7	20,00	10	28,57	3	8,57	15	42,86	35
Sämtliche Sessionen	84	50,91	48	29,09	10	6,06	23	13,94	165
56. Kongreß (gewählt 1898).									
Senat:									
Erste Session	22	33,33	26	39,39	2	3,03	16	24,24	66
Zweite Session	26	35,14	18	24,32	6	8.11	24	32,43	74
Beide Sessionen	48	34,29	44	31,43	8	5,71	40	28,57	140
Repräsentantenhaus:									
Erste Session	48	60,76	14	17,72	5	6,32	12	15,19	79
Zweite Session	21	34,42	20	32.78	6	9,83	14	22,95	61
Beide Sessionen	69	49,28	34	24,28	11	7,85	26	18,57	140

66,48 % Parteiabstimmungen im Senat in der zweiten Session des 50. Kongresses nahezu ganz auf das Konto des Millschen Tarifgesetzentwurfes oder vielmehr des Ersatzgesetzes des Senates hierfür zu setzen.

Im englischen Parlament wird die streitige Gesetzgebung gegenwärtig der Hauptsache nach von einer Partei betrieben und von der anderen bekämpft, und daher verändert sich die Zahl der Parteiabstimmungen fast gar nicht. Im Kongreß gilt dies keineswegs, und die Zahl solcher Abstimmungen hängt in hohem Grade vom Vorhandensein einer Frage ab, über die die Parteien scharf uneins sind. Bei anderen Fragen sind die Parteigrenzen weniger scharf gezogen. Kurz, in England bestimmen die Parteien die streitigen Fragen, in Amerika dagegen bestimmen die Streitfragen heute zwar nicht die Parteien, aber doch den Grad ihrer gegenseitigen Bekämpfung in gesetzgeberischen Fragen. Im allgemeinen lehren die statistischen Zusammenstellungen aus dem Kongreß, daß, während in der Mitte des Jahrhunderts dort Abstimmungen nach der Parteizugehörigkeit mindestens ebenso häufig wie im englischen Parlament stattfanden und sogar in bestimmten Sessionen das englische Maximum überschritten, heute doch im Durchschnitt die Abstimmung nach der Parteizugehörigkeit unbedingt seltener stattfindet, als im Unterhause.

In den gesetzgebenden Körperschaften der Einzelstaaten.

Es wurden ferner einzelne Sessionen der gesetzgebenden Körperschaften in fünf der größeren nördlichen Staaten untersucht, von denen bei dreien die Annahme nahe läge, daß die Parteipolitik dort in besonderer Blüte stände.[1] Aber bei den untersuchten Staaten war nur in New York die Anzahl der Parteiabstimmungen beträchtlich. Hier bewegt sich diese Zahl im Senat von 22—30 % und in der II. Kammer (Assembly) von 45—50 %. In den anderen gesetzgebenden Körperschaften der Einzelstaaten war diese Zahl viel geringer. Nirgends betrug sie mehr als 16 % und blieb in verschiedenen Fällen unter 2 %. Überdies entfällt ein Teil dieser Abstimmungen auf die Wahl von Beamten, die in keinem denkbaren Zusammenhang mit der Politik stehen.

[1] Diese drei Staaten (New York, Ohio und Illinois) werden manchmal von einer Partei und manchmal von der anderen regiert. Die anderen beiden (Massachusetts und Pennsylvanien) haben große und ständige republikanische Mehrheiten. Unter dem Eindruck, daß die Lage der Dinge in den zuerst untersuchten Sessionen in New York und Pennsylvanien anormal sein könnte, ist in jedem dieser beiden Staaten eine andere Session herangezogen worden. Die vollständige Liste der Abstimmungen im einzelnen findet sich in dem

Das stärkere Überwiegen der Parteiabstimmungen in England ist natürlich auf das Verhältnis zwischen der Exekutive und der gesetzgebenden Gewalt zurückzuführen. Wenn ein Abgeordneter der Mehrheit des Unterhauses sich weigert, das Kabinett bei einer wichtigen von ihm vertretenen Maßnahme zu unterstützen, und wenn eine ausreichende Zahl seiner Kollegen seine Ansicht teilt, um das Blättchen zu wenden, so ist die notwendige Folge ein Wechsel des Ministeriums oder eine Auflösung, während unter ähnlichen Umständen in Amerika keine solchen grimmen Folgen eintreten· Die Vorlage verschwindet einfach im Orkus, aber der Abgeordnete kann sein Mandat bis zum Ablauf seiner Wahlzeit ungestört behalten, und die Verwaltung geht ihren Gang wie bevor. Daher die Schwierigkeit der Durchführung von Parteiprogrammen und die Mißachtung, die man ihnen entgegenbringt. Ferner kann ein Programm, so ins einzelne gehend es auch sein mag, immer nur einen kleinen Teil

Die geringere Zahl der Parteiabstimmungen in Amerika ist auf die Unabhängigkeit der Exekutive zurückzuführen

---

bereits erwähnten Artikel. Eine Übersicht der erzielten Ergebnisse bietet die folgende

Tabelle VI.

	**	%	*† †*	%	(*†) (†*)	%	††	%	Zusammen
Massachusetts, 1899.									
Senat	1	1,05	23	24,21	7	7,37	64	67,37	95
Repräsentantenhaus	3	6,12	19	38,78	3	6,12	24	48,98	49
New York, 1894.									
Senat	73	30,67	56	23,53	81	34,03	28	11,76	238
Assembly	115	50,44	34	14,91	49	21,49	30	13,16	228
New York, 1899.									
Senat	50	22,52	62	27,95	63	28,38	47	21,17	222
Assembly	93	45,36	42	20,48	43	20,97	27	13,17	205
Pennsylvanien, 1895.									
Senat	12	6,42	44	23,53	81	43,53	50	26,74	187
Repräsentantenhaus	6	1,15	52	9,96	139	26,63	325	62,26	522
Pennsylvanien, 1899.									
Senat	1	1,25	7	8,75	30	37,50	42	52,50	80
Repräsentantenhaus	7	3,32	31	14,69	69	32,70	104	49,29	211
Ohio, 1900.									
Senat	20	15,15	21	15,91	56	42,42	35	26,52	132
Repräsentantenhaus	18	10,17	16	9,04	55	31,07	88	49,72	177
Illinois, 1899.									
Senat	8	5,44	25	17,01	69	46,94	45	30,91	147
Repräsentantenhaus	16	12,5	28	22,05	43	33,85	40	31,49	127

der im Kongreß auftauchenden Fragen umfassen. Die große Öffentlichkeit interessiert sich für einige wenige Dinge, und nur diese finden Raum im Programm. Bei allen übrigen Dingen fehlt sogar der moralische Zwang, der einem Glaubensbekenntnis der Partei innewohnt, und es ist daher sehr schwer, bei solchen Dingen Parteizusammenhalt zu erzielen. Das in den amerikanischen gesetzgebenden Körperschaften beliebte Kommissionssystem führt ebenfalls dazu, gesetzgeberische Vorlagen dem Gebiet der Parteipolitik zu entziehen, denn die Kommissionen, denen die Vorlagen überwiesen werden, sind stets aus Mitgliedern beider Parteien zusammengesetzt. Zweifellos kommt es ja manchmal im Kongreß — beispielsweise bei einem Tarifgesetz — vor, daß die Mehrheit und die Minderheit einer Kommission tatsächlich gesondert tagen, so daß die Vorlage, wenn über sie dem Hause berichtet wird, eine reine Parteivorlage darstellt, doch ist dies Verfahren selbst im Kongreß ein ausnahmsweises und in vielen der gesetzgebenden Körperschaften der Einzelstaaten gänzlich unbekannt. Die Arbeit der Kommission trägt gewöhnlich den Charakter eines Kompromisses, und wenn, wie dies häufig der Fall ist, der Bericht der Kommission einstimmig erstattet wird, oder wenn die Abstimmungen der Kommissionsmitglieder nicht nach der Parteizugehörigkeit erfolgen, so ist es offenbar unmöglich, die Vorlage nach dem Kommissionsbericht als reine Parteivorlage zu betrachten. Im englischen Parlament ist dagegen das Kabinett die große gesetzgeberische Kommission, und jede von ihm eingebrachte Vorlage ist mit Notwendigkeit eine Parteivorlage, soweit als die eigene Partei im Hause in Betracht kommt. Wenn sie auf ernsten Widerstand stößt, so kommt der Widerstand mit ziemlicher Sicherheit von der anderen Seite, so daß der Kampf wahrscheinlich nach der Parteizugehörigkeit geführt werden wird. Bei der gegenwärtigen Neigung, die Initiative der Regierung zu überlassen, gilt dies allmählich von nahezu allen wichtigen Fragen. Aber die Verhältnisse in den Vereinigten Staaten hindern etwas Derartiges wirksam, und die Parteistreitigkeiten können sich der Natur der Sache nach nur auf einen kleinen Teil der gesetzgeberischen Maßnahmen erstrecken.

und auf das Kommissionssystem.

Alles dies gilt noch viel mehr von den Einzelstaaten. Die amerikanischen Parteien sind im wesentlichen Landesparteien. Sie dienen in erster Linie der Wahl des Präsidenten und nur in zweiter Linie der Wahl der Beamten der Einzelstaaten. Daher scheiden sie sich hauptsächlich nach Fragen der allgemeinen Landespolitik, und es ist für sie schwierig, eine Stellung zu Fragen der Einzelstaatsgesetzgebung zu nehmen, ohne dadurch Meinungsverschiedenheiten hervorzurufen, die mit der sonstigen Parteizugehörigkeit nicht in Einklang zu bringen sind und eine Anzahl ihrer Anhänger verstimmen. So kommt es denn, daß die Mitglieder der gesetzgebenden Körperschaften der meisten Einzelstaaten von Parteien gewählt werden, die sich verhältnismäßig wenig mit den Fragen beschäftigt haben, die sie entscheiden sollen. Dieselbe Ursache und eine ähnliche Verwendung der Kommissionen führt in den englischen Gemeinderäten der Flecken zu ähnlichen Resultaten, denn sie werden gewöhnlich nach der Parteizugehörigkeit gewählt, entscheiden aber der Regel nach in ihrer praktischen Arbeit nicht nach Parteigrundsätzen, und es ist bemerkenswert, daß die Gemeinderäte der Provinzialflecken darauf stolz sind, daß die Parteizugehörigkeit bei ihren Beschlüssen keine Rolle spielt. Die Behauptung, daß die Politik in dem Gemeinderat mitspiele, ist ebenso wie in Amerika ein Vorwurf, weil dabei gemeinhin mehr an persönliche Politik als an Meinungsverschiedenheiten über staatspolitische Fragen gedacht wird.

Warum der gegenteilige Eindruck vorherrscht.

Eine Partei kann in Amerika auf die Mitglieder gesetzgebender Körperschaften nicht denselben direkten Einfluß ausüben wie im englischen Parlament, wo das Ministerium verantwortlich ist, und es besteht daher für sie die Versuchung, zu anderen Mitteln zu greifen, um ihre Macht zu festigen und den politischen Zusammenhalt zu erhalten. Das naheliegendste Mittel ist die Besetzung öffentlicher Ämter, und hierin liegt einer der Gründe, weshalb es in Amerika schwieriger ist, von dem Beutesystem (spoils system) loszukommen wie in England. Dies bringt uns auf ein anderes Problem, nämlich die Aufklärung der vorherrschenden Ansicht, daß das Parteiwesen in England weniger machtvoll und despotisch sei als in den Vereinigten Staaten. Aber zunächst muß ich erneut betonen, daß der Umfang der durch Parteigebot erzeugten Erregung nicht von dem Umfang dieses Gebietens, sondern davon abhängt, ob man es für berechtigt hält oder nicht. Ein sehr scharfes Anziehen der Parteizügel zu legitimen Zwecken wird nicht so viel Klagen hervorrufen, als ein weit geringerer Druck zu unlauteren Zwecken. Nur wenige feinfühlige Leute haben Einwendungen gegen einen Caucus der Kongreßmitglieder zur Festlegung der Stellung der Partei in der Währungsfrage, aber jedermann ärgert sich über die Ernennung eines gänzlich unfähigen Postmeisters, der zufällig einen Einfluß („pull") auf einen einflußreichen Politiker besitzt, und hierbei verwechselt man vielfach Partei und Maschine, weil man weder das Verhältnis, in dem die Maschine zur Partei steht, noch die Angelegenheiten, mit denen sie sich befaßt, versteht.

Wirken der Maschine.

Man sagt oft, daß in den gesetzgebenden Körperschaften der Boss oder der Caucus die Stellungnahme der Partei bei schwebenden Vorlagen bestimmt und sie dann durch eine Parteiabstimmung durchsetzt, so daß die Gesetzgebung in Wirklichkeit von der Maschine gemacht wird. Daß dies ein Irrtum ist, beweist die Statistik. Wenn es sich wirklich so verhielte, müßte Pennsylvanien, das zu der Zeit, die die wiedergegebenen Zahlenreihen umfaßt, vom Bosstum beherrscht war, in seinen gesetzgebenden Körperschaften eine lange Reihe von Parteiabstimmungen gehabt haben, aber tatsächlich finden wir nahezu keine solche Abstimmung. Die Sache verhält sich nicht so, weil in erser Linie die Maschine selten auf mehr als einen Teil der Parteiabgeordneten einen maßgebenden Einfluß besitzt, und weil zweitens die Maschine sich wenig mit der allgemeinen Gesetzgebung befaßt. Sie weiß sehr wohl, daß ein Versuch, ihren Anhängern Vorschriften über die Behandlung solcher Fragen zu machen, lediglich ihre Macht schwächen würde, und sie beschränkt daher ihre Aufmerksamkeit auf die Verteilung der Ämter (spoils), auf Gesetze über Wahlangelegenheiten und auf solche Gesetzesvorlagen öffentlichen oder privaten Charakters, die unmittelbar die Personen interessieren, von denen sie ihre Einnahme bezieht. Man hat in der Tat dargelegt, daß die ureigenste Stellung des Boss davon abhängt, daß die Parteien staatspolitische Ziele verfolgen, während er Privatinteressen vertritt, und dies ist so allgemein anerkannt, daß die großen Korporationen, die entweder in ihrem Interesse liegende Gesetze oder Schutz gegen skrupelfreie Angriffe zu erlangen wünschen, unparteiisch zu dem Wahlfonds beider politischer Parteien beisteuern. Diese Seite des politischen Lebens hat den Freunden einer Reform einen Schrei der Entrüstung entlockt. Minghetti nannte dies unter Bezugnahme auf italienische Verhältnisse die ungebührliche Einmengung der Parteien in Dinge, die außerhalb ihres Gebietes liegen sollten. Die amerikanischen Parteien sind der Regel nach in staatspolitischen Dingen nicht despotisch, weil sie wenig Zusammenhalt haben, aber ihr Einfluß oder vielmehr der Einfluß der Maschine oder des einzelnen Politikers wird lebhaft in Angelegenheiten ausgeübt, die gar nichts mit den staatspolitischen Fragen zu tun haben, die das einzige vernünftige Betätigungsfeld der Parteien bilden. Kurz, der Boss ist kein Premierminister, der die Politik leitet, sondern ein Wahlagent und ein Makler für Privatgesetze und Ämter.

Ein Vergleich Englands und Amerikas zeigt daher, daß der Parteieinfluß auf die Gesetzgebung im ganzen in England viel größer ist, daß er sich aber strenger auf staatspolitische Maßnahmen beschränkt. Dies alles will keineswegs sagen, daß die Unterhausmehrheit ohne Rücksicht auf die Wünsche der Minderheit tun kann, was ihr gefällt. In gewissem Grade ist dies der Fall, es würde aber grob mißverständlich sein, wenn man annähme, daß der englische Parlamentarismus sich zu einer reinen Parteityrannei entwickele. Die Sache hat noch eine andere Seite, denn gerade der Umstand, daß die Regierung Niederlagen vermeiden muß, macht sie oft vorsichtig, um nicht zu sagen furchtsam. Sie kann sich über die Ansichten der Minderheit nicht hinwegsetzen, weil diese oft von vielen ihrer Anhänger geteilt werden und die Stimmen einer kleinen Gruppe der eigenen Partei im Verein mit den Stimmen der Opposition verhängnisvoll werden können. Dieselben Faktoren, die einen Parteiabgeordneten dazu bestimmen, seine eigenen Ansichten der Parteinotwendigkeit zu opfern, bringen das Kabinett dazu, seine Politik auf die Proteste einer kleinen Gruppe seiner Anhänger zu modifizieren. Übrigens werden die Minister nicht nur durch die Furcht vor einem etwaigen Abfall ihrer Anhänger auf den Bänken hinter ihnen beeinflußt. Sie müssen die allgemeine politische Meinung außerhalb des Hauses, die am letzten Ende ja über ihr Verbleiben im Amte bestimmt, in Betracht ziehen. Sie können keinen rücksichtslosen Gebrauch von ihrer Mehrheit im Parlament machen, um ihre Pläne zwangsweise durchzusetzen, und es verlohnt sich für sie, so weit entgegenzukommen, als sie dies ohne Erregung von Mißstimmung in ihrer eigenen Partei können. Sie treffen oft Abänderungen in ihren Vorlagen, um Wünschen von beiden Seiten des Hauses zu genügen, und manchmal entschließen sie sich zu einer ganz neuen Stellungnahme, wenn eine Debatte ihnen eine unerwartete Strömung der öffentlichen Meinung enthüllt hat.

Warum die Parteien im englischen Parlament nicht despotisch sind.

Das Verhältnis zwischen den beiden vordersten Bänken ist in der Tat von Wichtigkeit und wird von der großen Öffentlichkeit wenig verstanden. Gelegentlich wird der Führer der einen Partei dem Führer der anderen Partei einen Wink geben und sie werden sich gemeinschaftlich in einen der Räume hinter dem Sitze des Sprechers zurückziehen, um einen weniger wesentlichen Punkt zu erledigen, der zu Mißverständnissen geführt hat. Hier kann man offenere Erläuterungen geben wie in der Öffentlichkeit, und wenn man zu einer Übereinstimmung gelangt, wird der Führer der Opposition bei Wiedereinnahme seines Platzes seinen Parteigängern kund-

Verhältnis der beiden vordersten Bänke.

geben, daß ein Kompromiß zustande gekommen ist und keine Abstimmung über die Frage stattfinden wird. Die persönlichen Beziehungen zwischen den Politikern auf den feindlichen Seiten sind der Regel nach freundlich. Ein scheidender Minister wird seinen Nachfolger über den Stand der Geschäfte in seinem Ressort unterrichten und sich erbieten, ihm nach Kräften behilflich zu sein. Die Abgeordneten der beiden vordersten Bänke befinden sich in der Tat in einer ähnlichen Stellung wie die Anwälte, die die Parteien in einem Zivilprozeß vor Gericht vertreten. Sie führen keinen Bürgerkrieg auf Leben und Tod, sondern sie vertreten eine Sache nach den Standesregeln ihres Berufes, und diese Standesregeln werden vom Publikum im allgemeinen so wenig gewürdigt wie die Etikette, die unter Anwälten herrscht. Wenn zwei hervorragende Gegner zufällig am Abend einer bedeutenden Debatte im selben Wagen ins Unterhaus fahren, wird das kritisiert, ebenso wie der Zorn Pickwicks erregt wurde, als sein Anwalt den Anwalt des Klägers freundlich begrüßte. Wenn der Parlamentarismus also Parteidespotismus bedingt, so ist dieser Despotismus durch viele machtvolle Momente innerhalb und außerhalb der herrschenden Partei gemildert.

Die englischen Parteien sind Werkzeuge zur Regierung des Landes

Die freundlichen Beziehungen zwischen den Führern der einander gegenüberstehenden Parteien, ihre Bereitwilligkeit, sich gegenseitig bei persönlichem Mißgeschick zu unterstützen, und ihr Widerstreben, die Streitfragen auf die Spitze zu treiben, führen Anhänger einer dogmatischeren Philosophie zu Klagen über die Unwirklichkeit des Parlamentarismus. In Wahrheit sind die englischen Parteien nicht wie in einem großen Teil des europäischen Festlandes Gruppen von Leuten, die sich miteinander durch ihren Glauben an ein bestimmtes politisches Programm verbunden fühlen, sondern vielmehr Werkzeuge der Regierung, die allgemeine politische Strömungen vertreten und die Nation nach diesen Strömungen regieren wollen, soweit als es die Umstände gestatten. In einem Sinne, und zwar in einem keineswegs ohne weiteres schlechten Sinne sind sie Opportunisten. Die Aufgabe eines Staatsmannes in einer Demokratie ist es gerade so sehr, die öffentliche Meinung zu beschleunigen, zu kristallisieren und zu formulieren, wie sie zu bilden. Das nächste Ziel der beiden großen Parteien besteht in der Erlangung der Macht, und daher vertreten sie nicht mehr abstrakte Prinzipien ohne Rücksicht auf ihre Volkstümlichkeit. Sie versteifen sich nur auf Maßnahmen, für die sie wenigstens eine gewisse Aussicht auf unmittelbaren Rückhalt im Volke haben, und wenn sich eine politische Richtlinie als dauernd unpopulär erweist, wird sie aufgegeben. Unter

Erhaltung der Fühlung mit gewissen Hauptelementen in ihren Reihen — die Konservativen beispielsweise mit der Kirche und den Interessen der Grundbesitzer, die Liberalen mit den Nonkonformisten und Vertretern radikaler Ansichten — neigen beide Parteien dazu, sich dem politischen Schwerpunkte zu nähern. Alles dies hat seine gute und seine schlechte Seite; die schlechte liegt klar zutage und besteht darin, daß an Stelle des politischen Grundsatzes der Erfolg zum Endziel des politischen Lebens wird, während die gute Seite die ist, daß die politischen Führer nur den Teil ihrer politischen Grundsätze, der erreichbar ist, durchzusetzen suchen und nicht hartnäckig an Idealen festhalten, für die die Möglichkeit der Verwirklichung fehlt. Diese Lage der Dinge führt zur Erzielung einer allgemeinen Übereinstimmung über die Grundfragen des Regierungswesens, von der kein führender Politiker sich weit entfernt, und führt ferner zur Ausschaltung im Staate vorhandener unversöhnlicher und revolutionärer Elemente.[1]

und streben zum politischen Schwerpunkt hin.

In eigenartigem Gegensatz zu der Stärke des Parteiwesens als Faktor der Gesetzgebung und zu der großen Anzahl der Parteiabstimmungen im Unterhause steht eine andere Erscheinung, die auf den ersten Blick hiermit ganz unverträglich scheint. Es ist die große Anzahl englischer Politiker des 19. Jahrhunderts, die im Laufe ihres politischen Lebens entweder ihre Partei oder ihre Prinzipien gewechselt haben. Abgesehen von Lord John Russell, Disraeli,[2] Lord Salisbury und Balfour kann man sagen, daß fast alle die berühmtesten Minister von 1832 bis zum Ende des Jahrhunderts entweder das eine oder das andere taten. Sir Robert Peel setzte zweimal Maßnahmen von größter politischer Bedeutung im Gegensatz zu seinen eigenen früheren Überzeugungen durch. Lord Palmerston war lange ein konservativer und noch länger ein liberaler Minister. Lord Stanley und Sir James Graham wechselten beide ihre Parteien, und zwar der letztere mit kaleidoskopartiger Schnelligkeit. Gladstone wurde aus einem Minister der Hochtories der berühmteste

Die Parteiführer wechseln oft ihre Partei.

[1] Dr. Redlich, dem dieser Gesichtspunkt des englischen politischen Lebens besonders stark ins Auge fiel, hebt hervor, daß die wirklich bedeutenden gemeinsamen Interessen der Nation dem Parteikampf entrückt sind, der sich um die verschiedene Auffassung nicht etwa fundamentaler Grundfragen, sondern konkreter Zeitfragen dreht. Dieser Wahrheit gibt er mit den paradoxen Worten scharfen Ausdruck, daß England sein System der Parteiregierung mittels eines parlamentarischen Kabinetts deshalb besitzt, weil es keine Parteien im festländischen Sinne hat. „Recht und Technik des Englischen Parlamentarismus", S. 157—158.

[2] Dies bezieht sich nur auf die parlamentarische Laufbahn Disraelis.

liberale Premierminister. Lord Hartington und Chamberlain gelangten beide von führenden Stellungen in liberalen Kabinetten zu machtvollem Einfluß in konservativen Kabinetten. Und doch erfolgte dieser Parteiwechsel in den meisten Fällen, ohne daß man daraus den Beteiligten einen Vorwurf machte, und häufig büßten sie nur für kurze Zeit an politischer Macht ein. Der Regel nach stand die politische Wandlung im Zusammenhang mit einer Zersplitterung in der Partei, aber in einigen Fällen, wie in denen Stanleys und und Grahams, handelte es sich nur um die Sezession eines Einzelnen.

Warum solcher Parteiwechsel möglich ist.

Nun ist ein solcher Übergang eines Parteiführers von einem Lager ins andere in Wahrheit mit der Stärke des Parteibandes nicht unverträglich. Wenn die Parteien auf unversöhnlichen Gegensätzen der Rasse oder des politischen oder religiösen Glaubensbekenntnisses beruhten, würde ein Parteiwechsel eine Apostasie bedeuten und in der öffentlichen Achtung herabsetzen. Da aber die englischen Parteien in Wirklichkeit Werkzeuge zur Führung der Staatsgeschäfte sind, stellt sich der Politiker auf die Seite der einen oder der anderen von ihnen, nicht weil er mit ihr durch eine unbeugsame Überzeugung verbunden ist, sondern weil er der Ansicht ist, daß sie überwiegend das Richtige vertritt, und daher kann sehr wohl ein Ereignis eintreten, oder eine neue Frage auftauchen, die zu einer Meinungsverschiedenheit mit seinen früheren Freunden führt und das Schwergewicht der Wage nach der anderen Seite senkt. Solange als er zu einer Partei gehört, muß er mit ihr gehen, er muß unwichtigere Dinge dem großen Ganzen opfern; wenn er aber mit ihrer Gesamtpolitik nicht mehr übereinstimmen kann, muß er die Parteibande lösen und sich frei machen. Er braucht nun seine Überzeugung bei keiner Frage mehr dem harmonischen Auftreten der Partei zu opfern, und daher ist es sprichwörtlich geworden, daß wenn ein Minister seine Stellung im Kabinett niederlegt, seine Meinungsverschiedenheiten mit ihm anscheinend zunehmen, und er sich im Gegensatz zu seinen Kollegen in manchen Dingen befindet, zu denen er, wenn er im Amte geblieben wäre, geschwiegen hätte. Bei dem starren System zweier Parteien muß er indessen entweder bald zur Herde zurückkehren, sich der anderen Partei anschließen oder sein Ansehen gänzlich einbüßen. Zu jeder Zeit können, wenn das parlamentarische System normal arbeitet, nur zwei Parteien vorhanden sein; da sie aber zu praktischen Endzwecken bestehen, besteht in beiden eine Spannung, da die verschiedenen Elemente, aus denen sie bestehen, in gewisser Hinsicht nach verschiedenen Richtungen auseinanderstreben. Häufig erweist sich die Spannung als stärker als der Zusammenhalt, das Band zerreißt und ein Teil der Partei splittert sich ab, um mit der Zeit von der anderen Partei aufgesogen zu werden, wenn er nicht so unbedeutend ist, daß er gänzlich aus dem politischen Leben ausscheidet. Wenn die Sezessionisten nach Anicht ihrer früheren Kollegen anständig gehandelt haben und sich kein grobes Mißverständnis ergibt, wird die Sezession nicht als Verrat, sondern als Folge des zu Spaltungen verführenden Charakters der Politik betrachtet. Kurz, gerade der Umstand, daß die Parteien Gruppen von Männern sind, die miteinander nicht durch gemeinschaftliche unversöhnliche Vorurteile, sondern zur Führung der Staatsgeschäfte verbunden sind, setzt ihre Mitglieder in den Stand, die unbedeutenderen Einzelfragen der Einheit des Ganzen zu opfern, und derselbe Umstand ermöglicht es einem Führer, die Partei zu wechseln, ohne damit notwendig seine Grundsätze zu verleugnen oder seinem Programm untreu zu werden. Bei der stärkeren Festigkeit des Parteibandes im Unterhause, bei den scharfen Grenzen und dem Verschwinden des neutralen Bodens zwischen den Parteien werden solche Übertritte möglicherweise in der Zukunft seltener vorkommen; weit entfernt aber davon, mit der Stärke des Parteibandes unter dem Parlamentarismus unverträglich zu sein, beruhen sie in gewissem Sinne auf den gleichen Ursachen.

Sechsunddreißigstes Kapitel.

Politische Schwankungen.

Die Nation schwankt zwischen den Parteien.

Wo wie in vielen festländischen Staaten die Parteien auf Religion oder auf Rasse oder auf grundsätzlichen, miteinander absolut unverträglichen politischen Gesichtspunkten beruhen, zeigen die Wähler eine treue Anhänglichkeit an ihrer Partei, und daher wechselt die Stärke der Parteien in langen Zeiträumen wenig. Dieselbe Ursache erhält die geschlossene Phalanx der irischen Nationalisten. In Großbritannien und in Amerika aber, wo die Parteien nicht durch eine unübersteigliche Kluft voneinander getrennt sind, und wo beide nicht sehr weit vom politischen Schwerpunkt entfernt sind, genügen laufende Fragen von gewöhnlicher Bedeutung, um viele Leute der Partei zu entfremden, für die sie bei der letzten Wahl stimmten, und daher sind die Parteischwankungen stark und schnell. Tatsächlich kann man im politischen Leben eine so regelmäßige Schwankung beobachten, daß man sie als Pendelschwingung bezeichnet hat. Unzweifelhaft kann man das Ergebnis irgendeiner speziellen Wahl aus den Umständen, unter denen sie stattfand, aus der Art der zur Entscheidung stehenden Fragen, aus der Volkstümlichkeit der führenden Männer und aus der Blüte oder dem Daniederliegen des Erwerbslebens im Augenblick erklären; und doch ist, wenn sich politische Schwankungen in erheblichen Zeiträumen regelmäßig wiederholen, der Schluß gerechtfertigt, daß sie auf irgendeine dauernde Ursache zurückzuführen sind, und daß auch die Art und Weise, in der die unmittelbaren Streitfragen formuliert werden, auf jene Ursache zurückzuführen ist. Nicht, daß eine solche Tendenz zu Schwankungen ganz ausschlaggebend ist. Meistens stellt sie nur einen von vielen politischen Faktoren dar, und wird gleich anderen Faktoren ihre Normalwirkung nur insoweit äußern, als ihr nicht andere Faktoren entgegenwirken. Schwankungen, die in gewöhnlichen Zeiten regelmäßig eintreten würden, werden natürlich gänzlich unterbrochen werden, wenn eine ganz überragende Frage auftaucht, und darum muß man sie nicht erwarten, wenn die Nation mit einem ungewöhnlich wichtigen Problem ringt oder in den Wehen eines großen Krieges liegt. Sie verdienen indessen ernste Beachtung, wenn sie einen merkbaren Einfluß auf die laufende Politik in ruhigen Zeitläuften ausüben.

Langsame periodische Schwankungen.

Nun scheint es in England zwei besondere Arten politischer Schwankungen zu geben, die man mit dem Wechsel der Jahreszeiten oder von Tag und Nacht oder mit Ebbe und Flut und den Wogen, die die Oberfläche der See kräuseln, vergleichen kann. Ohne auf die Zeit gewaltsamer Bewegungen zurückzugehen, zeigen sich lange langsame Schwankungen in England, zum mindesten seit dem Tode der Königin Anna deutlich. Von diesem Zeitpunkt an war das Land überwiegend whigistisch gesinnt und wurde von den Whigs mehr als ein Menschenalter lang regiert. Dann erlangten die Tories nach einer Zeit der Ungewißheit die Oberhand und behielten mit einigen kurzen Unterbrechungen die Macht vom Amtsantritt des Lord North 1770 bis zum Ministerium des Earl Grey 1830. Dann gelangte das Staatsruder wieder an die sich jetzt Liberale nennenden Whigs, die nahezu $1^1/_2$ Menschenalter hindurch die herrschende Partei blieben. Der einzige wesentliche Zwischenakt in ihrer Herrschaftsperiode war die Regierung Sir Robert Peels von 1841—1846, denn obgleich die Streitigkeiten in der liberalen Partei 3 mal dazu führten, daß die Konservativen ans Ruder gelangten, verfügte keines dieser drei konservativen Kabinette über eine Mehrheit im Parlament oder im Volke. Es folgte nun wieder eine Zeit der Ungewißheit, die diesmal ungefähr 12 Jahre dauerte, und dann hatte die konservative Partei von der Home Rule-Vorlage von 1886 bis zu den Wahlen von 1906 die Führung im Staate. Es hatte ein wirklicher Umschwung der öffentlichen Meinung Platz gegriffen, und 20 Jahre hindurch war die Unterströmung gerade so ausgesprochen konservativ, wie sie in früheren Tagen des Jahrhunderts liberal gewesen war. Die geistigen Führer des Landes hatten unzweifelhaft ihr Gewicht von der einen in die andere Wagschale geworfen. In den sechziger Jahren konnte man mit ziemlicher Sicherheit annehmen, daß ein Mann der Wissenschaft oder der Literatur in England ein Liberaler war, in den neunziger Jahren war er meist ein Unionist. Und dieser Umschwung war nicht gänzlich auf die Home Rule-Vorlage zurückzuführen. Wer scharf beobachtete, konnte ihn kommen sehen, bevor eine solche Vorlage für möglich gehalten wurde. Man konnte ihn bei den Oxforder Studenten bemerken, denn obgleich auf der Universität stets der konservative Ton vorherrscht, wuchs unter den Studierenden eine Anzahl ungewöhnlich kraftvoller

Ihre Geschichte.

Konservativer lange vor der Home Rule-Vorlage heran, und ebenso wurde ein Wechsel der öffentlichen Meinung zugunsten der Liberalen aus der Haltung der jüngeren Studierenden jahrelang vor den Wahlen von 1906 vorausgesagt.

Ihre Gründe.

Die Gründe der allmählichen Schwankungen dieser Art liegen nicht stets klar zutage. Die Gelegenheit und eine der Veranlassungen des Umschwungs von 1886 bildete natürlich die Home Rule-Vorlage. Eine andere Veranlassung war die Frage des Ostens, die einige Jahre früher eine Anzahl von Leuten der Partei abspenstig machte. Aber die tiefer liegende Ursache war die, daß die liberale Partei ihre ursprünglichen Ideen in die Praxis umgesetzt und somit zunächst ihre Mission erfüllt hatte. Die Demokratie hatte gesiegt, die Kommunalverwaltung war zum großen Teil reformiert, die allgemeine Schulpflicht eingeführt und manche überlebten Mißstände waren beseitigt; und die Theorien der philosophischen Radikalen mit ihrem Grundsatz des Individualismus und des Laissez-faire, die in der Vergangenheit der Partei die geistige Triebkraft geliefert hatten, waren bis zu den äußersten Konsequenzen getrieben worden. Die von Adam Smith und Bentham aufgestellten, von John Stuart Mill, Cobden, Buckle und einer Menge anderer Männer ausgearbeiteten und nach ihrem Tode von Herbert Spencer in ein einheitliches System gebrachten Lehren hatten ihre Kraft verausgabt, und es setzte nun eine Reaktion ein.[1] Es fingen jetzt die sozialistischen vom Festland kommenden Ideen, unterstützt von der Sympathie für die Armen und die Arbeiter und dem Wunsche, ihnen sofortige Hilfe zu bringen, an, eine starke Wirkung auf viele radikale Geister auszuüben. All dies führte dahin, die Partei als Ganzes zu schwächen und sie in Gruppen mit weit voneinander abweichenden Ansichten zu spalten. Gleichzeitig wirkte die Reichsidee mit ihrer Vorstellung von einem größeren Britannien, für die die früheren Lehren keinen Raum boten, stark auf die Einbildungskraft des Volkes ein.

Und wie ferner kraftvolle junge Männer ihr Glück in fremden Landen zu suchen pflegen, so werden sie im politischen Leben und in dem Reich der Ideen die besten Chancen, sich hervorzutun, im Betreten neuer Pfade finden, die noch nicht mit Leuten von wohlbegründetem Rufe überflutet sind; und so bot sich denn im Anfang der achtziger Jahre ein weites Betätigungsfeld für junge,

---

[1] In seinem Buch „Law and Opinion in England" hat Professor Dicey diese Ideen und ihren Einfluß auf die Gesetzgebung sehr klar geschildert.

befähigte Konservative. Die Neigung der Menschheit dazu, neue, dem Zeitgeist entsprechende Ideen aufzugreifen und ihrer müde zu werden, wenn sie ihren Lauf vollendet haben, die Naturgeschichte des Entstehens, des Wachsens und Verschwindens von Ansichten, die wir auf dem Gebiet der Kleidung Mode und im Ideenreich Epochen nennen, all dies gehört dem Reich der Sozialpsychologie an, bildet aber die Grundlage der allmählichen Parteischwankungen, die wir in der Geschichte des englischen Parlamentarismus finden.

Plötzliche Schwankungen in der Wählerschaft.

Die schnellen Schwankungen im Parteileben sind neueren Ursprungs. Sie begannen mit den Reformgesetzen von 1867—1868, die dadurch, daß sie das Wahlrecht in den Flecken auf eine wirklich breite Grundlage stellten, auf einen Schlag die Gesamtwählerschaft von Großbritannien nahezu verdoppelten und Arbeiterwähler in großen Mengen schufen. Diese Gesetze und die Ergänzung dieser Gesetze von 1884, die das Wahlrecht in den Grafschaften erweiterten, haben eine ausgesprochene Neigung gezeitigt, bei jeder allgemeinen Wahl die Partei zu wechseln. Von 1846 bis 1874 hatten die Liberalen eine ununterbrochene Mehrheit im Unterhause, aber seit jener Zeit ist die politische Geschichte viel buntscheckiger geworden.

Ihre Geschichte.

Die ersten Wahlen nach den Gesetzen von 1867—1868 brachten den Liberalen eine große Mehrheit und Disraelis Ministerium trat zurück, bei den nächsten Wahlen im Jahre 1874 neigte sich das Zünglein zugunsten der Konservativen, und bei den dritten Wahlen 1880 waren wieder die Liberalen erfolgreich. Bei den vierten Wahlen 1885 waren die Liberalen noch zahlreicher als die Konservativen, aber die Gesamtzahl ihrer bisherigen Gegner war nahezu ebenso groß wie ihre eigene Mandatszahl, und Gladstone konnte nur mit Hilfe der irischen Home Ruler die Regierung führen. Die auf den Fall seiner Home Rule-Vorlage folgenden Wahlen von 1886 brachten die Konservativen und Liberalen Unionisten, die von jetzt an als eine Partei betrachtet werden können, an die Macht. 1892 winkte der Siegerkranz den Liberalen und kehrte 1895 auf das Haupt der Konservativen zurück. Die Wahlen von 1900 fanden unter dem Kriegsdruck statt, was stets für eine Zeitlang die bestehende Regierung stärkt, und die Konservativen erzielten eine beinahe ebenso große Mehrheit wie vorher. Schließlich brachten die Wahlen von 1906 die Liberalen wieder mit überwältigender Mehrheit ans Ruder. So haben von den acht allgemeinen Wahlen seit den unmittelbar auf die Erweiterung des Stimmrechts 1867—1868 folgenden alle, mit Ausnahme von zweien, zu einem Wechsel der Mehrheit im Unterhause geführt; und von diesen beiden brachte die eine keiner der beiden großen Parteien eine Mehrheit, während die andere in der Aufregung des Krieges stattfand. Nach 1886 waren die Liberalen allerdings 20 Jahre lang nur einmal an der Macht, und da nur mit einer sehr geringen Stimmenmehrheit, aber man muß sich erinnern, daß die Unterströmung ihnen ungünstig war. Das Eintreten der Ebbe kann eine Woge daran hindern, so hoch empor zu steigen, als wenn es keine Ebbe und Flut gäbe, sie kann aber das Meer nicht hindern, Wogen auf seiner Oberfläche zu haben. Daß die Liberalen überhaupt eine Mehrheit in der Periode der größten Obmacht der Tories, während noch die Erregung über Home Rule hohe Wogen schlug, erzielten, ist kennzeichnend für die Art der Schwingungen des politischen Pendels.

Ursachen der schnellen politischen Schwankungen.

Die Neigung zu einem Parteiwechsel bei jeder allgemeinen Wahl kann auf verschiedene Ursachen zurückgeführt werden.[1] In erster Reihe kommt in Betracht, daß jede vertretende Körperschaft ihre Wähler sehr unvollkommen vertritt. Die Regierung durch gewählte Vertreter hat sich weder als Allheilmittel für alle sozialen Schäden erwiesen noch zur vollständigen Befriedigung der Wähler gewirkt. Was nun für die aus Wahlen hervorgegangenen Körperschaften als solche gilt, gilt auch von den Parteien in ihnen. Die Parlamentsmehrheit gibt nicht genau die Ansichten der Partei wieder, die sie gewählt hat, und das Kabinett kann nicht vollständig alle verschiedenen Meinungsschattierungen seiner Anhänger repräsentieren. Kurz, wenn eine Partei an die Macht gelangt, wird ein großer Teil ihres Vorgehens durch eine Gruppe ihrer Mitglieder bestimmt oder hingezögert, und dies führt zu mißvergnügten Elementen innerhalb ihrer eigenen Reihen. Daher gibt es stets Leute, die vermeinen, daß die von ihnen gewählten Politiker ihre Ansichten nicht richtig vertreten und geneigt sind, bei den nächsten Wahlen für die andere Partei zu stimmen, oder sich der Abstimmung überhaupt zu enthalten.

In etwas liegt dies auch an der Erscheinung, die Sir Henry Maine als Grund für die häufige Verwerfung von den Volksvertretern beschlossener Gesetzesvorlagen durch das Volk der Schweiz an-

---

[1] Dieselbe Tendenz besteht in Amerika, und der Verfasser hat in einer sorgfältigen, wenn auch vielleicht etwas grillenhaften Untersuchung über die Wahlergebnisse in den verschiedenen Staaten zu zeigen versucht, daß sie auf einem plötzlichen Wechsel der Gefühle gegen die am Ruder befindliche Partei beruht. „Jahrbuch der amerikanischen Akademie der Staatswissenschaften" vom Juli 1898.

führt. Er führt aus, daß jemand sehr wohl für seine politische Maßnahme eintreten kann, wenn sie ihm in allgemeinen Worten dargelegt wird, und doch, wenn sie wirklich in Gesetzesform gegossen wird, zu der Ansicht gelangen kann, daß sie „viel enthält, was voraussichtlich seine Gewohnheiten, seine Ideen, seine Vorurteile oder seine Interessen störend beeinflussen wird“.[1] Ob dies nun die richtige Erklärung der Schweizer Erscheinung ist oder nicht, der Satz gilt auch für England, wo der, dem ein Gesetz mißfällt, bei den nächsten Wahlen zu Hause bleiben oder für den Gegenkandidaten stimmen wird und so seine Partei gerade in Dingen im Stiche läßt, zu deren Betreiben er ihr erst mit die Möglichkeit geboten hat.

Die politischen Schwankungen werden ferner in hohem Maße vom paternalistischen Zuge der Zeit gefördert. Die starke Steigerung der Staatsaufgaben, der weitverbreitete Glaube an die Möglichkeit, die Welt durch Gesetze neuzugestalten und die „Redlichkeit von Gesetzeswegen“ („righteousness by statute“), wie sie mein Freund Joseph Lee genannt hat, zu erzielen, all dies hat neben den Erfordernissen des politischen Parteikrieges dazu geführt, daß die Wähler mehr erwarten und die Parteien mehr versprechen als irgend eine Regierung erfüllen kann. Die Hoffnungen, die nicht erfüllt werden können, rufen naturgemäß Enttäuschung hervor, und das Volk, das stets auf der Suche nach einem Prügelknaben ist, legt die Verantwortung dafür der am Ruder befindlichen Partei zur Last und wendet sich deren Gegner zu, nur um sich nachher wieder im selben alten Kreise herumzudrehen.

Nähere Betrachtung der Parteischwankungen.

Bei gewöhnlichen Wahlen wechselt ungefähr ein Viertel der Wahlkreise seine Partei, aber natürlich sind das nicht immer dieselben Wahlkreise, weil wenige Wahlkreise die Einwirkung der schnellen Schwankungen stark genug empfinden, um bei jeder Wahl die Partei zu wechseln. Von 1895—1906 haben nur 27 genau in gleicher Weise gewechselt wie die Mehrheit des Parlaments. Die Gesamtveränderungen der Gestalt des Unterhauses sind daher das Ergebnis vieler die Wahlkreise in verschiedener Weise beeinflussender Triebkräfte, wobei eine Triebkraft auf einen Wahlkreis, eine andere auf einen anderen Wahlkreis einwirkt, während dritte keine Triebkraft stark genug empfinden, um die Partei zu wechseln, und viele ganz unregelmäßig von lokalen oder anderen Einflüssen, die

[1] „Popular Government“, S. 97.

im Einklang mit oder im Gegensatz zu der allgemeinen Zeitströmung stehen können, bestimmt werden.[1]

Tabelle über den Parteiwechsel der Wahlkreise.

[1] Eine Tabelle der Ergebnisse der Schwankungen in den Grafschafts- und Fleckenwahlkreisen Großbritanniens seit 1885 zeigt auf den ersten Blick die vorgekommenen Schwankungen:

Tabelle VII.

1886:	14	gingen auf die Liberalen über,	Gesamtveränderungen 170.
	156	gingen zu den Konservativen über.	
1892:	100	gingen auf die Liberalen über,	Gesamtveränderungen 117.
	17	gingen zu den Konservativen über.	
1895:	14	gingen auf die Liberalen über,	Gesamtveränderungen 126.
	112	gingen zu den Konservativen über.	
1900:	42	gingen auf die Liberalen über,	Gesamtveränderungen 72.
	30	gingen zu den Konservativen über.	
1906:	246	gingen auf die Liberalen über,	Gesamtveränderungen 250.
	4	gingen zu den Konservativen über.	

In dieser Tabelle sind nur die allgemeinen Wahlen berücksichtigt und die Nachwahlen außer Betracht geblieben. Die Flecken mit 2 Abgeordneten sind als 2 besondere Wahlkreise gezählt, und die Abgeordneten der Arbeiter, die schottischen Hufner und andere derartige Abgeordnete sind als Liberale aufgeführt, während die Liberalen Unionisten zu den Konservativen gezählt sind. Es handelt sich nur um Rohergebnisse, denn sie berücksichtigen nur den gewählten Abgeordneten ohne Rücksicht darauf, ob er vielleicht nur eine Minderheit der Stimmen erhalten hat, weil die Mehrheit ihre Stimmen zwischen den beiden anderen Kandidaten verteilte.

Man beachte wohl, daß die Wahlen von 1900 außergewöhnlich waren. Sehr viele Wahlkreise wechselten ihre Partei, und zwar um die Hälfte mehr als gewöhnlich, aber sie wechselten nach beiden Seiten in ungefähr gleicher Zahl. Der Krieg wirkte den Schwingungen des Pendels entgegen; während im Jahre 1906 entweder eine angeschwollene Strömung oder vielleicht auch eine Verbindung der allmählichen und der plötzlichen Schwingungen einen bemerkenswert scharfen Umschwung herbeiführte.

Es mag von Interesse sein, die verschiedenen Wahlkreise nach ihrer Neigung zum Parteiwechsel zu klassifizieren. Eine Betrachtung der allgemeinen Wahlen in den 560 Grafschafts- und Fleckenwahlkreisen Großbritanniens bei den sechs allgemeinen Wahlen von 1885—1906 (einschließlich) zeigt, daß 197 oder mehr als $^1/_3$ während der ganzen Zeit keine Veränderung aufweisen. Von diesen waren 108 ständig liberal, 88 konservativ und einer (der Scotland-Bezirk von Liverpool) irisch-nationalistisch vertreten. Beinahe ebenso viele standen ganz oder zum Teil unter dem Einfluß der allmählichen Schwankungen und nur dieser. 55 folgten ihnen getreulich, indem sie 1886 konservativ wurden, und es bis 1906 fortgesetzt blieben, wo sie wieder liberal wurden. Andere gaben diesen Schwankungen nur in einer Richtung nach; 25 wurden 1886 konservativ und blieben es dauernd, und 84 traten in die Periode konservativ ein und wurden 1906 zum erstenmal liberal.

Die Wirkungen der plötzlichen Schwankungen sind komplizierter und schwieriger zu klassifizieren: 27 Wahlkreise paßten sich, wie wir gesehen

Art der Wahlkreise, die ihre Partei wechseln.

Wenn wir zu ermitteln versuchen, welche Art von Wahlkreisen am empfänglichsten für die Faktoren ist, die die politischen Schwankungen herbeiführen, so macht uns ihre Zusammenfassung in Gruppen mehr Schwierigkeiten als man annehmen möchte. Beispielsweise findet man unter den Parlamentssitzen, deren politische Wandlungen genau den wechselnden Mehrheiten des Unterhauses entsprochen haben, hauptstädtische Flecken, große und kleine Industriestädte, Seehäfen, überwiegend industrielle und bergbauliche Grafschaftswahlkreise, eine alte Grafschaftsstadt und eine Anzahl von Grafschaftswahlkreisen, die ganz oder überwiegend Landwirtschaft betreiben, kurz, Wahlkreise aller Gattungen. Eine sorgfältige Betrachtung der verschiedenen Gattungen von Wahlkreisen und eine Zusammenstellung der Ergebnisse in ihnen ergibt kein sehr klares Bild.[1] Gewisse Unterschiede kann man allerdings be-

haben, genau den veränderten Mehrheiten im Parlament an, indem sie bei jeder Wahl die Partei wechselten. Merkwürdigerweise tat der Nordwestbezirk von Lanarkshire genau das Gegenteil, wobei sich das Ergebnis von 1906 dadurch erklärt, daß sich die Stimmen zwischen einem Liberalen und einem Arbeiterkandidaten zersplitterten. 11 andere Wahlkreise wechselten nahezu gleichmäßig mit der Mehrheit des Hauses, wurden aber statt 1906 bereits 1900 liberal. Sehr viel mehr Wahlkreise empfangen die Tendenz zu plötzlichem Wechsel teilweise. Beispielsweise wechselten 50 Wahlkreise ihre Partei nur bei einer einzigen Wahl und kehrten unmittelbar darauf wieder zu ihrer früheren Partei zurück, und mit Ausnahme der Fälle, wo eine dieser beiden Änderungen in der Vertretung auf die anormalen Wahlen von 1900 entfällt, vollzogen sich alle Schwankungen im Einklang mit dem Wechsel der Parlamentsmehrheit. 15 dieser Wahlkreise waren tatsächlich nur von 1895—1900 konservativ und 13 nur von 1900—1906. Ebenso gingen bei den Wahlen von 1895 25 weitere Wahlkreise zu den Konservativen über und kehrten 1906 zu den Liberalen zurück. Auch dies stand im Einklang mit der Parteizusammensetzung des Unterhauses und stellte in Anbetracht des Charakters der Wahlen von 1900 tatsächlich nur eine Schwankung dar. 14 weitere Wahlkreise wechselten häufiger und mit alleiniger Ausnahme der Wahlen von 1900 stets entsprechend den Schwingungen des politischen Pendels. Schließlich unterlag eine Reihe von Sitzen in gewissem Grade sowohl den allmählichen wie den plötzlichen Schwankungen. 14 konservative Wahlkreise wurden beispielsweise nur in der Legislaturperiode 1892—1895 liberal, kehrten zu den Konservativen zurück und wurden dann 1906 wieder liberal, während drei 1886 konservativ wurden und dann nur in dem oben erwähnten Parlament von 1892—1895 wieder liberal wurden. So bleiben nur 52 Wahlkreise (oder weniger als $^1/_{10}$) übrig, die unregelmäßig gewechselt haben, und zwar manchmal in Übereinstimmung mit der herrschenden Strömung und manchmal unter der Einwirkung lokaler und anderer Einflüsse in entgegengesetzter Richtung.

[1] Mit Hilfe des Dr. E. D. Fite, der jetzt der Yale Universität angehört, wurden die Grafschaftswahlkreise je nach ihrem landwirtschaftlichen, indu-

merken. Beispielsweise sind die Werftplätze äußerst schwankend, da sich das politische Leben bei ihnen um Fragen der Beschäftigung durch den Staat dreht, aber sie bilden eine kleine und besondere Gruppe für sich. Man kann auch erkennen, daß die Wahlkreise, die ständig liberal geblieben sind, sich hauptsächlich in den industriellen Flecken und den stark industriellen und bergbaulichen Grafschaftswahlkreisen finden, während die Wahlkreise, die, abgesehen von London, ständig den Konservativen treu blieben, zum großen Teil aus den Landwirtschaft treibenden Grafschaftsbezirken bestehen. Doch gibt es Industriestädte, die in der ganzen Zeit konservativ geblieben sind, und ländliche Bezirke, die ebenso beharrlich liberal gewählt haben; und in diesen beiden Klassen gibt es noch mehr Wahlkreise, die mehrere Male ihre Partei gewechselt haben. Abgesehen also davon, daß die industriellen und bergbaulichen Grafschaftswahlkreise in ihrer Treue gegen ihre politische Fahne eine Art von Ausnahmestellung behaupten, finden sich keine so ausgesprochenen Verschiedenheiten in der Häufigkeit des Parteiwechsels, daß man daraus allgemeine Schlüsse auf die relative Empfänglichkeit der verschiedenen Gattungen von Wahlkreisen für die Schwankungen der politischen Ansichten ziehen könnte.

Der Prozentsatz der Mandate einer jeden Gattung, die einer Partei treu geblieben sind, oder einmal, zweimal, dreimal oder viermal gewechselt haben, bleibt sich im ganzen überraschend gleich, und der naheliegende Schluß hieraus ist der, daß England heutzutage politisch einheitlich ist. Die Beweggründe, die einen Teil des Landes bewegen, sprechen auch zu den anderen Teilen; die, denen die städtische Bevölkerung zugänglich ist, bewegen auch die Seele des Landvolkes. Diese Lage der Dinge ist zum Teil durch die zunehmende Verbreitung billiger Zeitungen geschaffen worden, und teils auf die ständige Bearbeitung der Wähler durch die politischen Parteien zurückzuführen, die die Gemüter für Tageseindrücke aufnahmefähig machen und jede neue Phase des politischen Lebens schnell in jedem Dörfchen des Königreichs ausschlachten.

Art der Wähler, die die Partei wechseln.

Obgleich die verschiedenen Arten von Wahlkreisen in ihrer Bereitwilligkeit, ihre Partei zu wechseln, nicht unähnlich sind, darf

---

strielien oder bergbaulichen Charakter in 5 Gruppen eingeteilt, während die Flecken in große und kleine Industriestädte, Seehäfen, Werftstädte, Vergnügungsorte, alte Grafschaftsstädte und aus Gruppen von Städten bestehende Bezirke eingeteilt wurden. Die hauptstädtischen Flecken wurden als Sondergruppe zusammengefaßt. Überall wurden die Ergebnisse der 5 letzten allgemeinen Wahlen in Rechnung gezogen.

man daraus doch nicht schließen, daß dies gleichmäßig von den verschiedenen Wählergattungen in ihnen gilt, und es würde lehrreich sein, zu hören, welche Art Leute für die Niederlage der einen Partei und den Sieg der Gegenpartei verantwortlich ist. Das Resultat kann entweder lediglich durch die Stimmenthaltung von Wählern, die bei der vorigen Gelegenheit mit der Mehrheit stimmten, oder durch ihre direkte Abstimmung für die Gegenpartei herbeigeführt werden. Das erstere kommt wahrscheinlich in allen Kreisen der Bevölkerung häufig vor, nicht aber das zweite. In Ermangelung von Zahlen, die bei mehreren Wahlen hintereinander in einer Reihe von Stimmbezirken ermittelt und unter dem Gesichtspunkt ausgesucht sind, spezielle Gattungen von Wählern zu isolieren, gewinnt man das beste Material über die Frage aus der Ansicht der Organisatoren der Parteien, die berufsmäßig damit Bescheid wissen, wie die eingetragenen Wähler stimmen. Nach der Ansicht dieser Leute stammen die Wähler, die ihre Partei wechseln, hauptsächlich aus den arbeitenden Klassen und aus den Kreisen der kleinen Ladenbesitzer. Die eigentlichen Parteimitglieder, so sagen sie uns, mögen der Abstimmung fern bleiben, sie stimmen aber selten für die andere Partei, und in England sind nahezu alle Leute von Bildung oder Besitz Mitglieder einer Partei. Abgesehen von einem großen Schisma, wie z. B. dem, das sich aus Gladstones Förderung von Home Rule ergab und das Spaltungen in allen sozialen Schichten hervorrief, oder der durch die Zollfrage veranlaßten Spaltung scheinen die oberen und mittleren Klassen ihre politische Farbe sehr wenig zu verändern.

Die Universitäten wechseln wenig.

Die Leute, die einen akademischen Grad erlangt haben, scheinen der Regel nach ihrer Partei sehr treu zu sein. Die Mandate für Oxford und Cambridge liefern hierfür allerdings keinen einwandsfreien Beweis, weil die Leute, die die Weihen empfangen haben, unmäßig lange immatrikuliert bleiben, und daher die Stimmenzahl der Abgeordneten hauptsächlich die Ansicht des Klerus der englischen Kirche wiedergibt. Von einem Umschwung der politischen Ansichten der jungen Leute auf diesen Universitäten als dem Vorläufer eines Umschwungs der öffentlichen Meinung ist bereits oben die Rede gewesen, aber er erstreckt sich nur auf einen kleinen Teil der immatrikulierten Inhaber akademischer Grade und hat mehr den Wert eines Anzeichens, als direkte Bedeutung für die Wählerschaft der Universitäten. Auf den Universitäten Londons und Schottlands findet sich dieser geistliche Anstrich der Wählerliste jedoch nicht; und doch wählten sie von 1886—1900 bei jeder Wahl

Konservative oder Liberale Unionisten entweder ohne Gegenkandidaten oder mit überwältigender Mehrheit. 1885 wählte die Londoner Universität einen Liberalen und bei dem Mandat für Edinburg und St. Andrews handelte es sich um wenige Stimmen, aber nach dieser Zeit hatte kein Kandidat, der nicht mit den Tories zusammenstand, Aussichten, einen dieser Sitze zu erobern, bis im Jahre 1906 in London ein Liberaler mit nur 34 Stimmen unterlag und die von den Liberalen und den freihändlerischen Unionisten aufgestellten Kandidaten an beiden schottischen Universitäten eine sehr hübsche Stimmenanzahl auf sich vereinigten. Anscheinend sind also die Inhaber akademischer Grade zwar nicht gegen Gesinnungswechsel gefeit, unterliegen aber den plötzlichen Schwankungen bei aufeinanderfolgenden Wahlen wenig.

Die Londoner City.

Die Wahlen für die Londoner City ergeben mit gleicher Deutlichkeit, daß die Geldleute in ihren politischen Neigungen wenig wechseln, denn die City ist lange Zeit hindurch überwältigend konservativ gewesen, und von 1885—1906 versuchte kein Liberaler, sich um einen Sitz dort zu bewerben. Daß viele Industrielle und Leute aus den oberen Mittelklassen, die liberal gewesen waren, 1886 zu den Unionisten übergingen, ist unzweifelhaft, aber nach der Ansicht von Leuten, die sich wohl ein Urteil erlauben dürfen, halten diese Klassen in gewöhnlichen Zeiten an ihren politischen Ansichten fest.

Material aus den Flecken der Hauptstadt.

Die Ansicht, der man bei den im Parteileben tätigen Männern begegnet, daß die zum Parteiwechsel von einer Wahl zur anderen geneigten Wähler hauptsächlich den ärmeren, sozialen Schichten angehören, wird durch eine Betrachtung der Londoner Flecken einigermaßen bestätigt. Die meisten Wahlkreise zählen Wähler mancher Art, aber in einer großen Stadt sind die Quartiere der Reichen von denen der Armen geschieden. Eine große Metropole, die wie London für die Wahlen zum Parlament in 60 Bezirke eingeteilt ist, bietet ausnahmsweise gute Gelegenheit zum Vergleich der Ergebnisse in Bezirken, die von bestimmten sozialen Schichten bewohnt werden, und es kann kein Zweifel darüber bestehen, daß die von Arbeitern bewohnten Wahlkreise Londons im ganzen eine größere Neigung zu politischen Schwankungen verraten haben als die anderen.

Eine mögliche Gefahr.

Wenn es wirklich wahr ist, daß die Wähler, die durch veränderte Abgabe ihres Stimmzettels das Wahlergebnis entscheiden, den ärmeren Klassen angehören, und besonders wenn sie, wie man manchmal versichert, gegen die Regierung stimmen, weil sie ihre

Erwartungen nicht erfüllt hat, so wäre das unerfreulich, denn das will heißen, daß die Parteien mehr und mehr der Versuchung unterliegen werden, sich beim Buhlen um die Gunst dieser Wähler gegenseitig zu überbieten. Eine solche Versuchung bedeutet in jedem Staate eine Gefahr, vor allem aber in einem parlamentarisch regierten Staate, wo die Parteien genügend Macht über die Gesetzgebung besitzen, um den Führern die Verwirklichung ihrer Versprechungen zu ermöglichen und sie bei den Wahlen für die Nichterfüllung dieser Versprechungen wirksam verantwortlich zu machen.

Siebenunddreißigstes Kapitel.

Die bestehenden Parteien.

Fehlen klarer politischer Gegensätze.

In weniger selbstgefälligen Zeiten liebten es die Philosophen, den Eindruck zu schildern, den das Weltbild ihrer Tage auf einen klugen, aber unverdorbenen persischen Weisen machen würde. Wenn ein solcher zufällig in das englische politische Tagesgetriebe geraten würde und die wesentlichen grundsätzlichen Verschiedenheiten zwischen den beiden großen Parteien feststellen wollte, so würde er arg verblüfft werden. „Aus ihren Namen," so würde er vielleicht sagen, „schließe ich, daß die Liberalen die Partei des Fortschritts und daß die Konservativen Feinde aller Neuerungen sind. Ich habe allerdings gehört, daß einmal eine Ausdehnung des Stimmrechts in mir stets unverständlicher unerwarteter Weise von einem Toryministerium durchgeführt wurde, aber sicherlich müssen die anderen organischen Neuerungen wie beispielsweise die Reform der Grafschaftsverwaltung von 1888 von den Liberalen vorgenommen und von den Konservativen als verderbliche Gesetzgebung bekämpft worden sein. Nein! Wie merkwürdig! Vielleicht sind die Parteien über soziale Fragen, die brennenden Fragen unserer Zeit gespalten. Die Liberalen sind sicherlich für und die Konservativen gegen Arbeiterschutzgesetze und solche halbsozialistische Experimente wie die Übernahme gewisser Betriebe auf die Kommunen. Wie? Bin ich auch darin im Irrtum? Beide Parteien billigen angeblich diese Dinge, und tatsächlich waren es früher eher die Liberalen als die Kouservativen, die gegen den Arbeiterschutz waren? Aber ich kann mich doch nicht irren, wenn ich annehme, daß die einschlägigen Vorlagen von der einen Partei eingebracht und von der anderen bekämpft worden sind, und daß eine Partei mit aufrichtigen Grundsätzen beharrlich alle Maßnahmen ähnlichen Charakters unterstützen oder bekämpfen muß. Ist der Unterschied unter den Parteien religiöser Natur? Aha! Das verstehe ich. Die Konservativen wünschen vermutlich die Staatskirche auf Schottland auszudehnen, und das liberale Programm will sie in England entstaatlichen. Nein! Nun wohl, die Konservativen werden die imperialistische Partei genannt. Die Liberalen als Kleinengländer wollen wahrscheinlich das Reich durch Aufgabe einiger britischer Besitzungen verkleinern, während die Konservativen für eine Politik der Annektierung im Wege der Eroberung sind oder doch zum wenigsten ängstlich darauf bedacht sind, die Kolonien enger mit der Heimat zusammenzuschmieden. Sie sagen mir, daß beide Parteien von einem gemeinsamen politischen Organ für das Gesamtreich reden, und keine bisher einen geeigneten Vorschlag hat machen können? Wie äußerst komisch das ist! Es gibt doch Schiffe, die über den Kanal fahren? Es scheint mir besser, wenn ich meine Studien in einem Lande beginne, wo die Politik weniger schwer zu verstehen ist." Und der Weise würde sein Kursbuch befragen, sein Französisch auffrischen und abreisen.

Dies ist nicht unvereinbar mit häufigen Parteiabstimmungen.

Wir haben bereits gesehen, daß die Starrheit, mit der die Parteigrenzen im Parlament gezogen sind, und die Häufigkeit der dort stattfindenden Parteiabstimmungen keine tiefeinschneidenden prinzipiellen Unterschiede bedingen. Wenn die Gegensätze sehr tief gingen, würde ja im Gegenteil die am Ruder befindliche Partei nicht zugunsten der Opposition zurücktreten, wenn sie bei einer diese Prinzipien nicht berührenden Frage geschlagen wird. Wenn die Konservativen z. B. 1852 oder 1855 für revolutionäre Maßnahmen eingetreten wären, würden die Liberalen ihnen unter keinen Umständen wegen einer Niederlage über ein Reorganisationsgesetz der Miliz oder über eine Abänderung des Gesetzes über die Mitwirkung beim Morde Platz gemacht haben. Wenn aber das Kabinett auf Niederlagen bei nicht grundsätzlichen Fragen nicht zurücktreten würde, würden seine Anhänger sich in diesen Fragen leichter zersplittern, denn sie könnten es ja tun, ohne ihr Hauptziel zu gefährden. Es liegt tatsächlich daran, daß die Parteien nicht durch einen weiten Abgrund voneinander getrennt sind, daß die eine von ihnen ohne Erschütterung des Staatsgebäudes die Regierung übernehmen kann, wenn die andere in Schwierigkeiten gerät, und die beständige Furcht vor einem solchen Regierungswechsel bewirkt es, daß die am Ruder befindliche Partei einheitlich auftritt und jeder Niederlage aus dem Wege geht. So resultiert gerade die Lage der Dinge, die zu häufigen Parteiabstimmungen führt und daher die Stellung der Parteien in schwebenden Fragen stark abgrenzt, daraus, daß ihre allgemeinen Grundsätze sich nicht scharf gegenüberstehen und deshalb oft unklar sind. In einigen festländischen Staaten, wo das Programm der Parteien feststeht, kann ihr Standpunkt in schwebenden Fragen unklar sein. Andererseits sind in den Vereinigten Staaten, wo das parlamentarische System nicht besteht, die Prinzipien der Parteien und ihre Stellung zu bestimmten Maßnahmen zeitweise unklar. In England aber sind die Ansichten der beiden vordersten Bänke über alle wichtigen Vorlagen ganz unmißverständlich, während ihre allgemeinen politischen Grundsätze nicht leicht genau wiedergegeben werden können.

Bis vor wenigen Jahren gab es im Parlament drei Parteien. Die Konservativen, die die Liberalen Unionisten aufgesogen hatten, oder sich mit ihnen vermischt hatten, die Liberalen und die Irischen Nationalisten. Bei den letzten Wahlen aber wurden die Arbeiterabgeordneten so zahlreich, daß sie wenigstens für den Augenblick sowohl im Lande als im Unterhause als vierte Partei betrachtet werden müssen. Ich werde hier einen Versuch machen, zuerst die politischen Richtlinien klarzulegen, für die jede dieser Parteien eintritt, und dann die Volkselemente näher zu zergliedern, aus denen jede besteht.

Die klassische Parteitheorie.

Die klassische englische Parteitheorie wird von May im Anfang des diesen Gegenstand behandelnden Kapitels seiner „Verfassungsgeschichte" hübsch wiedergegeben. „Die Parteien, zu denen sich die Engländer zusammengetan haben," so sagt er, „haben Kardinalprinzipien der Regierung vertreten — die Autorität auf der einen Seite, die Volksrechte und Privilegien auf der anderen. Das erstere Prinzip würde in seiner äußersten Konsequenz zum Absolutismus führen, das letztere zu einer Republik; in richtigen Grenzen gehalten sind sie aber beide für das gute Arbeiten einer wohl abgewogenen Verfassung erforderlich. Wenn die Parteien diese Grundsätze aus dem Auge verloren und weniger erhabene Ziele verfolgten, so entarteten sie in Coterien (factions)." Denselben Gedanken verkörpert der beliebte Gegensatz zwischen einer Partei des Fortschrittes und einer Partei der Ordnung, er verrät eine große Ähnlichkeit mit Macaulays Beschreibung der beiden ewig dauernden Parteien, die sich zueinander für alle Zeit wie die Vorderbeine zu den Hinterbeinen eines Hirsches verhalten, die beide gleichmäßig nützlich sind, von denen aber das eine Paar stets vorne ist, wobei Macaulay sich natürlich zu diesem Paar rechnet.

Diese Begriffsbestimmung würde ja sehr nett sein, wenn jede politische Frage in den Gegensatz von Autorität einerseits und Volksrechten andererseits gezwängt werden könnte, und wenn jedermann bei jedweder Frage dieselbe Stellung einnehmen würde, je nachdem sie auf den einen oder den anderen Leisten zu schlagen ist. Sie würde durchaus richtig sein, wenn der Fortschritt in menschlichen

Dingen gleich wie bei einem Hirsche gleichzeitig nur in einer Richtung stattfände und dieselbe Partei ständig für Fortschritt in jeder Richtung wäre. Aber unglücklicherweise ist dies nicht der Fall. Ein Mann oder eine Partei können Fortschritte oder Neuerungen in der kirchlichen oder in der Temperenzgesetzgebung, nicht aber in der Zoll- oder der auswärtigen Politik wünschen, und vom philosophischen Gesichtspunkt aus fördern wir die Sache nicht, wenn wir unseren Gegner beschimpfen und behaupten, daß er ein Rückschrittler ist. Nun gibt es in der Weltgeschichte Perioden, in denen die Dinge sich unter einem gemeinschaftlichen Antriebe so reißend schnell entwickeln, daß sich die Menschheit in Sanguiniker, die jeden vorgeschlagenen Schritt vorwärts zu begünstigen geneigt sind, und die Vorsichtigen, die ihnen allen mißtrauen, scheidet. Der Übergang aus älteren Verhältnissen zum modernen Industriestaate führte im zweiten oder dritten Viertel des letzten Jahrhunderts in einem großen Teile des festländischen Europa eine derartige Periode herbei. In geringerem Grade gilt dasselbe auch für England und doch ist dies kein notwendiger oder auch nur normaler Zustand.

Die Liberalen und Konservativen bis 1874.

Von der Agitationsperiode, die vor dem Reformgesetz liegt, bestand die Aufgabe der Partei, die kurz darauf den Namen liberale Partei annahm, darin, die politischen Einrichtungen in Einklang mit den Veränderungen zu bringen, die sich im Lande vollzogen hatten. Sie dehnte das Wahlrecht auf die Mittelklassen besonders in den neuen Industriezentren aus, reformierte die Armengesetze, das Strafrecht, die städtische Verwaltung und den Zivildienst, brachte Gesetze durch über die Verbesserung des öffentlichen Gesundheitswesens, führte allgemeinen Volkschulunterricht ein, gewährte den Gewerkvereinen größere Freiheiten, beseitigte Beschwerdepunkte der nicht zur Staatskirche Gehörigen (Dissenters), entstaatlichte die irische Kirche gänzlich, erweiterte die Kommunalverwaltung und gestaltete sie vielseitiger und schufen ein System der Aufsicht durch die Zentralstelle. Sie kann auch wohl als Haupturheberin der Beseitigung der Handelsbeschränkungen bezeichnet werden, denn obgleich das wichtigste einschlägige Gesetz, die Aufhebung der Kornzölle, von Sir Robert Peel durchgeführt wurde, gelang ihm dies nur mit Unterstützung der Liberalen und gegen die scharfe Opposition der großen Masse der Tories. Mittlerweile spielte die andere Partei, die den Namen konservative Partei angenommen hatte, ziemlich getreu die Rolle, die der Name andeutet. Doch würde die Annahme sehr fehlgehen, als ob die Konservativen sich allen Neuerungen oder jeder neugestaltenden Gesetzgebung widersetzt hätten. Ganz abgesehen von Peels Stellungnahme zu den Kornzöllen, schuf er 1829, d. h. also 11 Jahre bevor die Liberalen eine allgemeine Grafschaftspolizei ins Leben riefen, die hauptstädtische Polizei, und in dieser ganzen Zeit waren die Konservativen Fabrikgesetzen zur Verbesserung der Lage der Arbeiterklasse ebenso geneigt wie die Liberalen.

Nach 1874. Die Zeit, in der die Liberalen eine Art von Monopol für den Fortschritt für sich reklamieren konnten, näherte sich ihrem Ende, als die Konservativen bei den Wahlen von 1874 siegten, und sie erreichte dies Ende wesentlich mit deshalb, weil die Liberalen ihre Hauptideen verwirklicht hatten. Sie hatten den Staat in den wichtigsten Punkten in Einklang mit den modernen Verhältnissen gebracht; was zur Vollendung des Werkes noch erforderlich war, war von geringerer Bedeutung und daher hatte sich die Bedeutung der Partei außerordentlich vermindert. Überdies hatten die Konservativen unter der klugen Leitung Disraelis fortschrittliche Ideen aufgenommen, und die Neigung hierzu wurde später durch den Hinzutritt der Gruppe kriegerischer Radikaler verstärkt, die sich von Gladstone zur Zeit der Home Rule-Vorlage trennte. In mancher Hinsicht erfuhren die Grundsätze der Konservativen keine größere Wandlung als die der Liberalen, denn bei ihrer Aufgabe, die alten Schranken, die das Wachsen der Industrie hemmten, niederzureißen, hatten die Liberalen die Lehre vom laissez-faire übernommen; als aber die Zeit kam, um neue Schranken gegen die durch den freien Wettbewerb hervorgerufenen Übelstände zu schaffen, wurden jene Lehren zum Hemmschuh. Allmählich gaben die Liberalen sie auf, und in den letzten Jahren haben beide Parteien nicht nur eine immer mehr als die andere Fabrikgesetze befürwortet, sondern auch miteinander gewetteifert in Vorlagen für die Unfallversicherung der Angestellten, für die Beschaffung besserer Arbeiterwohnungen, für die Hebung der Volksgesundheit und die Verbesserung der Kommunalverwaltung, und kurz gesagt in der Regelung aller möglichen Dinge mit dem Ziele, möglichst bald das tausendjährige Reich heraufzuführen und es der am Ruder befindlichen Partei aufs Konto zu schreiben.

Gegenwärtige Tendenzen der Parteien. Die beiden großen Parteien sind heute durch keine tiefliegenden Unterschiede in allgemeinen Prinzipien oder politischen Dogmen getrennt. Das will aber nicht sagen, daß sie nicht im Zeichen bestimmter Tendenzen und noch mehr traditioneller Tendenzen stehen. Bei den Liberalen herrscht die Lehre, die aber von ihren Gegnern nicht anerkannt wird, daß sie demokratischer sind, daß sie größeres Vertrauen zum Volke und mehr wirkliches Mitgefühl mit den

Arbeitern haben. Nach Verleihung des Wahlrechts an die Mittelklassen und Erlangung ihrer Unterstützung waren sie der Ansicht, daß jede weitere Ausdehnung des Stimmrechtes zu einem ähnlichen Ergebnisse führen müßte. Sie betrachteten die niedrigeren Gesellschaftsschichten als ihre Schutzbefohlenen oder zum mindesten doch als zu ihrer besonderen Einflußsphäre gehörig, und noch heute erscheint ihnen ein Bündnis zwischen den Konservativen und einem Teil der Arbeiterklasse unnatürlich. Diese Empfindung wird von den Führern der Arbeiter geteilt und man hört sie manchmal sagen, daß die Liberalen die Arbeitergesetzgebung aus Überzeugung förderten und die Konservativen nur zur Ergatterung von Stimmen. Nichtsdestoweniger ist diese Ansicht bei den Arbeitern keineswegs allgemein vertreten, und viele von ihnen sollen die Konservativen deshalb unterstützt haben, weil diese infolge ihres bestimmenden Einflusses im Oberhause tatsächlich Arbeitergesetze am wirksamsten durchsetzen können.

Eine fernere Theorie geht dahin, daß die Liberalen für den Frieden, die Einschränkung der Ausgaben und für Reformen eintreten und weniger als die Konservativen einer aggressiven auswärtigen Politik geneigt sind. Es liegt hierin etwas Wahres, obgleich die auswärtige Politik in hohem Grade von den persönlichen Ansichten des Ministers, dem die Fürsorge für sie in erster Linie obliegt, abhängt. Lord Palmerston war gegenüber anderen Nationen notorisch aggressiv und man kann bei einem Kabinettswechsel keineswegs ohne weiteres einen kriegerischeren oder entgegenkommenderen Ton in Downing Street voraussagen. Was die Einschränkung der Ausgaben oder die Sparsamkeit anbetrifft, so ist soviel sicher, daß die Staatsausgaben außerordentlich schnell gewachsen sind, und wenn die Liberalen bei der Verausgabung von Geldern vorsichtiger gewesen sind, so sind sie doch der Führung der Tories, wenn auch wie die Hinterbeine des Hirsches, in einiger Entfernung gefolgt.

Es wird ferner gesagt, daß die Liberalen mehr Gewicht auf die lokale Meinung legen, daß sie mehr für die Wünsche von Schottland, Irland und Wales übrig haben und daß sie im allgemeinen der örtlichen Selbstverwaltung günstiger gesinnt sind. Auch das ist nicht ganz unbegründet, aber es ist kaum ein allgemeiner politischer Grundsatz und machte sich sicher bei dem neuen Unterrichtsgesetz nicht bemerkbar.

Andererseits sagt man, daß die Konservativen mehr Ehrfurcht vor bestehenden Einrichtungen haben und sich scheuen, ehrwürdige Dinge zu zerstören. Diese Ansicht ist zum Teil richtig, zum Teil nur traditionell und in einiger Hinsicht übertrieben. Tatsächlich waren es die Konservativen, die durch das Gesetz über die Grafschaftsräte von 1888 die Lokalverwaltung der Grafschaften durch Friedensrichter beseitigten, also eine Einrichtung, die doch sicher ehrwürdig und wenn auch nicht im Einklang mit dem Zeitgeiste, doch keineswegs abbruchsreif oder nicht zu verteidigen war. Sie haben ferner 12 Jahre vorher die Gerichtsverfassung umgemodelt und im Gerichtswesen auf einmal die größten seit Jahrhunderten vorgekommenen Neuerungen getroffen. Die Konservativen greifen in ihren Reden unzweifelhaft weit weniger die bestehenden Einrichtungen an und dasselbe Gesetz löst einen weit geringeren Sturm aus, wenn es von ihnen als wenn es von den Liberalen eingeführt wird. Die Kapitalinteressen des Landes werden in der Tat mehr durch die Furcht davor beunruhigt, was die Liberalen tun könnten als dadurch, was sie tatsächlich getan haben.

Alle diese Tendenzen haben auf die Festlegung des Programms der Parteien und ihrer Stellungnahme zu laufenden Fragen einen gewissen Einfluß, aber die Gegensätze liegen weniger in der Sache als in der Frage, wieweit man im gegebenen Momente gehen soll und bieten in der Hitze des Parteikampfes oft eigenartige Bilder.

Der Grundbesitz, die Kirche, die Schankwirte und die Nonkonformisten.

Die ausgesprochensten und bleibendsten Tendenzen, in denen die Parteien auseinander gehen, treten in ihrer Stellung gegenüber bestimmten machtvollen Interessen im Lande hervor. Die Konservativen neigen stark zur Begünstigung der Ansprüche der Englischen Kirche, der Grundbesitzer und jetzt auch der Schankwirte, während die Liberalen sehr hellhörig auf die Wünsche der Nonkonformisten sind. Auch hier handelt es sich wieder um Tendenzen und man muß sich hüten, die Behauptung in zu absolute Form zu kleiden. 1870 kränkten die Liberalen dadurch, daß sie beim Entwurfe des ersten großen Unterrichtsgesetzes nicht weit genug gingen, einen starken Teil, ja vielleicht die Mehrheit ihrer nonkonformistischen Anhänger bitterlich. 1875 erweiterten die Konservativen die Rechte der Pächter auf Kosten der Grundbesitzer im Gesetz über die ländlichen Pachtungen (Agricultural Holdings Act), und 1889 beraubten sie durch Enthebung der Friedensrichter von der Grafschaftsverwaltung die Großgrundbesitzer eines wichtigen und alten Privilegs. Nichtsdestoweniger sind diese Tendenzen ständig und haben in neueren Jahren nichts von ihrer Stärke eingebüßt. Ein Beispiel hierfür bieten die Gesetze über die ländlichen Grundsteuern und Grundrenten, die den Grundbesitz und die Zehnten von einem Teil ihrer Lasten befreiten, und die Liberalen zu Klagen über Almosen an die Junker und die Pfarrer veranlaßten. Ein anderes Beispiel bietet auch der Kampf um das Lizenzgesetz von 1904, das dem Schankwirt eine gewisse Dauer seiner Konzession sicherte, und am klarsten tritt die Tendenz zutage in dem Unterrichtsgesetz der Tories von 1902 und seinem Gegenstück, der liberalen Vorlage von 1906.

Ziele der irischen Nationalisten.

Die Prinzipien der beiden anderen Unterhausparteien sind klarer und können mit wenigen Worten dargelegt werden. Die irischen Nationalisten vertreten das, was sie für die Interessen des irischen Volkes als eines Sondervolkes halten. Sie wollen alle Zwangsgesetze abschaffen, die Polizei und die Schulen nach ihren Anschauungen verwaltet sehen, den Grundbesitz von den Großgrundbesitzern auf die Pächter übergehen lassen, aber vor und über alle Wünsche stellen sie die größtmöglichste unabhängige Selbstverwaltung für Irland, die sie nur irgend erlangen können. Sie sind bereit mit jeder Partei zu gehen, solange diese ihnen gute Aussichten auf Zubilligung eines erheblichen Teiles ihrer Forderungen bietet, aber weder Versprechungen noch Drohungen lassen sie ihr Endziel auch nur einen Augenblick vergessen. Nachdem die Liberalen Home Rule akzeptiert hatten, unterstützten sie diese allgemein gegen die Konservativen, weil ihnen das die beste Aussicht auf Verwirklichung ihrer Ziele brachte. Sie haben indessen nicht die Absicht, ständig ein Teil der liberalen Partei zu werden, ohne Rücksicht darauf, inwieweit diese Irland nach irischen Ideen regiert. Sie sind keineswegs geneigt, eine gute Verwaltung als Ersatz für Selbstverwaltung hinzunehmen.

Die Grundsätze der Arbeiterparteien.

Die Prinzipien der verschiedenen Gruppen, die den Arbeitern im Parlament eine direkte Vertretung sichern wollen, sind bereits in dem ihre Organisation behandelnden Kapitel beschrieben worden. und der Leser braucht hier nur daran erinnert zu werden, daß sowohl der sozialdemokratische Verband wie die Unabhängige Arbeiterpartei ausgesprochen sozialistisch sind, nur mit dem Unterschiede, daß der erstere sich zu keinerlei Kompromissen versteht, während die letztere zur Erlangung ihrer Endziele mit Leuten gemeinschaftlich vorzugehen bereit ist, die nicht ganz auf dem Boden ihrer Grundsätze stehen. Die allgemeinen Wahlen von 1906 brachten nur einen Abgeordneten des sozialdemokratischen Verbandes ins Parlament und dieser wurde mit den zahlreicheren Vertretern der Unabhängigen Arbeiterpartei in den großen Rahmen der neuen „Arbeiterpartei“ gefaßt. Diese letztere Gruppe, die auf dem Gedanken gemeinsamen Vorgehens von Leuten, deren soziale Theorien nicht ganz übereinstimmen, beruht, hat naturgemäß ein Kompromiß zur Grundlage und stellt sich daher in ihrer Verfassung keine weitere Aufgabe als die Aufrechterhaltung einer direkten Vertretung der Arbeiter im Parlament. Aber die Resolutionen auf ihren Jahreskonferenzen sind deutlicher und können als Ausdruck ihrer Politik gelten. Sie haben sich von Zeit zu Zeit für verschiedenartige Maßnahmen zur Verbesserung der Lage der Arbeiterklasse ausgesprochen, ferner für eine stärkere Demokratisierung des Landes einschließlich des Frauenstimmrechtes und der Gewährung von Diäten an die Abgeordneten, für ein lokales Veto gegen den Verkauf von Spirituosen und die Anwendung sozialistischer Grundsätze in gewisser Hinsicht, wie z. B. Übernahme von gewissen Betrieben auf die Kommunen, freie Mahlzeiten für Schulkinder, Alterspensionen und „Besteuerung zur Überführung alles unverdienten Einkommens, das sein Entstehen in Wirklichkeit dem Gemeinwesen verdankt, auf das Gemeinwesen".

Ihr Dilemma. Die Arbeiterpartei will in erster Linie für die Interessen der Arbeiterklasse eintreten, und hierin liegt ihre unmittelbare Stärke und zugleich eine ständige Ursache der Schwäche. Die Stärke liegt darin, daß sie an die direkten Interessen der zahlreichsten Wählerklasse des Landes appelliert. Die Schwäche rührt eben daher her. Es ist dieselbe Schwäche, die der Arbeiterbewegung als solcher in der ganzen Welt anhaftet und die darin ihren Grund hat, daß kein ethisches System, das anerkanntermaßen auf den Interessen einer Klasse beruht, wie berechtigt auch ihre Forderungen im Augenblick sein mögen, auf die Dauer die Bewunderung der Menschheit besitzen kann. Die Führer der Arbeiter befinden sich überall in einem Dilemma. Wenn sie ihre Ideen auf alle Welt anwenden wollen, werden sie Sozialisten und verwirklichen ihre Utopie dadurch, daß sie alle Menschen einander völlig gleich machen. Dies ist ethisch vertretbar, hat sich aber in England selbst für die Arbeiterklasse nicht als praktisch wertvoll erwiesen. Wenn sie dies nicht tun und die Arbeiterklasse allein in Betracht ziehen, beruht ihr Gedankenaufbau im wesentlichen auf Klassenegoismus. Die englische Arbeiterpartei kann sich zur ersten dieser Alternativen nicht bekennen, auch wenn sie wollte, denn sie würde hierdurch den größeren Teil ihrer Anhänger verlieren. Sie ist natürlich mit Sozialismus gesalbt, aber nicht von Grund auf sozialistisch. Sie tritt daher hinsichtlich der Arbeitszeit, des Arbeitslohnes und des Arbeiterschutzes für das ein, was die Arbeiterschaft der ganzen Welt für in ihrem Interesse liegend erachtet, und handelt in enger Gemeinschaft mit den Gewerkvereinen als den hauptsächlichsten Vertretern der organisierten

Arbeit. Sie versucht auch ihre Vorrechte zu erweitern und wirklich haben denn auch diese Korporationen durch das Gesetz von 1906 außerordentliche Rechte und außergewöhnliche Freiheit von gesetzlicher Aufsicht erlangt.

Ihre Tendenz.

In allgemeinen moralischen und politischen Fragen, die nicht unmittelbar die Arbeiterfrage berühren, in solchen Angelegenheiten wie Temperenzbewegung, Unterricht, auswärtige Politik und Verhältnis zu Irland neigen die Arbeiterabgeordneten stark dazu, sich den radikaleren Elementen der liberalen Partei anzuschließen, und in früheren Tagen haben konservative Organisatoren manchmal geklagt, daß die Arbeiterführer in erster Linie Radikale und erst in zweiter Linie Arbeitervertreter seien. Die meisten Arbeiterabgeordneten, die vor den Wahlen von 1906 längere Zeit im Unterhause saßen, sind in der Tat allmählich in ein näheres Verhältnis zu der Liberalen Partei getreten. Ihre Ansichten haben sich mit dem weiteren Horizont erweitert, sie haben die Notwendigkeit der Kompromisse begreifen gelernt und ihre Prinzipien nicht so sehr auf die Spitze getrieben. Sie bilden den Kern der parlamentarischen Liberalen Arbeitergruppe, die aus den Arbeitervertretern besteht, die sich nicht darauf verpflichten wollen, sich ganz von den beiden großen Teilen des Hauses fernzuhalten und den Beschlüssen der Arbeiterpartei zu gehorchen. Die Gruppe geht bei rein gewerblichen Fragen unabhängig vor und vertritt in dieser Hinsicht dieselben Grundsätze wie die übrigen Arbeiterabgeordneten. In anderer Hinsicht aber bildet sie einen richtigen linken Flügel der liberalen Phalanx. Inwieweit sich der Entwicklungsgang mit der Zeit bei der Arbeiterpartei vollziehen wird, nachdem diese jetzt eine geschlossene und nicht unbeträchtliche Gruppe geworden ist, ist eine interessante Frage der Zukunft.

Die Liberale Arbeitergruppe.

Es ist bemerkenswert, daß das starke Anwachsen der Arbeiterabgeordneten im Parlament trotz ihrer sozialistischen Tendenzen und trotz ihrer eingestandenen Absicht, die Arbeiter auf Kosten des angehäuften Kapitals zu beglücken, wenn wir von einem Teil der Konservativen absehen, wenig Unruhe erregt hat. Man sagt, daß es für die Arbeiter durchaus sachgemäß ist, die Interessen ihrer Klasse zu vertreten, daß sie persönlich verständige Männer sind, deren Verhalten im Hause korrekt war, daß mit zunehmender Erfahrung ihre Forderungen bescheidener werden und daß, da der nächste Beschwerdepunkt, der Fonds der Gewerkvereine, beseitigt worden ist, die Arbeiter im politischen Leben voraussichtlich weniger unabhängig auftreten werden.

Die Mitglieder der Parteien.

Seit den napoleonischen Kriegen hat der größere Teil der Pairs und des Landadels fast ohne Unterbrechung zu den Tories gehört, aber eine Zeitlang wurde das mehr als ausgeglichen durch den Kraftzuwachs, der den Liberalen aus der Verleihung des Wahlrechtes an die Mittelklasse im Jahre 1832 erwuchs. Durch die Gesetze von 1867 und 1884 wurde das Stimmrecht auf die Arbeiter ausgedehnt, und zur Überraschung der Liberalen verteilten sie ihre Stimmen bald nicht allzu ungleichmäßig unter die Parteien. Um dieselbe Zeit zeigte sich ein Umschwung im politischen Standpunkte der älteren Wählerklassen. Seit dem Reformgesetz von 1832 hatte die Liberale Partei im Parlament aus zwei nie ganz miteinander verschmolzenen Elementen bestanden, den Whigs genannten aristokratischen Familien und ihrem Anhang, die für eine gemäßigte Spielart des Liberalismus eintraten, und andererseits den aus dem Milieu der Mittelklasse hervorgegangenen Abgeordneten mit oft ausgesprochen radikalen Neigungen, die vor der Reform im Unterhause überhaupt kaum vertreten gewesen waren. Als dieses letztere Element Einfluß gewann, wurde dies den Whigs ungemütlich, bis zuerst die Östliche Frage 1876 bis 1878 und schließlich die Home Rule-Vorlage viele von ihnen ins andere Lager trieb. Auf diese Weise verloren die Liberalen 1886 ihre meisten bisherigen Parteigenossen von Rang, Reichtum und Stellung in der guten Gesellschaft. Der Parteiwechsel beschränkte sich auch nicht nur auf diese Klasse. Früher waren die Industriellen und Kaufleute in den neuen Mittelpunkten der Industrie der Regel nach Liberale. Als sie aber Reichtümer angesammelt hatten, und besonders nachdem ihre Kinder den Reichtum geerbt hatten, änderte sich die Lage der Dinge. Der soziale Ehrgeiz erwachte, und ihre politische Stellung wurde aus einer kriegerisch aggressiven defensiv und machte sie der durch Tradition konservativen Partei geneigt.[1] Auch hier wieder diente die Home Rule-Vorlage dazu, eine bereits herangereifte Entwicklung zu beschleunigen, und entfremdete diese Leute der liberalen Herde.

Die Konservativen.

Bei den Wahlen von 1906 wurden die Parteibande von neuem gelockert, doch kann man sagen, daß die Konservativen einschließlich der Liberalen Unionisten in ihren Reihen noch den bei weitem größeren Teil der Leute von Rang, Reichtum, Muße und Stellung in der guten Gesellschaft zählen; weiter nahezu den ganzen Klerus der Staatskirche und eine große Mehrheit der Leute mit akademischen Graden, der Advokaten und der reicheren Kaufleute und Industriellen.

[1] Ostrogorski (Bd. I S. 267) spricht von diesem Umschwunge.

Auch die Sekretäre und anderen Angestellten, die von geringem festen Einkommen leben und von Natur Neuerungen am meisten abgeneigt sind, gehören hauptsächlich der konservativen Partei an. Der Rest der Mittelklassen einschließlich der Krämer und Ladenbesitzer scheint sich im allgemeinen ziemlich gleichmäßig zu verteilen, obgleich hier die politischen Ansichten in den verschiedenen Orten sehr verschieden sind, und bis zu den letzten Wahlen konnte man das gleiche von den Arbeitern sagen, wobei die Liberalen auf die Dauer ein gewisses Übergewicht hatten. Es sei indessen betont, daß der Einfluß der Arbeiterführer und der Gewerkvereine, wenn er nicht für einen besonderen eigenen Kandidaten eingesetzt wird, nahezu ganz in die liberale Wagschale geworfen wird. Dies findet verschiedene bezeichnende Erklärungen. Die Liberalen und die mit ihnen verbündeten Arbeiterführer führen es darauf zurück, daß die intelligenteren Arbeiter ihrer Partei angehören, und diese Behauptung scheint wenigstens zum Teil richtig zu sein. Die Konservativen andererseits führen die Sache darauf zurück, daß sie nicht eifrig genug darauf bedacht sind, zu verhindern, daß die Gewerkvereine alsbald nach ihrer Gründung von ihren Gegnern in Beschlag genommen werden. Auch dies enthält viel Wahres. Die Tories haben die Arbeiter nicht dazu ermutigt, am politischen Leben in führender Stellung teilzunehmen oder selbst unter dem Torybanner als Kandidaten für das Parlament aufzutreten, und tatsächlich hat es keinen konservativen Arbeiter im Unterhause gegeben. Die Partei erwartet, daß die Männer aus dieser Klasse den Führern folgen und nicht selbst führen, und daher ist es nicht überraschend, daß die Führer der Arbeiter sich in ein anderes Lager gezogen fühlen.

Die Liberalen.

Die Liberale Partei enthält der Regel nach einen kleinen Teil der Titel und des Reichtums des Vereinigten Königreichs, einen etwas größeren Teil der beruflichen und kaufmännischen Schichten, ungefähr eine Hälfte der Mittelklasse — wenn wir die Sekretäre weglassen — und wenigstens die Hälfte der Arbeiter. In kirchlicher Hinsicht sind ihre Beziehungen bemerkenswert. Obgleich der Einfluß der Staatskirche für die Konservativen ins Gewicht fällt, sind viele Staatskirchler und selbst einige Geistliche liberal, aber ihren kirchlichen Rückhalt findet die Partei in den nicht zur Staatskirche Gehörigen. Die Wesleyaner sind allerdings gespalten, aber die sonstigen Nonkonformisten in England und Wales sind stramm liberal, bilden einen erheblichen Faktor in der Partei und färben auf ihre Politik ab. Abgesehen von den irischen Nationalisten hat die katholische Kirche keinen merkbaren Einfluß auf die englischen politischen Gruppen. In Schottland hat die Religion weit weniger mit der Politik zu tun, gerade wie sie auch auf die soziale Stellung wenig Einfluß hat. Die Bischöfliche Kirche hat ja unzweifelhaft ein brüderliches Gefühl für die englische Hochkirche und neigt zur konservativen Partei, verfügt aber nur über wenig Stimmen, und wenn auch der Klerus der schottischen Kirche dieselbe Ansicht hegt, so kann man doch nicht sagen, daß diese Kirche oder die Freikirche mit einer der Parteien eng verbunden ist oder irgendwelchen starken Einfluß auf sie ausübt.

Die Arbeiterpartei.

Die sozialistischen und die Arbeiterorganisationen, die Kandidaten fürs Parlament aufstellen, sind natürlich auf die Arbeiterklasse berechnet und die wirkliche Stärke der Bewegung, die die Arbeiterabgeordneten, ob sie nun zur Arbeiterpartei oder zur Liberalen Arbeitergruppe gehören, ins Haus gebracht hat, liegt in den Gewerkvereinen. Doch würde die Annahme irrig sein, daß alle Gewerkvereinler und noch mehr, daß die große Masse der Arbeiterklasse dieser Bewegung nahestehen. Andererseits beschränkt sich die Unterstützung der Wahl von Arbeiterkandidaten nicht auf Arbeiter. Wenn ein solcher Kandidat allein einem Konservativen gegenübersteht, und kein dritter Kandidat aufgestellt ist, stimmen die meisten Liberalen aller Gesellschaftsschichten gewöhnlich für ihn. Aber die wirklichen Mitglieder der Arbeiterorganisationen bestehen ausschließlich aus Arbeitern, und solange, als sie die Sonderinteressen der Arbeit vertreten wollen, muß das nahezu mit Notwendigkeit der Fall sein.

Geographische Verteilung der Parteien.

In geographischer Hinsicht ist Großbritannien keineswegs scharf zwischen den Parteien verteilt. Konservative, Liberale und in geringerem Grade Anhänger der Arbeiterpartei sind in jedem Teile des Landes vertreten und doch ist ihre politische Stärke keineswegs gleichmäßig verteilt. Die devotere Bevölkerung im Süden Englands zählt im allgemeinen einen größeren Prozentsatz von Konservativen als die des Nordens. Aus demselben Grunde ist Schottland eine starke Burg des Liberalismus, während Wales zum Teil, weil es die Entstaatlichung der englischen Kirche erstrebt, ebenfalls liberal ist.

Der politische Gegensatz zwischen dem Norden und dem Süden beruht auf einer Verschiedenheit des Temperaments, ist aber nicht die einzige geographische Grenzscheide, der man im politischen Leben begegnet. Es wird niemandem, der einen Blick auf eine der farbigen Karten der britischen Inseln, wie sie nach allgemeinen Wahlen herausgegeben werden, wirft, entgehen, daß die blauen Felder, die konservative Siege bezeichnen, sich hauptsächlich um ein Diagonale gruppieren, die vom Süd-Osten nach dem Nord-Westen läuft.

Der Gründe hierfür gibt es viele und häufig sind sie in den örtlichen Verhältnissen begründet. London als Mittelpunkt des Kapitals neigt dazu, sich von den Tories in Reichsangelegenheiten leiten zu lassen, und als Reichshauptstadt ist es natürlicherweise dem politischen Imperialismus geneigt. Die Home Counties sind infolge der Zusammensetzung ihrer Bevölkerung der Regel nach konservativ, Birmingham und die angrenzenden Teile der Mittellande waren großenteils infolge des Einflusses Chamberlains unionistisch, und Liverpool und ein großer Teil der Arbeiter in den Baumwollspinnereien Lancashires waren lange Zeit konservativ gesinnt. Ebenso ist die südwestliche Ecke Schottlands ausgesprochen weniger liberal als der Rest dieses Königreiches, und Ulster ist stramm konservativ, weil in Irland jedermann, der nicht Nationalist ist, nahezu zwangsweise in die Arme der Unionisten geworfen wird. Westlich des konservativen Gürtels liegt Wales mit seiner festen Anhänglichkeit an die Liberalen, und Beachtung verdient, daß Cornwall, Devonshire und ihre Nachbarbezirke weit mehr zu dieser Partei neigen als der übrige Süden. Auf der anderen Seite des Torygürtels liegt East Anglia und eine Anzahl benachbarter Grafschaften, in denen liberale Ansichten ziemlich stark vertreten sind, und schließlich sind im Norden Yorkshire, Durham, Northumberland und Schottland sämtlich Hochburgen des liberalen Gedankens.

Irland.

Von den Parteien des Unterhauses beruht nur die der Nationalisten auf der Rasse, und dadurch, daß sie tatsächlich eine geographisch beschränkte Partei ist, ermangelt sie einmal noch in verstärktem Maße der Ausdehnungsfähigkeit und wird ferner äußeren Einflüssen unzugänglicher. Die irischen Stimmen sind in einer Anzahl englischer Wahlkreise von Bedeutung, aber der Scotland-Wahlkreis von Liverpool ist der einzige, in dem sie jemals genügend Stimmen aufgebracht haben, um ihre eigenen Kandidaten durchzusetzen, und diesen Sitz erringen sie bei jeder Wahl mit Leichtigkeit. Abgesehen von diesem Wahlkreis, sind die nationalistischen Abgeordneten gänzlich auf Irland beschränkt, wo die Partei oder eine ihrer Gruppen, mit Ausnahme von ein Paar Dubliner Sitzen, mit ziemlicher Sicherheit nahezu jeden Wahlkreis außerhalb von Ulster erringt. Eine Betrachtung der Bestandteile der nationalistischen Partei ist deshalb zwar höchst wichtig für die Würdigung gewisser Seiten der demokratischen Regierungsform, wirft aber kein Licht auf das Wesen der englischen politischen Parteien.[1]

[1] Die wallisischen Abgeordneten hatten oft einen eigenen Führer und eigene Einpeitscher, bilden aber in Wahrheit nur einen Teil der Liberalen Partei.

Dritter Teil.

Lokalverwaltung.

Achtunddreißigstes Kapitel.

Örtliche Verwaltungsbezirke.

Die älteren Unterbezirke.

Die gesamte Lokalverwaltung beruht mit Notwendigkeit auf einer geographischen Untereinteilung des Landes, die man kennen muß, bevor man in die Tätigkeit der verschiedenen Lokalinstanzen eindringt. Nun ist die Geschichte dieses Teiles des politischen Gesamtmechanismus Englands verwickelter als die irgend eines anderen Teiles, und wenn auch das System in den letzten Jahren erheblich vereinfacht ist, hat doch die Vergangenheit der Gegenwart so viel Regelwidrigkeiten vererbt, daß es unmöglich ist, ganz über die Stadien hinwegzugehen, die die Lokalverwaltung durchlaufen hat. Zur Zeit der normännischen Eroberung war England in Grafschaften (shires), Hundertschaften, auch Gaue (wapentakes) oder Bezirke (rapes) genannt und Weiler (townships), jede mit besonderen Aufgaben und besonderer Organisation, eingeteilt. Hiervon haben die Landbezirke oder Grafschaften, wenn auch mit veränderter Verwaltung, stets ihre Bedeutung behalten. Als die Könige aus dem Hause Plantagenet mittels der von Ort zu Ort reisenden Richter die königliche Gewalt ausdehnten, wurde das Grafschaftsgericht der Mittelpunkt, durch den sie ihre Macht ausübten, und als in späterer Zeit unter Eduard III. nach einer Anzahl von Versuchen, die Ordnung im Königreich aufrecht zu erhalten, Friedensrichter geschaffen wurden, war die Grafschaft ihr Gerichtsbarkeitsbezirk. Mit dem zunehmenden Zeitbedürfnis wurden ihre Machtvollkommenheiten allmählich durch eine immer sich verlängernde Liste von Gesetzen erweitert, bis die ganze Grafschaftsregierung

Die Grafschaft (shire).

— sowohl die Verwaltung wie die richterliche Gewalt — in ihrer Hand vereinigt war. Sie wurden auf Grund ihres Grundbesitzes und ihrer Stellung in der Grafschaft ernannt und stellten eine aristokratische Art der lokalen Selbstverwaltung dar.

Die Hundertschaften.

Die Hundertschaften hatten eine hiervon sehr verschiedene Geschichte. Wenig benötigt und daher auf der einen Seite von der Krone beinahe vernachlässigt und auf der anderen Seite durch feudale Gewohnheiten und die Übergriffe der Gutsherren geschwächt, wurden sie bedeutungslos. Gleich vielen britischen Einrichtungen wurden sie nicht abgeschafft und verschwanden auch nicht gänzlich. Sie fristeten ihr Dasein als eine schattenhafte Einteilung des Landes, verloren aber ihre Lebenskraft in so hohem Grade, daß, als man im 19. Jahrhunderte neuer zwischen der Grafschaft und den kleinsten Verwaltungseinheiten stehender Verwaltungsbezirke bedurfte, diese ganz ohne Rücksicht auf die alten Hundertschaften geschaffen wurden.

Die Weiler und die Kirchspiele.

Der Weiler (township, vill), wie er ursprünglich gestaltet war, erfuhr ein ähnliches Schicksal, ist aber in anderer Gestalt bis auf unsere Tage bestehen geblieben. Eine Zeitlang wurden sie von den Gutsherren fast aufgesogen und würden wahrscheinlich mit dem Niedergang des Feudalismus verschwunden sein, wenn nicht die kirchliche Tätigkeit dem Gemeindeleben einen frischen Anstoß gegeben hätte. Die Einteilung der bewohnten Teile des Landes in Kirchspiele, die in angelsächsischer Zeit begann, soll während der Regierung Eduard III. lange vor Verfall der Feudalsitze vollendet worden sein. Seinem räumlichen Umfang nach entsprach das Kirchspiel im allgemeinen dem alten Weiler, aber in den dünn bevölkerten nördlichen Grafschaften umfaßte es häufig weit mehr als einen Weiler, während sich im Süden ein Weiler manchmal auf mehr als ein Kirchspiel erstreckte. Ferner waren die Grenzen nicht so gezogen, daß die Grenze eines Kirchspiels nicht die Grafschaftsgrenzen durchkreuzen konnte. Doch hatte dies nur geringe Bedeutung, weil das Kirchspiel kein Unterbezirk der Grafschaft für Verwaltungszwecke war. Viele Kirchspiele hatten ebenso wie die Grafschaften selbst außerhalb liegende, nicht unmittelbar angrenzende Teile. Trotzdem aber die Kirche den Anstoß zur Bildung des Kirchspiels gab, waren weder seine Verwaltung noch seine Aufgaben — wenigstens in späterer Zeit — ausschließlich kirchlich. Die Gewalt ruhte bei einer Massenversammlung aller Einwohner oder Freibürger, die man die vestry (Kirchspielversammlung) nannte, weil sie in dem an die Dorfkirche angebauten Umkleideraum des Geistlichen tagte; manchmal nannte man sie auch die allgemeine Kirchspielversammlung (common vestry) zum Unterschied von einer Gemeindevertretung, die sich an einigen Orten herausgebildet hatte, und als select vestry (gewählte Kirchspielversammlung) bezeichnet wurde. Sie wählte eine Anzahl von Beamten und hierunter in erster Linie die Kirchenvorsteher. Diese Organisation hielt sich bis zur Ummodelung der Lokalverwaltung im 19. Jahrhundert, und während also die Selbstverwaltung in der Grafschaft, wo die wichtigeren Dinge behandelt wurden, aristokratischer Natur war, beruhte sie im Kirchspiel bei Dingen von geringer Bedeutung auf demokratischer Grundlage. Das Kirchspiel hatte seit längerer Zeit einige bürgerliche Aufgaben versehen, und als die Klöster, die bei der Gewährung von Armenunterstützung eine Hauptrolle gespielt hatten, aufgelöst wurden, und der Wechsel der wirtschaftlichen Verhältnisse durch Verschiebung der Lage des Arbeitsmarktes die Armenfrage brennend gestaltet hatte, wiesen die Monarchen aus dem Hause Tudor dem Kirchspiel die Armenlast zu. Das Gesetz der Elisabeth bestimmte, daß jedes Kirchspiel Aufseher über die Armen (overseers of the poor) bestellen sollte, zu denen die Kirchenvorsteher ex officio gehören sollten.

Der Flecken (borough).

Mittlerweile hatten die Flecken ein eigenes Gemeindeleben entwickelt und waren gesonderte Einheiten der Lokalverwaltung geworden, die allerdings meist den Friedensrichtern in vielen Dingen untergeordnet waren, aber doch keineswegs administrative Unterbezirke der Grafschaft bildeten. Ein Flecken brauchte nicht mit Notwendigkeit in einer Grafschaft zu liegen, und noch weniger entsprach sein Bezirk dem Kirchspielsbezirk. Er konnte sich sehr wohl über Teile verschiedener Kirchspiele erstrecken, ohne eins von ihnen ganz zu umfassen. Er verdankt sein Dasein wirtschaftlichen Ursachen, und seine Grenze konnte alle bestehenden politischen Grenzen schneiden. Er erhielt von der Krone durch Privileg das Recht, gewisse innere Angelegenheiten selbständig zu regeln, aber abgesehen von Fällen, in denen die Zuständigkeit der Friedensrichter ganz oder teilweise ausgeschlossen war, blieb sein Gebiet unter der gewöhnlichen Lokalverwaltung, so daß seine Einwohner nicht nur seinen Beamten, sondern auch den Friedensrichtern und der Kirchspielversammlung, in deren Jurisdiktionsbezirk sie wohnten, unterstanden. Die Privilegien waren nichts weniger als gleichmäßig und daher finden wir eine ganze Musterkarte kommunaler Instanzen und zwar oft das Bild einer eng geschlossenen, sich selbst ergänzenden Körperschaft, die von der großen Masse der Bürger gänzlich unabhängig ist.

Dies war in Umrissen die Gestalt der Lokalverwaltung in England, als nach dem Reformgesetz von 1832 die Ära der Neuorganisation einsetzte. Die neuen Bezirke.

Einer der ersten Gegenstände, der vor das umgestaltete Parlament gebracht wurde, war die Armenfürsorge, die in einen sehr schlechten Zustand verfallen war. Die Gewährung von Armenunterstützung außerhalb des Armenhauses war so allgemein geworden, daß sie zur Ergänzung der Löhne körperlich gesunder Leute verwandt wurde, und ein großer Teil der ländlichen Arbeiterklasse war tatsächlich verarmt. Auf Vorschlag einer königlichen Kommission beschloß das Parlament, derartiger Armenunterstützung ein Ende zu machen und, abgesehen von Ausnahmefällen, Armenunterstützung nur im Armenhause zu gewähren. Obgleich die Entscheidung über die Gewährung von Armenunterstützung zum großen Teil in die Hände der Friedensrichter gelangt war, waren die Kirchspiele mit ihren Inspektoren, die der Armenpflege vorstanden, noch die natürliche geographische Grundlage für die Armenfürsorge. Da aber die Kirchspiele sehr ungleich groß und der Regel nach für sparsame Verwaltung zu klein waren, beschloß man, sie in größere Armenverbände genannte Bezirke zusammenzufassen. Diese Zusammenfassung von Kirchspielen, die nach einem Gesetze von 1782 zulässig war, bildete daher einen wesentlichen Teil der großen Novelle zum Armengesetz (Poor Law Amendment Act) von 1834. Auf Grund des Gesetzes wurden Kommissare mit sehr ausgedehnten Aufsichtsrechten über die Lokalbeamten ernannt, aber ihre erste Aufgabe bestand in der Bildung der Verbände. Hierbei berücksichtigten sie hauptsächlich die zweckmäßigste Ausführung des Armengesetzes. Eine Anzahl von Kirchspielen in der Nähe einer Marktstadt oder eines anderen Mittelpunktes wurde zu Gruppen zusammengefaßt, ohne viel Rücksicht auf irgendeine andere Lokalverwaltungseinheit zu nehmen. Und dies führte keine unmittelbaren Schwierigkeiten herbei, weil die Tätigkeit des Armenverbandes ganz unabhängig von der der anderen Lokalbehörden war und unter der direkten Oberaufsicht der Londoner Kommissare stand. Im Ergebnis umschlossen indessen die Armenverbände sowohl ländliche wie städtische Gemeinwesen und griffen oft — und zwar in fast einem Drittel aller Fälle — über die Grafschaftsgrenzen herüber.[1] Die Armenverbände.

---

[1] Unglücklicherweise wurde die Gruppierung auch vorgenommen, bevor die Eisenbahnen gebaut waren.

Die Armenräte.

Die Armenunterstützung im Verbande, zu der später andere Zuständigkeiten kamen, wurde einer neuen zu diesem Zwecke geschaffenen und Armenrat (Board of guardians) genannten Behörde übertragen. Die Friedensrichter waren ex officio Mitglieder des Armenrates, während die übrigen Mitglieder nach einem komplizierten System, das dem Besitz besonderen Einfluß sichern sollte, gewählt wurden. Alle Grundbesitzer und alle Steuerzahler hatten ein Stimmrecht, und zwar je 1—6 Stimmen entsprechend dem Besitz, den sie ihr Eigen nannten oder für den sie als Innehaber Steuern zahlten. Wer aber das Stimmrecht besaß, konnte sowohl als Grundbesitzer als als steuerpflichtiger Innehaber wählen und konnte daher bis 12 Stimmen haben.[1] Das Pluralwahlrecht wurde für andere später ins Leben gerufene Lokalbehörden übernommen und behauptete sich 60 Jahre, bis es 1894 abgeschafft wurde. So führte das Armengesetz von 1834 sowohl einen neuen Lokalbezirk, als auch ein Vertretungssystem ein, das, wenn es auch nicht völlig neu war, doch von allen bestehenden Einrichtungen der sonstigen englischen Lokalverwaltung abwich.[2]

Die Landstraßen- und Kirchhofsverbände.

Im nächsten Jahre wurde ein Gesetz angenommen, das jedes eigene Landstraßen besitzende Kirchspiel zur Anstellung eines Inspektors verpflichtete, und dieses „Kirchspiel" hatte, beiläufig gesagt, keineswegs stets denselben Bezirk wie das sonstige Kirchspiel. Das Gesetz schrieb ferner vor, daß derartige Kirchspiele auf ihr Ansuchen zur Unterhaltung der Landstraßen in Verbände mit einem für sie alle tätigen gemeinsamen Inspektor zusammengefaßt werden konnten. In späterer Zeit wurde die Idee der Zweckverbände weiter verfolgt und die Friedensrichter erhielten das Recht, in ihren Vierteljahrssitzungen zwangsweise Kirchspiele zu diesem Zwecke unter einem Wegebauamt (highway board) zu vereinigen.[3] Es standen nun die so gebildeten Wegeverbände in keinem Zusammenhange mit den Armenverbänden und fielen tatsächlich selten mit ihnen räumlich zusammen. Mit dem Friedhofswesen verfuhr man in ähnlicher

---

[1] Nach § 40 des Gesetzes (4—5 Will. IV, c. 76) hatten Innehaber nur 3 Stimmen; diese wurden aber später auf 6 erhöht und die Stufenfolge für Eigentümer und Innehaber in Übereinstimmung gebracht (7—8 Vic., c. 101 § 14).

[2] Das Pluralwahlrecht der Eigentümer war aus einem einige Jahre früher ergangenen Regulativ über die Abstimmung auf den Kirchspielversammlungen entnommen.

[3] 25—26 Vic., c. 61, 27—28 Vic., c. 101 § 13 und 14 diesen letzteren Gesetzes enthalten spezielle Bestimmungen über die Bildung von Landstraßenbezirken, die über die Grafschaftsgrenzen hinausgehen.

Weise. Nach einer Reihe von Gesetzen, die mit dem Jahre 1852 begann, wurden Kirchspielsbezirke — die nicht notwendig mit irgend einer anderen Kirchspielsform identisch waren — ermächtigt, für das Friedhofswesen zu sorgen und Kirchhofsvorstände für die Verwaltung der Friedhöfe zu wählen, und man gestattete hier wiederum, daß diese Bezirke gemeinsam vorgingen und eine besondere Art örtlicher Verwaltungsbezirke bildeten.

Eine andere Art territorialer Bezirke zur Befriedigung spezieller Bedürfnisse ergab sich aus der Choleraepidemie von 1847 und 1848, die die mangelhaften Gesundheitsverhältnisse in dicht bevölkerten Orten zur allgemeinen Kenntnis brachte. Durch ein im letzteren Jahre angenommenes Gesetz wurde ein allgemeines Gesundheitsamt mit dem Rechte geschaffen, Lokalgesundheitsämter in „allen Städten, Stadtbezirken, Flecken, Kirchspielen oder Gegenden“, die darum einkamen, oder wo der Prozentsatz der Sterbefälle hoch war, ins Leben zu rufen. Das allgemeine Gesundheitsamt erhielt ausdrücklich das Recht, die Grenzen so zu bestimmen, wie sie ihm für den in Frage kommenden Bezirk am vorteilhaftesten erschienen und sie von den bestehenden politischen Bezirken abweichen zu lassen. In einem Flecken sollte der Stadtrat das örtliche Gesundheitsamt darstellen, wenn aber der Flecken nur einen Teil des Gesundheitspflegebezirkes bildete, sollte der Stadtrat den auf ihn entfallenden Teil der Mitglieder des Amtes wählen, während die nicht zu einem Flecken gehörigen Teile des Bezirkes, oder falls keine Flecken vorhanden waren, der ganze Bezirk, die Mitglieder des örtlichen Gesundheitsamtes mittels desselben Pluralwahlsystems wählen sollten, auf Grund dessen die Mitglieder des Armenrates in den Armenverbänden gewählt wurden.

Bezirke für die Gesundheitspflege.

Mittlerweile wurde durch verschiedene Sondergesetze für spezielle Orte eine Anzahl von Meliorationsbezirken geschaffen, die unter Meliorationskommissaren mit gesundheitlicher und anderer Zuständigkeit standen. Aber es ist für unsere Zwecke wertlos, alle die verschiedenen örtlichen Körperschaften, Fischereiräte, Hafengesundheitsbehörden usw. zu nennen, die um die Mitte des 19. Jahrhunderts gebildet wurden. Es genügt die Erwähnung des Gesetzes, das den Höhepunkt der Idee darstellte, für jedes neu auftretende Bedürfnis eine neue Instanz in einem neu geschaffenen Bezirk ins Leben zu rufen.

Bezirke auf Grund des Meliorationsgesetzes.

Das Gesetz über den Volksschulunterricht von 1870, das zum ersten Male unter öffentlicher Verwaltung stehende Schulen vorsah, verlangte die Bildung von Schulräten überall da, wo der Volks-

Schulbezirke.

schulunterricht zu wünschen übrig ließ. Die Wahl dieser Schulräte sollte mittels Kumulativwahlen stattfinden, was man bisher in England noch nicht versucht hatte, und wodurch der Minderheit eine Vertretung gesichert werden sollte. Jeder Flecken sollte einen besonderen Schulbezirk bilden und ebenso jedes Kirchspiel und jeder außerhalb eines Fleckens liegende Kirchspielsteil; aber das Unterrichtsressort erhielt das übliche Recht, Kirchspiele nach seinem Ermessen zu Gesamtschulverbänden zu vereinigen. Wo bereits genügend Privatschulen bestanden, konnten auf Wunsch der Stimmberechtigten ebenfalls Schulräte gebildet werden zwecks Ein- und Durchführung der statutarischen Schulpflicht. Dieser letztere Zweck wurde durch das Gesetz von 1876 voll erreicht, das bestimmte, daß überall da, wo keine Schulräte existierten, der Stadtrat des Fleckens oder der Armenrat Zwangsschulausschüsse zur Erzwingung der allgemeinen durch dieses Gesetz eingeführten Schulpflicht ins Leben rufen solle. So schufen die Unterrichtsgesetze in gewissem Umfange neue Bezirke und gänzlich neue, nach einem nagelneuen System erdachte Behörden, während die Zuständigkeit für die Durchführung der allgemeinen Schulpflicht zum Teil bestehenden örtlichen Behörden übertragen wurde.

Das Chaos und seine Vereinfachung.

Mit dem Gesetz über den Volksschulunterricht von 1870 erreichte das Durcheinander der Lokalbezirke und Lokalbehörden seinen Höhepunkt. Das Land war jetzt in Grafschaften, Armenverbände und Kirchspiele eingeteilt und über und über gesprenkelt mit Flecken und mit Wege-, Friedhofs-, Gesundheitspflege-, Meliorations-, Schul- und anderen Verbänden. Abgesehen von Kirchspielen und Armenverbänden stand keiner von diesen Verbänden in irgendeiner notwendigen Verbindung mit irgend einem anderen Verband und jeder Verband stand unter einer Sonderbehörde, die häufig gänzlich unabhängig von allen anderen Organen der Lokalverwaltung war und manchmal nach einem nur bei ihr üblichen System gewählt wurde. Die bisher befolgte Politik hatte darin bestanden, für jedes neu auftauchende Bedürfnis bei seinem Auftreten einen besonderen jenem speziellen Bedürfnis angepaßten Apparat zu schaffen. Diese Bildung von ad hoc-Behörden, wie man sie gewöhnlich genannt hat, führte so lange zu geringen praktischen Unbequemlichkeiten, als die verschiedenen im selben Bezirk tätigen Behörden nicht allzu zahlreich waren, während das Ineinandergreifen der Grenzen erst dann unerträglich wurde, als die niederen Lokalbehörden den höheren unterstellt wurden. Überdies kann es sehr wohl gerechtfertigt sein, eine spezielle Instanz ins Leben zu rufen, um einem bestimmten

Bedürfnis an einem bestimmten Orte abzuhelfen, während sich dies ganz anders ansieht, wenn dieselbe Instanz im ganzen Lande eingeführt wird; und es sei darauf hingewiesen, daß 1871 die einzigen modernen Lokalverwaltungsorgane, die sich im ganzen Lande fanden, die Armenräte waren, während alle anderen Behörden — Lokalgesundheitspflegeräte, Meliorationskommissare, Schulräte usw. — nur an Orten, an denen sich ein besonderes Bedürfnis hierfür geltend gemacht hatte, gebildet waren. Nun ergab sich 1872 die Notwendigkeit, nicht nur die bereits sehr zahlreichen örtlichen Organe zu vermehren, sondern auch ein weiteres Behördennetz über das ganze Königreich zu ziehen, und obgleich das Durcheinander der Behörden und Bezirke keineswegs vermindert wurde, so ist doch der Versuch, es nicht noch zu vermehren, deutlich erkennbar.

Die Gesundheitsgesetze von 1872 und 1875.

Die allgemeinere Verbreitung der Wissenschaft von den Ursachen der Krankheiten und das wachsende Interesse für Gesundheitsfragen führte zu dem Verlangen, einige der im Gesetz von 1848 für stark bevölkerte Ortschaften getroffenen Bestimmungen auf das ganze Land auszudehnen. Dies geschah durch das Gesetz über die öffentliche Gesundheitspflege von 1872, das das ganze Land in ländliche und städtische Gesundheitsbezirke einteilte. Die städtischen Bezirke sollten die Flecken bilden mit ihrem als Sanitätsbehörde auftretenden Stadtrat und außerhalb der Flecken die Meliorationsbezirke, mit den mit gleicher Zuständigkeit ausgerüsteten Meliorationskommissaren und die auf Grund des Gesetzes von 1848 gebildeten Lokalverwaltungsbezirke, in denen diese Aufgabe dem Lokalgesundheitsrat übertragen war.[1] Insoweit wurde keine wesentliche Änderung getroffen, aber das Gesetz traf weiter eine Bestimmung, daß jeder Armenverband oder jeder nicht in einem städtischen Bezirk enthaltene Verbandsteil ein ländlicher Bezirk sein solle, mit dem Armenrat als Gesundheitsbehörde, an dessen Beratungen indessen die in den außerhalb des ländlichen Bezirks belegenen Teilen des Verbandes wohnhaften Mitglieder nicht teilnehmen durften.[2] Diese Bestimmungen wurden in dem großen das bestehende Recht über die öffentliche Gesundheitspflege zusammen-

[1] Hinsichtlich der Ausnahmefälle, in denen der Bezirk des Fleckens nicht mit dem Meliorations- oder Lokalverwaltungsbezirk zusammenfiel, vgl. Glen, „Gesetze über die öffentliche Gesundheit“, 12. Ausgabe, S. 37—40. Diese Fälle sind jetzt fast ganz verschwunden.

[2] Die Sanitätsbehörden bestanden daher aus den Armenräten, die von dem zum Bezirk gehörenden Teil des Verbandes gewählt wurden und den ex officio Armenräten, die dort wohnten oder Besitz hatten.

fassenden Gesetze von 1875 wiederholt. Somit fielen die ländlichen Bezirke mit den ländlichen Teilen von Armenkirchspielen und Armenverbänden zusammen, weil diese Bezirke mit seltenen Ausnahmen aus ganzen Kirchspielen oder dem ganzen ländlichen Teil der Kirchspiele bestanden und ganz den Armenverbänden angehörten. Das Gesetz legte ferner die Verwaltung der ländlichen Gesundheitsbezirke in die Hände derselben Leute, die den Bezirk in der maßgebenden Instanz des Armenverbandes vertraten. Während also die neuen ländlichen Bezirke so der bestehenden Einteilung in Kirchspiele und Armenverbände angepaßt wurden, schnitten die Flecken und sonstigen städtischen Gesundheitspflegebezirke, die unberührt blieben, in die Grenzen der Kirchspiele und Armenverbände, ohne sich ein Gewissen daraus zu machen, ein, und die alten Grafschaftsgrenzen wurden von allen anderen Lokalbezirken unbeachtet gelassen.

Einführung der Grafschaftsräte und das Gesetz von 1888.

Die Gesetze über die öffentliche Gesundheitspflege von 1872 und 1875 waren bestrebt gewesen, bei Bildung der ländlichen Gesundheitsbezirke das Durcheinander nicht noch schlimmer zu machen, sie hatten aber nichts dazu getan, die bestehende Verwirrung auch nur in etwas zu entwirren, und in dieser Hinsicht geschah wenig, bis der Vorschlag auftauchte, die Selbstverwaltung auf die Grafschaften auszudehnen und ihnen zu diesem Zwecke auf Wahlen beruhende Grafschaftsräte mit einigen Aufsichtsrechten gegenüber niederen Lokalbehörden zu geben.[1] Dies geschah durch das Lokalverwaltungsgesetz von 1888, das bestimmte, daß jede Grafschaft einen aus Wahlen hervorgehenden Grafschaftsrat nach dem Muster der Stadträte der Flecken haben solle, und dieser Behörde die gesamte bisher von den Friedensrichtern ausgeübte Zuständigkeit in Verwaltungssachen übertrug.[2] Im Jahre vorher war eine Kommission bestellt worden, um den besten Weg zur Berichtigung der Grenzen in der Art, daß in Zukunft kein Armenverband, kein Flecken, kein Gesundheitsbezirk oder Kirchspiel in mehr als einer

---

[1] Ein ziemlich schwacher Versuch, die Lokalverwaltung auf einem weniger wichtigen Gebiete zu vereinfachen, wurde in dem Gesetz über die Landstraßen und Lokomotiven von 1878 gemacht, indem man bestimmte, daß die Wegeverbände so weit als möglich in räumliche Übereinstimmung mit den ländlichen Gesundheitsbezirken gebracht werden sollten und daß in diesem Falle die ländliche Gesundheitsbehörde gleichzeitig Wegebehörde werden solle. Aber man scheint hiervon selten Gebrauch gemacht zu haben.

[2] Mit Ausnahme der Aufsicht über die Polizei, die damals wie auch heute noch einem gemeinsamen Ausschuß des Grafschaftsrates und der Friedensrichter übertragen war.

Grafschaft liegen sollte, zu ermitteln, und das Ziel wurde teilweise durch eine Bestimmung des Gesetzes von 1888 dahingehend erreicht, daß jeder städtische Gesundheitsbezirk — einschließlich aller Flecken, die nicht eigene Grafschaften für Verwaltungszwecke bildeten — ganz zu der Grafschaft gehören sollte, der der größere Teil seiner Bevölkerung angehört. Die Grafschaftsräte wurden ferner angewiesen, den Bericht der Kommission in Erwägung zu ziehen, und sie und das Lokalverwaltungsministerium erhielten allgemein das Recht, die Grenzen der verschiedenen örtlichen Bezirke zu ändern. Die Erfahrung hat aber gelehrt, daß ein solches fakultatives Recht gegenüber der Hartnäckigkeit, mit der der Lokalpatriotismus an den bestehenden Verhältnissen hängt, wenig Bedeutung hat, und in diesem Falle scheint von der Bestimmung des Gesetzes nicht viel Gebrauch gemacht zu sein, denn ein 1893 erstatteter Bericht zeigt, daß noch 212 Kirchspiele und ungefähr ein Drittel der ländlichen Gesundheitsbezirke und Armenverbände in mehr als einer Grafschaft lagen.[1] Diesem Durcheinander wurde indessen durch das letzte große Lokalverwaltungsgesetz in erheblichem Grade gesteuert.

Das Gesetz von 1894.

Wie das von einen konservativem Ministerium durchgebrachte Gesetz von 1888 Grafschaftsräte auf einer demokratischen Basis schuf, so übertrug das Gesetz von 1894, das von einem liberalen Kabinett durchgeführt wurde, dasselbe Prinzip auf die kleineren Einheiten der örtlichen Verwaltung. Die ex officio-Mitglieder und das Pluralwahlrecht wurden abgeschafft, und die Behörden für Kirchspiel, Gesundheitsbezirk und Armenverband sollten in Zukunft nach einem einfachen und ziemlich einheitlichen Vertretungssystem gewählt werden. Gleichzeitig wurden die Behörden selbst reorganisiert und die ihnen unterstellten Bezirke harmonischer gestaltet.

Das Gesetz beginnt mit der Landgemeinde[2] und schreibt eine Gemeindevertretung überall da vor, wo mehr als 300 Einwohner

---

[1] Von den 613 Armenverbänden lagen 176 in mehr als einer Verwaltungsgrafschaft, während 60 weitere teils in einer Verwaltungsgrafschaft, teils in einem eine eigene Grafschaft bildenden Flecken lagen. Nur in 53 Fällen umfaßte ein Armenverband keinen ländlichen Gesundheitsbezirk und in diesen Fällen umfaßte er gewöhnlich ganz oder teilweise mehr als einen städtischen Bezirk oder Flecken. Tatsächlich fielen Armenverbände mit Flecken oder Stadtbezirken nur in 12 Fällen zusammen, und mit ländlichen Bezirken nur in 104 Fällen.

[2] In Flecken und städtischen Bezirken, wo die Bevölkerung dichter ist, sind die Rechte der hauptsächlichsten Lokalbehörde mit Notwendigkeit größer als in ländlichen Bezirken, und daher bedarf man dort der dreifachen Einteilung der Lokalverwaltung weit weniger. Die Gemeinde ist daher in Städten

vorhanden sind, und an anderen Orten eine Gemeindeversammlung aller Stimmberechtigten und überträgt diesen Körperschaften u. a. die Zuständigkeiten der alten Kirchspielversammlungen in bürgerlichen Angelegenheiten. Sodann kommt das Gesetz zu den Gesundheitsbezirken. Diese werden jetzt einfacher städtische und ländliche Bezirke oder gemeinsam Grafschaftsbezirke genannt; aber abgesehen von der veränderten Art ihrer Vertretung ändert das Gesetz ihre Organisation materiell sehr wenig. Der städtische Bezirk wählt nach wie vor seinen Bezirksrat und den auf ihn entfallenden Teil der Armenräte des Armenverbandes je für sich, während in den ländlichen Bezirken diese beiden Ämter noch von denselben Leuten versehen werden. Aber während nach dem früheren Gesetz der Armenrat, soweit seine Mitglieder Vertreter des Landbezirkes waren, die für ihn zuständige Behörde darstellte, wurden durch das Gesetz von 1894 die beiden Behörden gesetzlich voneinander geschieden, wobei die Personen indessen dieselben blieben, so daß selbst in den Fällen, wo der Bezirk den gesamten Armenverband einschließt, der Armenrat und der ländliche Bezirksrat, trotzdem sie aus genau denselben Leuten bestehen, ihre Geschäfte besonders erledigen und gesonderte Protokolle führen.

Sein Einfluß auf die Lokalbezirke.

Das Gesetz von 1894 bewirkte eine einschneidende Veränderung der ländlichen Bezirke, brachte auf einen Schlag die Grenzen der Grafschaften, der Bezirke und Gemeinden nahezu ganz in Übereinstimmung und machte so den Bezirk zu einem richtigen Unterverband der Grafschaft und die Gemeinde (Kirchspiel) ihrerseits wieder zu einem Unterverband des Bezirkes. Es bestimmte, daß in Fällen, wo eine Gemeinde teils innerhalb und teils außerhalb eines Grafschaftsbezirks liegt, jeder Teil eine besondere Gemeinde bilden sollte und daß ebenso mit ländlichen Bezirken verfahren werden sollte, deren Gebiet in zwei Grafschaften liegt, wenn nicht der Grafschaftsrat in Einzelfällen aus besonderen Gründen anderweite Bestimmung treffen sollte.[1] Die Änderungen vollzogen sich automatisch nach dem Gesetz, aber zu ihrer Ausführung wurden weitere Bestimmungen durch die Grafschaftsräte und das Lokalverwaltungsministerium nötig, die daher eine Zeit lang mit Bezirks- und Grenz-

---

von weit geringerer Bedeutung, und das Gesetz von 1894 ließ sie unberührt, mit Ausnahme davon, daß es dem Lokalverwaltungsministerium das Recht gab, einen großen Teil seiner Zuständigkeit dem Gemeinderat des Fleckens oder Bezirkes zu übertragen.

[1] Der Fall, daß ein städtischer Bezirk oder ein Flecken über die Grafschaftsgrenze hinausgriff, war bereits durch das Gesetz von 1888 geregelt.

fragen außerordentlich stark beschäftigt waren.[1] Das Gesetz beseitigte eine andere ad hoc-Einteilung durch Abschaffung der Landstraßenräte und Übertragung ihrer Zuständigkeit an die Bezirksräte. Dagegen wurden die Kirchhofsvorstände durch das Gesetz nicht abgeschafft, und die Bezirke der Armenverbände wurden nicht direkt berührt, aber es wurden Bestimmungen für die Aufsaugung der Zuständigkeit der ersteren getroffen, und ihre Zahl verminderte sich äußerst rasch. Nachdem das Unterrichtsgesetz von 1902 mittlerweile die Schulräte abgeschafft und ihre Zuständigkeit den Grafschaftsräten und den Gemeinderäten der größeren Flecken übertragen hat, sind die einzigen noch verbleibenden ad hoc-Bezirke von Bedeutung die Armenverbände, und in diesen sind die Behörden in den ländlichen Landesteilen nicht ad hoc bestellt.

Heute bestehende Lokalbezirke.

Schließlich hat sich also eine Art systematischer Untereinteilung des Landes für lokale Verwaltungszwecke aus dem Chaos entwickelt, das, was merkwürdig genug ist, bewußtermaßen von der Gesetzgebung der zwei mittleren Vierteljahrhunderte des 19. Jahrhunderts geschaffen war. Wenn das Gesamtbild auch noch durch einige Regelwidrigkeiten entstellt wird, ist es doch jetzt möglich, das normale Muster der englischen Lokalverwaltung in verhältnismäßig einfachen Linien zu skizzieren.

Grafschaften und eigene Grafschaften bildende Flecken.

Das ganze Land ist in Grafschaften[2] und eigene Grafschaften bildende Flecken eingeteilt, da die größeren Städte für Verwaltungszwecke eigene Grafschaften bilden.[3] Jeder dieser Bezirke wird von

---

[1] Der ein Verzeichnis der Abänderungen der Lokalbezirke enthaltende Anhang zu dem Bericht des Lokalverwaltungsministeriums füllte 1893 7 Seiten und 1895 72 Seiten.

[2] Man nennt diese Grafschaft korrekt die Verwaltungsgrafschaft zum Unterschiede von der alten Grafschaft oder Grafschaft im weiteren Sinne, von der sie sich durch den Ausschluß der eigene Grafschaften bildenden Flecken und durch die in Verfolg der Gesetze von 1888 und 1894 vorgenommenen Grenzveränderungen unterscheidet. Die Grafschaft im weiteren Sinne besteht noch für die parlamentarischen Wahlen und in einiger Hinsicht für Zwecke der Rechtsprechung und für die Miliz, obgleich der Regel nach diese letzteren beiden Materien den Abänderungen der Verwaltungsgrafschaft Rechnung getragen haben. In England und Wales gibt es nur 52 Grafschaften im weiteren Sinne, aber im Verfolg von Teilungen zu Lokalverwaltungszwecken gibt es 62 Verwaltungsgrafschaften, von denen heute nur ein halbes Dutzend räumlich mit den Grafschaften im weiteren Sinne zusammenfällt.

[3] Dieses Vorrecht sollten Flecken besitzen, die eine Bevölkerung von 50000 Seelen zählten, oder später erreichen würden; doch wurden auch einige kleinere Orte in die Liste mit aufgenommen, weil sie bereits eigene Grafschaften bildeten.

einer Grafschaftsrat genannten Behörde verwaltet, die aus vom Volke in Bezirken gewählten Vertretern und aus weiteren kooptierten Mitgliedern, den sogenannten Ratsherren, besteht. Die Einzelheiten weichen in den Grafschaften und den eigene Grafschaften bildenden Flecken etwas voneinander ab, aber die allgemeinen Grundsätze sind dieselben und in den letzteren ist die Zuständigkeit der Grafschaft einfach demselben Gemeinderat übertragen, der den Flecken in anderer Hinsicht verwaltet.

Flecken, Bezirke

Die Grafschaft ist ihrerseits in Flecken und ländliche und städtische Bezirke eingeteilt, von denen ein jeder von einer Körperschaft (council) verwaltet wird, die in gleicher Weise gebildet wird wie ein Grafschaftsrat, mit Ausnahme davon, daß es in den Bezirksräten keine kooptierten Mitglieder oder Ratsherren gibt. Die Zuständigkeit dieser Körperschaften ist sehr verschieden, und zwar ist die der Flecken die ausgedehnteste und die der ländlichen Bezirke die beschränkteste. Und gerade aus diesem Grunde kann man kaum sagen, daß die Flecken und städtischen Bezirke und natürlich auch die eigene Grafschaften bildenden Flecken, wenn sie auch der Regel nach zu Wahlzwecken in Bezirke eingeteilt sind, eine Untereinteilung für Lokalverwaltungszwecke besitzen, und tatsächlich haben die städtischen Gemeinden nicht viel zu sagen. Dagegen sind die Landbezirke in Gemeinden (Kirchspiele) eingeteilt, denen wirkliche Aufgaben übertragen sind und die sich — zum wenigsten wie es gedacht war — in der Lokalverwaltung aktiv betätigen sollen; die Gemeinden mit mehr als 300 Einwohnern haben gewählte Vertretungen und die übrigen erledigen ihre Geschäfte in Gemeindeversammlungen.[1]

und Gemeinden.

London.

Die Hauptstadt fällt nicht unter dies Lokalverwaltungssystem, ihre Verwaltung ist vielmehr besonders organisiert. Die Londoner City in ihrer alten Begrenzung behält ihre alten Einrichtungen unabhängig von der riesigen Stadt, die um sie herum entstanden ist, bei, und die übrige Hauptstadt steht unter einem Grafschaftsrat, der gleichzeitig und nach demselben Muster wie die anderen Graf-

[1] In früheren Zeiten hat es viele Gemeindearten gegeben, gegenwärtig besitzen aber nur zwei wirkliche Bedeutung, nämlich die Armen- oder bürgerliche Gemeinde und die Kirchengemeinde. Durch zwei besondere Gruppen von Gesetzen sind die Gemeinden beider Arten so verändert worden, daß in den meisten Fällen die Kirchengemeinde nicht mehr mit der bürgerlichen Gemeinde zusammenfällt. Die erstere steht unter ihrer Kirchspielversammlung und ihren Kirchenvorstehern, die keine bürgerlichen Machtvollkommenheiten besitzen.

schaftsräte geschaffen wurde. Das von ihm verwaltete Gebiet wurde 1899 in Flecken eingeteilt mit Gemeinderäten, auf die die Zuständigkeit der früheren Kirchspielversammlungen überging, und so wird London als ein Flecken zweiten Grades behandelt.

Armenverbände.

Die einzige außerdem noch bestehende wichtige anderweite Einteilung des Landes, die dies Schachbrett von Lokalbezirken durchquert, nämlich die in Armenverbände, überzieht das ganze Land mit einem weiteren Netzwerk von Grenzen. Die Mitglieder des Armenrates heißen noch Armenräte und werden in den städtischen Teilen der Verbände besonders gewählt, während sie in den ländlichen Teilen einfach mit den dort gewählten Mitgliedern des ländlichen Bezirksrates identisch sind.

Regelwidrigkeiten.

So geschildert mag das System der englischen Lokalverwaltung nicht kompliziert erscheinen, tatsächlich aber ist es weniger einfach als es scheint, weil es in vielen Orten verschiedene Eigentümlichkeiten und Ausnahmen gibt, die auf altem Ortsherkommen und besonderen lokalen Gesetzen beruhen und die Einheitlichkeit des Systems stören. Überdies sind die Bezirke, wenn sie auch vereinfacht sind, nicht nach einem einheitlichen geographischen Muster ausgelegt. Gleichartige Bezirke weisen eine sehr verschiedene Größe auf, denn sie wurden ursprünglich, wie es sich gerade machte oder der politische Zufall gebot, gebildet. Auch entsprechen sie nicht immer dem Zwecke, dem sie dienen sollen. Eine Anzahl städtischer Bezirke hatte bei der Volkszählung von 1901 z. B. weniger als 1000 Einwohner, und einer von ihnen zählte nur 219 Seelen. Offensichtlich handelt es sich hier nicht um städtische oder stark besiedelte Orte im eigentlichen Sinne. Einige von ihnen wurden vor 1872 Lokalverwaltungsbezirke, weil sie auf diesem Wege in den Genuß der Gesundheitsgesetzgebung dieser Zeit gelangen konnten, und wurden dann durch die mechanische Wirkung späterer Gesetze in städtische Bezirke verwandelt. Andere wieder hatten ohne Frage die Eigenschaft als Stadtbezirke zu dem Zwecke erstrebt, um ihre Aufsaugung durch benachbarte Stadtbezirke zu vermeiden, genau so wie Bezirke das Fleckenprivileg erwirkt hatten, um der Einverleibung in einen benachbarten Flecken zu entgehen. Wenn aber das Lokalverwaltungssystem noch nicht ganz planmäßig ist, und wenn die Organisationsform nicht in allen Fällen der wahren Natur des Ortes gerecht wird, so sind doch der Hauptsache nach die historischen Traditionen so weit erhalten geblieben, und das gemeinschaftliche Zusammenarbeiten in öffentlichen Angelegenheiten ist in solchem Grade erreicht worden, daß in den Kommunalbezirken zum größten Teil ein kräftiges Leben herrscht.[1]

Anwachsen der städtischen Bevölkerung.

Es muß hier noch auf etwas hingewiesen werden, was von Bedeutung für das ganze englische politische System ist, nämlich auf das Anwachsen der städtischen auf Kosten der ländlichen Gemeinwesen. Die in der Hauptstadt, in den Flecken und in den Stadtbezirken von England und Wales lebende Bevölkerung ist mehr als viermal so groß wie die unter einer streng ländlichen Verfassung lebende Bevölkerung, und dieses Verhältnis akzentuiert sich immer mehr.[2] Kurz, England wird mehr und mehr eine Anhäufung von Städten, und dies hat bereits einen ausgesprochenen Wandel im Charakter und politischen Temperament des englischen Volkes bewirkt.

[1] Wie später auszuführen sein wird, gilt dies von den Gemeinden nicht allgemein.

[2] Nach der Volkszählung von 1901 gab es 666 Landbezirke mit einer Bevölkerung von 7471242 Seelen; 1121 Stadtbezirke (einschließlich der Flecken) mit 20518205 Seelen; während London 4536063 Einwohner zählte; diese Zahlen ergaben mit 545 in verschiedenen zu keinem Bezirk gehörigen Schlössern und kleinen Inseln wohnhaften Personen die 32526075 Einwohner von England und Wales.

Neununddreißigstes Kapitel.

Die Flecken.[1] Der Gemeinderat.

Die Reformflut, die in den dreißiger Jahren viele alte Mißbräuche hinwegschwemmte, gelangte 1835 zu den Flecken. Mit einem aus diesem Jahre stammenden Gesetz beginnt die moderne Geschichte der englischen Stadt[2], und tatsächlich ist die Gestalt, die man ihrer Verwaltung damals gab, seitdem wenig verändert worden. In anderer Hinsicht wurde das Gesetz häufig geändert, bis die verschiedenen Gesetze 1882 in dem Gesetz über die kommunalen Körperschaften (Municipal Corporations Act), das gegenwärtig für alle Provinzialflecken gilt, zusammengefaßt wurden.[3] Dies Gesetz mit seinen späteren Novellen regelt die Organisation und in gewissem Grade die Zuständigkeit der Flecken; sie leiten aber den bei weitem größeren Teil ihrer Zuständigkeit aus anderen Quellen und insbesondere aus den Gesetzen über die öffentliche Gesundheitspflege her. Diese übertragen allen städtischen Gesundheitsbehörden viele wichtige Rechte und Pflichten, und zwar übertragen sie sie bei

Die Gesetze über die Flecken.

[1] Früher war ein Flecken, der einen Abgeordneten wählte, gleichzeitig ein Lokalverwaltungsbezirk; aber eine Vergrößerung eines kommunalen Marktfleckens verändert den parlamentarischen Wahlkreis nicht, und so ist es durch mehrfache Abänderungen hintereinander dazu gekommen, daß viele kommunale Flecken nicht mehr mit den gleichnamigen Parlamentsflecken zusammenfallen. Beide stehen in keiner notwendigen gegenseitigen Abhängigkeit. Es sei ferner hervorgehoben, daß abgesehen von der Londoner City, die von allen britischen Städten allein ihre alten Einrichtungen beibehalten hat, das Wort „city“ für die englische Kommunalverwaltung keine Bedeutung hat. Früher bedeutete es, daß der Ort Bischofssitz war oder gewesen war, aber neuerdings ist diese Bezeichnung verschiedenen großen Flecken honoris causa verliehen worden.

[2] Das entsprechende schottische Gesetz wurde 1833 angenommen.

[3] Die von dem Gesetz von 1835 unberührt gelassenen Flecken wurden 1883 entweder dem allgemeinen Recht unterstellt oder verloren ihre Privilegien, und das Interpretationsgesetz von 1889 definiert jetzt für Kommunalzwecke einen Flecken als „einen zurzeit dem Gesetz über die kommunalen Körperschaften von 1882 unterstehenden Ort“.

Flecken den Gemeinderäten.[1] Eine Anzahl anderer allgemeiner Gesetze überträgt ihnen ebenfalls mannigfaltige Zuständigkeiten, und ferner gibt es eine Reihe von fakultativen Gesetzen, deren Vorschriften ein Flecken nach seinem Belieben erfüllen oder nicht erfüllen kann.

Aber die Gesetze, die auf alle Kommunen gleichmäßig Anwendung finden oder doch Anwendung finden können, erschöpfen den Gegenstand keineswegs, denn neben den allgemeinen Landesgesetzen hat das Parlament niemals der Gewohnheit entsagt, besondere Lokalgesetze für bestimmte Ortschaften zu schaffen. Mit Ausnahme der Hauptstadt sind diese Gesetze, wenn nicht immer, so doch nahezu immer, auf Antrag der Ortschaft selbst gemacht worden. Gelegentlich betrafen sie Einzelheiten der Stadtverwaltung von geringerer Bedeutung, der Hauptsache nach aber befaßten sie sich mit der Gewährung von Rechten, die nicht allgemein übertragen waren, und ein großer Teil der gemeinhin als Kommunalbetriebe bezeichneten Arten öffentlicher Betätigung trat in dieser Weise ins Leben. Um also in den Rechtszustand eines bestimmten Fleckens einzudringen, muß man sowohl die allgemeinen Gesetze, wie die zahlreichen nur auf diesen Ort bezüglichen Lokalgesetze studieren. Nichtsdestoweniger hat man sich bei den Lokalgesetzen der Regel nach sehr eng an Präzedenzfälle gehalten, und was mehr sagen will, der kommunale Fortschritt hat sich im ganzen Lande ziemlich in derselben Richtung bewegt, so daß nicht nur alle Flecken nach gleichem Muster organisiert, sondern auch ihre Zuständigkeiten und Betätigungsfelder in der Hauptsache ihrem Umfange nach die gleichen sind.

Entstehung und Vergrößerung der Flecken.

Nach dem Gesetz von 1882 kann der König mit Zustimmung des Geheimen Rats (King in Council) auf Antrag der Einwohner jeder Ortschaft das Stadtrecht verleihen;[2] während aber gesetzlich keine Mindestzahl der Bevölkerung vorgeschrieben ist und die Grenzen von der Krone nach Belieben bestimmt werden können, so ist doch die Größe einer der Umstände, die bei Verleihung des Stadtrechts berücksichtigt werden. Die Einverleibung volkreicher Vorstädte in einen vorhandenen Flecken ist von nicht geringerer Wichtigkeit als die Bildung eines neuen Fleckens; sie kann durch ein Privatgesetz oder durch eine einstweilige Verordnung des Lokalverwaltungs-

[1] Nahezu alle Ausnahmen sind beseitigt worden.

[2] Obgleich die Krone das ihr gemeinrechtlich zustehende Recht, einem Flecken Korporationsrechte zu verleihen, nicht verloren hat, kann sie doch die Rechte, von denen dies Gesetz spricht, und hierunter wohl das Besteuerungsrecht nur gemäß den Bestimmungen dieses Gesetzes verleihen.

ministeriums, die der Bestätigung durch das Parlament bedarf, geschehen. Die Grundsätze, nach denen man in beiden Fällen verfährt, sind im wesentlichen durchaus die gleichen. Ein Flecken wird beispielsweise ohne seine Zustimmung niemals in einen anderen eingemeindet, und es ist bezeichnend, daß der Wunsch einer Kommune, ihre unabhängige Existenz zu behalten, sich selbst da sehr stark geltend macht, wo die Interessen der Einwohner anscheinend mit denen des größeren Nachbarn identisch sind. Daher kommt es, daß eine baulich eng zusammenhängende ununterbrochene Stadt sich häufig aus mehreren Flecken zusammensetzt, wie bei Manchester und Salford, Liverpool und Bootle, Rochester und Chatham, Newcastle und Gateshead. Dieser Grundsatz findet keine Anwendung auf Vorstädte, die keine Flecken sind, und daher bitten volkreiche Bezirke in der Nähe großer Städte häufig zu ihrem Schutze um Verleihung des Stadtrechts. Die Einverleibung in einen Flecken bedeutet für die Vorstadt gewöhnlich bei erhöhten kommunalen Leistungen eine Steuererhöhung, aus Furcht vor der die Einwohner der Eingemeindung scharfe Opposition machen. Bei Entscheidung solcher Fälle wird die Zweckmäßigkeit und Wirtschaftlichkeit der gemeinsamen Wasserversorgung und Kanalisation und anderer kommunaler Betriebszweige sowie der Grad der Vollkommenheit der Vorstadtverwaltung berücksichtigt. Jährlich erfolgt eine Anzahl von Einverleibungen, die zusammen mit der Neuverleihung von Stadtrechten die ständige Vermehrung der städtischen Bevölkerung bedingen. Gegenwärtig gibt es in England und Wales ungefähr 350 Flecken, und in ihnen lebt nahezu die Hälfte der außerhalb der Hauptstadt wohnhaften Bevölkerung des Königreichs.

Die Wähler.

Die Voraussetzungen, an die das aktive Wahlrecht bei den Kommunalwahlen oder die Eintragung in die Bürgerliste, wie man es nennt, geknüpft sind, sind weniger verwickelt wie bei dem parlamentarischen Wahlrecht. Sie bestehen in der gemeinschaftlichen oder gesonderten Innehabung eines Hauses, Speichers, Kontors, Ladens oder anderen Gebäudes ohne Rücksicht auf den Wert oder von Grundstücken im Jahreswert von £ 10 während der Dauer von 12 Monaten vor dem 15. Juli und ebenso langem Wohnsitz im Flecken oder im siebenmeiligen Umkreise.[1] Die auf den Besitz ent-

[1] Bei Grundbesitz oder Gebäudebesitz im Werte von £ 10 ist nur sechsmonatiger Wohnsitz erforderlich, und nach Gesetzen von 1885 und 1891 hindert eine höchstens vier Monate dauernde Abwesenheit im Dienst oder wegen Vermietung des Wohnhauses die Eintragung in die Bürgerliste nicht.

fallenden Steuern oder Kommunalabgaben müssen bezahlt sein, aber in Wirklichkeit verwirken wenige Leute ihr Wahlrecht dadurch, daß sie ihre Steuern nicht bezahlen, weil die allgemeine Sitte des compounding herrscht, d. h. der Wirt zahlt die Steuern für eine Reihe von Kleinfamilienwohnungen mit Rücksicht auf den dadurch bedingten Steuernachlaß.[1]

Wie gewöhnlich in den englischen Wahlgesetzen bedeutet der Ausdruck „Haus" oder „Gebäude" nicht ein ganzes Gebäude, sondern es genügt hierfür ein besonders innegehabter Teil eines Hauses oder Gebäudes, und daher ist der Mieter jeder auch noch so kleinen Wohnung, jeden Ladens und jeder Werkstätte wahlberechtigt. Das Kommunalwahlrecht unterscheidet sich in den Flecken von dem parlamentarischen Wahlrecht hauptsächlich darin, daß es sich nicht auf Aftermieter erstreckt[2] — diese bilden indessen in den meisten Orten nur einen kleinen Teil der parlamentarischen Wählerschaft —, daß es Inhabern von Läden zusteht, die weniger als jährlich £ 10 Miete bringen[3], und was weit wichtiger ist, daß es sich auf unverheiratete Frauen und Witwen, die die erforderlichen Voraussetzungen erfüllen, erstreckt.[4] Durchschnittlich ist die Zahl der Wähler zum Gemeinderat um ungefähr $^1/_8$ größer als die Zahl der Parlamentswähler, wobei sich die Differenz hauptsächlich aus dem Stimmrecht der Frauen erklärt. Aber die Zahlen zeigen an verschiedenen Orten erhebliche Verschiedenheiten. In Manchester und Bradford zeigt die Zahl der Kommunalwähler beispielsweise einen größeren Überschuß[5], während sie in Cardiff und der Londoner Verwaltungsgrafschaft viel geringer ist, was zum mindesten im letzteren Falle auf die

---

[1] Der Empfang öffentlicher Armenunterstützung schließt indessen vom Wahlrecht aus. Dieses findet aber keine Anwendnng auf ärztlichen Beistand oder auf die Bezahlung von Schulgeld.

[2] In den alten Flecken, wo es noch Freibürger gibt, haben diese ebenfalls keine Stimme.

[3] Daß dies keineswegs stets ohne Bedeutung ist, ergibt sich daraus, daß beispielsweise in Cardiff die Zahl der Gebäude (einschließlich Büros), die zur Steuer mit £ 10 oder weniger herangezogen waren, 4882 bei einer Gesamtzahl von 32418 steuerpflichtigen Gebäuden betrug.

[4] Das Gesetz von 1882 (§ 63) bestimmt, daß hinsichtlich des Stimmrechts auch Frauen zum männlichen Geschlecht gehören, aber es ist dahin entschieden worden, daß dies den gemeinrechtlichen Ausschluß der verheirateten Frauen vom Stimmrecht nicht aufhebt. Merkwürdigerweise ist dieser Ausschluß bei Gemeindewählern gesetzlich aufgehoben worden, obgleich Gatte und Gattin nicht aus demselben Besitze ihr Stimmrecht herleiten können.

[5] Er beträgt in beiden Gemeinden ungefähr $^1/_5$.

große Zahl der in den Wählerlisten enthaltenen Aftermieter zurückzuführen ist.[1]

Annäherung an das allgemeine Stimmrecht.

Es sei darauf hingewiesen, daß das kommunale Wahlrecht nicht allgemein ist, und andererseits ist es nicht auf Leute beschränkt, die ihren Wohnsitz am Orte haben. Wenn man von den Frauen absieht, bilden die eingetragenen Wähler ebenso wie bei den Parlamentswahlen ungefähr $^1/_6$ der Bevölkerung oder mehr als $^3/_4$ der Männer im wahlfähigen Alter. Berücksichtigt man diejenigen, die sich aus Bummelei nicht eintragen lassen, so ist der Prozentsatz der nicht wahlfähigen Männer nicht sehr groß. Es handelt sich hauptsächlich um Dienstboten, um bei ihren Eltern lebende Junggesellen und um Leute, die in den 16 Monaten vor der Wahl ihren Wohnsitz gewechselt haben. Diese Leute haben an der Gemeinde kein großes Interesse, gehören aber auch nicht zur ärmsten und nutzlosesten Klasse. Die Lumpen sind, wie man ständig hört, gegenwärtig nicht vom Stimmrecht ausgeschlossen. Andererseits sind Geschäftsleute, die in den Vorstädten leben und ihre Geschäfte im Flecken betreiben, hier zum Mitstimmen berechtigt, ohne dadurch natürlich ihr Recht einzubüßen, an ihrem Wohnorte ebenfalls zu stimmen; und sie bilden eine hervorragende Wählerklasse. Ihre Zahl kann man schwer mit Sicherheit feststellen, weil sie in den Wählerlisten nicht besonders geführt werden. Die Zahl ist längst nicht so groß, wie dies in den meisten amerikanischen Städten mit ihren ausgedehnten weit in das Land hinein sich erstreckenden Holzhausvorstädten der Fall sein würde, und ist in den verschiedenen Orten sehr verschieden. In Birmingham hörte der Verfasser, daß sie nur einen verschwindenden Teil der Wähler bildeten, während ihre Zahl in Glasgow in die Tausende gehen soll.

Schottland.

In Schottland ist das Kommunalwahlrecht nicht genau dasselbe wie in England. Abgesehen davon, daß es auch den unverheirateten Frauen, den Pairs und den weiter als 7 Meilen vom Flecken entfernt wohnenden Personen zusteht, ist es mit dem parlamentarischen Wahlrecht nahezu identisch. Doch findet sich zwischen den englischen und schottischen Wahlberechtigten sowohl bei Parlamentswahlen wie bei Kommunalwahlen ein wichtiger Unterschied, der auf der schottischen Sitte beruht, nur einen Teil der Steuern auf die Innehaber zu veranlagen und dem Wirt die Übernahme dieses Teiles

---

[1] Dies gilt für die Zeit vor der 1900 erfolgten Ausdehnung des Stimmrechtes für den Londoner Grafschaftsrat auf Aftermieter und häusliche Dienstboten.

nicht zu gestatten. Daher kommt es, daß sehr viele wirtschaftlich weniger gut dastehende Leute nicht in den Wählerlisten stehen. In Glasgow waren im Jahre 1892 28152 Personen, d. h. ungefähr $^1/_4$ der eingetragenen Wähler in dieser Weise vom Stimmrecht ausgeschlossen, und in diesem Falle ist die Bestimmung gleichbedeutend mit dem Erfordernis erheblichen Besitzes als Voraussetzung des Stimmrechts.[1]

Die Wahlen.

Die einzigen Kommunalämter, die jetzt durch Wahlen der Bürger besetzt werden, sind die der Gemeinderäte und der Rechnungsrevisoren. Die letzteren, die der Regel nach am 1. März gewählt werden, haben als Beamte keine große Bedeutung, und daher ist die einzige wichtige Wahl in jedem Jahre die am 1. November stattfindende, wenn die Wähler die Stadtverordneten wählen, die der gesetzliche Mittelpunkt und der Ausgangspunkt der ganzen Verwaltung des Fleckens sind. Das Verfahren bei Aufstellung und Wahl der Kandidaten ist der Hauptsache nach dem Verfahren bei parlamentarischen Wahlen nachgebildet. Das von dem Stimmgesetz (Ballot Act) vorgeschriebene geheime Stimmrecht findet Anwendung und es bestehen ähnliche Bestimmungen über das Verbot der Wahlkorruption und ungesetzlicher Wahlmanöver, über die Höhe der Wahlkosten[2] und über die Errichtung eines Gerichtshofes zur Entscheidung über angefochtene Wahlen.[3] Die am leichtesten käufliche Klasse der Parlamentswähler, die alten Freibürger, haben als solche in Kommunalangelegenheiten keine Stimme, und Bestechungen sind selten, obgleich gelegentlich ein Fall bekannt wird, wo man sich ihrer in erheblichem Maße bedient hat. 1902 wurden in Shrewsbury bedauerliche Zustände enthüllt, als sich ergab, daß in dem Bezirk, den die Wahlbeschwerde betraf, mehr als die Hälfte der eingetragenen Wähler zugunsten des siegreichen Kandidaten bestochen war, wenn sie auch nicht alle ihre Stimme für ihn abgaben;

---

[1] 1896 waren in Glasgow 122678 Kommunalwähler eingetragen, unter denen sich 20437 Frauen befanden. Die Zahl der Leute, die vom Stimmrecht wegen Nichtbegleichung ihrer Steuern ausgeschlossen sind, ist in den verschiedenen schottischen Städten recht verschieden. In Dundee beispielsweise ist sie viel größer als in Glasgow, in Aberdeen viel kleiner.

[2] Diese Wahlkosten sind auf £ 25 festgesetzt nebst weiteren 3 d. für jeden eingetragenen Wähler über 500. Die Kosten der Abhaltung der Wahl durch die Kommunalbehörden werden von dem Flecken bestritten. Der Kandidat braucht keinen Wahlagenten zu benennen, muß aber eine Aufstellung seiner Wahlkosten einreichen.

[3] Dieser Gerichtshof besteht aus einem Anwalt, der von den Richtern ernannt wird, die zur Entscheidung über streitige Parlamentswahlen berufen sind.

und die Zeugen versicherten, daß diese Sitte seit einem Menschenalter ständig bestanden habe. Wie bei den Parlamentswahlen hat es den Anschein, als ob die Korruption, wenn sie überhaupt einmal vorhanden ist, leicht einen großen Teil der Wählerschaft ergreift; in den großen Städten hört man nichts von ihr. In den meisten Orten ist der Kampf kaum lebhaft genug, um eine starke Versuchung zu Bestechungen auszulösen, während das Hätscheln der Wähler in Gestalt von Beiträgen zu Klubs und Wohltätigkeitszwecken in verhältnismäßig geringem Grade auftritt, wenn man es mit der Art und Weise vergleicht, in der die Kandidaten um ein Abgeordnetenmandat in dieser Hinsicht oft vorgehen.

Die Betätigung der Parteien.

Die Rolle der Landesparteien bei den Kommunalwahlen ist in den verschiedenen Flecken sehr verschieden. In den meisten englischen Städten werden die Kandidaten von den örtlichen Parteiverbänden benannt und unterstützt, und die besoldeten Sekretäre oder die in den örtlichen Parteivereinen hervortretenden Mitglieder begünstigen dies. Bei den langen und unbestimmten Zwischenräumen, in denen die Wahlen zum Unterhause stattfinden, empfinden sie das Bedürfnis, ihre Truppen einzudrillen, um die Disziplin aufrecht zu erhalten, und wenn auch ihr Eifer nicht so glühend ist wie bei Abgeordnetenwahlen, betätigen sie sich doch im allgemeinen mehr oder weniger lebhaft auch bei Kommunalwahlen.[1] Tatsächlich besorgt der reguläre Parteiapparat überall da, wo die Kandidaten als Konservative oder Liberale auftreten, die Benennung der Kandidaten und die Stimmwerbung. Darin bestand ja einer der Hauptzwecke des Birminghamer Caucus, und dessen Beispiel wurde in anderen Städten nachgeahmt, wenn man auch bei Kommunalangelegenheiten nicht so scharf ins Zeug ging. Manchmal läßt man die Namen der Landesparteien in den Hintergrund treten und bedient sich statt ihrer der Ausdrücke „Gemäßigte“ und „Fortschrittler“, die aus dem Londoner Grafschaftsrat entlehnt sind. In London laufen diese Grenzen den Parteigrenzen der Landesparteien ziemlich parallel, denn obgleich ein Liberaler nicht stets ein Fortschrittler oder ein Konservativer immer ein Gemäßigter ist und ein Mitglied der einen Landespartei als Kandidat der anderen Partei für den Grafschaftsrat auftreten kann, fallen doch die beiden Grenzen im ganzen ziemlich genau zusammen,[2] und die Unterstützung der

[1] Hierüber ist kürzlich ein Handbuch von J. Seymour Lloyd mit dem Titel „Kommunalwahlen und wie man den Kampf bei ihnen führen soll“ erschienen.

[2] Eine weitere Erörterung dieser Frage findet sich unten auf Seite 217—219.

Parteiverbände spielt im Wahlkampfe keine geringe Rolle, und zwar scheint dies bei Provinzialflecken mehr in den Vordergrund zu treten.

Selbst in Städten, wo die Kandidaten ausgesprochenermaßen von den politischen Verbänden aufgestellt werden — und dies gilt von dem größeren Teile der Flecken — stimmt nicht jeder Bürger unweigerlich mit seiner Partei. Aber die Ausnahmen sind nicht häufig genug, um zu verhindern, daß das Ergebnis als Probe auf die Stärke der Parteien betrachtet wird, obgleich die bei den Wahlen für die Gemeindevertretung abgegebene Stimmenzahl so gering ist, daß die Mehrheit der Versammlung nicht selten der einen Partei angehört, während die Abgeordneten im Parlament zur anderen Partei gehören. Natürlich stehen die allgemeinen politischen Staatsfragen nicht zur Debatte und bei der heutigen Haltung der Konservativen in sozialen Fragen besteht keine notwendige Verbindung zwischen Landespolitik und Kommunalpolitik; denn während die Liberalen im allgemeinen der Erweiterung der kommunalen Aufgaben geneigter sind, sind die Konservativen an einigen Orten in Kommunalfragen fortschrittlicher gesinnt, und vielen anderen läßt sich in dieser Hinsicht kein Unterschied zwischen den Parteien finden. Manchmal spielen allgemeine staatliche Fragen in Wahlreden eine hervorragende Rolle, häufig aber drehen sich die Reden von der Tribüne um lokale Fragen. Hier und da wird die wichtigere Frage nach der Geeignetheit des Kandidaten öffentlich erörtert, aber dies gibt leicht zu einem bedauerlich wirkenden Austausch von persönlichen Anzüglichkeiten Veranlassung.

Dritte Kandidaturen.

Dritte Kandidaturen sind nicht häufig. Vor etwa 12 Jahren entstanden in verschiedenen Flecken Vereine von Steuerzahlern als Protest gegen die Erhöhung der Kommunalsteuern, aber sie setzten sich aus Leuten zusammen, die keine große Bedeutung besaßen, und verschwanden bald wieder, da sie keine lebhafte Unterstützung im Volke fanden. Die vorherrschende Zeitströmung begünstigte eine erhöhte Tätigkeit der Kommunen, die eine Vergrößerung der Ausgaben bedingt, und weder diese Vereine noch die gelegentlichen unabhängigen Kandidaten konnten auf eine allgemeine Mißwirtschaft hinweisen, die als Grundlage für eine wahrhaft unparteiische Bewegung hätte dienen können. Bei den Londoner Kommunalwahlen im November 1906 und den Wahlen zum Grafschaftsrat im folgenden März setzte eine außerordentlich wirkungsvolle Agitation der „Kommunalreformer“ gegen die Erhöhung der Steuern ein, aber dies gelang infolge der Aufsaugung der Gemäßigten durch die Kommunalreformer, die sich selbst zu einer der beiden großen Parteien im kommunalen politischen Leben der Hauptstadt machten. Die Arbeiter und die Sozialisten haben ebenfalls in vielen Städten oft Kandidaten aufgestellt, und die ersteren haben langsam aber stetig an Terrain in den Stadtparlamenten gewonnen. Dies ist ihnen indessen weniger bei dreieckigen Wahlen gelungen, als vielmehr dadurch, daß sie die eine der führenden Parteien bestimmten, ihre Kandidaten nicht zu bekämpfen. Die Sozialisten sind weniger erfolgreich gewesen. Mit Ausnahme der Arbeitervorstadt West Ham im Osten Londons, wo sie kurze Zeit lang den Gemeinderat beherrschten, haben sie nicht viele ihrer Kandidaten durchgebracht, obgleich die Gemeindebehörden überall mit einem Geiste durchsetzt sind, den man vor 50 Jahren für stark sozialistisch gehalten haben würde.

Vom Parteigeiste nicht berührte Flecken.

Einmal gefaßte politische Ideen üben ihren Einfluß weit über die Verhältnisse hinaus, die sie entstehen ließen, und so ist es gekommen, daß die englischen Kommunalwahlen größtenteils auf der Grundlage der Scheidung der Nation in zwei Parteien erfolgen, mit denen sie sinngemäß eigentlich nichts zu tun haben. Aber dies gilt nicht für alle Städte. Es gibt einige wenige große und kleine Flecken, insbesondere Brighton im äußersten Süden und Newcastle im fernen Norden, wo die Wahlen überhaupt nicht nach der Parteizugehörigkeit erfolgen, und man jeden Versuch, die Parteipolitik hineinzuziehen, entschlossen zurückweist. Dies gilt auch von den meisten großen schottischen Städten wie Edinburgh, Glasgow, Aberdeen, Dundee und Perth, wo die Sitte herrscht, die Kandidaturen in öffentlichen Bezirksversammlungen aufzustellen.

Die Flecken, in denen die Wahlen nicht nach der Parteizugehörigkeit erfolgen, zeichnen sich keineswegs durch ein mangelndes Interesse an der allgemeinen Landespolitik aus, und es ist nicht ohne weiteres ersichtlich, warum diese Gepflogenheit bei ihnen mehr innere Berechtigung haben sollte, als anderswo. Die Sache erklärt sich wohl aus der Tradition, denn es besteht wenig Geneigtheit, einen Wandel hierin zu schaffen. Diese Städte behalten ihr Herkommen bei, veranlassen aber andere Gemeinden nicht, ihrem Vorbilde zu folgen. Sie sind stolz auf dieses Herkommen und rühmen sich seiner, und doch kann es zweifelhaft sein, ob es so wichtig ist, als man natürlicherweise geneigt sein könnte anzunehmen. Diese Kommunen werden gut, aber nicht ausgesprochen besser verwaltet als die bessere Klasse der Flecken, in denen die Kandidaturen nach der Parteizugehörigkeit aufgestellt werden. Es wird manchmal behauptet, daß die Parteipolitik der Fluch der Kommunalverwaltung sei, aber dies bezieht sich auf die Ausnutzung des Parteiwesens zu persönlichen statt zu gemeinnützigen Zwecken, und andererseits hört man hier und da die verstohlene Bemerkung, daß die Parteipolitik dem Kommunalpolitiker Stoff für Tribünenreden liefert, während er sonst geneigt sein könnte, die ständigen Beamten zu kritisieren, die doch vor dem Auge der Öffentlichkeit geschützt werden müssen. Die Bedeutung dieser Seite der Frage wird später deutlicher erhellen, ebenso wie der Umstand, daß das Parteiwesen bei der Kommunalverwaltung eine weit geringere Rolle spielt, als eine Betrachtung der Wahlen allein vermuten läßt.

Viele Mandate sind unbestritten.

Alle größeren Flecken und viele der kleineren sind in Bezirke eingeteilt, auf die die Sitze im Stadtparlament verteilt sind.[1] Der Regel nach, wenn auch keineswegs immer, wird jeder Bezirk von drei Stadtverordneten vertreten, und da ihre Amtsdauer dreijährig ist und jährlich die Amtsperiode des einen von ihnen abläuft, haben die Wähler eines Bezirkes bei den jährlichen Wahlen immer nur einen Vertreter zu wählen. Dies ist wichtig, weil es ernsthaft die politische Betätigung der Wähler und das allgemeine Interesse an kommunalen Wahlen beeinflußt. Die allgemeine englische Sitte, jedermann im Amte zu belassen, der die öffentliche Achtung nicht durch irgend etwas eingebüßt hat, wird auch bei kommunalen Angelegenheiten befolgt. Ein Stadtverordneter wird daher beinahe stets von seiner Partei oder seinen Anhängern erneut aufgestellt. Es fehlen aber starke Beweggründe zur Aufstellung eines Gegners, wenn dieser nicht gute Aussichten auf Erfolg hat. Der Engländer legt keinen Wert darauf, aufgestellt zu werden, um geschlagen zu werden. Er heimst keinen Anspruch auf politische Belohnung dadurch ein, daß er einen hoffnungslosen Kampf um einen Stadtverordnetensitz führt, und das Stadtverordnetenmandat selbst ist kein Trittbrett zu höheren öffentlichen Ämtern. Auch der Wunsch, ihre Anhänger kampfbereit zu erhalten, vermag die Parteiorganisation nicht zu bestimmen, sie bei jeder Gelegenheit ins Feld zu führen. Wenn unter allen Umständen eine Stimmabgabe stattfinden würde, würde es für jede Partei natürlich scheinen, einen Kandidaten auf dem Platz zu haben, aber das ist nicht der Fall. Wie beim Parlament kommt es zu keiner Abstimmung, wenn nicht mehr Kandidaten aufgestellt sind, als Sitze zu besetzen sind, und daher läßt sich ein

---

[1] Die Bezirkseinteilung beruht sowohl auf der Kommunalsteuer als auf der Bevölkerung und so erfährt der Besitz eine gewisse Berücksichtigung.

Gegenkandidat nur aufstellen, wenn er ernsthaft um das Mandat zu kämpfen beabsichtigt. Daher kommt es, daß in vielen Bezirken kein Wahlkampf stattfindet, besonders dann, wenn der gegenwärtige Stadtverordnete erneut kandidiert. Die Zahl der unumstrittenen Mandate ist natürlich sehr verschieden. In 103 großen und kleinen Flecken und Stadtbezirken, die ich aufs Geratewohl aus den Wahlen von 1899 herausgreife, war erheblich weniger als die Hälfte der gesamten Mandate unbestritten, und in 13 Orten fand überhaupt keine Abstimmung statt.[1] Auch scheint sich in dieser Hinsicht kein irgendwie wesentlicher Unterschied zwischen großen und kleinen Städten oder zwischen den Orten, wo die Kandidaten nach der Parteizugehörigkeit aufgestellt werden und denen, wo dies nicht geschieht, zu zeigen.

Geringe Anzahl der abgegebenen Stimmen.

Es sind nicht nur viele Bezirke ganz unumstritten, sondern selbst wo eine Abstimmung stattfindet, werden wenig Stimmen abgegeben. Der Regel nach werden viel weniger Stimmen abgegeben als bei den parlamentarischen Wahlen, durchschnittlich vielleicht nicht viel mehr als $^2/_3$ hiervon. Bei den Wahlen zum Londoner Grafschaftsrat 1901 und 1904 beispielsweise betrug die Zahl der eingetragenen Wähler, die ihre Stimme abgaben, annähernd 45 %,[2] und selbst 1907, wo das öffentliche Interesse lebhaft war, und die fortschrittliche Mehrheit des Grafschaftsrates geschlagen wurde, belief sie sich nur auf ungefähr 52 %, während bei den Abgeordnetenwahlen für die Londoner Flecken 1900 55 % und 1906 76 % der Stimmen abgegeben wurden. Dasselbe ist ständig in den Provinzialstädten der Fall. Wenn man eine Erklärung für die geringe Beteiligung an den Fleckenwahlen sucht, so hört man gewöhnlich, daß die reicheren Leute sich wenig daran beteiligen, aber diese Klasse bildet doch für sich allein keinen erheblichen Teil der Wählerschaft, und die geringe Anzahl der abgegebenen Stimmen verrät erhebliche Teilnahmslosigkeit oder Zufriedenheit mit den Kommunalangelegenheiten

---

[1] Die aus Zeitungsausschnitten entnommenen Zahlen ergeben unter 667 Stadtverordnetenmandaten 302 bestrittene. Aber diese Zahlen sind nicht ganz zuverlässig, weil in einigen Fällen die Zahl der bestrittenen Stadtbezirke und in anderen nur die Gesamtzahl der Kandidaten und der erledigten Sitze zu erlangen war. Die Ergebnisse sind indessen ausreichend, um eine durchaus richtige Vorstellung von dem Prozentsatz der umstrittenen Mandate zu geben. Shaw gibt einige Zahlen über einige Jahre früher stattgefundene Wahlen. „Kommunalverwaltung in Gr.-Britannien", S. 48—50 und Anmerkung zu S. 51.

[2] 1901 gaben 40,8 % aller eingetragenen Wähler ihre Stimme ab, und 1904 45,7 %, aber im ersteren Falle waren 5 und im letzteren 2 Bezirke unumstritten.

in der Wählerschaft. Wenn also nur die Hälfte der Bezirke eines Fleckens umstritten ist, und in diesen nur die Hälfte der Wähler an die Wahlurne geht, ergibt sich als Resultat, daß nicht mehr als $^1/_4$ aller Wähler sich tatsächlich an der Wahl beteiligt.

Der Stadtrat.

Der Gemeinderat ist nicht nur aus gewählten Mitgliedern zusammengesetzt. Er besteht aus dem Bürgermeister, den Ratsherren und den Stadtverordneten, die zusammen eine einheitliche Körperschaft ausmachen.

Stadtverordnete.

Die Stadtverordneten werden in der bereits beschriebenen Weise vom Volke gewählt, und ihre Zahl entspricht ungefähr der Größe des Fleckens. Sie steigt von 9 in den kleinsten Städten bis zu 103 in Liverpool. Sie muß indessen der Regel nach durch 3 teilbar sein, weil die Stadtverordneten auf 3 Jahre gewählt werden, und das Mandat eines Drittels von ihnen jedes Jahr abläuft. Um das passive Wahlrecht als Stadtverordneter zu genießen, muß man[1] entweder als Wähler eingetragen sein, oder wenn man anderweit zur Eintragung in die Wählerliste berechtigt ist, im fünfzehnmeiligen Umkreise des Weichbildes des Fleckens seinen Wohnsitz haben und einen bestimmten Besitz sein eigen nennen oder einen bestimmten Betrag an Kommunalsteuern entrichten.[2] Das passive Wahlrecht für den Stadtrat ist also weiter als das aktive Wahlrecht, weil ersteres auch Leute mit ein klein wenig Vermögen besitzen, die in einer Entfernung von mehr als 7 und weniger als 15 Meilen von der Stadt wohnen. Nach der üblichen englischen Sitte brauchen Stadtverordnete weder gesetzlich noch herkömmlich Einwohner des Bezirkes, der sie wählt, zu sein. Und tatsächlich ist die lokale Eifersucht und der Klassenneid so gering, daß ein Arbeiterbezirk häufig zu seinem Vertreter jemand wählt, der im wohlhabenden Teil oder Stadt oder in Vororten wohnt, und somit werden die Stadt-

---

[1] Bis 1907 konnten Frauen nicht gewählt werden, da ihnen die Bestimmungen des § 63 des Gesetzes von 1882 nur das aktive Wahlrecht gaben. Dies ist aber abgeändert worden durch 7 Edw. VII, c. 33 und das entsprechende schottische Gesetz c. 48.

[2] In einem Flecken mit weniger als 4 Bezirken muß man Real- oder Personalbesitz von £ 500 besitzen, oder für Grundbesitz oder Baulichkeiten im Jahreswert von £ 15 zur Steuer veranlagt sein. Für Flecken mit 4 oder mehr Bezirken werden diese Beträge verdoppelt Die einzigen besonderen Ausschlußgründe für das Amt eines Stadtverordneten sind Interesse an einem für den Stadtrat geschlossenen Vertrage, Innehabung eines Amtes oder einer Nutzung, deren Vergebung ihm zusteht, und bei Flecken, nicht aber bei anderen Kommunen Bekleidung eines geistlichen Amtes in der Hochkirche oder in einer von der Lehre der Hochkirche abweichenden Kongregation.

verordneten den in besseren Verhältnissen lebenden Angehörigen der Kommune ganz außer Verhältnis zu ihrer gewerblichen Bedeutung entnommen.[1] In Verfolg einer anderen wertvollen Überlieferung werden sie ständig wiedergewählt. Viele Mitglieder der Gemeinderäte haben eine lange Dienstzeit hinter sich, und das bietet damit zusammengehalten, daß die Stellung kein Trittbrett zu höheren öffentlichen Stellungen ist, große Vorteile. Der Stadtrat ist kein Mittel zum Zweck, sondern in sich selbst ein Endzweck, und seine Mitglieder sind dort lange genug tätig, um die Folgen ihrer Handlungen zu erleben und die Verantwortung für sie zu tragen.

Die Ratsherren.

Die Zahl der Ratsherren beträgt $^1/_3$ der Stadtverordneten; obgleich sie aber auf andere Weise gewählt werden und ihre Amtsdauer eine verschiedene ist, sind sie doch vom rechtlichen Gesichtspunkt aus mit einer unbedeutenden Ausnahme einfach Mitglieder des Stadtrates wie die übrigen. Sie wirken als Wahlbeamte in den Bezirken, denen sie zugeteilt werden.[2] Das ist ihr einziges gesetzliches Vorrecht. Abgesehen hiervon bilden sie nur eine etwas vornehmere Klasse von Stadtverordneten, und diese Sonderstellung beruht hauptsächlich auf ihrer längeren amtlichen Tätigkeit. Sie werden statt auf 3 auf 6 Jahre gewählt, und die Hälfte von ihnen scheidet alle 3 Jahre aus. Es können auch dieselben Personen gewählt werden, die zu Stadtverordneten wählbar sind, denn es besteht die Bestimmung, daß niemand zum Ratsherrn gewählt werden soll, der nicht Stadtverordneter ist oder werden kann. Sie werden von dem Stadtrat selber am 9. November, also unmittelbar nachdem $^1/_3$

---

[1] In seinem Aufsatz über „Die britische Kommune" in dem Bericht an die National Civic Federation über Gemeineigentum und Gemeinbetrieb (1907) führt Professor Goodnow das sehr treffend aus und gibt hierfür einige überraschende Zahlen. Er zeigt, daß von den 137 Mitgliedern des Liverpooler Stadtrates (einschließlich der Ratsherren) nur 25 in den von ihnen vertretenen Bezirken wohnen, während von den übrigen 112 50 außerhalb der Stadtgrenzen und 44 weitere in den 6 wohlhabendsten Wohnbezirken leben, daß von den 80 die 20 Arbeiterbezirke vertretenden Ratsherren und Stadtverordneten nur 8 in diesen Bezirken und 53 in den 6 reichsten Wohnbezirken wohnen. Zu anderen Städten übergehend findet er beispielsweise, daß 51 der 78 Mitglieder des Glasgower Stadtrates außerhalb ihrer Bezirke leben, daß dasselbe von 32 von 48 Mitgliedern in Leicester gilt, und daß 68 von den 118 gewählten Mitgliedern des Londoner Grafschaftsrates außerhalb ihrer Bezirke wohnen. Später zeigt er, daß dies bei den Mitgliedern der wichtigsten Ausschüsse des Liverpooler Stadtrates nicht weniger hervortritt.

[2] Diese Zuteilung kann gänzlich unabhängig vom Wohnsitz des Ratsherrn oder davon sein, daß er bisher einen Bezirk als Stadtverordneter vertreten hat.

des Stadtrates durch die allgemeinen Wahlen des Jahres erneuert ist, gewählt.

Wahl der Ratsherren.

Ein denkbarer Vorteil des Instituts der Ratsherren besteht in der dadurch gegebenen Möglichkeit, in den Stadtrat Männer mit besonderen Kenntnissen oder von besonderer Nützlichkeit zu entsenden, die vom Volke nicht gewählt worden sind oder aus irgendeinem Grunde wahrscheinlich nicht gewählt werden. Bei einigen anderen Kommunen geschieht dies nicht selten, aber in den Flecken sind die Ratsherren seit längerer Zeit nahezu ausschließlich aus den Stadtratsmitgliedern selbst entnommen worden, und die Wahl eines Außenstehenden ist zwar nicht gänzlich ungebräuchlich, findet aber selten statt.[1]

Die Gründe für die Wahlen weichen in den verschiedenen Städten nicht wenig voneinander ab, aber zwei dieser Gründe erregen unsere besondere Aufmerksamkeit — die Partei und das Alter. Das letztere fällt stets ins Gewicht, denn ob die Ratsherren nun aus den Reihen einer Partei oder aus dem Stadtrat als solchen entnommen werden, so verleiht das Alter immer einen starken Anspruch auf Berücksichtigung und ist in der Tat gewöhnlich der Hauptgrund, weshalb man einem Stadtverordneten, der nach dem Herkommen des Ortes wählbar ist, den Vorzug vor einem anderen gibt. In einigen Flecken, wie beispielsweise in Manchester, Derby und Cardiff sollen die Ratsherren sogar fast ausschließlich nach der Länge ihrer Dienstzeit im Stadtrate gewählt werden.[2]

Einfluß der Parteizugehörigkeit.

Der Einfluß der Parteien auf die Wahl der Ratsherren ist ein veränderlicher Faktor. In den wenigen englischen Städten, wo das Parteiwesen bei der Aufstellung von Stadtverordneten gar keine Rolle spielt, kann es natürlich nicht von Belang für die von ihnen vorzunehmenden Wahlen sein. Aber ganz abgesehen von diesen Fällen gibt es parteimäßig gewählte Gemeinderäte, die es ablehnen, die Wahl der Ratsherren zu einer Parteifrage zu stempeln. In anderen und anscheinend häufigeren Fällen gibt man der Minderheit einen Teil der Stellen, und zwar teils mehr, teils weniger als ihrer Zahl entspricht, und in noch anderen Fällen besteht die herrschende

---

[1] Natürlicherweise findet eine solche statt, wo Vororte eingemeindet und aus ihnen neue Bezirke gebildet worden sind, z. B. bei Bradford 1899 und bei Newcastle 1904. Wenn ein Stadtverordneter zum Ratsherrn gewählt wird, verliert er sein Mandat als Stadtverordneter, und es findet in seinem Bezirk eine Neuwahl statt.

[2] In Carlisle besteht die eigenartige Sitte, zum Nachfolger eines Ratsherrn den ältesten Stadtverordneten desselben Bezirks zu wählen.

Partei darauf, alle Ratsherren aus der eigenen Partei zu erwählen. Natürlicher- wenn auch keineswegs erfreulicherweise, tritt dies letztere am häufigsten da ein, wo die Parteien sich fast die Wage halten, denn eine Partei, die über eine große Mehrheit verfügt, kann sich Großmut gestatten, während eine Partei, die nur ein geringes Übergewicht hat, aller Stimmen, die ihr zur Verfügung stehen, bedarf, um sich die Herrschaft über das Stadtparlament zu sichern. Es ist in der Tat nicht selten vorgekommen, daß eine Partei, die über weniger als die Hälfte der Stadtverordneten verfügte, durch die Stimmen der Ratsherren, deren Amtszeit nicht abläuft,[1] in die Lage kam, die neuen Ratsherren aus ihrer eigenen Mitte zu wählen und so weiter an der Macht zu bleiben. Da die Amtszeit der so gewählten Männer 6jährig ist und die andere Hälfte der Ratsherren noch 3 Jahre lang im Amte bleibt, so ist eine sehr große oder lange dauernde Volksmehrheit erforderlich, um die Zusammensetzung der Versammlung zu ändern. Aus diesem Grunde hat man den Vorschlag gemacht, daß kein Ratsherr das Recht haben solle, bei der Wahl von Ratsherren mitzustimmen. An vielen Orten wird eine andere nicht unsachgemäße Sitte befolgt. Es besteht dort der allgemeine Gebrauch, die erste freiwerdende Ratsherrnstelle dem Bürgermeister und seinen Vorgängern, die den Vorsitz innegehabt haben, zu übertragen.[2]

Wirklicher Einfluß der Ratsherren.

Während die Ratsherren keine wesentliche gesetzliche Zuständigkeit genießen, die nicht auch die anderen Stadtratsmitglieder besitzen, so ist ihr Einfluß doch viel größer, denn sie sind die Mitglieder, die am längsten als solche tätig gewesen sind, und bekleiden die meisten Vorsitzendenposten in den Ausschüssen. Tatsächlich sind diese Stellen in einigen Städten ihnen ausschließlich vorbehalten, und überall stößt man auf die Tatsache, daß sie im allgemeinen die leitenden Geister im Stadtrate sind. Der in einer derartigen Körperschaft naturgemäß dem Alter und der Erfahrung eingeräumte Einfluß wird im englischen Gemeinderat dadurch erhöht, daß im all-

---

[1] Die Ratsherren, deren Amtszeit abläuft, haben kein Stimmrecht.

[2] Um Erörterungen geheim zu halten, deren Veröffentlichung nicht ratsam wäre, ist es an einigen Orten üblich, eine private formlose Versammlung der Stadtratsmitglieder vor dem 9. November einzuberufen und dort eine formlose Abstimmung für die Wahl des Bürgermeisters und der Ratsherren vorzunehmen. Wenn sich hierbei keine scharfen Parteidifferenzen ergeben, werden vielleicht die erfolgreichen Kandidaten in der regelmäßigen Stadtratsversammlung trotz ausgesprochener Meinungsverschiedenheiten ohne Debatte oder selbst einstimmig gewählt werden.

gemeinen, abgesehen von einem Umschwung in der im Stadtrat herrschenden Partei, ausscheidende Ratsherren, solange als sie im Dienste bleiben wollen, wiedergewählt werden.[1] Dies mag nicht im Einklang mit der starren Theorie der Repräsentativverfassung stehen, bietet aber wesentliche Vorteile. Es sichert der maßgebenden Körperschaft die Mitgliedschaft von Leuten mit großer Erfahrung, und es ist tatsächlich nichts Ungewöhnliches, in einem Stadtrat einige Leute zu finden, die dort 25 oder 30 Jahre oder sogar noch längere Zeit hintereinander tätig gewesen sind. Es führt zu einer stabilen Verwaltung und es befreit einen kleinen und wertvollen Teil der Mitglieder des Stadtrates von der Notwendigkeit, sich einer Wahl zu unterziehen, die sie zum Gegenstand einer persönlichen Kritik macht, wie sie mit einer Wahl in einer englischen Stadt nur zu häufig verbunden ist, und der sich viele ältere Leute im Bewußtsein ihrer treuen Pflichterfüllung nicht gerne aussetzen. Auch vom demokratischen Standpunkte ist dies nicht vernunftwidrig, denn da die Ratsherren nahezu sämtlich aus den älteren Stadtverordneten entnommen werden, müssen sie bei verschiedenen Wahlen dargetan haben, daß sie sich das Vertrauen ihrer Wähler errungen und bewahrt haben. Sie verlieren nie die Empfindung, daß sie der öffentlichen Meinung für ihr gesamtes Verhalten im öffentlichen Dienste verantwortlich sind, und bei einem ehrenwerten Mann bietet dies eine weit größere Sicherheit als die direkte Verantwortlichkeit gegenüber einem kleinen Kreise von Wählern.[2]

Der Bürgermeister (Mayor).

Der erste Gegenstand der Tagesordnung des Stadtrates am 9. November besteht in der Wahl eines Bürgermeisters für die Dauer

[1] Dies ist keine unweigerliche Regel. In Carlisle und Oldham beispielsweise wird ein Ratsherr nicht wiedergewählt, weil man von dem Gedanken ausgeht, daß er nach Ablauf seiner sechsjährigen Amtsdauer erneut die Billigung seiner Wähler finden müsse. Nach Ansicht der meisten, die sich hiermit beschäftigt haben, soll dies aber nicht günstig wirken.

[2] Die Ratsherren (bailies) in einem schottischen Burgflecken nehmen keineswegs dieselbe Stellung wie die englischen Ratsherren ein. Sie sind keine besonderen Mitglieder des Stadtrates, nehmen auch keine Sonderstellung gegenüber den anderen Mitgliedern ein und die Wahl eines Stadtverordneten für eine solche Stelle erledigt dessen Mandat nicht. Sie sind einfach gewöhnliche Stadtverordnete, die dazu gewählt sind, während ihrer Amtsdauer im Stadtrat als Magistratspersonen aufzutreten. Die Beförderung zu der Stellung eines Ratsherren befreit sie nicht von der allgemeinen Wahl oder verlängert ihre Amtszeit nicht, abgesehen davon, daß in einigen Orten der Ratsherr anscheinend von seinem Bezirk in die längere Amtsperiode geschoben wird und seine Kollegen dementsprechend früher ausscheiden. Ferner ist es in Schottland ungebräuchlich, die Ratsherren wiederzuwählen.

eines Jahres aus der Zahl der Ratsherren, Stadtverordneten oder zu dieser Stellung qualifizierten Personen.[1] Der Bürgermeister ist während seiner Amtsdauer und für ein Jahr danach Friedensrichter für den Flecken, doch ist dies die einzige wesentliche Funktion, die er gesondert vom Stadtrat, dessen Mitglied und Vorsitzender er ist, versieht.[2] Tatsächlich wird der Bürgermeister fast immer aus der Zahl der Mitglieder des Stadtrates gewählt, und zwar aus den Mitgliedern, die bereits beträchtliche Zeit lang tätig gewesen sind. In einer großen Stadt hat man es dem Verfasser als etwas ganz Ungewöhnliches bezeichnet, daß der Bürgermeister vor seiner Wahl nur 9 Jahre im Stadtrate gesessen habe.

Seine rechtliche Stellung.

Wie bei den Ratsherren ist der Grad, in dem die Wahl nach der Parteizugehörigkeit erfolgt, sehr verschieden je nach den Überlieferungen der speziellen Stadt und wechselt auch von Zeit zu Zeit. Nach dem 9. November veröffentlicht die Presse jährlich eine Liste aller neu erwählten Bürgermeister unter Angabe ihrer Parteizugehörigkeit, aber dennoch ist die Parteizugehörigkeit bei der Wahl nicht von solcher umfassenden Bedeutung, als man hiernach annehmen könnte. Auch spielt sie bei der Wahl des Bürgermeisters keine so große Rolle wie bei der der Ratsherren. Es gibt einige Flecken, in denen er von der Mehrheit ununterbrochen aus ihrer eigenen Mitte genommen worden ist, dagegen viele, in denen dies nur der Regel nach geschieht. Gelegentlich kommt es vor, daß ein Bürgermeister aus der Minderheit genommen wird, an einigen Orten wechselt man vereinbarungsgemäß bei der Wahl zwischen den beiden Parteien ab, und in einer Anzahl von Städten brüstet sich der Gemeinderat damit, daß er die Wahl ohne Rücksicht auf die Parteizugehörigkeit vornimmt. Tatsächlich liegen die Dinge so, daß es, abgesehen von persönlichem Ehrgeiz, der jemand die Stellung erstreben läßt, wenig Zweck hat, sie einem Parteimanne zu übertragen. Der Bürgermeister pflegt der Regel nach die Politik des Gemeinderates nicht zu bestimmen, seine Wahl bewirkt nicht das Freiwerden eines Sitzes und verstärkt daher die Mehrheit nicht und Ämter hat er nicht zu vergeben.

Die Rolle, die die Parteizugehörigkeit bei seiner Wahl spielt.

---

[1] Die ausscheidenden Ratsherren können mitstimmen.

[2] Er ernennt einen Rechnungsrevisor aus der Mitte des Stadtrats, entscheidet über die Gültigkeit der Aufstellung von Kandidaturen für Stadtverordnetenmandate, wirkt als Wahlbeamter bei Parlamentswahlen für den Flecken (wenn dieser nicht eine eigene Grafschaft bildet) und bei städtischen Wahlen, wenn der Flecken nicht in Bezirke geteilt ist.

Begrenzte Zahl der Kandidaten.

Was die Sache noch mehr trifft, ist der Umstand, daß es nicht immer leicht ist, ein Parteimitglied zu finden, das das Amt annehmen will. Es kommt hierbei mit in Betracht, daß ein Bürgermeister gewöhnlich nicht wiedergewählt wird. In einigen wenigen Städten ist eine einmalige Wiederwahl gebräuchlich, und gelegentlich bleibt man auch noch länger im Besitz der Stellung. Aber der Regel nach wechselt der Bürgermeister alljährlich, und zwar nicht, weil die Stellung so allgemein begehrt ist, daß man sie einer nach dem anderen bekleidet, sondern weil sie ein kostspieliger Luxus ist, den wenige lange Zeit erschwingen können. Der Posten gilt als eine hohe Ehrenstellung und zu ihr gehören großartiges Gepränge und großer Pomp. Der Bürgermeister, der in einigen der größten Städte zum Range eines Lordmayor erhoben ist, ist in eine Robe oder Uniform gekleidet, trägt eine goldene Kette um seinen Hals und vertritt den Flecken bei allen repräsentativen Gelegenheiten. Wenn der König die Stadt bei Gelegenheit irgend eines bürgerlichen Festes besucht, wird er der Regel nach zum Ritter geschlagen, und bei dem Jubiläum der Königin am 50. Jahrestag ihrer Krönung kamen die Bürgermeister geschlossen nach London und empfingen dort sämtlich die Ritterwürde. Aber wenn die mit der Bürgermeistersstellung verbundenen Ehren groß sind, so sind sie auch kostspielig, denn man erwartet von ihm, daß er auf eigne Kosten die Stadt repräsentiert. Er gibt alljährlich einen Empfang mit reichlichen Erfrischungen und Wein, den in den großen Städten vielleicht 2500 Leute besuchen, und erstreckt seine Gastlichkeit auf hervorragende Fremde, die die Stadt gerade besuchen. Natürlich weiß niemand, außer dem Bürgermeister selbst, wieviel er verausgabt, aber Leute, die es nach ihrer Stellung wissen können, berechnen seine Ausgaben in den verschiedenen Orten auf 500—4000 £ oder 5000, wobei die erforderliche Summe sich ungefähr nach der Größe der Stadt richtet. An den meisten Orten erhält er überhaupt kein Gehalt, in anderen bezieht er von 100 £ in einer kleinen Stadt bis 2700 £ in Liverpool, welch letztere Summe das höchste Gehalt ist, das der Verfasser ermittelt hat; in keinem Falle aber deckt das Gehalt seine Unkosten. Bei dieser Lage der Dinge ist der Kreis der Leute, die die Stellung erstreben, nicht unbegrenzt, und tatsächlich spricht man hier und da von der Schwierigkeit, ein Mitglied des Gemeinderates zu finden, das den Posten übernehmen will. Schon dies allein erklärt es zum Teil von selbst, warum das Ringen um die Bürgermeisterstellung nicht stärker ist, und warum die am Ruder befindliche Partei zu Großmütigkeit gegenüber Kandidaten der Minderheit geneigt ist. Es erklärt auch, daß man gelegentlich einen außerhalb des Gemeinderates stehenden Bürgermeister gewählt hat. Gewöhnlich suchte man sich hierzu in der Nachbarschaft wohnende Pairs wegen ihrer klangvollen Namen und mit Rücksicht auf die von ihnen in ihren Schlössern zu gewährende Gastfreundschaft aus.

Tatsächlicher Einfluß des Bürgermeisters.

Nach einer allgemeinen in die Ortsstatuten übernommenen Sitte ist der Bürgermeister ex officio Mitglied aller Ausschüsse des Gemeinderates. Man könnte meinen, daß ihm dies einen beherrschenden Einfluß auf die gesamte Verwaltung geben würde, aber seine Zeit ist so mit Besprechungen über den Geschäftsgang in den Gemeinderatsversammlungen, mit der Gewährung von Audienzen an Leute aller Art über alle erdenklichen Beschwerden, mit Repräsentationspflichten und mit der Führung des Vorsitzes bei unzähligen öffentlichen und wohltätigen Veranstaltungen ausgefüllt, daß er für gewöhnlich wenig Zeit für Ausschüsse oder für seine eigenen Privatgeschäfte übrig behält. Der Grad der Aufmerksamkeit, den er auf die städtischen Verwaltungsgeschäfte verwendet, schwankt unzweifelhaft je nach dem Orte und je nach der Persönlichkeit. Manchmal wohnt er tatsächlich vielen Ausschußsitzungen bei und übt einen großen Einfluß auf die Geschäftsbehandlung aus, manchmal aber ist seine Stellung fast rein dekorativ. Wenn ich von meinen in einer erheblichen Zahl von Städten angestellten Untersuchungen ein allgemeineres Bild geben soll, so läßt sich sagen, daß er der Regel nach nur den Sitzungen der Ausschüsse beiwohnt, deren Mitglied er vor seiner Wahl zum Bürgermeister war und daß er, obgleich er gewöhnlich nach seiner persönlichen Erfahrung und Stellung ein Mann ist, dessen Wort ins Gewicht fällt, als Bürgermeister keinen großen Einfluß auf die allgemeine Politik des Gemeinderates und seine Geschäftsführung hat. Die Verwaltung Birminghams von 1873 bis 1876 durch den damaligen Bürgermeister Chamberlain wird stets als Beispiel für das Gegenteil angeführt, aber wie allgemein zugegeben wird, war seine Macht eine ganz ausnahmsweise große und nirgends findet sich ein zweites Beispiel dieser Art.[1]

Der Gemeinderat bei der Arbeit.

Nach der Wahl des Bürgermeisters und der Ratsherren richtet sich die Tätigkeit des Gemeinderates der Regel nach wenig nach

[1] In Schottland wird der Provost, der dem englischen Bürgermeister entspricht und eine ähnliche Stellung einnimmt, vom Gemeinderat auf drei Jahre gewählt. Der Regel nach wird er nicht wiedergewählt, obgleich sich in den kleineren Burgflecken Ausnahmen von dieser Regel finden. Die Stellung wird im ganzen höher bewertet als in England die des Bürgermeisters, und der Innehaber der Stellung übt häufiger einen ausgesprochenen Einfluß auf die

der Parteizugehörigkeit. Manchmal macht sich diese wieder bei der Besetzung der Ausschüsse und der wichtigsten Stellungen des ständigen Beamtentums bemerkbar, aber im übrigen spielt sie beinahe gar keine Rolle. Man sagt in der Tat gemeinhin, daß die Mitglieder in den Gemeinderat als politische Parteigänger eintreten, nach ihrer Wahl aber von der Politik absehen und ihre Zeit den kommunalen Aufgaben widmen. Hierfür gibt es drei Gründe. Der erste liegt in dem Fehlen eines allgemeinen Beutesystems bei der Vergebung der Ämter. Der zweite besteht darin, daß die Parteien in kommunal-politischen Fragen nur selten scharf entgegengesetzte Auffassungen vertreten. In London, das groß genug ist, um ein eigenes politisches Leben zu führen, sind die Parteien im Grafschaftsrat wirklich nach kommunalpolitischen Gegensätzen voneinander getrennt; die Fortschrittler wollen den Umfang der öffentlichen Verwaltungen und der Kommunalbetriebe erweitern und übernehmen daher im großen Maßstabe die direkte Verwaltung von gemeinnützigen Betrieben, während die Gemäßigten weit mehr dazu neigen, diese Dinge in privaten Händen zu lassen. Unter solchen Umständen treten sich die Parteien oft bei Fragen gegenüber, wie der, ob man ein Gebäude vertraglich vergeben oder es durch das städtische Bauamt errichten lassen soll, ob man die Trambahnen an eine Gesellschaft verpachten oder sie in eigenen Betrieb nehmen soll, oder ob man eine Linie städtischer Dampfschiffe auf der Themse einrichten soll. Eine solche Scheidung der Parteien findet sich gelegentlich auch in Provinzialgemeinden, so z. B. vor einigen Jahren in Leeds wo die Verhältnisse sich merkwürdig verschoben hatten, indem die Konservativen im Gemeinderat die fortschrittliche Richtung vertraten. Ebenso auch in West Ham, dessen Bevölkerung in Sozialisten und Gemäßigte gespalten war, von denen die ersteren 1899 vor dem Zusammentritt des Gemeinderates einen Caucus abhielten, um ihre Haltung bei den zu beratenden Fragen festzustellen. Aber klar ausgesprochene Parteidifferenzen in kommunal-politischen Fragen sind in den englischen Flecken nicht häufig. Und selbst da, wo die Liberalen im ganzen mehr zum Fortschritt neigen als die Konservativen, pflegen einige

Partei-wesen.

---

städtische Verwaltung aus. In den Gemeinderäten der fünf größten schottischen Burgflecken sitzt außer dem Bürgermeister, den Ratsherren und Stadtverordneten ein Gildenobermeister (dean of guild), der nicht vom Volke, sondern von den Überresten der alten Kaufmannsgilden gewählt wird, und in Edinburgh und in Glasgow gibt es ebenfalls einen zusammenberufenden Zunftmeister (deacon convener), der die Überreste der Kaufmannsgilden vertritt. Diese Würdenträger sitzen noch im Gemeinderat mit allen Rechten eines Mitgliedes.

der letzteren der Regel nach auf ihrer Seite zu stehen, und noch häufiger kann man hiernach überhaupt keine Grenzlinie ziehen, so daß, während zur Wahlzeit viel Gerede über größere Tätigkeit oder Sparsamkeit auf der einen oder der anderen Seite gemacht werden mag, diese Unterschiede im allgemeinen verschwinden, wenn der Gemeinderat bei seiner Arbeit ist. Manchmal halten die Mitglieder einer Partei des Gemeinderates einen Caucus über eine wichtige demnächst vorzubringende Frage ab, aber selten fassen sie bindende Beschlüsse. Kurz, es gibt einige wenige Flecken, in denen Abstimmungen nach der Parteizugehörigkeit häufig sind, in vielen anderen finden sie selten statt und in ungefähr ebenso vielen weiteren Gemeinden sind sie, abgesehen von den bereits geschilderten Wahlen, tatsächlich unbekannt.[1]

Der dritte Grund für das geringe Hervortreten des Parteiwesens bei der praktischen Arbeit des Gemeinderates liegt in seiner inneren Organisation in Gestalt einer großen Anzahl von Ausschüssen. Man muß sich erinnern, daß der Flecken kein besonderes Exekutivorgan hat und die ganze Verwaltungstätigkeit dem Gemeinderat obliegt. Aber eine große Versammlung kann diese Geschäfte nicht direkt versehen, und daher haben die Gemeinderäte zu dem naheliegenden Mittel gegriffen, Ausschüsse zu bilden und jeden Ausschuß mit der Aufsicht über einen Verwaltungszweig zu betrauen. Nur einer dieser Ausschüsse ist gesetzlich vorgeschrieben. Das ist der Ausschuß für die öffentliche Sicherheit (watch committee), dem das Polizeiwesen obliegt; das Gesetz von 1882 ermächtigt aber den Gemeinderat, nach seinem Ermessen Ausschüsse für andere Zwecke zu bilden,[2] und von diesem Recht hat man ausgiebig Gebrauch gemacht. Ausschüsse.

Die Zahl der Ausschüsse bewegt sich zwischen einem halben Dutzend bis zu mehr als 20; sie richtet sich nicht nach der Größe der Stadt, sondern mehr nach dem Umfange der Zuständigkeit eines jeden Ausschusses. Wo der Ausschuß ein größeres Tätigkeitsfeld hat, werden Unterausschüsse für die verschiedenen Ressorts oder Verwaltungszweige bestellt, die insgesamt unter der Aufsicht des

---

[1] In den schottischen Burgflecken, wo die Stadtverordneten nicht von den politischen Parteien aufgestellt werden, und in den wenigen englischen Flecken, in denen dieselbe Sitte herrscht, gibt es natürlich im Gemeinderat keine Parteiabstimmungen.

[2] Nach den Bestimmungen verschiedener Gesetze gehören zu einigen Ausschüssen, z. B. denen für das Unterrichtswesen und das Büchereiwesen auch nicht im Gemeinderat sitzende weitere Mitglieder.

dem Gemeinderat verantwortlichen Hauptausschusses stehen. Während Zahl und Bezeichnung der Ausschüsse in den Städten verschieden sind, stimmen Organisation, Aufgaben und Verhältnis zum Gemeinderat in ganz Großbritannien merkwürdig überein, und so ist es, obgleich das System nicht auf allgemeinen Gesetzen, sondern auf lokalem Herkommen beruht, möglich, eine für alle passende Beschreibung zu geben.[1] Nun führt ein ausgebildetes Ausschußsystem leicht zur Verwischung der Parteigrenzen, weil in einem ständigen Ausschuß stets beide Parteien vertreten sind, und die sich in ihm ergebenden Meinungsverschiedenheiten über spezielle Fragen nicht häufig mit den Parteiunterschieden zusammenfallen, so daß Parteiabstimmungen in den Ausschüssen äußerst selten sind, und weil die Mitglieder, die an ein gemeinsames Arbeiten gewöhnt sind, am liebsten zu einer Übereinstimmung gelangen und in einheitlicher Front vor den Gemeinderat treten, wenn nicht etwa ein ungewöhnlich bedeutende politische Frage zur Diskussion steht. So ist es denn in der Tat keineswegs selten, daß ein Mitglied, das abweichender Meinung ist, erklärt, daß es im Gemeinderat nicht widersprechen will, wenn dies nicht von anderer Seite geschieht. Dies gilt selbst in den Fällen, wo die stärkste Gemeinderatspartei über eine Mehrheit der Mitglieder aller Ausschüsse verfügt, und das ist keineswegs stets der Fall.

Wahl der Ausschüsse.

Das Gesetz von 1882 bestimmt, daß der Gemeinderat die Ausschußmitglieder ernennen soll, und nach der allgemeinen englischen Übung geschieht dies unmittelbar durch den Gemeinderat, während die Sitte, dies Ernennungsrecht dem Vorsitzenden zu übertragen, ganz unbekannt ist. In einigen Fällen werden die Listen tatsächlich auf einem Parteitag festgestellt und in einigen wenigen Städten präsentieren die Vertreter eines jeden Bezirkes ihre eigenen Kandidaten, häufiger aber werden die Mitglieder von einem Wahlausschuß oder Ausschuß für allgemeine Zwecke benannt, in dem gewöhnlich die Vorsitzenden oder doch wenigstens Vertreter eines jeden Ausschusses sitzen. Im allgemeinen bleiben sich die Mitglieder

[1] Die einzige wesentliche Abweichung von der Regel, der der Verfasser bei Prüfung der Verhältnisse in einer beträchtlichen Anzahl von großen und kleinen Städten begegnet ist, findet sich in Perth, wo statt der üblichen Ausschüsse der ganze Gemeinderat in zwei Gruppen mit einer Anzahl von unterschiedlichen Einberufern oder Vorsitzenden für die verschiedenen Angelegenheiten eingeteilt ist. Da der Gemeinderat nur 25 Mitglieder zählt, ist jede Gruppe ungefähr so stark wie ein Ausschuß in den meisten Gemeinderäten, und es bestehen ein Paar Unterausschüsse für spezielle Ressorts.

der Ausschüsse in sehr hohem Grade stets gleich und unter Berücksichtigung des Grundsatzes, daß jedes Mitglied des Gemeinderates in einer angemessenen Zahl von Ausschüssen sitzen muß, sind die Ausschüsse praktisch imstande, die Lücken in ihren Reihen selbst auszufüllen.

Ausschußvorsitzende.

In England wird der Vorsitzende beinahe stets, wenn auch nicht ganz allgemein, alljährlich vom Ausschuß selbst gewählt, und so ist es gewöhnlich in den Ortsstatuten des Fleckens vorgeschrieben. In Schottland aber herrscht merkwürdigerweise eine andere Sitte, indem die Vorsitzenden oder Einberufer, wie man sie nennt, von dem Gemeiderat gewählt werden. Wo die Wogen des Parteigeistes hoch gehen, entnimmt man die Vorsitzenden manchmal sämtlich der am Ruder befindlichen Partei, aber gebräuchlicher ist es, einige dieser Stellungen der Minderheit zuzugestehen oder sogar von der Parteizugehörigkeit ganz abzusehen. Die allgemein herrschende Sitte, den Vorsitzenden in seiner Stellung zu belassen, hat überdies einen starken Einfluß darauf, den Einfluß der Partei auf die Wahl zu mildern; denn es ist meist üblich sie wieder zu wählen, wenn kein starker persönlicher Grund für einen Wechsel vorliegt. Die Ortsstatuten von Brighton schrieben vor einigen Jahren vor, daß kein Vorsitzender mehr als zwei Jahre hintereinander tätig sein solle, und in einigen Fällen wechselt der Vorsitz im Ausschuß für die öffentliche Sicherheit der Reihe nach zwischen den Mitgliedern, aber solche Fälle sind sehr selten.[1] So lange jemand tätig sein will, entspricht seine Wiederwahl der allgemeinen Sitte, und man hört häufig, daß Vorsitzende diese Stellung ein Dutzend Jahre oder länger innegehabt haben. Bei dieser Sachlage ist es natürlich, daß ihre reiche Erfahrung ihrem Einfluß zugute kommt. Der Einfluß eines Vorsitzenden auf seinen Ausschuß hängt natürlich zum großen Teil von seiner Persönlichkeit ab, ist aber der Regel nach stark, und in den ausgesprochensten Fällen sagt man wohl, daß die ganze Kommissionsarbeit vom Vorsitzenden gemacht wird.[2] Um zu verhindern, daß der maßgebende Einfluß in der städtischen Verwaltung in die Hände sehr weniger Leute gerät, ist es daher üblich, in den Ortsstatuten zu bestimmen, daß niemand den Vorsitz in mehr als einem oder zwei Ausschüssen führen darf.

---

[1] Der Londoner Grafschaftsrat wechselt grundsätzlich mit den Vorsitzenden alljährlich.

[2] Die Ortsstatuten bestimmen der Regel nach, daß der Vorsitzende ex officio Mitglied aller Unterausschüsse sein soll.

Die Tätigkeit der Ausschüsse.

Der Gemeinderat arbeitet in Wirklichkeit durch seine Ausschüsse, denn nahezu alles, was ihm vorgelegt wird, tritt ihm entweder in Form eines Ausschußberichtes entgegen oder wird einem Ausschuß zur Beratung überwiesen, und die ständigen Ausschüsse haben eine gewaltige Arbeit zu erledigen. Vorbehältlich des Rechts des Gemeinderats, ihre Tätigkeit zu beaufsichtigen und ihre Beschlüsse zu genehmigen, verwalten sie die verschiedenen Ressorts der Kommunalverwaltung und bereiten die Entwürfe für alle Neuerungen oder Erweiterungen vor. In einer Gemeinde, die Eigentümerin der Gaswerke ist, ist der Gasausschuß beispielsweise tatsächlich in derselben Stellung wie der Vorstand oder der Aufsichtsrat einer Gasgesellschaft. Nun haben sich viele Städte in ausgedehntem Maße auf Kommunalbetriebe eingelassen, und es bestehen häufig ähnliche Ausschüsse für die Wasserversorgung, für die Elektrizität, für die Trambahnen, für die Bäder und Waschhäuser, für Arbeiterwohnungen, gar nicht zu reden von den überall vorhandenen Ausschüssen für das Straßen- und Polizeiwesen. In einer großen Stadt leitet jeder dieser Ausschüsse tatsächlich ein großes Geschäftsunternehmen, das viel Arbeit und Verantwortlichkeit und manchmal die Beschäftigung großer Menschenmengen mit sich bringt. Die Ausschüsse treten alle 8 oder 14 Tage zusammen, und ihre Sitzungen sind der Regel nach nicht öffentlich. Tatsächlich stehen naheliegende Gründe dem entgegen, die Einzelheiten der Verwaltung bei offenen Türen zu erörtern, und in Birmingham, wo man Zeitungsberichterstatter zu den öffentlichen Sitzungen des Ausschusses für die öffentliche Sicherheit zuließ, erwies sich dies als so wenig zweckmäßig, daß die wirkliche Arbeit am Abend vorher in einem Sonderausschuß, der aus sämtlichen Mitgliedern des Ausschusses bestand, abgemacht wurde und die ordentliche Sitzung am nächsten Tage nur formell ihre Zustimmung zu den gefaßten Beschlüssen gab. Die Ausschüsse führen aber vollständige Protokolle über ihre Verhandlungen, und dadurch, daß dies allgemein durch Ortsstatuten vorgeschrieben ist, erhält der Gemeinderat ein wirksames Mittel, ihre Tätigkeit zu kontrollieren.

Verhältnis der Ausschüsse zum Gemeinderat.

Die Tätigkeit des Gemeinderats besteht in der Hauptsache darin, die Maßnahmen der Ausschüsse zu überwachen und soweit erforderlich zu genehmigen. Das Gesetz von 1882 bestimmt, daß „die Handlungen eines jeden solchen Ausschusses dem Gemeinderat zur Zustimmung unterbreitet werden sollen,“[1] und dies hat man zeitweise

[1] § 22. Der Ausschuß für die öffentliche Sicherheit enthält durch dasselbe Gesetz besondere Machtvollkommenheiten. §§ 190—191.

so aufgefaßt, als ob die Protokolle der Ausschüsse von Zeit zu Zeit ihrem vollen Inhalt nach dem Gemeinderat zur Genehmigung vorgelegt werden müßten. Eine Bestimmung dieses Inhalts findet sich nicht selten in den Ortsstatuten, in den größeren Städten wird indessen häufiger nur ein Auszug aus den Ausschußprotokollen oder -verhandlungen nebst seinen Vorschlägen für die Stellungnahme des Gemeinderats vorgelegt, und manchmal ist dies durch Lokalgesetze besonders zugelassen. Die Protokolle oder Auszüge aus den Verhandlungen werden gewöhnlich mit der Tagesordnung für die Gemeinderatssitzung abgedruckt, die mehrere Tage vorher den Mitgliedern zugeht und der Regel nach in der Presse veröffentlicht wird. Sie bilden ein umfangreiches Schriftstück, aber obgleich jede Einzelheit der Bestätigung des Gemeinderates bedarf, nimmt dies Verfahren weniger Zeit in Anspruch als man annehmen könnte. Der Bürgermeister liest einfach die Paragraphenziffern der Reihe nach vor und, wenn sich kein Einspruch erhebt, gelten sie als genehmigt. Auf diese Weise werden mehrere Seiten der Protokolle eines Ausschusses häufig in einer Minute genehmigt und die Debatte konzentriert sich auf einige wenige Punkte, worüber man vorher dem Stadtsekretär Kenntnis gegeben hat. Die Sitte der Aufstellung und Drucklegung einer sehr ausführlichen Tagesordnung ermöglicht es so dem Gemeinderat, eine ziemlich gute Übersicht über die städtische Verwaltung zu behalten, ohne allzuviel Zeit auf Einzelheiten zu verwenden.

Da die vier vierteljährlichen Sitzungen, die das Gesetz von 1882 vorschreibt, natürlich nicht ausreichen, tagt der Gemeinderat in den meisten Flecken monatlich einmal und in ein paar Städten alle 14 Tage oder selbst noch häufiger. In diesen Sitzungen wird bei weitem der größte Teil der Verhandlungen und Vorschläge der Ausschüsse ohne Besprechung genehmigt. Es werden nicht viele Einwendungen erhoben, und die Fälle, in denen ihnen nachgegeben wird, sind noch seltener. Wenn man vor einigen Jahren die Berichte der Lokalblätter über die Sitzungen von 53 großen und kleinen Gemeinde- und Bezirksräten aufs Geratewohl herausgriff, so kam man zu dem Ergebnis, daß es durchschnittlich in einem Gemeinderat jährlich nicht mehr als dreimal vorkommt, daß an den Berichten der Ausschüsse irgend etwas, was genügende Bedeutung hat, um die Aufmerksamkeit der Presse zu erregen, abgeändert oder zurückverwiesen wird. Die Zahl solcher Fälle ist in den großen Städten gewöhnlich größer, bleibt aber stets gering, und wenn auch die Genehmigung durch den Gemeinderat keineswegs als reine

Formsache betrachtet werden kann, so ruht doch die wirkliche Leitung der Geschäfte im wesentlichen in der Hand der Ausschüsse.

Der Ausschußbericht wird durch dessen Vorsitzenden vorgelegt. Dieser erläutert ihn, vertritt ihn und stimmt manchmal sogar ohne Befragung der anderen Mitglieder des Ausschusses Abänderungsanträgen zu oder zieht einen Vorschlag zurück. Kurz, er tritt auf wie ein Minister, der einen Gesetzentwurf zu vertreten hat. Der Vergleich ist tatsächlich sehr am Platze, denn der Vorsitzende beantwortet wie ein Minister Fragen über sein Ressort, selbst in Angelegenheiten, auf die die Protokolle oder der Bericht keinen Bezug haben, und in einigen Städten schreiben die Ortsstatuten speziell vor, daß jedes Gemeinderatsmitglied ein Recht der Fragestellung an ihn besitzt. Wie bei der Landesregierung wird diese Sitte zur Stärkung eines dauernden Verantwortlichkeitsgefühls für den Zustand des Verwaltungszweiges dienen, aber gleichzeitig erhöht sie auch die Stellung und damit den Einfluß des Vorsitzenden.

Vierzigstes Kapitel.

Die Flecken. Die ständigen Beamten.

Hinter dem Gemeinderat und seinen Ausschüssen stehen — von der Öffentlichkeit wenig gesehen, aber die Hauptlast der Arbeit auf ihren Schultern tragend — die ständigen Beamten. Auch hier geben die Gesetze kaum ein Bild von ihrer Tätigkeit oder auch nur von der Stellung, die sie innehaben. Tatsächlich sind denn auch die einzigen im Gesetz von 1882 erwähnten Beamten der Stadtsekretär und der Stadtkämmerer. Dies Gesetz bestimmt indessen ferner, daß der Gemeinderat von Zeit zu Zeit weitere von ihm etwa für notwendig erachtete Beamte anstellen soll, und es kann daher nicht überraschen, daß Menge, Titel und Amtseigenschaft der ständigen Beamten überall verschieden ist. Nichtsdestoweniger finden wir überall unter diesem oder jenem Namen außer dem Stadtsekretär und dem Stadtkämmerer einen Stadtbauinspektor oder Ingenieur, einen Medizinalrat[1], einen Polizeiinspektor und abgesehen von Flecken mit weniger als 10000 Einwohnern einen Sekretär des Unterrichtsausschusses oder Schulinspektor. Die Zahl der anderen Beamten hängt sehr davon ab, wie weit die Gemeinde sich auf Kommunalbetriebe eingelassen hat. Wo sie sich die Aufgabe stellt, ihre Bürger unmittelbar mit den zeitgemäßen Bequemlichkeiten zu versorgen, finden wir Ingenieure oder Direktoren von Gaswerken, Wasserwerken, Elektrizitätswerken, Trambahnen, öffentlichen Bädern, Markthallen usw. Jeder von diesen Beamten steht natürlich an der Spitze eines Stabes von Unterbeamten, die unter seiner Leitung die Geschäfte der Behörde erledigen.

Ihre Auswahl.

Die Stellung der ständigen Beamten muß man zweckmäßig von drei Gesichtspunkten aus betrachten, nämlich nach der Art ihrer

[1] Nach dem Gesetz über die öffentliche Gesundheitspflege von 1875 soll der Gemeinderat als städtische Gesundheitsbehörde einen Beamten anstellen und ferner einen Stadtbaurat beschäftigen.

Auswahl, nach ihrer Tätigkeit und nach ihrem Verhältnis zu der politischen Verwaltungskörperschaft des Fleckens. Die an der Spitze eines jeden Verwaltungszweiges stehenden Beamten werden vom Gemeinderat gewählt. Ihre Untergebenen werden gewöhnlich vom Gemeinderat oder von dem zuständigen Ausschuß auf Empfehlung des ständigen Chefs angestellt, während die Arbeiter und anderen Angestellten von den Beamten oder von den Werkführern in den Betrieben angenommen werden. Aber für unsere Zwecke genügt es, die leitenden Beamten zu besprechen.

Die in England herrschende Sitte, die für die Besetzung irgend einer öffentlichen oder privaten Stellung in Frage kommenden Männer auf Grund einer Ausschreibung und der eingereichten Zeugnisse zu ermitteln, wird auch bei Kommunalbeamten angewandt. Wenn z. B. die Stellung eines Stadtsekretärs oder eines Stadtbauinspektors frei wird, entspricht es der allgemeinen, wenn auch nicht stets befolgten Gewohnheit, die Stelle auszuschreiben, und zwar selbst in Fällen, wo die Gemeinderäte bereits entschlossen sind, einen schon im Dienst der Gemeinde stehenden niederen Beamten zu befördern. Wenn eine Beförderung dieser Art nicht stattfindet und ein Sekretär, Ingenieur oder anderer Beamter von außerhalb gewählt wird, fällt die Wahl gewöhnlich auf einen Mann, der anderswo ein ähnliches öffentliches Amt bekleidet, entweder als Chef einer Verwaltung in einem kleineren Orte, oder als unterstellter Beamter in einer größeren Gemeinde. Auf diese Weise wird der Kommunaldienst mit der Zeit eine eigene Karriere. Ein Stadtsekretär muß beispielsweise von Beruf stets ein Anwalt sein, und gelegentlich wird ein Mann aus der Privatpraxis gewählt, weit gebräuchlicher aber ist es, jemand zu wählen, der bereits im Kommunalleben steht und daher Erfahrungen in den speziellen Amtsobliegenheiten hat, die er versehen soll. Kurz, ein Stadtsekretär tritt gewöhnlich als junger Mann in untergeordneter Stellung — und zwar häufig als Lehrling im Stadtbureau — in den öffentlichen Dienst und arbeitet sich empor. Es kommt selten vor, daß ein Anwalt aus dem Privatleben auf einen der höheren Gemeindeposten berufen wird und noch seltener, daß ein Stadtsekretär oder einer seiner Hilfsbeamten sich wieder der Privatpraxis zuwendet. Dasselbe gilt von den Ingenieuren. Es ist nicht gebräuchlich, einen Gemeindeingenieur wegen seines durch seine freiberufliche Tätigkeit erlangten Renommés zu wählen, und ebenso selten kommt es vor, daß jemand, der als städtischer Ingenieur tätig gewesen ist, zu einer anderen Art der Tätigkeit zurückkehrt. Kurz, die kommunale

Ingenieurkarriere wird mit der Zeit ein besonderer Beruf. Die Übernahme von Beamten und insbesondere von Stadtsekretären und ihren Hilfsbeamten von Ort zu Ort bildet unzweifelhaft einen der Hauptgründe der Einheitlichkeit, die im ganzen Lande in Dingen herrscht, die nicht durch Gesetz, sondern nur durch Ortsherkommen geregelt sind.

Das Parteiwesen bei der Auswahl.

Die Politik hat mit der Wahl der ständigen Beamten in gewisser Hinsicht zu tun, und zwar insbesondere im Falle des Stadtsekretärs, der der einflußreichste von ihnen allen ist. Man kann in der Tat sagen, daß der Stadtsekretär der Regel nach und die anderen Beamten ab und zu von der Mehrheit des Gemeinderats aus ihrer eigenen politischen Partei entnommen werden. Dies will nicht besagen, daß dies zur Wahl von Personen gemißbraucht wird, die für das Amt nicht qualifiziert sind. Man versucht eben in solchen Fällen, einen tatsächlich Tüchtiges leistenden Mann zu finden, der der Partei angehört, oder wie sich die Sache in den Köpfen der Gemeinderäte spiegelt, man gibt zwischen zwei gleichmäßig geeigneten Kandidaten seinem Parteigenossen den Vorzug. Auch zeitigt dies nicht so üble Wirkungen als man annehmen könnte, weil die Beamten sich der Parteipolitik gänzlich fernhalten und weil parteipolitische Gründe zwar auf die Wahl eines Kandidaten Einfluß haben können, aber nie zu seiner Entlassung führen, wenn die Mehrheit des Gemeinderates wechselt.

Kurz, es herrscht kein Beutesystem (spoils) oder vielmehr kein Anklang an jene Praxis, die das Beutesystem so verderblich macht, nämlich die Entlassung von Beamten, um Platz für Parteigänger zu schaffen. Solange ein englischer Gemeindebeamter seine Geschäfte ordentlich erledigt, wird er ohne Rücksicht auf seine Parteizugehörigkeit im Amte belassen. Eine Ausnahme, die die Regel bestätigt, ereignete sich 1899 in West Ham. Die Sozialisten erzielten eine Mehrheit im Gemeinderat und entließen sofort den Stadtbauinspektor. Seine Entlassung erzeugte unter den Kommunalbeamten des Landes große Aufregung, aber eine nähere Untersuchung der Umstände des Falles führte den Verfasser zu der Ansicht, daß die Entlassung tatsächlich weit mehr aus persönlichen als aus politischen Gründen erfolgte. Der Baurat scheint Mangel an Takt gezeigt zu haben und hatte sich bei den Mitgliedern des Gemeinderates höchst unbeliebt gemacht.

Die Obliegenheiten der Beamten.

Der Stadtsekretär ist der oberste Beamte und nimmt in der Tat die erste Stellung im ständigen Beamtenheere des Fleckens ein. Das Gesetz von 1882 überträgt ihm die Obhut über die Privilegien,

Der Stadtsekretär.

Dokumente und Archive, die Erstattung der Berichte an das Lokalverwaltungsministerium und eine Anzahl von wichtigen mit den Wahlen zusammenhängenden Obliegenheiten, aber dies bildet nur einen kleinen Teil seiner Tätigkeit. Er vereinigt in seiner Person die Obliegenheiten eines Stadtsekretärs und Justitiars der Gemeinde, denn außer der Bewahrung des Stadtarchives und der Protokolle des Gemeinderates und seiner Ausschüsse bearbeitet er die gesamten Rechtsangelegenheiten der Gemeinde mit Ausnahme ihrer Vertretung vor Gericht, welch letzteres Geschäft natürlich dem Anwalt (barrister) obliegt. Er muß die lange Reihe staatspolitischer und privater Gesetze, die für die Gemeinde Bedeutung haben, nebst den sie auslegenden Entscheidungen genau kennen. Er muß über Rechtsfragen Auskunft geben können und den Anwalt in Prozessen instruieren. Er entwirft dem Parlament vorzulegende Privatgesetzvorlagen, beschafft Material zu ihrer Begründung und begibt sich nach London, um den Terminen beizuwohnen. Seine Stellung als Sekretär und Justitiar verleiht ihm großen Einfluß, auf alle Beamten und Mitglieder des Gemeinderates und zwar einen Einfluß, der sich weit über das juristische Gebiet auf den allgemeinen Geschäftsbetrieb erstreckt, und während sich das Wirken eines jeden anderen Beamten auf seinen speziellen Verwaltungszweig beschränkt, hat ein guter Stadtsekretär mehr oder weniger ein Auge auf alles. Kurz, er steht als Führer, Philosoph und Freund jedem zur Seite, der mit der Kommunalverwaltung zu tun hat.

Die anderen Beamten.

Der Stadtkämmerer ist der die Ausgaben anordnende Beamte, der Bankier des Gemeinderates, er hat aber wenig oder gar nichts mit Bewilligungen oder mit der Finanzpolitik der Stadt zu tun.[1] Der Polizeiinspektor steht an der Spitze der Polizei und untersteht dem gesetzlich vorgesehenen Ausschuß für die öffentliche Sicherheit. Der Medizinalrat hat die sich aus seiner Amtsbezeichnung ergebenden Obliegenheiten und unter oder neben ihm wirkt ein Inspektor für die Reinhaltung der Straßen und ein städtischer Chemiker. Dem Stadtbaurat liegt die Pflasterung und die Erhaltung des guten Zustandes der Straßen ob und in vielen Kommunen auch der Bau und die Unterhaltung der öffentlichen Gebäude. Über die Ingenieure und Inspektoren der verschiedenen Kommunalbetriebe, beispielsweise der Gas-, Wasser- und Elektrizitätswerke, der Bäder, Markthallen

---

[1] „Der Gemeindekämmerer hat weiter nichts zu tun, als auf Anordnung von drei Gemeinderatsmitgliedern unter Gegenzeichnung des Stadtsekretärs Zahlungen zu leisten ... der Kämmerer ist hinsichtlich der Finanzen eine reine Maschine.“ (Gutachtliche Äußerung des Stadtsekretärs Smith in Birmingham.) Doch kann der Kämmerer über finanzielle und bankmäßige Operationen befragt werden.

und Trambahnen braucht nur gesagt zu werden, daß sie, welche Titel sie auch im Einzelfalle führen, tatsächlich die Direktoren ihrer Verwaltungszweige und nicht lediglich technische Ratgeber sind.[1] Die Stellung der Beamten des Unterrichtswesens wird in einem späteren Kapitel besprochen werden.

Die Stellung der Beamten.

Die herkömmliche Stellung der englischen ständigen Beamten und ihr Verhältnis zu ihren politischen Chefs ist in einem früheren Kapitel geschildert worden, und das dort Gesagte gilt auch für die Kommunalverwaltung.[2] Man sagt häufig, daß der Gemeinderat die allgemeinen Richtlinien feststellt, während die Beamten sie im einzelnen ausführen,[3] und dies entspricht unzweifelhaft dem gesetzlichen Zustande, gibt aber absolut kein richtiges Bild von dem tatsächlichen Einfluß der Beamten auf die Kommunalverwaltung. Zunächst kann keine scharfe Grenze zwischen Richtlinien und Einzelheiten gezogen werden, und sodann wird ein Beamter, der auch nur in etwas das Vertrauen seines Ausschusses genießt, ihn stets außerordentlich weitgehend in den allgemeinen Grundsätzen, nach denen sein Amtszweig verwaltet wird, beeinflussen. Seine Stellung entspricht der eines dem ständigen Beamtentum angehörenden Unterstaatssekretärs. Die Mitglieder des Gemeinderates übernehmen wie die Minister die Verantwortlichkeit für die getroffenen Maßnahmen. Sie sollen den Beamten vor Angriffen schützen und nehmen natürlich den Ruhm für gute Verwaltung für sich in Anspruch. Der Beamte übt also eine erhebliche Macht aus, ist vor Angriffen geschützt, und bekleidet sein Amt bei vollkommenem Zurücktreten seiner Persönlichkeit dauernd. Auf einem Ingenieurkongreß wird er vielleicht einen Vortrag über sein Wirken in der Stadt halten, aber anderweit wird er in der

[1] Manchmal findet sich auch ein beratender Ingenieur. Gelegentlich, wie z. B. bei der Gasanstalt in Manchester, ist ein Sekretär des zuständigen Ausschusses und bei jedem der beiden Gaswerke ein Ingenieur vorhanden, von denen keiner die direkte Oberleitung hat, aber diese Regelung ist eine ausnahmsweise und wird im allgemeinen nicht als richtig erachtet.

[2] Eine gute Beleuchtung erfährt die Stellung und der tatsächliche Einfluß der Kommunalbeamten durch das im Bericht der Kommission über die Verschmelzung von London-City und London-Grafschaft erhaltene Material. Die Eindrücke des Verfassers sind aber hauptsächlich durch persönliche Befragung von Beamten und Gemeinderäten einer beträchtlichen Anzahl von Flecken verschiedener Größen in allen Teilen des Landes gewonnen worden.

[3] Redlich und Hirst („Local Govt. in England“ Bl. I S. 350—351), die mehr als irgend jemand sonst die Bedeutung der Beamten betont haben, wiederholen diesen Satz in leicht veränderter Gestalt; und obgleich sie betonen, daß er nicht genau zutrifft, scheinen sie ihm doch mehr Berechtigung zuzugestehen, als es dem Verfasser richtig erscheint.

Öffentlichkeit niemals laut werden lassen, daß er selbst irgend etwas erreicht habe. In einiger Hinsicht unterscheidet sich ja seine Stellung unzweifelhaft von der eines ständigen Unterstaatssekretärs. Das Verständnis für sie ist nicht so allgemein, und daher ist er nicht ganz so gut gegen öffentliche Kritik geschützt. Ferner untersteht er oft Leuten viel geringeren Schlages, die aus diesem Grunde sehr eifersüchtig darüber wachen, daß niemand etwa auf den Gedanken kommt, daß sie sich in der Hand ihrer Untergebenen befinden. Er ist daher der Regel nach noch ängstlicher besorgt, den Schein zu vermeiden, als ob er seinen Ausschuß leite, und wirklich kann man beobachten, wie die unbedeutenderen Gemeinderäte häufig gar nicht merken, wie sehr sie sich tatsächlich von den Beamten leiten lassen. Wenn man aber von kleineren Unterschieden dieser Art absieht, ist doch die Behauptung nicht ungerechtfertigt, daß im allgemeinen der Vorsitzende eines Ausschusses einem Minister mit dem Beamten als seinem ständigen Unterstaatssekretär nicht ganz unähnlich ist.

Ihre Mittel, sich geltend zu machen.

Mit Ausnahme des Stadtsekretärs ist kein Beamter für gewöhnlich bei den Gemeinderatssitzungen anwesend, und mit seltenen Ausnahmen spricht, abgesehen vom Stadtsekretär, keiner von ihnen dort je ein Wort. Auch der Stadtsekretär soll sich nur bei Beantwortung von Fragen äußern, da er aber der Berater des Gemeinderates in Rechtsfragen ist, so bietet sich ihm viel Gelegenheit, seine Ansichten zu äußern, und häufig wirft er einige Worte in die Debatte, die für letztere von Bedeutung sind. In Schottland oder doch wenigstens in Glasgow kann man auch andere Beamte an dem langen Tisch mitten im Gemeinderatszimmer an der Seite der Vorsitzenden ihrer Ausschüsse sehen, die ihnen bei ihren Mitteilungen aus den Verwaltungszweigen soufflieren, aber dies ist in England beinahe nie der Fall. Die wirkliche Arbeit wird indessen in den Ausschüssen bewältigt, in denen die Beamten ausgiebig erscheinen, wenn ihre Ressorts berührende Dinge zur Beratung stehen, ihre Pläne vertreten und ihre Ansichten begründen. Tatsächlich wird die Arbeit der Ausschüsse in gut geleiteten Städten hauptsächlich von ihnen vorbereitet, und ihre Ansichten behalten gewöhnlich die Oberhand. Natürlich gibt es Gemeinderäte, die glauben, sie verständen ebensoviel wie die Sachverständigen, aber der Regel nach werden sie von ihren Kollegen, die mehr Erfahrung besitzen, beiseite geschoben und veranlassen keine ernsten Ungelegenheiten. Selbst wenn ein Ingenieur aus finanziellen oder anderen Gründen den Ausschuß nicht für seine Pläne gewinnen kann, kann er ihn doch beinahe stets daran hindern, etwas zu tun, was er nicht billigt. Wird ein seiner Ansicht nach törichter Vorschlag gemacht, so wird er dem Ausschuß vortragen, daß er ihn nicht empfehlen kann, und daß er zwar natürlich loyal die ihm gegebenen Direktiven ausführen wird, aber die Verantwortlichkeit für den Vorschlag nicht übernehmen kann, und daß der Gemeinderat, wenn er ihn verwirklicht zu sehen wünscht, die Verantwortlichkeit hierfür durch Beschluß übernehmen und diesen Beschluß zu Protokoll bringen muß. Bei der hohen Achtung, die man in England vor dem Wissen der Sachverständigen hegt, und infolge des Umstandes, daß die Gemeinderäte ihre Stellung lange inne haben, so daß sie mit ziemlicher Sicherheit den Tadel für falsche Maßnahmen ernten werden, die sie durchaus haben durchführen wollen, hört man ständig versichern, daß ein Ausschuß beinahe nie die Verantwortlichkeit für eine derartige Beschlußfassung übernehmen wird.

Der Beamte hat so einen direkten Einfluß auf den Ausschuß selbst, wo er stets zugegen ist, seine Pläne entwickelt und seine Wünsche auseinandersetzt. Überdies kann er dies ohne die störenden Einflüsse eines öffentlichen Termins tun, denn, wie wir gesehen haben, sind die Ausschußsitzungen der Regel nach nicht öffentlich, und es ist eine allgemein bekannte Tatsache, wie viel unnachgiebiger Mitglieder von Vertretungskörperschaften werden, wenn Zeitungsberichterstatter zugegen sind. Wenn aber sein unmittelbarer Einfluß auf den Ausschuß nicht genügt, kann er ihn gewöhnlich durch etwas Vorarbeit vermehren. Es ist bei den Beamten sehr gebräuchlich, mit dem Ausschußvorsitzenden vorher die im Ausschuß zu beratenden Fragen durchzugehen, und da der Vorsitzende meist das bei weitem einflußreichste Ausschußmitglied ist, werden die Dinge, über die zwischen ihm und dem Beamten eine Einigung erzielt ist, aller Wahrscheinlichkeit nach vom Ausschuß angenommen werden. Der Vorsitzende macht es dann zu seiner Sache, für die Annahme durch den Gemeinderat zu sorgen. Auf diese Art und Weise impft der Beamte seine Ansicht dem Vorsitzenden ein, der sie seinerseits auf den Ausschuß überträgt, und diese Körperschaft bringt sie im Gemeinderat durch. So ist die hinter dem Gemeinderat stehende Triebkraft hauptsächlich in dem ständigen Beamtentum zu suchen, dessen Einfluß, da er nicht sichtbar ist, vom Volke wenig verstanden wird. Tatsächlich hängt der wirkliche Einfluß eines Beamten manchmal von seiner Geschicklichkeit darin ab, den Anschein, als ob er selbst leite, zu vermeiden, und den Gemeinderäten den Glauben beizubringen, daß die vorgeschlagenen Maßnahmen zum großen Teil auf ihre Anregung zurückzuführen sind.

Grad ihres Einflusses in verschiedenen Orten.

Natürlicherweise ist die von den ständigen Beamten ausgeübte Macht nicht überall gleich. Die Bedeutung, die man ihren Ansichten beilegt, wechselt von Ort zu Ort, und in einigen Städten besteht mehr Neigung als in anderen, in die Einzelheiten ihrer Verwaltungszweige einzugreifen. Manchmal hört man, daß das Verhältnis eines Stadtbaurats, eines Ingenieurs oder Inspektors zu seinem Ausschuß eine große Ähnlichkeit mit dem des Generaldirektors einer Gesellschaft zu seinem Vorstande habe,[1] und manchwird gesagt, daß er sowohl der Form wie der Sache nach weniger selbständig sei. Sehr viel hängt von dem Takt und der Charakterstärke des Beamten ab, und man findet manchmal in derselben Stadt zwei Chefs von Verwaltungszweigen, die mit ihren Ausschüssen auf ganz verschiedenem Fuße stehen.

Ferner fällt die Persönlichkeit des Stadtsekretärs sehr ins Gewicht. Wo er eine starke Persönlichkeit ist und seine Macht zur Unterstützung der anderen Beamten benutzt, kann er ihr Ansehen sehr heben. Sehr viel hängt auch von den allgemeinen örtlichen Überlieferungen ab, die in den verschiedenen Städten und in den verschiedenen Landesteilen voneinander abweichen. So fällt ins Auge, daß die Beamten der Regel nach in großen Städten mehr zu sagen haben als in kleinen und im ganzen im Norden mehr als im Süden von England. Natürlich kann man dies nicht statistisch beweisen. In jedem Falle bleibt es Ansichtssache, wie hoch man den Einfluß der Beamten genau einschätzt, und doch gewinnt man oft einen ziemlich bestimmten Eindruck über ihren verhältnismäßigen Einfluß in einer speziellen Stadt. Man kann sich z. B. der Ansicht nicht verschließen, daß er in Glasgow, Liverpool, Birmingham und Bradford stärker ist oder doch gewesen ist als in Manchester, Bristol oder London unter dem Grafschaftsrat.[2] Dieser Unterschied erklärt in etwas die bei den letztgenannten drei Städten hervorgetretenen Mängel, und in der Tat ist der Verfasser auf Grund seiner Studien in einer Reihe englischer Städte zu der Ansicht gelangt, daß die Güte der Kommunalverwaltung ganz allgemein gesprochen mit der

---

[1] Speziell in Glasgow wird jeder Verwaltungszweig ziemlich wie ein besonderes Unternehmen verwaltet.

[2] 1897 zur Zeit der Untersuchung der Rechnungsfälschungen im Arbeitsamt des Londoner Grafschaftsrates klagte man u. a. darüber, daß der Direktor ohne seinen Ausschuß zu wenig machen könne. Dieser Eindruck wird verstärkt durch einen Blick auf das als Anlage zum Bericht gedruckte Material. Unter dem folgenden Direktor wurde ein neues Verfahren eingeschlagen und dieser wurde wirklicher Chef des Verwaltungszweiges.

Macht der ständigen Beamten parallel läuft. Dieser Einfluß beschränkt sich, wie bemerkt sein mag, keineswegs auf Dinge, wo man im eigentlichen Sinne sachverständigen Rates bedarf. Ein sehr kleiner Teil der Zeit des Stadtsekretärs ist Rechtsfragen gewidmet, und ebenso nur ein sehr kleiner Teil der Arbeitszeit eines Stadtbaurates architektonischen Fragen. Bei weitem der größere Teil ihrer Tätigkeit liegt auf dem Verwaltungsgebiete, und man sagt nicht zu viel, wenn man sagt, daß die Verwaltung einer normalen englischen Gemeinde in der Hand der Beamten liegt. Das Zitat Bagehots aus Sir George Cornwall Lewis über die Aufgaben der Kabinettsminister kann man auch auf die Ausschüsse eines Gemeinderates anwenden. Es ist nicht ihres Amtes, die Ressorts selbst zu bearbeiten, aber darauf zu halten, daß sie richtig bearbeitet werden.

Ihr segensreicher Einfluß.

Die Vorzüge der englischen Kommunalverwaltung hat man gewöhnlich auf die Zusammenfassung der Macht in der Hand des Gemeinderates zurückgeführt, aber seinem Wesen nach ist das System tatsächlich eine Verwaltung durch Ausschüsse, und ein derartiges System ist gerade dadurch, daß es seiner Natur nach sich in seinen Einzelheiten der öffentlichen Aufsicht entzieht, für das Eindringen von Mißbräuchen nur zu geeignet. Wahrscheinlich führt keine Verwaltung in schlechten Händen so leicht zu Mißwirtschaft und Korruption und reagiert weniger auf gerechtfertigte Kritik als die Verwaltung durch Ausschüsse. Aber dies System bewährt sich da, wo, wie in den englischen Gemeinderäten der Ausschuß der Leitung ehrenhafter und befähigter Sachverständiger folgt, sehr gut. Unter diesen Umständen genießen die Beamten, die tatsächlich die Stadt verwalten, Unterstützung, Schutz und lebenslängliche Amtsdauer, während sie gleichzeitig davor bewahrt werden, bureaukratisch zu regieren, und in Berührung mit der öffentlichen Meinung bleiben.

Die ihm drohende Gefahr.

Die überlieferte Stellung der ständigen Beamten scheint in den britischen Städten sehr fest begründet zu sein. Die Verschlechterung der Qualität der Gemeinderäte, wie sie sich langsam in den meisten größeren Städten vollzogen hat, hat im allgemeinen daran nichts geändert, weil die natürliche Neigung weniger bedeutender Leute, sich in die Einzelheiten einzumischen, durch das Anwachsen der Geschäftslast hintangehalten wird, das es einem Gemeinderat sehr schwer macht, das Material zu beherrschen. Dies liegt an der Vermehrung der Bevölkerung und der Ausdehnung der kommunalen Aufgaben und wird daher wahrscheinlich fortdauern. Indessen kann eine Verschlechterung der Qualität des Gemeinderates zu einer ernsten Gefahr führen, denn Leute, die nicht daran gewöhnt sind, im großen Stile geschäftlich tätig zu sein, sind nur allzu geneigt, hohe Gehälter anderer mißgünstig zu betrachten. Gegenwärtig werden die Beamten ziemlich gut bezahlt, und wenn sie auch weniger verdienen als sie im Privaterwerbsleben verdienen würden, so entschädigt sie doch die Ständigkeit ihres Beamtenverhältnisses hierfür in so hohem Grade, daß sich bisher keine großen Schwierigkeiten ergeben haben, geeignete Leute zu gewinnen. Aber es ist nicht sicher, daß dies dauernd der Fall sein wird. Als Chamberlain vor mehr als 30 Jahren in Birmingham den Ankauf der Gas- und Wasserwerke durch die Stadt durchsetzte, soll er dem Gemeinderat gesagt haben, daß, wenn er seinen technischen Beamten nicht anständige Gehälter zahlen wolle, er sich lieber auf den Kommunalbetrieb nicht einlassen solle. In jüngerer Zeit hat er in einer Rede in Glasgow ausgesprochen, daß, wenn jemals die Korruption in die Städte Großbritanniens eindringt, dies dann der Fall sein wird, wenn die höheren Beamten geringer und die niederen Beamten höher als es der Marktwert ihrer Dienstleistungen rechtfertigt, bezahlt werden, und diese Warnung gilt für alle Zeiten.

Einundvierzigstes Kapitel.

Die Flecken. Ihre Zuständigkeit und ihre Einnahmequellen.

Zuständigkeit.

Der Leser wird sich erinnern, daß die Zuständigkeit des Gemeinderates auf drei verschiedene Quellen zurückzuführen ist, erstens auf das Gesetz über die kommunalen Körperschaften von 1882 mit seinen Novellen, zweitens auf die Gesetze über die öffentliche Gesundheitspflege und andere Gesetze ähnlichen Charakters, die auf alle städtischen Bezirke und manchmal auch auf ländliche Bezirke Anwendung finden oder doch finden können, und drittens auf Spezial- Privat- oder Lokalgesetze. Hiervon übertragen die zuerst und die zuletzt genannte Gruppe von Gesetzen dem Gemeinderat als solchem, dagegen die zweite Gruppe dem Gemeinderat in seiner Eigenschaft als örtliche Gesundheitsbehörde Aufgaben;[1] für die Flecken ist indessen diese Unterscheidung nicht sehr wichtig, abgesehen davon, daß die Kontrolle der Zentralregierung über die Lokalverwaltung bei den der örtlichen Gesundheitsbehörde übertragenen Aufgaben im allgemeinen stärker ist und in etwas anderer Weise ausgeübt wird, worüber noch des näheren zu reden sein wird, wenn wir zu der staatlichen Oberaufsicht gelangen.

Zuständigkeit der Gemeinderäte auf Grund allgemeiner Gesetze.

Ein sehr geringer Teil der für eine städtische Verwaltung wesentlichen Machtvollkommenheit beruht auf dem Gesetz von 1882.

---

[1] Das Lokalverwaltungsgesetz von 1888, das die Verwaltungstätigkeit der Friedensrichter den neu geschaffenen Grafschaftsräten übertrug, nimmt eine Stellung für sich ein, denn es übertrug dieselben Aufgaben den in einem dem Gesetz beigefügten Verzeichnis namhaft gemachten Gemeinderäten eigene Grafschaften bildenden Flecken, und traf einige Bestimmungen für kleinere Städte. Die durch dies Gesetz herbeigeführte wirkliche Erweiterung der Zuständigkeit der eigene Grafschaften bildenden Flecken war indessen nicht groß. Ebenso ist das Unterrichtsgesetz von 1902 ein Ausnahmegesetz. Es übertrug die gesamte oder teilweise Aufsicht über das öffentliche Unterrichtswesen den Gemeinderäten von Flecken mit einer Bevölkerung von mehr als 10000 Seelen und den Gemeinderäten von städtischen Bezirken mit mehr als 20000 Seelen.

Dies Gesetz enthält wenig mehr außer dem Recht zur Annahme von Ortsstatuten, zum Bau von dem öffentlichen Gebrauch dienenden Gebäuden, zur Errichtung von Gemeindebrücken und zur Erhaltung der Polizei.[1]

Weit ausgedehnter ist die durch das Gesetz über die öffentliche Gesundheitspflege von 1875 übertragene Zuständigkeit.[2] Sie erstreckt sich auf Dinge wie Kanalisation, Pflasterung, Herstellung, Beleuchtung und Reinigung der Straßen, Maßnahmen gegen Ansteckung und Epidemien, Vorsorge für Feuerspritzen, Hospitäler, Parks, Märkte,[3] Wasserversorgung zu privaten und öffentlichen Zwecken,[4] öffentliche Bäder und Waschhäuser, Wohnungen und Mietshäuser für die arbeitenden Schichten,[5] ferner mit Zustimmung des Lokalverwaltungsministeriums auf den Ankauf der Privilegien einer Gasgesellschaft, und in Ermangelung einer solchen Gesellschaft auf die Nachsuchung von einstweiligen Verordnungen zur Selbstversorgung mit Gas oder zur zwangsweisen Enteignung von Grundbesitz zur Durchführung der Ziele des Gesetzes, denn der Grundbesitz ist in England so geheiligt, daß er in jedem einzelnen Falle für öffentliche Zwecke fast immer nur mittels eines Privatgesetzes oder einer vom Parlament zu bestätigenden einstweiligen Verordnung in Anspruch genommen werden kann.

Durch spätere Gesetze wurden die Kommunen einschließlich der Flecken ermächtigt, Friedhöfe, Museen, Turnplätze und Volksbüchereien zu unterhalten und einstweilige Verordnungen zur Übernahme der Versorgung mit elektrischem Licht und zum Bau und

---

[1] Durch das Lokalverwaltungsgesetz von 1888 wurde den Flecken mit weniger als 10000 Einwohnern das Recht genommen, eine besondere Polizei zu halten. Das Gesetz von 1882 ermächtigte die nach Lokalgesetzen mit der Fürsorge für Pflasterung, Beleuchtung, Wasser- und Gasversorgung usw. betrauten Instanzen, ihre Funktionen auf den Gemeinderat zu übertragen, und dies ist geschehen. Aber diese Zuständigkeit ist nicht durch das Gesetz selbst übertragen worden.

[2] Ich mache hier keinen Versuch, die Geschichte der Übertragung dieser Zuständigkeit zu geben, und nehme lediglich auf einige wenige der wichtigsten jetzt in Kraft befindlichen Gesetze Bezug.

[3] Vorausgesetzt, daß dies nicht einem etwa bestehenden Marktprivileg widerstreitet.

[4] Wieder mit der Maßgabe, daß der Flecken kein Wasser innerhalb des Gebietes einer Gesellschaft liefern darf, die ausreichendes und gutes Wasser liefert.

[5] Durch Annahme der Gesetze über die Bäder und Waschhäuser und der Gesetze über die Arbeiterwohnhäuser.

Eigenbesitz aber nicht zum Betriebe von Trambahnen zu erwirken. Sie haben ferner das Recht erhalten, Parzellen als Arbeitergärten auszutun, für menschliche Wohnzwecke ungeeignete Häuser zu schließen, mittels einstweiliger Verordnung große ungesunde Häuserviertel wegzuräumen und den hierdurch wohnungslos gewordenen Arbeiterklassen andere Wohnungen zu beschaffen. Ferner wurden die Kommunen durch eine andere Gruppe von Gesetzen ermächtigt, für technischen Unterricht und für Schulen für Wissenschaft und Kunst Sorge zu tragen, und schließlich haben die eigene Grafschaften bildenden Flecken durch das Unterrichtsgesetz von 1902 die Aufsicht über alle öffentlichen Schulen erhalten, während den kleineren Flecken und den größeren städtischen Bezirken das Elementarschulwesen übertragen wurde.[1]

Auf Grund von Privatgesetzen.

Dies sind die hauptsächlichsten Rechte, die dem Gemeinderat durch allgemeine Gesetze übertragen sind, aber dies erschöpft die kommunale Zuständigkeit keineswegs, weil die Flecken andauernd neue Rechte mittels privater Parlamentsgesetze zu erlangen suchen und auch wirklich erlangen. Dies gilt insbesondere von den Kommunalbetrieben. Selbst wenn man wie bei der Versorgung mit Gas und Elektrizität das Recht durch einstweilige Verordnung erlangen kann, bedient sich die Gemeinde, von der Ansicht ausgehend, daß sie vom Parlament direkt bessere Bedingungen oder ausgedehntere Machtvollkommenheiten erlangen kann, als ihr das Regierungsressort zugestehen wird, häufig des Weges einer Privatvorlage. Das Gesetz gestattet es nicht, daß das Recht zum Eigenbetriebe der Trambahnen durch einstweilige Verordnung verliehen wird, doch haben viele Flecken dies Recht durch Privatgesetze erlangt. Dasselbe ereignete sich in früherer Zeit bei dem Kommunalbetriebe von Wasserwerken und Gaswerken, denn an einigen Orten versuchte man dies Experiment zunächst auf dem Privatgesetzwege, bevor ein allgemeines Gesetz hierüber erging. Tatsächlich haben die Flecken ständig damit zu tun, ihre Interessen berührende Privatgesetze im Parlament zu betreiben oder zu bekämpfen. Das Verfahren ist kostspielig, bis 1872 hatte aber der Gemeinderat nicht das Recht, die Kosten aus öffentlichen Geldern zu bestreiten. Heutzutage können indessen die Kosten für Bekämpfung einer Vorlage stets aus dem Stadtsäckel bestritten werden, und dasselbe gilt beim Betreiben einer Vorlage, wenn das Lokalverwaltungsministerium seine Genehmigung erteilt

[1] Über die einschlägigen Einzelheiten vgl. die Kapitel über das Unterrichtswesen.

und die zu diesem Zweck zu einer Versammlung zusammenberufenen Kommunalwähler ihr Einverständnis erklären.[1]

Rechnungsprüfung.

Unter den dem Lokalverwaltungsministerium übertragenen Aufsichtsrechten befindet sich das Recht der Prüfung der Rechnungen nahezu aller Lokalbehörden mit Ausnahme der Gemeinderäte der Flecken. Diese Prüfung wird durch die Bezirksrechnungsprüfer, die von dem Ministerium ernannt werden, vorgenommen, und diese haben das Recht, jede nicht auf Gesetz beruhende Ausgabe zu beanstanden und sie denjenigen zur Last zu legen, die die Zahlung angeordnet haben. Dies nennt man das Recht der Versagung und der Zurlastlegung, wogegen es die Berufung an das Lokalverwaltungsministerium selbst gibt, das den Betrag niederschlagen kann, was in der Regel geschieht, wenn die Zahlung in gutem Glauben zu einem vernünftigen Zweck erfolgte.

Aber die Rechnungsprüfung des Lokalverwaltungsministeriums erstreckt sich nicht auf die Provinzflecken; die einzige gesetzliche Bestimmung über die Prüfung ihrer Rechnungen findet sich in dem Gesetz über die kommunalen Körperschaften von 1882 und besagt, daß drei Rechnungsprüfer vorhanden sein sollen, von denen zwei von den Bürgern gewählt werden, nicht im Gemeinderat sitzen dürfen und gewählte Rechnungsprüfer heißen, während der dritte vom Bürgermeister ernannt wird und daher der bürgermeisterliche Rechnungsprüfer genannt wird. Es ist nicht erforderlich, daß diese Männer berufsmäßige Rechnungsprüfer sind und für gewöhnlich sind sie es auch nicht. Ihre Wahl erregt sehr wenig Interesse, sie können keine wirklich gründliche Prüfung der Rechnungen vornehmen, kurz, man hat die ganze Einrichtung offenherzig als Farce bezeichnet. In den größeren Flecken werden allerdings wenigstens berufsmäßige Rechnungsprüfer regelmäßig vom Finanzausschuß oder von den Verwaltungsausschüssen der großen Verwaltungszweige verwandt, doch ist dies nicht obligatorisch und die Flecken sträuben sich stark dagegen, der Rechnungsprüfung des Lokalverwaltungsministeriums, von der sie übertriebene Scherereien befürchten, unterstellt zu werden. Es gibt eine Anzahl kleiner Ausgaben, die nicht streng gesetzlich sind, und etwa eine geringfügige Voraus-

[1] Gesetz über die Gemeindefonds von 1903, 3 Edw. VII., c. 14. Das Gemeindefondsgesetz von 1872, 35—36 Vic., c. 91 verlangte Genehmigung und Einverständnis sowohl bei Bekämpfung als bei Betreibung einer Vorlage, und zwar war das Einverständnis der Eigentümer und der Steuerzahler erforderlich, wobei die Stimmen nach dem Besitz der damals für die kleineren Kommunen üblichen Stufenfolge abgestuft waren.

bezahlung einer Gehaltserhöhung, die Ausschmückung der Stadt für den Besuch des Königs und vielleicht irgend eine kleine Schmauserei zum Gegenstande haben, die von den Rechnungsprüfern des Lokalverwaltungsamtes beanstandet und den betreffenden Beamten zur Last gelegt werden würden. Die zweite Kommission für die Kommunalbetriebe widmete dieser Angelegenheit ihre volle Aufmerksamkeit und berichtete, daß während in einer großen Anzahl von Fällen die Steuerzahler über die kommunalen Unternehmungen so genau unterrichtet seien wie die Aktienbesitzer einer gewöhnlichen Gesellschaft, es doch auch einige Beispiele für das Gegenteil gebe; sie machte daher den Vorschlag, daß die Flecken gehalten sein sollten, mit Zustimmung des Lokalverwaltungsamtes berufsmäßige Rechnungsprüfer zu bestellen, die den Dingen ordentlich auf den Grund gehen sollten.

Einnahmequellen.

Mit Ausnahme davon, daß die Armenunterstützung noch dem Armenverbande mit seinen Amtsvorstehern obliegt, und daß in den kleineren Städten die Gemeinden direkt von der Grafschaft zu gewissen mit dem Unterrichtswesen, der Polizei und anderen in diesen Städten von den Grafschaftsbehörden verwalteten Dingen zusammenhängenden Ausgaben herangezogen werden, liegt die gesamte Finanzverwaltung der Flecken ihrem eigenen Gemeinderat ob. Allerdings werden die Einnahmen und Ausgaben des Gemeinderates als solchen und in seiner Eigenschaft als lokale Gesundheitsbehörde ebenso wie die einschlägigen Befugnisse auseinander gehalten, aber diese Unterscheidung hat für unsere Zwecke keine Bedeutung. Es gibt einen Fleckenfonds und einen Bezirksfonds, und die Gemeindesteuer wird gesondert von der Bezirkssteuer umgelegt, wobei die Steuerermäßigungen für Eisenbahnen, Kanäle und landwirtschaftlich genutztes Land nicht übereinstimmen,[1] doch haben diese Unterschiede keine entscheidende Bedeutung für die kommunalen Finanzen.

Die Gemeindeeinnahmen setzen sich aus der Verzinsung des städtischen Grundbesitzes, aus Zöllen, Geldstrafen und Lizenzgebühren, aus den Überschüssen der gewerblichen Unternehmungen

[1] In städtischen Bezirken werden Eisenbahnen, Kanäle und nahezu alle landwirtschaftlich genutzten Grundstücke nur zu $^1/_4$ ihres Steuerwertes veranlagt, weil sie nur wenig Vorteil von den Aufwendungen für Gesundheitszwecke haben. Durch das auf Zeit beschlossene Gesetz über die landwirtschaftlichen Steuern von 1896, daß [durch Gesetze 1 Edw. VII., c. 13 und 5 Edw. VII., c. 8] verlängert wurde, wird alles sonstige landwirtschaftlich genutzte Land für alle kommunalen Zwecke nur zum halben Werte veranlagt, mit Ausnahme von ihm speziell zugute kommenden Steuern und die Einbuße der Kommune wird aus allgemeinen Staatsmitteln gedeckt.

wie der Gaswerke, Elektrizitätswerke u. dgl., aus Kommunalsteuern in Form von Zuschlägen, aus Zuschüssen der Staatsregierung und aus Anleihen zusammen. Manchmal besitzt ein Flecken erheblichen Grundbesitz und viele Gebäude. Beispielsweise bezieht Glasgow ein Einkommen von jährlich mehr als £ 50000 aus städtischem Grundbesitz, den man „das Gemeingut" nennt, und in einigen wenigen Orten wie z. B. Doncaster sind diese Einnahmen so groß, daß man überhaupt keine Kommunalsteuern zu erheben brauchte. Die nächste Einnahmequelle, von der Stadt erhobene Zölle, Geldstrafen, Lizenzgebühren u. dgl. werfen der Regel nach verhältnismäßig geringe Beträge ab, und die Überschüsse der gewerblichen Unternehmungen, die in den verschiedenen Gemeinden natürlich sehr verschieden sind, werden in dem Kapitel über die Kommunalbetriebe besprochen werden. Bleiben die drei allen Flecken zur Verfügung stehenden Haupteinnahmequellen der Steuern, der Anleihen und der Staatszuschüsse.

Kommunalsteuern.

Die englische Kommunalbesteuerung, durch welchen Verband sie auch erfolgt, beruht ausschließlich auf einer dem Inhaber von Grundbesitz auferlegten Steuer.[1] Anscheinend lag diese Beschränkung kaum im Sinne des elisabethinischen Gesetzes und an einigen Orten wurde früher auch das gewerbliche Kapitalvermögen zur Steuer herangezogen; das wurde aber 1840 gesetzlich verboten und seit dieser Zeit sind die Steuern nur von dem gegenwärtigen Besitz an Rechten am Grundbesitz erhoben worden.[2] Die Steuer wird auf den Inhaber und nicht auf den Eigentümer veranlagt, wenn letzterer nicht der Inhaber seines eigenen Grundstückes ist,[3] und ihre Grundlage bildet der jährliche Nettowert des Grundstückes nach seinen gegenwärtigen Verhältnissen. Zum jährlichen Nettowert gelangt man durch Schätzung des Bruttoertrages, den der Besitz abwirft oder nach vernünftiger Schätzung abwerfen könnte, nach Abzug der

[1] In Schottland ruht die Steuer zum Teil auf dem Inhaber und zum Teil auf dem Eigentümer, und der auf den letzteren veranlagte Teil muß der Regel nach bezahlt werden, ohne Rücksicht darauf, ob ein Inhaber vorhanden ist oder nicht.

[2] Zu den steuerbaren Rechten am Grundbesitz gehören außer Ländereien und Gebäuden auch Bergwerke, Zehnten und Jagd- und Fischereiberechtigungen.

[3] Der Eigentümer von Mietshäusern für kleine Leute übernimmt gewöhnlich die Bezahlung der Steuern seiner Mieter und kann hierzu angehalten werden. In solchen Fällen darf er einen Bruchteil der Steuer, die dem Inhaber zur Last fallen würde, abziehen, und ist zu einem ferneren Abzuge dann berechtigt, wenn er wegen der Mietshäuser ohne Rücksicht darauf ob sie bewohnt oder unbewohnt sind, zur Steuer veranlagt ist.

voraussichtlichen jährlichen Kosten für Reparaturen, Versicherung und sonstige Unterhaltungskosten hiervon, welch letzterer Betrag in den verschiedenen Städten zwischen $^1/_5$ und $^1/_{10}$ der Bruttorente schwankt.

Wirkungen auf unbebautes Land.

Man beachte, daß Grundbesitz oder Gebäude, die des Inhabers entbehren, überhaupt nicht zur Steuer herangezogen werden, und daß die Einschätzung von Land, das einen Inhaber hat, nicht seinen Kapitalwert oder seinen Verkaufswert, sondern seinen Ertragswert nach seiner gegenwärtigen Benutzung in Rechnung zieht, so daß ein Garten im Herzen einer Großstadt nur nach seinem Ertragswert als Garten besteuert wird. Tatsächlich wird er nach den Gesetzen über die öffentliche Gesundheitspflege nach dem allgemeinen Bezirkssatz für Gesundheitszwecke nur zu $^1/_4$ seines steuerbaren Wertes als Garten und nach dem Gesetz über die landwirtschaftlichen Steuern zu allen anderen Zwecken nur zur Hälfte jenes Wertes herangezogen. Auf diese Weise ermutigen die Steuergesetze zur Festhaltung von unbebautem Grund und Boden in den Städten oder ihren Vororten, und es ist gerade das Umgekehrte der Fall, wie es die Lehre von der kräftigen Besteuerung des unverdienten Wertzuwachses fordert. Insoweit die Besteuerung in Betracht kommt, kann sich jemand, der unbebautes, für Bauzwecke erforderliches Land besitzt, es leisten, dies unbebaut zu lassen, indem er entweder auf einen Wertzuwachs mit der zunehmenden Größe der Stadt spekuliert, oder sich den Luxus eines Gartens an seinem Hause leistet. Auf diesen Umstand in Verbindung mit dem langsamen Fortschritt, den man bis ganz vor kurzem mit dem städtischen Schnellverkehrswesen machte, ist unzweifelhaft die Zusammenpferchung in den Städten zum großen Teil zurückzuführen. Der plötzliche Übergang von kompakten Häuservierteln in freies Feld, der, wenn auch weniger hervortretend wie früher, doch noch für die meisten englischen Städte kennzeichnend ist, steht in starkem Gegensatz zu dem Halbschatten vereinzelter Wohnhäuser, die sich in Amerika erst näher, dann immer weiter voneinander weit ins Land hineinziehen.

Die Kommission von 1896.

Seit einiger Zeit wurden Klagen laut über die Art und Weise der Kommunalbesteuerung, die teils damit begründet wurden, daß sie dazu führe, den Grundbesitz nicht auf den Markt kommen zu lassen und teils sich auf die Ansicht stützten, daß der Grundbesitzer den ihm zukommenden Teil an den Lasten nicht trage. 1896 wurde eine königliche Kommission zur Untersuchung der ganzen Frage eingesetzt, und ihre Berichte bilden eine Fundgrube des Wissens.

Sie befassen sich zum großen Teil mit dem Verhältnis der Staatsfinanzen zu den Kommunalfinanzen, unterscheiden nutzbringende Ausgaben, wo die Last im Verhältnis zum Vorteil getragen werden muß, und lästige Ausgaben, die je nach der Leistungsfähigkeit getragen werden müssen, und daher nicht wohl aus Grundsteuern allein gedeckt werden können und erörtern des Längeren den Bruchteil jeder dieser Gattungen von Lasten, die man dem landwirtschaftlichen und dem städtischen Grundbesitz zur Last legen kann. In ihrem Schlußbericht erörtert die Kommission die Besteuerung der Baustellenwerte und kommt zu dem Schlusse, daß eine besondere Einschätzung des Jahreswertes von Baustellen und Gebäuden schwierig, die Erhebung einer besonderen Zusatzsteuer auf die Baustelle ungerecht und ein Versuch, unbebautes Land nach seinem Kapitalwert heranzuziehen, ein falsches Bestreben sein würde, in ein auf gänzlich verschiedener Grundlage aufgebautes Steuersystem einen neuen Gedanken zu bringen. Diesen letzteren Standpunkt teilten auch die fünf Mitglieder, die einen besonderen Minderheitsbericht über die Baustellenwerte erstatteten. Diese Mitglieder sprachen sich indessen dafür aus, daß Baustellen und Gebäude besonders veranlagt würden und zwar die ersteren zu einem höheren Satze und traten unter Verwerfung der vorgeschlagenen, auf dem Kapitalwert beruhenden Steuer für unbebaute Grundstücke dafür ein, daß aller derartige Grundbesitz, der zur unmittelbaren Bebauung vergeben werden soll oder vergeben werden könnte, nach dem Ertrage veranlagt würde, den er in diesem Falle abwerfen würde.

Der Grundbesitz ist in England ein geheiligtes Erbe, das nur selten zum Verkauf steht. In Stadt und Land sind nur wenige Leute freie Eigentümer des von ihnen bewohnten Hauses, weite Flächen städtischen Grundbesitzes gehören Pairs oder anderen reichen Leuten, die sie auf lange Zeit vertragsmäßig zur Benutzung überlassen, die aber niemals auf den Gedanken kommen würden, auch nur ein einziges Haus vollständig zu veräußern — und dies macht sich besonders in den Städten bemerkbar, die in neuerer Zeit entstanden sind. Daher denkt und spricht der Engländer der Regel nach nicht von dem Kapitalwert, sondern von dem Ertragswert des Landes und letzterer gilt als leicht zu ermitteln. Man kann kaum sagen, daß der Grundbesitz einen Marktwert habe, und dem Vorschlag, ihn als Kapital zu versteuern, begegnet man mit der Antwort, daß es richtiger sein würde, ihn nach dem tatsächlichen Ertrage, den er abwirft, als nach einem problematischen Preise, den er im Verkaufsfalle vielleicht bringen würde, zu besteuern.

Die Staatsregierung hat seit langer Zeit die Kommunen durch Zuschüsse des Schatzamtes unterstützt, und zwar zum Teil zur Erleichterung der Steuerzahler und zum Teil zur Anspornung der kommunalen Tätigkeit durch an bestimmte Leistungen geknüpfte Zuwendungen. Hinsichtlich der Einnahmequellen wurde die Materie durch das Lokalverwaltungsgesetz von 1888 vereinfacht, das an Stelle der Jahresbewilligungen des Parlaments ständige Zuschüsse aus dem Ertrage spezieller Steuern setzte. Es handelte sich um einen Teil der Einkünfte aus der Erbschaftssteuer und den gesamten Nettoertrag der Lizenzgebühren für den Verkauf von Spirituosen, für den Gewerbebetrieb eines Versteigerers, eines Tabakhändlers, eines Pfandverleihers usw. oder für den Besitz von Wappenschildern, Wagen, männlichen Dienstboten, Hunden und Schußwaffen. 1890 kamen gewisse Zusatzsteuern für Spirituosen und Bier hinzu und 1894 trat eine neue Erbschaftssteuer an Stelle der früheren. Die Gelder werden an die Grafschaften und eigene Grafschaften bildenden Flecken gezahlt und in dem sogenannten Schatzkammer-Beitragskonto (Exchequer Contribution Account) gebucht. Ein Teil hiervon wird von diesen Körperschaften direkt verausgabt und der Rest wird von ihnen an die kleineren Kommunalverbände verteilt. Aber während das neue System die Einnahmequellen änderte, veränderte es die Zwecke der Bewilligungen nicht, die nach wie vor einen buntscheckigen Charakter tragen, und zu denen u. a. ein Teil der Kosten der Beamten von Armenverbänden, die Fürsorge für arme Geisteskranke, eine Hälfte der Gehälter der Medizinalbeamten und -Inspektoren, und eine Hälfte der Löhnung und Bekleidung der Polizeibeamten gehört. Außer dem Schatzkammer-Beitragskonto, das sich für das Vereinigte Königreich jährlich auf ungefähr 10 Millionen Pfund beläuft, gewährt die Staatsregierung einen noch höheren Beitrag für das öffentliche Unterrichtswesen, der sich insgesamt auf ungefähr $^1/_4$ der durch Kommunalsteuern aufgebrachten Summe beläuft. Ferner hat die Regierung seit 1896 einen weiteren besonderen, dem landwirtschaftlichen Grundbesitze zugute kommenden Zuschuß gewährt. Staatliche Zuschüsse.

Die für dauernde öffentliche Verbesserungen in Gestalt von Gebäuden, Kanalanlagen, Wasserwerken, Parks und dgl. erforderlichen Gelder sind so bedeutend, daß diesen Aufgaben heutzutage keine Stadt gerecht werden kann, ohne Geld in erheblichem Betrage zu entlehnen und diese Notwendigkeit tritt noch mehr da hervor, wo die Gemeinde die Versorgung ihrer Bewohner mit Bequemlichkeiten wie Gas, Elektrizität und Verkehrsmitteln übernimmt. Es Anleihen.

sind daher Bestimmungen über die Aufnahme von Anleihen unter Oberaufsicht der Landesregierung getroffen worden. Z. B. kann ein Flecken unter Zustimmung des Schatzamtes Gelder zur Errichtung öffentlicher Gebäude aufnehmen. Als örtliche Gesundheitsbehörden können die Flecken mit Genehmigung des Lokalverwaltungsministeriums zur Durchführung der Ziele des Gesetzes über die öffentliche Gesundheitspflege Anleihen aufnehmen, und tatsächlich enthält jedes Gesetz, das dem Gemeinderat Obliegenheiten überträgt, Bestimmungen über die zu ihrer Verrichtung erforderlichen Anleihen. Und das Parlament ist noch weiter gegangen. Es hat sich selbst als Darleiher in großem Stile aufgetan, indem es das Amt der Kommissare für Anleihen zu gemeinnützigen Zwecken (board of Public Works Loan Commissioners) schuf und mit großen Summen zur Ausleihung an die Kommunen ausstattete. 1887 beliefen sich diese Gelder auf mehr als 37 Millionen Pfund und sie werden ständig durch neue Zuwendungen aus den Fonds der Staatsschuldenkommissare vermehrt.

Die Anleihen der Kommunen erfordern nicht nur stets die Zustimmung einer der obersten Staatsbehörden, sondern es sind auch sorgfältige Bestimmungen über die Rückzahlung getroffen worden. Es muß ein Tilgungsfonds vorgesehen werden, der die Schuld in längstens 60 Jahren tilgt[1], und hierüber kommt es fortgesetzt zu Streitigkeiten zwischen dem Lokalverwaltungsamt und den Gemeinderäten, weil das erstere auf einer kurzen Tilgungsfrist besteht, während die letzteren es beanstanden, daß hierdurch die gegenwärtigen Steuerzahler in übertriebener Weise für Verbesserungen belastet werden, die in der Hauptsache künftigen Geschlechtern zugute kommen. Hierin liegt einer der Gründe, warum die Flecken, die spezielle Privilegien erstreben, häufig den Weg der Privatvorlage vor dem der einstweiligen Verordnung bevorzugen, denn sie hoffen von einer Privatgesetzkommission günstigere Bedingungen zu erlangen als von einer Staatsbehörde.

Anleihen können gesetzlicher Bestimmung gemäß nur für dauernde Anlagen aufgenommen werden, und es besteht die Vorschrift, daß die auf Grund des Gesetzes über die öffentliche Gesundheitspflege aufgenommenen Anleihen ihrem Gesamtbetrag nach den steuerbaren Wert für 2 Jahre, d. h. den doppelten Reinertrag alles Grundbesitzes in der Gemeinde nicht übersteigen sollen. Aber das

---

[1] Die Tilgungszeit beträgt mangels anderweiter Bestimmungen des betreffenden Gesetzes nur 20 Jahre. Für Zwecke von Arbeiterwohnungen beläuft sich das Maximum jetzt auf 80 Jahre.

Lokalverwaltungsministerium kann Ausnahmen von dieser Regel zulassen, und sie erstreckt sich nicht auf alle Anleihen, die eine Gemeinde aufnehmen kann, speziell nicht auf die durch besondere Lokalgesetze zugelassenen. Tatsächlich ist die Kommunalschuld Englands im letzten halben Jahrhundert lawinenartig angewachsen.

Schnelle Zunahme der Steuersätze.

Man könnte annehmen, daß sich, da die Kommunalsteuern dem Innehaber obliegen, im Gemeinwesen Bestrebungen geltend machen würden, die Ausgaben zu beschränken, und dies ist auch in den ländlichen Bezirken, wo die Steuern von dem Landmann drückend empfunden werden, der Fall. Aber in den Städten verhält sich dies anders und zwar unzweifelhaft teilweise deshalb, weil die Hauswirte die Steuern der ärmeren Klassen, die einen starken Bruchteil der Wähler bilden, bezahlen.[1] Odgers sagt: „Niemand müht sich mehr ab als ein Engländer, um Geld zu machen, und doch läßt sich niemand es geduldiger gefallen, daß ihm sein Geld abgenommen wird. Der gewöhnliche Steuerzahler betrachtet eine Erhöhung seiner Steuern im gleichen Lichte wie eine Vermehrung der Regenfälle. Über beides schimpft er, aber in keinem Falle bekümmert er sich um die Gründe, und sieht das eine als so unabänderlich an wie das andere".[2] Sicherlich haben die Steuerzahler in ganz England nicht genügend Interesse gezeigt, um zahlreich an die Wahlurne zu treten, und soweit ein Ausländer ein Urteil gewinnen kann, verurteilte man bis zu den letzten Wahlen in London überwiegend die kommunale Sparsamkeit, was natürlich zu einer allmählichen Steigerung der Ausgaben führte.

Die dauernde Steigerung von Steuern und Anleihen hat seit längerer Zeit Aufmerksamkeit erregt und zu ausführlichen parlamentarischen Berichten geführt. Von diesen sind zwei besonders bemerkenswert und zwar die von Goschen 1871 und von Fowler 1893 erstatteten. Aus diesen Berichten ergibt sich, daß die in England und Wales durch Kommunalsteuern aufgebrachte Gesamtsumme vom Anfang des Jahrhunderts bis ungefähr 1817 eine Steigerung aufwies und sodann größtenteils infolge der Reform der Armengesetze im Jahre 1834 bis nahezu zur Mitte des Jahrhunderts herabging, um von da an wiederum in ständig beschleunigtem Tempo zu steigen. Doch belastete der erhöhte Kommunalsteuergesamtbetrag wegen der Zunahme des Wohlstandes und der Bevölkerung des

---

[1] Der Stadtsekretär von Birmingham Smith schätzte, daß 70 oder 75 % der Kommunalwähler der Stadt compound householders seien, deren Steuern vom Hauswirt bezahlt würden.

[2] „Local Government", S. 30–31.

Landes und der dadurch bedingten Steigerung des jährlichen Nettoertrages des Grundbesitzes eine Zeitlang die Steuerzahler nicht erheblich mehr. Tatsächlich sank die Durchschnittszahl der Schillinge, die auf das Pfund an Steuern erhoben wurde, sehr erheblich und war 1841 nicht viel mehr als halb so hoch wie im Jahre 1803. Um die Mitte des Jahrhunderts begann der Durchschnittssatz, wenn auch zuerst nicht sehr schnell zu steigen, und belief sich 1891 auf 3 s. 8 d. gegenüber 4 s. $5^1/_4$ d. im Jahre 1803 und 2 s. 7 d. im Jahre 1841. Natürlich vollzog sich dieser Umschwung nicht überall gleichmäßig. Die Kosten der Kommunalverwaltung waren in den Städten viel schneller gewachsen als auf dem Lande, und während der steuerbare Wert bis 1891 in den ländlichen Distrikten schneller wuchs als die Ausgaben, vermehrten sich in den städtischen Bezirken die Ausgaben schneller als der steuerbare Wert, und zwar trotz der enormen Vermehrung des letzteren. Seit dem Fowlerschen Bericht sind sowohl Ausgaben wie Steuern in rapidem Tempo gewachsen. In den 12 Jahren von 1889/90 bis 1901/02 stiegen die Ausgaben der Kommunen in England und Wales ohne Anleihen von 48 Millionen Pfund auf 87 Millionen Pfund und der Durchschnittssteuersatz von 3 s. 8,2 d. auf 5 s. 3,8 d. pro Pfund.

Steigen der Kommunalschulden.

Die Gesamthöhe der Kommunalschulden hielt hiermit gleichen Schritt. 1874/75 belief sie sich auf 92 Millionen Pfund, 1889/90 auf nahezu 200 Millionen und 1901/02 betrug sie 343 Millionen Pfund, d. h. nahezu die Hälfte der gesamten Staatsschuld, wovon nur ungefähr die Hälfte auf Unternehmungen entfällt, von denen man einen Ertrag erwarten kann. Die herrschende Tendenz erhellt deutlich aus einer kleinen, alljährlich im Bericht des Lokalverwaltungsministeriums wiedergegebenen Tabelle. Aus dieser ergibt sich, daß sich von 1874/75 bis 1901/02 die Bevölkerung von England und Wales um 37 %, der steuerbare Wert des Besitzes um 61 %, der Gesamtbetrag der durch Kommunalsteuern aufgebrachten Mittel um 141 %, die ausstehenden Anleihen um 270 % und die Zuschüsse aus der Staatskasse zu Kommunalzwecken um 645 % vermehrten.

Gegenwärtige Steuerlast.

Natürlich hat sich das Anwachsen der Steuern und Schulden stärker in den Flecken als in den Landbezirken bemerkbar gemacht und sicherlich ist die Steuerlast in den englischen Städten heutzutage nicht gering.[1] Um hierüber ein klares Urteil zu gewinnen,

[1] Für einige Zwecke ist der Höchstbetrag der Steuern begrenzt. So dürfen die Sätze nach dem Gesetz über den technischen Unterricht und dem Gesetz über die öffentlichen Büchereien in keinem Falle einen Penny auf das Pfund übersteigen, und eine ähnliche Grenze ist Ausgaben nach dem Gesetz über die

hat der Verfasser einen Vergleich mit den Verhältnissen seiner Heimatstadt Boston versucht, die der Regel nach keine der am schlechtesten verwalteten amerikanischen Städte, aber vielleicht die extravaganteste von ihnen ist. Auf den ersten Blick scheint hier jeder gemeinsame Maßstab zu fehlen, weil die englischen Steuersätze allein auf den Ertragswert des Landes gelegt sind, während in Amerika die Kommunalsteuern auf dem Kapitalwert des Grundbesitzes und des persönlichen Besitzes ruhen. Aber tatsächlich ist der Teil der Kommunalausgaben, der vom Grundbesitz aufgebracht wird, in beiden Fällen so ziemlich der gleiche. Im Jahre 1902/03 wurden $75^1/_2$ % des gesamten aus Abgaben fließenden Einkommens der eigene Grafschaften bildenden Flecken von England und Wales durch Steuern aufgebracht[1], während in Boston 1903 die Grundbesitzsteuer $73^1/_2$ % der städtischen Einnahmen lieferte.[2] Ein Vergleich der auf dem Grundbesitz in diesen Orten ruhenden Lasten gibt also ein richtiges Bild von dem relativen Druck der Kommunalbesteuerung. Nun betrug der gesamte Durchschnittssatz in den eigene Grafschaften bildenden Flecken damals 6 s. 10,6 d. auf das Pfund oder $34^1/_3$ % des reinen Ertragswertes. Dagegen belief sich in Boston die Steuer auf den Kapitalwert des Grundbesitzes nach Abzug der ja offensichtlich keine Kommunalsteuer bildenden Staatssteuer auf 14,134 Dollar auf je 1000 Dollar, was der Belastung in den englischen Grafschaftsflecken entsprechen würde, wenn der durchschnittliche Reinertrag in Boston nach Abzug der Steuern und Reparaturkosten $4^1/_4$ % des Kapitalwertes betrüge, was gewiß kein hoher Satz ist. Der Vergleich stimmt nicht genau, weil Land ohne Innehaber in England nicht zur Steuer herangezogen wird und eine

---

Museen und Gymnasien gezogen. Das Unterrichtsgesetz von 1902 bestimmt die Grenze bei Bürgerschulen in Flecken, die keine eigenen Grafschaften bilden, auf einen Penny und für Grafschaftsräte auf 2 Pence. Aber diese Bestimmungen sind Ausnahmebestimmungen und haben keine sehr große Bedeutung.

[1] Aus dem Bericht des Lokalverwaltungsministeriums erhellt, daß die Einnahmen der eigene Grafschaften bildenden Flecken aus Zöllen, Geldstrafen usw. £ 373,122 betrugen, während das Schatzkammerbeitragskonto sich einschließlich der Zuschüsse für Polizeizwecke auf £ 1,653964 belief. Der vom Schatzamt zu öffentlichen Unterrichtszwecken in den eigene Grafschaften bildenden Flecken gezahlte Betrag ist nirgends ersichtlich; wenn wir aber annehmen, daß die Zuschüsse im Verhältnis zur Bevölkerung erfolgt sind, erhielten diese Flecken £ 2709074. Diese 3 Beträge machen zusammen £ 4718220 gegenüber Steuereinnahmen im Betrage von £ 14442836 aus.

[2] Die übrigen Einnahmen fließen aus der Steuer auf persönlichen Besitz, aus der Gesellschafts-, Bank- und Wahlsteuer und aus Lizenzgebühren.

Steuerherabsetzung eintritt, wenn der Hauswirt für den Mieter zahlt, während Land ohne daraufstehende Gebäude sehr wenig bezahlt. Doch scheint es, als ob die Kommunalsteuerlast in Boston nicht sehr verschieden von der des durchschnittlichen Grafschaftsfleckens ist, und sie ist vermutlich geringer als in den größeren englischen Städten, wo der Steuersatz gewöhnlich höher ist als in den kleineren Städten.[1]

Leistungen der Kommunalverwaltung.

Wer mit einiger Genauigkeit die relativen Vorzüge einer Verwaltung schildern will, muß entweder eine bewunderungswürdige Kenntnis der Sache nach allen Richtungen hin besitzen oder sich stark auf oberflächliche Eindrücke verlassen. Das erste, was einem Amerikaner in England auffällt, ist die vorzügliche Pflasterung der Straßen, und wenn man auch manchmal Klagen hierüber in einer Provinzstadt hört, liefert dies mehr den Beweis für die Gewöhnung des Publikums an hohe Ansprüche als für wirkliche wesentliche Mängel. Die Straßen sind ferner gut beleuchtet, und werden ziemlich rein gehalten, wobei sich das Klima hinderlich erweist. Die Regelung des Straßenverkehrs durch die Polizei ist besonders in London überraschend gut, und im übrigen wird die öffentliche Ordnung im ganzen gut aufrecht erhalten, obgleich die zahlreichen, unter freiem Himmel begangenen Mordtaten Jacks des Aufschlitzers vor 20 Jahren unzweifelhaft gewisse Mängel in den ärmeren Teilen der Hauptstadt verrieten. Auch der hier und da mangelhafte Schutz von Streikbrechern vor Gewalttätigkeiten bildet einen schwachen Punkt, wie er bedauerlicherweise in vielen Ländern nur zu häufig ist. Daß die Polizei nicht überall und insbesondere bei Durchführung der Schankkonzessionsgesetze der Korruption gänzlich un-

---

[1] Die Steuersätze von 1906 in den größten Flecken von England und Wales waren folgende: Birmingham 7 s. 4 d.; Bradford 8 s. 4 d.; Bristol 7 s. 10 d.; Kingston-upon-Hull 7 s. $10^1/_2$ d.; Leeds 8 s. 8 d.; Liverpool 7 s. $8^7/_8$ d.; Manchester 8 s. $0^1/_5$ d.; Nottingham 7 s. 6 d.; Sheffield über 8 s. (in diesem Falle gibt das Kommunaljahrbuch die Armensteuer nicht an, Flecken- und Bezirkssteuersätze beliefen sich zusammen auf 6 s. $6^1/_2$ d.); West Ham 10 s. 8 d. In den verschiedenen Gemeinden, aus denen die Grafschaft London besteht, sind die Steuersätze sehr verschieden. Nur in einem Falle betrugen sie 1906 weniger als 6 s. In den meisten Gemeinden überstiegen sie 7 s., in vielen Fällen 8 s., in mehreren 9 s. und in den 3 Gemeinden von Poplar betrugen sie 12 s. Auch in Boston haben sich die Steuern vermehrt. Für dieses selbe Jahr 1906 betrug der Steuersatz nach Abzug der reinen Staatssteuer 14,89 Dollar auf Tausend Dollar Kapitalwert, was auf der Grundlage eines durchschnittlichen Reinertrages von nur $4^1/_4$ % von allem Grundbesitz einem englischen Satze von 7 Schilling auf das Pfund entsprechen würde.

zugänglich gewesen ist, ist sicher richtig[1], und vor wenigen Jahren erlebte Manchester in dieser Hinsicht einen bösen Skandal.[2] Ferner werden sehr häufig Beschwerden über die üblen Wirkungen laut, die es hat, daß an Brauereien oder Schankstätten interessierte Leute Mitglieder des Ausschusses für die öffentliche Sicherheit sind.[3]

Die Wasserversorgung und die Kanalisation der britischen Städte ist gut, wie schon die Tatsache ergibt, daß die Sterblichkeitsziffer, wenn auch nicht außerordentlich niedrig, doch im Vergleich mit anderen modern verwalteten Städten keineswegs hoch ist. Andererseits ist die Zusammendrängung von Menschen in engen Quartieren noch derart, daß sie eine physische und moralische Gefahr für das Gemeinwesen bedeutet, und man kann sich dem Eindruck nicht verschließen, daß dieser Übelstand, wenn man seinen Ursachen richtiger und schärfer auf den Leib rückte, sehr erheblich vermindert werden könnte. Das öffentliche Unterrichtswesen, das sich vor 40 Jahren in einem äußerst erbärmlichen Zustand befand, ist jetzt in gutem Stande und verbessert sich ständig. Sehr viel ist auch für Dinge getan worden, die man mehr als Luxus als als notwendiges Zubehör des städtischen Lebens betrachten muß, wie für Parks und freie Plätze, für Büchereien, Bäder und Waschhäuser, obgleich auch gesagt werden muß, daß, abgesehen von den letztgenannten, das Erreichte zwar gut, aber nicht hervorragend ist. Bis vor ganz wenigen Jahren waren Schnellverkehr und elektrische Beleuchtung sehr zurück, und zwar hauptsächlich deshalb, weil man sich nicht über die Frage, ob hier die Kommunen oder Private eintreten sollten, einigen konnte. Doch muß die Erörteruug dieser Frage dem Kapitel über die Kommunalbetriebe vorbehalten bleiben.

Wenn man eine allgemeine Ansicht ausdrücken will, ohne daß diese zu ernst genommen zu werden verdient, so möchte man sagen, daß die englische Kommunalverwaltung heutzutage durchaus ihren Aufgaben gewachsen, ordentlich und praktisch ist, ohne Hervorragendes zu leisten. Es finden sich einige auffallende Mängel und

---

[1] Der Minderheitsbericht der Kommission für die Schankkonzessionsgesetze spielt auf einige dieser Fälle an.

[2] J. S. Dugdale, Q. C., untersuchte diese Angelegenheit und berichtete darüber; das gesammelte Material ist im Druck erschienen.

[3] Sowohl die Mehrheit wie die Minderheit der Kommission für die Schankkonzessionsgesetze schlug vor, daß solche Leute von der Mitgliedschaft in diesem Ausschuß ausgeschlossen sein sollten und die Minderheit sprach sich dahin aus, daß der in Frage stehende Übelstand sich zu einem üblen Skandal ausgewachsen habe.

einige ganz besondere Erfolge, einige wenige Fehlschläge, die der Welt Lektionen darüber liefern, wie man es nicht machen soll, und einige wenige große Errungenschaften, deren Nachahmung die Welt versuchen wird.

Fehlen der Korruption.

Die englischen Städte haben sich im allgemeinen besonders frei von Korruption gehalten. Wer Skandalen nachspürt, kann sie natürlich finden, wie bei allen Berufen, so hoch auch ihr allgemeiner Charakter sein mag, denn es ist unmöglich, die gelegentliche Wahl eines unehrlichen Mannes zu verhindern, der die Möglichkeit finden mag, Unehrlichkeiten zu begehen. Ab und zu kamen Verträge ans Licht, an denen ein Mitglied des Gemeinderates interessiert war, und einer dieser Fälle kam noch rechtzeitig zutage, um die Wahl eines Ratsherrn einer großen Stadt zum Bürgermeister zu verhindern. Auch sind Fälle des Mißbrauchs politischer Macht bei Gemeinderäten und manchmal bei Beamten vorgekommen, aber nur selten und in kleinem Umfange. Nichts was an systematische Korruption erinnert, hat bestanden, wenn nicht etwa die Vereinigung von Mißwirtschaft und Mißbrauch politischer Macht, wie sie kürzlich in Poplar enthüllt wurde, hierzu gezählt werden darf.[1]

Beschäftigung von Arbeitern.

Dasselbe gilt von den Mißbräuchen, die mit den kommunalen Arbeiterverhältnissen zusammenhängen. An einigen Orten empfehlen die Gemeinderatsmitglieder Arbeiter zur Beschäftigung — wenn auch mehr aus persönlichen als aus politischen Motiven —, und gelegentlich ist man hierin so weit gegangen, daß es zu einem Übelstand wurde, der Regel nach aber scheinen sich derartige Einflüsse nicht ernstlich geltend zu machen, und häufig haben sie so geringes

---

[1] Nach dem amtlichen Bericht Davys (in der Times vom 9. November 1906) vermehrte sich die Zahl der öffentliche Armenunterstützung empfangenden Personen in 13 Jahren um das Fünffache und zwar anscheinend hauptsächlich infolge einer sozialistischen Politik. Die Unterstützung wurde ohne jedes Arbeitszeugnis gewährt, und dies führte zu einer kolossalen Vermehrung der verausgabten Summen, bis das Lokalverwaltungsministerium eine Untersuchung anordnete, infolge deren die Zahl der Armen plötzlich auf die Hälfte sank. Leute, die über 60 Jahre alt waren, erhielten Unterstützungen ohne Rücksicht auf die Einkünfte der anderen Familienmitglieder, und einer der fortschrittlichen Armenvorsteher gab es zu, daß die Armensteuern wirklich zu Alterspensionen verwandt worden seien. Die Bewohner der Armenhäuser lebten in bisher ungekannter Üppigkeit und erhielten unter medizinischem Vorwande Bier geliefert, was aber bei Einleitung der Untersuchung eingestellt wurde. Es kamen auch Geschäftchen bei Verschaffung von Verträgen und einige Fälle der Bestechung ans Tageslicht.

Seit dieses Kapitel niedergeschrieben wurde, sind in West Ham 1907 Skandale ans Licht der Öffentlichkeit gekommen.

Gewicht, daß der ständige Beamte an der Spitze eines Verwaltungszweiges sie unbeachtet lassen kann. Gewöhnlich hat er auch bei Entlassung der Arbeiter wegen Unfähigkeit, Ungehorsam und Faulheit freie Hand, obgleich man auch auf Fälle stößt, wo die Arbeiter von den Gemeinderäten geschützt werden, und diese die Entlassung vor den Ausschuß oder selbst vor den Gemeinderat bringen. Die Freiheit, die ein Beamter hierin genießt, hängt natürlich zum großen Teil von seiner Persönlichkeit ab, und manchmal herrscht bei zwei Verwaltungszweigen derselben Stadt eine verschiedene Praxis. Dinge, wie planmäßige Anstellung von Arbeitern zur Unterstützung der Wahlaussichten einer Partei oder einer Persönlichkeit scheinen indessen nahezu, wenn nicht gänzlich unbekannt zu sein. Die Gefahr liegt hier in der Höhe der gezahlten Löhne. Wenn sie erheblich höher sind als jemand bei Privatunternehmungen für gleiche Dienste erhält, wird die Beschäftigung im Dienste der Stadt zu einem Privileg, das mit ziemlicher Sicherheit zum Beutesystem führt. Nun haben die Flecken bisher der Regel nach wenn überhaupt wenig mehr als die Marktsätze bezahlt. Die Löhne werden in England, speziell in den größeren Städten, in hohem Grade durch die Gewerkvereine bestimmt, und in vielen Orten ist es gebräuchlich, den Gewerkvereins- oder Durchschnittslohnsatz zu zahlen. Die Ortsstatuten einiger Gemeinden bestimmen sogar, daß diese Sätze von allen für die Stadt tätigen Unternehmern bezahlt werden sollen, und einmal trieb der Londoner Grafschaftsrat, geleitet von dem Wunsche, sich als Muster eines Arbeitgebers aufzuspielen, diese Politik so weit, daß er damit die besten Unternehmer von der Abgabe von Geboten abschreckte.

Löhne.

Wenn aber auch die Gemeinden keine wesentlich höheren Löhne als Privatfirmen zahlen, so ist die Behandlung der Arbeiter häufig besser und man hört häufig von der Schwierigkeit sprechen, eine volle Tagesleistung zu erzielen. Ohne formelles Vorgehen der Gewerkvereine hat die Politik der Arbeiter in England die Tendenz gezeigt, die Tagesarbeit zu vermindern, um die Nachfrage nach Arbeitern zu vermehren. Ganz besonders ist dies bei den Maurern hervorgetreten, bei denen die Zahl der vermauerten Ziegelsteine in äußerst überraschender Weise abgenommen hat. Diese Tendenz tritt im öffentlichen Dienste noch stärker als im Dienste von Privaten hervor, und man hat sie hier und da als „Kommunaltendenz" („corporation stroke") bezeichnet.

Geleistete Arbeit.

Bisher hat dies noch keinen sehr beängstigenden Umfang angenommen, aber es liegt darin eine Gefahr, die bedrohlich werden kann, wenn die städtischen Arbeiter sich zusammentun, um die

Die darin liegende Gefahr.

Wahlen zu machen und ihre eigene Lage zu verbessern. Abgesehen vielleicht von West Ham, zur Zeit als es unter der Herrschaft der Sozialisten stand, ist dies noch nicht vorgekommen, aber bei der kolossalen Vermehrung der Zahl der beschäftigten Leute ist es sicherlich möglich geworden, und viele Leute sind der Ansicht, daß den städtischen Arbeitern das Stimmrecht entzogen werden solle, wie dies bei den Staatseisenbahnen der Kolonie Viktoria zum Teil durchgeführt ist.[1] In den letzten Jahren hat die Zahl der Arbeitervertreter in den Gemeinderäten zugenommen, und obgleich sie sich im allgemeinen des Rufes erfreuen, intelligente und gewissenhafte Gemeinderäte zu sein, sehen sie doch die Dinge, wenn sie auch nicht als Sprecher der kommunalen Angestellten gewählt sind, mehr vom Gesichtspunkt ihrer eigenen Klasse als lediglich vom Standpunkte des Gemeinwohls an. Während sie als Vermittler zwischen Gemeinderat und Arbeitern gute Dienste leisten und unverständige Ansprüche der Arbeiter abwehren, sind sie doch schließlich Vertreter der Gewerkvereine und neigen als solche dazu, ihren Einfluß zugunsten höherer Löhne oder kürzerer Arbeitszeit in die Wagschale zu werfen.

Abnehmende Qualität der Gemeinderäte.

Es haben sich nicht nur die Arbeitermitglieder der Gemeinderäte vermehrt, sondern es hat sich auch im ganzen die Qualität der in den Gemeinderat gewählten Leute verschlechtert. Dies gilt nicht überall. In einigen Orten hört man, daß keine Veränderung wahrnehmbar ist. Aber man vernimmt oft, daß die Stadt ihr Emporblühen dem Wirken großer, im Gemeinderat tätiger Kaufleute verdanke und daß solche Leute heutzutage überhaupt nicht mehr oder doch viel weniger als in früheren Tagen in den Gemeinderat hineinkommen. Tatsächlich kann es nicht zweifelhaft sein, daß die Durchschnittsqualität der Gemeinderäte sich verschlechtert hat. Die reichen Leute, großen Unternehmer und führenden Bürger sind allmählich durch Leute ersetzt worden, die vielleicht ebensoviel Interesse an öffentlichen Angelegenheiten und ebenso gute Absichten besitzen, deren Erfahrungen aber nicht so weit reichen und sich auf ein engeres Gebiet beschränken. Dies liegt zum Teil an der gesellschaftlichen Zentralisation, der Anziehungskraft, die London ausübt, und der Abnahme des Interesses an provinziellen Dingen. Es liegt auch an der Art und Weise, in der sich die Wahlkämpfe in den

---

[1] Die Eisenbahnangestellten verloren dort ihr Wahlrecht in den gewöhnlichen Wahlkreisen und erhielten einige wenige eigene Vertreter, so daß sie die anderen Abgeordneten nicht direkt beeinflussen können.

Flecken abspielen. Viele Leute, die sehr gern ihre Zeit dem Gemeinderat opfern würden, schrecken vor einer Wahl zurück, bei der sie sich einzuschmeicheln versuchen müssen und bei der über sie von der Tribüne herab oder in der Presse unangenehme Dinge gesagt werden. Die parlamentarischen Kämpfe beschränken sich zum großen Teil auf eine gesellschaftliche Schicht und der Preis ist lockend; aber beides gilt nicht von den Gemeinderäten. Es ist das alte Lied von der Demokratie, die sich nicht den geeigneten Mann für das öffentliche Amt aussucht, sondern diesen um die Betätigungsmöglichkeit im öffentlichen Dienst kämpfen läßt; und wo dies wie in den englischen Flecken keine Aussichten auf politisches Vorwärtskommen eröffnet, gehört hierzu eine besonders ausgeprägte Bürgertugend.

Gründe der guten Erfolge.

Nach all der Kritik der englischen Kommunalverwaltung kann niemand bestreiten, daß sie, trotzdem die führenden Bürger im gewissen Grade davon abgeschreckt sind, an ihr sich aktiv zu beteiligen, bemerkenswert rein und gut geleitet ist. Ihre guten Seiten scheinen hauptsächlich auf drei Gründe zurückzuführen zu sein. Der erste liegt in der Art der Wähler, der Erstreckung des Wahlrechtes auf Vorortbewohner, die ihren Geschäften in der Stadt nachgehen, und hiermit verbunden der Bereitwilligkeit der Wähler, Leute, die nicht in ihrem Bezirk wohnen, zu wählen. Der zweite Grund ist die Einrichtung der Ratsherren, die jemandem, der der Stadt treue Dienste geleistet und Erfahrungen in Kommunalsachen erworben hat, das Verbleiben im Gemeinderat ohne das Erfordernis einer Neuwahl gestattet. Auf diese Weise werden, wie man hört, dem Flecken viele wertvolle Gemeinderäte erhalten, die sich einem erneuten Wahlkampf nicht unterziehen würden. So hat man eine Anzahl der älteren Gemeinderatsmitglieder davon zurückgehalten, ins Privatleben zurückzutreten, und selbst wenn diese bei ihrer ersten Wahl nicht gerade die stärksten waren, so haben sie sich doch eine bedeutende Stellung erworben, sind stolz auf den guten Namen ihrer Stadt geworden, und spinnen die Verwaltungstraditionen fort.

Der dritte Grund liegt in der Stellung der ständigen Beamten. Ihre Berufsmäßigkeit sichert ihre guten Leistungen und ihr Verschwinden vor der Öffentlichkeit schützt sie vor der Versuchung, sich billigen Ruhm zu erwerben, wie ihre Lebenslänglichkeit sie davor bewahrt, persönliche Vorteile zu gewähren, um sich die Stellung zu sichern. Sie führen die laufende Verwaltung, regen in den meisten Fällen Neuerungen an und stellen ein Bollwerk der Unbestechlichkeit dar. Ein unehrliches Gemeinderatsmitglied kann die

Stadt kaum betrügen oder aus Verträgen rechtswidrigen Vorteil ziehen, ohne daß ihn dabei ein Beamter unterstützt, der noch gewichtigere Gründe dafür hat, ehrlich zu bleiben. Der erstere riskiert, wenn er keine Selbstachtung besitzt, außer dem Abschluß seiner Karriere im Gemeinderat, wenig, aber der Beamte würde ruiniert sein, wenn die Sache herauskommt. Er würde sicherlich seinen Posten verlieren und kaum je eine andere Stelle erhalten, die ihm seinen Lebensunterhalt gewährt. Es ist in der Tat bei einem Gemeinderat, unter dessen Mitgliedern einige ein ziemlich weites Gewissen besaßen, vorgekommen, daß die Beamten mit dem Stadtsekretär an ihrer Spitze zusammengehalten haben und mit Erfolg unreellen Manipulationen gegenübergetreten sind.

Zweiundvierzigstes Kapitel.

London.

Die Kommunalverwaltung der Hauptstadt hat während des 19. Jahrhunderts ein ähnliches Chaos von Bezirken, Behörden und Steuern wie das übrige Land durchlaufen, und wenn dies weniger absichtlich herbeigeführt wurde, sondern mehr den Charakter einer ererbten Krankheit trug, äußerte es sich in schwererer Weise und die Genesung war nicht so vollständig. London verdankt sein enormes Anwachsen zwei verschiedenen Gründen, die sich gleich stark in keiner anderen modernen Stadt zusammenfinden. Es ist seit langer Zeit ein großer kommerzieller und politischer Mittelpunkt gewesen, der durch die Vereinigung der alten Handelsstadt London mit der Landeshauptstadt in Westminster zu einer Metropole gebildet wurde. Um diese beiden Brennpunkte herum hat sich eine mächtige Stadt entwickelt, die sich mit ihren mannigfaltigen Erwerbsarten und sozialen Betätigungen im ganzen mehr an bestimmten Plätzen konzentriert als dies bei den meisten anderen großen Städten der Fall ist. Aber die politische Organisation hat keineswegs Schritt mit der sozialen Entwicklung gehalten, und lange nachdem London eine große Stadt geworden war, wurde es weiter von einer Anzahl ganz gesonderter Lokalbehörden verwaltet, von denen viele für die Verwaltung rein ländlicher Gemeinwesen bestimmt waren, und die sämtlich keiner Zentralbehörde unterstanden.

Neuere Geschichte der Verwaltung Londons.

Der erste wichtige Schritt zu einer einheitlichen Verwaltung gemeinsamer Angelegenheiten bestand in der Bildung der hauptstädtischen Polizei durch Sir Robert Peel im Jahre 1829, deren Angehörige heute noch nach ihrem Gründer den Spitznamen „bobbies" oder „peelers" tragen. Hierin lag keineswegs eine Gewährung von Selbstverwaltung, denn die Polizei wurde, wie sie dies auch bis zum heutigen Tage geblieben ist, einem dem Ministerium des Innern direkt untergeordneten Amte unterstellt. Auch war ihr Wirkungskreis keineswegs allumfassend, da die alte City ständig ihre eigene gesonderte Polizei behielt.

Die hauptstädtische Polizei.

Das hauptstädtische Arbeitsamt.

Der nächste Schritt wurde 1855 getan und war hauptsächlich eine Folge der sich auf das Gesundheitswesen richtenden Aufmerksamkeit, des schreienden Bedürfnisses nach Kanalisation und der offenbaren Unmöglichkeit, Hauptkanäle ohne eine Zentralbehörde zu schaffen. In jenem Jahre wurde das hauptstädtische Arbeitsamt (Metropolitan Board of Works) errichtet, dessen Zuständigkeit den Bau von Hauptkanälen, die Verbesserung der Straßen und Brücken, die Leitung der Feuerwehr und die Ausübung einiger anderer Aufgaben umfaßte, die von Zeit zu Zeit erweitert wurden.[1] Sein Bezirk umfaßte das ganze damalige Stadtgebiet, aber die Zuständigkeit des Amtes war eng umgrenzt, indem die anderen Kommunalaufgaben zahlreichen Kommunalbehörden überlassen blieben oder in ihre Hand gelegt wurden. Dies war die alte Citykorporation, nahezu 30 Gemeinderäte für ebensoviele große Stadtabteilungen, mehr als ein Dutzend Bezirks- und andere Ämter (boards) für Gruppen kleinerer Gemeinden, und hiermit nicht ganz zusammenfallend einige 30 Armenräte und andere Sonderbehörden.

Das hauptstädtische Arbeitsamt schuf viel Gutes. Es begann und vollendete beinahe ein Kanalisationssystem, das, wenn auch nicht vollkommen, doch im wesentlichen unverändert geblieben ist. Es schuf den größeren Teil der Themsekais und legte eine Anzahl neuer Straßen aus, um dem Verkehr in den überlasteten Straßen Raum zu schaffen. Aber das Arbeitsamt war auf einer später für falsch erklärten Idee aufgebaut. Statt daß es direkt vom Volke erwählt wurde, wurden seine 46 Mitglieder von der Citykorporation und den verschiedenen Gemeinderäten und Bezirksämtern gewählt. Nun war das allgemeine Interesse an den Gemeinderäten und den Ämtern so gering, daß nach einiger Zeit der Prozentsatz der an den Wahlen hierfür teilnehmenden Wähler lächerlich gering war. Das Arbeitsamt gelangte in die Gewalt untergeordneter Leute, sank in der öffentlichen Achtung und verlor schließlich die öffentliche Achtung gänzlich durch die Aufdeckung von unlauteren Geschäftchen, bei denen einige seiner Beamten und wenigstens zwei seiner Mitglieder widerrechtliche Vorteile aus Grundstückstransaktionen gezogen hatten. Dies fiel gerade in die Zeit, als das Parlament dabei war, auf Wahlen beruhende Grafschaftsräte in ganz England einzuführen, und London wurde in dieses System miteinbezogen.

---

[1] Über die Geschichte dieses Board vgl. Sinzheimer, „Der Londoner Grafschaftsrat.“

Das Gesetz von 1888 schaffte das hauptstädtische Arbeitsamt ab und übertrug seine Zuständigkeit auf den neuen Londoner Grafschaftsrat, dem es ferner mit einigen Ausnahmen zugunsten der City, die dem Grafschaftsrat in anderen Grafschaften obliegenden Geschäfte überwies. Der — später als die Londoner Verwaltungsgrafschaft bezeichnete — Zuständigkeitsbezirk des Grafschaftsrates, war identisch mit dem des Arbeitsamtes und ist bis auf den heutigen Tag nahezu unverändert geblieben, obgleich sich die städtische Bevölkerung jetzt weit über jene Grenzen hinaus ausgebreitet hat. Am auffallendsten ist ja bei der Bewegung der Londoner Bevölkerung die ständige Abnahme der Bewohner in allen zentralen Bezirken gewesen; dagegen findet sich das rascheste Anwachsen in dem außerhalb der Verwaltungsgrafschaft, aber innerhalb der Grenzen des weit größeren Bezirkes der hauptstädtischen Polizei belegenen Gebiet, das in der Statistik „Der äußere Ring Groß-Londons" genannt wird. Bei der Volkszählung von 1901 besaß die Verwaltungsgrafschaft mit ihren 118 Quadratmeilen eine Bevölkerung von 4536541 Seelen, während das der hauptstädtischen und Citypolizei unterstehende Groß-London mit seinen 693 Quadratmeilen 6581372 Seelen zählte; so wohnt also fast $^1/_3$ der Bewohner der Hauptstadt gegenwärtig außerhalb der Verwaltungsgrafschaft. Errichtung des Grafschaftsrates.

Das Gesetz von 1888 änderte die bestehenden Gemeinderäte und Bezirksämter nicht, doch wurde die Ansicht allgemein, daß eine weitere Reorganisation erforderlich sei, und diese Ansicht wurde verstärkt durch den Umstand, daß nicht alle Gemeinderäte einen fleckenlosen Ruf genossen. Man war im allgemeinen der Meinung, daß London bei seiner enormen Größe nicht gleich anderen Städten einer Einzelbehörde unterstellt werden könnte und daß seine Verwaltung in Form eines Verbandes organisiert werden müsse; und die Kommission für die Verschmelzung von London, die 1894 von dem liberalen Ministerium bestellt wurde, war gleicher Ansicht. Doch bestand zwischen den politischen Parteien eine Meinungsverschiedenheit über zwei Punkte; nämlich über die Machtfülle, die man dem damals von den Fortschrittlern beherrschten Grafschaftsrat übertragen sollte und über die Frage, inwieweit man es bei den alten Privilegien der in der Hand der Konservativen befindlichen City belassen sollte. Das liberale Kabinett schied aus dem Amte, bevor es seine Ansichten zur Geltung bringen konnte, und die Sache wurde dann von den Konservativen aufgenommen. Ihre Politik fand ihren Ausdrnck in dem Gesetz über die Verwaltung Londons von 1899, das die Privilegien der City unberührt ließ und die übrige Bildung der Londoner Flecken (boroughs).

Grafschaft in 28 teils alte, teils neue Bezirke der Lokalverwaltung darstellende, sämtlich aber mit neuen Zuständigkeiten und behördlichen Organen ausgestattete Flecken einteilte. Seit dieser Zeit ist 1902 ein neues hauptstädtisches Wasserversorgungsamt errichtet worden und 1903 wurde das Schulamt abgeschafft und seine Zuständigkeit auf den Grafschaftsrat übertragen.

Heute bestehende Behörden.

Gegenwärtig wird London durch den Grafschaftsrat und das hauptstädtische Asylamt, deren Zuständigkeit sich auf die ganze Verwaltungsgrafschaft erstreckt, die hauptstädtischen Polizeikommissare, deren Machtbereich zwar die City nicht mitumfaßt, sich aber weit über die Grafschaftsgrenzen erstreckt, das hauptstädtische Wasserversorgungsamt und das Themse- und Lea-Schutzamt, deren Zuständigkeit ebenfalls keineswegs durch die Grafschaftsgrenzen begrenzt wird, die Citykorporationen und die Gemeinderäte der 28 hauptstädtischen Flecken, deren Machtbereich sich mit Ausnahme gewisser Rechte der City auf ihre eigenen Grenzen beschränkt, 31 Armenbehörden, deren Bezirke nicht notwendig mit irgendwelchen anderen zusammenfallen, zwei Krankenhausämtern und vier Armenbezirksämtern, die gemeinschaftlich von gewissen Armenämtern bestellt werden, und schließlich von einer großen Anzahl alter Gemeinderäte (vestrics) der City, deren Zuständigkeit bedeutungslos ist, verwaltet.

Die Londoner City.

Bei weitem die malerischste aller Kommunen Englands ist die Londoner City, die in ihrem Lord Mayors-Gepränge und den Banketts ihrer Gilden sich den Prunk früherer Zeiten mehr als irgend eine andere erhalten hat und die einzige ist, die in ihrer Verwaltung noch eine gewisse Ähnlichkeit mit früheren Tagen bewahrt hat. Teils wegen ihres Alters, teils wegen des sehr großen Reichtums einiger von ihnen, aber hauptsächlich deshalb, weil ein zu großer Teil ihrer Einkünfte in verschwenderischer Weise zu prunkvollen Festen verwandt wurde, statt zu öffentlichen Zwecken zu dienen, sind die Gilden von radikalen Reformern scharf kritisiert worden, und beständig wurden Vorschläge laut, ihre Privilegien abzuschaffen und die City gemeinsamen für die ganze Hauptstadt zu bildenden Instanzen zu unterstellen.

Doch gibt es einen Grund, der eine abweichende Verwaltung der Londoner City gegenüber allen anderen Orten rechtfertigt. Sie ist keine gewöhnliche Stadt, die im Interesse ihrer Einwohner verwaltet wird. Sie zählt nur wenige Einwohner[1], und diese haben ständig abgenommen. Im Anfang des 19. Jahrhunderts belief sich

---

[1] D. h. Leute, die dort wohnen und schlafen.

ihre Zahl auf 128000. 100 Jahre später aber ergab die Volkszählung von 1901, daß sie sich auf weniger als 27000 vermindert hatte. Überdies besteht natürlich ein großer Teil dieser Einwohner aus Pförtnern oder Haushütern mit ihren Familien, die lediglich zu dem Zwecke engagiert sind, dort zu wohnen, um anderer Leute Eigentum zu bewachen. Die eine Quadratmeile, die die City ausfüllt, ist der finanzielle Mittelpunkt der Welt und wird in ehrwürdigen Formen von den Leuten verwaltet, die dort ihren Geschäften nachgehen; denn obgleich die Gilden noch gewisse imposante politische Rechte besitzen, ruht die Verwaltung der City tatsächlich bei den Vertretern der Leute, die dort über Räumlichkeiten für gewerbliche Zwecke verfügen, ohne daß es darauf ankommt, ob sie Mitglieder einer Gilde sind.

Die Londoner Gilden oder Zünfte, wie man sie gemeinhin nennt, sind ein Überbleibsel aus der Zeit, wo der maßgebende Einfluß im gewerblichen Leben und der Kommunalverwaltung auf der Grundlage der verschiedenen Berufsstände beruhte. Sie zerfallen jetzt in 12 größere und 67 kleinere Gesellschaften und zu ihnen gehören u. a die alten Kaufmanns- und Handelsgilden. Einige von ihnen besitzen in London und anderswo großen Grundbesitz und verwenden jetzt einen erheblichen Teil ihrer Einkünfte zu Unterrichts- und anderen Zwecken, insbesondere für den technischen Unterricht. Früher hatten die Gilden tatsächlich die Kommunalverwaltung in ihrer Hand, und bis 1867 konnte niemand mitstimmen, der nicht einer von ihnen angehörte. Heute ist das aber nicht mehr der Fall, da die Zahl der Wähler dreimal so groß wie die der Mitglieder der Gilden ist, und die Zunftbürger, die noch das Recht besitzen, zum Parlament mitzuwählen, besitzen als solche heute das kommunale Wahlrecht nicht mehr. Gemeinschaftlich haben die Zunftbürger, wenn sie mit dem Bürgermeister, den Sheriffs und Ratsherren im Court of Common Hall zusammentreten, einige wenige Aufgaben, deren Bedeutung größer scheint als sie ist. Sie wählen die Sheriffs, den Kämmerer oder Schatzmeister der Stadt, zwei Brückenmeister, vier Rechnungsrevisoren, die alle zusammen keine große Bedeutung haben, und schlagen zwei Kandidaten für das Amt des Lord Mayors vor, von denen die Ratsherren einen erwählen. Aber das Bürgermeisteramt ist keine Stellung von großer Bedeutung für die Verwaltung, und die Benennung von Kandidaten für diesen Posten beschränkt sich praktisch auf Ratsherren, die den Posten nicht bereits bekleidet haben. Ferner hat der Court of Common Hall keinen Einfluß auf die Wahl der Ratsherren, und da der Bürger- Die Gilden.

meister sehr selten wiedergewählt wird, so kann jeder Ratsherr, gegen den keine besonderen Bedenken vorliegen, ziemlich sicher sein, wenn die Reihe an ihn kommt, den Posten zu erlangen, so daß dieses Vorschlagsrecht von gar keiner großen Bedeutung ist.

Der Lord Mayor.

Die wirkliche Verwaltung der City liegt in der Hand des Lord Mayor, des Ratsherrenkollegiums (Court of Aldermen) und des Gemeinderates (Court of Common Council). Der Lord Mayor ist die dekorativste Gestalt im englischen Kommunalleben, dessen Stellung keineswegs billig zu stehen kommt, da er das Mansion-House bewohnt, einen Gehalt von jährlich £ 10000 erhält und wesentlich mehr verausgabt. Als oberster Beamter der City hat er eine erhebliche richterliche Tätigkeit, die tatsächlich wichtiger ist als seine Verwaltungsaufgaben, denn obgleich er Vorsitzender aller drei städtischen Kollegien (courts) oder Räte (councils) und Titularinhaber einiger anderer Stellungen ist, so ist doch sein wirklicher Anteil an der Verwaltung anscheinend kein großer.

Die Ratsherren.

Die Ratsherren, deren Zahl einschließlich des Bürgermeisters 26 beträgt, werden auf Lebenszeit von den Wählern der einzelnen Bezirke gewählt[1], und da das Wahlrecht für alle Kommunalwahlen in der City das gleiche ist, so wird es hier zweckmäßig geschildert werden. Es ist durch ein Privatgesetz von 1867 geregelt und steht allen Hausvätern, die ihren Wohnsitz im Bezirk haben, und allen Innehabern eines gesonderten Gebäudeteiles im Jahreswerte von £ 10 ohne Rücksicht auf Wohnsitz im Bezirk zu.[2] Da es nur wenige Mieter von Wohnhäusern gibt, und das Dienstverhältniswahlrecht — d. h. das Wahlrecht durch Innehabung vermöge Anstellung — keine Anwendung findet, setzt sich die Wählerschaft hauptsächlich aus den Leuten zusammen, die Bureaus zu Geschäftszwecken mieten. Die so gewählten Ratsherren haben gleich dem Bürgermeister richterliche Aufgaben, aber hiervon abgesehen besitzen sie als Sonderbehörde nur geringe Zuständigkeiten auf dem Gebiete der Verwaltung, die über die den Friedensrichtern in den Grafschaften noch gebliebenen hinausgehen; insbesondere entscheiden sie über die

---

[1] Es gibt 26 Bezirke, von denen zwei zusammen einen Ratsherrn wählen, während ein Mitglied des Kollegiums zur Vertretung des imaginären Bezirkes Bridge Without, der gegenwärtig nicht zur City gehört, gewählt wird.

[2] Sir John Evans sagte bei seiner Vernehmung vor der Kommission für die Verschmelzung von London, daß dieses Gesetz kumulativer Natur sei und Freibürger nicht vom Wahlrecht ausschlösse, die das Wahlrecht bereits als Innehaber von Grundstücken von weniger als £ 10 Jahreswert besäßen, daß es aber nur sehr wenige solche Freibürger gäbe.

Erteilung von Schankkonzessionen. Sie sind indessen Mitglieder des Gemeinderates, der den wirklichen Mittelpunkt der Stadtverwaltung darstellt.[1]

Der Gemeinderat. Der Gemeinderat (common council) besteht aus dem Bürgermeister, den Ratsherren und 206 Stadtverordneten, welch letztere alljährlich von den Bezirken entsprechend ihrer Bedeutung neu gewählt werden. Wahlkämpfe sind in Wirklichkeit selten und werden nie nach der Parteizugehörigkeit geführt, und die Konservativen besitzen natürlich eine überwältigende Mehrheit in der Wählerschaft. Wie bei allen englischen Kommunen spielt sich die Tätigkeit des Gemeinderates in den Ausschüssen mit Hilfe eines Heeres ständiger Beamten ab, von denen einer, der Polizeikommissar, eine ungewöhnliche Stellung einnimmt, denn er hat absolut freie Hand in der Ernennung seiner Untergebenen und aller Polizeiorgane.

Rechte der City. Die City ist unabhängiger von übergeordneten Instanzen als andere Teile der Metropole. Anders wie das übrige London besitzt sie eine eigene Polizei, und ist in einer Reihe von Dingen, für die der Londoner Grafschaftsrat in der übrigen Grafschaft zuständig ist — beispielsweise Brückenwesen, Straßenverkehr und Straßenbesserung, Leichenbeschauer für unnatürliche Todesfälle, Asyle, Reformschulen, gesundheitsgefährliche Bezirke, Wohnungsversorgung der Arbeiterklassen, anstößige Gewerbe und verschiedenes andere — dem Grafschaftsrat nicht unterstellt. Aber die City untersteht nicht ausschließlich der Verwaltung ihrer eigenen Korporation. Sie untersteht dem Grafschaftsrat in einer Anzahl von Sachen, die mit Hauptkanälen, Trambahnen, Feuerwehr, Anlegung und Erweiterung von Straßen, oberirdischen Drähten, öffentlichen Unterricht und einigen anderen Dingen geringerer Bedeutung zu tun haben. Seit dem Gesetz von 1902 fällt die City auch unter die Zuständigkeit des neuen hauptstädtischen Wasserversorgungsamtes. Aber im übrigen besitzt die Citykorporation alle Rechte eines eine eigene Grafschaft bildenden Fleckens innerhalb ihres Bezirkes, und, was von größerer Bedeutung ist, ihre Zuständigkeit erstreckt sich in einigen Fällen über ihre Grenzen hinaus. So hat sie nach altem Privilegium mit wenigen Ausnahmen das ausschließliche Recht, im siebenmeiligen Umkreis Märkte abzuhalten, und nach einem späteren Gesetz ist sie die Gesundheitsbehörde für den Londoner Hafen.

---

[1] Viele der wichtigsten kommunalen Aufgaben, wie z. B. die Pflasterung und Unterhaltung der Straßen waren früher der Kanalisationskommission übertragen, gingen aber 1897 gesetzlich auf den Gemeinderat über.

Die City bildet einen eigenen Armenverband und wählt einen Armenrat zu seiner Verwaltung.

Steuerdruck.

Man könnte meinen, daß der geschäftliche Mittelpunkt einer großen Stadt, der sich für einen Kommunalverwaltungsbezirk bildet, im Vergleich mit dem Kapitalwert innerhalb seiner Grenzen sehr geringe Ausgaben haben und die Steuerlast dementsprechend gering sein würde. Tatsächlich macht der steuerbare Wert der Londoner City mehr als $^1/_9$ des steuerbaren Wertes der ganzen Verwaltungsgrafschaft aus. Doch sind die Steuersätze nicht anormal niedrig, denn außer ihren ordentlichen Ausgaben macht die Korporation einige Aufwendungen für allgemeine Unterrichts- und Wohltätigkeitszwecke, und was von größerer Bedeutung ist, die Steuern in den verschiedenen Teilen der Grafschaft sind mittels dreier zu diesem Zwecke ins Leben gerufener Fonds einander mehr angenähert worden als dies sonst der Fall sein würde. Die Fonds werden teils aus den Staatszuschüssen zur Kommunalbesteuerung und teils durch einheitliche Grafschaftssteuern gespeist und für Armenunterstützungszwecke verausgabt oder auf die örtlichen Bezirke auf Grundlage der Bevölkerung verteilt.[1] Im Ergebnis belief sich daher 1905—1906 die Steuer in der City auf 6 s. $9^1/_2$ d. gegenüber einem Durchschnittssatze von 7 s. 5 d. in der ganzen Grafschaft.

Die Londoner Flecken.

Wenn wir uns von der Londoner City zu der übrigen Metropole wenden, bedeutet dies den Übergang von der ganz alten Stadt zu der ganz neuen. Das Gesetz über die Verwaltung Londons von 1899 vereinfachte mit einem Schlage die Verwaltung des Gebietes der Hauptstadt durch Ersetzung der verschiedenen Gemeinderäte und Lokalinstanzen durch 28 Flecken mit einheitlicher Organisation

---

[1] Der erste dieser Fonds ist der 1867 geschaffene Gemeinschaftliche Armenfonds. Er wird nach einem einheitlichen Steuersatze erboben und zur Bestreitung gewisser Ausgaben für das Armenwesen, die Eintragung der Wähler und das Impfwesen verwandt, die ganz außer Verhältnis zu dem steuerbaren Wert erwachsen. Sodann werden nach dem Lokalverwaltungsgesetz von 1888 andere ähnliche Ausgaben aus dem Schatzkammerbeitragskonto bestritten, das zur Erleichterung der Kommunalbesteuerung geschaffen wurde und in London dazu verwandt wird, die Kommunalsteuern auszugleichen. Drittens wird nach einem Londoner (Steuerausgleichungs-) Gesetz von 1894 ein Satz von 6 pence auf das Pfund in der ganzen Grafschaft London erhoben, und auf die Kommunalbezirke auf der Grundlage der Bevölkerung für Zwecke der öffentlichen Gesundheitspflege, der Beleuchtung und der Straßenunterhaltung verteilt. 1903 und 1904 bewirkten diese drei Fonds eine Erhöhung der Steuern in der City um mehr als einen Schilling und drückten den Steuersatz in einigen Gemeinden anderer Teile der Hauptstadt um mehr als zwei Schillinge herab.

und Zuständigkeit. Man machte keinen ernsthaften Versuch, diese gleich groß zu gestalten und wirklich war zu der Zeit des Ergehens des Gesetzes einer dieser Flecken fünfmal so volksreich als ein anderer. Unter gewissen die Bezirke der neuen Flecken fast überall abrundenden Grenzberichtigungen waren 17 dieser Flecken mit den größeren bestehenden Gemeinden oder Bezirken identisch, ein halbes Dutzend wurde aus Parlamentswahlkreisen gebildet und die übrigen wurden aus einer Reihe kleinerer Gemeinden zusammengestellt. Nach dem allgemeinen Muster der englischen Flecken und Grafschaften wurde die Verwaltung der neuen hauptstädtischen Flecken in die Hand eines aus dem Bürgermeister, den Ratsherren und Stadtverordneten bestehenden Gemeinderates gelegt. Die Ratsherren bilden aber wie im Londoner Grafschaftsrat nur $^1/_6$ statt $^1/_3$ der Zahl der (gewählten) Stadtverordneten, und um es zu verhindern, daß sich eine Partei mit ihrer Hilfe dauernd die Mehrheit sichert, verbot man ihnen entsprechend dem Rechtszustande bei allen Grafschaftsräten bei den Ratsherrenwahlen mitzustimmen.[1]

Das Wahlrecht.

Das Londoner Wahlrecht für den Grafschaftsrat, die Gemeinderäte der Flecken und die Armenräte ist jetzt das gleiche und umfaßt im wesentlichen alle die Leute, die nach irgend einem bestehenden parlamentarischen oder kommunalen Wahlrecht wahlberechtigt sind. Danach sind also auch verheiratete Frauen, soweit deren Gatten nicht das Wahlrecht auf Grund desselben Besitzes genießen, stimmberechtigt, wobei darauf hingewiesen werden mag, daß das Gesetz von 1899 für einige begeisterte Anhänger des Frauenstimmrechtes ein großer Schmerz war. Frauen konnten in die früheren Londoner Gemeinderäte gewählt werden, aber in den Gesetzentwurf, der sie durch hauptstädtische Flecken ersetzte, fügte das Haus der Lords eine Bestimmung ein, die die Frauen aus den Gemeinderäten ausschloß, und ungalanterweise gab das Unterhaus hierin nach. Wenige Jahre später beraubte sie die Abschaffung der englischen Schulräte (school boards) einer weiteren Möglichkeit,

[1] Ebenso wie in den Flecken aber anders als in den Grafschaften sollte in jedem Jahre $^1/_3$ der Stadtverordneten ausscheiden, falls nicht das Lokalverwaltungsministerium auf Nachsuchen des Gemeinderates die Anordnung trifft, daß die Amtszeit aller Stadtverordneten gemeinschaftlich nach drei Jahren abläuft, und diese Abänderung wurde merkwürdigerweise auf fast einstimmiges Verlangen der Gemeinderäte eingeführt. Wie in den Provinzialflecken finden die Wahlen am 1. November statt und die dreijährigen Perioden begannen 1900.

sich im Dienste des Gemeinwesens zu betätigen[1], und ließ ihnen beinahe zu keinem bedeutenden öffentlichen Amte Zutritt. Diese Enttäuschung für die fehdelustigeren Damen hielt an, bis ein Gesetz von 1907 ihnen die Tore aller Grafschaftsräte und Gemeinderäte der Flecken erschloß.

Amtsbereich der Flecken.

Für die meisten Leser ist es zwecklos, die den hauptstädtischen Gemeinderäten übertragenen Funktionen aufzuzählen. Ein gründliches Bescheidwissen in diesen Mysterien ist die Hauptquelle der Macht der Stadtsekretäre und kann nur durch eingehendes Studium mancher verborgenen Gesetze gewonnen werden. Die neuen Flecken erhielten die Gesamtzuständigkeit der Gemeinderäte und Lokalinstanzen, an deren Stelle sie traten, nebst einem Teil der bisherigen Zuständigkeit des Londoner Grafschaftsrates; und das Lokalverwaltungsministerium ist befugt, auf Antrag des Grafschaftsrates und einer Mehrheit der Gemeinderäte der Flecken die Zuständigkeit dieser Behörden im einzelnen anderweit zu regeln. Im allgemeinen kann man sagen, daß den Flecken die Fürsorge für die Straßenunterhaltung, für die Kanalisation (mit Ausnahme der Hauptkanäle) und für alle die übrigen sonst von Flecken verwalteten Angelegenheiten mit Ausnahme der bereits in einem früheren Paragraphen erwähnten, dem Grafschaftsrat vorbehaltenen Sachen obliegt.[2] Auf einigen Gebieten haben beide Körperschaften eine konkurrierende Zuständigkeit. Das wichtigste hierher gehörige Gebiet ist das der Errichtung von Wohnhäusern für die Arbeiterbevölkerung, denn der größere Teil der Flecken und ebenso der Grafschaftsrat haben sich in gewissem Grade auf Maßnahmen zur Beschaffung von Wohnungen von Stadt wegen eingelassen. Ferner unterliegen die Rechnungen der hauptstädtischen Flecken ebenso wie die aller Grafschaftsräte einschließlich des Londoner Grafschaftsrates aber abweichend von den Provinzialflecken der Prüfung des Lokalverwaltungsministeriums.

Erhöhung der Steuern.

Die hauptstädtischen Flecken bestehen noch kaum lange genug, um ihre Bewährung bereits beurteilen zu können, doch kann kein Zweifel darüber bestehen, daß die durchschnittlichen Steuern Gesamt-

---

[1] Rogers über Wahlen, 17. Ausg. Bd. III S. 20 behauptet, daß sie das passive Wahlrecht zu den Schulräten gesetzlich nicht besaßen, das entsprach aber nicht der allgemeinen Ansicht, und in Wirklichkeit wurden sie beständig gewählt.

[2] Nach einer Bestimmung des Gesetzes über die hauptstädtische Verwaltung von 1855, 18—19 Vic., c. 120, § 183, das noch unter der heutigen Instanzenorganisation Anwendung findet, bedürfen Anleihen der hauptstädtischen Flecken der Genehmigung des Londoner Grafschaftsrates.

Londons sich von 6 s. 2,7 d. im Jahre vor dem Inslebentreten der neuen Flecken auf 7 s. 5 d. im Jahre 1905—1906 erhöht haben. Ungefähr 3 Schillinge des gegenwärtigen Satzes und mehr als die Hälfte der Steigerung sind indessen auf Ausgaben des Grafschaftsrates zurückzuführen.[1] Überdies haben sich die Kommunalsteuern in ganz England vermehrt und sie wiesen in London bereits eine Steigerung auf, bevor die neuen Gemeinderäte errichtet wurden. In einigen Teilen der Hauptstadt ist die Vermehrung allerdings beängstigend. In Poplar, einem Arbeiterbezirk im Osten Londons, belief sich die Erhöhung seit Bestehen des Gemeinderates auf mehr als 3 Schillinge für das Pfund und es kam dort zu üblen Skandalen; aber die Verschwendung, die in Poplar ans Licht kam, war das Werk des Armenrates und nicht des Gemeinderates. Auch kann man die Londoner Steuererhöhung nicht ganz einer Partei zur Last legen, denn obgleich sie der Regel nach in den Flecken, in denen die Gemäßigten den Gemeinderat beherrschten, weniger scharf hervortrat, gilt dies doch nicht allgemein. Nichtsdestoweniger hat das Anwachsen der Steuerlast eine politische Wirkung gehabt.

Bei den ersten Wahlen in den neuen Flecken im Jahre 1900, die in die Zeit der allgemeinen Parlamentswahlen während der Erregung über den südafrikanischen Krieg fielen, erlangten die Gemäßigten die Mehrheit in zwei Dritteln der Gemeinderäte. 1903 hielten sich die Parteien ungefähr die Wage mit einer kleinen Neigung der Wagschale zugunsten der Fortschrittler; aber im Jahre 1906 veranlaßten die Erhöhung der Steuern, die Skandale in Poplar, das unglückliche Experiment des Londoner Grafschaftsrates mit den Themse-Dampfboten, sowie die Furcht vor weiterer kommunaler gewerblicher Betätigung und anderen sozialistischen Tendenzen einen scharfen Umschwung der öffentlichen Meinung. Eine kriegerische Partei trat unter dem Namen „Kommunalreformer“ auf, sog die Partei der Gemäßigten auf und errang bei den Wahlen einen überwältigenden Sieg. Sie erlangte in 23 Gemeinderäten die Mehrheit, während in nur dreien die Fortschrittler die Macht behielten.[2]

---

[1] Einschließlich des Unterrichtswesens, wo die Steigerung am rapidesten vor sich gegangen ist.

[2] Und zwar in Battersea, Bethnal Green und Hammersmith, von denen letzteres bis dahin in der Hand der Gemäßigten gewesen war. In Stoke Newington wurden Unabhängige wieder gewählt und in Hackney bildeten diese das Zünglein an der Wage.

Zentralbehörden.

Die außer dem Londoner Grafschaftsrat vorhandenen Zentralbehörden bedürfen für unsere Zwecke nur kurzer Erwähnung. Das hauptstädtische Asylamt, von dessen Mitgliedern 18 vom Lokalverwaltungsministerium ernannt werden, während die übrigen 55 von den verschiedenen Armenräten gewählt werden, unterhält Hospitäler für Gebrechliche und für ansteckende Krankheiten, einen Ambulanzdienst und ein Schulschiff. Die Mitglieder der Schutzämter für Themse und Lea, die für die Schiffahrt auf diesen Flüssen und für ihren Schutz gegen Verunreinigung zuständig sind, werden von verschiedenen Grafschaftsräten, Regierungsressorts und anderen öffentlichen und privaten Vereinen und Körperschaften ernannt, die ein Interesse an ihrem Wirken haben.

Das hauptstädtische Wasseramt.

Eine weit neuere Einrichtung ähnlicher Art ist das durch ein Gesetz von 1902 geschaffene hauptstädtische Wasseramt. Bis dahin war die Wasserversorgung Londons durch 8 Privatgesellschaften erfolgt, was sich aber nicht bewährt hatte und wenn auch manches mit der Zeit besser geworden war, war man doch allgemein der Ansicht, daß die Wasserversorgung einheitlich in der Hand einer öffentlichen Behörde liegen müsse. Der Londoner Grafschaftsrat oder vielmehr die fortschrittliche Mehrheit dieser Körperschaft wollte sie durchaus selbst übernehmen; aber die konservative Regierung entschloß sich in ihrer Abneigung gegen die radikalen Tendenzen des Grafschaftsrates zu einem anderen Vorgehen. Das Gesetz sah eine aus 65 Mitgliedern bestehende Behörde vor, von denen 14 vom Londoner Grafschaftsrat und die übrigen von den Verwaltungskörperschaften der hauptstädtischen Flecken und der verschiedenen Grafschaften, Flecken und Bezirke, die außerhalb der Verwaltungsgrafschaft aber innerhalb des Versorgungsgebietes liegen,[1] bestellt wurden. Es wurden Schiedsrichter ernannt zur Bestimmung des den Gesellschaften für ihr Eigentum und ihre Rechte zu zahlenden Preises, und das Wasserversorgungsamt liefert jetzt mehr als 6 Millionen Menschen, die sich auf ein Gebiet von mehr als 500 Quadratmeilen verteilen, Wasser.

[1] Die Behörde enthält auch Vertreter der Schutzämter für Themse und Lea.

Dreiundvierzigstes Kapitel.

Der Londoner Grafschaftsrat.

Die interessanteste Körperschaft Londons, die die Aufmerksamkeit der ganzen Welt auf sich gelenkt hat, ist der Grafschaftsrat. Bei seiner Organisation wurde das Prinzip der indirekten Wahl, das für das hauptstädtische Arbeitsamt Anwendung gefunden hatte, aufgegeben, und was von größerer Bedeutung ist, die vorhandenen Bezirke der unteren Lokalverwaltung wurden als Einheiten für Wahlzwecke gänzlich ausgeschaltet. Hierfür waren sie allzu unregelmäßig und verschieden groß und an ihrer Statt nahm man die Parlamentswahlkreise der Hauptstadt, die noch heute die Wahlbezirke für den Grafschaftsrat bilden. Jeder der 57 zur Wahl eines Parlamentsmitgliedes berechtigten Flecken wählt 2 Mitglieder und die Londoner City 4 Mitglieder, in beiden Fällen also die doppelte Zahl der Vertreter im Unterhaus. Der ganze Grafschaftsrat wird auf einmal erneuert, und die Wahlen finden alle 3 Jahre im März statt. Die 118 Mitglieder wählen 19 Ratsherren auf 6 Jahre, von denen eine Hälfte alle 3 Jahre ausscheidet, und nach den ersten Wahlen wurde es üblich, einige dieser Stellen der Minderheitspartei einzuräumen. Der Grafschaftsrat wählt ferner einen Vorsitzenden, einen Vizepräsidenten und einen stellvertretenden Vorsitzenden, und zwar findet in Praxis alljährlich eine Neuwahl statt. Wie bei den Provinzialflecken, nach deren Muster die Grafschaftsräte geschaffen wurden, bilden Vorsitzender, Ratsherren und gewählte Mitglieder des Grafschaftsrates eine einzige Kammer, die über ihre eigene innere Organisation und ihren Geschäftsgang bestimmt. Die Geschäftsordnung ist in der Tat so umfangreich wie die Verfassungen der neuen amerikanischen Staaten, und dies erklärt sich teilweise aus demselben Grunde.

Organisation.

Der Zuständigkeit des Londoner Grafschaftsrates ist bereits bei Besprechung der City und der hauptstädtischen Flecken gedacht

Zuständigkeit.

worden.[1] Ursprünglich war sie außerordentlich beschränkt und obgleich sie durch eine große Anzahl von Spezialgesetzen ständig erweitert wurde, haben diese doch nur spezielle Materien behandelt, die zwar manchmal wie z. B. im Unterrichtswesen von großer Bedeutung waren, aber der Regel nach an sich nicht viel sagen wollten, und haben kein logisches oder umfassendes Zuständigkeitssystem ausgestaltet. Die Fortschrittler, die ununterbrochen bis 1907 über eine Mehrheit im Grafschaftsrat geboten, waren ängstlich bestrebt, ihn zum wirklichen Mittelpunkt des Kommunallebens zu machen, und unter ihrer Führung hat er sich mit aller Energie für eine Erweiterung seiner Zuständigkeit eingesetzt, die die konservative Regierung nicht gern zugestehen wollte.

Geschäftsgang.

Die Organisation des Grafschaftsrates und seine Art der Geschäftsbehandlung entsprechen in ihren allgemeinen Zügen denen der Provinzialflecken. Der Vorsitzende ist wohl noch weniger der leitende Geist wie der Bürgermeister, und die wirkliche Arbeit wird in gleicher Weise durch Ausschüsse verrichtet. Wer sich etwa aus den Verhandlungen in Spring Gardens ein Bild von dem Grafschaftsrat machen wollte, würde einen falschen Eindruck davon tragen, denn die Mitglieder, die am ausgiebigsten öffentlich sprechen, sind keineswegs stets diejenigen, die an der Ausschußarbeit am meisten beteiligt sind, und die dort am lebhaftesten erörterten Gegenstände liegen keineswegs auf den Gebieten, auf denen die größten Erfolge erzielt sind. Der Ausschuß für allgemeine Zwecke, der aus den Vorsitzenden und leitenden Männern aller ständigen Ausschüsee besteht, war als eine Art von Kabinett gedacht, der die Berichte der Ausschüsse am Tage vor den Versammlungen des Grafschaftsrates durchgeht, Kompromisse herbeiführt und sich über die einzuschlagenden Richtlinien einigt; tatsächlich hat er aber diese Stellung nicht ausgefüllt, und so erinnert das Verhältnis der Ausschüsse zum Grafschaftsrat an das in den Provinzstädten herrschende Verhältnis. Statt also erneut das allgemeine Verwaltungssystem zu schildern, ist es zweckmäßiger, einfach die Punkte hervorzuheben, in denen sich Abweichungen von den gewöhnlichen Flecken zeigen.

Das Parteiwesen im Grafschaftsrat.

Einer der hervortretendsten Unterschiede zwischen den Londoner Grafschaftsrat und der Verwaltungsbehörde eines Provinzialfleckens liegt in der größeren Bedeutung des Parteiwesens. In den meisten

[1] Eine wichtige Aufgabe, die nicht erwähnt worden ist, besteht in der Herrichtung und Verwaltung von Parks und freien Plätzen, die noch keiner anderen Behörde unterstellt sind; und in dieser Hinsicht hat der Londoner Grafschaftsrat sehr viel Gutes geschaffen.

Provinzialstädten spielt das Parteiwesen in der Wahl der Stadtverordneten und häufig in die Wahl des Bürgermeisters und der Ratsherren hinein, hat aber der Regel nach wenig oder nichts mit der Kommunalverwaltung zu tun. In London spielt es eine größere Rolle. Der größere Teil der Geschäfte des Grafschaftsrates, und wahrscheinlich der wertvollste Teil wird allerdings ohne Rücksicht auf die Parteien erledigt; aber in einigen Fragen, wie z. B. der Wasserversorgung, der Straßenbesserung, dem Ressort der öffentlichen Arbeiten und einigen Kommunalbetrieben vertraten die Parteien scharf entgegengesetzte Ansichten, und gelegentlich findet eine Abstimmung streng nach der Parteizugehörigkeit statt. In dieser Hinsicht nimmt der Londoner Grafschaftsrat eine Mittelstellung zwischen dem Parlament auf der einen Seite und einem gewöhnlichen Gemeinderat eines Fleckens auf der anderen Seite ein. Es ist nicht wie im Unterhaus die Aufgabe der Mehrheit, bei allen Fragen hinter ihren Führern zu stehen, und die der Opposition, zu opponieren, noch kann man, wie dies in den meisten Flecken der Fall ist, sagen, daß nach dem 9. November die Parteizugehörigkeit vergessen ist. Im Gegenteil pflegt jede Partei stets 2 Einpeitscher und ebenso einen Vorstand zur Erwägung der Stellungnahme der Partei in streitigen Fragen zu besitzen. Mit seiner Organisation in Ausschüssen, mit dem Fehlen einer verantwortlichen Exekutive gehört der Grafschaftsrat offenbar zur selben allgemeinen Gattung von Verwaltungsorganen wie die Gemeinderäte der Flecken, aber bei seiner Tätigkeit spielt die Partei eine größere Rolle, und zwar großenteils deshalb, weil London wie ein Meer groß genug ist, um eigene Ebbe und Flut zu haben. Die Kommunalfragen sind in der Hauptstadt von einer Bedeutung, die sie zur Grundlage für politische Parteischeidung geeignet macht. Die Stadtverordneten eines Provinzialfleckens werden der Regel nach nach ihrer Stellung zu den großen Landesfragen, die keine wirkliche Bedeutung für die Kommune haben, gewählt, in London aber werden die Mitglieder des Grafschaftsrates, obgleich die Parteigrenzen in den allgemeinen Landesfragen und den Kommunalfragen hier fast ganz zusammenfallen, auf ein richtiges eigenes Kommunalprogramm gewählt.

Stellung der Beamten.

Ein weiterer Punkt, in dem der Londoner Grafschaftsrat von den Gemeinderäten abweicht, besteht in dem geringeren Einfluß der ständigen Beamten.[1] Da sie Erben des hauptstädtischen Arbeits-

[1] Nicht ganz außer Zusammenhang hiermit steht es, daß die Vorsitzenden der Ausschüsse für gewöhnlich nicht wiedergewählt wurden und daher nicht dieselbe Macht erlangten wie in den Gemeinderäten der Flecken.

amtes wurden, dessen Beamte sehr einflußreich gewesen waren und sich in einigen Fällen Korruption zuschulden hatten kommen lassen, behandelten die ersten Mitglieder des Grafschaftsrates, die höchst energische Männer waren, ihre Sachverständigen mehr als Berater wie als Verwaltungsbeamte. Dies scheint sich langsam geändert zu haben, indem das Verhältnis der Beamten zu ihren politischen Chefs mehr in Einklang mit dem allgemeinen englischen Gebrauch gekommen ist.

Der Grafschaftssekretär.

Zwei Beispiele werden diesen Umschwung näher erläutern. Als der Grafschaftsrat zuerst ins Leben trat, bewilligte man dem stellvertretenden Vorsitzenden ein Gehalt und stellte ihn an die Spitze des Beamtenstabes. Die königliche Kommission für die Verschmelzung Londons von 1894 machte ihre Bemerkungen hierzu, gab der Meinung Ausdruck, daß dies falsch sei und sprach sich dafür aus, daß wie in den Flecken statt eines gewählten Mitgliedes des Grafschaftsrates ein ständiger Sekretär diese Stellung bekleiden solle. Dieser Vorschlag fand Annahme. 1896 wurde das Gehalt des stellvertretenden Vorsitzenden gestrichen, und ein Sekretär wurde zum Chef des Stabes ernannt, der selbst oder mittels eines seiner Hilfsarbeiter den Sitzungen aller Ausschüsse beiwohnt.

Der Leiter des Arbeitsamtes.

Weiter bekannt geworden ist der Fall des Leiters des Arbeitsamtes. Die Stellung des ersten Direktors scheint nicht sehr behaglich gewesen zu sein, denn obgleich die Angaben hierüber widerspruchsvoll sind, wird versichert, daß der Ausschuß in die Einzelheiten seiner Tätigkeit eingriff, und daß Mitglieder des Grafschaftsrates Arbeiter zur Anstellung empfahlen, und sie gegen Entlassung schützten. Eine Fälschung von Rechnungen im Betriebe des Amtes, die 1896 ans Licht kam, führte eine Krisis herbei. Es wurde allgemein zugegeben, daß kein Geld entwandt worden war und daß der einzige Zweck der falschen Eintragungen darin bestand, die Erfolge des Arbeitsamtes größer erscheinen zu lassen als dies tatsächlich gerechtfertigt war, aber die daraufhin eingeleitete Untersuchung deckte Mängel in der Verwaltung auf. Es wurde ein neuer Direktor ernannt, die bisher übliche Empfehlung und Beschützung von Arbeitern kam praktisch außer Gebrauch, die Werkführer erhielten hinsichtlich der von ihnen zu beschäftigenden Leute freie Hand, und binnen kurzem wurde der alte 25gliedrige Arbeitsausschuß durch einen kleinen Ausschuß ersetzt, der dem Direktor die Freiheit beließ, die Einzelheiten der ihm anvertrauten Geschäfte nach seinem Gutdünken zu erledigen.

Diese Beispiele genügen zum Beweise dafür, daß die ständigen Beamten zum wenigsten in einiger Hinsicht bei ihrer Verwaltungstätigkeit größere Freiheiten erlangt haben, doch ist ihr Einfluß auf die materiellen Entscheidungen noch immer geringer als der ihrer Amtsbrüder in Provinzstädten. Inwieweit sich bei den Unterrichtsbeamten seit ihrem Übergange von dem Schulamt auf den Grafschaftsrat eine ähnliche Wandlung vollzogen hat, wird aus einem späteren Kapitel erhellen.

Arbeiterpolitik.

Eine andere charakteristische Eigentümlichkeit des Londoner Grafschaftsrates war seine Arbeiterpolitik. Die Fortschrittler des Grafschaftsrates haben unzweifelhaft nicht nur eine gute Verwaltung im Interesse des ganzen Gemeinwesens im Auge gehabt, sondern indirekt auch eine Verbesserung der Lage der arbeitenden Klassen erstrebt. Sie wollen nicht mehr bezahlen als die Arbeiter in Privatstellungen verdienen konnten, und machen auch keinen Unterschied zwischen Gewerkvereinsmitgliedern und nichtorganisierten Arbeitern, sie bezahlen aber die Löhne und nehmen die Bedingungen an, die die Gewerkvereine erfolgreich durchsetzen. Kaum war der Grafschaftsrat gebildet, so begann er denselben Grundsatz auch den Unternehmern aufzuerlegen und nahm 1892 ein Statut des Inhaltes an, daß alle Unternehmer die Lohnsätze bezahlen und die Arbeitszeit bewilligen sollten, die die Gewerkvereine billigten und tatsächlich durchsetzten. Über die Wirkungen dieser Maßnahme sagte im Jahre 1897 der vom Grafschaftsrat eingesetzte Untersuchungsausschuß folgendes: „Infolge der bereits bekannt gegebenen Vertragsbedingungen hat es sich als schwierig erwiesen, verantwortliche Gebote zu erlangen, und in einigen Fällen sind diese Gebote zu Preisen gemacht worden, die mit Rücksicht auf die Vertragsbedingungen des Grafschaftsrates besonders und erheblich erhöht worden sind.“

Das Arbeitsamt.

Der Grafschaftsrat, der sofort auf Schwierigkeiten bei der Erlangung befriedigender Gebote guter Firmen stieß, entschloß sich, einen Teil seiner Bauten und Reparaturarbeiten selbst vorzunehmen. So führte er denn 1892 einige Arbeiten in eigener Regie aus und errichtete gegen Ende dieses Jahres das Arbeitsamt auf einer dauernden Grundlage. Mit den ursprünglichen Fehlschlägen dieses Versuches und mit den hiergegen angewandten Mitteln sind wir bereits vertraut.

Im Jahre 1906 hatte das Arbeitsamt Bauten im Werte von mehr als 2 Millionen Pfund ausgeführt und über 3000 Leute beschäftigt. Es wurde als bevorrechtigter Unternehmer behandelt, wobei man für gewöhnlich folgendes Verfahren beobachtete: Der Architekt oder Ingenieur des Grafschaftsrates legte die Pläne, Kostenanschläge und Einzelberechnungen jeder zu schaffenden baulichen Anlage vor. Diese wurde dann der Regel nach dem Arbeitsamt unterbreitet, das, wenn es mit den Voranschlägen einverstanden und nicht bereits überbürdet war, die Sache übernahm. Andernfalls wurden Gebote eingefordert, und die Arbeit wurde an einen Unternehmer vergeben. Bei solcher Lage der Dinge ist es offenbar unmöglich, die Ergebnisse beider Verfahrensarten genau zu vergleichen. Niemand scheint bestreiten zu wollen, daß die Qualität der von dem Arbeitsamt geleisteten Arbeit gut war, aber über die Kostenfrage sind die Meinungen geteilt. Die Gegner des Arbeitsamtes sagen, daß die Kosten etwas größere sind als der einem Unternehmer zu zahlende Preis, während seine Anhänger behaupten, daß die Kosten ungefähr die gleichen sind, und die Arbeit größere Sicherheit für ihre Güte bietet. Hiernach dürfte der Schluß gerechtfertigt sein, daß die Kosten nicht sehr voneinander abweichen, daß die Arbeit dem Arbeitsamt teurer wird als dem Unternehmer, daß aber der Grafschaftsrat vielleicht einen Teil seines Verdienstes erübrigt und das Gemeinwesen als solches den Rest einbüßt.

Kommunalbetriebe.

Der Grafschaftsrat hat sich auf dem Felde der sogenannten Kommunalbetriebe betätigt, obgleich die enge Begrenzung seiner Zuständigkeit ihn auf wenige Dinge, wie hauptsächlich Wohnungsbeschaffung, Trambahnen und Dampfboote beschränkt. Die erfolgreichsten Kommunalbetriebsarten der britischen Städte, nämlich die Versorgung mit Gas und Elektrizität, gehören in London zur Zuständigkeit der Gemeinderäte, und der Grafschaftsrat hat zwar wiederholt versucht, vom Parlament das Recht zu erhalten, den Flecken und anderen großen Konsumenten Elektrizität in großen Mengen zu liefern, dies aber bisher noch nicht durchsetzen können.

Gesetzlich vorgeschriebene Wohnungsversorgung.

Die Beschaffung von Wohnhäusern und Mietshäusern für die Arbeiterklassen durch die Kommunen geschieht auf Grund von vier verschiedenen gesetzlichen Bestimmungen. Zunächst besteht der allgemeine in den meisten Lokalgesetzen enthaltene Grundsatz, daß eine öffentliche Körperschaft oder eine Gesellschaft, die durch das Niederreißen von Wohnhäusern Platz für neue Gebäude und Verschönerungen schafft, und dadurch mehr als eine bestimmte Zahl Arbeiter wohnungslos macht, Häuser für sie in der Nachbarschaft errichten lassen muß. Bei der Durchlegung von Straßen, der Anlegung von Tunneln und Kais hat der Londoner Grafschaftsrat mehr als 10000 Leute wohnungslos gemacht und sodann neue Häuser für sie gebaut.

Die weiteren drei Bestimmungen, die den Kommunen das Recht geben, Wohnungen zu beschaffen, sind in dem Gesetz von 1890[1] über die Wohnungsbeschaffung für die Arbeiterklasse und den Novellen hierzu enthalten. Das Gesetz zerfällt in drei Teile. Der erste Teil enthält Bestimmungen über den Erwerb eines ganzen ungesunden Bezirkes im Wege der Enteignung, die Niederreißung der darauf stehenden Gebäude und seinen Verkauf insoweit als er für den verfolgten Zweck nicht erforderlich ist.[2] Wenn ein solches Areal in Anspruch genommen wird, müssen der Regel nach Häuser zur Unterbringung mindestens ebenso vieler Menschen, als wohnungslos gemacht werden, auf derselben oder nahe derselben Stelle entweder durch die Kommune selbst oder durch Käufer, die sich kontraktlich hierzu verpflichten, gebaut werden.[3] Der zweite Teil des Gesetzes bestimmt, daß durch gerichtliche Anordnung jede für menschliche Wohnungszwecke ungeeignete Wohnung geschlossen werden kann und wenn nötig, niedergerissen werden muß. In diesem Falle ist die Wohnungsbeschaffung für die wohnungslos gewordenen Leute nicht obligatorisch, aber die Kommune kann auf Grund einer einstweiligen Verordnung das Grundstück in Anspruch nehmen und darauf neue Gebäude errichten. Der dritte Teil des Gesetzes ermächtigt die Kommunen, wenn sie zu der Ansicht gelangen, daß nicht genügend Wohnungen für die Arbeiterklasse vorhanden sind — und zwar ganz ohne Rücksicht auf das Vorliegen ungesunder Verhältnisse — Land zu erwerben und dort Wohnhäuser und Mietshäuser zu errichten.[4] In allen diesen Fällen kann die Kommune die gesamte Verwaltung der von ihr erbauten Häuser übernehmen.

Freiwilliger Häuserbau.

Der Londoner Grafschaftsrat hat eine Anzahl von Wohnungen auf Grund des ersten Teiles des Gesetzes errichtet, und sowohl der Gafschaftsrat wie die Gemeinderäte der Flecken haben dies auf

Ausdehnung des Wohnungsbaues in London.

[1] Das Gesetz faßte die Labouring Classes Lodginghouses Acts von 1851 bis 1885, die Artisans Dwelling Acts von 1869—1885 und die Artisans and Labourers Dwellings Improvement Acts von 1875—1885 zusammen.

[2] Das geschieht mittels eines Planes, auf dem eine einstweilige, vom Lokalverwaltungsministerium ausgehende und vom Parlament bestätigte Verordnung beruht.

[3] In London kann das Lokalverwaltungsministerium von dieser Bedingung absehen, wenn anderweit für gleich geeignete Unterbringung gesorgt wird. An anderen Orten ist diese Bedingung nur dann obligatorisch, wenn das Lokalverwaltungsministerium darauf besteht.

[4] Wenn die Eigentümer nicht verkaufen wollen, kann das Land auf Grund einer einstweiligen, vom Lokalverwaltungsamt erlassenen und vom Parlament zu bestätigenden Verordnung im Wege der Enteignung erworben werden.

Grund der Teile 2 und 3 des Gesetzes getan; und zwar auf Grund des letzteren in beschleunigtem Tempo, denn während man nach Teil 1 und 2 nicht viel mehr Leute ansetzen kann, als wohnungslos geworden sind, ist der Wohnungsbau nach Teil 3 unbegrenzt. Der Grafschaftsrat hat sich so auf den Wohnungsbau in großem Maßstabe eingelassen. Gegen Ende März 1905 hatte er bereits Wohnungen für 31000 Menschen fertig gestellt, die eine Bruttorente von nahezu £ 130000 jährlich abwarfen und Entwürfe für Beschaffung von Wohnungen für nahezu doppelt so viele Menschen in Arbeit.

Finanzielle Ergebnisse.

Das Ergebnis der Wohnungsfürsorge des Grafschaftsrates kann man vom finanziellen und sozialen Gesichtspunkte betrachten. Die Rechnungen für das Jahr 1904—1905 zeigen, daß nach Abzug der Kosten, der Reparaturen und der Verzinsungs- und Tilgungsquoten der Anleihen von dem Bruttoertrag ein Überschuß von ungefähr 500 Pfund bei den Gebäuden übrig blieb, die der Grafschaftsrat aus eigenem Antriebe gebaut hatte, dem ein dreimal so großer Verlust in den wenigen Fällen gegenübersteht, wo er Wohnhäuser niedergerissen hatte, und daher bestimmungsgemäß neue Gebäude errichten mußte, weil sich kein Käufer finden ließ, der dies übernahm. Kurz, es ergab sich bei allen fertigen Wohngebäuden insgesamt ein Reinverlust von ungefähr £ 1100. Aber bei Würdigung dieser Zahlen muß man zweierlei nicht vergessen. Einerseits enthält der Tilgungsfonds nicht nur einen Betrag, der die Gebäudekosten in 60 Jahren tilgt — was vermutlich kein zu großer Abzug für Wertverminderung ist — sondern auch genug Mittel, um den Landwert in 80 Jahren zu tilgen, obgleich doch der Baugrund wahrscheinlicher im Werte steigen als sinken wird. Andererseits stellt der Grafschaftsrat anders wie die Provinzialflecken gewöhnlich das Grundstück in seinen Büchern nicht nach dem tatsächlichen Kostenpreise, sondern nach seinem angemessenen Werte für den einzigen Zweck des Arbeiterwohnungsbaues ein, und schlägt die Differenz auf die allgemeinen Grafschaftsausgaben.[1]

Soziale Wirkungen.

Die weit schwieriger abzuschätzenden sozialen Wirkungen der Wohnungspolitik des Grafschaftsrates haben scharfe Meinungsverschiedenheiten hervorgerufen, und dasselbe gilt von der Grundfrage,

[1] Bei der Reidschen Brauerei, Cherkenwell Road beispielsweise — es handelt sich hier um einen zur Wiederbeschaffung von Wohnungen in Verbindung mit der Holborn to Strand-Verschönerung erworbenen Baugrund — betrug der für das Land bezahlte Preis £ 200000, für Wohnungszwecke aber wurde der Wert auf £ 45000 herabgesetzt.

warum in London Mangel an Arbeiterwohnungen besteht. Letzteres hat man verschiedentlich auf die Schwierigkeiten des Grunderwerbs, auf die Übervölkerung der Hauptstadt und das Fehlen billiger und schneller Verkehrsmittel, auf die Lage des Baugewerbes und das geringe, gegenwärtig in ihm arbeitende Kapital zurückgeführt. Die Anhänger der Wohnungsbeschaffung durch die Kommune sehen in den bereits errichteten Wohnungen ein wenigstens teilweises Abhilfsmittel für die bestehenden Übelstände, während die Gegner dieser Politik behaupten, daß der Grafschaftsrat die Sache verschlechtert habe, weil er dadurch, daß er gestützt auf öffentliche Gelder in den Wettbewerb eingetreten sei, den privaten Unternehmungsgeist entmutigt habe.

Bis zu den ärmsten Klassen ist man nicht gelangt.

Wenn schon die unmittelbaren Ergebnisse einer Maßnahme schwer zu erkennen sind, so kann man oft die weit wichtigeren indirekten Wirkungen selten mit Gewißheit feststellen. Man muß zugeben, daß die Niederreißung und der Wiederaufbau der gesundheitsgefährlichen Bezirke die Spelunkenviertel nicht beseitigt hat. Die in diesen Fällen von der Grafschaft errichteten Gebäude sind gut mit Mietern besetzt gewesen, denn 1904—1905 machte die Zahl der in allen Grafschaftshäusern leerstehenden Räume trotz des Umstandes, daß viele Gebäude eben erst fertiggestellt waren, nur 11,65 % und 1903—1904 sogar nur 5,30 % aus. Indessen gehören die neuen Mieter wie fast überall in England wohlhabenderen Schichten an, als die wohnungslos gewordenen. Selbst in einem Falle, wo man abschnittsweise an die Arbeit ging, so daß man mit Ausnahme der allerersten fast allen herausgesetzten Leuten die neuen Wohnungen sofort anbieten konnte, stellte es sich heraus, daß von 5719 wohnungslos gewordenen Leuten nur 11 in die für sie errichteten Häuser zogen. Die Schwierigkeit liegt nicht etwa ganz in der Art der hergestellten Mietswohnungen. Sie enthalten meistens je 1—2 Zimmer und einige wenige sind Einzimmerwohnungen. Auch liegt es nicht nur an der Höhe der Miete, obgleich die meisten Wohnungen für die ganz Armen nicht erschwinglich zu sein scheinen.

Wenn ein Spelunkenviertel abgebrochen wird, ziehen die wohnungslos Gewordenen in eine andere ähnliche Gegend. Sie wollen ihre Miete durch die Aufnahme von Aftermietern vermindern, und dies kann nicht gestattet werden, weil es ja gerade zu der gefährlichen Zusammenpferchung von Menschen führt, die die Wohnungspolitik hintanhalten soll. Aber abgesehen von derartigen Gründen üben die neuen Gebäude mit ihren modernen Einrichtungen offenbar keine Anziehungskraft auf die an die Spelunken gewöhnten Leute aus, und unzweifelhaft fallen ihnen die Vorschriften zur Erhaltung von Ordnung und Reinlichkeit lästig. Kurz, die Experimente auf dem Gebiete der kommunalen Wohnungsfürsorge scheinen zu beweisen, daß das Leben in den Spelunkenvierteln durchaus auf freiem Willen beruht. Daß die Mieter des Londoner Grafschaftsrates in besseren Verhältnissen leben als man vorher annahm, beweist der Umstand, daß sich die Zahl der Leute, für die alle 1904—1905 vorhandenen Gebäude insgesamt Obdach bieten sollten, auf 31359, und nach Abzug der leerstehenden Wohnungen für die bewohnten Zimmer auf ungefähr 27688 belief, während die Zahl der wirklich in ihnen wohnhaften Leute sich nur auf 19335 oder wenig mehr als $^2/_3$ jener Zahl stellte. Die Mieter zahlten daher durchschnittlich eine um die Hälfte höhere Miete als der Grafschaftsrat veranschlagt hatte, und verfügten über entsprechend größere Räumlichkeiten. Ferner führt der Bericht des Direktors für das Wohnungswesen in dem Berufsverzeichnis der 4714 verschiedenen Mieter in jenem Jahre nur 592 als Arbeiter auf. Wenn man die Scheuerfrauen und 118 Frauen, deren Beschäftigung als „Witwe" bezeichnet wird, außer Betracht läßt, entfällt der Rest oder $^4/_5$ der Gesamtzahl fast ganz auf Handwerker oder andere ihrem Berufe nach über dem ungelernten Arbeiter stehende Personen.

Größe des Problems.

Wenn die Londoner Wohnungsexperimente nicht den sehr Armen zugute kommen, und hauptsächlich den in einigermaßen auskömmlicher Lage befindlichen Arbeitern dienen, so eröffnet die Politik des Grafschaftsrates einen Ausblick auf ein sehr schwieriges Problem. So groß die Zahl der kommunalen Mieter auch geworden ist, ist sie doch unbedeutend im Vergleich mit der großen Menschenmasse dieser Schicht, die die Hauptstadt in ihren Mauern beherbergt. Solange daher der Grafschaftsrat nicht Wohnungen für die Masse der Londoner Arbeiter vorsieht, muß man sich nach wie vor auf den privaten Unternehmungsgeist verlassen, und dann ist die kommunale Wohnungspolitik nur insofern von wirklichem Werte, als sie das natürliche Angebot beeinflußt. Der Grafschaftsrat scheint das Problem wirklich nicht in seiner ganzen Größe angepackt zu haben. Er scheint sich mehr mit den Symptomen als mit den Ursachen zu beschäftigen, und sein Vorgehen gemahnt an die altmodischen Wohltätigkeitsanstalten zur Unterstützung von sechs armen Mädchen. Unzweifelhaft hat er sich redlich bemüht, für billige Arbeiterzüge auf den Eisenbahnen zu sorgen, um die Arbeiterbevölkerung über einen weiten Umkreis zu verteilen. Auch hat er sich auf dem Gebiete des Verkehrswesens lebhaft betätigt, und dies bringt uns zu seiner Trambahnpolitik.

In ganz Großbritannien wurde die Entwickelung des Trambahnwesens durch zwei Bestimmungen des Gesetzes von 1870 gehindert; die eine dieser Bestimmungen gab der Stadt ein Recht, nach Ablauf von 21 Jahren die Privatgesellschaft zum gegenwärtigen Werte der Anlage ohne Berücksichtigung des ihr entgehenden Gewinns und des Umfanges des Verkehres aufzukaufen, die andere erforderte die Genehmigung der Lokalbehörde und falls vorhanden auch der Wegebehörde des Bezirks, in dem die Trambahn gebaut werden sollte.[1] Trambahnen.

Dies zweite Hindernis ist in London größer als in den Provinzialstädten, weil die Lokalbehörden und die Wegebehörden in dieser Hinsicht nicht identisch sind, indem der Grafschaftsrat erstere und die Gemeinde- und Cityräte letztere Stellung einnehmen. Eine jede dieser Körperschaften hat daher ein Vetorecht, wie man es nennt, gegen jeden Antrag einer Privatgesellschaft auf Genehmigung einer Trambahn, und die Flecken haben ein Veto gegen den Bau einer Linie durch den Grafschaftsrat. Nun hat man von diesem Vetorecht ausgiebig Gebrauch gemacht und ein jeder gibt zu, daß alle anderen hiervon einen unschönen Gebrauch gemacht haben. Die Gemeinderäte der Flecken haben es oft benutzt, um die Absichten des Grafschaftsrates zu durchkreuzen, der Grafschaftsrat hat sich seiner andauernd bedient, um neue Linien privater Gesellschaften innerhalb der Grafschaftsgrenzen zu verhindern, und der Court of Common Council hat es sich zunutze gemacht, um Trambahnen gänzlich der alten City fern zu halten. Das lokale Veto.

Hieraus erklärt es sich, daß im gesamten Großlondon mit seinen 693 Quadratmeilen und nahezu sieben Millionen Seelen gegen Ende 1904 nur 203 Wegemeilen an Trambahnen vorhanden waren, hiervon 120 Meilen innerhalb der Verwaltungsgrafschaft. Fernerhin gehören nach dem Bericht der königlichen Kommission von 1905 die Bahnen innerhalb der Grafschaft zu drei verschiedenen Systemen, die voneinander durch lange Zwischenräume getrennt sind und keinerlei Verbindung miteinander haben. Sie werden selbst da nicht einheitlich mit den Strecken außerhalb der Grafschaft betrieben, wo die physische Berührung es möglich machen würde; und es gibt Mangelhaftigkeit der Londoner Trambahnen.

---

[1] Wenn eine geplante Trambahn durch die Bezirke mehr als eines Fleckens oder Bezirkes läuft, genügt die Genehmigung der Behörden, in deren Bezirken $^2/_3$ der Linie liegen. Der Wortlaut der Bestimmung bezog sich nur auf einstweilige Verordnungen, aber eine ähnliche Bestimmung wurde bald durch ein Amendement zu der Geschäftsordnung beider Parlamentshäuser auch für Privatgesetze getroffen.

keine durchgehenden Wagen, vielmehr müssen die Passagiere an der Grafschaftsgrenze aussteigen und dort eine neue Fahrt beginnen. Kurz, die Kommission hat Recht, wenn sie sagt: „Von jedem Gesichtspunkte aus gesehen erhellt also, daß der Trambahnbetrieb äußerst mangelhaft ist.“

Finanzielles Ergebnis.

1896 erhielt der Londoner Grafschaftsrat vom Parlament das Recht des eigenen Betriebes von Trambahnen, und sobald als die Pachtverträge mit den Gesellschaften abliefen, übernahm er den Betrieb. Die Hälfte der Bahnen, und zwar fast alle die Bahnen südlich der Themse wurden 1899 auf diese Weise erworben, während man die Hauptmenge der Bahnen nördlich der Themse erst sieben Jahre später übernahm. Mit einigen unbedeutenden Ausnahmen betreibt der Grafschaftsrat jetzt alle Trambahnen innerhalb der Grafschaft und hat im ganzen System an Stelle des Pferdebetriebes den elektrischen Betrieb eingeführt. Man könnte meinen, daß kurze, durch dicht bevölkerte Bezirke laufende Bahnlinien äußerst großen Nutzen abwerfen müßten, und zeitweise war dies auch der Fall. In den ersten Jahren nach seiner Übernahme warf das südliche System einen reinen Überschuß von ungefähr £ 40000 ab, aber die Herabsetzung der Fahrpreise, die Erhöhung der Löhne und die Verzinsung und Tilgung der Anleihen für die Elektrisierung drückte den Überschuß rapide herab, bis sich 1903—1904 bei dem System ein Verlust von £ 8000 ergab. Seit jener Zeit haben sich kleine Überschüsse ergeben. Nach einer Bestimmung des Pachtvertrages über einen Anteil an den Bruttoeinnahmen führte das nördliche System 1899—1900 ebenfalls eine große Zahlung ab und in diesem Jahre wurden £ 110000 Trambahnüberschüsse zur Erleichterung der Steuerlast verwandt. Geringere Betriebsergebnisse dieses Systems und die Zunahme der allgemeinen mit dem Trambahnwesen zusammenhängenden Ausgaben des Grafschaftsrates haben den Ertrag indessen so sehr herabgedrückt, daß seit 1903 nichts zur Erleichterung der Steuerlast hat aufgewandt werden können und die Trambahnen im ganzen wenig mehr als ihre Kosten gedeckt haben. Wie sich die Dinge jetzt entwickeln werden, wo die Trambahnen ganz vom Grafschaftsrat betrieben werden, bleibt abzuwarten.

Unzureichende Pläne des Grafschaftsrates.

Abgesehen von der Elektrisierung der bestehenden Linien hat der Grafschaftsrat keine großen Fortschritte bei der Entwickelung des Trambahnwesens gemacht. Dies ist teilweise auf das Veto der Lokalbehörden und teilweise auf das Sträuben des Parlaments dagegen zurückzuführen, die Erlaubnis zur Benutzung der Strombrücken zu erteilen. Aber der Grafschaftsrat selbst hat kein umfassendes

Programm aufgestellt. Die von ihm geplante Ausdehnung des Netzes war nur in geringem Umfange gedacht. Im Londoner Handbuch von 1906 sagt Donald, daß er zu verschiedenen Zeiten 130 Meilen neuer Trambahnen geplant habe, und bemerkt dazu nicht ganz unrichtig, daß London, um sachgemäß versorgt zu sein, 1000 Meilen besitzen müsse.

Das zu lösende Problem.

Unzweifelhaft ist die Hauptstadt übervölkert. Nach der Volkszählung 1901 wohnte mehr als $^1/_7$ der Einwohner der Grafschaft mit mehr als zwei Menschen in einem Raume, und wie die königliche Kommission 1905 ausführte, hat die Erfahrung der Eisenbahnen mit den Arbeiterzügen bewiesen, daß bei geeigneten Verkehrsmitteln die Bevölkerung über ein viel größeres Gebiet verteilt werden kann. Der Londoner Grafschaftsrat hat allerdings viele seiner Arbeiterhäuser in den Vorstädten, aber der Prozentsatz der Bevölkerung, der hiervon Nutzen zieht, kommt nicht sehr in Betracht, und es besteht ein starkes Bedürfnis nach Erleichterung der Beförderung großer Menschenmengen zwischen den Außenbezirken und dem Zentrum.

Bedürfnis nach Untergrundbahnen.

Wahrscheinlich können Bahnen zu ebener Erde allein in einer so großen Stadt wie London den Personenverkehr überhaupt nicht ganz bewältigen. Ihre Schnelligkeit kann nicht groß genug sein, um geschäftige Leute in der Zeit, die sie für ihre Fortbewegung verwenden können, weit von ihrem Arbeitsplatz zu tragen. Der Schnellverkehr muß in Form von Hochbahnen oder Untergrundbahnen vor sich gehen, wo er nicht durch den Straßenverkehr behindert ist, und die Hochbahnen ruinieren die Straßen, durch die sie laufen. Die Londoner Untergrundbahnen, so wertvoll sie sind, wurden zur Verbindung der Endpunkte der verschiedenen englischen Bahnen gebaut, und laufen mehr um den Mittelpunkt der Geschäftstätigkeit herum als in ihn hinein. Andererseits sind die vielen vor einer Reihe von Jahren begonnenen Untergrundbahnen in dem viermeiligen Umkreis von Charing Cross zu einem bewährten Verkehrssystem geworden; sie entbehren aber für Zwecke der Verteilung der Bevölkerung jeder Verbindung oder bequemen Verbindungsmöglichkeit mit den zu ebener Erde laufenden Trambahnen. Hierfür ist eine fortgesetzte Fahrt auf Flachbahnen in den Vororten und Untergrundbahnen in den engeren Teilen der City von wesentlicher Bedeutung. Tatsächlich kann der Schnellverkehr nach den Vorstadtbezirken mit der erforderlichen Schnelligkeit nicht ohne einen Expreßdienst vor sich gehen, der in den inneren acht oder zehn Meilen nur wenig Haltepunkte zuläßt und die Entfernung in nicht mehr als 20 bis 30 Minuten bewältigt. Aber ein Expreßdienst erfordert besondere Schienenstränge, die parallel mit oder zwischen oder den anderen Untergrundlinien laufen, und in dieser Hinsicht ist bisher nichts geschehen.

Größere Verteilung der Mittelklassen.

Überdies haben die zahmen Anfänge, die man bisher zur Verteilung der Bevölkerung gemacht hat, sich nahezu gänzlich auf die Arbeiterklasse beschränkt, deren Hinausbringung die größten Schwierigkeiten bietet. Der Vorschlag liegt nahe, daß die Zerstreuung der mittleren Klassen über weite Vorstadtbezirke leichter zu erreichen ist und größere Erfolge verspricht. Ihre Arbeitszeit ist kürzer, sie empfinden die Kostspieligkeit der Beförderung weniger, freuen sich eines kleinen Gartens mehr, und ihre Frauen und Kinder legen nicht soviel Wert darauf in der Stadt zu leben, denn auch sie können das Fahrgeld erschwingen. Ihre Zerstreuung ist ein wirksameres Abhilfsmittel gegen Übervölkerung, weil eine Familie aus den Mittelklassen, die aus dem dichten bevölkerten Teil der Stadt wegzieht, dort so viel Raum schafft, wie drei oder vier Arbeiterfamilien einnehmen würden. Will man eine möglichst vollkommene Abstellung der herrschenden Zusammenpferchung erreichen, so sind hierbei Schnelligkeit und Bequemlichkeit des Transportes wohl ebenso wichtige Faktoren wie die Höhe des Fahrgeldes und es ist von größerem Vorteil, eine mäßige Anzahl von Leuten der Mittelklasse weit weg zu befördern als viele Menschen kurze Strecken. Es gewinnt also den Anschein, als ob ein gleichmäßiges Fahrgeld für einen großen Bezirk wirksamer ist als ein sehr billiges für kurze Fahrten, und tatsächlich empfahl die königliche Kommission einen einheitlichen 2 Penny-Satz für die Untergrundbahnen, während der Londoner Grafschaftsrat wie andere englische öffentliche Körperschaften einen nach der zurückgelegten Entfernung abgestuften Tarif, der bis auf einen halben Penny herabgeht, hat.

Der Versuch der Verfolgung einer derartigen Politik würde, da er eine sehr große Schnelligkeit erfordert, die Verwendung von Untergrundbahnen in Verbindung mit Flachbahnen bedingen. Nun scheint der Londoner Grafschaftsrat bei seinen Versuchen, die Londoner Trambahnen an sich zu bringen, die so entscheidend wichtige Beförderung unter der Erde außer acht gelassen zu haben. Allerdings kam er alsbald um das Privileg ein, alle Untergrundbahnen nach Ablauf von 60 Jahren zu ihrem Anlagewert zu erwerben, wenn sie reussierten, aber er kam nicht auf den Gedanken, den gesamteu Hochbahn- und Untergrundbahnverkehr Londons zu übernehmen oder jemand anderem zu konzessionieren. Wohl mögen Verkehrsverbesserungen allein die Frage der Übervölkerung nicht lösen können, aber der Schnellverkehr bildet eine Seite dieser Frage, und als solcher muß ihr in Zukunft größere Aufmerksamkeit gewidmet werden als bisher. Auch hier scheint ein Fall vorzuliegen, wo man sich einem großen Problem nicht in allen seinen Seiten gewachsen zeigte.

Die Themsedampfer.

Das letzte und am wenigsten erfolgreiche Experiment des Londoner Grafschaftsrates auf dem Gebiete der Kommunalbetriebe waren die Flußdampfer. Die Privatgesellschaft, die mit ihren Dampfern den Passagierverkehr auf der Themse betrieben hatte, hatte das Geschäft aufgegeben, und der Grafschaftsrat, der es für bedauerlich erachtete, daß dieses Kommunikationsmittel eingehen sollte, übernahm 1905 diesen Betrieb. Während des Sommers ging die Sache ziemlich gut, aber der Winter brachte so schwere Verluste, daß der Dienst später für diese Jahreszeit eingestellt wurde und seitdem gänzlich aufgegeben worden ist. Die Sache beruhte auf einer falschen kaufmännischen Berechnung, die der Grafschaft pekuniäre Verluste brachte und noch verderblichere Folgen für die Fortschrittler zeitigte, denn mit anderen Ursachen trug sie erheblich zu ihrer Niederlage bei den Märzwahlen von 1907 bei.

Die politische Geschichte des Grafschaftsrates.

Von seiner Bildung an hat der Londoner Grafschaftsrat lebhaftes Interesse erweckt, und insbesondere in seinen jungen Tagen übte er eine Anziehungskraft auf viele sehr hervorragende Männer aus. Der erste Grafschaftsrat zählte zu seinen Mitgliedern u. a. Lord Rosebery, Sir John Lubbock (den späteren Lord Avebury), Sir Thomas Farrer (den späteren Lord Farrer), Frederic Harison, John Burns, Sidney Webb und andere, von denen einige ständig seine Mitglieder geblieben sind. Eine Anzahl dieser Männer gehörte zu den Fortchrittlern, und der Grafschaftsrat bot tatsächlich derartigen Leuten größere Gelegenheit, sich zu betätigen als den Gemäßigten, und übte damit die stärkste Anziehungskraft auf sie aus. Das war unzweifelhaft zum Teil der Grund, daß der erste Grafschaftsrat zu einer Zeit eine fortschrittliche Mehrheit besaß, wo nicht nur das Haus der Gemeinen als solches, sondern auch die von den die Grafschaft London ausmachenden Flecken entsandten Parlamentsmitglieder stark konservativ waren.

In der ganzen Geschichte des Grafschaftsrates hat London tatsächlich das außergewöhnliche Bild geboten, daß es bei den Staatswahlen für die eine Richtung und bei den Kommunalwahlen für die gegnerische Richtung stimmte.[1] Seit 1889, wo die ersten Wahlen zum Grafschaftsrat stattfanden, bis 1906 war der größere Teil der den Grafschaftsbezirk London vertretenden Abgeordneten konservativ, während innerhalb dieser ganzen Zeit die Grafschaft einen fortschrittlichen Grafschaftsrat wählte, mit Ausnahme des Jahres 1895, wo die gewählten Forschrittler und die Gemäßigten sich an Zahl ungefähr die Wage hielten, die ersteren jedoch mit Rücksicht auf die im Amte bleibenden Ratsherren ihre Mehrheit behaupteten. Es ergibt sich die merkwürdige Tatsache, daß wenn man zwei Linien zieht, von denen die eine die Wandlungen in der Zahl der konservativen und liberalen Londoner Abgeordneten, und die andere das zahlenmäßige Verhältnis der bei den Wahlen zum Grafschaftsrat gewählten Gemäßigten und Fortschrittler darstellt, diese Linien von 1889 bis 1905 ungefähr gleichmäßig steigen und fallen, und im ersten Teil dieser Periode laufen sie wirklich genau parallel. Doch eroberten die Liberalen niemals genügend Londoner Parlamentssitze oder die Gemäßigten genügend viel Sitze im Grafschaftsrat, um eine Mehrheit zu erlangen.

Man hat verschiedene Gründe dafür geltend gemacht, warum London 15 Jahre lang ständig in allgemeinen Landesfragen konservativ und in Lokalfragen fortschrittlich gewesen ist. Man hat angedeutet, daß dies auf der Verschiedenheit des Wahlrechtes beruhe, weil die Aftermieter und die Innehaber auf Grund eines Dienstverhältnisses, die als stramm konservativ gelten, zunächst nicht wahlberechtigt für den Londoner Grafschaftsrat waren. Dies wurde aber durch das Gesetz über die Wahlberechtigung von 1900 geändert, und doch wurden bei den beiden folgenden Wahlen ebenso viele Fortschrittler gewählt wie jemals zuvor. Einleuchtender ist die Erklärung, daß die Hauptstadt eines großen Reiches von Natur imperialistisch gesinnt ist, während in Kommunalangelegenheiten diejenigen, die genügend Interesse daran nehmen, um ihr Wahlrecht auszuüben und insbesondere die Arbeiter lebhaft durch alles angezogen werden, was ihre Einbildungskraft gefangen nimmt, wie dies das fortschrittliche Programm getan hat. Solange sie die Last nicht empfinden, sind sie leicht für kostspielige und großartige Maß-

---

[1] Der einzige sonstige dem Verfasser bekannte einigermaßen ähnliche Fall kam in Canada vor. Dort zeigte sich in verschiedenen Jahren nach 1888 die Erscheinung, daß die Konservativen eine Mehrheit im Unterhause des Dominiums besaßen, während die Liberalen bis auf eins alle Einzelparlamente, in denen sich überhaupt die Landesparteien grundsätzlich gegenüberstanden, beherrschten.

nahmen zu haben. Nun besteht, trotzdem die Konservativen der Hauptsache nach Gemäßigte und die Liberalen nahezu sämtlich Fortschrittler sind, eine gewisse Ähnlichkeit zwischen der allgemeinen Landespolitik der Tories und der Kommunalpolitik der Fortschrittler. Beide wollen die betreffende Verwaltung in großem und imposantem Stile geführt sehen, während die Liberalen im Parlament und die Gemäßigten im Londoner Grafschaftsrat angeblich für Sparsamkeit eintreten. Es war daher nicht reiner Zufall, daß im Jahre nach dem Siege der Liberalen bei den Parlamentswahlen von 1906 mit einem Stimmenverhältnis von 2 zu 1 in den Londoner Wahlkreisen die Gemäßigten oder vielmehr ihre Nachfolger, die Kommunalreformer, in den Londoner Grafschaftsrat eine Mehrheit entsandten, die ungefähr so groß war wie die größte Mehrheit, die die Fortschrittler dort je besessen hatten. Dies fiel in den März 1907 und wurde, wie ich bereits ausgeführt habe, zum Teil durch das Anwachsen der Kommunalsteuerlast der Hauptstadt, zum Teil durch die Furcht vor dem Sozialismus, zum Teil durch die Skandale in Poplar, und teilweise endlich durch das unglückliche Dampfschiffexperiment veranlaßt.

Vierundvierzigstes Kapitel.

Kommunalbetriebe (Municipal trading).

Als der Verfasser sich zu einem sorgsamen Studium der englischen Verhältnisse anschickte, wollte er das Problem der Kommunalbetriebe ziemlich ausführlich erörtern. Der Gegenstand hatte damals weit weniger Aufmerksamkeit erregt als er verdiente; seitdem ist aber viel hierüber geschrieben, viel Material angesammelt worden, und er erfordert jetzt eine eigene Abhandlung. Dies Gebiet ist tatsächlich streitiger als jede andere englische Frage, die nicht gerade zu den streng parteipolitischen Angelegenheiten gehört. Es hat sogar im Auslande lebhaftes Interesse erweckt, und Bücher, Artikel und Berichte über die Frage folgen sich mit großer Geschwindigkeit. Sowohl die Anhänger wie die Gegner der Kommunalbetriebe sind jetzt so wohl verschanzt hinter statistischen Zahlen und Beweismaterial, so lebhaft in ihren Angriffen gegen jeden, der sich ihrer Stellung nähert, daß das Terrain ohne eine gewaltsame Rekognoszierung, unterstützt von einer Batterie von Zahlen, kaum aufgeklärt werden kann. Doch zeigt die Landschaft gewisse große, sich klar abhebende Züge, die auch von einem Nichtkämpfer beschrieben werden können.

Bedeutung der Kommunalbetriebe.

Der Ausdruck „Kommunalbetriebe“ wird gewöhnlich und sachgemäß nur auf solche Dienstleistungen bezogen, für die die Körperschaften des öffentlichen Rechts den Leuten, denen sie zu statten kommen, eine Gebühr abnehmen. Er umfaßt nicht unentgeltlich für die Bürger übernommene Tätigkeit, obgleich hierdurch ein Privatunternehmen ersetzt sein kann, das eine Gebühr erhob und daneben noch sogar einen Gewinn zog. So sind beispielsweise die freien öffentlichen Straßen und Brücken an Stelle der privaten Schlagbaumstraßen und Zollbrücken getreten. Es herrscht jetzt die Auffassung, daß diese Bequemlichkeiten dem Reisenden unentgeltlich geboten werden müßten, und niemand würde auf die Idee kommen, die Unterhaltung von Straßen zu den Kommunalbetrieben zu zählen.

Gleicherweise werden jetzt Hafenverbesserungen, Parks, Vergnügungsplätze, Büchereien, Museen, Hospitäler, Musikkapellen und viele andere Amüsements vielerorts auf öffentliche Kosten unentgeltlich bereitgestellt. Die englischen Volksschulen, die man nicht als eine Art von Kommunalbetrieben bezeichnen kann, waren allerdings zuerst nicht ganz unentgeltlich, sind aber gegenwärtig nahezu ganz umsonst, und vielleicht geht die Tendenz des Zeitalters dahin, in dieser Weise mit allem vom Staate geleiteten Unterricht zu verfahren. Dies gilt in den Vereinigten Staaten ganz allgemein von Bürgerschulen und auch in manchen Universitäten der Einzelstaaten wird keine Gebühr erhoben, während sie an anderen Universitäten sehr unbedeutend ist.

Wie weit man mit diesem Grundsatz gehen soll und wie weit man den Komfort und die Bequemlichkeiten des Lebens dem Publikum ohne Gebühren darbieten soll, ist eine Nützlichkeitsfrage; und bei den Dingen, die nicht schließlich dem Wohle des ganzen Gemeinwesens, sondern nur dem Vergnügen eines Teils desselben dienen, kann es auch fraglich sein, inwieweit es berechtigt ist, daß einige Steuerzahler für den Genuß anderer zahlen. Derartige Unternehmungen sind in gewissem Sinne sozialistisch. In einer Hinsicht sogar mehr als wenn die Verwaltung Waren zu angemessenen Preisen verkauft, aber beides ist nicht identisch. Die unentgeltliche Fürsorge für öffentliche Bedürfnisse durch Steuererhebung ist etwas sehr Verschiedenes von der Übernahme eines sich selbst erhaltenden oder Gewinn abwerfenden Gewerbes. Die Frage, wie weit ersteres getrieben werden soll, ist ewig und wird in jedem Zeitalter anders beantwortet werden. Sie bildet heute in England nicht wie die Kommunalbetriebe eine brennende Frage.

Unterscheidung zwischen Monopolen und anderen Gewerben.

Bei einer Behandlung der Kommunalbetriebe muß man gewisse Unterscheidungen festhalten. Zunächst muß man die Gewerbe auseinander halten, die infolge der ihnen von der Natur gezogenen Grenzen oder wegen des Gesetzes vom steigenden Ertrage oder wegen ihres Privilegs der Benutzung der öffentlichen Straßen wesentlich den Charakter des Monopols tragen und die, bei denen dies nicht der Fall ist. Zu ersteren kann man die Versorgung mit Wasser, Gas, elektrischem Licht, Fernsprecher und den Trambahnverkehr rechnen, und infolge einer alt befestigten in England herrschenden Tradition werden die Märkte ebenso als eine Art Monopol betrachtet. Zur zweiten Klasse müssen wir z. B. die Beschaffung von Arbeiterwohnhäusern und die Unterhaltung von Bädern und Waschanstalten rechnen. Die Beantwortung der Frage, ob eine Werft, eine Mole, eine Fähre, eine Rennbahn, ein Theater oder ein Golfplatz ein Monopol bildet oder nicht, hängt von der natürlichen Beschaffenheit des Ortes und den Bedingungen des gesetzlich verliehenen Privilegs ab.[1]

Zwischen Kommunalbetrieben zum Zweck der Überschußerzielung und anderem.

Zweitens muß man Unternehmungen unterscheiden, die mit in erster Linie einen Überschuß abwerfen sollen und nicht hierauf gerichtete Unternehmungen. Offenbar ist dies kein natürlicher Unterschied, sondern ein aus der Zweckbestimmung, mit der jedes spezielle Unternehmen tatsächlich betrieben wird, hergeleitete Unterschied, der sich an einem Orte anders zeigen kann wie an einem anderen. Jeder öffentliche Dienst, für den eine Gebühr verlangt wird, kann zur Überschußerzielung verwendet werden, oder die Gebühren können so festgesetzt werden, daß sie das Gemeinwesen lediglich vor Verlust bewahren, ohne einen Gewinn abzuwerfen. Es kommt also auf die Absicht an und die Stellung der maßgebenden Instanz gegenüber dem Unternehmen wird hierdurch außerordentlich beeinflußt. Nun werden Wasserwerke, Badeanstalten, Waschhäuser und Arbeiterwohnungen der Regel nach von den Kommunen nicht zur Gewinnerzielung betrieben, während Märkte, Gas und Elektrizitätswerke und Trambahnen für gewöhnlich nicht nur einen Gewinn abwerfen sollen, sondern sogar offensichtlich hauptsächlich aus diesem Grunde unter Kommunalverwaltung genommen werden. Der Umstand, daß diese Betriebe die Inanspruchnahme der Straßen bedingen, wird gewöhnlich als Grund geltend gemacht, sie ganz in die Hand des Gemeinderates des Fleckens zu nehmen; fernerhin gibt es Anhänger der Kommunalbetriebe, die grundsätzlich Sozialisten sind oder die die direkte Beschäftigung von Arbeitern erstreben; wenn man aber mit vielen verschiedenartigen Leuten hierüber spricht, gewinnt man den Eindruck, daß die im Volk lebendige Triebkraft für die Übernahme derartiger Unternehmungen in dem Wunsche besteht, der Allgemeinheit die Gewinne zu sichern, die sonst in die Tasche von Kapitalisten fließen würden. Eine Rennbahn, ein Theater oder ein Golfplatz können zur Gewinnerzielung oder zur Heranziehung von Fremden in die Stadt oder lediglich aus allgemeinen Gründen des Komforts und der Bequemlichkeit unterhalten werden, aber in Wirklichkeit ist die kommunale Tätigkeit in einer der letztbezeichneten Richtungen so ungebräuchlich gewesen,

[1] Diese Beispiele sind natürlich den Kommunalbetrieben entlehnt, die in britischen Städten bestanden haben; die Landesregierung hat sich indessen kürzlich zu der Politik bekannt, den Fernsprecher ebenso wie den Fernschreiber als Staatsmonopol zu behandeln.

daß es für Zwecke dieses Kapitals keinen Wert hat, sie im einzelnen zu betrachten.

Die folgende Einteilung.

Aus diesen beiden Unterscheidungen ergeben sich vier mögliche Arten von Kommunalbetrieben. Wenn wir zuerst den Fall betrachten, wo ein Monopol vorliegt, aber kein Überschuß erzielt wird, so ist soviel klar, daß da die Stadt keinen Gewinn macht und in keinen Wettbewerb mit Privatunternehmungen eintritt, und da eine Gesellschaft kaum auf sehr große Dividenden zählen kann, wo sie mit ohne Überschuß arbeitenden Kommunalbetrieben rechnen muß, einige der triftigsten Gründe für die Befürwortung oder Bekämpfung des Kommunalbesitzes fehlen und daher die Ansichten hierüber nicht scharf aufeinander platzen. Beispielsweise ist die öffentliche Meinung ganz überwiegend für die kommunale Wasserversorgung; dagegen besteht anderswo, z. B. bei den Werften, die aus diesem oder jenem Grunde im privaten oder halbprivaten Besitze bessere Ergebnisse gezeitigt haben, keine lebhafte Strömung für unbedingte Kommunalbetriebe.

Kein Gewinn aber ein Monopol.

Weder Gewinn noch Monopol.

Im zweiten Fall, d. h. wenn weder ein Monopol vorhanden ist noch Gewinn erzielt wird, ist der Beweggrund gleichfalls philanthropischer Natur, und hierbei werden die Kommunalverbände, wenn in dem Gewerbszweige nicht etwa die private Erwerbstätigkeit ernsthaft konkurriert, das Gewerbe wahrscheinlich bald gänzlich in ihre Hände übergehen sehen. Auf diesem Gebiete finden wir sicherlich die unschuldigsten und vielleicht erfolgreichsten Gestaltungen des Kommunalbetriebs wie z. B. die Fürsorge für Bäder und öffentliche Waschanstalten, in denen die ärmeren Schichten ihre Kleidungsstücke waschen können. Wenn aber der Betriebszweig in Konkurrenz mit einem großen Privatgewerbe besteht, und insbesondere wenn dieses Gewerbe zu umfassend ist, um von den Kommunen gänzlich verschluckt zu werden, liegt ein Fall vor, wo der indirekte Einfluß auf dies Gewerbe das Wichtigste ist, und hieraus ergibt sich das bei weitem schwierigste aller Probleme. Dies gilt für alle Fälle, wo eine Kommune sich auf den Wohnungsbau für Arbeiter oder auf die Verteilung von sterilisierter Milch an Kinder einläßt.

Gewinn und Monopol.

Bei der dritten Gattung von Fällen ist sowohl der Wunsch der Gewinnerzielung für die Kommune wie ein Monopol vorhanden. Abgesehen von Märkten, die hauptsächlich eine Einnahmequelle darstellen, und kaum den Charakter eines Kommunalbetriebes tragen, stoßen wir hier auf die stärksten Positionen der Anhänger der Kommunalbetriebe und zu gleicher Zeit auf die scharfe Opposition der hierdurch beiseite geschobenen Privatinteressen. Daher hat sich der lebhafteste Meinungsstreit an die Kommunalisierung von Gas, Elektrizität und Trambahnen geknüpft, und auf diesem Gebiete entscheidet sich gegenwärtig in England Erfolg oder Mißerfolg des Kommunalbetriebes.

Gewinn ohne Monopol. Die vierte Gruppe von Fällen, wo Gewinn erzielt wird, aber kein Monopol vorliegt, beschränkt sich bisher praktisch auf Nebenerzeugnisse und auf mit anderen Betrieben zusammenhängende Dinge, wie z. B. die Herstellung von Pflastersteinen durch Staubzerstörer, den Verkauf des bei der Gaserzeugung gewonnenen Teeres, Schmierfetts usw., die Herstellung und den Verkauf von Eis auf Märkten, die Fabrikation von Öfen, Ausrüstungsgegenständen und dergleichen zur Erhöhung des Verbrauchs von Gas und Elektrizität und die im Zusammenhang mit Trambahnen betriebenen Omnibuslinien. In den letzten Jahren sind viele Versuche gemacht worden, durch Privatgesetze das Recht zu erhalten, derartige Geschäfte unabhängig von jedem anderen Kommunalbetrieb zu betreiben, aber das Parlament hat nahezu stets seine Genehmigung hierzu verweigert. Wenn es je seine Ansicht hierüber ändert, und den Städten das Recht gewährt, sich zu Erwerbszwecken auf Unternehmungen, die nicht natürliche Monopole bilden, einzulassen, würde dies der Beginn einer neuen Ära des Kommunalbetriebswesens sein, die einen Kampf der Meinungen in noch nicht dagewesener Stärke entfesseln würde und es würde zugleich einen gewaltigen Schritt zum Kommunalismus bedeuten.

Aus Gründen der historischen Aufeinanderfolge und der Stellung des Gesetzgebers zu dieser Entwickelung sollen die verschiedenen Experimente auf dem Gebiete der Kommunalbetriebe hier nicht an der Hand dieser vier Klassen in ihrer logischen Folge besprochen werden. Doch ist es lehrreich, sich die Unterscheidungen gegenwärtig zu halten, und bei einer kurzen Übersicht der in den britischen Städten hauptsächlich üblich gewordenen Kommunalbetriebe wird der Hauptnachdruck auf die Fälle gelegt werden, wo sich sowohl ein Monopol wie die Gewinnerzielungsabsicht für die Kämmereikasse findet. Indessen darf man nicht glauben, daß, weil ein Unternehmen mit der Absicht der Gewinnerzielung betrieben wird, dieser Zweck stets erreicht wird, oder daß bei mangelnder Gewinnerzielungsabsicht weder Gewinn noch Verlust erzielt wird. Aus dem 1902 für das Unterhaus zusammengestellten Bericht über die reproduktiven Unternehmungen in England und Wales ergab sich, daß in den vier mit dem 31. März jenes Jahres abschließenden Jahren der Kommunalbetrieb der Elektrizitätswerke im Gesamtergebnis mit einem geringen Verlust abschloß, daß das gleiche in viel höherem Grade bei allen den Betriebszweigen, wie z. B. Bädern und Waschanstalten, Begräbnisplätzen, Arbeiterwohnungen, Werften und Molen der Fall war, die keinen Gewinn abwerfen sollten, und daß die Wasserwerke, deren Überschuß beträchtlich war, die einzige Ausnahme bildeten.[1] Es sei noch bemerkt, daß die Gaswerke einen großen und die Trambahnen und Märkte einen erheblichen Gewinn abwerfen.

Märkte.

Eine Anzahl kommunaler Märkte in England ist alter Herkunft, aber die meisten von ihnen sind in den letzten zwei Menschenaltern eingerichtet oder erworben worden. In den letzten Jahren sind die Städte sowohl aus Gründen der öffentlichen Gesundheitspflege als um sich eine Einnahmequelle zu verschaffen, eifrig auf ihre Erwerbung bedacht gewesen, bis nach dem Bericht von 1902 $^2/_3$ der englischen und wallisischen Flecken dies durchgeführt haben. Abgesehen von den kleineren Orten werfen sie nahezu stets Gewinn ab, und die Kommunen ziehen aus ihnen außer der Verzinsung und Tilgung der für sie aufgenommenen Anleihen eine ungefähr im Verhältnis zu ihrer Größe stehende Einnahme. Aus dem Bericht von 1902 ergibt sich ferner, daß die Bruttoeinnahme vor Abzug der Verzinsungs- und Tilgungsraten sich insgesamt auf ungefähr $4^2/_3\,^0/_0$ des in ihnen angelegten Kapitals belief. Aber Märkte haben, wie ich bereits bemerkt habe, nur wenig von einem wirklichen Kommunalbetriebe an sich, und das gilt selbst für die 100 Städte, die eigene Schlachthäuser betreiben. Hier und da stellt freilich die Gemeinde Eis für die Marktleute her und gelegentlich verkauft sie auch das übrig bleibende an das Publikum, in der Hauptsache aber beschränkt sich ihre Tätigkeit auf die Vereinnahmung von Marktstandsgeldern für die Benutzung ihres Eigentums, was offenbar etwas ganz anderes ist als die Herstellung und der Umsatz von Waren.

Wasserwerke.

Der Erwerbszweig, in dem sich die nächstgrößte Zahl von Städten betätigt, ist die Wasserversorgung. Nach dem Bericht von 1903 haben 193 Flecken in England und Wales die Wasserversorgung übernommen, und die Kapitalanlagen hierfür belaufen sich auf nahezu 57 Millionen Pfund, also nahezu die Hälfte des gesamten in Kommunalbetrieben angelegten Kapitals. Obgleich sie der Regel nach nicht zum Zweck der Überschußerzielung betrieben werden, bilden

[1] In einiger Hinsicht ergibt sich in den verschiedenen Orten ein sehr verschiedenes Resultat, in anderer ist es fast überall dasselbe. Begräbnisplätze bringen beispielsweise manchmal Gewinn und manchmal Verlust, und ebenso die größeren Wasserwerke; dagegen arbeiten Bäder und Waschanstalten nahezu stets mit einem sich mit ihrer Größe erhöhenden Verlust.

sie doch einen Regelfall des Kommunalbetriebes, und die jährlichen Gesamtüberschüsse über Verzinsungs- und Tilgungsfondsraten beliefen sich zu jener Zeit auf £ 90000 und die Bruttoeinnahme unter Vorwegabzug der Wertverminderung aber vor Abzug der Zins- und Tilgungsrate betrug $3^1/_2$ % des Anlagekapitals.[1]

Ein Dutzend Flecken errichtete von Anfang an eigene Wasserwerke, womit Southampton bereits im Jahre 1250 begonnen hatte. Die übrigen haben Gesellschaften ausgekauft, und zwar meistens im Wege der Übereinkunft, gelegentlich aber auch im Enteignungsverfahren. Einige Städte nahmen diesen Ankauf vor mehr als 50 Jahren vor. So erwarb beispielsweise Manchester sein Wasserwerk 1847. Der größere Teil der Städte übernahm indessen die Wasserversorgung in der zweiten Hälfte des 19. Jahrhunderts, nachdem man den Zusammenhang zwischen der Qualität des Wassers und der Verbreitung ansteckender Krankheiten erkannt hatte. Die Zunahme der Bevölkerung, der vermehrte Wasserverbrauch und die Bedeutung des Schutzes der Quellen vor Verschmutzung führten die großen Städte zur Vergrößerung ihrer Werke im größten Maßstabe. Hierbei bewiesen sie Unternehmungsgeist und Voraussicht. Glasgow entnimmt sein Wasser aus dem 34 Meilen entfernten Loch Katrine, und Manchester aus dem Thirlmeresee, während Liverpool und Birmingham große wallisische Höhenzüge hierzu ausbeuten; Glasgow hat hierfür 4 Millionen Pfund ausgegeben und die anderen Städte je 6—8 Millionen. Es scheint die allgemeine Ansicht zu sein, daß keine Privatgesellschaft sich auf solche Werke eingelassen hätte, und tatsächlich hört man die Verwaltung der Wasserversorgung durch die Gemeinderäte der Flecken wenig kritisieren.

Von allen Objekten des Erwerbslebens eignet sich das Wasser am besten für den Kommunalbetrieb, denn es bietet den stärksten Anreiz zu guter Verwaltung und verführt am wenigsten zu Mißbräuchen. Die Verwaltung erfolgt im Interesse der öffentlichen Gesundheitspflege und nicht der Gewinnerzielung halber, die Reichhaltigkeit und Reinheit des Wassers berührt die ganze Bevölkerung direkt; nach Fertigstellung der Wasserwerke werden wenige Personen beschäftigt, das Gewerbe ist einfach und wird durch neue Erfindungen kaum beeinflußt, es steht in keinem Wettbewerbe mit

[1] Da die Kapitalanlage in Wasserwerken lange ihren Wert behält, so sind die für Wertsverminderung und den Tilgungsfonds eingestellten Beträge weit geringer als bei den meisten anderen Kommunalbetrieben. Die Reineinnahme wird ab und zu zur Erleichterung der Steuerlast verwandt, und in anderen als Fonds für künftige Ausgaben zurückgelegt.

anderen Erwerbszweigen und erzeugt kaum den Wunsch, sich auf Nebengewerbe einzulassen.

Gaswerke.

Der Kommunalbetrieb, der den bei weitem größten Reinüberschuß gebracht hat, ist die Gasversorgung.[1] Die verschiedene Behandlung der Gas- und der Wasserversorgung wird treffend durch das oft zitierte Wort Chamberlains bei Einbringung seines Antrages auf Ankauf der Gaswerke im Birminghamer Stadtrat beleuchtet: „Wenn ihnen der Ankauf der Wasserwerke vorliegt," so sagte er, „handelt es sich um eine Frage der Gesundheit der Stadt; die Erwerbung der Gaswerke interessiert die Einkünfte der Stadt."[2]

Sie wurden durch Ankauf erworben.

Nahezu die sämtlichen gegenwärtig vorhandenen Gaswerke sind von Privatunternehmern gegründet und später von den Kommunen angekauft worden. Manchester bildet die bemerkenswerte Ausnahme, die man stets hervorhebt. Dort errichteten die Polizeikommissare 1824 eine Anstalt, die 1843 auf den kürzlich mit Korporationsrechten ausgestatteten Flecken überging. Aber obgleich viele Gaswerke von den Gemeinden angekauft sind, sind die Privatgesellschaften gehörigen Gasanstalten doppelt so stark vertreten und ihr Wert ist mehr als doppelt so groß a's der der städtischen Anstalten, und einige der größten Städte wie Liverpool, Sheffield, Bristol, Newcastle und London selbst werden noch in dieser Weise versorgt. Der Ankauf der Gaswerke durch die Kommunen wurde erst in der zweiten Hälfte des 19. Jahrhunderts üblich, als sich das Geschäft gründlich eingeführt hatte, denn vor 1850 besaßen nur acht Städte eigene Gasanstalten. Die Entwickelung vollzog sich dann schneller und ging am lebhaftesten in den 70er Jahren vor sich. Hierauf ließ sie plötzlich nach, angeblich teilweise deshalb, weil die Gemeinderäte, die durchaus ihre eigenen Gaswerke besitzen wollten, dies damals erreicht hatten, und teilweise aus Furcht vor Wettbewerb seitens des neu erfundenen elektrischen Lichtes.

Die Privatgesellschaften zerfallen in zwei verschiedene Gattungen Einmal die durch Parlamentsakte genehmigten, deren Dividenden nach dem Gesetz von 1847 über die den Gaswerken aufzuerlegenden Bedingungen gewöhnlich auf 10 % beschränkt waren — eine Beschränkung, für die spätere einstweilige Verordnungen eine gleitende Skala einführten, die den Dividendensatz nach den Gaspreisen regelte.

[1] Nach dem Bericht von 1902 betrieben 97 Flecken in England und Wales ihre eigenen Gaswerke mit einer Kapitalanlage von 24 Millionen Pfund. Hierin sind die städtischen Bezirke nicht inbegriffen, von denen ungefähr ebensoviele eigene Gaswerke besaßen und seit jener Zeit sind es natürlich mehr geworden

[2] N. M. Marris „Joseph Chamberlain, als Mann und als Staatsmann", S. 112.

Auch waren die Gesellschaften der Regel nach gehalten, junge Aktien öffentlich auszubieten. Andererseits waren sie gesetzlich vor Wettbewerb durch die Kommunen geschützt, auch wollte das Parlament sie nicht der zwangsweisen Enteignung unterwerfen[1], obgleich sie natürlich in gewissen Fällen durch die feindliche Stellungnahme des Gemeinderates zum Verkauf genötigt werden konnten. Die andere Gattung von Gesellschaften, die sich auf keinen Parlamentsakt stützt, war diesen Beschränkungen nicht unterworfen, besaß aber auch geringeren Schutz gegen Wettbewerb und Enteignung. Da die Privilegien der gesetzlich zugelassenen Gesellschaften auf ewige Zeiten lauteten und ihnen keine Verpflichtung hinsichtlich des Übergangs ihrer Rechte auf die Kommunen auferlegten, mußten die letzteren ein entsprechend hohes Angebot machen, um die Gesellschaft zum Verkauf geneigt zu machen. Da aber die Gesellschaften ein sicher und ertragreich gewordenes Geschäft betrieben, erwarteten und erhielten sie natürlich einen Zuschlag auf ihr nominelles Kapital. In vielen Fällen, vielleicht in der Hälfte aller Fälle, war dieser so hoch, daß die Stadt der Gesellschaft den doppelten Preiswert ihrer Aktien zahlte. Daß ein solcher Preis zwar hoch, aber kaum übertrieben war, kann man daraus schließen, daß die Unternehmungen sich in den Händen der Käufer als gewinnbringend erwiesen haben.

Der Überschuß.

Mit Ausnahme einiger weniger kleinerer Orte werfen die Gaswerke über die Verzinsung und Tilgung hinaus einen Überschuß ab. Nach dem Bericht von 1902 erzielten die im Gemeindebetrieb befindlichen Gasanstalten in England und Wales nach Abzug der für den Erneuerungsfonds bestimmten Beträge, aber vor Abrechnung der Verzinsung und Tilgung insgesamt $5^1/_3\,^0/_0$ des gesamten Anlagekapitals, und der Nettoüberschuß war nach Abzug aller dieser Passivposten größer als die Reineinnahmen aus allen anderen gewinnbringenden Kommunalbetrieben zusammengenommen.

Die Gaspreise.

Ein Vergleich des Gaspreises der Kommunen mit dem der Gesellschaften bietet große Schwierigkeiten. Abgesehen von dem Grade der Sparsamkeit der Verwaltung muß der Preis offenbar von dem Kohlenpreise jeder einzelnen Stadt und dem Wert, den die Nebenprodukte dort haben, beeinflußt werden. Field hat in seiner

---

[1] Nach § 4 des Gesetzes über die Gas- und Wasserversorgung von 1870 war Vorbedingung der Erteilung einer einstweiligen Verordnung an eine Gesellschaft die Zustimmung der Kommunal- und Wegebehörde, falls nicht das Handelsministerium eine Ausnahme zuließ; aber die meisten Gasgesellschaften waren vor der Zeit der Kommunalbetriebe errichtet und das Erfordernis der Zustimmung scheint keine ernsten Schwierigkeiten bereitet zu haben.

Analysis Versuche gemacht, dies zu berücksichtigen, und danach die normalen Herstellungskosten zu ermitteln, aber das Ergebnis ist nicht schlüssig. Die Anhänger der Kommunalbetriebe weisen darauf hin, daß die verlangten Preise im Durchschnitt bei Gesellschaften etwas höher sind als bei Kommunen[1], aber hiergegen führt man an, daß die Kommunen der Regel nach die ertragsreicheren Unternehmungen angekauft und sich um die unrentablen nicht sehr gerissen haben. Sir Courtenay Boyle, der frühere Unterstaatssekretär im Handelsamt, führte unter Berücksichtigung dieses Umstandes 1900 in der Kommission für das Kommunalbetriebswesen aus, daß die vorhandenen Unterlagen bei im übrigen gleichen Verhältnissen es hinsichtlich des Preises für die Konsumenten nicht erheblich vorteilhafter erscheinen ließen, durch eine Kommune statt durch eine Gesellschaft mit Gas versorgt zu werden. Ein Vergleich der Gaspreise von Kommunal- und von Privatanstalten in benachbarten Städten bei ungefähr gleicher Produktionsmenge scheint diese Ansicht zu bestätigen. Kurz, wenn die Sachverständigen verschiedener Meinung sind und allgemeines Einverständnis darüber herrscht, daß die Durchschnittspreise nicht sehr verschieden sind, kann man ruhig mit Sir Courtenay Boyle annehmen, daß bis auf unsere Tage der Unterschied zwischen Kommunal- und Privatbesitz an den Gaswerken für den Konsumenten nicht viel ausgemacht hat.

Die mit den Gaswerken gemachte Erfahrung zeigt, daß eine englische Gemeinde diesen Gewerbebetrieb gut führen und Gewinn daraus ziehen kann. Wie das Wasser hat das Gas einige ausgesprochene Vorzüge, wenn auch in weit geringerem Grade. Es dient beinahe jedermann, die Zahl der beschäftigten Personen ist nicht sehr groß, das Geschäft ist völlig eingeführt, verhältnismäßig einfach, bedingt ein geringes Risiko und wird schwerlich durch Erfindungen von Grund aus umgestürzt werden. Die mittelbaren Nachteile, die einer Stadt aus dem Kommunalbesitz an den Gaswerken erwachsen können, werden sich aus der Geschichte der elektrischen Beleuchtung ergeben.

Die Entwicklung der Gas- und Wasserwerke liegt vor der Ära des Kommunalbetriebes, und wenn daher auch ihr Erwerb durch die Gemeinden einen Befähigungsnachweis der Kommunen zur Verwaltung derartiger Unternehmungen erbracht hat, müssen wir auf Trambahnen.

[1] Das „Kommunaljahrbuch“ von 1896 S. 379 gibt den Durchschnittspreis bei Kommunen auf 2 s. 8 d. und bei Gesellschaften auf 2 s. $11^1/_4$ d. für 1000 Kubikfuß an.

Trambahnen und auf das elektrische Licht blicken, um ein Urteil über die vollen Wirkungen eines allgemeinen Kommunalbetriebssystems zu gewinnen. Die Geschichte der englischen Trambahnen ist oft geschrieben worden. Die ersten Linien wurden in den sechziger Jahren ohne irgendeine parlamentarische Genehmigung angelegt, und erst 1868 ergingen die ersten Privatgesetze, die Trambahnen in Liverpool und an einigen anderen Orten konzessionierten. Im nächsten Jahre konzessionierten drei Privatgesetze Londoner Trambahnen. Derartige Privatgesetze fingen dann an, so zahlreich eingebracht zu werden, daß 1870 das erste allgemeine Trambahngesetz erging, das auch heutzutage noch in Kraft ist.

Das Gesetz von 1870. Das Trambahngesetz von 1870 schützte die Interessen der Kommunen. In erster Reihe konnte das Handelsamt auf Grund des Gesetzes eine einstweilige Verordnung nur mit Zustimmung der Lokalbehörde und der Wegebehörde erlassen.[1] Diese Beschränkung galt natürlich nicht für die direkt im Parlament eingebrachten Privatgesetzvorlagen, aber einige Jahre später wurde die Geschäftsordnung beider Parlamentshäuser dahin abgeändert, daß auch in diesem Falle jene Zustimmung erforderlich war, und so konnten die Gesellschaften nach 1872 Trambahnen ohne Zustimmung der Lokalbehörden weder auf Grund einer einstweiligen Verordnung noch auf Grund eines Privatgesetzes errichten. Dies hat nicht nur in einer Reihe von Fällen den Bau von Trambahnen gänzlich verhindert, wie z. B. in London in neueren Jahren, sondern es hat auch die Gemeinderäte in den Stand gesetzt, ihre Zustimmung von der Gewährung finanzieller Vorteile an die Stadt abhängig zu machen. Hierüber wurde der Kommission für das Kommunalbetriebswesen von 1900 viel Material unterbreitet, und es wurden Beispiele angeführt, wo der Gemeinderat von der Trambahngesellschaft die Pflasterung der Straßen, die gesamte oder teilweise Aufbringung der Kosten der Straßenverbreiterung, die Zahlung einer Rente, die Entnahme von elektrischer Kraft von der Gemeinde und andere Dinge verlangt hatte, die der Gesetzgeber keineswegs im Auge gehabt hatte. Das Handelsamt und die Privatgesetzkommissionen entscheiden übrigens die Sache nicht endgültig, weil selbst in Fällen, wo die sogenannten „vereinbarten Klauseln" („agreed clauses") aus dem Gesetzentwurf vor seiner Annahme gestrichen werden, diese doch als Gegenleistung der er-

Das lokale Veto.

[1] Nach § 5 des Gesetzes genügt aber, wenn die Trambahn zwei oder mehr Bezirke durchlaufen soll, die Zustimmung der Behörden, in deren Gebiet $^2/_3$ der zu bauenden Linie liegen.

teilten Genehmigung zwischen der Gesellschaft und der Stadt ehrenhalber als bindend betrachtet werden. Aus diesem Grunde hat das sogenannte „Veto“ zu vielen Erörterungen geführt, bisher ist es aber noch nicht abgeändert worden.

Die Ankaufsklausel.

Eine fernere Bestimmung wurde eingefügt, die direkt auf den Erwerb durch öffentliche Körperschaften hinzielte. Die Ära des Kommunalbetriebes hatte begonnen, und die Gemeinden hatten keine Lust, wie bei den Wasser- und Gaswerken in die Zwangslage versetzt zu werden, die Anlagen von mit ewigen Privilegien ausgerüsteten Gesellschaften mit einem sehr hohen Aufschlage zu erwerben. Die Privatgesetze über Trambahnen von 1868—1869 hatten die Kommunen ermächtigt, nach gewisser Zeit die Gesellschaftsanlagen zum Anlagewerte mit einem Zuschlag von 30 % für die Kundschaft zu erwerben. Die Regierung hielt diese Bedingungen für zu hart, als daß eine Kommune davon hätte Gebrauch machen können, und daher bestimmte das Gesetz von 1870 (§ 43), daß die Kommunen nach Ablauf von 21 Jahren die Anlage zum Anlagewert allein erwerben könnten. Diese Erwerbsklausel hatte eine Wirkung, die sich allmählich immer stärker äußerte.

Entmutigung der Privatgesellschaften.

Auf Grund des Gesetzes von 1870 wurden viele Jahre lang nur wenige Trambahnen und auch diese nur in geringer Ausdehnung gebaut. Die Anhänger der Gesellschaften führten dies auf die Erwerbsklausel und auf das Vetorecht mit den daraus abgeleiteten Bedingungen für die Erteilung der Zustimmung zurück. Das Gesetz scheint wirklich entmutigend eingewirkt zu haben, denn bei Einbringung der Vorlage teilte Herr Shaw-Lefevre mit, daß 27 Gesellschaften sich um die Erlaubnis zum Bau von 515 Streckenmeilen bewarben, während 1880 nur 386 Meilen tatsächlich gebaut waren.

Nicht nur vollzog sich die Bildung von Trambahngesellschaften keineswegs im Eiltempo, sondern die Weiterentwickelung der Linien ging noch langsamer vor sich, denn in jedem Jahre wurde die durch das Privileg gewährte Periode kürzer, und daher blieb weniger Zeit übrig, vor Herankommen des Ankaufstermins Gewinn zu erzielen. Dies machte sich besonders bei der Einführung des elektrischen Betriebes geltend, einer Betriebsverbesserung, die erst gebräuchlich wurde zu einer Zeit, wo die Konzessionen der älteren Gesellschaften dem Ende zuneigten, und die jüngeren, in den ersten achtziger Jahren konzessionierten, nahezu die Hälfte ihrer gesetzlichen Periode hinter sich hatten. Die Kosten der Umwandlung des Betriebes konnten sich nicht rentieren, wenn nicht die Konzessionsdauer verlängert wurde, und dies wollten die Kommunen selten zugeben. Dublin bildete allerdings eine Ausnahme. Hier wurde ein Übereinkommen über die Hinausschiebung des Zeitpunktes für den Ankauf nebst einer Abänderung des Ankaufspreises getroffen, und die Gesellschaft stattete ihre Linien mit elektrischer Kraft aus und bot den zu jener Zeit zweifellos besten Trambahnbetrieb des Vereinigten Königreichs. Derartige Fälle waren selten, denn die Gemeinderäte erkannten nicht, wie wichtig für die städtische Bevölkerung eine sofortige starke Entwickelung des Schnellverkehres war, und überdies hatte die Sehnsucht nach der Kommunalisierung der Trambahnen Boden gefaßt. Als die gesetzliche Periode sich ihrem Ende näherte, vermieden die Trambahngesellschaften mehr und mehr alle Ausgaben, und während der letzten paar Jahre betrieben sie natürlich ihre Strecken so wie sie waren und versuchten aus ihnen den größtmöglichsten Gewinn zu ziehen.[1]

Eigenbetrieb durch die Kommune.

Während also der private Unternehmungsgeist das englische Trambahnwesen nicht zur Entwickelung brachte, traten die Kommunen nicht in die Bresche, indem sie entweder die Strecken der Gesellschaften erwarben oder neue eigene Linien anlegten. Der Regel nach durften sie gesetzlich selbst da, wo sie im Besitze von Trambahnen waren, diese nicht selbst betreiben. Das Gesetz von 1870 gestattete den Kommunen, Trambahnen zu errichten und zu verpachten, aber nicht sie selbst zu betreiben.[2] Ganz vereinzelte Städte erhielten allerdings, vielleicht aus Versehen, das Recht des Eigenbetriebes. Beispielsweise wurden Glasgow und einige andere Orte durch Privatgesetze von 1870 ermächtigt, die Trambahnen nach Ablauf von 21 Jahren zu erwerben und „die Rechte, Machtvollkommenheiten und Befugnisse der Gesellschaften hinsichtlich dieser Unternehmungen auszuüben“. Auf Grund dieser Bestimmung betreibt Glasgow gegenwärtig seine Trambahnen selbst, zwei oder drei weitere Städte erhielten in den nächsten zwei Jahren ähnliche Rechte. Im Jahre 1872 aber erfuhr die Geschäftsordnung des Parlaments eine

[1] Die verhältnismäßige Entwickelung der Trambahnen im Vereinigten Königreich und den Vereinigten Staaten erhellt aus den folgenden Zahlen:

	Vereinigtes Königreich	Vereinigte Staaten
Wegemeilen 1880	368	2050
„ 1890	948	5783

[2] Die Unklarheit der damaligen Begriffe vom Trambahnbetrieb zeigt die Bestimmung, die die Kommunen ermächtigt, jedermann, der Wagen auf den Schienen leiten will, die Erlaubnis hierzu gegen Gebühren zu erteilen. Es braucht kaum erwähnt zu werden, daß von diesem Recht niemals Gebrauch gemacht wurde.

Abänderung dahin, daß in Zukunft den Kommunen durch Privatgesetz niemals mehr das Recht des eigenen Betriebes gewährt werden solle, und obgleich das Gesetz von 1870 nicht ausdrücklich die Übertragung dieses Rechtes durch einstweilige Verordnung ausschloß, versagte doch das Handelsamt im Anschluß an die Grundsätze des Parlaments seine Gewährung.

Zehn Jahre später, im Jahre 1882, wurde eine Ausnahme notwendig. Die hügelige Stadt Huddersfield hatte eine Trambahn gebaut, die keine Gesellschaft pachten wollte, und das Parlament ermächtigte das Handelsamt, jener Stadt den Betrieb ihrer eigenen Linien zu gestatten, wenn sie sie nicht in angemessener Weise verpachten könnte. In den zehn folgenden Jahren wurde keine andere Gemeinde in gleicher Weise behandelt; als aber 1891 und 1892 die Pachtverträge und die gesetzlichen Perioden der Trambahngesellschaften sich ihrem Ende näherten, bewarben sich viele Städte um dieses Recht, und im letztgenannten Jahre änderte das Parlament seine Geschäftsordnung insoweit, als in Zukunft die Huddersfield-Klausel auf Antrag zugestanden werden sollte.

Der Drang nach Kommunalbetrieb wurde bald so stark, daß man 1896 die hiergegen gerichtete Bestimmung der Geschäftsordnung ganz fallen ließ und der Weizen des Kommunalbetriebes der Trambahnen begann jetzt zu blühen. Seit dieser Zeit nahm die Entwickelung des Straßenbahnwesens ein beschleunigtes Schrittmaß an. Viele Gemeinderäte nahmen die Verwaltung in eigene Hand, bauten neue Linien oder dehnten die alten aus, und ein paar andere, die hierzu nicht imstande waren, trafen Vereinbarungen mit Gesellschaften auf Verlängerung ihrer Konzession oder Ankauf zu höheren Preisen als sie das Gesetz von 1870 vorsah. Aber trotz der schnelleren Zunahme in den letzten zehn Jahren ist das Trambahnwesen in England noch immer weit weniger entwickelt als in den Vereinigten Staaten, denn obgleich die städtische Bevölkerung der beiden Länder nahezu gleich groß und einigermaßen gleichmäßig in Städten gleicher Größe zusammengehäuft ist, gab es 1902 in den Vereinigten Staaten 16652 Wegemeilen Trambahnen gegenüber 2117 Wegemeilen im Vereinigten Königreich 1904—1905.

Die Glasgower Tram-bahnen.

Es kann kein Zweifel darüber bestehen, daß die städtischen Trambahnen im ganzen den den Beschränkungen des Gesetzes von 1870 unterstehenden Bahnen der Privatgesellschaften weit überlegen sind, und dies hat in England eine starke Voreingenommenheit zugunsten des Kommunalbetriebes erzeugt. „Wenn sie sich aber an sich selbst messen und sich miteinander vergleichen, ist das nicht richtig." Das Beispiel Glasgows ist kennzeichnend. Der Gemeinderat konnte mit der Gesellschaft zu keiner Einigung über eine Ausdehnung der Konzessionszeit gelangen und übernahm die Linien 1894 beim Ablauf des Pachtvertrages, und da mit der Gesellschaft auch keine Einigung über den Ankauf ihrer Wagen erzielt werden konnte, entschloß sich der Gemeinderat merkwürdigerweise dazu, auf der Linie wieder den Pferdebetrieb einzuführen, obgleich diese Art des Betriebes in den Vereinigten Staaten rapide verschwand. Nachdem die Dubliner Gesellschaften zum elektrischen Betriebe übergegangen waren, folgte Glasgow zuerst versuchsweise und seine Trambahnen wurden erst 1901 vollständig elektrisch. Aber selbst während des Pferdebetriebes wurden die Fahrpreise sofort herabgesetzt und der Betrieb verbessert, bis heutzutage die Glasgower Trambahnen in jeder Beziehung den alten Trambahnen der Gesellschaften überlegen sind. Wie aber oft dargelegt, sind sie hinsichtlich des der Stadtkasse erwachsenden Gewinns, der gebotenen Leistungen, und — abgesehen von ganz kurzen Entfernungen — der Fahrpreise um ebensoviel ausgesprochen minderwertiger gegenüber den Bostoner Trambahnen, die einer ungefähr gleich starken Bevölkerung dienen.[1]

Glasgow und Boston.

[1] Der Gewinn der Stadtkasse läßt sich leicht berechnen. Wenn man die Abgaben, die Einkommensteuer, die Zahlungen für den Tilgungsfonds der Anleihen und den Beitrag zum „Gemeingut" („common good") — dies ist eine Art Entgelt für die Benutzung der Straßen, die seit den Tagen der alten Gesellschaft fortbesteht — zusammenzählt, betrug die Gesamtzahlung der Glasgower Trambahnen auf das Kommunalkonto in dem mit dem 31. Mai 1906 endenden Jahre:

Abgaben	£	43,924	4,7
Einkommensteuer	„	12,422	14,1
Tilgungsfonds	„	48,327	0,5
Zahlung ans Gemeingut	„	35,000	0,0
Zusammen:	£	139,673	19,1

Die Bostoner Hochbahngesellschaft zahlte außer der Gebühr für die Nutzung der der Stadt gehörigen Untergrundbahn und Tunnel 1906:

Real- und Aktienkapitalsteuern	918027,57	Dollar
Tilgungsfonds für die Untergrundbahn	57617,38	„
Kosten der Straßenpflasterung und Verzinsung der Kosten früherer Pflasterungen	316857,56	„
Vergütung für die Straßenbenutzung	115986,77	„
Zusammen:	1408489,28	Dollar

oder mehr als zweimal so viel.

Glasgow hat sich die Muster-Kommunaltrambahnen geschaffen, und was für Glasgow gilt, gilt von den englischen Gemeinden im allgemeinen. Der von den Gemeinderäten mit ihrem ewigen und

---

Ebenso ausgesprochen ist der Gegensatz zwischen den Leistungen. Die Kommune Glasgow besitzt nahezu 161 Meilen einspurige Bahnen, die Bostoner Gesellschaft 457 Meilen, wovon mehr als 20 Meilen Untergrund- oder Hochbahnen sind, die der Gesellschaft weit größere Unkosten verursachen und in den dicht bevölkerten Teilen der Stadt für viel schnellere Beförderung sorgen. Glasgow besitzt 783 Wagen gegenüber 3313 (Personen) Wagen in Boston und die Zahl der gefahrenen Wagenmeilen belief sich auf 18886910 gegenüber 50056608. Offenbar wird in Glasgow sehr viel weniger geboten, und dies tritt noch mehr hervor, wenn man die wirkliche Zahl der die Trambahn benutzenden Personen berücksichtigt. Sie ist tatsächlich in beiden Fällen nicht allzuverschieden, indem sich die Gesamtzahl der beförderten Personen in Glasgow auf 208059833 und in Boston auf 262267240 belief, so daß auf die Wagenmeile in Glasgow 11,02 und in Boston 5,24 Personen entfielen. Mit anderen Worten waren entweder die Wagen der Glasgower Trambahnen mehr besetzt oder die Reisenden legten dort geringere Entfernungen zurück. Letzteres ist sicherlich der Fall und hat seine Bedeutung für die Fahrpreisfrage.

Die Fahrpreise lassen sich nicht leicht vergleichen, weil Boston einen gleichmäßigen 5 Centpreis mit Umsteigebillets für in einigen Fällen mehr als zwölf Meilen betragende Entfernungen hat, während Glasgow für eine halbe Meile auf den geringsten Satz von einem halben Penny herabgeht und bei längeren Fahrten ungefähr einen Penny für je $2^1/_4$ Meile erhebt. Es erhebt also Glasgow weit weniger für kurze Entfernungen, und hierfür werden seine Trambahnen hauptsächlich benutzt; 80% der beförderten Personen zahlten nicht mehr als einen Penny und benutzen daher die Trambahn weniger als $2^1/_4$ Meile, 90% bezahlen weniger als $1^1/_2$ Penny und reisen nicht weiter als $3^1/_2$ Meile. Tatsächlich beträgt der Durchschnittspersonenfahrpreis 94 Bruchteile eines Pennys. Andererseits erhebt Boston geringere Fahrgelder für sehr große Entfernungen.

Soweit aber die Arbeiterklasse in Betracht kommt, sollten die Fahrpreise nicht nach dem Tauschwert des Goldes, sondern nach dem Arbeitsverdienst beurteilt werden, und hierfür bieten vielleicht die Löhne der Schaffner und Wagenführer der Trambahnen selbst einen geeigneten Maßstab. Nun machen die in Glasgow gezahlten Löhne beinahe genau die Hälfte der Bostoner Löhne aus.

Glasgower Trambahnen.

Lohntafel der Schaffner und Wagenführer.

		pro Tag	pro Woche
1. Jahr	Erstes Halbjahr	4 sh.	24 sh.
	Zweites "	4,2 "	25 "
2. Jahr	Drittes "	4,4 "	26 "
	Viertes "	4,6 "	27 "
3. Jahr	Fünftes "	4,8 "	28 "
	Sechstes "	4,10 "	29 "
4. Jahr		5 "	30 "
Später		5,2 "	31 "

unbeschränkten Privilegien gebotene Dienst ist sicherlich besser als der der Gesellschaften mit ihrer beschränkten Konzessionszeit und ihrer Verpflichtung, sich auskaufen zu lassen. Andererseits sind die Kommunaltrambahnen nicht so gut wie die von amerikanischen Gesellschaften, die derartigen Beschränkungen nicht unterliegen, erbauten. Der Engländer begegnet einem derartigen Vergleich oft mit dem Einwand, daß man von dem gewerblichen Unternehmungsgeist in England nicht dasselbe erwarten könne wie von dem amerikanischen. Aber England behauptete lange die Führung der ganzen Welt in technischen Fortschritten und der Charakter der Nation hat sich nicht so allgemein verändert, daß dies heute eine Unmöglichkeit geworden wäre.

Bostoner Hochbahn. Flachbahnen.

Für Schaffner und Wagenführer.

	pro Tag
Im 1. und 2. Dienstjahr	$ 2,30
„ 3., 4. und 5. „	„ 2,35
„ 6.—10. (einschl.) „	„ 2,40
„ 11.—15. (einschl.) „	„ 2,45
Vom 16. Dienstjahre ab	„ 2,50

Hiernach kann ein Arbeiter von einem Ende Bostons und seiner Vorstädte ans andere Ende für den gleichen Prozentsatz seines Lohnes fahren, für den er in Glasgow nur ungefähr $2^1/_2$ Meilen zurücklegen kann.

Offenbar haben sich also die Glasgower Trambahnen bei ihrem System der abgestuften Fahrpreise nicht gerade in den Dienst der besseren Verteilung der Bevölkerung gestellt und dieser Eindruck wird durch den Umstand verstärkt, daß bei der Volkszählung von 1901 48,3 % der Bevölkerung von Glasgow in einem Raum zu mehr als zwei Personen zusammenwohnten (dieser Prozentsatz war von 59,6 % 1891 auf diese Zahl gefallen, obgleich die Gesamtzahl der in den überfüllten Quartieren wohnhaften Personen sich um eine Kleinigkeit vermehrt hatte). Den Stand der Dinge in Boston hiermit genau zu vergleichen, ist unmöglich, weil keine auf gleicher Grundlage aufgebaute Statistik existiert. Aus dem Bericht des 1904 vom Bürgermeister von Boston zur Untersuchung der Verhältnisse der Mietshäuser bestellten Ausschusses ergibt sich, daß sich in den 5232 untersuchten Mietshäusern — vermutlich den übelsten der Stadt — mehr Räume als Bewohner befanden. Der Ausschuß nahm als Mindestmaß 300 Kubikfuß Rauminhalt für einen Erwachsenen und 200 für ein Kind an und erklärte danach 623 oder ungefähr 12 % der Mietshäuser für überfüllt. Da diese Mietshäuser weniger als $^1/_5$ der Bevölkerung der Stadt beherbergen, würden nach dieser Schätzung $2^1/_2$ % der Bevölkerung in unzureichenden Wohnungen hausen. Es ist klar, daß es in Boston weit weniger derartige Quartiere gibt als in Glasgow, und zwar trotzdem Boston auf einer Reihe von Halbinseln erbaut ist und durch die Natur von seinen Vororten durch weite Wasserstrecken getrennt ist und sich daher wenig ausdehnen kann, während Glasgow nach allen Seiten zu offenes Land zur Verfügung hat.

Über das Gemeindegebiet hinauslaufende Trambahnen.

Ein schwieriges Problem eröffnet sich für den Kommunalbetrieb der Trambahnen in dem ständig steigenden Bedürfnis nach Ausdehnung der Linien über die Grenzen der Gemeinde, was seinerseits eine gesetzgeberische Geschichte hat. Das Handelsamt hat sich niemals für berechtigt erachtet, durch einstweilige Verordnungen die Gemeinderäte zum Bau von Trambahnen außerhalb ihrer Bezirke zu ermächtigen, aber dies hatte so lange keine Bedeutung, als diese Körperschaften nicht das Recht besaßen, ihre Linien selbst zu betreiben. Sobald man aber den Gemeinden das Recht des eigenen Betriebes zu gewähren begann, drängte sich die Frage in den Mittelpunkt der öffentlichen Aufmerksamkeit, denn eine Trambahn, die wirklich wertvoll sein will, kann selten an der Stadtgrenze aufhören, und für die Gemeinderäte ist es keine Kleinigkeit, Verkehrsvereinbarungen mit unabhängigen außerhalb liegenden Gesellschaften oder vorstädtischen Bezirken zu treffen. Das Problem zeichnete sich dort besonders scharf ab, wo eine Gemeinde auf Grund des Gesetzes von 1870 ihren Anteil an einer sich in die Umgegend erstreckenden Trambahn erwarb. Gegen Ende der achtziger Jahre begann man daher um das Recht einzukommen, außerhalb des Stadtbezirkes liegende Linien bauen oder pachten zu dürfen. In den Jahren von 1888—1895 ergingen sechs Privatgesetze, die derartige Rechte übertrugen, und im nächsten Jahre bekannte sich das Parlament zu einer bestimmten Stellungnahme, indem es geschäftsordnungsmäßig festlegte, daß das Betriebsrecht außerhalb der Gemeindegrenzen in allen den Fällen gewahrt werden sollte, wo die Verhältnisse es rechtfertigten. Von nun an wurden die hierauf gerichteten Privatgesetze zahlreicher.

Aber die Beseitigung der gesetzlichen Hindernisse löste nicht alle Fragen über die Bedingungen, unter denen die außerhalb der Gemeindegrenzen belegenen Bahnstrecken benutzt werden sollten. Gelegentlich sind reine gemeinschaftliche Betriebspläne zwischen Kommunen, von denen jede ihre eigene Linie betreibt, vereinbart worden. Solch eine Regelung trafen Manchester und Salford, nachdem das Publikum zeitweise erheblich unter dem bisherigen Zustande gelitten hatte. Indessen sind derartige Vereinbarungen ungewöhnlich, und die Idee der Verwaltung durch eine gemeinschaftliche von den betreffenden Gemeinderäten zu ernennende Behörde hat wenig Gegenliebe bei den Kommunen gefunden und scheint heutzutage nur in einem Falle beliebt zu werden. Die gebräuchliche Form der Verständigung besteht entweder in einer Verpachtung der Linien des Vororts an die Großstadt oder dem direkten Bau und Eigenbesitz der außerhalb ihres Bezirkes belegenen Linien durch die Großstadt. Bei einer Verpachtung ist es nicht leicht, die angemessene Verzinsung festzustellen, wenn die pachtende Stadt ein Risiko läuft, aber großen Gewinn zu erzielen hofft, und in den Fällen, wo eine Gemeinde außerhalb ihres Bezirkes Linien baut und in Eigenbesitz hat, taucht die alte Frage auf, ob der Vorstadtbezirk das Recht haben soll, die Linie nach einer gewissen Zeit zu erwerben. In dieser Hinsicht ist es bemerkenswert, daß das Haus der Gemeinen in dem Geschäftsordnungsgrundsatz von 1896 (170 A) ursprünglich den Erwerb nach sieben Jahren gestattete und diese Frist 1899 nach Analogie der Privatgesellschaften auf 21 Jahre verlängerte. Aber selbst diese Frist schien den Gemeinden zu kurz, und so wurde sie 1901 auf eine Maximalhöhe von 42 Jahren gebracht. Glasgow, das sehr viel mehr Schienmeilen außerhalb seines Bezirkes als irgendeine andere Gemeinde besitzt, hat übrigens in solchen Fällen stets ein ewiges Privileg zu erreichen versucht.

Geringe Ausdehnung der vorstädtischen Trambahnen.

Mit seiner gewaltigen, in nicht sehr weit voneinander liegenden Orten zusammengedrängten Stadtbevölkerung müßte Großbritannien ein Paradies der vorstädtischen und zwischenstädtischen Trambahnen sein, und doch schneidet es gerade in dieser Hinsicht gegenüber den Vereinigten Staaten am ungünstigsten ab. Der Kommunalbetrieb hat anscheinend in dieser Richtung nicht günstig gewirkt. Die ausgedehntesten Vorortsysteme finden sich in Glasgow, das 1906 außerhalb seines Stadtbezirkes $58^1/_2$ Streckenmeilen gegenüber 102 Meilen innerhalb dieses Bezirkes betrieb, und in Manchester und Salford, die 1905 217 Schienenmeilen in einem gut über eine Million Seelen zählenden Bezirke betrieben, wobei die Schienenwege außerhalb der beiden Gemeinden anscheinend etwas weniger ausgedehnt waren als in Glasgow.[1] Die Linien, die andere Gemeinden jenseits ihrer Grenzen betreiben, sind nur von geringer Ausdehnung.[2]

---

[1] Glasgow besitzt außerhalb seines Bezirkes 48 Schienenmeilen, hiervon 44 für immer und vier nach der Clydebankverordnung, die diesen Burgflecken zum Erwerb der Strecke nach Ablauf von 42 Jahren ermächtigt. Die Stadt hat ferner $8^1/_2$ Schienenmeilen in Govan gepachtet und besitzt das Betriebsrecht für zwei Meilen in Paisley.

Die Außenlinien Glasgows befinden sich meistens im Eigentum dieser Stadt, die Außenlinien von Manchester und Salford sind gepachtet.

Kleinbahnen.

[2] Um den Verkehr in den ländlichen Bezirken zu heben, wurde 1896 das Kleinbahngesetz geschaffen. Dies Gesetz rief einen Board of Commissioners ins Leben und ermächtigte ihn, einstweilige Verordnungen für den Bau solcher Bahnen zu erlassen, die ohne Genehmigung des Parlaments durch die Bestätigung des Handelsamtes Gültigkeit erlangen sollten.

Äußerlich kann eine Kleinbahn, wie dies auch tatsächlich häufig der Fall ist, einfach eine Trambahn unter einem anderen Namen sein; aber die Zu-

Das jüngst auftauchende starke öffentliche Bedürfnis, und das letzte, das gesetzlich generell geregelt wurde, ist die elektrische Beleuchtung. Sie wurde erst praktisch verwendbar, als die Periode der Kommunalbetriebe bereits stark eingesetzt hatte, und daher befolgte man die bei Trambahnen bereits beliebte Politik auch hier. Aber diese Politik stieß hier auf ganz andere Verhältnisse, denn das elektrische Licht befand sich gewerblich noch im Stadium des Experimentierens und des Spekulierens, als es unter die sorgende Obhut des Parlaments kam. Bogen- und Glühlichtlampen waren erfunden, eine Anzahl kleiner Fabriken zur Versorgung einzelner Werke oder einiger Nachbarn war gerade entstanden und der Industrie wurde eine große Zukunft prophezeit, als die Regierung 1882 eine Vorlage einbrachte, die die Anbringung von Drähten in den Straßen gestattete. Elektrische Beleuchtung.

Man verfolgte hiermit den Zweck, den Kommunen die Vorteile der neuen Erfindung insoweit zu sichern, als das ohne Entmutigung des Privatunternehmungsgeistes möglich war. Daher bestimmte das Gesetz, daß die Kommune das Recht besitzen solle, nach Ablauf von 7 Jahren die Anlage zu ihrem tatsächlichen Anlagewert zu erwerben. Die parlamentarische Kommission, der die Vorlage überwiesen wurde, verlängerte die Frist auf 15 und das Haus der Lords auf 21 Jahre, und diesem Kompromiß stimmte das Unterhaus zu. Auf dieser Grundlage konnte das Handelsamt einstweilige Verordnungen erlassen. Aber die Regierung hatte einen schweren kaufmännischen Rechenfehler begangen, denn obwohl die Gründer sahen, daß hier etwas zu verdienen war, und innerhalb der nächsten zwei Jahre 59 einstweilige Verordnungen erwirkten, war das Publikum Das Gesetz von 1882.

---

stimmung der Lokalbehörden ist kein gesetzliches Erfordernis und es fehlt im Gesetz ein Enteignungsparagraph, obgleich die Kommissare der Regel nach eine Bestimmung über den Erwerb der Bahn zu ihrem Werte als Verkehrsunternehmen eingefügt haben.

Das Gesetz schien einige der Haupthindernisse, die unter dem Trambahngesetz von 1870 dem privaten Unternehmungsgeist entgegenstanden, zu beseitigen, denn während die Kommissare den Erlaß von Verordnungen für ausschließlich innerhalb eines Bezirkes gelegene Linien ablehnten, schien sich doch eine Tür zu öffnen für vorstädtische und zwischenstädtische Linien. In gewissem Grade ist dies der Fall gewesen, und zahlreiche Kleinbahnen sind gebaut worden, aber derartige Linien bieten keine verführerischen Gewinnaussichten, wenn sie keinen Zugang zu einer großen Stadt haben oder eine günstige Betriebsvereinbarung mit den dortigen Trambahnen getroffen werden kann. Die erstere ist von den widerstrebenden Stadtvätern nicht leicht zu erreichen und was die letztere anbetrifft, haben die Gemeinderäte sich nicht sehr erpicht darauf gezeigt, mit Privatgesellschaften zusammenzuarbeiten.

nicht zu bewegen, sein Geld hierin anzulegen. Nur eine von den einstweiligen Verordnungen wurde jemals benutzt, und auch diese erst 1889. Während der vier Jahre 1885—1888 wurde nur eine einzige Verordnung für eine Gesellschaft erwirkt, und auch diese wurde nicht ausgenutzt.[1] Das Geschäft wurde als zu riskant, und die Bedingungen als zu sehr an einen contractus leoninus erinnernd betrachtet, um das Kapital anzureizen. Diese Bedingungen fanden allerdings auf die Gemeinden keine Anwendung, und 14 von ihnen erwirkten einstweilige Verordnungen, sie riskierten es aber nicht, einen Weg zu betreten, der den Gesellschaften bedenklich erschien, und machten von diesen Verordnungen erst mehrere Jahre später Gebrauch, als ihnen der private Unternehmungsgeist den Weg gewiesen hatte.

Das Gesetz von 1888.

Das Gesetz von 1882 hatte anscheinend die Industrie erwürgt, und da die elektrische Beleuchtung in anderen Ländern rapide Terrain gewann, so war es klar, daß etwas geschehen mußte. Nachdem verschiedene Vorlagen hierüber im Parlament ohne Erfolg eingebracht waren, wurde schließlich das Gesetz von 1888 angenommen, das die Bedingungen des Ankaufs unverändert ließ, aber das Maximum der Frist bis zur Zulässigkeit des Ankaufs von 21 auf 42 Jahre erhöhte. Das Handelsamt konnte indessen diese Bedingungen ändern, und es ist nicht selten vorgekommen, daß es eine kürzere Zeit festsetzte und dann für den Ankauf einen Aufschlag zuließ. Die Annahme dieses Gesetzes scheint ein Beweis dafür zu sein, daß die Erwerbsklausel in dem früheren Gesetz das entscheidende Hindernis war, weil alsbald Anträge auf Gewährung einstweiliger Verordnungen gestellt wurden. In den drei Jahren nach 1888 wurden 77 solche Verordnungen Gesellschaften gewährt und ebensovielen Kommunen. Tatsächlich übertrafen die letzteren die Privatgesellschaften bald in der Zahl der erwirkten einstweiligen Verordnungen, wenn sie auch von ihnen langsamer Gebrauch machten.

Das örtliche Veto.

Das Gesetz von 1882 erforderte die Zustimmung der Kommune nur bei Konzessionen, aber das Gesetz von 1888 erforderte sie auch bei einstweiligen Verordnungen, wenn nicht das Handelsamt aus besonderen Gründen davon absah. Daß dies den Fortschritt der elek-

[1] Das Handelsamt konnte auch Konzessionen auf 7 Jahre gewähren. Eine Anzahl solcher Konzessionen wurde bewilligt und von zweien wurde Gebrauch gemacht. Dies waren neben einigen wenigen ungenehmigten Unternehmungen, deren Drähte über die Häuser hinweggingen, die einzigen elektrischen Anlagen, die 1888 Strom verkauften, und sie konnten sämtlich nur in sehr geringem Umfange arbeiten.

trischen Beleuchtung hinderte, ergibt sich klar daraus, daß in den 12 Jahren von 1890 bis 1899 neunundneunzig Anträge auf einstweilige Verordnungen wegen mangelnder Zustimmung der Kommunen abgelehnt wurden, und es ist unmöglich anzugeben, wieviel weitere Projekte im Keim erstickt wurden, weil man erkannte, daß diese Zustimmung nicht zu erreichen war. Das Handelsamt benutzte tatsächlich sein Dispensationsrecht bis 1899 niemals, im letztgenannten Jahre in zwei Fällen und in den letzten Jahren im Anschluß an diese Präzedenzfälle häufiger. Das teilweise Veto des Gesetzes von 1888 verhinderte die Einführung der elektrischen Beleuchtung nicht endgültig, denn nahezu überall, wo die einstweilige Verordnung aus diesem Grunde abgelehnt worden war, wurde diese Art der Beleuchtung später und zwar gewöhnlich von der Gemeinde selbst eingeführt, aber sicherlich bewirkte das Veto eine Verzögerung.

Gründe der Verweigerung der Zustimmung.

Die Kommission von 1900 über das Kommunalbetriebswesen erhielt viel Material dafür, daß die Zustimmung deshalb verweigert wurde, weil die Kommunen sich im Besitze von Gasanstalten, die sie vor Konkurrenz schützen wollten, befanden, und da spezielle Beispiele mit Zitaten aus Äußerungen oder Briefen von Kommunalbeamten angeführt wurden, kann kein Zweifel darüber bestehen, daß dies manchmal der Fall war. Daß dies aber nicht der allgemeine Beweggrund war, wird dadurch bewiesen, daß in der bei weitem größeren Zahl von Fällen, in denen der Erlaß einer einstweiligen Verordnung mit Rücksicht auf die mangelnde Zustimmung versagt wurde, die Kommune keine eigene Gasanstalt besaß. Auch hat man häufig die Behauptung aufgestellt, daß die Gemeinden um einstweilige Verordnungen nur deshalb einkämen, um die Erlangung der einstweiligen Verordnung durch eine Gesellschaft zu verhindern, und keineswegs die Absicht hätten, von diesem Privilig Gebrauch zu machen, und anfraglich ließen viele Gemeinden mehrere Jahre nach Erlangung der einstweiligen Verordnung verstreichen, ehe sie die elektrische Beleuchtung lieferten. Unzweifelhaft wurden die Gemeinden bei der Verweigerung ihrer Zustimmung oder bei ihren Eingaben um einstweilige Verordnungen von dem kaufmännischen Wunsche geleitet, sich den Gewinn, den das neue Unternehmen etwa bringen würde, zu sichern und ihn nicht in die Tasche von Privatgesellschaften gleiten zu lassen, aber man braucht die Hinzögerung, die sehr wohl auf die Vorsicht eines guten Kaufmannes bei Inangriffnahme eines neuen Unternehmens zurückgeführt werden kann, nicht der überlegten Absicht, die einstweilige Verordnung nicht auszunutzen, in die Schuhe zu schieben.

Die Gesetze über elektrische Kraft.

Daß die Gemeinden im Erwerbsleben die Grundsätze annehmen, die dies beherrschen, daß sie von dem kaufmännischen Gesichtspunkte ausgehen, den Wettbewerb nach Kräften zu verhindern, ohne stets zu berücksichtigen, inwieweit dadurch das gemeine Wohl in anderer Hinsicht in Mitleidenschaft gezogen wird, ergibt sich aus der Geschichte der Elektrizitätsgesetze. Der Fortschritt der Elektrizitätsindustrie hat es ermöglicht, die Kraft über große Bezirke billiger von einer zentralen Station aus zu verteilen, als sie am Orte selbst in kleineren Mengen hergestellt werden kann, und so wurde 1897 eine Gesellschaft zur Versorgung der Mitte Englands mit elektrischer Kraft gebildet. Aber die sie hierzu ermächtigende Vorlage wurde von dem Verband der Kommunalkörperschaften bekämpft und 1899 abgelehnt. Im nächsten Jahre wurde das Elektrizitätsgesetz für Lancashire in gleicher Weise bekämpft, obgleich die Gesellschaft sich dazu verstand, in den Gebieten der Kommunen ohne deren Zustimmung keine Elektrizität zu liefern. Das Handelsamt hatte den Grundsatz verfolgt, einstweilige Verordnungen über die Versorgung mit elektrischem Licht nur für begrenzte Gebiete zu gewähren, um den Wettbewerb hierin auszuschließen und den Kommunen den Vorrang zu sichern, und man erkannte, daß die Kraftgesetze ein Abgehen von diesem Grundsatze bedingten. Indessen wurde die Lancashire betreffende Vorlage nebst vier anderen Gesetzen für verschiedene andere Landesteile Gesetz und in den nächsten Jahren wurden zahlreiche analoge Gesetze angenommen, von denen aber wenigstens die zeitlich früheren Bestimmungen zum Schutze bestehender Unternehmungen gegen ernstlichen Wettbewerb enthielten.

Ergebnisse der kommunalen Elektrizitätswerke.

Nach der dem Parlament 1902 vorgelegten Zusammenstellung der ertragabwerfenden Gemeindeunternehmungen von England und Wales betrug der Gesamtverlust der Elektrizitätswerke in den vorhergehenden Jahren jährlich 11,707 £. Dies lag zum großen Teil daran, daß die Industrie neu war, und in den nächsten 3 Jahren besserten sich die Verhältnisse außerordentlich. Heutzutage ist der Kommunalbesitz an den Elektrizitätswerken häufiger als an den Gaswerken und auch die Kapitalanlage ist größer, und wenn auch der Gewinn nicht so groß ist, so haben doch die Elektrizitätswerke der Gemeinden durchschnittlich 1905 über ihre Verzinsung und die Tilgungsfondsrate anscheinend fast $^3/_4$ % des Anlagekapitals abgeworfen. Das Gesamtkapital der Privatgesellschaften erreicht nahezu das der Kommunalwerke, und trotz der ungünstigen Bedingungen, unter denen die Gesellschaften arbeiten, gehen die Meinungen über die verhältnismäßigen Leistungen und die Strompreise unter den beiden Betriebsformen sehr auseinander. Die von den Gemeinden erhobenen Strompreise sind in den verschiedenen Orten außerordentlich verschieden, während man hinsichtlich der Leistungen stets auf die ewige Frage der Art der Rechnungsmethode stößt. Man hört oft, daß die Kommunen der schnellen Abnutzung der elektrischen Maschinen und der kurzen Zeit, in der sie durch Neuerungen veralten, nicht genügend Rechnung tragen. Es erfordert große jährliche Aufwendungen, die Maschinen in betriebsfähigem Zustande und auf der Höhe der Zeit zu erhalten, aber das Verhältnis der Betriebskosten zu den Bruttoeinnahmen, das allerdings von Gemeinde zu Gemeinde stark wechselt, ist gewöhnlich gering[1], und in erheblich mehr als der Hälfte dieser Gemeinden wurde 1905 nichts für Wertverminderung in Rechnung gestellt.[2]

Sicherlich hat die elektrische Beleuchtung in England seit dem Gesetz von 1888 große Fortschritte gemacht, aber die Industrie hat keinen so hohen Grad der Entwickelung erlangt wie in den Vereinigten Staaten, und zwar weder in der Zahl der versorgten Städte, noch in dem Grade der Benutzung des Lichtes in diesen Städten, und in Ermangelung jedes anderen ausreichenden Grundes wird dies auf die Politik zurückgeführt werden müssen, die Parlament und Gemeinderäte auf diesem Gebiet verfolgt haben.

Wohnungsbau.

Es gibt eine kein Monopol bildende Form des Kommunalbetriebes und zwar nur diese eine, die so allgemein geworden ist, daß sie zu lebhaften Erörterungen geführt hat, und das ist der Bau von Wohnungen für Arbeiter. Die Frage ist bereits in dem Kapitel über London gestreift worden, und so brauche ich sie hier nicht im einzelnen zu behandeln, weil die wesentlichen Züge sich im allgemeinen überall wiederfinden. Die ganze Frage strotzt von

[1] Sowohl die Gesellschaften wie die Kommunen sollen in England zur Erneuerung der Elektrizitätswerke einen geringeren Teil der Einnahmen aufwenden als man in den Vereinigten Staaten für erforderlich hält.

[2] Wenn in Glasgow die Betriebsunkosten nur 34 % der Bruttoeinnahme betragen, so wird dies durch die 28 %, die für Wertverminderung eingestellt werden, ausgeglichen, in Sheffield aber, wo die Betriebsunkosten nur 28 % betragen und nichts für Wertverminderung in Rechnung gestellt wird, wird wohl die Herrlichkeit bald zu Ende gehen. Als Beispiel dafür, wieweit der aus einer Betriebsform gezogene Gewinn zur Unterstützung einer anderen verwandt werden kann, sei darauf hingewiesen, daß die elektrische Kraft den Kommunaltrambahnen stets viel teurer wird, wenn sie sie aus dem Elektrizitätswerk der Gemeinde entmehmen, als wenn sie ein eigenes Elektrizitätswerk besitzen.

Schwierigkeiten, die in so vielen Artikeln andauernd besprochen werden, daß sogar ihre Schilderung schon überholt sein würde, bevor sie im Druck erscheint.

Das Problem und die Mittel seiner Lösung.

Daß das Problem so brennend geworden ist, scheint auf das größere philantropische Interesse am Wohl der Arbeiterklasse, die zunehmenden Kenntnisse auf dem Gebiet der Gesundheitspflege, die den Zusammenhang zwischen schlechten Wohnungen und schlechter Gesundheit erkennen lassen, der Steigerung die Baukosten und der Kommunalsteuern, die entweder den Bau neuer Häuser verhindert oder die Miete in die Höhe treibt und schließlich auf die scharfen Bauordnungen, die vielleicht zu plötzlich die Anforderungen an die Wohnungen der Armen in die Höhe geschraubt haben, zurückzuführen zu sein. Das Parlament hat der Wohnungsnot in verschiedener Weise abzuhelfen versucht. Es hat gesetzliche Bestimmungen über das Schließen und, wenn nötig, das Niederreißen von für menschliche Wohnungszwecke ungeeigneten Wohnungen getroffen[1] und manche Leute glauben, daß es das Klügste ist, diese Vorschriften streng durchzuführen, und sich auf das naturgemäß hervortretende Angebot neuer Häuser für die allmählich in dieser Weise wohnungslos werdenden Leute zu verlassen. In einigen Orten ist dies anscheinend mit Erfolg geschehen, aber aus diesem oder jenem Grunde ist es nicht stets leicht, das Gesetz energisch durchzuführen, und zwar insbesondere weil dem Hauswirt keine Entschädigung gewährt wird.

Es wurden sodann in Teil I des Gesetzes über die Beschaffung von Wohnungen für die Arbeiterklasse von 1890 Bestimmungen über die Beseitigung gesundheitsgefährlicher Häuserviertel oder Spelunkenviertel durch Enteignung getroffen. Man war zu der Überzeugung gelangt, daß in solchen Fällen die Zusammenpferchung in einer Stadt tatsächlich eine Steigerung erfahren würde, wenn man nicht den wohnungslos gewordenen Leuten andere Wohnungen verschaffte und zwar in der Nähe ihrer Arbeitsstätte. Daraufhin stellte das Parlament den allgemeinen Grundsatz auf, daß, wenn eine Kommune auf Grund dieser Bestimmung vorgeht oder wenn eine Eisenbahn oder ein anderes großes Unternehmen viele Häuser zur Erweiterung der Werkstätten niederlegt, von diesen für Be-

[1] Gesetz über die Beschaffung von Wohnungen für die Arbeiterklasse von 1890, 53—54 Vic., c. 70 Teil II. Die den Kommunen durch die 3 Teile dieses Gesetzes übertragenen Befugnisse sind in dem Kapitel über London näher dargelegt.

schaffung von Wohnungen für die wohnungslos gewordenen Leute in der Nähe gesorgt werden muß. In einem übervölkerten Bezirk ist aber das Land für andere Zwecke gewöhnlich höher zu verwerten als für Arbeiterwohnungen, so daß dies Verfahren gemeinhin einen Verlust bedingt. In diesem Falle bewirkt das Gesetz, daß die Arbeiter in einer Gegend zurückgehalten werden, aus der sie naturgemäß wegziehen würden, und da es, indem es sie dort zurückhält, auch die Arbeitgeber dort zurückhält, so haben gewitzte Leute gemeint, daß diese ganze Politik einen falschen Versuch darstelle, eine Verteilung der Bevölkerung vom Zentrum weg zu verhindern. Jeder Fortschritt der Menschheit, und vor allem vielleicht jede Verbesserung in der Lage der Massen, bringt vielen einzelnen zeitweise Nachteile, und ein zu lebhafter Versuch, dies zu verhindern, kann vielleicht hier und da eine höchst wünschenswerte Neuerung verhindern. Bei Provinzstädten ist die Beschaffung neuer Wohnungen bei Beseitigung von Spelunkenvierteln allerdings nur obligatorisch, wenn das Lokalverwaltungsministerium es verlangt, und die berühmte Neugestaltung des Zentrums von Birmingham geschah ohne Vorsorge für die wohnungslos gemachten Leute.

Schließlich trifft Teil III des Gesetzes Bestimmungen über den Bau neuer Wohnungen und Logierhäuser durch die Kommunen, ohne Rücksicht auf einen etwaigen Abbruch von Häusern, sondern lediglich zur Ergänzung des vorhandenen Bestandes.

Die Ergebnisse des Wohnungsbaues.

Auf Grund des Teils I oder des Teils III des Gesetzes haben viele Flecken und andere Kommunalverbände — meistens Bezirksräte städtischer Bezirke[1] — Häuser aller Art von Reihen von Einzelhäusern bis zu großen Mietshäuservierteln erbaut, aber abgesehen von Gildarts Gärten und einigen ähnlichen Gebäuden in Liverpool haben sie selten, wenn überhaupt, je Wohnungen für die Ärmsten oder einen irgendwie beträchtlichen Teil der durch die Beseitigung gesundheitsgefährlicher Komplexe wohnungslos gewordenen Leute beschafft. Ein Dutzend Städte, darunter London, haben ferner Musterlogierhäuser gebaut, die man manchmal als „Armenhotels“ bezeichnet, obgleich sie, abgesehen vielleicht von Glasgow,

[1] Teil I des Gesetzes ist auf ländliche Bezirke nicht anwendbar, dagegen können sie von Teil III Gebrauch machen. Von den Gesetzen über die Verpachtung von Grundstücken in Parzellen an kleine Leute (Allotment Arts), die den Kommunen den Erwerb von Grundbesitz und seine parzellenweise Verpachtung an Arbeiter gestatten, ist wenig Gebrauch gemacht worden.

das sich auf die Sache im bei weitem größten Umfange eingelassen hat, nicht von den Ärmsten bewohnt werden.[1]

Kurz, sowohl im Lande wie in der Hauptstadt liefert die Kommunalwohnungspolitik keine Wohnungen für die wirklich Armen, also die Klasse, für die die Privatunternehmer vermutlich am wenigsten in geeigneter Weise sorgen werden, und die einzige Klasse, die eigentlich auf die öffentliche Mildtätigkeit angewiesen sein sollte. Die Städte versorgen also einen kleinen Teil einer großen Volksschicht, deren Wohnungsbedürfnis normalerweise ohne diese Hilfe befriedigt werden müßte, ungefähr zum üblichen Mietszinse mit Wohnungen, und zwar trotzdem in einigen Gemeinden, wie z. B. in Glasgow, Manchester und Liverpool, viele Wohnhäuser leer gestanden haben. Wie bereits bei London betont, kann, abgesehen von einer etwaigen Förderung des privaten Unternehmungsgeistes — und nach dem vorliegenden Material scheint eher das Gegenteil erzielt zu werden — die Errichtung einiger städtischer Wohnungen für Leute, die anständigen Lohn erhalten, nicht einmal als ein Schritt auf dem Wege zur Lösung der Wohnungsfrage gelten, solange die Kommunen nicht auf diesem Wege fortschreiten und Wohnungen für die ganzen Lohnarbeiter bereitstellen. Wenn man aber fragt, wohin die Reise geht, und ob dieser gigantische Plan erwogen wird oder nicht, so wird man finden, daß die Frage wie eine Überraschung wirkt und daß zunächst lediglich die Errichtung einiger weiterer Mietshäuser geplant ist. Man scheint hier eine große soziale Frage mit an der Oberfläche bleibenden Palliativmitteln lösen zu wollen.[2] Die Leute wohnen in unzureichenden Wohnungen, daher bauen wir einige Häuser. Man läßt sich hier anscheinend auf ein Unternehmen von zweifelhaftem Nutzen und reich an möglichen Gefahren ein, ohne sich über das Ziel, das man verfolgt, eine klare Vorstellung zu machen.

Sehen wir von der grundsätzlichen Frage ab, so ist die Verwaltung des städtischen Wohnungswesens gesund. Es wird nach

[1] Glasgow hat sieben solcher Logierhäuser mit Platz für 2166 Männer und 248 Frauen bei einem Preise von $3^1/_2$—$4^1/_2$ Pence für die Nacht. Glasgow hat auch ein Kommunalfamilienheim für Witwer mit Kindern. Die Miete kostet wöchentlich 7 s. 4 d. bis 13 s. 6 d., je nachdem 1—5 Kinder da sind, die Beköstigung beträgt $9^1/_2$ d. täglich für den Vater und Kinderwärterinnen werden unentgeltlich gestellt.

[2] Hierin liegt ein Unterschied gegenüber einem kürzlich erlassenen Gesetz, das den Sozialismus oder in einer Hinsicht den Kommunalbetrieb sehr weit treibt, indem es die Verabreichung von Mahlzeiten an Schulkinder vorsieht und die zahlungsfähigen Eltern zur Zahlung hierfür heranzieht.

Geschäftsgrundsätzen verwaltet und Politik und Günstlingswirtschaft scheinen ganz ferngehalten worden zu sein. Abgesehen von dem Verlust, der entsteht, wenn man zur Neuerrichtung von Wohnungen am selben Flecke gezwungen ist, haben sich die städtischen Wohnungen im allgemeinen bezahlt gemacht, da die Reineinnahmen zur Bestreitung der Verzinsung des aufgenommenen Geldes mehr als ausreichten. Aber anders wie bei Gas, Elektrizität und Trambahnen ist der kaufmännische Gesichtspunkt beim Wohnungsbau nicht der wichtigste. Da es sich um ein philanthropisches Ziel handelt, muß die Wohnungspolitik hauptsächlich als Lösung eines sozialen und philanthropischen Problems beurteilt werden, und von diesem Gesichtspunkte scheint sie noch nicht sehr erfolgreich gewesen zu sein.

Eine fernere Art der Kommunalbetriebe verdient Erwähnung nicht wegen ihrer tatsächlichen Bedeutung, sondern weil sie in den Vereinigten Staaten gründlich mißverstanden worden ist; es handelt sich um die Herstellung von Werften. Beinahe alle die großen Werften Großbritanniens sind entweder ein Privatbesitz, wie die in Cardiff, Southampton und London, oder werden, wie beispielsweise die in Glasgow und Liverpool, von einer Behörde (board) verwaltet, in der der Gemeinderat vertreten ist, deren Mitglieder aber hauptsächlich von Schiffsbesitzern und anderen Interessenten am Handel des Hafens gewählt werden. Liverpool verwaltete allerdings seine Werften selbst, bis sie 1858 an den Meosey Docks und Harbour Board übergingen. Heute gibt es in England nur drei Orte mit städtischer Verwaltung der Werften, und in diesen drei Orten ist das Geschäft gering oder nicht sehr erfolgreich. Dies sind Boston, Preston und Bristol. In Boston, einer nur 16000 Einwohner zählenden Stadt ohne großen Handelsverkehr sollen die Werften hohen Gewinn abgeworfen haben. In Preston ist dies sicherlich keineswegs der Fall, denn sie kosten der Stadt jährlich £ 36000, was einem Steuerfuße von 1 s. $10^1/_2$ d. auf das Pfund, d. h. mehr als einem Fünftel der gesamten Kommunalsteuer für alle Zwecke entspricht. In Bristol, wo Werften in viel größerem Maßstabe vorhanden sind, scheint das Ergebnis verhältnismäßig nicht so schlecht gewesen zu sein, indem sich in dem am 30. April 1906 endenden Jahre die zur Bestreitung der Kosten einschließlich Verzinsung und Tilgung verwandten Steuermittel auf £ 35000 beliefen.[1] Der Handel des Hafens hat sich nicht sehr schnell entwickelt und obgleich das

Werften.

---

[1] In den Tilgungsfonds wurden 28172 £ 2 s. 1 d. abgeführt, so daß die Einnahmen nicht einmal zur Verzinsung der Schuld ausreichten.

ohne Frage zum großen Teile an seiner für moderne Bedürfnisse nicht sehr geeigneten Lage liegt, sind Leute, auf deren Urteil etwas zu geben ist, der Ansicht, daß er sich besser entwickelt haben würde, wenn die Werften in der Hand einer Gesellschaft gewesen wären.

Ergebnisse des Kommunalbetriebs.

Man hat in England auf dem Gebiete der Kommunalbetriebe noch nicht lange genug experimentiert, um einen Schluß auf ihre Endwirkungen ziehen zu können, aber aus den unmittelbaren Folgeerscheinungen kann man getrost einige Folgerungen ableiten. Die erste ist die, daß ein Geschäft, bei dem es nur auf Routine ankommt, in einem Lande wie England, das über gute lebenslängliche Beamte verfügte, wohl von dem Gemeinwesen betrieben werden kann. Ob das Gemeinwesen als solches durch diese Verwaltung gewinnt oder verliert, hängt ohne Frage außerordentlich stark von der Art des Gewerbes und von der Kontrolle ab, die man sich gegenüber den gegebenenfalls mit dem Betriebsrecht auszustattenden Gesellschaften vorbehalten würde.

Eine weitere ziemlich klare Folgerung ist die, daß Kommunen mit den öffentlichen Geldern nicht spekulieren und auch nicht spekulieren können und daher für neue und riskante Unternehmungen nicht geeignet sind. Dies bringt die Frage aufs Tapet, in welcher Weise die Gemeinden die Unternehmen erwerben sollen. In England hat man es auf zweifache Weise versucht; in einer Art bei Wasser und Gas, wo die Gemeinde in der Regel mit einem Aufschlag ein von einer Privatgesellschaft unter einem dauernden Privileg aufgebautes erfolgreiches Unternehmen aufkaufte, und in der anderen bei Trambahnen und elektrischer Beleuchtung, wo man der Gemeinde die Wahl ließ, das Unternehmen zu seinem reinen Anlagewert nach einer bestimmten Reihe von Jahren zu erwerben. Anscheinend hat sich trotz des bezahlten Aufschlags die erstere Methode für die Gemeinden mehr rentiert und sicherlich hat sie dem Publikum bessere Dienste geleistet. Tatsächlich hat ja ein Mißgriff in der Bestimmung des Zeitpunktes des Ankaufs eine Zeitlang die Entwickelung der elektrischen Beleuchtung gänzlich gehemmt. Offenbar kann die zweite Methode nur bei einer neuen noch nicht im allgemeinen Gebrauch befindlichen Erfindung angewandt werden und in diesem Falle wird sie das Emporblühen des Geschäftszweiges leicht hindern, wie das sowohl bei den Trambahnen wie bei der elektrischen Beleuchtung der Fall war. Vielleicht ließe sich noch eine andere Erwerbsform von Unternehmungen finden, die besser als diese beiden wäre, aber wir haben es hier nur mit den Ergebnissen britischer Experimente und nicht mit den Möglichkeiten zu tun, die sich für den Kommunalbetrieb etwa ergaben.

Der dritte Schluß, der sich aus den englischen Erfahrungen ableiten läßt, ist der, daß die Gemeinden ihre Unternehmungen kaufmännisch betreiben. Anderenfalls würden sie sicherlich keine Erfolge erzielen; der kaufmännische Geist besteht aber zum Teil im lebhaften Erstreben des Gewinns und der Furcht vor Wettbewerb. Gemeinhin sagt man, daß eine Privatgesellschaft an Dividenden und ein Gemeinderat am öffentlichen Wohle interessiert ist; doch denken die sachverständigen Leiter sowohl privater wie öffentlicher gewerblicher Betriebe in erster Linie nicht an das öffentliche Interesse, sondern an die Vollkommenheit des Betriebes. Wie das in menschlichen Verhältnissen oft der Fall ist, wird der Zweck durch die Mittel in beträchtlichem Maße in den Schatten gestellt.

Außer den bereits erwähnten könnten noch viele weitere Beispiele zum Beweise dafür angeführt werden, wie stark Gemeinden ebenso wie Gesellschaften Gedanken abgeneigt sind, die ihre Einnahmen zu beschneiden drohen[1] und hierbei ist es interessant zu beobachten, wie schwierig sich das Zusammenarbeiten öffentlichrechtlicher und privater Körperschaften bei allen gewinnabwerfenden Erwerbszweigen gestaltet. Dies fällt um so mehr auf, wenn man dem das starke Nebeneinanderarbeiten entgegenhält, das in den letzten Jahren auf dem Gebiete des Mittelschulwesens zwischen Gemeinden und Stiftungsanstalten Raum fand, obgleich doch die amerikanischen Erfahrungen lehren, daß Unterrichtsanstalten gewöhnlich sehr eifersüchtig über ihrer Unabhängigkeit wachen.

Ursachen der Kommunalbetriebe.

Das Eintreten der Kommunen in das Wirtschaftsleben hat drei Ursachen. Die eine und vielleicht die, die die große Masse am meisten angeht, ist das Streben nach Gewinn. Eine weitere Ursache liegt in der Annahme, daß eine Privatgesellschaft soviel als möglich aus dem Publikum herauszupressen und dafür möglichst wenig zu bieten versuchen wird. Der alte Glaube an die Interessenharmonie, wie er so kühnlich sowohl von den Physiokraten als auch von späteren

[1] Major Darwin drückt dies treffend mit folgenden Worten aus: „Der Unterschied zwischen Kommunalgewerbe und Privatgewerbe liegt nicht darin, daß sie von verschiedenen Motiven bestimmt werden, denn beide werden stets Schutz begehren. Die Kommunen haben indessen in vieler Hinsicht größere Macht und Gelegenheit, den Wettbewerb einzuschränken als private Gewerbetreibende und bedienen sich dieser Machtmittel genau so wie private Gewerbtreibende es tun würden, wenn sie hierzu imstande wären." „Municipal Trade" S. 287.

französischen Schriftstellern wie Bastiat gepredigt und von den klassischen englischen Nationalökonomen stillschweigend als die Grundlage der Lehre von laissez faire angenommen wurde[1], hatte seine Macht über die Geister in England verloren und die Ansicht gewinnt an Anhängern, daß die Interessen des Kapitals von Natur unvereinbar mit denen der Gesamtheit seien. Merkwürdigerweise sieht man die Arbeit nicht unter dem gleichen Gesichtswinkel an; gegenüber dem Kapital aber begegnet man ihm ständig, und ihm ist viel von der starken Strömung im Volke, die die Kommunalbetriebe auszudehnen wünscht, zuzuschreiben.

Ein dritter Grund der Ausdehnung der Kommunalbetriebe auf gewerblichem Gebiete stammt ebendaher wie die Bewährung der öffentlichen Verwaltung, nämlich aus dem Vorhandensein eines lebenslänglichen Berufsbeamtentums. Die Beamten sind nicht weniger als die Mitglieder der Gemeinderäte stark darauf aus, ihre Stellung zu erweitern. Einige Gegner haben angedeutet, daß sie sich durch die Hoffnung auf Erhöhung ihrer Gehälter bestimmen ließen, es liegt aber kein genügender Grund vor, die von ihnen eingenommene Stellung, die sich ganz natürlich aus dem allgemeinen und löblichen Bestreben, sein Tätigkeitsfeld zu erweitern, erklärt, auf schmutzige Motive zurückzuführen.

Nebenbei kommt auch noch ein anderer Grund mit in Betracht. Vor den Privatgesetzkommissionen, von denen nahezu alle neuen Wege im Kommunalbetriebswesen ihren Ursprung herleiten, ist die Bürgerschaft des betreffenden Ortes nicht vertreten. Der Vorzug des englischen Systems der Privatgesetzgebung liegt darin, daß das Verfahren mehr richterlicher als politischer Natur ist, daß die Kommission sozusagen als Unparteiische in einem Rechtsstreit zwischen den beteiligten Parteien auftritt. Die Vorsitzenden der Kommissionen der beiden Parlamentshäuser haben ihr Augenmerk auf die allgemeine Tendenz der Neuerungen und die Zentralressorts, die zwar den Kommunalbetrieb begünstigen, aber doch konservativ gesinnt sind, unterbreiten ihre Bemerkungen; der Bürger aber, der der Ansicht ist, daß die in Vorschlag gebrachte Idee der Stadt schaden wird, hat keinen locus standi, wenn nicht seine Eigenschaft als privater Eigentümer in Betracht kommt. Er gilt als durch seinen Gemeinderat vertreten, oder mit anderen Worten, es geht ihn

[1] Es ist bezeichnend, daß sich in DUMONTS französischer Ausgabe von BENTHAMS' „Abhandlung über die Gesetzgebung" eine ausführliche Darstellung dieser Lehre findet, daß aber in der englischen Ausgabe an ihrer Stelle eine lange Auseinandersetzung über Strafrecht steht.

nichts an. Wenn nun auch die Vorsitzenden und die Ressorts die Privatgesetzkommission beeinflussen können oder das Haus ihre Beschlüsse aus politischen Gründen umstoßen kann, so hat doch anscheinend die Eingabe einer Gemeinde nur das Recht zur Übernahme einer neuen Aufgabe ausgesprochen bessere Aussichten auf Berücksichtigung als dies der Fall wäre, wenn die Steuerzahler des betreffenden Ortes die Sache ihrerseits der Kommission vortragen dürften.

Gefahren der Kommunalbetriebe.

Ein Bedenken, das sich gegen Kommunalbetriebe erheben läßt, liegt in den Schwierigkeiten, die sich bei Außenbezirken bieten. Der zweckmäßige Bezirk für eine Trambahn oder für die Versorgung mit Elektrizität deckt sich natürlich nicht mit den politischen Gemeindegrenzen und, wie bereits gesagt, hat es sich in solchen Fällen nicht als leicht erwiesen, den Kommunalbetrieb befriedigend zu gestalten. Gemeinschaftliche Behörden werden nicht gern gesehen, weil eine über ihre Grenzen hinaus ein Gewerbe betreibende Gemeinde sich den Außenbezirken gegenüber in derselben Lage befindet wie eine Privatgesellschaft und von ähnlichen Motiven bestimmt wird. Hierin liegt nicht nur eine Schwierigkeit, sondern eine Gefahr, denn es kann leicht zu einem Hemmnis des wirtschaftlichen und sozialen Fortschritts werden.

Eine weitere Gefahr resultiert aus dem enormen Anschwellen der Schulden und zwar trotzdem die Anleihen für Kommunalbetriebe in den meisten Fällen ihre Deckung in wenigstens gleichwertigen Aktiven finden. Der Hauptvorteil der Gemeinden vor Gesellschaften auf finanziellem Gebiete liegt in der sich ihnen bietenden Möglichkeit, niedriger verzinsliche Anleihen aufzunehmen; wenn aber in irgendeiner Stadt ein wichtiges Unternehmen nicht reüssiert oder die Banken das Vertrauen zu den Unternehmungen der Gemeinde verlieren, kann sehr wohl der Fall eintreten, daß der Zinsfuß steigt und zwar wird er dann gleichmäßig für alle von der Stadt für irgendwelche Zwecke aufgenommenen Anleihen steigen. Wenn nun die Hälfte der Schulden einer Stadt für städtische Betriebe aufgenommen ist und infolge hiervon der Zinsfuß von 3 auf 4 % steigt, ist das im Ergebnis dasselbe, als wenn die nicht für Kommunalbetriebe aufgenommene Schuld, wie dies der Fall gewesen sein würde, mit 3 % verzinslich geblieben wäre und die Anleihen für Kommunalbetriebe 5 % erfordert hätten, also einen Zinsfuß, zu dem der Betrieb kaum rentieren könnte. Bei noch ein wenig weiterer Steigerung könnte die Einwirkung der Kommunalbetriebe auf eine Stadt leicht vernichtend sein.

Man läuft ferner Gefahr, den gewerblichen Fortschritt durch eine Begünstigung der Kommunalbetriebe zu hemmen, die dem privaten Unternehmungsgeist im Anfangsstadium Fesseln anlegt, wenn die öffentlichen Gemeinwesen sich noch, wie das ganz in der Ordnung ist, vor dem unvermeidlichen Risiko scheuen. Dies kann Folgeerscheinungen zeitigen, die weit über die Versorgung der Städte mit gemeinnützigen Unternehmungen hinausreichen, und viele führende Ingenieure sind der Meinung, daß die Zurückgebliebenheit Englands in der Erzeugung elektrischer Apparate auf das Trambahngesetz von 1870 und das Gesetz über die elektrische Beleuchtung von 1882 zurückzuführen ist.

Schließlich droht eine große Gefahr von der enormen Zahl kommunaler Beamter. Vielleicht haben diese Leute sich bisher noch nicht genügend zusammengetan, um die Wahlen in erheblichem Maße zu beeinflussen, aber die menschliche Natur ist Versuchungen ausgesetzt und die Haltung der „Werftabgeordneten“ im Unterhause sowie der Einfluß, den die Postsekretäre und Telegraphenbeamten dort besitzen, zeigen, daß keine auf Wahlen beruhende Körperschaft als gefeit gegen die Einwirkung einer starken Beamtenorganisation mit ihren Stimmen gelten kann. Ob nun die Gefahren der Kommunalbetriebe ihre Vorzüge aufheben oder nicht aufheben, jedenfalls dürfen sie nicht außer acht gelassen werden. Aber ob die Vorteile oder die Nachteile überwiegen, über die Volkstümlichkeit der Richtung im heutigen England kann kein Zweifel bestehen. In London erfolgte zwar bei den letzten Wahlen ein Rückschlag, aber im Lande hält die Hochflut noch an.

Fünfundvierzigstes Kapitel.

Andere Kommunalverbände.

Die Grafschaft.

Die politische Untereinteilung des Landes für Zwecke der Lokalverwaltung ist in einem früheren Kapitel behandelt worden und man wird sich entsinnen, daß die größeren Flecken — im allgemeinen die mit mehr als 50000 Einwohnern — zu eigenen Grafschaften gemacht wurden. Da also die Verwaltungsgrafschaften die eigene Grafschaften bildenden Flecken nicht mitumfassen, kann eine alte geographische Grafschaft groß und reich sein, während doch ein großer Teil der Bevölkerung und des Reichtums für Kommunalbesteuerung nicht zur Grafschaft gehört.[1] Andererseits muß man beachten, daß alle nicht eigene Grafschaften bildende Flecken und städtischen Bezirke zur Grafschaft gehören und im Grafschaftsrat vertreten sind[2], und so tragen denn die Verwaltungsgrafschaften nicht mit Notwendigkeit ländlichen Charakter, können vielmehr eine überwiegend städtische Bevölkerung aufweisen. Trotzdem die großen Städte aus den Grafschaften ausgeschieden sind und einige der größeren alten Grafschaften in zwei oder drei Teile geteilt sind, sind die Verwaltungsgrafschaften an Größe noch höchst ungleich und gehen von Rutland mit 19709 Einwohnern und 28 Mitgliedern des Grafschaftsrates angefangen bis hinauf zu Lancashire mit 140 Mitgliedern und 1827436 Einwohnern. London ist natürlich noch weit größer, aber das in diesem Kapitel Gesagte bezieht sich nur auf die Grafschaften außerhalb der Hauptstadt und nicht auf den bereits geschilderten Londoner Grafschaftsrat.

---

[1] Abgesehen von Beiträgen für gemeinsame Zwecke nach besonderen Vereinbarungen.

[2] Alle nicht eigene Grafschaften bildenden Flecken bilden einen Teil der Verwaltungsgrafschaft, aber die mit mehr als 10000 Einwohnern behalten die gesamte und die mit weniger Einwohnern einen Teil der kommunalen Zuständigkeit, während die, die besondere vierteljährliche Gerichtssitzungen oder auch nur eine Friedensrichterkommission besaßen, sich gewisser Vorrechte erfreuen.

Der Grafschaftsrat.

Bei der Bildung der neuen Verwaltungsinstanz der Grafschaft folgte das neue Lokalverwaltungsgesetz von 1888 mit einigen Abweichungen im einzelnen dem bekannten Muster der Flecken.[1] Es schuf einen Grafschaftsrat, dem die gesamte Verwaltung übertragen wurde mit Ausnahme davon, daß die Erteilung von Schankkonzessionen in der Hand der Friedensrichter in Ausschanksachen (at brewster sessions) blieb und die Aufsicht über die Polizei einem ständigen gemischten Ausschuß des Grafschaftsrates und der Friedensrichter anvertraut wurde, da Lordleutnant und Sheriff[2] zu dieser Zeit wenig oder gar keine Verwaltungszuständigkeit mehr besaßen.[3] Das Bürgerstimmrecht wurde nicht nur auf alle Flecken übernommen, die im Grafschaftsrat vertreten sind, sondern auch auf die übrige Grafschaft ausgedehnt; jedoch wurde ein Mehrheitsstimmrecht dadurch ausdrücklich zugelassen, daß man die das Mitstimmen in mehr als einem Wahlbezirk verbietende Bestimmung strich. Wie in den Flecken, werden die Mitglieder des Grafschaftsrates auf drei Jahre gewäht[4]; statt daß aber ein Drittel alle drei Jahre ausscheidet, werden sie alle gleichzeitig gewählt und scheiden zusammen aus und zusätzlich bestimmte man, daß jeder Wahlbezirk einen Vertreter entsenden solle.[5]

Unmittelbar nach ihrer Wahl wählen die Mitglieder des Grafschaftsrates einen Präsidenten und Grafschaftsälteste (county aldermen). Auch hier wieder machen nach dem Muster der Flecken die einen integrierenden Bestandteil des Grafschaftsrates bildenden Grafschaftsältesten ein Drittel der sonstigen Mitglieder des Grafschaftsrates aus und haben eine Amtszeit von sechs Jahren, wobei die Hälfte alle drei Jahre ausscheidet; um aber eine Partei, die weniger als die Hälfte der durch Wahlen besetzten Mandate errungen hat, daran zu

---

[1] Ein juristischer Unterschied besteht insofern, als die Fleckengemeinde als juristische Person aus dem Bürgermeister, den Ratsherren und den Bürgern besteht, aber nur durch ihren Gemeinderat handeln kann, während der Grafschaftsrat gleich anderen Lokalinstanzen selbst die juristische Person bildet.

[2] Anm. d. Übersetzers: Dem Sheriff liegt das gesamte Vollstreckungsverfahren in Zivil- und Strafsachen ob.

[3] Nach einem Gesetze von 1907 können Grafschaftsgesellschaften zur Rekrutierung und Organisierung der Reservetruppen gebildet werden.

[4] Das passive Wahlrecht ist dasselbe wie in den Flecken, abgesehen davon, daß Geistliche wählbar sind und ebenso Pairs und Wähler zum Parlament, die Grundbesitz in der Grafschaft haben, dort aber nicht wohnen.

[5] Durch das Wahlgesetz für die Grafschaftsräte von 1891 wurde der Wahltag vom 1. November auf Anfang März verlegt und die Wahlen fanden zuerst 1912 statt und sodann in Zwischenräumen von je drei Jahren.

hindern, sich die Mehrheit mittels der Stimmen der Ältesten zu bewahren, wie dies manchmal in den Flecken der Fall ist, bestimmte man, daß die Ältesten bei der Wahl ihrer engeren Kollegen kein Stimmrecht haben sollten.

Politik und Persönlichkeit.

Städte waren und sind stets der fruchtbarste Boden für politische Betätigung. Man könnte daher erwarten, die Politik in der ländlichen Verwaltung weniger hervortreten zu sehen als in der städtischen und tatsächlich erfolgt die Aufstellung von Kandidaten für den Grafschaftsrat in den Grafschaften weit weniger nach der Parteizugehörigkeit als in den Flecken. Nach den Wahlen spielt die Partei bei der praktischen Arbeit der Körperschaft fast gar keine Rolle mehr und die Meinungsverschiedenheiten, die sich ergeben, entstehen in der Hauptsache zwischen verschiedenen Teilen der Grafschaft, zwischen städtischen und ländlichen Bezirken oder zwischen Leuten von mehr oder minder ausgesprochener fortschrittlicher Denkungsart und alle diese Scheidungen laufen quer durch die Parteigrenzen. Nicht allein ist der Parteigeist im politischen Leben wenig lebhaft entfacht, sondern auch die Gesamtzahl der aus irgendeinem Grunde umfochtenen Mandate ist klein und sogar noch viel kleiner als in den Flecken. So waren beispielsweise bei den allerersten Wahlen von 1889 von den 3240 Mandaten, die England und Wales zu vergeben hatten, nur 1749 streitig und bei den Wahlen von 1901 sank bei 3349 Sitzen die Zahl der umstrittenen Mandate auf 433. Man könnte beinahe sagen, daß trotz des demokratischen Wahlrechts die Grafschaften durch allgemeine Übereinstimmung oder vielmehr von einer kleinen Zahl von Leuten regiert werden, die an der Sache ein reges Interesse nehmen.

Neben dem allgemeinen Charakter einer jeden Landbevölkerung gibt es für England noch einen besonderen Grund, der dies erklärt. Bis 1888 wurden die Grafschaften von den Friedensrichtern verwaltet, die hauptsächlich dem Landadel angehörten, und obgleich diese Leute von den Vorurteilen und Interessen ihrer Klasse nicht frei waren, war ihre Verwaltung ehrlich, tüchtig und nicht unpopulär und ihr Grundbesitz gab ihnen einen starken wirtschaftschaftlichen Einfluß auf die ganze Gegend. In den landwirtschaftlichen Teilen des Königreichs, also in dem größeren Teile der zum Grafschaftsrate wählenden Bezirke haben Leute dieses Schlages sich ihren Einfluß bewahrt und bilden noch heute die Hauptpersonen in den meisten Grafschaftsräten. Gelegentlich besitzen sie in ihnen eine starke Mehrheit und andere Leute werden als ein so fremdartiges Element betrachtet, daß man sie wohl als „importierte Mitglieder“ bezeichnen hört. In anderen Grafschaften bilden die Landjunker zwar einen erheblichen Bestandteil, aber doch nur eine Minderheit des Grafschaftsrates, nehmen aber dann gewöhnlich die leitenden Stellungen ein. Nur in stark industriellen Grafschaften wie Durham ist ihr Einfluß gering; auch scheint er sich mit der Zeit nicht zu verringern. In den Grafschaftsräten sitzt auch eine Anzahl von Pächtern, während die kleinen Flecken und größeren städtischen Bezirke ziemlich viel Leute aus den Fachberufen und Kaufleute und in den bergbaulichen Gegenden einige Arbeiter wählen. Landwirtschaftliche Arbeiter findet man selten und zwar teilweise, weil sie nicht wie die Arbeiter in den Städten straff in Gewerkschaften organisiert sind und teils, weil die weiten Entfernungen eine Teilnahme an den Sitzungen des Grafschaftsrats und seiner Ausschüsse kostspielig gestalten.[1]

Von den Grafschaftsältesten gehört anscheinend noch ein größerer Teil dem Landjunkertum an und tatsächlich überträgt man diese Stellungen häufiger als in den Flecken an Leute, die nicht Mitglieder des Grafschaftsrates sind und benutzt das Recht der Wahl von Außenstehenden nicht selten dazu, sich ein wertvolles Mitglied zu erhalten, das vom Volke nicht wiedergewählt worden ist. Der wichtigste praktische Unterschied zwischen Grafschaften und Flecken liegt indessen in der beinahe allgemeinen Sitte, den Präsidenten wiederzuwählen, der somit Gelegenheit erhält, sich eine Machtstellung zu begründen, die in einem Flecken ganz ohne Parallele ist.

Ausschüsse.

Insoweit die innere Organisation der Gemeinderäte der Flecken gesetzlich geregelt ist, übertrug der § 75 des Gesetzes von 1888 sie in corpore auf die Grafschaften. Durch andere Abschnitte des Gesetzes wurden indessen gewisse kleine Abweichungen getroffen, vornehmlich weil es für die Mitglieder des Grafschaftsrates schwierig ist, sich zu versammeln, und tatsächlich halten sie wenig mehr als die vier gesetzlich vorgeschriebenen Sitzungen jährlich ab. Aus diesem Grunde erschien es wünschenswert, den Ausschüssen eine gewisse Möglichkeit des selbständigen Handelns zu eröffnen und so ermöglichte denn das Gesetz den Grafschaftsrat, ihnen alle seine Befugnisse mit Ausnahme der Ausschreibung einer Steuer oder der Aufnahme einer Anleihe zu übertragen. Überdies brauchen die Ausschüsse nach dem Gesetze lediglich über ihre Verhandlungen

---

[1] Redlich und Hirst behaupten, daß sich die Landarbeiter häufig aus Furcht vor Exmission der Stimme enthalten.

berichten, wenn der Grafschaftsrat davon absieht, daß sie ihm zur Bestätigung unterbreitet werden.[1]

Die einzigen gesetzlich vorgeschriebenen Ausschüsse sind der Finanzausschuß und der Unterrichtsausschuß[2], der Revisionsausschuß für das Asylwesen und der ständige gemischte Ausschuß für die Polizeiverwaltung, dessen Mitglieder zur Hälfte vom Grafschaftsrat und zur anderen Hälfte von den Friedensrichtern der Vierteljahrssitzungen bestellt werden. Sowohl der Finanzausschuß wie der gemischte Polizeiverwaltungsausschuß haben gewisse gesetzliche Befugnisse, deren Ausübung nicht der direkten Aufsicht des Grafschaftsrates unterliegt. Der Finanzausschuß befindet sich in der Tat in einer etwas ähnlichen Stellung wie ein Minister der Krone im Parlament, denn der Grafschaftsrat selbst kann nur auf seinen Vorschlag Zahlungen anordnen und abgesehen von den Ausgaben des gemischten Polizeiverwaltungsausschusses kann keine Schuld oder Verbindlichkeit über 50 Pfund eingegangen werden, bevor er einen Voranschlag unterbreitet hat. Alle anderen Ausschüsse sind lediglich Kreaturen des Grafschaftsrates, der ihnen nach Belieben Befugnisse übertragen kann, hierzu aber nicht verpflichtet ist.

Der Grafschaftsrat an der Arbeit.

Die Geschäftsordnung ist in derselben Art wie die eines Gemeinderates eines Fleckens und die ganze Art der Geschäftsbehandlung ist sehr ähnlich. Eine Tagesordnung, mit den vom Grafschaftsrat zu beratenden Angelegenheiten, der in den meisten Orten ausführliche gedruckte Berichte von Ausschüssen beigelegt werden, wird allen Mitgliedern vor der Sitzung zugestellt und diese wird in derselben rapiden Weise wie in den Flecken abgemacht, wobei sich die Debatte auf ein paar Punkte konzentriert, die Meinungsverschiedenheiten hervorrufen. Nahezu alle Sachen kommen von einem Ausschuß oder werden sogleich einem solchen überwiesen und in der Mitte des Saales kann man die verschiedenen Kommissionsvorsitzenden um einen Tisch gruppiert sehen, wie sie gleich Staatsministern ihre Berichte einbringen und vertreten. In einer Hinsicht unterscheidet sich indessen das praktische Wirken eines Grafschaftsrates von dem seines Vorbildes in einem Flecken. Die Persönlichkeit, in deren Händen der materielle Einfluß liegt, wechselt von Ort zu Ort weit mehr. Der Präsident des Grafschaftsrates sitzt

[1] Der Grafschaftsrat kann seine Befugnisse in gleicher Weise Bezirksräten oder auch einem gemeinschaftlich mit einem anderen Grafschaftsrat oder mit einem Gerichtshof für Vierteljahrssitzungen bestellten gemischten Ausschusse delegieren.

[2] Sofern nicht etwa der Grafschaftsrat keine Volksschulen unter sich hat.

nach der Geschäftsordnung ebenso wie der Bürgermeister in jedem Ausschusse, und bei ihm kann das von großer Bedeutung sein. Seine Zeit wird nicht von Repräsentationspflichten in Anspruch genommen, weil diese in einer Grafschaft längst nicht so umfassend sind wie in einem Flecken und die doch vorhandenen von dem noch die offizielle Spitze der Grafschaft bildenden Lord Leutnant wahrgenommen werden. Wichtiger aber ist es, daß der Präsident des Grafschaftsrates anders wie der Bürgermeister der Regel nach wiedergewählt wird und daß ihm die lange Bekleidung seiner Stellung viel Gelegenheit bietet, seine Macht geltend zu machen, wenn er diese ausnützen will. Seine Macht ist allerdings nicht überall die gleiche, denn während er manchmal lediglich das Präsidium führt, ist er in anderen Fällen die Haupttriebfeder der ganzen Grafschaftsverwaltung.

Der Einfluß der Kommissionsvorsitzenden auf ihre Ausschüsse scheint auch ein ungewisserer Faktor zu sein als in den Flecken, obgleich er sich meist gleichartig äußert — und dasselbe gilt auch von dem ständigen Beamtentum.

Die Beamten. Der Grafschaftsrat hat stets einen Sekretär, einen Polizeidirektor, Kämmerer, Landesbaurat, Chemiker, verschiedene Inspektoren, Unterrichtsbeamte und Leichenbeschauer für unnatürliche Todesfälle. Gewöhnlich verfügt er auch über einen Medizinalrat, häufig über einen Rechnungsdirektor und, wo er eine Anstalt für Geisteskranke unterhält, auch über einen Inspektor für diese Anstalt. Mit Ausnahme der beiden Erstgenannten werden alle diese Beamten vom Grafschaftsrat ernannt. Abgesehen von Sonderbestimmungen für gewisse Gesellschaften bekleidet der Sekretär auch den wichtigen Posten des Friedenssekretärs, und da er somit sowohl namens der Friedensrichter wie namens des Grafschaftsrates amtiert, wird er durch die ständige gemischte Kommission beider Instanzen berufen, während der jener Kommission unmittelbar unterstehende Polizeidirektor in gleicher Weise berufen wird. Der Grafschaftsrat kann nach Belieben weitere Ämter schaffen; da aber die Grenzen seiner Zuständigkeit durch das Gesetz ziemlich scharf abgegrenzt sind, werden andere nichtsubalterne Beamte selten ernannt. Wie in fast allen englischen Verwaltungszweigen ist der Einfluß der ständigen Beamten groß und gerade die große Ausdehnung der Grafschaft führt dazu, ihnen in den laufenden Sachen freie Hand zu lassen. Die Amtsgewalt der ausgesprocheneren Techniker wie z. B. der Landesbauräte ist wahrscheinlich in Flecken und Grafschaften materiell nicht sehr verschieden. Solche Beamte haben, wenn sie starke Persönlichkeiten sind, gewöhnlich überall viel zu sagen. Dagegen scheint sich bei dem Sekretär, der in einem Flecken beinahe stets ein leitender und gleichgeordneter Machtfaktor ist, die größte Abweichung hinsichtlich des von ihm ausgeübten Einflusses zu finden. Manchmal und vielleicht besonders in Schottland ist er fast der unsichtbare Beherrscher der Grafschaft, in anderen aber, wo der Präsident des Grafschaftsrates lange Erfahrung mit Persönlichkeit vereinigt, ist die Stellung des Sekretärs von geringerer Bedeutung als in einem Flecken.

Die Zuständigkeit des Grafschaftsrates beruht auf § 3 des Gesetzes von 1888, der ihm die Funktionen der Friedensrichter der Vierteljahrssitzungen in Verwaltungssachen überträgt. Dieser Paragraph zählt dann weiter diese Aufgaben unter 16 Überschriften auf, von denen die wichtigsten in der Ausschreibung, Verausgabung und Aufnahme von Geldern, in der Unterhaltung des Grafschaftsvermögens, der Gebäude, Brücken, Anstalten für Geisteskranke, Reform- und gewerblichen Schulen, der Ernennung und Besoldung von Verwaltungsbeamten, der Erteilung gewisser Konzessionen (mit Ausnahme der Schankkonzessionen), der Eintragung wissenschaftlicher, wohltätiger und religiöser Vereine und der Ausführung verschiedener Gesetze über Tiere, Fische, Vögel und Insekten bestehen. Das Gesetz überträgt ferner dem Grafschaftsrat die Unterhaltung der Hauptstraßen[1] und den Schutz der Flüsse gegen Verunreinigung und ermächtigt ihn, außerhalb der Fleckengrenzen verbindliche statutarische Bestimmungen zu treffen und schließlich macht das Gesetz von 1902 den Grafschaftsrat zur allgemeinen Schulbehörde der Grafschaft, wovon in einem späteren Kapitel die Rede sein wird. Die Aufsicht über die Polizei war von jeher eine der wichtigsten Aufgaben der Friedensrichter, die sie als einen Teil ihrer amtlichen Funktionen ausübten, und statt diesen Geschäftskreis gänzlich den neuen Grafschaftsräten zu übertragen, gelangte man zu einem Kompromiß, das die Polizeiverwaltung einem ständigen gemischten Ausschuß der Friedensrichter und des Grafschaftsrates übertrug.[2]

Zuständigkeit der Grafschaftsräte.

[1] Ein städtischer Bezirk kann die Unterhaltung der Hauptstraßen innerhalb seiner Grenzen behalten und der Grafschaftsrat muß hierfür einen Zuschuß leisten.

[2] Lokalverwaltungsgesetz §§ 9, 30. Ersterer Paragraph erhält das Recht der Friedensrichter aufrecht, den Konstablern neben ihren gewöhnlichen Aufgaben besondere Aufträge zu geben; da aber die Friedensrichter keine Ausgaben hierfür machen dürfen, ist das Recht von beschränkter Bedeutung.

Einer der mit der Bildung der Grafschaftsräte verfolgten Zwecke war eine Dezentralisation, die die Zentralressorts von einer erdrückenden Masse von Kleinkram entlasten und die Lokalinstanzen in etwas von der Regiererei vom grünen Tische, die von einem Zentralressort unzertrennlich ist, befreien sollte. Zu diesem Zwecke erhielt der Grafschaftsrat durch das Gesetz von 1888 ein Mitbestimmungsrecht bei der Zusammenlegung, Teilung und Grenzveränderung kleinerer Kommunalverbände und seine Macht auf diesem Gebiete wurde durch das Lokalverwaltungsgesetz von 1894 erheblich verstärkt. Auf Grund des letzterwähnten Gesetzes kann er auch einstweilige Verordnungen über die Enteignung von Grundbesitz durch den Gemeinderat erlassen, zu Anleihen bedürfen die Gemeinden seiner Genehmigung und wenn ein Bezirksrat seine Aufgaben im Gesundheitswesen oder der Verhinderung des Entstehens eines öffentlichen Wegerechts nicht erfüllt, kann der Grafschaftsrat eintreten und die Sache selbst machen.[1] Ursprünglich wollte man mit der Dezentralisation viel weiter gehen, denn das Gesetz von 1888 (§ 10) ermächtigte das Lokalverwaltungsministerium, den Grafschaftsräten durch einstweilige Verordnung alle Zuständigkeiten der Zentralressorts in Kommunalsachen zu übertragen. Aber wie die Flecken und städtischen Bezirke eine Abneigung gegen das Lokalverwaltungsministerium haben, so ist ihre Eifersucht gegenüber den Grafschaftsräten noch stärker und ihre Gegnerschaft hat bisher ein irgendwie wesentliches Vorgehen auf Grund dieser Bestimmung verhindert, so daß sich die Vormundschaft der Grafschaftsräte der Hauptsache nach auf die ländlichen Kommunalverbände beschränkt.

Finanzen der Grafschaftsräte.

Bei Besprechung der Flecken wurde auf den Schatzkammerbeitragsfonds (Exchequer Contribution Account) hingewiesen, der einen Zuschußfonds der Staatsregierung an die Grafschaften und eigene Grafschaften bildenden Flecken aus den Erträgen der örtlichen Konzessionsgebühren, der Zuschlagsabgaben auf Bier und Spirituosen und einem Teil der Erträge der Erbschaftssteuern bildet. Diese Summen werden an Stelle früherer Staatszuschüsse zu den Kommunalausgaben gewährt[2] und müssen zu einer Anzahl bestimmter vielfach unterstellten Verbänden obliegenden Zwecke verwandt werden. Hierzu gehören die Impfung, der Unterricht armer Kinder, die Unter-

[1] Nach dem Allotments Act von 1890 kann es ebenso vorgehen, wenn sich ein Bezirksrat unbegründeterweise weigert, Arbeiterparzellen zu beschaffen.

[2] Eine fernere Summe wurde seit 1896 gezahlt, um die Besteuerung des landwirtschaftlich genutzten Landes zur Hälfte seines steuerbaren Wertes wieder gutzumachen.

haltung armer Geisteskranker, die Gehälter der Beamten der Armenverbände, die Hälfte der Gehälter der Medizinalbeamten und die Hälfte der Besoldungs- und Bekleidungskosten der Polizei. Ebenso sollen zum wenigsten die Erträge gewisser Zusatzsteuern auf Bier und Spirituosen, die man „Whiskey-Gelder" zu nennen pflegt, für das technische und Bürgerschulwesen verwandt werden. Tatsächlich bildet der Grafschaftsrat wenig mehr als eine Röhrenleitung für die meisten dieser Zahlungen, weil alles, was nach Verwendung der Gelder für die bestimmten Zwecke übrig bleibt, verhältnismäßig auf die verschiedenen Teile der Grafschaft verteilt werden muß. Der Schatzkammerbeitragsfonds kommt also hauptsächlich den kleineren Kommunen zugute.[1]

Der Grafschaftsrat selbst zieht kleine Einnahmen aus Chaussee- und Brückengeldern und Gefällen, seine Haupteinnahmequelle besteht aber in einer Grafschaftssteuer, die auf die Gemeinden für allgemeine Ausgaben gleichmäßig und auf einzelne Gemeinden für ihnen zugute kommende Sonderausgaben umgelegt wird. Um eine gerechte Verteilung der Last auf die Gemeinden zu erreichen, kann der Grafschaftsrat entweder die Einschätzung der Armenvorsteher der Gemeinde zugrunde legen oder eine eigene Einschätzung vornehmen, unter allen Umständen aber werden die Gelder mittels eines Gebots an den Armenrat des Verbandes ausgeschrieben und die Armenvorsteher einer jeden Gemeinde erheben sie mit den anderen Steuern und übermitteln sie dem Kämmerer der Grafschaft.

Ein Grafschaftsrat muß sich eine ausgiebige Überwachung seiner Finanzgebarung durch die Staatsregierung gefallen lassen. Seine Anleihen, die nebenbei gesagt auf ein Zehntel des steuerbaren Wertes[2] beschränkt sind und binnen 30 Jahren in jährlichen Rentenzahlungen zurückgezahlt werden müssen, erfordern wie alle anderen Kommunalanleihen die Genehmigung des Lokalverwaltungsministeriums und anders wie in einem Flecken, aber ebenso wie bei allen anderen Gemeinden unterliegen seine Rechnungen der mini-

---

[1] Eine Anzahl dieser Zuschüsse wurde ursprünglich gewährt, um Kommunalverbände zur Übernahme neuer Aufgaben anzureizen und der Staatsregierung in London eine wirksame Aufsicht über ihre Tätigkeit zu sichern. Aber dieser Zweck wird jetzt in den meisten Fällen nicht mehr verfolgt und das grundsätzlich ungesunde Subsidiensystem würde wahrscheinlich aufgegeben oder geändert werden, wenn nicht die Kommunalabgaben ganz vom Grund- und Gebäudebesitz erhoben würden, während die Zuschüsse in Wirklichkeit ein Beitrag aus anderen Steuerquellen sind.

[2] Ausnahmen sind zulässig auf Grund einer vom Parlament bestätigten einstweiligen Verordnung.

steriellen Prüfung. Beim Vergleich der Grafschaften mit den Flecken müssen wir auch den äußerst wichtigen Umstand berücksichtigen, daß es ihnen weit weniger leicht gemacht ist, ihr Tätigkeitsfeld auszudehnen. Die Kommunalbetriebe sind ihnen fast verschlossen, denn das Gesetz über die kleinen Pachtungen (Small Holdings Act) von 1892 und das Kleinbahngesetz von 1896 sind wenn nicht die einzigen, so doch beinahe die einzigen allgemeinen Gesetze, die sie zu derartigen Unternehmnngen ermächtigen[1], und bis vor wenigen Jahren war ihnen die ergiebige Hilfsquelle der Privatgesetzgebung durch die Bestimmung verschlossen, die sie zwar zur Bekämpfung, nicht aber zur Betreibung von Vorlagen im Parlament berechtigte.

Bezirksräte städtischer Bezirke.

Der Name „städtischer Bezirk" („urban district") scheint auf eine bestimmte Art von Gemeinwesen hinzudeuten, die zu klein sind, um ein Privileg als Flecken zu erhalten und die doch ziemlich stark bevölkert sind. Dies trifft indessen kaum zu, da viele sehr kleine Orte die Organisation, von der sich die gegenwärtige Rechtsform herleitet, zu einer Zeit erhalten haben, als man nur auf diesem einzigen Wege Befugnisse auf dem Gebiete des Gesundheitswesens erlangen konnte, und zahlreiche andere Bezirke die Größe weit überschritten haben, die ihnen ein Recht geben würde, zu Flecken erhoben zu werden. So sind denn die städtischen Bezirke sehr ungleich stark bevölkert, wobei nach dem Kommunaljahrbuch von 1906 Childwall in Lancashire mit 218 Einwohnern das eine Extrem und Willesden in Middlesex mit 139600 Einwohnern das andere Extrem bildet. Und doch haben sie das gleiche Verwaltungssystem und dem Namen, wenn auch nicht der Sache nach die gleichen Befugnisse. Ihre gegenwärtige durch das Lokalverwaltungsgesetz von 1894 geschaffene Organisation ist der der Flecken nachgebildet, weicht aber von dieser in einigen wesentlichen Punkten ab. In erster Linie haben alle Gemeindewähler, d. h. sowohl die Wähler zum Parlament wie zum Grafschaftsrat, die in der Gemeinde in die Wählerlisten eingetragen sind, das Wahlrecht, und es ist ausdrücklich vorgesehen, daß sonst stimmberechtigte Frauen wegen ihrer Verheiratung nicht vom Stimmrecht ausgeschlossen sind.[2] So darf denn keine Frau

[1] Vielleicht kann man die Befugnis des Small Dwellings Aquisition Gesetzes von 1899, Pächtern zum Hausbau Gelder vorzustrecken, als eine Art Kommunalbetrieb ansehen.

[2] Doch dürfen Mann und Frau das Stimmrecht nicht auf Grund desselben Grundbesitzes beanspruchen. Geschlecht oder Ehe schließen das passive Wahlrecht nicht aus. Nach dem Gesetz von 1907 bilden sie auch kein Hindernis mehr für die Mitgliedschaft im Grafschaftsrat oder Gemeinderat eines Fleckens.

zum Parlament, wo die allgemeinen Landesfragen entschieden werden, mitwählen, während eine Frau ohne Gatten zum Grafschaftsrat und Gemeinderat eines Fleckens mitstimmen kann und eine verheiratete Frau über unbedeutende Dinge im engsten Kreise ihrer Heimat mitentscheiden darf. Die Mitglieder des Bezirksrates werden auf drei Jahre gewählt und wie in den Flecken scheidet alljährlich ein Drittel aus; doch kann der Grafschaftsrat auf einen mit $^2/_3$ Mehrheit gestellten Antrag des Bezirksrates anordnen, daß alle Mitglieder gleichzeitig nach drei Jahren ausscheiden und hiervon ist in einer Reihe von Fällen Gebrauch gemacht worden. Der ausgesprochenste Gegensatz zu der Organisation des Gemeinderates eines Fleckens liegt indessen darin, daß es hier keine Ratsherren gibt.

Bei Besprechung der Flecken habe ich darauf hingewiesen, daß nur ein sehr geringer Teil ihrer Befugnisse auf dem Gesetze über die Kommunalkörperschaften beruht und daß sich ihre Zuständigkeit hauptsächlich aus den Gesetzen über das öffentliche Gesundheitswesen usw. herleitet, die sie als örtliche Instanzen der Gesundheitspflege behandelten. Mit anderen Worten stammt der größere Teil der Befugnisse der Flecken daher, daß sie wie städtische Bezirksräte behandelt werden, und somit haben diese letzteren auch dieselben Aufgaben.

Sie haben dieselben Aufgaben wie die Flecken hinsichtlich der Kanalisation, Wasserversorgung, Straßenreinigung und -unterhaltung, Beleuchtung usw. und beinahe die einzige wesentliche Befugnis, deren sie ermangeln, besteht in der Unterhaltung einer eigenen Polizei — ein Vorrecht, dessen Flecken mit weniger als 10000 Einwohnern durch das Gesetz von 1888 beraubt wurden. Die wahlweise Anwendung findenden Gesetze können von ihnen angewandt werden und sie können durch einstweilige Verordnung oder Privatgesetz das Recht zur Bereitstellung von Wasser, Gas, elektrischem Licht, Trambahnen oder Arbeiterhäusern erlangen. Sehr viele der größeren haben sich diese Dinge wirklich angelegen sein lassen, so daß hinsichtlich der Aufgaben die Grenze zwischen Flecken und städtischen Bezirken weit weniger scharf ist als die zwischen den Orten, die ihre Betätigungsmöglichkeiten voll ausgenutzt haben und denen, die hiermit zurückgehalten haben. Die Bezirksräte unterstehen indesen in ein paar Dingen, wo ein Flecken dem Lokalverwaltungsministerium unterstehen würde, wie z. B. bei Grenzveränderungen, dem Grafschaftsrat und ihre Rechnungen werden in Abweichung von den Flecken vom Ministerium geprüft.

Hinzugefügt sei, daß die Art der Geschäftsbehandlung in den

städtischen Bezirksräten ziemlich dieselbe wie in den Flecken ist und daß die Mitglieder hauptsächlich Kaufleute und Angehörige ähnlicher Berufe sind.

Ländliche Bezirksräte.

Während die städtischen Bezirksräte oder ihre andersnamigen Vorläufer für die von ihnen erfüllten Zwecke geschaffen waren, wurden die Befugnisse auf dem Gebiete des Gesundheitswesens in den ländlichen Teilen des Landes zunächst den Armenräten übertragen und diese Verbindung besteht im wesentlichen noch heute. Das Lokalverwaltungsgesetz von 1894 brachte eine starke Veränderung der Namen mit sich. Es bestimmte, daß an Stelle des als ländliche Gesundheitsbehörde fungierenden Armenrats für diese Aufgabe ein neuer ländlicher Bezirksrat ins Leben treten solle, der als Armenrat fungieren sollte und so besteht die Verbindung zwischen den beiden Stellungen fort. Wo Armenbezirk und ländlicher Bezirk räumlich zusammenfallen, sind Armenvorsteher und Mitglieder des Bezirksrates die gleichen Personen; wo zum Bezirk eine nicht zum Armenverband gehörige Gemeinde gehört, werden im Bezirksrat Vertreter jener Gemeinde sitzen, die Mitglieder eines anderen Armenrats sind und ebenso kann ein Armenrat Mitglieder aus einer außerhalb des Bezirks liegenden Gemeinde haben; in allen Fällen aber sind die beiden Körperschaften gesetzlich verschieden, halten besondere Sitzungen ab und führen besondere Akten. Das Gesetz von 1904 räumte mit der alten Wahlmethode auf und bestimmte, daß die Mitglieder des Bezirksrates auf drei Jahre von den Gemeindewählern der verschiedenen Gemeinden gewählt werden sollten. Wie bei den städtischen Bezirken scheidet mangels gegenseitiger Verordnung ein Drittel alljährlich aus und es gibt keine Ratsherren.

Wenn ein städtischer Bezirk hinsichtlich seiner Zuständigkeit ein etwas verkleinertes Abbild eines Fleckens bei erheblichen Abweichungen von Ort zu Ort ist, so kann man dasselbe auch von dem Verhältnis eines ländlichen zu einem städtischen Bezirk sagen. Für Kanalisation und Straßenreinigung hat er fast genau dieselbe rein gesundheitspolizeiliche Zuständigkeit und jeder Bezirksrat soll einen Sanitätsbeamten bestellen. Auf dem Gebiete der Wasserversorgung geht seine Zuständigkeit sogar weiter, denn er ist gesetzlich verpflichtet, dafür zu sorgen, daß jede Wohnung angemessen versorgt ist. Er ist auch Wegebehörde für die Landstraßen, obgleich er nicht wie die städtischen Bezirke die Unterhaltung der Hauptstraßen für sich beanspruchen darf. Hinsichtlich der Beleuchtung, der Straßensprengung und Straßenbesserung, der Regelung gefahrbringender Gewerbe, der Bereitstellung von Bädern und Waschhäusern und der Freilegung ungesunder Viertel usw. hat er aber nicht die gleichen Befugnisse. Das Lokalverwaltungsministerium kann indessen ländlichen Bezirksräten alle den städtischen Bezirken durch die Gesetze über die öffentliche Gesundheitspflege verliehenen Befugnisse übertragen und derartige Verordnungen werden in der Tat fortgesetzt erlassen. Ein ländlicher Bezirk kann auch Parzellen für kleine Leute und Arbeiterhäuser bereitstellen und auf Grund einstweiliger Verordnungen die Versorgung mit Elektrizität und Trambahnen, dagegen anscheinend nicht die mit Gas übernehmen. Er steht ferner in etwas höherem Grade unter der Überwachung des Grafschaftsrates als ein städtischer Bezirk.

Abweichend von den Grafschaftsräten, die meist in einer Hinsicht fortschrittlich sind, wie es die Flecken und größeren städtischen Bezirke in anderer Hinsicht sind, befinden sich die ländlichen Bezirksräte stark in den Händen von Pächtern, die vor einer Steuererhöhung zurückscheuen. Auch scheint es schwierig zu sein, gute Kandidaten für sie zu gewinnen, manchmal aber wird ein Mann aus einer höheren Stellung gewählt und dieser wird leicht bestimmend werden.

Die Gemeinde (Kirchspiel).

Eins der Ziele des Gesetzes von 1894 war die Wiederbelebung der Landgemeinde. Die städtische Gemeinde (parish) hatte tatsächlich aufgehört, ein Faktor der Kommunalverwaltung zu sein und es hatte keinen Zweck, sie zu neuem Leben zu erwecken, aber man hoffte, daß der Landgemeinde neues Leben eingehaucht werden könnte. Das Gesetz sah infolgedessen den umständlichen Apparat einer Gemeindeversammlung nebst einer Gemeindevertretung in Gemeinden mit mehr als 300 Einwohnern vor. Man hört aber allseitig, daß sich die hieran geknüpften Hoffnungen nicht verwirklicht haben, daß die Bezirke der Gemeinden zu klein und die ihnen übertragenen Befugnisse zu unbedeutend sind, um Interesse zu erwecken, und daß die Gemeinde als Mittelpunkt des öffentlichen Lebens des Ortes keinen Erfolg bedeutet hat. Bisher bedeutet sie daher wenig mehr als eine Einheit für die Wahl von Vertretern und die Erhebung von Steuern.

Abgesehen von der wenig Lebenskraft zeigenden Gemeinde beruhen die bisher geschilderten Kommunalbehörden — die Räte der Flecken, Grafschaften, städtischen und ländlichen Bezirke — auf außerordentlich übereinstimmenden Grundlagen und nähern sich sehr stark einem einheitlichen System. Organisation und Art der Geschäftsbehandlung sind im wesentlichen ähnlich; und wenn wir uns die Gemeinderäte der Flecken, die städtischen Bezirksräte und die ländlichen Bezirksräte der Reihe nach ansehen, so sehen wir, daß ihre Befugnisse sich ähneln, aber in allmählicher Abstufung geringer werden und daß die Rechte des Lokalverwaltungsministeriums sich ungefähr entsprechend dieser Machtverminderung steigern.

Der Armenrat.

Auf die beiden ereignisschweren Jahre 1834 und 1835 blicken zwei rivalisierende Systeme der Lokalverwaltung als auf ihre Ursprungsjahre zurück. Das eine fand seinen Ausdruck in dem Gesetz über die Kommunalkörperschaften von 1835, das verschiedene Befugnisse einer für den ganzen Flecken zuständigen Behörde übertrug und ihr in der Ausübung dieser Befugnisse große Unabhängigkeit einräumte. Das andere lag der Novelle zum Armengesetz von 1834 zugrunde, das neue in neuen Bezirken für einen bestimmten Einzelzweck amtierende Behörden schuf und im Gefolge einer eingehenden Verordnungsgewalt der Zentralbehörde eine einheitliche Verwaltung schuf. Lange Jahre hindurch schien es wahrscheinlich, daß dieser zweite Gedanke obsiegen würde. Von Zeit zu Zeit wurden neue Behörden mit neuen Bezirken für spezielle Zwecke geschaffen, und obgleich sie nicht so sehr wie die Armenbehörden unter Vormundschaft standen, bestand doch die Tendenz, sie mehr oder weniger der Aufsicht der Zentralgewalt zu unterstellen. Wie sich unter diesen Umständen der Einfluß der Zentralgewalt gestaltete, wird im nächsten Kapitel geschildert werden. Gegen die Vermehrung von Lokalbehörden mit besonderen Aufgaben hat aber eine starke Reaktion eingesetzt. Der Gedanke der einen den gegebenen Bezirk verwaltenden Körperschaft mit mannigfachen Befugnissen scheint auf der ganzen Linie triumphiert zu haben und der Armenrat ist das einzige Überbleibsel einer ad hoc Behörde geblieben, wie er seinerzeit ihr Prototyp war.

Wie bereits geschildert, sind die gewählten Armenvorsteher und Bezirksräte für Landgemeinden dieselben Personen, obgleich sie nicht notwendig gleicherweise in Vertretungskörperschaften vereinigt sind, weil der Armenverband nicht mit dem Bezirk zusammenzufallen braucht. Andererseits hat eine in einem städtischen Bezirk oder einem Flecken liegende Gemeinde keine ländlichen Mitglieder des Bezirksrates. In diesem Falle werden die Armenvorsteher in genau derselben Weise gewählt wie in ländlichen Gemeinden, sie haben aber keine sonstigen Aufgaben, und so besteht denn der Armenrat eines teilweise ländlichen und teilweise städtischen Armenverbandes aus den Bezirksratsmitgliedern der Landgemeinden und besonders gewählten Vertretern der städtischen Bezirke. Der Armenrat jedes Armenverbandes kann zwei außerhalb stehende Mitglieder kooptieren, aber diese sitzen ebenso wie Präsident und Vizepräsident, wenn diese nicht aus dem Armenrat entnommen sind, nicht im Bezirksrat und ebensowenig ist der nicht aus der Mitte des Bezirksrates hervorgegangene Vorsitzende des Bezirksrates Mitglied des Armenrates.

Die Tätigkeit des Armenrates besteht in der Gewährung von Armenunterstützung in Einzelfällen nach allgemeinen vom Lokalverwaltungsministerium aufgestellten Grundsätzen. Wieviel das Ministerium bei der Ernennung und Absetzung von Beamten und selbst bei dem formellen Geschäftsgang der Armenräte zu sagen hat, wird im nächsten Kapitel geschildert werden. Es genügt hier der Hinweis darauf, daß die Armenräte, wenigstens in der Theorie, sehr wenig zu entscheiden haben und auf die Anwendung detaillierter Normen auf den Einzelfall beschränkt sind. Sieht man von der Armenpflege ab, so haben sie gegenwärtig sehr wenig Aufgaben zu versehen. Nebenamtlich ernennen sie den Zivilstandsbeamten und führen die Impfgesetze durch; aber fast alle die ihnen früher in der öffentlichen Gesundheitspflege oder der allgemeinen Lokalverwaltung obliegenden Geschäfte wurden 1894 auf die ländlichen Bezirksräte übertragen. Für die Kommunalfinanzen beanspruchen sie indessen wenigstens der Form nach noch eine größere Bedeutung. Da die Armenunterstützung viele Jahre lang die wichtigste Kommunalausgabe bildete, so wurde die Armensteuer zur typischen Form der Gelderaufbringung, und wenn eine neue Behörde geschaffen wurde, so wurde sie ermächtigt, beim Armenrat die nötigen Mittel zu erfordern. So ist es denn gekommen, daß fast die gesamte heutige Kommunalsteuer entweder zur Armensteuer zugeschlagen oder in gleicher Weise veranlagt wird, wobei die Steuern in jeder Gemeinde von dem hierzu gewählten Armenvorsteher beigetrieben werden.

Sechsundvierzigstes Kapitel.

Die Staatsaufsicht.

Zunahme im letzten Jahrhundert.

Mit dem Sturze der Sternkammer und des Systems, von dem sie einen Teil ausmachte, fand die Aufsicht der Staatsregierung über die Verwaltung der Kommunalverbände ihr Ende und während des 18. Jahrhunderts waren die Stadträte und Friedensrichter ausgesprochen frei, abgesehen von der starken Hand der Gerichtshöfe, wenn sie die ihnen durch eine Masse von Gesetzen übertragenen Befugnisse überschritten. Nun bestand eine der schärfsten Wandlungen in der Kommunalverwaltung, die das 19. Jahrhundert brachte, in der Einführung einer stark ausgebildeten Staatsaufsicht der Zentralinstanz.[1] Diese Aufsicht kann verschiedene Gestalt annehmen, kann z. B. ein bestimmtes Vorgehen vorschreiben, bestimmte Handlungen erfordern oder verhindern oder sich in Form der Inspektion äußern. Alle diese Rechte wurden in der Novelle zum Armengesetz von 1834 zusammengefaßt und zwar vollständiger zusammengefaßt als sonst irgendwo.

Das Armengesetz von 1834.

Dieses das Armenrecht neugestaltende Gesetz war das erste große Experiment mit der Staatsaufsicht und unter dem kräftigen Ansporn, den Edwin Chadwich gab, ging man mit dieser Politik gleich bis fast zum Hochwasserzeichen. Dadurch, daß man unter dem Druck der Zeiten falsche Grundsätze bei Gewährung von Armenunterstützungen verfolgt hatte, hatte das englische Armenrecht nicht nur zur Unterstützung der Armen, sondern auch zur Hervorbringung neuer Armer gedient. In zahlreichen Grafschaften berechnete man die zur Unterhaltung eines ländlichen Arbeiters nebst Familie erforderliche Summe und zahlte ihm die Differenz zwischen

[1] Redlich und Hirst Bd. II Abschnitt IV besprechen dies ganze Gebiet ausgezeichnet. Am vollständigsten wird es indessen in Mattbies „Englische Lokalverwaltung von heute" behandelt, da aber seine Quellen hauptsächlich in den Berichten des Lokalverwaltungsministeriums bestehen, so betrachtet er die Sache von dem etwas optimistischen Standpunkt dieser Behörde.

diesem Betrag und dem, was er verdienen konnte als Armenunterstützung, wodurch man erzielte, daß ein großer Teil der ländlichen Bevölkerung, trotzdem er zu den üblichen Löhnen beschäftigt wurde, Unterstützung aus den Armensteuern erhielt. Ein Reform war dringend erforderlich und um sie gründlich und gleichmäßig zu gestalten, wurde eine Landesarmenkommission zur Überwachung der Ausführung des Gesetzes gebildet. Diese Behörde, die sich ihrer Aufgabe mit nie ermüdendem Eifer widmete, machte sich Feinde, die um so gefährlicher waren, weil sie keinen Sprecher im Parlament hatte. 1847 wurde sie daher in ein Armenministerium (poor law board) mit einem Minister an der Spitze umgewandelt und 1871 erhielt sie ein allgemeines Aufsichtsrecht über die Kommunalverwaltung und wurde unter dem Titel Lokalverwaltungsministerium neu ausgestaltet.

Befugnisse des Lokalverwaltungsministeriums gegenüber den Armenräten.

Die Kommission erhielt die auch auf das heutige Ministerium übergegangene Befugnis, allen Armenräten des Landes allgemeine Vorschriften über ihre Aufgaben auf Grund des Gesetzes zugehen zu lassen und an einen oder mehrere Armenräte besondere nur die betreffenden Armenräte angehende Verfügungen zu erlassen. Die Verfügungen können alle möglichen Handlungen und Unterlassungen, aber nicht die Gewährung von Armenunterstützung in Einzelfällen anordnen. Und so erstrecken sich denn die allgemeinen Vorschriften auf fast jedes denkbare Gebiet wie z. B. den Geschäftsgang der Armenratssitzungen, die Stunde, zu der die in Arbeitshäusern untergebrachten Armen des Morgens aufstehen sollen, die Art und Menge der ihnen zu verabreichenden Nahrungsmittel, die Umstände, unter denen ihnen der Tabak erlaubt werden kann und die Orte, wo sie rauchen dürfen. Diese Vorschriften, die so sehr ins einzelne gehen, daß sie einen starken Band füllen, sollen den Armenräten eigentlich nur die Anwendung bis ins einzelne gehender Grundsätze auf die einzelnen Individuen überlassen.

Zwangsmittel.

Zur Überwachung der Befolgung dieser Vorschriften und der ordentlichen Geschäftsführung der Armenräte ernennt das Lokalverwaltungsministerium Inspektoren, die nicht nur das Recht haben, die Arbeitshäuser zu revidieren, sondern auch den Sitzungen der Armenräte beiwohnen und in ihnen das Wort ergreifen dürfen[1] und hiervon machen sie fortgesetzt Gebrauch. Das Lokalverwaltungsministerium hat auch höchst wirksame Handhaben für die Durchführung seiner Vorschriften und Verfügungen. Es ist befugt, Vor-

[1] Natürlich ohne Stimmrecht.

schriften über die Befähigung, die Aufgaben und die Gehälter der besoldeten Beamten der örtlichen Armenräte zu erlassen und obgleich die Ernennungen durch die Armenräte erfolgen, können die Beamten vom Lokalverwaltungsministerium vom Amte entfernt und nicht ohne seine Zustimmung entlassen werden. Die Befugnis, jemand des Amtes zu entheben, wird wirklich oft genug gebraucht, um sie als tatsächlich bestehend erkennen zu lassen[1] und bedingt natürlich eine ziemlich weitgehende Aufsicht über die Gesamtheit der Beamten der Armenverbände. Doch darf man nicht etwa glauben, daß das Lokalverwaltungsministerium seine Absichten hauptsächlich durch Zurückgreifen auf solche Zwangsmittel erreicht. Wie in seinem Verhältnis zu den Lokalbehörden auf anderen Gebieten liegt seine Tätigkeit in Wirklichkeit in der Überredung, indem es die Behörde mehr durch viel Schreiberei und durch Bemühungen der Inspektoren als durch einen Appell an strengere Maßnahmen zur Befolgung seiner Ratschläge bestimmt.

Das Lokalverwaltungsministerium ist befugt, die Armenräte zu revidieren, zu regulieren, zu verpflichten und ebenso auch zurückzuhalten. Es hat in der Tat besondere Zurückhaltungsbefugnisse, denn die ihm durch das Gesetz von 1834 übertragene allgemeine Aufsicht über den Verkauf von Grundstücken und die Aufnahme von Anleihen gipfelte in dem Erfordernis einer besonderen Genehmigung des Ministeriums zu jedem einzelnen Geschäft Überdies unterliegen die Rechnungen der Armenbehörden der Prüfung des Ministeriums mit der üblichen Folge, daß eine Ausgabe für unzulässig erklärt und den für sie direkt verantwortlichen Beamten des Armenverbandes persönlich zur Last gelegt werden kann.

Trotz aller der Vorschriften wird eine absolute Gleichmäßigkeit der Praxis kaum bezweckt. So verbieten die Vorschriften z. B. die Gewährung von Armenunterstützung außerhalb des Arbeitshauses an körperlich rüstige Arme; doch müssen die Bedingungen, unter denen sie anderen gewährt werden soll, sehr stark der Entscheidung der Armenräte überlassen bleiben und die Praxis ist sehr verschieden. Der Prozentsatz der Gesamtausgaben für Armenunterstützung außerhalb des Arbeitshauses schwankte 1905 von 35 % in London bis zu über 80 % in Nord-Wales. Auch fehlt es den Armenräten nicht ganz an der Möglichkeit, einige der fundamentalsten Grundsätze des Ministeriums zu umgehen, wie dies erst kürzlich das

---

[1] Während der drei Jahre 1902—1904 fanden 115 solche Amtsenthebungen statt und $1^1/_2$ mal so viele Amtsniederlegungen aus Furcht vor Amtsenthebung.

Beispiel von Poplar bewies, won man in Wirklichkeit die Armenunterstützung zur Gewährung von Alterspensionen verwandte.

Staatsaufsicht über die öffentliche Gesundheitspflege und die Kommunalverwaltung.

Ihre Geschichte.

Das durch die Novelle zum Armengesetz von 1834 eingeführte System der Staatsaufsicht war durchgreifend und vollständiger als es je auf einem anderen Gebiete durchgeführt worden ist, denn obgleich dieselben Grundsätze später in großem Umfang in der öffentlichen Gesundheitspflege Anwendung fanden, geschah dies trotz aller Bemühungen Edwin Chadwicks doch nicht in der gleichen planmäßigen Weise. Die erste allgemeine Gesundheitsbehörde wurde 1848 ins Leben gerufen; aber Chadwicks energisches Vorgehen war so unpopulär, daß die Behörde 1854 neugestaltet und er nicht mit in sie hineingenommen wurde. Vier Jahre später ließ man die durch nur zeitweilig gültige Gesetze geschaffene Behörde eingehen und übertrug ihre Befugnisse verschiedenen anderen Staatsressorts. Eine königliche Gesundheitskommission, die 1869 berufen wurde, betonte indessen stark das Bestehen eines Bedürfnisses für eine zentrale Gesundheitsbehörde zur Belebung der Tätigkeit der Kommunalverbände und auf ihren Vorschlag hin wurden dem jetzt in Lokalverwaltungsministerium umgetauften Armenministerium 1871 solche Befugnisse überwiesen. Soweit öffentliche Gesundheitspflege und Kommunalverwaltung in Betracht kommen, stützen sich die Befugnisse des Ministeriums gegenüber den Kommunen hauptsächlich auf das Volksgesundheitsgesetz von 1875 und die Lokalverwaltungsgesetze von 1888 und 1894; aber jedes Gesetz — und deren gibt es Legionen —, das einer Lokalinstanz irgend eine Befugnis überträgt, wird entweder eine Bestimmung enthalten, die ein Eingreifen des Lokalverwaltungsministeriums bedingt oder doch wenigstens sein Einschreiten in Betracht zieht und so sind dann die Befugnisse des Ministeriums in ungezählten Gesetzen zerstreut und werden fortgesetzt vermehrt.

Verordnungsrecht.

In der Gesundheitspflege und der allgemeinen Verwaltung hat das Lokalverwaltungsministerium keine so allgemeine Verordnungsgewalt wie es sie im Armenwesen besitzt. Allerdings hat es ein gewisses Verordnungsrecht für Bezirks- und Gemeindewahlen, es kann Vorschriften über Impfung und bei Epidemien über Beerdigung, Besuche, ärztliche Hilfe und Desinfektion erlassen.[1] Ferner ist es nach gewissen Gesetzen zum Erlaß von Verordnungen über ein paar spezielle Sachen wie z. B. Präventivmaßnahmen gegen Krankheiten[2]

[1] Die Rechnungen der Bezirke und Gemeinden müssen in der vom Ministerium vorgeschriebenen Form geführt werden.

[2] Z. B. kann es Vorschriften über die Reinlichkeit in Molkereien und den Schutz der Milch gegen Verunreinigung erlassen.

und die Fürsorge für geeignete Unterbringung auf Kanalschiffen zuständig.

Verfügungsrecht. Abgesehen von solchen Fällen, darf es auch im allgemeinen keine Verfügungen erlassen, obgleich es gelegentlich dazu berechtigt ist. So darf das Ministerium z. B. eine Lokalbehörde zur Beschaffung einer Leichenhalle oder eines Friedhofs veranlassen oder ein Verfahren nach dem Flußverunreinigungsgesetz herbeiführen und einen städtischen Bezirk dafür verantwortlich machen, daß jedes Haus eine angemessene Wasserversorgung hat.[1] Unter dieselbe Rubrik kann man vielleicht auch sein Recht bringen, Änderungen der örtlichen Bezirke vorzunehmen, sie zusammenzulegen, zu teilen und ihre Grenzen abzuändern. Während aber seine Verfügungsgewalt sehr beschränkt ist, kann es manchmal eine Lokalinstanz zur Erfüllung gesetzlich besonders vorgesehener Pflichten anhalten, besonders wenn Beschwerden laut geworden sind. Dies gilt für ungenügende Abstellung von Verunreinigungen, für die Einführung von Wasserleitung und Kanalisation, für die Ernennung von Chemikern nach den Nahrungsmittel- und Drogengesetzen und für die Durchführung der Impfgesetze. In solchen Fällen kann das Ministerium um einen Befehl (mandamus) des Kings bench Gerichtes einkommen, nach dem die Lokalbehörden bei Vermeidung von Gefängnisstrafe, für Mißachtung des Gerichtshofes vorgehen müssen, welcher Alternative sich vor einigen Jahren der Armenrat von Leicester fast aussetzte, als er die Durchführung der Impfgesetze verweigerte. Statt des mandamus-Verfahrens kann das Ministerium auch manchmal einen Beamten ernennen, der die Sache auf Rechnung der Lokalinstanz macht, obgleich hiervon selten Gebrauch gemacht zu werden scheint.

Recht der Rechnungsprüfung und Revision. Andererseits ist die Aufsichtsgewalt des Ministeriums außerordentlich groß. In erster Linie prüft es die Rechnungen aller Kommunen mit Ausnahme der Flecken und kann durch Verweigerung der Genehmigung einer ungesetzlichen Ausgabe die Kosten denen zur Last legen, die die Zahlung angeordnet haben. Sodann kann es Rechnungen und Berichte über fast jede mit seinem Tätigkeitsbereich in Zusammenhang stehende Angelegenheit einfordern und ist beim Ausbruch von Krankheiten mit besonderer Untersuchungsgewalt ausgerüstet. Es besitzt auch einen Stab von Inspektoren, die allerdings den Sitzungen der kommunalen Körperschaften nicht ständig beiwohnen wie die Armeninspektoren den Armenrats-

[1] Den ländlichen Bezirken liegt diese Pflicht kraft des Gesetzes ob.

sitzungen, die aber ein Recht haben (mit Ausnahme der Gemeinderäte der Flecken), den Sitzungen beizuwohnen. Die Haupttätigkeit dieser Beamten, sowohl der allgemeinen Inspektoren wie der Bauinspektoren besteht indessen in der Anstellung von Untersuchungen in Fällen, wo die Genehmigung des Ministeriums für irgendein örtliches Projekt beantragt ist. Die Tätigkeit des Ministeriums liegt in der Tat auf dem negativen Gebiete der Einschränkung der Aktionsfreiheit, wenn man hierunter die zahlreichen Fälle begreift, wo seine Zustimmung zu irgend einem speziellen Akt erforderlich ist oder wo es zu einem bestimmten Vorgehen ermächtigen kann. So kann das Ministerium einem ländlichen Bezirk alle Befugnisse eines städtischen übertragen, seiner Genehmigung bedürfen u. a. die Gasversorgung und der Ankauf von Wasserwerken, Statuten über das öffentliche Gesundheitswesen und die Aufnahmen von Anleihen durch alle Körperschaften einschließlich der Flecken. Nun kann ein Flecken an ein wichtiges Unternehmen kaum ohne Aufnahme von Geldern herangehen und daher muß er bei dem Ministerium um eine Genehmigung einkommen, die vielleicht nur unter gewissen Bedingungen erteilt wird.

Erfordernis der Genehmigung zu Beschlüssen der Lokalinstanzen.

Sowohl das Lokalverwaltungsministerium wie das Handelsministerium haben ferner in den Flecken wie in den Ortsbezirken große Machtbefugnisse auf dem gesamten Gebiete der Kommunalbetriebe vermöge des Systems, das den Kommunalverbänden die Befugnis verleiht, an solche Unternehmungen auf Grund einstweiliger Verordnungen heranzugehen, denn obgleich sowohl die Gemeinderäte der Flecken wie die Bezirksräte dieselben Rechte auch durch Privatgesetz hinter dem Rücken des Ministeriums erlangen können, gestaltet sich das Verfahren hierdurch kostspieliger und wird kaum eingeschlagen werden, wenn sich Ministerium und Lokalinstanz leicht verständigen können. So kommt es denn, daß die Zuständigkeit der Ministerien für diese Dinge zwar nicht absolut, aber nichtsdestoweniger äußerst groß ist.[1]

Machtbefugnisse auf Grund der einstweiligen Verordnungen.

Im Volksgesundheits- und allgemeinen Lokalverwaltungswesen bediente man sich eines Machtmittels, das man in der Armenverwaltung wenig benutzt hatte; man gab nämlich dem Staate dadurch

Machtbefugnisse auf Grund von Staatszuschüssen.

---

[1] Durch die Gesetze von 1888 und 1894 wurden, wie bereits erwähnt, einige Aufsichtsrechte des Lokalverwaltungsministeriums den Grafschaftsräten vorbehaltlich der Berufung an das Ministerium übertragen. Hierzu gehörten die Befugnisse hinsichtlich der Grenzen ländlicher Gesundheitsbezirke, hinsichtlich des Erlasses einstweiliger Verordnungen zwecks Erwerbs von Grundbesitz mittels Enteignung durch dieselben Instanzen und hinsichtlich der Erzwingung der Betätigung eines ländlichen Bezirks auf dem Gebiete der Gesundheitspflege.

Gewalt über die Lokalinstanzen, daß man ihnen die Übernahme eines Teiles ihrer Ausgaben anbot. Das Gesetz von 1875 enthält eine allgemeine Bestimmung, daß da, wo ein Teil des Gehaltes eines Lokalbeamten aus vom Parlament bewilligten Geldern bestritten wird, die Voraussetzuugen für die Bekleidung des Amtes, die Anstellungsbedingungen, Amtspflichten, Gehälter und Amtsdauer vom Lokalverwaltungsministerium geregelt werden können.[1] Dies findet auf Medizinalbeamte und Inspektoren des Abfuhrwesens Anwendung und da die Lokalbehörden gewöhnlich die angebotenen Summen annehmen, stehen die meisten derartigen Beamten stark unter der Aufsicht des Ministeriums.

Staatsaufsicht über die Polizei.

Die Politik, sich die Leitung durch einen Zuschuß zu sichern, ist viel weiter getrieben worden und bildet im Polizei- und Unterrichtswesen fast die einzige Grundlage der Staatsaufsicht. Die heutige Organisation der nicht-hauptstädtischen Polizei im ganzen Lande datiert von 1856, wo man jeder Grafschaft und jedem Flecken die Unterhaltung einer Polizei mit der Maßgabe zur Pflicht machte, daß auf Grund einer Bescheinigung des Staatssekretärs des Innern, daß sich die Grafschafts- oder Fleckenpolizei im vergangenen Jahre ihrer Zahl und Disziplin nach den an sie zu stellenden Anforderungen gewachsen gezeigt habe, das Schatzamt ein Viertel der Aufwendungen für Besoldung und Bekleidung bestreitet. Es ist erstaunlich, wie sorgfältig jedes öffentliche Gemeinwesen bestrebt ist, eine derartige Zuwendung nicht einzubüßen, nachdem es einmal an ihren Empfang gewöhnt ist. Der von der Staatsregierung aufgebrachte Teil der Besoldungs- und Bekleidungskosten ist allmählich auf die Hälfte gestiegen, mit dieser Änderung aber hat sich das System bisher behauptet und sich als ein äußerst wirksames Druckmittel auf die Lokalbehörden erwiesen. Im Jahre 1888 trat der festgesetzte Schatzkammerbeitragsfonds an Stelle der verschiedenen Zuschüsse, bestimmungsgemäß sollte aber eine Grafschaft oder ein eine eigene Grafschaft bildender Flecken, deren Polizei sich als ihren Aufgaben nicht gewachsen erwies, an das Schatzamt die Hälfte der Besoldungs- und Bekleidungskosten als Strafe abführen.[2] In Wirklichkeit kommt dies indessen nie vor und so ist durch das einfache Zuschußverfahren

---

[1] Nach § 24 des Lokalverwaltungsgesetzes von 1888 findet dies auf Beamte Anwendung, deren Gehälter zum Teil von Grafschaftsräten aus dem Schatzkammerbeitragsfonds bezahlt werden.

[2] Wenn ein nicht eine eigene Grafschaft bildender Flecken seinen Zuschuß nicht erhält, fließt der Betrag in die Grafschaftskasse. Hierüber vgl. Redlich und Hirst Bd. II S. 310—312.

die Polizei in allen Landesteilen ohne einen schikanösen Eingriff in die örtliche Selbstverwaltung in guten Zustand gebracht worden.

Andere Staatsressorts.

Ein paar andere Ressorts haben einige direkte oder indirekte Aufsichtsrechte über die Betätigung der Lokalinstanzen. So müssen Satzungen der Grafschaften und Flecken über die Polizeiverwaltung oder über die allgemeine Ordnung, soweit sie nicht auf dem Gebiete der Gesundheitspflege liegen, dem Staatssekretär des Innern unterbreitet werden und es kann ihnen durch Kabinettsordre binnen 40 Tagen die Bestätigung versagt werden. Anträge auf Erlaß einstweiliger Verordnungen für die Versorgung mit elektrischem Licht oder zum Bau von Trambahnen oder Kleinbahnen gehen an das Handelsministerium und das Landwirtschaftsministerium (Board of Agriculture) hat unter anderen Verordnungen über die Bekämpfung der Viehseuchen zu erlassen. Diese letzteren müssen von den Lokalbehörden ausgeführt werden und im Weigerungsfalle kann das Ministerium ihre Ausführung durch einen Dritten anordnen.

Ergebnisse der Staatsaufsicht.

Niemand wird bestreiten können, daß die Staatsaufsicht der Zentralgewalt über Kommunalsachen sich in einiger Hinsicht als äußerst segensreich erwiesen hat. Die Reformen auf dem Gebiete der Armenverwaltung und der Polizei wurden sicherlich in dieser Weise durchgesetzt, auf anderen Gebieten ist es indessen zweifelhafter, wieviel man erreicht hat. Trotz der erforderlichen Genehmigung des Lokalverwaltungsministeriums für Anleihen hat sich die Kommunalschuld ungeheuer vermehrt und es ist wertlos, Betrachtungen darüber anzustellen, um wie viel mehr sie ohne jene Vorschrift angewachsen wäre. Gleich allen Versuchen festzustellen, was unter anderen Verhältnissen geschehen sein würde, handelt es sich auch hier um einen Fall nachträglichen Prophezeiens, dessen Ergebnis großenteils von den vorgefaßten Meinungen des Prophezeienden abhängt. Die Rechnungsprüfung des Ministeriums hat sich unzweifelhaft als nützlich erwiesen, hat aber doch in ihrer bisherigen Handhabung nur beschränkten Wert gehabt. Die Kommission für das Kommunalbetriebswesen berichtete 1903, daß die verwandten Rechnungsbeamten meist keine berufsmäßigen Rechnungsprüfer und für die ihnen obliegenden Geschäfte nicht recht befähigt seien, während sich ihre Tätigkeit in der Praxis lediglich auf die Beglaubigung von Zahlen und die Beanstandung ungesetzlicher Ausgabeposten beschränke. Ohne Frage hält die Beanstandung und Zurlastlegung ungesetzlicher Ausgabeposten sehr viele gesetzlich nicht zulässige kleine Zahlungen hintan; doch belasten nach Angabe der Kommission die Berufungen an die Dispensgewalt des Ministeriums in diesen Fällen letzteres mit einer häufig ganz außer Verhältnis zur Wichtigkeit der Sache stehenden Arbeitslast. In der großen Mehrzahl der Fälle wird in Wirklichkeit die Strafe nachgelassen und es bleibt bei dem Ausgabeposten. Die Kommission empfahl, daß die Prüfung umfassender sein solle, um eine Sicherheit dafür zu schaffen, daß die Rechnungen die wirkliche Natur und Bedeutung der betreffenden Geschäfte ersehen ließen.

Über die unmittelbare Aufsicht des Ministeriums über die Lokalinstanzen vermöge des Rechtes, seine Genehmigung zu ihren Plänen zu erteilen oder vorzuenthalten, ist es noch schwieriger, ein zuverlässiges Urteil zu gewinnen. Das Ministerium hat gutes Zutrauen zu sich selbst und hält seine Tätigkeit für sehr wertvoll; die Lokalinstanzen klagen aber nicht wenig über Hinzögerung der Sachen und Negieren vom grünen Tisch. Die Inspektoren, die nicht wie die Bauinspektoren Techniker im engeren Sinne sind, sollen großenteils frühere Offiziere usw. mit einer äußerst unvollkommenen Kenntnis der von ihnen zu prüfenden Dinge sein, während die ständigen Beamten der Zentralstelle erklärlicherweise zum Anschluß an bereits zur Entscheidung gelangte Präzedenzfälle neigen. Sie vergleichen alle die Fälle, in denen sich früher eine ähnliche Frage ergeben hat und lassen sich höchst ungern auf einen neuen Weg ein. Kurz gesagt, sollen sie an einigen charakteristischen Übeln der Bureaukratie kranken. Gleichzeitig ist in der Lokalverwaltung das Milderungsmittel das in anderen Zweigen der Staatsverwaltung durch die Stellung von parlamentarischen Anfragen gegeben ist, weniger von Bedeutung, weil die ganze Materie der Privat- und Lokalgesetze sowie der einstweiligen Verordnungen und hiermit der Aufsicht über die Lokalinstanzen in gewissem Grade außerhalb der Sphäre der Politik und der Verantwortlichkeit des Kabinetts liegt. Eine Zeitlang verhinderte die Unpopularität des Lokalverwaltungsministeriums, daß es eine dringend notwendige Verstärkung seines Beamtenstabes erhielt, so daß seine Tätigkeit in Rückstand kam und der Stand der Dinge sich verschlechterte; nach dem Bericht einer Kommission des Ressorts von 1898 wurden aber die Fonds erhöht und dieser Verzögerungsgrund beseitigt.

Im allgemeinen muß man sagen, daß das Staatsaufsichtssystem viel Gutes geschaffen hat und daß schon allein das Vorhandensein einer Aufsicht unzweifelhaft so manche Mißwirtschaft hintangehalten hat. Man muß aber auch zugeben, daß das System nicht vollkommen ist, daß es manchmal zu Schikanen geführt hat und daß ein Fremder gut daran tut, von der Aufmachung einer Bilanz zwischen Gewinn und Verlust abzusehen.

Vierter Teil.

Unterricht.

Siebenundvierzigstes Kapitel.

Öffentliches Elementarschulwesen.

Das Volksschulwesen hat sich in England nur langsam entwickelt, da es von Feinden oder vielmehr von Freunden umstritten war, die so ängstlich darauf bedacht waren, das gute Werk nach ihrer Weise gedeihen zu sehen, daß es nahe daran, von ihnen in Stücke zerrissen zu werden. Diese auf der Religion beruhenden Meinungsverschiedenheiten haben sich fast ganz auf die Frage des allgemeinen Volksschulunterrichts für die arbeitenden Klassen beschränkt. Sie begannen, bevor es einen solchen gab, erneuerten sich, als er noch in den Windeln lag und sind seitdem nicht von seiner Seite gewichen, ohne daß einer der Gegner imstande gewesen wäre, dem anderen einen tödlichen Schlag zu versetzen.

Die früheren Lateinschulen.

Während des Mittelalters lag der Unterricht naturgemäß in den Händen der Kirche und wurde größtenteils von der regulären Geistlichkeit versehen; als aber die Aufhebung der Klöster dem ein Ende machte, wurden viele Schulen und zwar zum Teil von der Krone und von denen, die sich mit der Beute der Abteiländereien bereichert hatten, dotiert. Diese Änderung verweltlichte aber das Unterrichtswesen nicht, denn wenn auch der Laienstand an der Verwaltung der neuen Schulen beteiligt war, standen sie doch der Regel nach noch in engem Zusammenhang mit der Kirche. Die Zahl der unter dem Einfluß der Reformation begründeten Unterrichtsanstalten war groß und etwa ein Drittel der bestehenden Lateinschulen soll aus dieser Zeit stammen. Aber obgleich es eine ganze Menge dotierter Schulen gab und diese im Verhältnis zur

Bevölkerung viel zahlreicher als heute waren, reichten sie natürlich für das ganze Gemeinwesen nicht aus. Sie entstanden gerade rechtzeitig, um hauptsächlich den mittleren und oberen Gesellschaftsschichten Gelegenheit zu geben, einen über der Elementarstufe stehenden Unterricht zu genießen, während für den Volksschulunterricht der arbeitenden Klasse nur dürftig vorgesorgt war. Es ist gesagt worden, daß diesem Bedürfnis zunächst die Lehrzeit diente, doch brach diese Einrichtung mit der Einführung des Fabrikwesen zusammen und man verlangte dafür Elementarschulen, gerade so wie heutigen Tages infolge weiterer Veränderungen der Arbeiterrekrutierungsmethode der Industrie ein höherer technischer Unterricht verlangt wird.

Die Nationalgesellschaft und die britische Gesellschaft.

Durch Joseph Lancaster und Andrew Bell wurden kurz vor dem Ende des 18. Jahrhunderts Elementarschulen für die arbeitenden Klassen errichtet. Die Frage, wer von den beiden das ihrem Vorgehen zugrunde liegende Lehrhilfssystem erfunden hat — also den Gedanken, die jüngeren Kinder durch die älteren unterrichten zu lassen — hat lebhaften Streit hervorgerufen. Aber da man jetzt allgemein darüber einig ist, daß der Gedanke sehr schlecht war, ist der Anspruch auf Priorität unwichtig, wenn man davon absieht, daß ein Streit zwischen diesen beiden Männern eine seitdem immer wieder hervortretende Meinungsverschiedenheit zum Ausdruck kommen ließ. Lancaster war ein Quäker und ein Anhänger des ohne Berücksichtigung der Konfession erfolgenden Unterrichts. Seine Schulen gediehen unter dem Schutze der Whigs und 1808 wurde zu ihrer Unterhaltung der Britische und Auslandsschulverein gegründet. Der Schotte Bell war dagegen überzeugt, daß der Unterricht unter dem Schutze der Kirche stehen müsse und 1811 wurde zur Durchführung seiner Idee der Nationalverein gebildet. So entstanden diese beiden gegnerischen Körperschaften beinahe zur selben Zeit und zwar trat die Britische und Auslandsgesellschaft für konfessionslose Schulen ein, während die Nationalgesellschaft auf Unterricht durch die Kirche bestand und wohl Kinder aller Konfessionen aufnahm, sie aber alle im Katechismus der Hochkirche unterwies. Beide Körperschaften wurden anfänglich ganz durch Privatbeiträge erhalten. Ungefähr zu derselben Zeit hatte Whitbread ein Gesetz eingebracht, für die Armen aus Kommunalabgaben zu unterhaltende Kirchspielschulen zu errichten, und dies ging im Hause der Gemeinen durch, wurde aber durch das Haus der Lords verworfen. 1820 versuchte Brougham vermittelst eines Gesetzes, das eine von den Friedensrichtern zu verwaltende Schulsteuer vorsah, ein ähnliches Ziel zu erreichen.

Die Lehrer sollten Angehörige der Hochkirche sein, obgleich außer Bibellesen kein anderer religiöser Unterricht erteilt werden sollte. Der Gedanke scheint jedoch niemand gefallen zu haben und wurde von seinem Urheber aufgegeben. Mittlerweile betätigte er sich in einem parlamentarischen Ausschuß für das Londoner Armenschulwesen, und dieser machte 1818 einen Vorschlag, der Früchte tragen sollte. Er empfahl, daß dort, wo man sich einiger Unterstützung durch private Beiträge versehen könne, diese aber nicht zur Errichtung und Unterhaltung von Schulen ausreichten, „wohl eine Summe Geldes zur Befriedigung des ersten Bedürfnisses hergegeben werden könnte, wobei man es der privaten Wohltätigkeit überlassen müsse, die jährlichen Schulunterhaltungsbeiträge selbst aufzubringen."

Die ersten staatlichen Zuschüsse.

Zwölf weitere Jahre vergingen, ohne daß irgend eine Staatsbeihilfe für Volksschulen gegeben wurde, bis 1833 20000 £ vom Parlament „zur Errichtung von Schulhäusern in Ergänzung privater Beiträge für diesen Zweck" bewilligt wurden. Die Summe war bescheiden — in Preußen betrug zu dieser Zeit das Unterrichtsbudget 600000 £ — und es war klar, daß sie nicht weit reichen würde. Auch hatte das Parlament keinerlei Bestimmung über ihre Verwendung getroffen. Das Schatzamt, das diesen Etatstitel vorgeschlagen hatte, durfte frei darüber verfügen und ein Protokoll von 1833 verfügte, daß das Geld auf Empfehlung der beiden Gesellschaften hin zum Bau von Schulhäusern verwendet werden sollte, vorausgesetzt, daß eine Hälfte der Kosten durch freiwillige Beiträge gedeckt würde. Anfangs erhielten die Gesellschaften gleiche Beträge, aber bald war die Britische und Auslandsgesellschaft außerstande, die nötigen Gelder aufzubringen, um ihren Anteil beanspruchen zu können und so erhielt die Nationalgesellschaft den Löwenanteil.

Der Unterrichtsausschuß.

In kleinem Maßstabe half so der Staat freien Vereinigungen Schulen bauen, die sie nachher auf ihre Art weiterführen konnten. Diese Politik trug versuchsweisen Charakter, blieb aber unverändert bis 1839, wo die Regierung, um die Leistungen der aus Staatsfonds unterstützten Schulen zu heben, durch Kabinetsordre einen Ausschuß des Staatsrats für das Unterrichtswesen schuf und den jährlichen Zuschuß von 20000 auf 30000 £ erhöhte. Die Minister hatten beabsichtigt, ein staatliches Lehrerseminar zur Heranbildung von Lehrern zu errichten, auf dem der weltliche Unterricht für alle Studierende gemeinsam sein sollte, während Angehörige und Nichtangehörige der Staatskirche gesondert Religionsunterricht von Personen ihres Glaubens erhalten sollten. Aber der Titel für das Unterrichtswesen ging im Hause der Gemeinen nur mit zwei

Stimmen Mehrheit durch und die Regierung wurde durch die Opposition der Kirche gezwungen, diesen Teil ihres Planes fallen zu lassen. Das für diesen Zweck bestimmte Geld wurde auf die Nationalgesellschaft und die Britische und Auslandsgesellschaft zur Unterhaltung eigener Lehrerseminare verteilt; und tatsächlich ist bis auf den heutigen Tag kein einziges staatliches Lehrerseminar errichtet worden.

Inspektoren und Konkordat.

Erfolgreicher war eine andere Idee des neuen Unterrichtsausschusses, die mit der Zeit eine merkliche Verbesserung der Schulen zu Wege brachte. Der Ausschuß engagierte einen Stab von Schulmännern mit einem Sekretär an der Spitze und angestellten Inspektoren und machte eine regelmäßig wiederkehrende Revision durch sie zur Vorbedingung einer Beihilfe zum Schulbau. Da aber der Religionsunterricht zu den einer Revision zu unterziehenden Gegenständen gehörte, ergaben sich Schwierigkeiten, denn die Nationalgesellschaft konnte sich kaum eine Revision durch Männer gefallen lassen, zu deren Rechtgläubigkeit sie kein Vertrauen hatte. 1840 wurde deshalb eine Konkordat genannte Vereinbarung getroffen, wonach die Inspektoren der Bestätigung der Erzbischöfe von Canterbury und York bedurften, und einige Jahre darauf erhielt die Britische und Auslandsgesellschaft ein Veto gegen die Ernennung von Schulinspektoren für ihre Schulen.

Der Ausschuß hielt an der Bewilligung von Zuschüssen für Schulbauten fest, wenn sich auch diese nicht mehr ausschließlich auf die beiden ursprünglichen Gesellschaften beschränkten. Andere Körperschaften konnten jedoch Zuschüsse nur durch Annahme einer Gewissensklausel (conscience clause) erhalten, die den Kindern das Fernbleiben von den religiösen Andachtsübungen gestattete, ein Präzedenzfall, der in späteren Jahren vielfach zum Vorbilde genommen werden sollte.

Geldbewilligungen für Schullehrer.

Bisher hatte man nur zur Errichtung und Ausstattung der Gebäude Gelder bewilligt; durch die Inspektoren erfuhr man aber von den Lehrerfolgen, wie denn auch ihre Berichte zeigten, daß die Schulen jämmerlich wenig leisteten. Einer von ihnen schätzte, daß in den Midlands drei Viertel der Kinder die Schule verließen, ohne die Heilige Schrift fließend lesen zu können, und die Hälfte, ohne irgend einen Unterricht im Schreiben genossen zu haben, sowie daß nur fünf Prozent die Regeldetri beherrschten. Die Fehler wurden dem Lehrhilfssystem zugeschrieben, nach dem die kleinen Kinder von den anderen Kindern unterrichtet wurden, die nur wenig älter und nur wenig unwissender als sie selbst waren.

Der Ausschuß empfand das schreiende Bedürfnis nach ihrer Aufgabe gewachseren Lehrern und schlug daher durch ein Protokoll vom 21. Dezember 1846 einen neuen Weg ein. Den Schullehrern wurde eine Vergütung für Ausbildung eines oder mehrerer älterer Kinder zu Schullehrern auf fünf Jahre gewährt, und diese erhielten während dieser Zeit jährlich sich steigernde Beträge von 10—20 £ und die Möglichkeit, sich nach Ablauf dieser Zeit um ein Stipendium der Königin an einem der Seminare zu bewerben.[1] Lehrer, die in diesen Seminaren ausgebildet waren, sollten auch Zuschüsse zu ihren von den Schulen gewährten Gehältern erhalten. All dies erforderte Geld, aber das öffentliche Interesse für das Unterrichtswesen war gewachsen und so ging denn in diesem Jahre eine Etatsforderung von 100000 £ mit großer Mehrheit durch.

Kopfzuschüsse.

Die Staatsregierung hatte nun geholfen, Schulen zu errichten, sie zu beaufsichtigen und zu verbessern. Sie hatte einen Weg betreten, auf dem es kein Halten mehr gab. Aber Zahl und Güte der Schulen waren noch weit entfernt davon, auszureichen. Dies traf besonders in den ländlichen Bezirken zu, die arm an Hilfsquellen waren; und deshalb bewilligte der Ausschuß durch ein Protokoll vom 2. April 1853 den Unternehmern ländlicher Schulen für jeden Schüler, der die Schule 192 Tage besucht hatte, eine kleine Summe unter der Bedingung, daß wenigstens drei Viertel der Kinder dem Inspektor zur Prüfung vorgestellt wurden und daß die Schule unter der Leitung eines mit einem Zeugnis versehenen Lehrers, also eines Lehrers stehe, der vom Staat in Anerkennung seiner Studien auf einem Seminar ein Zeugnis erhalten habe. Diese „Kopfzuschuß“ genannte Zahlung wurde drei Jahre darauf auch auf städtische Bezirke ausgedehnt, und auf diese Art ließ sich der Staat auf eine allgemeine Gewährung direkter Beiträge zu der Unterhaltung der Schulen ein.

Ein Unterrichtsministerium.

Die jährlichen Bewilligungen des Parlaments wuchsen natürlich fortgesetzt außerordentlich schnell; aber noch wurde ihre Verwendung durch Protokolle der Verwaltungsbehörden und nicht durch das Gesetz geregelt und desto wichtiger war es, daß jemand im Hause der Gemeinen direkt das Ressort vertrat. Geschichtlich war es daher natürlich, wenn es auch etwas überraschend erscheint, daß das erste Gesetz auf dem Gebiete des öffentlichen Volksschulwesens

[1] Welchen Erfolg diese Stipendien hatten, kann man daraus ersehen, daß 1859 von den 2065 Studenten der 32 Seminare 1676 Stipendiaten der Königin waren.

1856 einen Vizepräsidenten des Staatsratsausschusses für das Unterrichtswesen einsetzte, der für das Unterhaus wählbar sein sollte und somit ein verantwortlicher Minister war.

Die Kommission von 1858.

Mehrfache Gesetze, die auf eine Erweiterung des Volksschulwesens im Wege der Kommunalbesteuerung hinzielten, waren von verschiedenen Seiten eingebracht worden. Gesellschaften zur Förderung verschiedener Ideen waren gegründet worden. Man war sich fast allgemein darüber einig, daß die bestehenden Verhältnisse unbefriedigend seien; und 1858 wurde eine starke Untersuchungskommission bestellt, die 1861 einen ausführlichen Bericht vorlegte. Hieraus ergab sich, daß die Kirche von England etwa $^9/_{10}$ der öffentlichen Volksschulen mit drei Vierteln der Kinder besaß, die Britische und Auslandsgesellschaft ungefähr 10 % der Kinder, die römisch-katholischen Schulen etwa $5^1/_2$ %, die Wesleyaner 4 % und die Kongregationalisten 2 %. Von diesen Kindern waren aber weniger als $^3/_5$ in den aus Regierungszuschüssen unterstützten beaufsichtigten Schulen, die übrigen dagegen in Schulen untergebracht, die keine Zuschüsse bekamen, im allgemeinen minderwertig waren und die Zuschüsse hauptsächlich wegen Armut, geringer Bevölkerungszahl und Apathie nicht erhielten. In den unterstützten Schulen betrugen die jährlichen Aufwendungen auf das Kind ungefähr 30 Schilling, wovon $^1/_4$ aus den Zuschüssen der Regierung und $^1/_4$ bis $^1/_3$ aus Stiftungsmitteln und freiwilligen Beiträgen bestritten wurde, welch letztere Last in den Kirchenschulen zum großen Teil von der Geistlichkeit getragen wurde. Der Rest der Ausgaben wurde aus dem Schulgeld der Kinder gedeckt, denn es muß daran erinnert werden, daß in den öffentlichen Schulen zu dieser Zeit weder der Schulzwang bestand, noch der Unterricht unentgeltlich erteilt wurde und tatsächlich war die Kommission der Ansicht, daß das Land keines von beiden wünsche. In bezug auf die Leistungen der Schulen berichtete die Kommission, daß noch nicht die Hälfte der eingeschriebenen Kinder die Schulen von den 220 Tagen, an denen sie geöffnet waren, auch nur 150 Tage besuchte. Ein zehnjähriges Kind müsse so fließend lesen können, daß es ihm Freude mache, es müsse einen leserlichen und verständigen Brief zu schreiben imstande sein, gut genug rechnen können, um eine gewöhnliche Ladenrechnung auszufertigen und eine Ahnung haben, wo die verschiedenen Länder der Welt lägen; aber selbst in den allerbesten Schulen verließen $^2/_3$ der Schüler diese, ohne es so weit gebracht zu haben. Die Kommission erklärte, daß die unterstützten Schulen von der Hälfte der Kinder erreicht werden könnten, daß aber $^3/_4$ von denen, die sie besuchten, die Schule nur mit der oberflächlichen Bildung verließen, die sie sich in den unteren Klassen aneignen könnten und daher „unterrichten wir nur $^1/_8$ der Klasse von Kindern, für die die Schulen gedacht waren, mit Erfolg". Der Bericht empfahl, daß der Staatszuschuß, der in der Hauptsache ein Kopfzuschuß für den durchschnittlichen Besuch sein sollte, sich je nach dem Zustande der Schule leicht abstufen und durch einen Grafschaftszuschuß aus Steuermitteln für jedes Kind, das eine Prüfung im Lesen, Schreiben und Rechnen bestehe, ergänzt werden solle.

Der revidierte Kodex von 1861.

Der Bericht wurde scharf kritisiert, weil die statistischen Zahlen ungenau und die Angaben über die Lehrerfolge ungerecht wären. Auch wurden die Vorschläge nicht in der ihnen gegebenen Form angenommen, obgleich sie eine durchgreifende Wandlung in der Art der Gewährung der Staatszuschüsse hervorriefen. Die Protokolle des Unterrichtsausschusses waren 1860 zusammengestellt worden und ihre Jahresausgabe wird seitdem als „der Kodex" bezeichnet. 1861 erschien sodann ein revidierter Kodex. Er bestimmte, daß in Zukunft die Unterhaltungszuschüsse nicht den Lehrern persönlich, sondern den Schulleitern gegeben werden sollten und diese Neuerung erhöhte die Verantwortlichkeit der letzteren. Die Zuschüsse sollten nur unter der Bedingung gewährt werden, daß die Schulgebäude als ausreichend anerkannt worden wären und die Kinder die Schule eine gewisse Zahl von Tagen besucht hätten. Eine wesentlichere Änderung wurde in der Art der Gewährung der Zuschüsse getroffen. Abgesehen von kleinen Kindern, bei denen der Schulbesuch allein für einen Kopfzuschuß entscheiden sollte, sollte nur für die Kinder, die vor dem Inspektor eine Prüfung im Lesen, Schreiben und Rechnen beständen, ein Zuschuß gewährt werden. Dieser letzte Gedanke der „Zuschüsse nach Erfolgen" erzeugte eine scharfe Opposition gegen den revidierten Kodex. Man hielt ihn für viel zu drastisch und traf im nächsten Jahre die Abänderung, daß auf durchschnittlichen Schulbesuch pro Kind je 4 Schillinge und für das Bestehen einer Prüfung in jedem der drei Fächer 2 Schilling und 8 Pence gewährt werden sollten. Aber selbst hiermit sank der Gesamtzuschuß einige Jahre lang infolge der Unfähigkeit der Schulen, ihn zu erringen. Die Methode der „Zuschüsse nach Erfolgen" war wahrscheinlich damals nötig, um gute Leistungen zu erzielen, brachte aber sicher den Nachteil mit sich, daß sich das Interesse der Lehrer und Schulleiter auf die Erzielung von Zuschüssen und das Einpauken einer größtmöglichen Anzahl von Kindern auf die Prüfung im Lesen, Schreiben und Rechnen ohne viel Rücksicht auf anderes konzentrierte. Um diese Wirkung zu verhindern, wurden von Zeit zu Zeit Ergänzungszuschüsse für hervorragende Leistungen oder für Fortschritte in anderen Fächern gewährt; aber schließlich wurde das System als schädlich erachtet oder hatte seinen Zweck erfüllt und wurde ganz verlassen.

Die Bewegung für allgemeinen Unterricht.

Daß es vielen Kindern des Landes unmöglich sein sollte, die Vorteile zu erhalten, die anderen durch die Staatsregierung aus allgemeinen Steuermitteln zugewendet wurden, war eine Anomalie. Es bezeichnete eine Zeit des Überganges, die nicht dauernd bestehen bleiben konnte und es erhob sich ein weitverbreitetes Verlangen nach einem einheitlichen Volksschulsystem. Kurz vor 1870 wurden zwei Vereinigungen gebildet, die die beiden Ansichten vertraten, die seit den Tagen von Lancaster und Bell die Bevölkerung gespaltet hatten. Die 1869 in Birmingham gegründete Unterrichtsliga verteidigte freien, obligatorischen und konfessionslosen Unterricht, für den die Kommunen mittels Kommunalsteuern vorsorgen sollten. Unter ihren führenden Geistern waren Chamberlain, Harris und Schnadhorst, also dieselben Männer, die einige Jahre darauf den liberalen Landesverband schufen. Die Liga hatte in vielen Städten Zweigvereine und stützte sich hauptsächlich auf die Nonkonformisten und die radikaleren Elemente der liberalen Partei. Die andere Vereinigung war der Schulverein (Education Union), der zur Betreibung eines allgemeinen Systems gegründet war, das auf dem vorhandenen System freiwilliger Schulen, d. h. also solcher Schulen beruhte, die in der Hand privater Körperschaften waren und von denen die meisten mit der Kirche von England zusammenhingen. Das erste große 1870 angenommene Unterrichtsgesetz war, trotzdem es das Werk des mächtigsten liberalen Ministeriums neuerer Zeiten war, seinem Wesen nach ein Kompromiß zwischen diesen beiden sich entgegenstehenden Ansichten.

Der Gesetzentwurf von 1870.

Das Gesetz sah in seiner ursprünglichen Fassung, wie es von Mr. Forster für die Regierung eingebracht wurde, die Wahl von Schulvorständen an allen Orten vor, wo ein Jahr darauf die Versorgung mit Schulen ungenügend sein würde und gab den freiwilligen Gesellschaften ein Jahr, um — natürlich mit den üblichen Beihilfen des Schatzamtes — ausreichende Schulen zu errichten. Diese Schulvorstände sollten von den Gemeinderäten der Flecken und im übrigen von den Kirchspielversammlungen gewählt werden und sollten zur Erhebung von Kommunalsteuern zur Erfüllung ihrer Aufgaben berechtigt sein. Sie konnten entweder selbst Schulen errichten oder freiwillige Gesellschaften hierbei unterstützen; und in ihren eigenen

Schulen konnten sie nach Belieben Religionsunterricht mit der Maßgabe erteilen lassen, daß die Kinder nicht gezwungen werden sollten, ihm beizuwohnen. Sie konnten das Schulgeld für arme Kinder bezahlen oder in einem armen Bezirk eine Schule ganz vom Schulgeld befreien und endlich konnten sie, wenn sie wollten, den Schulbesuch obligatorisch machen. Die Liga war stark verschnupft, weil der Gesetzentwurf nicht den obligatorischen und unentgeltlichen Unterricht vorsah, weil er den freiwilligen Schulen ein Jahr zum Bau von Konfessionsschulen bewilligte, ferner auch wegen der Bestimmungen über den Religionsunterricht und weil die Schulvorstände nicht allgemein eingeführt und nicht direkt vom Volke gewählt werden sollten. In einigen dieser Punkte machte die Regierung wichtige Zugeständnisse. Sie ließ nach, daß die Schulvorstände ihre Steuern nicht zur Unterstützung freiwilliger Schulen verwenden sollten, daß ein Schulvorstand in jedem Bezirk auf dessen Antrag gebildet werden konnte, gleichviel ob ausreichend Schulen vorhanden waren oder nicht, und daß die Schulvorstände direkt von den Stimmberechtigten gewählt werden sollten. Eine Bestimmung über das Kumulativwahlrecht des Inhalts, daß jeder Wähler so viel Stimmen, als Stellen zu besetzen waren, auf einen Kandidaten vereinigen oder sie nach Belieben verteilen konnte, sollte zum Schutze der Minderheiten und insonderheit der religiösen Minderheiten dienen. Aber wie die ein paar Jahre früher eingeführte Minderheitsvertretung in den drei Abgeordnete ins Parlament entsendenden Flecken erwies sich diese Bestimmung als unbefriedigend und verschwand 1902 mit der Abschaffung der Schulvorstände. Die interessantesten Zugeständnisse und zugleich die, um die der Kampf am hitzigsten tobte, waren aber die auf dem Gebiete der Religion. Die Regierung brachte einen auch zur Annahme gelangenden sogenannten Stundenplan-Gewissensparagraphen (time-table conscience clause) ein, wonach sowohl in den freiwilligen wie in den Schulvorstandsschulen der religiöse Unterricht an den Anfang oder an das Ende der Schulzeit gelegt werden sollte, so daß Eltern, die mit ihm nicht einverstanden waren, ihre Kinder ihm leicht entziehen konnten. Aber dies genügte nicht und während der Debatte beantragte Cowper-Temple, ein Liberaler, der aber der Vorsitzende des Schulvereins war, daß in den amtlichen Schulen kein konfessioneller Katechismus oder keine konfessionelle Religionsformel irgendeiner Religionspartei gelehrt werden dürfte. Die Regierung nahm diesen Vorschlag an und wenn auch die Liga hiervon so wenig befriedigt war, daß bei ein paar Abstimmungen die Mehrheit der Liberalen gegen das Kabinett stimmte, gelangte die Cowper-Temple-Klausel doch in das Gesetz. Einige Hochkirchler sprechen noch mit Bitterkeit über Cowper-Temple- oder Schulvorstandsreligion; aber durch alle folgenden Streitigkeiten hindurch ist diese Klausel bis auf den heutigen Tag feststehender Grundsatz der amtlichen Schulen geblieben.[1]

Das Gesetz von 1870.

Das Gesetz von 1870 ersetzte das alte Volksschulsystem nicht durch ein neues System. Er ergänzte es nur insofern, als es für Orte, wo nicht genug freiwillige Schulen vorhanden waren oder nicht sofort errichtet werden konnten, von Lokalbehörden betriebene und zum Teil durch Kommunalsteuern unterhaltene Schulen vorsah. Es erzielte allgemeinen Volksschulunterricht, indem es nebeneinander zwei Arten von Schulen stellte, die beide unter normalen Verhältnissen denselben Zuschuß aus der Staatskasse erhielten, von denen aber die einen von Privatgesellschaften geleitet wurden, in den meisten Fällen das Bekenntnis einer Kirche lehrten[2] und den Rest ihrer Einkünfte aus freiwilligen Beiträgen erhielten; während die anderen von öffentlichen Behörden geleitet, aus Kommunalabgaben unterhalten wurden und das Bekenntnis keiner Konfession lehren durften.

Das Gesetz bestimmte, daß bis Ende des Jahres 1870 freiwillige Gesellschaften Regierungshilfe für Errichtung von Schulen nachsuchen dürften, daß aber später keine Baubeihilfen mehr gewährt werden sollten und daß jede freiwillige oder Schulvorstandsschule die den Anforderungen an eine öffentliche Elementarschule entspreche, einen jährlichen Zuschuß des Parlaments zu den laufenden Unterhaltungskosten erhalten sollte. Dieser Zuschuß sollte in Gemäßheit der Grundsätze der Unterrichtsbehörde[3] gewährt werden, durfte aber den Betrag, den die Schule aus anderen Quellen erhielt, nicht übersteigen.[4] Um jedoch sowohl freiwillige Gesellschaften wie Schul-

---

[1] Davon, daß der Religionsunterricht in den amtlichen Schulen unter der Cowper-Temple-Klausel, wenn auch gänzlich konfessionslos, der Regel nach weder gottlos noch radikal ist, noch auch einer genügenden Unterweisung in der Heiligen Schrift ermangelt, kann man sich durch einen Blick auf die dem Hause der Lords durch das Unterrichtsressort am 13. Juni 1906 unterbreitete Zusammenstellung der Schulprogramme über diesen Gegenstand überzeugen.

[2] Dies traf nicht bei allen freiwilligen Schulen, aber bei den zur Kirche von England gehörigen, deren Zahl bei weitem die größte war, und auch bei den römisch-katholischen Schulen zu.

[3] Diese Bezeichnung (Education Department) geht durch das ganze Gesetz als Abkürzung von Ausschuß des Staatsrats für das Unterrichtswesen.

[4] Ein Ergänzungszuschuß konnte für amtliche Schulen da gewährt werden, wo der Bezirk so arm war, daß eine Steuer von 3 d. vom Pfund weniger als eine gewisse Summe ergab. Die Protokolle des Unterrichtsamtes mußten des-

vorstände an Vorsorge für bereits von der anderen Schulgattung erfüllte Schulzwecke zu hindern, wurde die Unterrichtsbehörde ermächtigt, jeder neuen nicht erforderlichen Schule den Zuschuß zu verweigern. Als öffentliche Elementarschule erklärte man die, die die time-table conscience clause beobachteten, von der Regierung revidiert werden konnten, den Bedingungen gerecht wurden, an die der parlamentarische Zuschuß geknüpft war[1] und nicht über neun Pence Schulgeld für die Woche erhoben.

Zum Zwecke der Bildung von Schulvorständen wurde das ganze Land in Distrikte geteilt, wobei jeder Flecken für sich und die Hauptstadt London einen großen Bezirk bildete, während anderswo die Gemeinde (parish) dem Namen nach den Bezirk darstellte, obschon das Unterrichtsressort die Macht hatte, Gemeinden zu vereinigen, wenn es dies für am Platze erachtete. Die Behörde mußte sich informieren und die Bildung eines Schulvorstandes in jedem nicht genügend mit Schulen versehenen Bezirke anordnen. Der ins Leben gerufene Schulvorstand hatte für ausreichende Schulen zu sorgen, sie den an öffentlichen Elementarschulen gestellten Anforderungen gemäß zu leiten und sich nach der Cowper-Temple-Klausel über den religiösen Unterricht zu richten.[2] Er wurde auf drei Jahre durch das Mehrstimmrecht gewählt und konnte die Parlamentszuschüsse und die Schulgelder durch Kommunalabgaben ergänzen. Auf Antrag des Gemeinderats eines Fleckens oder der Wähler an anderen Orten konnte ein Schulvorstand von der Schulbehörde auch in einem Bezirk gebildet werden, wo es nicht an Schulen fehlte; da aber in diesem Falle die fehlende Regierungsbeihilfe die Erhaltung einer Schule unmöglich machte, sah sich der Schulvorstand in Wirklichkeit darauf beschränkt, die Schulgelder armer Kinder zu bezahlen und Statuten über den zwangsweisen Schulbesuch zu erlassen. Das den Elementarunterricht allgemein machende Gesetz versuchte es nicht, seine unentgeltliche Erteilung durchzusetzen, und doch war dies offenbar da nötig, wo die Eltern zahlungsunfähig waren. Die Schulvorstände wurden deshalb ermächtigt, das Schul-

---

halb einen Monat lang auf den Tisch der Parlamentshäuser gelegt werden, und da dies Gelegenheit bot, sie durch Resolution zu mißbilligen, erhielten sie eine stillschweigende Sanktion des Parlaments.

[1] Die Inspektoren sollten den Religionsunterricht nicht mehr revidieren.

[2] Wenn ein Schulvorstand irgendwie seine Aufgaben nicht erfüllte, konnte das Unterrichtsressort eine Neuwahl anordnen oder selbst einen anderen Schulvorstand ernennen.

geld in solchen Fällen nachzulassen oder es zu bezahlen, wenn die Kinder freiwillige Schulen besuchten. Sie konnten tatsächlich noch weiter gehen und arme Ortschaften mit vollständigen Freischulen versehen; aber dies wurde als ein ganz ausnahmsweiser Fall angesehen und bedurfte der Zustimmung des Ressorts. Ferner war die Regierung der Ansicht, daß das Land noch nicht reif für die allgemeine Schulpflicht sei, andererseits aber geneigt, sie überall da einzuführen, wo das Volk es wünsche und so sah denn das Gesetz vor, daß ein Schulvorstand mit Genehmigung des Unterrichtsressorts statutarisch Kinder zwischen fünf und dreizehn Jahren zum Schulbesuch verpflichten könne, wobei bei Armut natürlich das Schulgeld erlassen oder bezahlt werden sollte.

Wirkung des Gesetzes.

Die Unterrichtsliga war ebenso wie einige ihr nicht angehörige Nonkonformisten mit dem Gesetze unzufrieden und drang fortgesetzt auf neue Gesetzgebung. Diese gesetzliche Maßnahme war tatsächlich eine der Ursachen der fehlenden Eintracht in den Reihen der Liberalen, die mit dazu beitrug, die Konservativen bei den allgemeinen Wahlen von 1874 ans Ruder zu bringen. Einige Leute gingen so weit, die Zahlung von Abgaben zu verweigern, aber im ganzen nahm das Land das Ergebnis als ein wenigstens unter den obwaltenden Umständen sachgemäßes Kompromiß widerstreitender Meinungen hin.[1] Einige Schulen des Britischen Schulvereins und der Kirche von England und einige andere Schulen gingen auf die neuen Schulvorstände über, aber die meisten freiwilligen Schulen blieben unter ihrer alten Leitung. Die ungeheure Mehrheit von ihnen war konfessionell und zwar gehörte der bei weitem überwiegende Teil der Staatskirche, einige wenige den Römischkatholischen und noch vereinzeltere den Wesleyanern. Eine Zeitlang übertrafen in der Tat die freiwilligen Schulen die Schulvorstandsschulen sowohl an Zahl wie an schulbesuchenden Kindern bei weitem. Aber die offiziellen Schulen nahmen reißend zu, und zwar infolge der Steuermittel, die sie in den Stand setzten, größere parlamentarische Zuschüsse zu erhalten, während es den freiwilligen Schulen sauer wurde, ihre Beiträge zu erhöhen und das um so mehr, weil an vielen Orten die Beitragenden jetzt auch mit Abgaben zur Erhaltung der Schulvorstandsschulen belastet waren. Dies brachte die freiwilligen Schulen allmählich in Bedrängnisse, von denen sie Befreiung bei dem Gesetzgeber suchten.

---

[1] So Craik: „Staat und Schulwesen" („The State in its Relation to Education") Rev. Ausg. (1896) S. 107—107.

Weitere Fortschritte.

Das nächste Problem bestand jedoch darin, den Unterricht dadurch wirklich allgemein zu machen, daß man einen Schulzwang einführte, und dies bedingte fast mit Notwendigkeit, daß man ihn letzten Endes unentgeltlich machte. Das Gesetz von 1870 hatte für jedes Kind eine Schule erreichbar gemacht, aber keine allgemeine Verpflichtung zum Schulbesuch festgelegt, und dieser obligatorische Schulbesuch konnte nur da vorgeschrieben werden, wo ein Schulvorstand vorhanden war. Nun begann aber die öffentliche Meinung in dieser Frage so stark vorwärts zu drängen, daß 1876 ein Gesetz durchging, nach dem der Gemeinderat eines jeden Fleckens oder städtischen Bezirkes und jeder ländliche Armenrat überall da, wo es an einem Schulvorstande fehlte, eine Schulbesuchsausschuß bestellen sollte, der statutarisch den zwangsweisen Schulbesuch einführen konnte. Darauf löste sich die Unterrichtsliga auf mit der Begründung, daß ihr Zweck, den Unterricht aller Kinder zu sichern, erreicht sei. Aber in Wirklichkeit war er nicht erreicht, denn weder die Schulvorstände noch die Schulbesuchsausschüsse waren verpflichtet, solche Statuten zu erlassen, und viele von ihnen unterließen es. 1880 galten solche Statuten in der Tat nur für drei Fünftel der Bevölkerung von England und Wales und in diesem Jahre erging ein weiteres Gesetz, das den allgemeinen Erlaß von Statuten vorschrieb und so den Schlußstein zur Einführung der allgemeinen Schulpflicht im ganzen Königreich legte. Langsamer ging es mit der Unentgeltlichkeit des Unterrichts vor sich und man kann nicht sagen, daß diese Entwickelung schon ganz abgeschlossen wäre. Der erste Versuch, abgesehen von Armutsfällen, die Schulgelder abzuschaffen, fällt erst ins Jahr 1891, wo das Parlament allen öffentlichen Elementarschulen einen jährlichen „Schulgeldzuschuß“ von 10 Schillingen pro Kopf für den durchschnittlichen Besuch von Kindern zwischen drei und fünfzehn Jahren zu geben beschloß. Schulen, die vorher kein höheres Schulgeld erhoben hatten, durften von nun an nur noch mit besonderer Genehmigung der Schulbehörde[1] etwas erheben und die übrigen nur den Überschuß über diese Summe. Das Gesetz schaffte das Schulgeld in den meisten Schulen ab und setzte es in allen herab, beseitigte es aber nicht ganz; und in der Tat sah selbst das Unterrichtsgesetz von 1902 noch vor, daß freiwillige Schulen, die noch eine Gebühr erhoben, dies weiter tun könnten bei einer einigermaßen unbestimmten Verpflichtung der Kommunalverbände zur Aufbringung eines Teils dieser Gebühren.

[1] Craik sagt, daß von dieser Ermächtigung so reichlich Gebrauch gemacht wurde, daß 1896 noch ein Siebentel der Kinder in den öffentlichen Elementarschulen Schulgeld bezahlte.

Veränderte Zuschuß-politik.

Mittlerweile vollzog sich in der Art der Zuschußverteilung aus der Staatskasse an die Schulen ein starker Wechsel. Der revidierte Kodex von 1861 hatte die Praxis der Zahlung nach Erfolgen eingeführt, je nach der Anzahl von Kindern, die zur Zufriedenheit des Regierungsinspektors eine Prüfung im Lesen, Schreiben und Rechnen bestanden. Um der Kritik zu begegnen, daß dies dazu anhalte, die ausschließliche Aufmerksamkeit auf die Anfangsgründe des Unterrichts zu lenken, begann das Ressort 1868 den Schulen besondere Zuschüsse für jedes Kind, das ein Examen in einem speziellen höheren Fache, wie z. B. Geographie, Geschichte, Algebra oder Sprachen bestände, in Aussicht zu stellen. Aber die Prüfungen wurden zu einer Last, und durch eine 1875 erfolgende Änderung des Kodex wurden Grammatik, Geographie, Geschichte und Handarbeiten zu „Klassengegenständen" gemacht, das heißt, der Schule wurde nach ihrem durchschnittlichen Besuche eine Beihilfe gewährt, wenn die Klasse als ganzes eine Prüfung in diesen Fächern mit Ehren bestand, und Ergänzungszuschüsse wurden noch auf Einzelprüfungen von Schülern in Fächern für weiter Vorgeschrittene, den sogenannten „spezifischen Fächern" gewährt. 1882 wurde eine ähnliche Änderung für Lesen, Schreiben und Rechnen eingeführt. An Stelle eines Zuschusses für jedes Kind, das bestand, wurde ein fester Zuschuß und ein Zuschuß für besondere Leistungen gesetzt. Der feste Zuschuß hing von dem durschnittlichen Besuch ab, stand aber in Wirklichkeit nicht fest, denn er verminderte sich je nach der Zahl der die Prüfung nicht bestehenden Klassenangehörigen, während der Leistungszuschuß unter Zugrundelegung des Berichts des Inspektors über den allgemeinen Zustand der Schule auf den Kopf des Kindes ein bis drei Schilling betrug. Von Zeit zu Zeit wurden verschiedene Lehrgegenstände aus der Gruppe der „spezifischen" Fächer in die Gruppe der „Klassenfächer" überführt, nebenbei jedoch der Kreis der ersteren beständig durch Aufnahme neuer Fächer, für die Zuschüsse erlangt werden konnten, erweitert. Durch dies umständliche Zuschußverfahren versuchte das Unterrichtsressort die Entwickelung des Elementarunterrichts zu bestimmen, und zwar mit Erfolg, denn die Schulen konnten ohne die Subventionen der Staatskasse, die beinahe die Hälfte ihrer Einnahmen ausmachten, nicht bestehen. Aber das System wurde außerordentlich verwickelt. Da gab es einen festen Zuschuß, einen Leistungszuschuß, einen Zuschuß für gute Disziplin, Klassenzuschüsse, Zuschüsse für besondere Fächer und Zuschüsse für Schullehrer und außerdem noch den Schulgeldzuschuß und den Zuschuß für Schulen in armen Bezirken. Überdies ist das Arbeiten um Zuschüsse zwar ein nützlicher Ansporn für träge Schulverbände, dafür aber auch ein Hindernis für die besten Leistungen in guten Schulen; und daß die Schulen des Landes sich sehr gebessert haben, ergibt sich aus der außerordentlich kleinen Zahl derer, denen keinerlei Zuschuß gewährt wurde, und der großen Zahl der nach den Berichten der Inspektoren voll zuschußwürdigen. 1890 trat deshalb an Stelle des festen und des Leistungszuschusses ein Grundzuschuß von zwölf Schilling und sechs Pence oder vierzehn Schillingen je nach dem Bericht der Inspektoren, und durch den Kodex von 1900 wurden alle die oben erwähnten Zuschüsse — mit Ausnahme des Schulgeldzuschusses und der Unterstützung für arme Schulen — völlig hinweggefegt und durch eine einzige Summe ersetzt. Zuschüsse für spezielle Fächer wurden nur für solche Dinge wie Kochen, Waschen, Milchwirtschaft, Gärtnerei und Handarbeit, die über den allgemeinen Schulrahmen hinaus weitere Ausgaben erfordern, beibehalten. Die „Blockzuschuß" genannte Einzelsumme betrug auf den Kopf entweder 21 oder 22 Schillinge, je nach den Leistungen der Schule, und diese Differenz wurde als genügend angesehen, um die Leiter anzufeuern, ohne sie ungünstig zu beeinflussen. Nach 32 Jahren wurde also das nach den Lehrerfolgen abgestufte Zuschußsystem aufgegeben, und die Regierung verließ sich in ihrer Schulpolitik allein auf die ausführlichen Vorschriften des Kodex.

Die Lage der freiwilligen Schulen.

Die Politik der nach Lehrerfolgen abgestuften Zuschüsse wirkte zu ungunsten der freiwilligen Schulen. In ihrem Wettbewerb mit den offiziellen Schulen durch die größeren Mittel, die letzteren aus Abgaben zuflossen, im Nachteil, vermochten sie auch keinen ebenso hohen Regierungszuschuß herauszuschlagen und befanden sich so doppelt im Nachteil. 1900 hatten sie noch ein geringes Übergewicht in der durchschnittlichen Besuchsziffer;[1] während sich aber die durch-

[1] Die in dem Berichte des Unterrichtsressorts gegebenen Zahlen ergeben folgendes Bild:

	Zahl der Schulen	Durchschnittsbesuch
Nationalschulen oder Schulen der Kirche von England	11777	1885802
Wesleyanerschulen	458	125727
Römischkatholische Schulen	1045	255036
Britische und andere Schulen	1079	220032
Zusammen freiwillige Schulen	14359	2486597
Schulvorstandsschulen	5758	2201049
Insgesamt:	20117	4687646

schnittlichen Steuereinnahmen auf das Kind in den Schulvorstandsschulen von 10 s. $^3/_4$ d. im Jahre 1872 auf £ 1 5 s. $6^1/_4$ d. im Jahre 1900 erhöht hatten, waren die durchschnittlichen Beiträge in den freiwilligen Schulen, nachdem sie von 6 s. $11^3/_4$ d. im Jahre 1872 auf 8 s. $8^3/_4$ d. 1877 gestiegen waren, 1900 auf 6 s. $4^3/_4$ d. gefallen.[1] Die Kirchenschulen konnten augenscheinlich nicht ohne weitere Hilfe Schritt halten, wie dies bereits seit einiger Zeit klar ersichtlich war. 1895 berichtete der Erzbischofsausschuß der Synode, daß, da die Schulvorstandsschulen besser ausgerüstet seien und durch höhere Gehälter bessere Lehrer anzögen, sich ein deutlicher Zug der Schüler zu ihnen bemerkbar mache, daß eine Viertel Million Pfund nötig sei, um die Gebäude der freiwilligen Schulen denen ihrer Nebenbuhler gleich herzurichten und daß weitere Hilfe der Allgemeinheit entweder aus der Staatskasse oder aus Kommunalabgaben bereitgestellt werden müsse.

Im nächsten Jahre brachte die konservative Regierung ein Gesetz ein, das den freiwilligen Schulen eine größere Beihilfe aus der Staatskasse bewilligte, bestimmte, daß die Eltern in jeder öffentlichen Volksschule auf Gelegenheit für getrennten Religionsunterricht ihrer Kinder bestehen könnten, den Grafschaftsräten einen Teil der staatlichen Machvollkommenheiten übertrug und in anderer Weise das Unterrichtswesen des Landes umgestaltete. Aber obgleich das Kabinett bei jeder Abstimmung eine große Majorität erzielte, erweckte der Gesetzentwurf keinen großen Enthusiasmus. Er versuchte zu viele Dinge in unsystematischer Weise und wurde schließlich fallen gelassen. 1897 wurde der den freiwilligen Schulen eine weitere Beihilfe gewährende Teil des Gesetzentwurfes als besonderes Gesetz beschlossen und so ein Ergänzungzuschuß eingeführt, der auf den Kopf aller Kinder in diesen Schulen 5 s. nicht übersteigen durfte und von dem Unterrichtsressort unter die bedürftigen Bezirke verteilt werden sollte.

Der Ergänzungszuschuß.

Weitere Hilfe wird gefordert.

Der Ergänzungszuschuß von 1897 bot nur eine teilweise Abhilfe, denn während die Ausgabe pro Kind 1872 in den beiden Gruppen von Schulen beinahe gleich gewesen war, war sie 1900 in den Schulvorstandsschulen auf £ 2 17 s. $7^1/_2$ d. gegenüber £ 2 6 s. $4^1/_2$ d. in den freiwilligen Schulen gestiegen. In den Debatten über

[1] Die freiwilligen Schulen bezogen ferner $1^1/_4$ Schilling pro Kopf aus Stiftungsgeldern und zu dieser Zeit erhielten sie den zugleich zu besprechenden „Ergänzungszuschuß". Die Bestimmung des Gesetzes von 1870, daß der Staatszuschuß die Einkünfte aus sonstigen Quellen nicht überschreiten dürfte, war aufgehoben worden.

den Gesetzentwurf von 1896 hatte Balfour die Stellung der Hochkirchler klar mit der Frage zum Ausdruck gebracht: „Wollen Sie an einem System festhalten, das allmählich, aber unausbleiblich in einem großen Teile des Landes jede Schule die gesetzlich konfessionellen Religionsunterricht erteilen darf, aus der Welt schaffen muß?" Viele Leute vertraten streng den Standpunkt, daß die einzige Möglichkeit, den Kindern der arbeitenden Klassen religiöse Grundsätze einzuflößen, in den öffentlichen Elementarschulen gegeben sei und daß für diesen Zweck allein der konfessionelle Religionsunterricht von Wert sei. Sie waren deshalb entschlossen, die bestehenden freiwilligen Schulen zu erhalten und glaubten, dies ohne die Hilfe örtlicher Steuern dauernd nicht erreichen zu können. Das konservative Ministerium brachte diesen Grundsatz im Gesetz von 1902 zur Geltung, das am Ende eines langen Kampfes durchgebracht wurde, nachdem die hartnäckige Opposition dagegen durch den rigorosen Gebrauch des abschnittsweisen Debatteschlusses überwunden worden war. Im Laufe seiner parlamentarischen Beratung wurden im Hause der Gemeinen einige Zugeständnisse in Einzelheiten gemacht, während die Lords eine Abänderung forderten und durchsetzten, die die durch freiwillige Beiträge aufzubringenden Ausgaben noch niedriger festsetzte, als selbst das Kabinett beabsichtigt hatte. Nichtsdestoweniger entsprach das Gesetz, wie es schließlich zustande kam, in seinen Hauptzügen dem Regierungsentwurf und dieser wurde, im nächsten Jahre durch ein weiteres Gesetz auf London ausgedehnt.

Das Gesetz von 1902. Die darin enthaltenen Streitpunkte.

Das Unterrichtsgesetz von 1902 bezog sich zwar auf weniger Einzelgegenstände als der Gesetzentwurf von 1896, war aber doch ebenso umfassend und die in ihm ausgesprochenen Grundsätze wurden weit vollständiger durchgeführt. Es verfolgte drei Hauptziele: Die Beförderung des öffentlichen Mittelschulunterrichts, die Abschaffung der Schulvorstände, deren Aufgaben den Grafschaftsräten und den Gemeinderäten der Flecken und größeren städtischen Bezirke übertragen wurden[1], und die Unterhaltung freiwilliger Schulen aus Kommunalabgaben. Gegen das erste in Teil II des Gesetzes enthaltene Ziel erhob sich verhältnismäßig wenig Opposition. Auf größere Gegnerschaft stieß das zweite Hauptziel; obgleich aber die

[1] Dieselbe Körperschaft erhielt die Aufsicht sowohl über das Volksschul- wie über das Mittelschulwesen; ausgenommen waren jedoch die keine eigenen Grafschaften bildenden Flecken mit mehr als 10000 Seelen und die städtischen Bezirke mit mehr als 20000 Seelen, die die Aufsicht über die Elementarschulen selbst ausüben sollten.

Liberalen die Ansicht vertraten, daß eine besonders für Zwecke der Schulverwaltung gewählte Körperschaft Besseres leisten würde als eine aus ganz anderen Gründen gewählte Körperschaft, wurde die bestehende Methode des Mehrstimmrechts für die Wahlen zu den Schulvorständen allgemein als unglücklich anerkannt, und in ihrem Gesetzentwurf von 1906 machten die liberalen Minister keinen Versuch, die Bestimmungen des Gesetzes von 1902 in dieser Hinsicht aufzuheben.

Der wahre Kampf entbrannte über die Stellung, die den freiwilligen Schulen eingeräumt werden sollte. Hier wurde vom Anfang bis zum Ende um jeden Fuß breit gekämpft. Die sich ergebenden Schwierigkeiten lagen natürlich darin, daß die freiwilligen Schulen zum größten Teil konfessionell waren, und beschränkten sich daher in der Hauptsache auf das Volksschulwesen. Hinsichtlich des höheren Schulwesens erhielten die Kommunalverbände das Recht, entweder selber hierfür Vorsorge zu treffen oder die von anderen geschaffenen Anstalten zu unterstützen; und die Bestimmungen über die Religion waren einfacher Art. Sie lauteten im wesentlichen dahin, daß in keiner vom Kommunalverbande unterhaltenen Schule der Katechismus irgend einer Konfession auf öffentliche Kosten gelehrt werden dürfe, daß aber religiöse Gemeinschaften dort Unterricht auf ihre eigenen Kosten erteilen dürften. Die Erteilung oder Nichterteilung eines derartigen Unterrichts sollte nicht Bedingung für die Gewährung eines Zuschusses an eine in Privathänden befindliche Anstalt sein und jede einen solchen Zuschuß erhaltende Anstalt mußte sich der time-table conscience-Klausel anpassen.

Organisation des Volksschulunterrichts.

Die Bestimmungen des Gesetzes von 1902 in seiner schließlichen Fassung über den Volksschulunterricht waren folgende. Die Grafschaftsräte und Gemeinderäte von eigene Grafschaften bildenden Flecken, anderen Flecken mit mehr als 10000 Seelen und städtischen Distrikten mit mehr als 20000 Seelen sollten die örtliche Schulbehörde bilden mit allen den Machtbefugnissen, die bis dahin die Schulvorstände und Schulbesuchsausschüsse besessen hatten.[1]

Sie sollten ihre Befugnisse durch Schuldeputationen ausüben, die mit Genehmigung des Unterrichtsressorts in der Weise gebildet werden sollten, daß in der Regel die Mehrheit der Deputation aus Mitgliedern des Gemeinderats (Grafschaftsrates) bestehen sollte und in ihr ferner von verschiedenen Körperschaften vorzuschlagende

[1] Wenn ein keine eigene Grafschaft bildender Flecken oder städtischer Distrikt die Ortsschulbehörde für den Volksschulunterricht bildet, können seine Vertreter im Grafschaftsrat in Fragen des Elementarunterrichts nicht mitstimmen, weil dies ihre Wähler nichts angeht.

Frauen und im Schulwesen erfahrene Personen sitzen sollten. Die gleichmäßigen Zuschüsse der Staatsregierung an alle Schulen wurden beibehalten. Da aber die örtlichen Schulbehörden von nun an sowohl die freiwilligen wie die Schulvorstandsschulen aus Kommunalabgaben unterhalten mußten, kamen die besonderen Ergänzungszuschüsse an die ersteren in Wegfall. An ihre Stelle trat ein allgemeiner Zuschuß an die örtliche Schulbehörde von vier Schillingen für den Schüler und nebenbei erhielten die ärmeren Schulverbände noch Ergänzungszuschüsse, um ihre Schulen in gutem Zustande erhalten zu können.

Die Schulen in eigener Verwaltung (The Provided Schools).

Das Gesetz machte es der Ortsschulbehörde zur Pflicht, alle öffentlichen Elementarschulen zu unterhalten und in Ordnung zu erhalten; es wurde aber ein scharfer Unterschied zwischen denen, die sie selbst verwaltete — den Nachfolgern der Schulvorstandsschulen — und solchen, die sie zwar unterhielt, aber nicht verwaltete, mit anderen Worten den freiwilligen Schulen gemacht. Über die ersteren ist ihre Gewalt eine absolute; denn obgleich ein Grafschaftsrat für jede Schule oder Schulgruppe ein Direktorium bestellen muß, von dessen Mitgliedern nur vier vom Grafschaftsrat selbst und zwei von dem kleinen Flecken, städtischen Bezirk oder ländlichen Kirchspiel (Gemeinde), in dem die Schule liegt, zu ernennen sind, steht doch die Tätigkeit dieses Direktoriums ganz unter der Aufsicht des Rats.[1]

Die nicht in eigener Verwaltung befindlichen Schulen (The Non-Provided Schools).

Eine freiwillige Schule besitzt ebenfalls ein Direktorium, von dessen Mitgliedern vier in Gemäßheit der ursprünglichen Stiftungsurkunde, einer vom Grafschaftsrat und einer von dem kleinen Flecken, städtischen Bezirk oder ländlichen Kirchspiel (Gemeinde), in dem die Schule liegt, berufen werden.[2] Durch diese Bestimmung wurde dem Grundsatz, daß eine Volksvertretung in der maßgebenden Körperschaft der Unterhaltung aus öffentlichen Steuermitteln parallel gehen müsse, ein Zugeständnis gemacht, während die Mehrheit sorgfältig in den Händen der religiösen oder sonstigen Gemeinschaft, der die Schule gehört hatte, belassen wurde. Die Aufsicht der Ortsschulbehörde über das Direktorium dieser Schulen ist streng von dem Gesetz begrenzt. Sie kann dem Direktorium Anweisungen

---

[1] Die Zahl der Mitglieder des Direktoriums konnte erhöht werden, aber das Zahlenverhältnis mußte dasselbe bleiben. Der Gemeinderat eines keine eigene Grafschaft bildenden Fleckens oder städtischen Bezirks konnte auf Wunsch ähnliche Körperschaften bestellen.

[2] Wo die Ortsschulinstanz ein Flecken oder städtischer Distrikt ist, so daß es in ihm keine untere Instanz gibt, ernennt der Gemeinderat des Fleckens oder Distrikts zwei Mitglieder des Direktoriums.

über weltlichen Unterricht und über die Zahl und die Ansprüche an die Vorbildung der dazu verwandten Lehrer geben, und diesen Anordnungen muß das Direktorium gehorchen. Sie hat das Recht, die Schule zu inspizieren und ihre Zustimmung ist für die Ernennung und Entlassung von Lehrern erforderlich, aber diese Zustimmung darf nicht aus religiösen Gründen vorenthalten werden. Kurzum, sie verwaltet die Schule nicht, kann aber über den Gang der weltlichen Studien, die Unterrichtsmethoden und die Qualifikationen der Lehrer bestimmen und besitzt ein Vetorecht gegen die Wahl der letzteren. Der Zweck der Beschränkungen war zweifelsohne der, der Schule den konfessionellen Charakter zu erhalten, so daß der Religionsunterricht in Übereinstimmung mit dem ursprünglichen Stiftungsbrief erteilt würde.

Der 1870 eingeführte Grundsatz, daß Schulvorstandsschulen keinen konfessionellen Religionsunterricht erteilen durften und daß freiwillige Schulen die time-table conscience-Klausel beobachten mußten, blieb natürlich in Kraft. Solange wie das Direktorium den gesetzlichen Bestimmungen nachkam, mußte die Ortsschulbehörde aus Steuern die zur Unterhaltung der Schulen nötigen Mittel bereitstellen, während das Direktorium nur das Schulhaus mit den verlangten Änderungen bereitzustellen und alle nicht auf Abnutzung beruhenden Reparaturen vorzunehmen hatte. Der bei weitem größere Teil der bisher von privaten Subskribenten getragenen Last wurde so von ihren Schultern auf die der Steuerzahler abgewälzt; aber andererseits darf nicht vergessen werden, daß in einem großen Teil des ländlichen England, wo es keine Schulvorstandssschulen gab, die früheren Subskribenten jetzt zum ersten Male zur Entrichtung von Schulsteuern herangezogen wurden.

Wirkung des Gesetzes auf die freiwilligen Schulen.

Die Wirkung des Gesetzes hinsichtlich der freiwilligen Schulen war die, fast die ganzen Unterhaltungskosten auf öffentliche Steuern abzuwälzen und den Ortsschulbehörden die Leitung der weltlichen Erziehung in die Hand zu geben, dagegen in den Händen der Eigentümer der Schulen die ganze Aufsicht über den Religionsunterricht, die tatsächliche Verwaltung der Schule und unter einem auf pädagogische Gründe beschränkten Veto die Auswahl der Lehrer zu belassen. Das Direktorium erhielt das Recht, Hilfslehrer ohne Rücksicht auf das Glaubensbekenntnis zu ernennen; aber es ist hierzu nicht verpflichtet, und daher haben in einem großen Teil der öffentlichen Elementarschulen des Landes, die aus Steuermitteln erhalten werden und in Ermangelung des Vorhandenseins einer anderen Schule oft zwangsweise von Kindern verschiedener Konfessionen besucht werden müssen, Männer und Frauen, die nicht der Kirche von England angehören — und sie bilden etwa die Hälfte der Bevölkerung — keine Aussicht auf Anstellung als Lehrer. Dies und die zwangsweise Unterhaltung von konfessionellen Schulen unter privater Verwaltung durch die Steuerzahler wurde von den Nonkonfirmisten und den Liberalen, die mit ihren Ansichten sympathisierten, als Übelstand empfunden. Viele überzeugungstreue Leute, die man als „passive resisters" bezeichnete, weigerten sich, die Steuern zu zahlen und ließen ihr Eigentum beschlagnahmen oder wanderten ins Gefängnis. Einige Ortsbehörden, vornehmlich in Wales, wo die Dissidenten von der Hochkirche stark vertreten sind, weigerten sich, Schritte zur Durchführung des Gesetzes zu tun, und 1904 erging ein Gesetz, das dem Unterrichtsressort in solchen Fällen erhöhte Befugnisse zum Eingreifen verlieh. Die Opposition gegen die Durchführung des Gesetzes starb langsam ab, aber die auf eine Änderung des Gesetzes hinzielende Strömung blieb ungeschwächt, und als eine neue Verschiebung des politischen Gleichgewichts Ende 1905 ein liberales Ministerium ans Ruder brachte, war es eine seiner ersten Sorgen, die Unterrichtsvorlage von 1906 einzubringen.

Die Unterrichtsvorlage von 1906.

Die Hauptziele der Vorlage bestanden darin, alle aus öffentlichen Mitteln unterstützten Elementarschulen unter öffentliche Verwaltung zu stellen, eine konfessionslose Schule für jedes Kind erreichbar zu machen, die Lehrer an solchen Schulen ganz von religiösen Anforderungen zu befreien und nichtsdestoweniger — denn auch dieses Gesetz war wie seine Vorgänger ein Kompromiß zwischen widerstreitenden Grundsätzen — bis zu einem gewissen Grade konfessionellen Religionsunterricht in Schulen, wo er bisher bestanden hatte, zuzulassen.[1]

Der Religionsunterricht in der Vorlage.

Der erste Paragraph schaffte tatsächlich die freiwilligen Schulen mit einem Schlage durch die Erklärung aus der Welt, daß keine öffentliche Elementarschule in Zukunft als solche anerkannt werden solle, wenn sie nicht von der Ortsschulbehörde verwaltet würde. Zu diesem Zweck konnte diese Behörde ein Abkommen mit den

[1] Alles dies enthielt Teil I. Was ursprünglich Teil II war, bezog sich auf Stiftungen für Unterrichtszwecke und wurde während der Reise des Gesetzes durch das Haus der Gemeinen zurückgezogen. Teil III, der nun Teil II wurde, sah eine Delegation von Befugnissen der Grafschaftsräte auf untergeordnete Lokalinstanzen vor. Teil III schuf in der Fassung des Hauses einen besonderen Unterrichtsrat für Wales, während Teil IV verschiedentliche ergänzende Bestimmungen erhielt.

Eigentümern über die Benutzung des Gebäudes einer freiwilligen Schule treffen, denen es jedoch freistehen sollte, sie außerhalb der Schulstunden zu benutzen, ohne an den Reparaturkosten beteiligt zu sein. Es konnte dabei vereinbart werden, daß Gelegenheit für einen konfessionellen Religionsunterricht in von der Cowper-Temple-Klausel nicht erlaubter Weise geboten würde, und in diesem Falle konnten Kinder auf Wunsch ihrer Eltern diesen Unterricht an zwei Vormittagen der Woche erhalten, wenn er nur nicht von den ordentlichen Lehrern erteilt und nicht aus öffentlichen Mitteln bestritten wurde. Dieses Privileg erwarb sich im Laufe der Debatten den seltsamen Namen „ordinary facilities“, weil es nicht die einzige Gelegenheit bot, ein Glaubensbekenntnis zu lehren.

Der Premierminister führte aus, daß er geglaubt hätte, daß der Cowper-Temple-Unterricht „in den allgemeinen Grundzügen des Christentums, zweifelsohne gewürzt mit etwas protestantischem Salze“, der Kirche von England nicht anstößig sein würde, dennoch aber hätte das Gesetz noch darüber hinaus zwei Vormittage wöchentlich für den konfessionellen Sonderunterricht freigegeben. Er erkannte indessen an, daß die römischen Katholiken, die stets vom religiösen Gesichtspunkte aus die vollständige Herrschaft über die Schule verlangt hatten, in einer Sonderstellung seien. So wurde denn Vorsorge für „extended facilities“ getroffen, wonach die Ortsschulbehörde anstatt des Cowper-Temple-Unterrichts in einer übernommenen freiwilligen Schule in jedem städtischen Bezirk mit über 5000 Seelen[1] von den ordentlichen Lehrern zu erteilenden konfessionellen Unterricht gestatten konnte, wenn die Eltern von vier Fünfteln der Kinder ihn verlangten und eine konfessionslose Schule in erreichbarer Nähe war. Dieser Paragraph stieß auf stärkeren Widerspruch als irgend eine andere Bestimmung der Vorlage. Nonkonformisten mit Dr. Clifford an der Spitze sprachen bei den Ministern vor, um gegen solche Ausnahmen von dem allgemeinen Gedanken der Vorlage zu protestieren. Die Hochkirchler beklagten sich bitter über dies den römischen Katholiken gewährte Vorrecht, von dem sie nicht den gleichen Vorteil hätten; und in der Tat kam die Bestimmung sämtlichen jüdischen Schulen und mehr als drei Vierteln der römischkatholischen Schulen, aber nur einem Viertel der landeskirchlichen Schulen zugute.[2] Selbst die irischen Abgeordneten, die auch die römischen Katholiken von England

[1] Einschließlich der Flecken.

[2] Die betreffenden Schulen zählten über 90 Proz. aller Kinder in römischkatholischen Schulen und 56 Proz. der Kinder in den Schulen der Staatskirche.

und Wales vertraten, waren unzufrieden und verlangten eine Änderung der Zahlen in den Paragraphen und eine Verpflichtung der Ortsbehörden zum Handeln darnach,[1] und ihre Unzufriedenheit war so groß, daß sie gegen die dritte Lesung der Vorlage stimmten.

Gegenüber diesen Einwänden machte die Regierung ein Zugeständnis, das im Schulwesen des Landes eine sonderbare Anomalie erhalten haben würde. Nachdem man schon direkt der Cowper-Temple-Klausel unterstehende Schulen, Schulen mit gewöhnlichen und Schulen mit erweiterten religiösen Erleichterungen vorgesehen hatte, sollte jetzt das Unterrichtsressort auch noch berechtigt sein, in Fällen, wo die Ortsbehörde „erweiterte Erleichterungen" verweigerte, einer Schule zu gestatten, unter ausschließlich freiwilliger Aufsicht zu bleiben und die Parlamentszuschüsse, aber keinerlei Zuschuß aus Kommunalabgaben zu beziehen. Dieser sog. „vertragsmäßige Ausschluß" („contracting out") würde mithin die Schule da belassen haben, wo sie sich vor dem Gesetze von 1902 befand.

Um die Lehrer von allen religiösen Anforderungen vollständig zu befreien, sah das Gesetz nicht nur vor, das sie niemals zu Beiträgen für irgend eine Konfession, zum Besuche irgend einer gottesdienstlichen Stätte oder zur Erteilung irgendwelchen Religionsunterrichtes verpflichtet sein sollten, sondern auch, daß ihnen die Erteilung konfessionellen Unterrichts lediglich da gestattet sein sollte, wo „erweiterte Erleichterungen" zugestanden waren.

Die Änderungen der Lords.

Die Konservativen beklagten sich, daß das Gesetz auf eine Konfiszierung der freiwilligen Schulen hinauslaufe, die — abgesehen von dem zugestandenen „vertragsmäßigen Ausschlusse" — gezwungen seien, sich mit den Ortsbehörden bei Strafe der Vernichtung zu verständigen. Sie beriefen sich auch auf das von dem Gesetz von 1902 nicht anerkannte natürliche und unveräußerliche Recht eines jeden Vaters, seine Kinder in dem religiösen Glauben unterrichtet und erzogen zu sehen, zu dem er sich selbst bekennt. Von letzterwähntem Standpunkte ausgehend, änderte das Haus der Lords die Vorlage sehr gründlich. Es hielt zwar den Grundsatz aufrecht, daß alle öffentlichen Elementarschulen auf die Ortsbehörden übergehen sollten, abgesehen von dem nach seinen Abänderungen höchst unwahrscheinlichen Falle des „vertragsmäßigen Ausschlusses", und ließ die Bestimmung, daß konfessioneller Unterricht nicht aus öffentlichen Mitteln bestritten werden dürfte, fast ganz unberührt.

[1] Eine Berufung an das Unterrichtsressort war zugelassen, aber ihr Erfolg konnte von der Politik der Partei abhängen, die am Ruder war.

Aber in anderer Art betonte es den religiösen Charakter der öffentlichen Schulen mehr, als dies jemals zuvor geschehen war. Im ersten Paragraphen der Vorlage bestimmte man, daß in jeder öffentlichen Elementarschule ein Teil jedes Tages für den Religionsunterricht vorbehalten bleiben müsse, so daß die Ortsbehörden nunmehr obligatorisch und nicht mehr fakultativ Cowper-Temple-Unterricht bereitstellen mußten. Der nächste Paragraph, der den Ortsbehörden überlassen hatte, freiwillige Schulen nicht zu übernehmen, wenn keine ihnen annehmbare Bedingungen erzielt werden konnten, wurde dahin geändert, daß die auf Grund des Gesetzes bestellte Kommission sie zur Übernahme unter die „gewöhnlichen Erleichterungen“ für den konfessionellen Unterricht sichernden Bedingungen anhalten konnte. Die Abänderungen sahen außerdem vor, daß selbst da, wo dies zur Zeit der Übernahme nicht zur Bedingung gemacht war, Erleichterungen dieser Art von den Eltern einer mäßigen Zahl von Kindern in jeder übernommenen freiwilligen Schule beansprucht und ihnen gewährt werden müßten, wenn sie ihnen nicht in einer anderen nahe gelegenen Schule bequem geboten werden konnten.

Ebenso wurde das Recht, „erweiterte Erleichterungen“ zu beanspruchen, ausgedehnt. Anstatt dies dem Ermessen der Ortsbehörde zu überlassen, wurden diese Erleichterungen obligatorisch gemacht, und zwar an allen städtischen oder ländlichen Orten, wo die Eltern von zwei Dritteln der Kinder sie forderten. Auch war es nicht notwendig, daß eine andere Schule in der Nähe war, die die andersgläubigen Kinder besuchen konnten. Es genügte, wenn der von ihnen bevorzugte Religionsunterricht in der Schule selbst oder anderswo geboten wurde. Kurz, Unterricht in den Lehrsätzen der Staatskirche konnte noch in beinahe jeder Dorfkirche Englands erteilt werden. Die freiwilligen Schulen sollten auf die Allgemeinheit übergehen, aber ziemlich nach der Grundidee, daß jede Konfession den Kindern ihre eigene Lehre auf eigene Kosten lehren durfte. Dies entfernte sich weit von der früheren Praxis, nach der eine freiwillige Schule ausdrücklich einer bestimmten religiösen Gemeinschaft gehörte. Es war die klare Anerkennung des Rechtes des Vaters, sein Kind in seinem Glauben unterrichtet zu sehen.

Ein anderer neuer Zug, der von den Pairs eingeführt wurde, war die Unterstellung des konfessionellen Religionsunterrichts unter einen hauptsächlich von den Eltern gewählten Ausschuß. Schließlich bestimmte das Haus der Lords, daß jeder Lehrer konfessionellen Unterricht erteilen dürfe, und daß die Lehrer an Schulen mit „erweiterten Erleichterungen“ befähigt und willens sein müßten, den erforderlichen Religionsunterricht zu geben. Mit anderen Worten, die Lehrer mußten in einem großen Teil der Schulen Hochkirchler sein.

Da diese Abänderungen die Axt gerade an die Wurzel des Gesetzes legten, weigerte sich das Haus der Gemeinen, sie in Erwägung zu ziehen, und das Gesetz scheiterte. Wäre es durchgegangen, so würde die Frage der Religion in den Schulen dadurch kaum zur Ruhe gekommen sein, und da es gescheitert ist, bleibt die Frage eine brennende im politischen Leben. Vielleicht mehr in der Politik als im Lande, denn obgleich die Religionsgemeinschaften und viele Einzelne sehr ausgesprochene Ansichten hierüber haben, ist der Reisende zuweilen erstaunt, in einem ländlichen Bezirk, wo er die größte Aufregung zu finden erwartet, zu erfahren, daß Leute, deren Kinder die öffentlichen Schulen besuchen, sich sehr wenig durch hitzige Reden über die Elternrechte aufregen lassen, die im Parlamente von Männern gehalten werden, deren Söhne und Töchter doch niemals die für die Armen eingerichteten Schulen besuchen werden.

Andere Wirkungen des Gesetzes von 1902.

Die öffentliche Aufmerksamkeit hat sich so auf die religiösen Gesichtspunkte des Gesetzes von 1902 konzentriert, daß seine anderen Bestimmungen dadurch ganz in den Hintergrund gedrängt worden sind. Und doch haben diese Bemerkenswertes geschaffen, und zwar nicht am wenigsten dadurch, daß die Aufsicht sowohl über das Volksschul- wie das Mittelschulwesen in dieselben Hände gelegt und dadurch ein geordneterer und wirksamerer Zusammenhang zwischen den verschiedenen Stufen von Schulen erzielt wurde.

Abschaffung des Mehrstimmrechts.

Aber abgesehen hiervon, verbesserte das Gesetz die Behörden, die den Elementarunterricht unter sich hatten. Man war fast allgemein der Meinung, daß das Mehrstimmrecht sich nicht bewährt habe. Nicht weil es seinen Zweck, der Minorität eine Vertretung zu sichern, verfehlte, sondern weil es hierin zu viel des Guten tat. Es ermöglichte es einer kleinen Gruppe von Leuten, wenigstens über einen Sitz bei der Wahl zu verfügen, und so war denn der Schulvorstand meist aus Vertretern einer Anzahl von Minderheiten zusammengesetzt. Dies galt nicht für London, das so groß ist, daß die Wahlen für den Schulvorstand wie für den Grafschaftsrat sich um die großen Parteien der Fortschrittler und der Gemäßigten drehten. Aber in den Provinzen, wo das nicht der Fall war, bestand der Schulvorstand gewöhnlich aus Vertretern der Kirche von England und der Nonkonformisten, wozu häufig einige römische Katholiken, ein oder mehrere Arbeiterdelegierte und ein Kandidat der Lehrer traten. Die Schulvorstände hatten in ihrer Mitte zuweilen kein ins Gewicht fallendes Element, das für die Interessen der Allgemeinheit eintrat, und nur zu oft hing die Entscheidung darüber, ob ein Schulhaus an einem bestimmten Orte gebaut werden sollte, davon ab, welchen Einfluß dies voraussichtlich auf eine benachbarte freiwillige Schule haben würde. Fast allgemein war daher die Empfindung, daß die Abschaffung des Mehrstimmrechts am Platze sei, aber es herrschten starke Meinungsverschiedenheiten über die Übertragung der Schulaufsicht von einer zu diesem Zwecke gewählten Behörde auf eine für die allgemeine Grafschaftsverwaltung gewählte. Indirekt hat dies jedoch eine ausgesprochen hervortretende und anscheinend unerwartete Wirkung gezeitigt.

Einfluß auf die ständigen Beamten. In den Kapiteln über die Lokalverwaltung ist großer Nachdruck auf den Einfluß der ständigen Beamten und ihre Bedeutung für das gute Funktionieren der Räder der Verwaltungsmaschine gelegt worden. Nun kann niemand, der die Schulverwaltung vor 1902 persönlich gekannt hat, daran zweifeln, daß im allgemeinen dort der Einfluß der ständigen Beamten viel geringer war als in anderen Zweigen der Lokalverwaltung. In einer oder der anderen Stadt war vielleicht gelegentlich ein Sekretär des Schulvorstandes oder ein anderer Beamter der wirkliche Leiter des Schulwesens; aber weit häufiger war er wenig mehr als der oberste Subalternbeamte und die Ernennungen der Lehrer und die Verwaltung der Schulen lagen in Wirklichkeit in der Hand der gewählten Mitglieder des Schulvorstandes. Dies dürfte zum Teil den langen Zeitraum erklären, den die Schulen selbst unter dem strengen Drucke des Unterrichtsressorts brauchten, um sich auf die Höhe zu bringen. Hierin brachte das Gesetz von 1902 eine große Wandlung hervor, wie dies niemandem, der einige Jahre darauf das Land bereiste, entgehen konnte. Infolge des Umstandes, daß die Mitglieder der Vertretungskörperschaften, die jetzt das Schulwesen beaufsichtigen, nicht wegen besonderer Sachkenntnis gewählt sind und noch mehr, weil sie anderweit beschäftigt sind, hat sich der Einfluß der ständigen Beamten auf die Schulen sehr gehoben und ihre Stellung dadurch viel größere Ähnlichkeit mit der der Beamten in anderen Zweigen der Lokalverwaltung gewonnen.

Vielfach ruck- und stoßweise, über Hindernisse hinweg, um Ecken herum, durch das Kreuzfeuer miteinander ringender Streitmächte ist das öffentliche Volksschulwesen Englands langsam vorwärts gebracht worden. In 50 Jahren hat es sich aus einigen kümmerlichen freiwilligen Veranstaltungen, die hauptsächlich vom

Pfarrer geleitet wurden, nur einem Teil der Kinder der arbeitenden Klassen zugänglich waren und nur wenigen von ihnen eine Erziehung gaben, zu einem allgemeinen und erfolgreichen Gebilde entwickelt, das fast ganz unentgeltlich ist und weitgehend von einer aus Sachverständigen bestehenden Körperschaft gehandhabt wird. Es ist auch ein integrierender Bestandteil eines noch größeren Aufbaues geworden, so daß ein Kind nach Absolvierung seiner Elementarausbildung entweder in technische Schulen oder in Mittelschulen übergehen kann. Der Knabe oder das Mädchen, die in den Volksschulen eine gewisse Befähigung an den Tag legen, können tatsächlich oftmals ein Stipendium erringen, das ihnen weiteren Schulbesuch ermöglicht, und so ist jetzt ein Pfad vorhanden, der aus dem Arbeiterhause sogar bis zur Universität führen kann. Einige wenige Worte seien deshalb noch über das öffentliche Schulunterhaltungswesen, soweit es über die Volksschule hinausgeht, gesagt.

Achtundvierzigstes Kapitel.

Mittelschulwesen.

Geschichte des Mittelschulwesens.

Das Volksschulwesen führt in England zu starken politischen Meinungsverschiedenheiten hinsichtlich des Religionsunterrichtes, der Stellung der freiwilligen Schulen und vielleicht auch noch der Organisation der Ortsschulbehörden. Rein vom schultechnischen Standpunkte aus gesehen hat es aber jetzt einen festen Zustand erreicht, an dem schnelle Wandlungen unwahrscheinlich sind. Dagegen ist die allgemeine Mittelschulbildung zwar politischen Verwickelungen nicht ausgesetzt, aber noch in der Entwickelung begriffen. Viele eifrig vorwärtsdrängende Kräfte sind an der Arbeit, aber bisher sind sie noch nicht in ein vollständiges System zusammengefaßt worden und daher muß man mehr von Strömungen als von Resultaten sprechen.

Die großen öffentlichen Schulen.

Eton, Harrow, Rugby und die anderen großen öffentlichen Schulen bilden eine besondere Gruppe für sich. Sie sind Internate mit nationalem Charakter, da sich ihre Schüler aus allen Teilen des Landes rekrutieren, und werden von den Söhnen der oberen Klassen oder den Söhnen von Männern besucht, die Geld erworben haben und ihren Kindern einen Platz in der Gesellschaft sichern wollen. Das Hauptziel dieser Schulen besteht in der Vorbereitung für Oxford und Cambridge, obgleich sie auch viele Knaben in die Armee und in andere Laufbahnen entsenden. Abgesehen davon, daß sie in Verfolg des Berichtes einer Kommission von 1861 durch das Gesetz über die öffentlichen Schulen (Public Schools Act) von 1868 in gewissem Grade umgestaltet wurden, sind sie durch die kürzliche Entwickelung des Mittelschulwesens wenig beeinflußt worden.

Die Lateinschulen (Grammar schools).

Ihnen zunächst an Alter und Lehrziel stehen die Lateinschulen. Viele von ihnen wurden vor mehr als 300 Jahren gegründet, nachdem die Aufhebung der Klöster die mittelalterliche Unterrichtsweise zerstört hatte. Einige von ihnen besitzen Pensionäre, in der Hauptsache sind sie aber Tagesschulen, die dem Bedarf ihrer unmittelbaren Nachbarschaft dienen, bevor sie durch die neuerliche Vermehrung der Stipendien für freien Unterricht einer größeren Anzahl von Kindern der Arbeiterklasse geöffnet wurden, wurden sie meistens von Leuten aus dem Mittelstande benutzt.

Die Kommission von 1864.

Die Lateinschulen wurden durch die Schulenquêtekommission von 1864 einer Revision unterzogen, und diese erstattete 1867 einen ausführlichen und lichtvollen Bericht, in dem sie zur Förderung des Mittelschulwesens die Bildung eines vollständigen Netzes von Zentral- und Lokalinstanzen etwa entsprechend den ein Menschenalter später zur Herrschaft gelangenden Grundsätzen empfahl. Das Parlament gab nur einem Teil des Berichts sofortige Folge. Es schuf eine Kommission für die Stiftungsschulen mit ausgedehnten Befugnissen zur Wiederbelebung von Schulstiftungen, deren Funktionen später auf die Wohltätigkeitskommissare (Charity Commissioners) übertragen wurden. Viele Stiftungsschulen wurden in dieser Weise reformiert und begannen ein neues und erfolgreiches Leben. Wenn aber auch die unmittelbaren gesetzgeberischen Erfolge nur gering waren, trug doch der Bericht dazu bei, ein viel lebhafteres öffentliches Interesse an der Sache anzuregen und führte zur Gründung neuer Mittelschulen, insbesondere für Mädchen, für die es besonders daran gefehlt hatte. Eine der erfolgreichsten Unternehmungen, die damals ins Leben trat, war die Gesellschaft für öffentliche Tagesschulen für Mädchen, die 1895 36 über ganz England verstreute Schulen mit mehr als 7000 Schülerinnen besaß. Diese Schulen sind sog. Eigentümerschulen, denn sie werden von der Gesellschaft nicht mit Stiftungsmitteln ausgestattet, sondern stehen in ihrem Eigentum und erhalten sich hauptsächlich durch die Schulgelder der Kinder.

Die Zuschüsse für Wissenschaft und Kunst.

Die großen öffentlichen Schulen und die Lateinschulen dienten beinahe ausschließlich dem Bedürfnis der Ober- und Mittelschicht der Gesellschaft. Den ersten allgemeinen Versuch, den Arbeiterkindern höhere als Volksschulbildung zu vermitteln, stellten die Zuschüsse des Ressorts für Wissenschaften und Künste dar. Hiermit begann man 1837, also beinahe so frühzeitig wie mit den Beihilfen zum Bau von Volksschulen. Ursprünglich sollten sie nicht zur Schulunterhaltung dienen, aber allmählich wurden sie zur Unterhaltung von Tages- und Abendklassen und -schulen verwandt, und wenigstens in den Wissenschaften bestand ihre tatsächliche Aufgabe darin, der Arbeiterklasse eine besondere Art der Mittelschulbildung zu vermitteln.

Im Volksschulwesen unterstützte die Staatsregierung die freiwilligen Bemühungen nahezu 40 Jahre, bevor die Lokalbehörden mit der Sache befaßt wurden, durch ein Zuschußsystem, und im Unterricht in den Wissenschaften und Künsten verfolgte man noch längere Zeit hindurch eine ähnliche Bahn. Doch ergaben sich zwei wichtige Unterschiede zwischen den Methoden, als die Lokalbehörden in Aktion gerufen wurden. Die religiöse Frage machte sich keineswegs im gleichen Grade in den Klassen für Wissenschaft und Kunst geltend und daher trat hier niemals der scharfe Gegensatz, um nicht zu sagen Antagonismus zwischen freiwilligen und öffentlichen Anstalten in die Erscheinung, und statt besondere ad hoc geschaffene Behörden für Wissenschaft zu bilden, wurde ihre Verwaltung den für die allgemeine Lokalverwaltung gewählten Körperschaften anvertraut.

Das Gesetz über den technischen Unterricht von 1889.

Um 1880 machte sich eine — mit den Jahren zunehmende — Überzeugung bemerkbar, daß die Fortschritte der Rivalen Englands auf industriellem Gebiete auf besseren technischen Unterricht zurückzuführen seien und 1881 wurde eine Kommission zur Untersuchung der Notwendigkeit eines solchen daheim bestellt. Dem 1884 vorgelegten Hauptbericht, der wie gewöhnlich viel weiter ging als das Parlament beabsichtigte, ward zunächst nur teilweise Folge gegeben. Indessen führte er doch zu dem Gesetz über das technische Schulwesen von 1889, das die neugewählten Grafschaftsräte und ebenso die Gemeinderäte der Flecken oder städtischen Bezirke ermächtigte, vermöge einer einen Penny auf das Pfund nicht überschreitenden Kommunalabgabe technischen oder Handfertigkeitsunterricht bereitzustellen oder zu unterstützen. Die Lokalinstanzen zeigten zunächst keine große Sehnsucht, sich zu diesem Zwecke zu besteuern, und einige von ihnen haben es bis auf den heutigen Tag nicht getan.

Das Whiskygeld.

Aber im nächsten Jahre erhielt die Bewegung einen wesentlichen Anstoß dadurch, daß die Staatsregierung den Lokalinstanzen Mittel aus dem Ertrag staatlicher Steuern zur Verfügung stellte. Das Gesetz über die Kommunalsteuern (Local Taxation-Customs and Excise-Act) von 1890 sah vor, daß aus den Erträgen der Bier- und Branntweinabgaben, dem sog. Whiskeygeld, 300000 £ für die Besoldung von Polizeibeamten zu zahlen seien, und daß der Rest an die Grafschaften und die eine Grafschaft bildenden Flecken mit der Befugnis zu überweisen sei, ihn für technischen und Handfertigkeitsunterricht zu verwenden. Hiernach waren diese Kommunalverbände zwar befugt, die überwiesenen Beträge nach Belieben für allgemeine Zwecke zu bestimmen und so ihre Kommunalsteuern herabzusetzen, aber fast allgemein verwendeten sie wenigstens einen Teil für den im Gesetz angegebenen Zweck, so daß schließlich doch das technische Schulwesen von den Lokalinstanzen wesentliche Unterstützung und Förderung erfuhr.

Das Ziel des technischen Unterrichts.

Das Gesetz über den technischen Unterricht hatte die Lehrgegenstände, für die Beihilfen gegeben werden durften, einigermaßen unbestimmt bezeichnet und damit praktisch eine genaue Aufzählung in die Hand des Ressorts für Wissenschaft und Kunst gelegt.[1] Diese Behörde hat ihrerseits dem Gesetz eine so weite Auslegung gegeben, daß man sagen darf, die Zuschüsse können für jeden Lehrgegenstand bestimmt werden mit Ausnahme des Unterrichts im Lateinischen und Griechischen. Von Anfang an war das Geld in erster Linie für den Nutzen der arbeitenden Klassen bestimmt, und obwohl es den von Lokalinstanzen errichteten und unterstützten Schulen gesetzlich verboten war, es zur Unterweisung in der praktischen Ausübung eines Gewerbes zu verwenden, so lehrten sie doch die Mittel, gewerbliche Fertigkeit zu erlangen. Aber sie sind Schritt für Schritt ehrgeiziger geworden und haben versucht, ihre Schüler für verantwortliche Stellungen im gewerblichen Leben, in einzelnen Fällen selbst für die Ingenieurberufe, vorzubilden. Dies zeigt sich bei den Londoner polytechnischen Schulen, die in ihren ersten Jahren eine starke Ähnlichkeit mit Gewerbeschulen hatten, aber allmählich mehr und mehr fortgeschritten sind, bis durch Vereinbarung mit der Universität London einige ihrer Lehrer als Universitätslehrer anerkannt wurden und ihre Schüler Studenten geworden sind. Das gleiche gilt für die städtische technische Schule in Manchester. Diese Schule entstand aus einem 1824 gegründeten technischen Institut, hatte aber in der praktischen Unterweisung der Arbeiterklasse in Kunst und Gewerbe keinen Erfolg bis zum Jahre 1884, wo ihr das City and Guilds of London Institute zu Hilfe kam. Im Jahre 1892 wurde sie von dem Stadtrat übernommen, der sie

[1] Das Gesetz definierte den Begriff „technischer Unterricht" als Unterricht in den Grundsätzen der gewerblich anwendbaren Wissenschaften und Künste, oder als die Anwendung spezieller Zweige der Wissenschaft und Kunst auf spezielle Gewerbe. Es bestimmte, daß der Unterricht zwar die praktische Ausübung eines Gewerbes nicht umfassen solle, daß es dagegen, dessen unbeschadet, die Zweige der Wissenschaft und Kunst in sich schließen solle, für die das Ressort Zuschüsse leiste, sowie jede andere Art Unterricht — einschließlich von neueren Sprachen und Gegenstände aus dem Gebiet des Handels und der Landwirtschaft — die das Ressort etwa genehmigen werde. Handfertigkeitsunterricht wurde definiert als Unterweisung im Gebrauch von Werkzeugen, in landwirtschaftlichen Arbeiten und im gewerblichen Zeichnen.

durch Zufügung höherer Lehrfächer schnell erweitert hat. Jetzt ist sie die am höchsten entwickelte technische Schule des vereinigten Königreichs und hat kürzlich gemeinschaftlich mit der Universität Manchester eine technische Fakultät begründet.

Fortschritt in der Richtung einer Unterstützung von Mittelschulen.

Selbst in den Jahren unmittelbar nach dem Erlaß des Gesetzes von 1890 war die Verwendung öffentlicher Mittel nicht streng auf das technische Unterrichtswesen beschränkt, denn viele Grafschaften leisteten Zuschüsse unmittelbar an die Lateinschulen. Die Zuschüsse wurden zwar zu Zwecken des technischen Unterrichts gegeben und wirkten daher in der Richtung einer Abänderung des Lehrplanes durch Vermehrung des technisch-wissenschaftlichen Lehrstoffes. Trotzdem mußte den Schulen hieraus eine Förderung auf dem ganzen Gebiet ihrer Tätigkeit überhaupt erwachsen. In einer Anzahl von Fällen gründeten die Grafschaften sogar gewöhnliche Mittelschulen meist im Zusammenwirken mit den Wohltätigkeitskommissaren (Charity Commissioners) oder Stiftungsinstituten, die nicht auf das technische Unterrichtswesen beschränkt waren.[1]

Auch das Ressort für Wissenschaft und Kunst verfolgte die Praxis, seine Befugnisse weit auszulegen, denn während die von ihm geleisteten Beihilfen nur für Schüler aus den gewerblichen tätigen Klassen[2] bestimmt waren, wurden sie für einen umfangreichen Kreis von Lehrgegenständen zur Verfügung gestellt. Dieser Kreis umschloß Dinge wie Buchhaltung, Bankwesen und internationalen Handel, Volkswirtschaft, Seeschiffahrt, Tierarzneikunde, Musik und Pädagogik. Da ferner das Ressort nicht befugt war, Zuschüsse für die zum Gebiet der freien Wissenschaften gehörigen Lehrgegenstände als solche zu leisten und doch deren Förderung beabsichtigte, setzte es im Jahre 1895 die bei Schulen mit vorherrschend technischem Charakter geforderte Mindeststundenzahl der technischen Fächer herab und machte einen Teil der Beihilfe von dem Ausfall des allgemeinen auf die freien Wissenschaften wie auf die technischen Fächer bezüglichen Berichts des Schulinspektors abhängig.

Die Kommission von 1894.

Die Zunahme des Interesses für Mittelschulwesen veranlaßte im Jahre 1894 die Berufung einer weiteren königlichen Kommission und zwar unter dem Vorsitz von Bryce. Wie ihre Vorgängerin dreißig Jahre früher veranstaltete sie eine sorgfältige Untersuchung und fügte der Zahl der großen Berichte über das englische Schul-

---

[1] Alles dies trifft für die eine Grafschaft bildenden Flecken weniger zu.

[2] Zu den „gewerblich tätigen Klassen" im Sinne dieser Bestimmung gehörten nur solche Schüler, deren Eltern nicht mehr als 400 £ — später 500 £ — Jahreseinkommen hatten.

wesen einen neuen hinzu. Die Kommission verglich den Zustand, den sie vorfand, mit dem der sechziger Jahre und stellte eine Verbesserung der auf Stiftungen beruhenden Lateinschulen fest, die sie teilweise auf die Erhöhung ihrer Hilfsmittel durch die Abschaffung des unentgeltlichen Unterrichts und die hieraus folgende Zunahme des Ertrages an Schulgeld zurückführte. Bei einigen größeren Instituten habe die Schülerzahl um das Drei- oder Vierfache zugenommen. Nichtsdestoweniger seien mehrere Schulen dieser Art infolge von Geldmangel in der Entwickelung stark zurückgeblieben oder litten an der Ungunst ihrer geographischen Lage, und jedenfalls seien die Stiftungsschulen für sich allein keineswegs imstande, dem Bedürfnis nach Mittelschulunterricht zu genügen. Der Bericht führte ferner aus, daß die Eigentümerschulen (proprietary schools) viel für die Lösung der Aufgabe getan hätten, besonders auf dem Gebiet des Mädchenschulwesens, während die Privatschulen, die im geschäftlichen Interesse der Inhaber gebildet würden, eine wesentlich geringere Wirksamkeit entfaltet hätten. Einige von ihnen leisteten sehr gute Dienste, aber eine große Anzahl sei ungenügend — und dieser Zustand besteht noch heute.

Einteilung der Mittelschulen.

In ihrem Bericht von 1867 hatte die Schulenquetekommission die Mittelschulen in drei Arten eingeteilt, entsprechend dem Alter der Schüler am Ende der Schulzeit. Sie rechnete zu der ersten Gruppe die Schulen, die den Unterricht ihrer Schüler bis zum 18. oder 19. Jahre fortführen, also bis zu dem Alter, in dem ein junger Mann etwa nach Oxford oder Cambridge geht. Die zweite Gruppe schließt mit 16 oder 17 Jahren ab, dem Zeitpunkt, in dem die Schüler in das gewerbliche Leben übergehen oder bei den nur mäßige wissenschaftliche Vorbildung erfordernden Berufen eine Lehrzeit beginnen oder eine Provinzialuniversität beziehen können. Die dritte Gruppe beendet die Schulzeit im Alter von 14 oder 15 Jahren, in dem die Schüler im gewöhnlichen Lauf der Dinge in die unteren Zweige des geschäftlichen Lebens oder in eines der höheren Handwerke eintreten. Eine solche Einteilung hat ihren Wert, trotzdem die bestehenden Mittelschulen tatsächlich keineswegs in streng geschiedene Gruppen dieser Art zerfallen.

Mängel bei den drei Arten der Mittelschulen.

Ausgehend von diesen drei Gruppen stellt der Bericht von 1895 fest, daß im großen ganzen — soweit es sich um den Unterricht von Knaben handelt — eine genügende Zahl von Schulen der ersten Gruppe vorhanden sei, nicht dagegen von solchen der zweiten und dritten Gruppe, und zwar besonders nicht in den ländlichen Bezirken, in denen die Farmer dem Unterrichtswesen gleichgültig gegenüberständen. Zwar hätten die Volksschulen höherer Art unter Leitung von Schulvorständen und manchmal auch von freiwilligen Gesellschaften viel getan, um die Lücken innerhalb der dritten Gruppe auszufüllen. Diese Schulen hätten Klassen bis über die siebente Stufe hinaus, der höchsten, für die das Unterrichtsressort Zuschüsse gebe. Tatsachlich gewährten einige von ihnen nur solchen Kindern Aufnahme, die den ganzen ordentlichen Lehrgang der Volksschule bis auf zwei Jahre durchgemacht hatten, und behielten sie dann vier Jahre. Außerhalb von London seien zurzeit nicht weniger als 60 Schulvorstandsschulen höherer Art vorhanden, aber doch fehlten sie an vielen Orten, wo sie dringend nötig seien.

Bemerkungen und Vorschläge der Kommission.

Der Bericht wies auf die Notwendigkeit einer Vermehrung der Zahl der Freistellen hin, um vielversprechenden Kindern das Aufsteigen von einer Stufe in der Organisation des Schulwesens zur nächsten zu ermöglichen, und ferner auf den Mangel an berufsmäßig ausgebildeten Lehrern an den Mittelschulen. Er bedauerte weiterhin die herrschende — unglücklicherweise weder auf England noch auf das Mittelschulwesen beschränkte — Unklarheit in der begrifflichen Scheidung von Verstandesschulung und Unterricht in Dingen von unmittelbarem praktischen Nutzen und führte beispielsweise an, daß dieser Gegensatz in einem Falle kurzweg als eine Alternative zwischen lateinischem und deutschem Unterricht behandelt worden sei. In diesem Zusammenhange bemängelte der Bericht das Beihilfensystem des Ressorts für Wissenschaft und Kunst nach der Richtung hin, daß es eine zu ausschließliche Beschäftigung mit technischen Fächern auf Kosten der freien Wissenschaften befördere und infolge des Bestrebens der Schulen, möglichst hohe Zuschüsse bei den Prüfungen herauszuschlagen, zum Einpauken führe. Vor allem beklagte die Kommission den Mangel einer wirksamen Organisation im Mittelschulwesen, nämlich einer besonderen Zentralstelle und örtlicher Vertretungskörperschaften mit der Befugnis zur Bearbeitung des ganzen Gebiets. Schließlich machte der Bericht eine Reihe von Verbesserungsvorschlägen, und obwohl diese nicht durchweg in der gewünschten Form ausgeführt worden sind, ist ihnen doch in großem Umfange Folge gegeben worden, und zwar mit dem Ergebnis, daß die bezeichneten Mängel jetzt im Verschwinden sind.

Begründung des Unterrichtsministeriums im Jahre 1899.

In dem unmittelbar hierauf folgenden Jahre sah die konservative Regierung Bestimmungen über das Mittelschulwesen in dem im vorigen Kapitel erwähnten Schulgesetzentwurf vor, den sie zwar einbrachte, aber wieder zurückzog, und 1899 legte sie eine feste Grundlage für weiteren Fortschritt in dem Gesetz über das Unterrichtsministerium (Board of Education Act). Obwohl die politische Leitung der Gesamttätigkeit der Staatsregierung auf dem Gebiet des Schulwesens bis dahin in der Hand des Präsidenten des Staatsrats und des Vizepräsidenten des zuständigen Ausschusses[1] zusammengefaßt war, waren doch mit Ausnahme der Zeit von 1873 bis 1884 das Unterrichtsressort, das mit den Volksschulen befaßt war, und das Ressort für Wissenschaft und Kunst, tatsächlich völlig unabhängig gewesen, da jedes seinen eigenen ständigen Sekretär und seine besondere Beamtenschaft hatte. Nunmehr ersetzte das Gesetz von 1899 die bestehenden Behörden durch ein neues Unterrichtsministerium, oder vielmehr durch einen einzelnen Minister, und ferner wurde nur ein ständiger Unterstaatssekretär ernannt. Nachdem so die gesamte Oberaufsicht über das Schulwesen einer einzigen Zentralbehörde übertragen war, war der Weg für eine einheitliche Behandlung des Mittelschulwesens und für die Festsetzung seiner Beziehung zu den Volksschulen frei geworden.[2]

Die Cockerton-Entscheidung.

Es fehlte noch an Lokalinstanzen mit Zuständigkeit für die ganze Frage des Mittelschulwesens, und eine Entscheidung, die bald hiernach erging, machte die Angelegenheit noch dringlicher. Durch das Schulgesetz (Education Act) von 1870 waren die Schulvorstände nur zur Unterhaltung von Volksschulen ermächtigt worden. Wie wir gesehen haben, gingen jedoch viele weiter und richteten Klassen ein, die über die Grenzen hinausgingen, bis zu denen das Unterrichtsressort Zuschüsse für Volksschulunterricht leistete. Nun beanstandete ein Rechnungsrevisor des Lokalverwaltungsministeriums, namens Cockerton, Zahlungen, die in London für Unterricht dieser Art geleistet worden waren, und erstritt, als die Sache vor die Queen's Bench-Abteilung des High Court und später 1901 vor den Court of Appeal kam, die Entscheidung, daß solcher Unterricht kein Volksschulunterricht sei und daher die Zuständigkeit des Schulvorstandes überschreite. Die Entscheidung würde einen bedeutenden Teil der Tätigkeit der höher entwickelten Volksschulen wie der Abendkurse

---

[1] Die Beziehung dieser beiden Minister zueinander und zu den Ressorts war stets einigermaßen unbestimmt.

[2] Die Befugnisse der Wohltätigkeitskommissare, Stiftungsschulen zu reorganisieren, wurden dem neuen Ministerium nicht unmittelbar durch das Gesetz übertragen, die Krone wurde vielmehr ermächtigt, dies durch Verordnung im Staatsrat zu tun. Ein anderer Vorschlag der Kommission für das Mittelschulwesen wurde durch eine Bestimmung verwirklicht, die dem Ministerium die Befugnis einräumte, Mittelschulen, die keine Staatszuschüsse erhielten, mit ihrer eigenen Zustimmung zu inspizieren.

für Fortbildungsschulunterricht vernichtet haben, und bei der hohen Bedeutung der Sache war die schleunige Schaffung einer gesetzlichen Grundlage geboten. Die Regierung brachte daher im Jahre 1901 nach Zurückziehung eines von ihr vorgelegten umfassenden Gesetzentwurfes über Mittelschulwesen eine kurze Bestimmung durch, die den Grafschaftsräten auf ein Jahr die Befugnis zur Fortführung der Schulen auf der bisherigen Grundlage erteilte.

Das Gesetz von 1902.

Das Gesetz von 1901 bedeutete nur eine vorläufige Ausfüllung der Lücke und in der folgenden Parlamentssession erfolgte eine dauernde Regelung durch Teil II des Schulgesetzes (Education Act) von 1902. Die Grafschaftsräte und die Gemeinderäte der eigene Grafschaften bildenden Flecken erhielten hierdurch die Befugnis, geeignete Schritte zur Einrichtung und Unterstützung jedes von dem Volksschulunterricht verschiedenen Unterrichts zu tun und auf ein Zusammenwirken aller Schularten hinzuwirken. Hierbei sollten sie auf die bestehenden leistungsfähigen Schulen und Colleges Rücksicht nehmen.[1] Kurzum sie wurden ermächtigt, mittlere oder höhere Schulen in jeder ihnen geeignet erscheinenden Form einzurichten und zu unterstützen, jedoch mit der Verwarnung, von Privaten betriebene Institute nicht zu verdrängen. Bei der Durchführung dieser Aufgabe stand ihnen das „Whiskeygeld“ zur Verfügung, das bisher nur für technische Wissenschaft und für Kunst bestimmt gewesen war, und sie durften ferner eine Kommunalabgabe bis zu einer Höchstgrenze erheben, die von einem Penny auf das Pfund bis auf zwei Pence oder einen von dem Lokalverwaltungsministerium genehmigten höheren Satz gesteigert werden konnte.

Hierbei darf daran erinnert werden, daß durch das Gesetz über den technischen Unterricht von 1889 allen Flecken und städtischen Bezirken das Recht verliehen worden war, sich an der Beschaffung von Unterricht in technischen Wissenschaften und Künsten zu beteiligen und zu diesem Zweck eine Steuer von nicht mehr als einem Penny auf das Pfund zu erheben. Trotz der Gefahr einer Verwirrung bei der Zuständigkeit mehrerer Lokalinstanzen in der gleichen Sache blieb diese Befugnis bestehen, und es wurde ihr Umfang auf das ganze Gebiet des Mittelschulwesens überhaupt erweitert. Obwohl diese Regelung geschichtlich nur als ein Überrest

[1] § 4 des Gesetzes enthält die üblichen Bestimmungen über den Religionsunterricht. Sonderlehren einzelner Religionsgemeinschaften dürfen in den von den Kommunalverbänden unterhaltenen Schulen nicht vorgetragen werden, und keine Schule, die Zuschüsse aus öffentlichen Mitteln erhält, darf die Teilnahme der Schüler an irgend einer Art von Religionsübung verlangen.

einer früheren Entwickelungsstufe zu verstehen ist, bringt sie doch tatsächlichen Nutzen, da die Bevölkerung von Flecken und städtischen Bezirken dem Schulwesen weit mehr Bedeutung beilegt als ihre Nachbarn auf dem platten Lande und häufig bereitwillig Steuerleistungen für diesen Zweck übernimmt, während die Grafschaft als solche nicht hierzu geneigt ist.

Förderung der freien Wissenschaften.

Die Bestimmungen in Teil II des Gesetzes von 1902 ermöglichten die Entwickelung eines Unterrichtssystems allgemeinen Charakters über den Elementarunterricht hinaus und gaben den Anstoß zu einer Bewegung, nach der die öffentliche Meinung besonders in Städten bereits hinzudrängen begann. Das Unterrichtsministerium empfand die Notwendigkeit eines Wechsels in seiner Politik. Sein Bericht von 1904 stellte eine zu frühe Spezialisierung in den Mittelschulen, einen allmählichen Rückgang der Pflege von Sprachen und Literatur und eine Neigung zu einem ausschließlichen Ersatz des rein wissenschaftlichen durch technischen Unterricht als erwiesen fest. Bisher hatte das Ministerium den Schulen seine Beihilfen nach zwei verschiedenen Skalen gewährt und sie zu diesem Zweck in Schulen A und Schulen B eingeteilt. Die ersteren widmeten einen großen Teil der Stundenzahl dem technischen und sonstigen, unmittelbar praktisch nutzbringenden Unterricht und erhielten höhere Zuschüsse, während die letzteren mehr den allgemein wissenschaftlichen Fächern Aufmerksamkeit schenkten und geringere Beihilfen bekamen. Dies war, wie der Bericht ausführte, ein Überrest aus der Zeit, in der nur für technische Klassen Zuschüsse geleistet wurden. Um dieser von ihm als unerwünscht bezeichneten Tendenz entgegenzutreten, gab das Ministerium für das Jahr 1904/05 neue Bestimmungen heraus, die durch einen Wechsel in der Methode der Zuschußerteilung die Einführung von Lehrplänen rein wissenschaftlichen Charakters fördern sollten.

Das Ziel der neuen Maßnahme kommt klar zum Ausdruck in den Vorreden der in letzter Zeit ergangenen Bestimmungen, z. B. der vom Jahre 1906, wo das Ministerium erklärt, daß die zu seinen Verfügungen stehenden Mittel am vorteilhaftesten unter Beschränkung auf vierjährige Kurse in geeignet befundenen Mittelschulen zu verwenden seien, und daß in Zukunft keine neuen Zuschüsse für Freistellen auf dem Gebiet des technischen Unterrichts geleistet werden würden. Weiterhin hebt die Vorrede nachdrücklich die drei Hauptgesichtspunkte bei der Gestaltung des Unterrichts hervor, deren Beachtung von allen anerkannten Mittelschulen verlangt werde. Der Unterricht solle allgemein-wissenschaftlich und geeignet sein, die Verstandeskräfte zu üben und zu entwickeln, er solle stufenweise fortschreiten, und er sollte endlich abschließend und so eingerichtet sein, daß er ein bestimmtes Maß an Wissen gewährleiste. Mit diesem Ziel im Auge lehnte das Ministerium jede Unterstützung an neu zu errichtende Schulen ab, die sich während der ersten zwei Jahre ihres vierjährigen Lehrganges etwa auf angewandte Naturwissenschaft oder irgendein anderes Einzelgebiet beschränken sollten.

Die Bestimmungen selbst sehen jetzt vor, daß der Lehrgang jeder Schule, die einen Zuschuß erhält, eine bestimmte Mindeststundenzahl im Englischen, in wenigstens einer fremden Sprache — vorzugsweise Lateinisch — und in Erdkunde, Geschichte, Mathematik, Naturwissenschaft, Zeichnen, Handfertigkeit und körperlichen Übungen enthalten muß. Schließlich sind — zweifellos in der Absicht, die Schüler für den vollen vierjährigen Kursus in der Schule zu halten — die nach der Schülerzahl bemessenen Beihilfen in der Weise steigend festgesetzt, daß sie beginnend mit zwei Pfund für das erste Jahr in Stufen von 20 Schilling bis auf fünf Pfund für das vierte Jahr wachsen.

Tätigkeit der Lokalinstanzen.

Die Tätigkeit der Grafschafts- und Gemeinderäte zeigt weniger Entschiedenheit und beschränkt sich mehr auf Versuche. Sie erkennen zwar die Notwendigkeit eines allgemein-wissenschaftlichen Unterrichts auf breiter Grundlage, sind aber abgeneigt, sich auf ein systematisches Programm einzulassen. Außerdem bietet die Frage der Aufbringung der Mittel Schwierigkeiten. In der Regel sind die Kommunalverbände bereit, das „Whiskeygeld“ für Mittelschulen zu verwenden, zögern dagegen — und dies gilt besonders für die Grafschaften mit ländlichem Charakter — Kommunalabgaben bis zu der in dem Gesetz von 1902 zugelassenen Höhe von 2 Pence auf das Pfund auszuschreiben. Einige Kommunalbehörden haben sogar für diesen Zweck überhaupt keine Abgabe erhoben. Trotzdem findet im großen ganzen ein erhebliches Fortschreiten statt. Die unmittelbare Mitwirkung der Lokalinstanzen bei der Förderung des Mittelschulwesens vollzieht sich in drei Formen: der Unterhaltung eigener Schulen, der Leistung von Beihilfen an Stiftungsschulen und andere nicht in ihrer eigenen Verwaltung stehende Schulen und der Einrichtung von Freistellen, durch die Kindern, die das Schulgeld nicht aufbringen können, kostenloser Schulbesuch ermöglicht wird.

Schulen in eigener Verwaltung.

Obwohl die englischen Lokalinstanzen eine beträchtliche Anzahl von Schulen mit allgemeinem Mittelschulunterricht unter ihre Leitung und Aufsicht genommen haben, und obwohl ihre Tätigkeit nach dieser Richtung hin anscheinend zunimmt, sind doch die von ihnen auf eigene Rechnung verwalteten Institute, soweit sie nicht Volksschulen sind, meist für den technischen Unterricht, für die Art von Mittelschulunterricht, wie sie in höher entwickelten Volksschulen stattfindet, und für die Abendschulklassen bestimmt.[1] Dies trifft besonders für London zu, wo der Grafschaftsrat 1905 nur eine einzige eigene Mittelschule, die dazu noch in enger Verbindung mit dem Shoreditch Technical Institute stand, besaß, während er dreizehn polytechnische oder technische Institute, sowie ungefähr viermal so viel höhere Volksschulen besaß und einige fünfzig nicht in seiner eigenen Verwaltung stehende Mittelschulen unterstützte. Kurzum, der von den Grafschaftsräten und Gemeinderäten unmittelbar verwaltete Mittelschulunterricht steht bisher hauptsächlich auf der untersten Stufe dieser Unterrichtsart oder trägt überwiegend technischen Charakter.

Ihre Erfolge.

Über die Ergebnisse des Schulunterrichts irgendwelcher Art darf ein Beobachter, der den Gegenstand nicht erschöpfend untersucht hat, sich nur mit größter Vorsicht äußern. Doch es scheint so, daß von den in unmittelbarer Verwaltung von Behörden stehenden Schuleinrichtungen die Kunstschulen Ausgezeichnetes leisten. Ebenso haben die technischen Schulen vielen Erfolg. Einschließlich der Abendklassen ist die Zahl ihrer Besucher manchmal ungeheuer groß und sicherlich leisten sie sehr viel Hervorragendes dadurch, daß sie größere Kreise mit angewandter Naturwissenschaft vertraut machen und noch mehr durch Schaffung weitverbreiteter Hochschätzung und Achtung naturwissenschaftlicher Kenntnisse. Andererseits ist die Zahl der Schüler, die einen fortlaufenden systematischen Kursus irgendwelcher Art, in technischen oder Handelswissenschaften, besuchen, sehr gering. Beispielsweise betrug auf der städtischen technischen Schule in Manchester im Jahre 1904/1905 die Gesamtschülerzahl 5757, und doch erhielten nur 22 Personen das Zeugnis

---

[1] Aus Tafel 61 der 1906 von dem Unterrichtsministerium herausgegebenen Statistik des öffentlichen Unterrichtswesens in England und Wales ergibt sich, daß von den 575 Mittelschulen, die von dem Ministerium auf Grund eines als den Anforderungen genügend befundenen vierjährigen Jahrganges Zuschüsse erhielten, 123 unmittelbar von einer Lokalinstanz geleitet wurden, und daß von dieser letzteren 56 einen vierjährigen allgemein-wissenschaftlichen Lehrgang — mit oder ohne einen Spezialkursus in technischen Wissenschaften — hatten. Von den 452 nicht von Lokalinstanzen geleiteten Mittelschulen hatten 327 einen allgemein-wissenschaftlichen Lehrgang. Die Zahlen sind um so mehr bezeichnend, als sie nur die Schulen umfassen, die Zuschüsse erhalten. Offenbar liegt bisher nur ein sehr kleiner Teil des Mittelschulwesens unmittelbar in der Hand öffentlicher Körperschaften.

über einen dreijährigen Kursus in der Tagesschule und nur zwei über einen fünfjährigen Kursus am Abend. Dies scheint für die Abendklassen an vielen Orten zuzutreffen. Die meisten Schüler kommen mehr in der Absicht, sich einem einzelnen Fach, häufig einem solchen, das ihnen unmittelbaren praktischen Nutzen bringt, zu widmen, als um eine Ausbildung zu erhalten; und es wird darüber geklagt, daß wieder andere Schüler hauptsächlich ihr Wissen in den Elementarfächern, das sie seit dem Verlassen der Schule vergessen haben, wieder auffrischen wollen.

Der Geist des Zusammenarbeitens.

Die Lokalinstanzen haben nur wenige eigene Schulen für allgemeinen Mittelschulunterricht, und ein großer Teil derer, die sie besitzen, ist nicht in neuerer Zeit aus öffentlichen Mitteln geschaffen worden, sondern besteht aus älteren Stiftungen, die von den früheren Inhabern infolge finanzieller Schwierigkeiten auf die Lokalinstanzen übertragen sind. So ist das Liverpool Institute mit seinen höheren und Handelsschulen kürzlich auf die Stadt übergegangen und die Schuldeputation der Grafschaft Durham hat zufolge ihrer Beihilfen die Mehrheit in den Verwaltungsräten eines Dutzends über verschiedene Teile der Grafschaft zerstreuter Schulen erlangt. Diese Übernahmen sind nicht durch den Wettbewerb der Kommunalverbände erzwungen worden, denn Grafschafts- und Gemeinderäte sehnen sich nicht nach der Errichtung neuer eigener Mittelschulen. Sie haben sich vielmehr in höchst löblicher Weise jeder Eifersucht und jedes Verlangens, mit bestehenden Instituten in Wettbewerb zu treten und sie aus dem Felde zu schlagen, enthalten. Im Gegenteil, in den Kommunalbehörden herrscht der Geist des Zusammenarbeitens. Dies tritt beispielsweise deutlich hervor in Birmingham, wo die Stadt es vermieden hat, den Unterricht der König Eduard-Lateinschulen zu überbieten. Diese Schulen besitzen reiches Stiftungsvermögen und gewähren einen mehr allgemein wissenschaftlichen Unterricht, während die Stadt ihr Wirken hiermit dadurch in organischen Zusammenhang bringt, daß sie drei Mittelschulen anderer Art, nämlich eine technische und zwei mit technischen und Handelskursen, unterhält.

Kommunale Zuschüsse zu Stiftungsschulen.

Das Anwachsen der Kosten des Schulwesens erschwert vielen älteren Stiftungsschulen ihr finanzielles Auskommen und häufig unterstützt sie die Lokalinstanz aus den ihr zur Verfügung stehenden Mitteln.[1] Manchmal werden die Zuschüsse dem Namen nach für

[1] Das geschieht natürlich nicht hinsichtlich der zu Erwerbszwecken gehaltenen Privatschulen.

den Unterricht in technischen Wissenschaften gewährt, aber seit dem Gesetz von 1902 erfolgen sie häufig für die Unterhaltung der Schule überhaupt. Überall, wo Zuschuß geleistet wird, ernennt der Grafschafts- oder Gemeinderat ein oder mehr Mitglieder des Verwaltungsrats und tatsächlich sah auch das Gesetz über den technischen Unterricht von 1889 eine Vertretung der Lokalinstanz im Verhältnis der geleisteten Beihilfe zu den sonstigen Einkünften der Schule vor. Hierdurch wurden die Kommunalverbände Mitinhaber der Schulen und ein reges Zusammenwirken auf dem Gebiet des Mittelschulwesens war die Folge.

Kommunale Zuschüsse für Freistellen.

Die dritte Art der Förderung des Mittelschulwesens durch die Lokalinstanzen besteht in der Gewährung von Freistellen, die vielversprechenden Kindern aus den Volksschulen eine kostenlose Fortsetzung ihrer Ausbildung ermöglichen. Denn der Mittelschulunterricht in England ist, wie bemerkt werden muß, nicht unentgeltlich[1] und würde den arbeitenden Klassen fast verschlossen sein, wenn nicht aus Stiftungen oder öffentlichen Mitteln Freistellen eingerichtet wären, die dem Inhaber ein Recht auf freien Unterricht und manchmal auch auf einen kleinen Barzuschuß geben. Diese öffnen den Zugang von unten her, während ein weiteres Aufsteigen häufig durch Universitätsstipendien für besonders ausgezeichnete Schüler (graduates of the school) möglich gemacht wird.[2]

[1] Dies trifft in den meisten Fällen selbst auf die Art des Mittelschulunterrichts, wie sie in den höheren Volksschulen gewährt wird, zu.

[2] Indirekt haben die Lokalinstanzen das Mittelschulwesen durch Unterstützung der Ausbildung von Lehrern gefördert. Diese Unterstützung erfolgt manchmal in Gestalt von Zuschüssen für Lehrerseminare, manchmal durch Unterhaltung von Anstalten, an denen Schüler, die zugleich als Lehrer tätig sind (pupil teachers), sich während der Fortsetzung ihrer Studien im Lehren üben können, denn das alte „monitorial system“ und seine neuere Form der „pupil teachers“ hat auf dies englische Erziehungswesen einen dauernden Einfluß gehabt. Es genügt jedoch nicht mehr, eine Lehrzeit als „pupil teacher“ durchzumachen und dann ein Lehrerseminar zu besuchen. Heute verlangt das Unterrichtsministerium eine gute Mittelschulbildung und unter der Lehrerschaft der höher entwickelten Schulen findet sich vielfach eine Anzahl Inhaber von Universitätsgraden.

Der Mangel an berufsmäßig ausgebildeten Lehrern für die Mittelschulen war einer der von der Kommission von 1894 besonders hervorgehobenen Punkte und auch für alle sonstigen öffentlichen Schulen ist der Lehrerersatz nicht grade reichlich. Vielleicht ist es erforderlich, entweder höhere Gehälter zu zahlen, um einen größeren Andrang zu dem Beruf zu erreichen oder — wie in den Vereinigten Staaten — hauptsächlich weibliche Lehrkräfte einzustellen; eine Alternative, die man in England keineswegs gern in Erwägung zieht.

Soziale Unterschiede.

Nun hat dies Freistellenwesen ein sehr interessantes soziales Problem zur Folge. Nach der von langher überkommenen und noch jetzt stark vorherrschenden Überlieferung sind die großen nationalen Schulen für die obere Volksschicht, die Lateinschulen und Provinzialuniversitäten für den Mittelstand und die öffentlichen Volksschulen zusammen mit den Kursen in technischer Wissenschaft und Kunst für die Arbeiterklasse da; und teilweise deshalb, weil angewandte Wissenschaft als die für die letztere am meisten geeignete Grundlage des Mittelschulunterrichts galt, wurde sie von der Staatsregierung so sehr gefördert und unterstützt. Heute besuchen Kinder aus dem Mittelstande häufiger öffentliche Volksschulen als früher, aber bis nach dem Jahre 1902, wo die Grafschaftsräte in vielen Fällen das Schulgeld überhaupt abschafften, erlangten die freiwilligen Schulen, die Schulgeld erhoben, hierdurch einen gewissen Vorrang, da sie als in sozialer Hinsicht etwas gewählter galten. Gebildete schicken natürlich ungern ihre Kinder in Schulen, in denen sie gewöhnliche Sprechweise und Manieren lernen; und wer England durchreist, wird beobachten, daß die allgemeine Verbreitung des Schulunterrichts in der Beseitigung der Dialekte und in der Einführung einer einheitlichen Aussprache bei allen Bevölkerungsschichten in sämtlichen Landesteilen wenig erreicht hat. Vielmehr ist beispielsweise der Londoner Dialekt (Cockney) eher im Zunehmen als im Verschwinden.

Der Umstand, daß die öffentlichen Volksschulen fast ausschließlich von Kindern der arbeitenden Klassen besucht werden, hat zwei bemerkenswerte Wirkungen auf den höheren Unterricht. Die erste besteht darin, daß in allen nicht rein technischen Schulen ein großer Bruchteil der Schülerzahl auf Kinder entfällt, die aus Privatschulen kommen. Dies ist deutlich ausgeprägt bei Instituten der höchsten Art, die auf die Universität vorbereiten, es trifft aber auch für die gewöhnlichen Lateinschulen zu. Die zweite besteht in der frühen Altersgrenze für die Aufnahme der Schüler. Während man sagen kann, daß der regelmäßige Lehrgang etwa mit dem vollendeten zwölften Lebensjahre beginnt, werden Kinder häufig mit sieben oder acht Jahren, in Ausnahmefällen sogar mit vier Jahren in Vorschulklassen aufgenommen. Wenn diese Erscheinungen auch zum Teil auf der Meinung beruhen, daß die verschiedenen Arten des Unterrichts vom Beginn an voneinander zu trennen seien, so haben sie doch mit ihren Ursprung in der scharfen sozialen Scheidung, welche die Volksschulen der Arbeiterklasse vorbehalten hat.

Sonderbar genug wirkt der Umstand, daß die Mittelschulen nicht unentgeltlich sind, sondern eine beschränkte Anzahl von Freistellen haben, mehr in der Richtung, die Scheidung der Gesellschaftsschichten im Schulwesen zu beseitigen als sie zu erhalten. Hierdurch gelangen nämlich wenige, ausgesuchte Kinder der arbeitenden Klassen in einem späteren Alter als die meisten anderen zur Aufnahme, ohne den Charakter der Schule zu ändern, während bei voller Unentgeltlichkeit des Unterrichts die Arbeiterkinder in solchen Mengen eintreten könnten, daß sie die übrigen verdrängen würden. So wirkt das gegenwärtige System dahin, Angehörige der verschiedenen Gesellschaftsschichten allmählich und fast unmerklich miteinander in Beziehung zu bringen.

Mangel einer Abstufung der Schulen.

Wenn man eine Übersicht des englischen Mittelschulwesens zur Hand nimmt, ist man überrascht durch den Mangel oder, um nicht von vornherein Stellung zu nehmen, sagen wir durch das Nichtvorhandensein von Genauigkeit in Abstufung und Zielen. Die Kommissionen von 1864 und 1894 unterschieden drei Arten von Mittelschulen; aber der tatsächliche Unterricht entspricht — vielleicht mit Ausnahme der höher entwickelten Volksschulen — keineswegs dieser Einteilung. In Anlehnung an das große Beispiel Edinburghs nennt man die besser entwickelten Institute häufig „höhere Schulen“ und die mehr in der Mitte stehende Art Lateinschulen, aber diese Benennung ist ebenso schwankend wie die Abstufung selbst. Viele Schulen haben jetzt einen klassischen und wenn nicht klassischen — modernen — Lehrgang, von denen der erstere eine geeignete Vorbildung für die Universitäten und die gelehrten Berufe, der letztere für andere Berufe und für das geschäftliche Leben darstellen soll. Aber tatsächlich verteilen sich die Schüler weder auf verschiedenartige Schulen noch auf verschiedene Abteilungen derselben Schule nach dem Beruf, den sie vermutlich ergreifen werden. Abgesehen von den großen nationalen öffentlichen Schulen, wie Eton, Rugby und Harrow, gibt es wenige oder keine Schulen, bei denen die Vorbereitung für die Universität das Hauptziel des Unterrichts ist. Andererseits gibt es aber auch wenige höher entwickelte Schulen, von denen aus nicht gelegentlich junge Leute die Provinzialuniversitäten oder selbst Oxford oder Cambridge beziehen, und wenige, die nicht Schüler zum Eintritt in jede Art geschäftlicher Tätigkeit entlassen. Ebensowenig kann am anderen Ende der Stufenfolge eine scharfe Grenzlinie zwischen den nicht klassischen Lehrgängen der Lateinschulen und den Handelsschulen, die weiteren Kreisen der Bevölkerung einen weniger kostspieligen Unterricht ermöglichen sollen, gezogen werden. Kurz, die Mittelschulen lassen sich nicht in scharf ausgeprägte Typen mit dem Ziel der Vorbereitung für bestimmte Berufe einteilen.[1]

Mangel an längerer Zeit fortgesetzten Schulbesuch.

Man kann viel für oder gegen dies Nichtvorhandensein fester Ziele sagen, aber zweifellos ist die Tatsache, daß viele Schüler nicht den vierjährigen Kursus durchmachen, keineswegs erfreulich. In seinen ausgezeichneten Berichten über Mittelschulwesen in einer Anzahl englischer Städte gibt Professor Sadler eine graphische Darstellung der Altersklassen in den verschiedenen Schulen; und es ergibt sich mit Sicherheit, daß die Zeitpunkte des Eintritts und der Entlassung, sowie die Dauer des Schulbesuchs äußerst ungleichmäßig sind — ein Zustand, der einem systematischen Unterricht in hohem Grade hinderlich ist. Wir haben gesehen, daß das Unterrichtsministerium durch die Art seiner Beihilfenverteilung den vierjährigen Schulbesuch zu fördern versucht, aber die von ihm geführte Statistik weist nach, daß die Schülerzahl mit jedem folgenden Jahr des Kursus stark zurückgeht.[2]

---

[1] In Verbindung mit der Unbestimmtheit der von den Mittelschulen verfolgten Lehrziele steht die große Mannigfaltigkeit der verschiedenen Stellen, welche die Schulen beaufsichtigen und die Schüler prüfen. In den Schulen, die einen entsprechenden Antrag stellen, werden von den vereinigten Verwaltungen der Universitäten Oxford und Cambridge, von der Universität London (sog. matriculation examination), von dem College of Preceptors (einem freien Verein), von dem City and Guilds of London Institute in technischen Fächern, von der Londoner Handelskammer in Handelsfächern und von einer Reihe weiterer Organisationen mit ähnlichen Maßgaben Prüfungen veranstaltet. Einige dieser Prüfungen werden von dem General Medical Council, der Incorporated Law Society, den Instituten für Architekten, Ingenieure, Versicherungsbeamte usw. anerkannt. Andere liefern nur den Nachweis eines bestimmten Maßes von Wissen zur Genugtuung des Schülers oder der Schule, und tatsächlich präsentieren auch viele Schulen Schüler für mehrere dieser örtlichen Prüfungen.

Zweifellos haben alle diese Prüfungen eine ausgezeichnete Wirkung darauf, die Leistungen der Schulen zu heben und sie auf der Höhe zu erhalten, man kann jedoch darüber im Zweifel sein, ob eine solche Mannigfaltigkeit der Art der Leistungen der einzelnen Schulen heute völlig zweckmäßig ist. Auch hört man Klagen darüber, daß diese Prüfungen, wie es bei der früheren Methode der Beihilfengewährung nach den Lehrergebnissen in den Volksschulen der Fall war, die Aufmerksamkeit der Lehrer zu sehr auf die Examensvorbereitung lenken.

[2] Tafel 60 der von dem Ministerium für 1906 herausgegebenen Statistik für aus Staatsmitteln unterstützte Schulen in England und Wales gibt die Gesamtzahl der Schüler in den einzelnen Jahrgängen des anerkannten vierjährigen Lehrganges wie folgt an: erstes Jahr 27770, zweites Jahr 17563, drittes Jahr 10178, viertes Jahr 4337.

Strömungen in der Entwickelung des Mittelschulwesens.

Am Anfang dieses Kapitels wurde darauf hingewiesen, daß man bei dem englischen Mittelschulwesen mehr von Strömungen als von Ergebnissen sprechen muß. Drei Strömungen lassen sich beobachten oder genauer gesagt eine Strömung, die sich unter drei verschiedenen Gesichtspunkten betrachten läßt. Die erste führt in der Richtung auf eine zunehmende Verallgemeinerung der Unterstützung des Mittelschulwesens aus öffentlichen Fonds, die zweite nach der Einführung eines auf breiterer und mehr wissenschaftlicher Grundlage beruhenden Mittelschulunterrichts für die Masse der Bevölkerung hin, und die dritte besteht in dem allmählichen Niederreißen der sozialen Klassenunterschiede im Mittelschulwesen. Die Entwickelung der letzten zwölf Jahre, besonders seit dem Gesetz von 1902, bedeutet einen völligen Wechsel in der Politik des Staates bei der Gewährung von Beihilfen zu Unterrichtszwecken. Diese Beihilfen kommen nicht mehr ausschießlich der Arbeiterklasse zugute, und diese Beschränkung konnte auch nicht bestehen bleiben, sobald der Staat seine Aufmerksamkeit einer Mittelschulbildung allgemeiner Art zuwandte. Die Volksschulen dienen fast ausschließlich der arbeitenden Bevölkerung und obwohl dies nicht mehr so genau zutrifft als früher, wird es doch wahrscheinlich auch weiterhin die Regel bleiben. Dagegen kann es nicht für die Mittelschulen gelten. Anderenfalls würde das unter staatlicher Aufsicht stehende Mittelschulwesen auf ein enges und rein technisches Gebiet beschränkt und somit wenig wirksam sein. Um sich kraftvoll entwickeln zu können, muß es wenigstens einen großen Teil der Bevölkerungsschichten umfassen, die ihm das meiste Interesse entgegenbringen. Das größte Hindernis für das Mittelschulwesen in England ist die Gleichgültigkeit der Bevölkerung, ihr Mangel an Verständnis für das, was das Mittelschulwesen für ihre eigenen Kinder bedeutet; und durch Unterstützung von Schulen, die hauptsächlich von Kindern aus dem Mittelstand besucht werden, unter gleichzeitiger Bereitstellung einer Anzahl von Freistellen scheinen Staat und Kommunen den Weg gefunden zu haben, der am schnellsten zum Ziel führt.

Neunundvierzigstes Kapitel.

Die Universitäten.

Eine ausführliche Abhandlung über die englischen Universitäten würde in einem Buch über die Verwaltung nicht am Platze sein; und doch dürften einige wenige Worte über die höchste Stufe des Erziehungssystems und den Anteil, den der Staat neuerdings an ihrem Bestehen gewonnen hat, den natürlichen Abschluß der Geschichte der Aufwendungen aus öffentlichen Mitteln für Volksschulen und Mittelschulen bilden.

Gegensatz zu deutschen Universitäten.

Sowohl die englischen als die deutschen Universitäten entstammen der gleichen, großen mittelalterlichen Institution, die in den verschiedensten Formen geistiges Leben wach hielt und die Welt für den weiteren Gedankenkreis späterer Zeiten vorbereitete. Aber ihre Entwickelung in neuerer Zeit zeigt einen überraschenden Gegensatz. Die deutsche Universität hat vier verschiedene Fakultäten entwickelt — Theologie, Rechtswissenschaft, Medizin und Philosophie — von denen die ersten drei auf die entsprechenden Berufsarten vorbereiten, während die letztere hauptsächlich zur Ausbildung von Gelehrten oder Lehrern an Schulen oder Universitäten bestimmt ist. Inzwischen hat sich das Leben der Studentenschaft als eine Korporation oder eine Gruppe von Korporationen, unabhängig von den Universitätsbehörden, entwickelt und den Charakter eines freien Vereinswesens angenommen, in das die Universitätsverwaltung nur selten eigreift. Tatsächlich besteht die Beziehung der Universität zu ihren Studenten fast ausschließlich in der Erteilung von Unterricht durch Vorlesungen oder durch Leitung des Einzelstudiums in Seminaren. Oxford und Cambridge haben ganz andere Bahnen eingeschlagen. Die zur Unterkunft für die Studenten errichteten Häuser (halls) wurden allmählich durch besser organiserte Colleges mit regem Gemeinschaftsleben ersetzt, das lange Zeit die treibende Kraft des

Ganzen bildete. In diesen Colleges verbringt der Student seine Zeit unter ständiger Überwachung und Disziplin.[1]

Rein wissenschaftliche Schulung als Ziel von Oxford und Cambridge.

Wenn das Zusammenleben in getrennten Colleges einen scharfen Gegensatz zu den deutschen Universitäten darstellt, so ist die Verschiedenheit in den Zielen und Methoden des Unterrichts nicht weniger ausgeprägt. Der Nachdruck, der an den Stätten englischer Gelehrsamkeit schon frühzeitig auf die freien Wissenschaften gelegt wurde, nahm mit der Zeit zu, und bis vor wenigen Jahren fehlte es überhaupt völlig an der Ausbildung für bestimmte Berufe. Hauptziel war, Männer mit allgemeiner Bildung zu erziehen, nicht Juristen und Ärzte, auch nicht einmal Geistliche und Gelehrte im eigentlich beruflichen Sinne. Während der Lehrplan früher hauptsächlich auf klassischen Studien und Mathematik beruhte, ist er später auf die sonstigen Wissensgebiete ausgedehnt worden, aber mehr ihres erzieherischen Wertes wegen als mit Rücksicht auf den unmittelbaren Nutzen der hierdurch erworbenen Kenntnisse für einen etwa später zu ergreifenden Beruf. Zwar hat sich in den letzten Jahren einiges geändert. So sind z. B. die juristische und die medizinische Fakultät sehr tätig; aber der juristische Unterricht bietet keine volle Vorbereitung für die Praxis, noch macht er die Ausbildung bei den Juristeninnungen entbehrlich; und kein medizinisches Studium in Oxford oder Cambridge kann die praktische Arbeit in einer Klinik ersetzen. Man hat auch versucht, eine größere Anzahl von Studenten mit Universitätsgraden (graduates) dazu zu veranlassen, sich mehr spezialisierten Gebieten zu widmen. Doch hat diese Bewegung bisher keinen großen Umfang angenommen. Die ältere Praxis, wonach die Stipendien in den Colleges an Personen verliehen wurden, von denen man weder eine Lehr- noch eine Lerntätigkeit, sondern die Fortsetzung eigener Forschungen erwartete, stimmt mehr mit den Überlieferungen der Anstalt zusammen und hat — obwohl dem Mißbrauch ausgesetzt — doch zu vielen trefflichen Leistungen Anlaß gegeben.

Die Unterrichtsmethoden.

Die Art des Unterrichts der Studenten ohne akademischen Grad (undergraduates) war nicht weniger eigenartig als das Lehrziel. Lange Zeit hatten die Professoren beinahe aufgehört, überhaupt Unterricht zu erteilen. Ihre Haupttätigkeit war Forschen und schriftstellerische Arbeit. Dies letztere ist zwar grundsätzlich auch in Deutschland

---

[1] Alle diese Colleges sind ebenso wie die Universität selbst besondere Korporationen und — obwohl sie bis in die letzten Jahre hinein mit geistlichen Stipendiaten gefüllt waren — solche weltlichen Charakters.

der Fall, aber früher wurde von dem englischen Professor die Mitteilung seiner Arbeitsergebnisse an die Studenten tatsächlich überhaupt nicht verlangt, und er unterließ dies auch völlig. Obwohl die Studenten bis zu einem gewissen Maße von dem Lektor (lecturer) ihres College unterrichtet wurden, erwartete man doch im wesentlichen Selbststudium aus Büchern unter der Leitung eines von dem College bestimmten oder auf eigene Kosten angenommenen Lehrers. Auf diese Weise wurden sie für eine Prüfung vor Würdenträgern der Universität vorbereitet, die den akademischen Grad verliehen. All dies ist späterhin geändert und der unmittelbare Unterricht stark ausgedehnt worden, aber die alten Methoden bilden immer noch das Bezeichnende an dem ganzen System. Sie bestehen weiter, weil trotz des Umstandes, daß jetzt von den Bewerbern um höhere Grade ein gewisses Maß von Quellenstudium verlangt wird, die Hauptarbeit aller Studenten auf die Beherrschung der als maßgebend anerkannten Schriftsteller gerichtet ist. Nicht unzutreffend nennt man den Vorgang „Lesen fürs Examen". Der Zweck ist nicht so Vertrautheit mit den neuesten Forschungsergebnissen eines Wissensgebietes, als vielmehr Aneignung von Gedanken, die beim Durchgang durch viele Köpfe typische Gestalt angenommen oder die Form der europäischen Zivilisation bestimmt haben. Die Prüfungen bestimmen die Natur des Studienganges und bilden die Probe — nicht für eine ins einzelne gehende Kenntnis vieler Tatsachen — sondern mehr für eine Beherrschung von Gedanken und Grundsätzen verbunden mit der Fähigkeit sprachlichen Ausdrucks. Kurz, die Universität bildet ihre Besucher nicht für einen Beruf aus, sondern strebt dahin, sie für den Gebrauch jeder Fachausbildung, die sie später etwa erwerben, fähiger zu machen.

Gewöhnliche und Ehrenuniversitätsgrade.

Am Beginn des 19. Jahrhunderts waren die Mindestanforderungen für den Erwerb eines Universitätsgrades so tief gesunken und die Prüfungen so sehr zu einer bloßen Form geworden, daß die Universitäten in Mißkredit geraten waren, als eine Änderung eintrat, die das Verhalten der Studenten stark beeinflußte. Diese bestand in der Schaffung eines Ehrengrades (honour degree), der sich von dem gewöhnlichen Grad (pass degree) unterschied, und in der Folgezeit nicht nur bessere Leistungen, sondern auch eine wesentlich andere Art des Studienganges voraussetzte.[1] Außer den Prüfungen

[1] In Oxford wurden Ehrengrade zuerst 1802 verliehen und die verschiedenen Fakultäten gingen nacheinander dazu über. In Cambridge begannen die mathematischen „tripos" 1747—1748, die römisch-rechtlichen „classes" 1815—1816, die klassischen „tripos" 1824 und die anderen später.

für die Immatrikulation an der Universität und für die Aufnahme in ein College, die zwar auf Zeit erfolgen, aber tatsächlich Eintrittsprüfungen sind und jetzt mehr und mehr auf der für die Universität vorbereitenden Schule stattfinden, sind regelmäßig während der Studienzeit zwei Prüfungen zu bestehen. Eine davon, die in Oxford „moderations", in Cambridge „general examination" oder erster Teil des „tripos" heißt, findet mitten während des Lehrganges statt[1]; die andere, schwerere fällt in die Zeit der Bewerbung um den akademischen Grad eines „bachelor", also gewöhnlich an das Ende eines drei- oder vierjährigen Universitätsbesuches.

Die Anforderungen für einen „pass degree" und für „honours" sind zwar in jeder dieser beiden Arten von Prüfungen mannigfach zusammengesetzt; aber man kann im allgemeinen doch den Hauptunterschied zwischen beiden damit bezeichnen, daß bei dem pass degree die Freiheit in der Auswahl der Gegenstände zwar nicht unbeträchtlich, aber doch auch nicht sehr groß ist, und der Bewerber sich gewöhnlich für mehr als ein Fach vorbereiten muß, daß er dagegen für „honours" ein einzelnes Fach — in Oxford als „eine Schule" und in Cambridge als „the subject of the tripos" bezeichnet — wählt und nur in diesem allein geprüft wird. Diese Fächer sind Altertumswissenschaft[2], Recht, Geschichte, Naturkunde und einige andere, deren Zahl mit der Ausdehnung der wissenschaftlichen Tätigkeit dauernd zugenommen hat. Für die höheren Grade der „honours" wird ein weit größeres Wissen verlangt als für einen pass degree; doch für den untersten Grad sind die Anforderungen — zweifellos um die Bewerber nicht abzuschrecken — oft nur gering und — wenn überhaupt — nur selten höher als für den pass degree.

Ausgedehntes Streben nach honours und Grund hierfür.

Mit solchem Erfolg haben die Universitäten den Ehrgeiz nach Ehrengraden und Preisen geweckt, daß nicht viel weniger als die Hälfte der Studenten darnach streben, sie zu gewinnen. Dies beruht auf zahlreichen Gründen. Die Hauptursache ist die Bedeutung, welche die Universitätsbehörden selbst dem Ehrengrad beilegen. Der jährlich herausgegebene Universitätskalender enthält ein Verzeichnis aller Personen, die seit Errichtung der Universität diese Grade erlangt haben, und diese letzteren erscheinen als das hauptsächliche Ziel des Studiums. Wenn man sich mit den Professoren unterhält,

[1] In einigen Fächern findet in Cambridge die ganze Prüfung in einem tripos am Ende der Studienzeit statt.

[2] In Oxford „Literae Humaniores" oder im gewöhnlichen Sprachgebrauch „Greats" genannt; sie umfaßt ein weites Gebiet, da sie auch Gegenstände wie neuere Philosophie einschließt.

ist man überrascht darüber, daß dieser Gegenstand im Mittelpunkt ihres Interesses steht. Sie können sofort die Anforderungen für einen Ehrengrad aufzählen, während sie häufig nicht in der Lage sind zu sagen, worin der Lehrgang für einen pass degree besteht. Die englischen Universitäten haben die öffentliche Meinung so fest von der Bedeutung der Ehrengrade überzeugt, daß diese im ganzen Lande in hoher Achtung stehen. Ein Buch wie „Wer ist wer?" gibt häufig die Universitätsehrengrade der dort aufgeführten Personen an, und in den Prospekten der Lateinschulen kann man die Ehrengrade sowie die sonstigen Grade der Mitglieder des Lehrkörpers verzeichnet finden.

Hierzu kommt noch der Wetteifer zwischen den einzelnen Colleges. Einige von ihnen, wie Balliol in Oxford und King's in Cambridge nehmen nur solche Studenten auf, die sich für Ehrengrade vorzubereiten beabsichtigen, und die Zahl der von einem College errungenen höchsten Grade wird mit ähnlichem Stolz hervorgehoben, wie ein Sieg bei der Ruderregatta.

Wichtiger jedoch als alles andere ist für die Auffassung der Studenten selbst die Überzeugung, daß der Erwerb höherer Ehrengrade zugleich ein Vorzeichen des Erfolgs im Leben und eine wirksame Förderung auf den ersten Stufen der Laufbahn darstellt; und jedem, der sich mit der Jugendgeschichte der leitenden Persönlichkeiten in England beschäftigt, erscheint diese Überzeugung wohl begründet. Daß höhere Ehrengrade für den Beginn einer Laufbahn von Nutzen sind, kommt daher, daß die älteren Leute die Überzeugung der Studenten in vollem Umfang teilen. Daß ferner der Erwerb des höchsten Grades wirklich den Beweis für die Fähigkeiten bildet, die für den Erfolg im Leben nötig sind, ergiebt sich in besonderer Weise aus der Art der Prüfung selbst. Für sie ist nicht die Menge von Einzelwissen maßgebend und es ist daher ein Bestehen lediglich durch ein — wenn auch noch so hartnäckiges — Einlernen nicht möglich, sie ist vielmehr eher die Probe auf angeborene, durch verständige Schulung geschärfte Auffassungsgabe. Nur rasche Gewandtheit trägt den Sieg davon und, wie das Sprüchwort sagt, mancher Fuchs mag sterben, die geduldige Schildkröte wird doch die Jagd nicht gewinnen.

Soziale Struktur der Colleges.

Das weitaus am meisten bezeichnende Moment im Universitätsleben ist natürlich die Trennung der Menge der Studenten in Colleges, von denen jedes groß genug ist, um eine ziemliche Zahl von Bekanntschaften zu ermöglichen, und doch nicht so groß, daß der einzelne sich einsam in der Menge verliert. Diese Körperschaften —

in sich geschlossene Gemeinschaften mit gemeinsamen Speisesälen, gemeinsamen Überlieferungen und gemeinschaftlichen Bestrebungen, jedoch ohne einen so strengen Abschluß nach außen, daß Freundschaften außerhalb ihres Bereichs unmöglich wären —, diese Colleges sind es, die der Studienzeit in Oxford und Cambridge ihren Glanz und ihren Einfluß auf die Charakterbildung geben. Die Gefahr, daß ein solches System die Absonderung der Studenten verschiedener Abkunft in Colleges mit einem ausgeprägten sozialen Abstand untereinander zur Folge haben könnte, wird dadurch stark vermindert, daß der größere Teil der Studenten der gleichen Gesellschaftsklasse angehört. Viele von ihnen sind nicht reich, nicht einmal wohlhabend, denn obwohl heute in England Reichtum eine größere Bedeutung für die gesellschaftliche Stellung hat als jemals früher, beruht die Abstufung der Gesellschaft doch keineswegs auf ihm. Die Erbsitte, die den ältesten Sohn bevorzugt, und die schmalen Einkommen der Geistlichen, Offiziere und anderer Berufsstände stehen dem im Wege. In der Tat lehrt die Erfahrung, daß selten ein College für sozial weniger hochstehend gilt als das andere.

Immer haben einige gescheite Jungen durch Freistellen ihren Weg in die Colleges gefunden, obwohl sie in anderer Umgebung geboren waren, doch sind sie nie zahlreich genug gewesen, um etwas an der Tatsache zu ändern, daß der überwiegende Teil der Collegebewohner aus einer einzigen Gesellschaftsklasse stammt. Zwar hat in den letzten Jahren die Zahl der Studenten aus der Mittelklasse und dem Arbeiterstande stark zugenommen; doch aus Sparsamkeitsgründen sind die meisten außerhalb der Colleges geblieben und man nennt sie Nichtangeschlossene (unattached men) oder „Noncollegiate men". Sie ziehen Nutzen von dem Unterricht der Universität, aber entbehren viel von ihrem Gemeinschaftsleben.

Die Universität London.

Den englischen Mittelklassen wird höherer Unterricht hauptsächlich durch die Universität London und die neuen provinziellen Anstalten geboten. Während die Universität London früher ein Prüfungsausschuß war, der Grade verlieh, aber selbst keinen Unterricht erteilte, wurde sie 1898 dadurch umgestaltet, daß eine Anzahl von Colleges und Schulen, wie University College, King's College, Bedford College für Frauen, die Londoner volkswirtschaftliche Schule (London school of Economies), ein halbes Dutzend Theologieschulen und etwa zehn an Krankenhäuser angeschlossene medizinische Schulen mit ihr vereinigt wurden. Die Erteilung von Unterricht wurde ein wesentlicher Teil ihrer Aufgabe und sie selbst eine wirkliche Universität im modernen Sinne. Doch auch nach ihrer

Reorganisation ist die Verschiedenheit der Universität London von Oxford und Cambridge bestehen geblieben. Ihre Leistungen im Unterricht haben unschätzbaren Wert, aber sie strebt nicht danach, ein Gemeinschaftsleben zu entwickeln, wie es für die alten Stätten der Gelehrsamkeit so wesentlich ist. Sie macht auch nicht den Versuch, ihre Studenten in Internate aufzunehmen oder ihr Verhalten außerhalb der Hörsäle und Laboratorien zu überwachen, noch arbeiten die ihr jetzt angehörigen Colleges und Schulen nach dieser Richtung. Meist haben diese im Interesse der Studenten und zu deren gelegentlicher Benutzung ein Studentenwohnhaus (hostel) eingerichtet.

Provinzielle Universitäten.

Eine der auffallendsten Entwickelungen des letzten halben Jahrhunderts war die Entstehung von Universitäten und Colleges in den großen Provinzialstädten. Manchester, Liverpool und Leeds mögen als typisch für die größeren Städte angeführt werden. Im Jahre 1851 wurde Owens College in Manchester eröffnet und nach dem Testator genannt, der es begründet hatte. Zunächst wurde es von den Testamentsvollstreckern nach den Bestimmungen des Testaments verwaltet, später jedoch durch Satzungen von 1870 und 1871 zur Korporation erhoben. Allmählich wuchs die Anstalt. Sie empfing Schenkungen, und 1872 wurde eine medizinische Schule mit ihr vereinigt. Aber ein College ist nicht befugt, Grade zu verleihen, und deshalb wurde 1880 in Manchester die Victoria-Universität mit Owens College als der ersten ihr zugehörigen Anstalt begründet. Die Stiftungsurkunde sah indessen die Aufnahme anderer Colleges vor, und so wurde 1884 das University College in Liverpool, das zwei Jahre vorher eröffnet worden war, angeschlossen. 1887 wurde ferner Yorkshire College in Leeds in die Gruppe aufgenommen. Dieser Dreibund bestand bis zum Jahre 1903, in dem er sich auflöste. Das University College wurde zum Range einer besonderen Universität Liverpool erhoben, die Victoria-Universität unter dem Titel „Victoria-Universität Manchester" und unter Ausschluß von Mitgliedskörperschaften in anderen Städten[1] reorganisiert und schließlich wurde im folgenden Jahre Yorkshire College zur Universität Leeds.

Es gibt jetzt eine beträchtliche Anzahl Universitäts-Colleges in den Provinzialstädten, und in einem halben Dutzend der größten Orte sind sie in Universitäten umgewandelt worden. Da nur diese Grade verleihen können, muß ein für sich bestehendes College entweder zu einer Provinzialuniversität gehören, manchmal zusammen

---

[1] Im folgenden Jahre wurde Owens College durch Gesetz der Universität völlig einverleibt.

mit anderen Colleges in benachbarten Städten, oder es muß seine Studenten für die Prüfungen der Universität London, die immer noch Grade an Personen, die auswärts studiert haben, verleiht, vorbereiten. Die Zahl der Studenten an den Universitäts-Colleges und den Provinzialuniversitäten, in die sie umgewandelt worden sind, beläuft sich für die am Tage stattfindenden Vorlesungen auf einige hundert bis über tausend, während die Zahl der Besucher der Abendvorlesungen oft noch viel größer ist. Hierbei muß jedoch darauf hingewiesen werden, daß der Bruchteil der Studenten, der einen Lehrgang ganz durchmacht und einen Grad erwirbt, selbst unter den Besuchern der Tagesvorlesungen auffallend gering ist.

Zuschüsse für Universitäten aus öffentlichen Mitteln.

Trotz ihrer hohen Stiftungsvermögen bedürfen Oxford und Cambridge sehr größerer Mittel, die sie mit begrenztem Erfolg von den Inhabern der von ihnen verliehenen Grade zu erlangen versuchen. Sie erhalten keine Beihilfe aus öffentlichen Mitteln. Dagegen werden die Provinzialuniversitäten und Universitäts-Colleges, da sie für die Ausbildung der breiteren Volksschichten bestimmt sind, von der Staatsregierung wie von den Kommunalverbänden unterstützt, trotzdem sie bisweilen nicht unerhebliches eigenes Vermögen besitzen. Die Zuschüsse der Staatsregierung werden teils von dem Unterrichtsressort bewilligt, und zwar für Kurse in technischen Wissenschaften und für die Ausbildung von Lehrern, manchmal auch teilweise von dem Landwirtschaftsministerium für landwirtschaftlichen Unterricht und teilweise in der Form von unmittelbaren Zuschüssen des Schatzamts. Die letzteren belaufen sich auf 1000 bis 4000 £ jährlich und werden meist nach dem Einkommen der Anstalt aus anderen Quellen berechnet.[1] Die Zuschüsse der Lokalinstanzen werden nach Maßgabe des Gesetzes von 1902 zur Unterstützung jedes Unterrichts in anderen als Elementarfächern bewilligt, und da ist ihr Betrag sehr verschieden. Sie werden von den Grafschafts- und Gemeinderäten geleistet, in deren Bezirk die Universität liegt, und in kleineren Beträgen von denen der Nachbarorte, deren Bevölkerung von dem Unterricht Nutzen zieht. Die Beihilfen, die auf diese Weise bewilligt werden, sind oft hoch. So erhielt 1905 die Universität in Liverpool von der Stadt 10000 £ außer einer besonderen Beihilfe bestehend in einem Gebäude mit Grundstück im Werte von 30000 £, während sie von anderen benachbarten Stadträten noch 2300 £ empfing. In dem gleichen Jahre erhielt die Universität in Leeds

[1] Die Universität in London erhält 8000 £ außer den Zuschüssen des Schatzamts für drei ihr angehörige Colleges.

mehr als 15000 £ jährliche Zuschüsse aus ähnlichen Quellen, Sheffield etwas mehr, Birmingham 7000 und Manchester etwa 6000 £.[1]

Ziele der Provinzialuniversitäten.

Die Provinzialuniversitäten sind in Ziel und Lehrmethode ganz verschieden von Oxford und Cambridge. In vielen Punkten gleichen sie mehr den schottischen Universitäten und — zweifellos infolge einer Ähnlichkeit der Verhältnisse — den Universitäten in Amerika, besonders den neueren und kleineren. Hauptsächlich sind sie keine Zusammenfassungen von Colleges und streben nicht danach, gemeinschaftliches Leben in einer akademischen Korporation zu entwickeln, was für Oxford und Cambridge das bezeichnende Moment darstellt. Die Universität in Durham, die früher als die anderen gegründet wurde, war zwar ursprünglich nach dem Vorbild von Cambridge eingerichtet worden und sie beherbergt noch jetzt ihre Studenten in einem College und einer „Hall". Aber die typischen Provinzialuniversitäten scheinen nur deshalb manchmal Studentenwohnhäuser zu besitzen oder zuzulassen, um einigen wenigen Studenten eine Annehmlichkeit zu verschaffen, nicht aber zur Förderung gemeinschaftlichen Lebens.

Der Stand des allgemein-wissenschaftlichen Unterrichts ist nicht so hoch wie in Oxford oder Cambridge, vielmehr wird die unmittelbare praktische Nützlichkeit stärker betont. Auf den Provinzialuniversitäten besteht gemeinschaftlicher Unterricht für beide Geschlechter[2] und in der philosophischen Fakultät sind die Frauen stark vertreten und übertreffen an Zahl häufig weit die Männer. Die anderen Fakultäten, wie Rechtswissenschaft, Medizin und angewandte Naturwissenschaften oder Ingenieurwissenschaft dienen in ausgesprochener Weise der beruflichen Vorbildung und umfassen zusammengenommen in der Regel eine sehr viel größere Zahl von Studenten als die philosophische Fakultät.

Die Lehrmethoden.

Wie Oxford und Cambridge verleihen die Provinzialuniversitäten gewöhnlich einen einfachen Universitätsgrad und einen Ehrengrad, der höhere und mehr spezialisierte Leistungen voraussetzt. Aber in den Lehrmethoden ist eine bezeichnende Richtung zu beobachten. Bei der alten Universität ist die Prüfung die Hauptsache und der

---

[1] Für das mit dem 31. März abschließende Rechnungsjahr 1904 bewilligte der Londoner Grafschaftsrat der Universität in London 10000 £ und für die zugehörigen Colleges noch 3762 £ 10 s.

[2] In Oxford und Cambridge bestehen Colleges und Halls für Frauen, sie stehen jedoch in keiner offiziellen Beziehung zur Universität. Ihre Mitglieder werden zu den meisten Vorlesungen und Prüfungen zugelassen und erhalten im Fall des Bestehens der letzteren Zeugnisse, jedoch keine Grade.

Besuch der Vorlesungen ist — wenigstens vom Gesichtspunkt des Studenten aus betrachtet — eine freiwillige Arbeit, deren Nutzen in der Vorbereitung auf die schließliche große Probe besteht. Andererseits wird auf den Provinzialuniversitäten von dem Studenten der Besuch einer bestimmten Anzahl von Kursen verlangt, und wenn auch die fleißige Arbeit in diesen nicht wie in Schottland und Amerika das Haupterfordernis für einen Universitätsgrad ist, sondern besondere Prüfungen unter Teilnahme von Universitätslehrern aus andern Orten stattfinden, so besteht doch offenbar eine Strömung, die dahin geht, den Grad, und zwar vielleicht vorzugsweise den einfachen Grad, von besonderen Lehrkursen abhängig zu machen. Kurz, es scheint die Neigung vorzuliegen, den Unterricht zur Hauptsache zu erheben und mehr über einen Kursus als über einen Gegenstand zu prüfen, eine Entwickelung, die mehr auf eine Förderung des Einzelwissens als der allgemeinen geistigen Schulung hinauskommt.

Auch die Art der Verwaltung zeigt Spuren von Ähnlichkeit mit der in Schottland und Amerika herrschenden. In Oxford und Cambridge steht die Befugnis, Satzungen zu erlassen, einer Versammlung der Inhaber von Universitätsgraden zu, die auf Grund der Bezahlung einer kleinen Gebühr ihre Namen im Verzeichnis führen lassen. Die Leitung der laufenden Geschäfte liegt tatsächlich in der Hand einer weniger zahlreichen aus bestimmten Amtsinhabern der Universität und der Colleges gewählten Körperschaft. Der Kanzler, dem Namen nach das Haupt der Universität, ist gewöhnlich ein Mitglied des hohen Adels, und war früher wichtig als ihr Schutzherr, während er jetzt, was die innere Verwaltung der Anstalt anlangt, mehr dekorative Bedeutung hat. Der Vizekanzler, der zu seiner Vertretung im Falle der Abwesenheit befugt ist, hat in Wirklichkeit wenig Einfluß, denn das Amt wechselt häufig den Inhaber und wird üblicherweise nacheinander von den Leitern der verschiedenen Colleges bekleidet. In den Provinzialuniversitäten und -Colleges ist die äußere Form der Organisation im wesentlichen die gleiche mit der Ausnahme, daß die höchste Gewalt nicht den Inhabern der Grade, sondern gewöhnlich einem Verwaltungsrat zusteht, einer zahlreichen Körperschaft, deren Milglieder auf die verschiedenste Weise berufen werden. Einige sind amtliche Persönlichkeiten, einige werden auf verschiedene Art für Lebenszeit berufen, andere als Vertreter des Lehrkörpers, des Stadtrats oder anderer Körperschaften gewählt und einige erwerben die Mitgliedschaft durch Stiftungen oder jährliche Beihilfen. Aber ebenso wie

Die Verwaltungsorganisation.

in den schottischen und amerikanischen Universitäten gibt es einen dauernden Verwaltungschef. Dies ist der Vizekanzler oder „Prinzipal“, der dadurch, daß er seine Stellung für eine unbestimmte Zeit inne hat, in der Lage ist, die Grundzüge der künftigen Entwickelung festzulegen und so einen großen tatsächlichen Einfluß auf das Geschick der Anstalt zu gewinnen.

Die Ähnlichkeit der Provinzialuniversitäten mit den schottischen und amerikanischen Universitäten folgt vielleicht daraus, daß sie wie jene für die große Masse des Volkes bestimmt sind; und sicherlich sind sie ein passender Schlußstein für das neu errichtete Gebäude der Volkserziehung in England.

Fünfzigstes Kapitel.

Schulwesen in Schottland.

Das dauernde Bedürfnis nach Sondergesetzen für Schottland ist deutlich aus der Geschichte der öffentlichen Schulen an beiden Ufern des Tweed zu ersehen. Die Schotten betraten die Bahn der Volkserziehung einige Jahrhunderte früher als die Engländer, und auch im Wechsel der letzten vierzig Jahre sind sie an die Spitze geblieben. Und was noch mehr ist, ihr System hat von Anfang an bis zu einem Grade nationalen Charakter gehabt, wie es in England noch jetzt nicht erreicht ist.

Ältere Schulgeschichte

Nach der Einziehung der Kirchenländereien in der Reformationszeit wurden, besonders von der Geistlichkeit, zahlreiche Versuche unternommen, im ganzen Königreich Schulen für die breite Masse des Volks einzurichten. Es ergingen Gesetze, welche die Erhebung von Kommunalabgaben für diesen Zweck für zulässig erklärten, doch wurde bis zu der Revolution des 17. Jahrhunderts das Ziel nur zum Teil erreicht. Schließlich wurde 1696 ein Gesetz erlassen, welches das System der schottischen Volksschulen schuf. Es veranlaßte die Erbangesessenen (heritors), d. h. die Inhaber von „freeholds“ und die Grundeigentümer zusammen mit dem Pfarrer jedes Kirchspiels ein Schulhaus und das Gehalt für einen Lehrer zu beschaffen und die Kosten durch Erhebung einer Kommunalabgabe zu bestreiten. Auf diese Weise wurde schließlich in jedem Kirchspiel des Landes eine Schule errichtet.

Die Kirchspielschulen.

In den auf Grund des Gesetzes von 1696 errichteten Schulen wurde der Lehrer von den Erbangesessenen und dem Pfarrer des Kirchspiels gewählt, doch wurde er nach einem durch Gesetz von 1803 festgelegten Grundsatz von dem Presbyterium, d. h. von den Pfarrern und Kirchenältesten des Distrikts bestätigt und beaufsichtigt und mußte das Glaubensbekenntnis und die „Formeln“ der schottischen Kirche unterschreiben. Die Schulen standen also unter der Aufsicht der Landeskirche, doch ergab sich hieraus nur selten ein Anlaß zu Reibungen. Im Jahre 1829 veranlaßte die Generalsynode der Kirchen die Lehrer, römisch-katholischen Kindern keinen Unterricht wider Willen der Eltern oder Priester aufzuzwingen, und sogar die Gründungsurkunden der von der Kirche selbst errichteten Schulen enthielten eine Gewissensklausel (conscience clause). Die Streitigkeiten der presbyterianischen Kirchenabteilungen drehten sich um Dinge, wie das Recht zur Besetzung der Stellen, nicht aber um Glaubenssachen, und selbst als in der Mitte des 19. Jahrhunderts viele konfessionelle Schulen entstanden, wurde in den meisten Teilen des Landes die Auswahl der Schule durch die Eltern — einschließlich Angehörige der bischöflichen Kirche und Katholiken — sehr wenig dadurch beeinflußt, zu welcher Religionspartei sie gehörten.

Der Lehrer wurde auf so lange Zeit ernannt, als er sich seines Amtes würdig zeigen würde, „ad vitam aut culpam“, wie man sagte, und während dies insofern nachteilig war, als dadurch dienstunfähig gewordene Leute in ihrer Stellung gehalten wurden, gab es doch, ebenso wie bei der Pfarrgeistlichkeit, ein Gefühl der Sicherheit und des ruhigen Besitzes, das in der Frühzeit, bevor der Lehrerberuf ein Gegenstand des Wettbewerbes wurde, seinen Wert gehabt haben muß.

Ihr Wesen. Die Kirchspielsschulen waren keineswegs ausschließlich für das arbeitende Volk bestimmt. In ihrem zweiten Bericht führte die Kommission zur Untersuchung der Schulverhältnisse in Schottland aus: „Es ist eine Eigentümlichkeit der schottischen Schulen, daß sie schon von ihrer Gründung an von Angehörigen jeden Standes besucht worden sind. . . . Auf ihren Bänken haben sich Kinder aus jeder Lebensstellung zusammengefunden im Wetteifer um Ehren, die sich nur durch bessere Begabung oder höhere Charaktereigenschaften erlangen lassen.“ Ebensowenig waren diese Schulen auf die Elementarfächer beschränkt. Viele Lehrer hatten studiert[1] und setzten ihren Stolz darauf, ihre gescheitesten Schüler für die Universität vorzubereiten. Zwar gingen von jeder einzelnen Schule nur wenige junge Leute zur Universität ab, aber im ganzen war die Zahl der Studenten, die auf Kirchspielschulen oder Schulen ähn-

[1] Dies traf stets zu. Im Jahre 1801 waren 22 % der Lehrer an öffentlichen Volksschulen Inhaber von Universitätsgraden, und bei Berücksichtigung der hohen Zahl von Studenten schottischer Universitäten, die keinen Grad erwarben, muß die Anzahl der Lehrer, die studiert hatten, noch bedeutender gewesen sein.

licher Art vorgebildet waren, doch bedeutend. Die Kommission stellte fest, daß sie in den sechziger Jahren etwa ein Viertel der Studentenschaft überhaupt betrug. Die Bahn zur höchsten Stufe des Unterrichts stand jedem Jungen stets offen und manchmal beschritten sie die Söhne der ärmsten Eltern.

Die Kirchspielschulen reichen nicht aus.

Ein Unterrichtssystem, das für jedes Kirchspiel nur eine Schule und einen Lehrer vorsah, mußte unzureichend werden, je mehr die Bevölkerung zunahm. Dies traf selbst in den ländlichen Distrikten der Ebene zu, wo die Zahl der Schulen sehr bedeutend war, und so wurde denn 1803 ein Versuch gemacht, dadurch eine Besserung herbeizuführen, daß für jedes Kirchspiel, in dem ein Bedürfnis hierfür vorlag, eine zweite oder Nebenschule vorgesehen wurde. Aber auch zwei Schulen zeigten sich bald als keineswegs genügend. Im westlichen Hochland und mehr noch auf den von der Küste weit abliegenden Inseln, wo die Kirchspiele eine große Fläche umfaßten, war der Bestand an Schulen von vornherein völlig unzureichend. Außerdem war das Gesetz von 1696 auf die königlichen Städte (royal burghs) nicht anwendbar, und obwohl auf den Stadtschulen Unterricht in den Elementarfächern und Mittelschulunterricht reichlich erteilt wurde, so standen sie doch fast ausschließlich dem Mittelstande offen und dienten — jedenfalls in späterer Zeit — nicht dem Bedürfnis der Masse der Bevölkerung.

Staatliche Zuschüsse.

Bald nachdem sich das dringende Bedürfnis nach Vermehrung der Zahl der Schulen fühlbar gemacht hatte, und während die Bemühungen, die Lücken durch freiwillige Tätigkeit auszufüllen, rüstig fortschritten, erfolgten die ersten Zuschüsse des Schatzamts zur Förderung des Baues von Schulhäusern. Auf Grund dieser Anregung wuchs die Zahl der konfessionellen Schulen schnell an und ihr Fortschreiten wurde noch durch die Spaltung innerhalb der Landeskirche und die Bildung der Freikirche (Free Church) gefördert, die das Land mit ihren Schulen bedeckte. Gegen Mitte des Jahrhunderts übertraf die Zahl der konfessionellen Schulen die der Kirchspielschulen, während Schulen, die durch jährliche freiwillige Beiträge erhalten wurden, Privatschulen und andere, nicht den Kirchspielschulen zuzuzählende Anstalten, zahlreicher waren als jede dieser beiden Arten von Schulen. Trotzdem war der Bestand an Schulen noch nicht ausreichend, besonders in den Städten, im Hochland und auf den Inseln. Im ganzen hatten die Schulen gute Erfolge und der Bericht der Kommission für Schottland steht in dieser Hinsicht in ausgesprochenem Gegensatz zu dem der entsprechenden Kommission für Volksunterricht in England.

Doch beruhte, wie die Kommission hervorhebt, die Praxis der Unterstützung von konfessionellen Schulen auf ganz anderen Grundsätzen als auf dem eines einheitlichen Unterrichtssystems für das ganze Land und stand nicht in Übereinstimmung mit den in Schottland herrschenden Ideen.

Wirkung des revidierten Kodex von 1861.

Der revidierte Kodex von 1861, der den Grundsatz der Beihilfenbemessung nach den Ergebnissen des Unterrichts einführte, ließ die Unterschiede zwischen dem englischen und schottischen Verfahren so deutlich hervortreten, daß sie nicht zu übersehen waren. Sicherlich wirkte er dadurch nützlich, daß er ein bestimmtes Maß des Lehrerfolges gewährleistete, er war jedoch in zwei wichtigen Punkten mit den schottischen Überlieferungen einheitlicher Volkserziehung unvereinbar. Nach ihm erfolgte die Bewilligung der Beihilfen durch das Parlament ausdrücklich zur Förderung des Unterrichts von Kindern der Klassen, die sich durch Handarbeit ernähren, während in Schottland, wo alle Kinder auf dem platten Lande zusammen zur Schule gingen, ein Versuch, sie auf einer derartigen Grundlage zum Zwecke der Zuschußbemessung in zwei Arten zu teilen, die Entwickelung hindern und undurchführbar sein mußte. Ferner sah der Kodex vor, daß Zuschüsse nur für das Bestehen von Prüfungen in den Elementarfächern geleistet werden sollten und man folgerte hieraus, daß die Lehrer davon abgeschreckt werden würden, die besonders tüchtigen Schüler für die Universität vorzubereiten, während dies bisher der Stolz ihres Berufs gewesen war. Die Klagen wurden so laut, daß zwar die Aufsicht nach Maßgabe des Gesetzes weiter fortgesetzt, das Verfahren der Beihilfenbemessung dagegen nicht durchgeführt wurde.

Nach Prüfung der ganzen Angelegenheit empfahl die Kommission für das Schulwesen 1867 einen Plan für einen vollständigen Ausbau des Volksunterrichts, der soweit als möglich auf dem nationalen System der Kirchspielschulen beruhen sollte, und wenige Jahre danach wurde dieser Plan dem Gesetz von 1872 zugrunde gelegt. Das Gesetz für Schottland unterschied sich von dem zwei Jahre vorher für England ergangenen in mehrfacher Richtung. Es setzte überall Schulvorstände ein. Dadurch, daß das Gesetz ihnen die Kirchspielschulen übertrug und alle künftigen Baubeihilfen zuwies, legte es ihnen die Pflicht des vollständigen Ausbaues des Volksunterrichts — nicht nur der Ergänzung der freiwilligen Tätigkeit — auf. Da der Unterricht in konfessionellen Schulen in Schottland keine Mißstimmung zur Folge gehabt hatte, gestattete das Gesetz den Religionsparteien nach Belieben Religionsunterricht zu erteilen, jedoch nach Maßgabe einer Gewissensklausel (conscience clause). Schließlich führte es grundsätzlich den allgemeinen Volksschulzwang ein, wenn auch die Zwangsmittel zurzeit noch nicht völlig ausgebildet waren, und es gab den Schulvorständen die Aufsicht über das Mittelschulwesen wie über den Unterricht in den Elementarfächern.

Das Königreich wurde in Bezirke eingeteilt, die im allgemeinen den Kirchspielen und Städten entsprachen und in jedem Bezirk wurde ein Schulvorstand von den Eigentümern und Inhabern von Grundbesitz mit mindestens vier Pfund Jahresertrag im Wege der Kumulativabstimmung gewählt. Die Schulvorstände hatten nicht nur für die bestehenden Kirchspiel- und Stadtschulen und für solche, die neu gebaut wurden, Sorge zu tragen, sondern auch für alle anderen Schulen die ihnen etwa übertragen werden sollten. Die letztere Bestimmung war keineswegs ohne Bedeutung, denn obwohl die konfessionellen Schulen in gleicher Weise wie die Schulvorstandsschulen ein Recht auf die Beihilfe des Parlaments hatten, wurden sie doch fast sämtlich[1] — mit Ausnahme der der bischöflichen Kirche und den Katholiken gehörigen — in einigen Jahren auf die Schulvorstände übertragen. Durch die folgende Gesetzgebung wurden — besonders hinsichtlich des Schulzwanges — Verbesserungen eingeführt, und durch eine Reihe von Maßnahmen, die 1889 einsetzen, wurde der schottische Anteil der von dem Schatzamt für die örtliche Verwaltung gewährte Beihilfe teilweise dazu verwendet, den Elementarunterricht ganz unentgeltlich zu machen. Auch in der Zentralbehörde trat eine Änderung ein. Als das Gesetz von 1872 erging, wurde zwar für Schottland eine besondere Kommission des Staatsrats eingesetzt, aber die Verantwortlichkeit gegenüber dem Parlament verblieb doch dem englischen Minister. Als nun 1885 ein parlamentarischer Sekretär für Schottland berufen wurde, erhielt er die Leitung des schottischen Unterrichtsressorts und für die dauernde Bearbeitung der Geschäfte wurde ein

[1] 1904 betrug die Zahl der Schulen, die Jahresbeihilfen erhielten, nach den verschiedenen Arten geordnet:

Schulvorstandschulen	2834
Schulen der schottischen Landeskirche	18
„ „ Freikirche	6
„ „ bischöflichen Kirche	66
„ „ römisch-katholischen Kirche	196
nicht konfessionelle Schulen	69
	3189

besonderer Sekretär ernannt. Die Organisation blieb im wesentlichen, wie sie durch diese Maßnahmen geschaffen worden war, und Schottland ist so zu einem wahrhaft nationalen System zurückgekehrt, das völlig dem Geist seiner Überlieferungen entspricht.

Die Stadtschulen.

Die schottischen Lateinschulen führen ihre Geschichte bis in das Mittelalter zurück und sind nach der Reformation durch die sorgsame Pflege der Stadträte kräftig herangewachsen. Als 1867 die Kommission ihren Bericht erstattete, betrug die Zahl der unter unmittelbarer Leitung der Stadträte stehenden Schulen dieser Art sowie der von Treuhänden (trustees), die häufig mit den Stadträten zusammenfielen, verwalteten öffentlichen Akademien sechs- oder siebenundachtzig. Sie waren so verteilt, daß fast jede Stadt in Schottland eine oder mehrere derartige für den Unterricht der Mittelklassen bestimmte Schulen besaß,[1] Ihre Schülerzahl war im Verhältnis zur Bevölkerungsziffer höher als in den anderen Ländern Europas und man nahm an, daß sie der Mehrzahl der englischen Lateinschulen überlegen seien. Freilich war der Unterricht zum großen Teil elementarer Natur, doch erteilten die meisten Schulen allen denen, die es wünschten, wirklichen Mittelschulunterricht, und so stark sie auch besucht wurden, so waren sie doch groß genug, um mehr Knaben aufzunehmen als angemeldet wurden. In den Städten war daher die Mittelschulfrage nicht besonders dringlich.

Das Gesetz von 1872 übertrug die Stadtschulen den neu errichteten Schulvorständen, obwohl diese Körperschaften erst 1878 in vollem Umfange die Befugnis erhielten, die Kosten der Mittelschulen aus den Erträgen von kommunalen Schulsteuern zu bestreiten. 1892 und weiterhin 1896 ergingen Gesetze über die Bewilligung von Beihilfen der Staatsregierung für Mittelschulzwecke. Doch es erübrigt sich, diese Entwicklung im einzelnen zu verfolgen. Es genügt der Hinweis darauf, das in Schottland das Werk der letzten 35 Jahre — von der Kleinkinderschule bis zur Universität — mehr im Ausbau eines bereits in kräftiger Entwicklung befindlichen Systems als in der Schaffung neuer Einrichtungen bestanden hat.

Die Universitäten.

Die schottischen Universitäten bilden im System des Volksunterrichts einen wesentlichen Bestandteil. Da der Bildungsdrang in Schottland weit verbreitet ist, sind sie lange Zeit von Angehörigen aller Volksklassen besucht worden. Die für die Mittelklassen

[1] Mit Ausnahme von 27 scheinen sie alle unter der Leitung der Stadträte gestanden zu haben.

bestimmten Stadtschulen und Akademien, die man als die gegebene Pflanzstätte der Universitäten ansehen sollte, lieferten in den sechziger Jahren weniger als die Hälfte der Studenten, während ein Viertel, wie wir gesehen haben, aus den Kirchspielschulen kam. Die Kosten des Universitätsstudiums waren aber so gering, daß auch die Armen sie erschwingen konnten und tatsächlich stellte auch die Kommission von 1865 fest, daß von den Vätern der zu den philosophischen Fakultäten gehörigen Studenten der vier schottischen Universitäten $19^1/_2$ % Handwerker oder Arbeiter waren. Unter diesen Verhältnissen war es nicht zu verwundern, daß ein Teil des Unterrichts die Grenze des Mittelschulunterrichts nicht überstieg. Seit die Immatrikulation von dem Bestehen eines Examens abhängig gemacht worden ist, hat sich dies geändert, aber auch jetzt noch liegt eine Wahrheit in dem Sprichwort, das die schottischen Universitäten lehren, wie man 1000 £ im Jahr verdient, Oxford und Cambridge dagegen, wie man sie ausgibt.

In finanzieller Beziehung haben sich die schottischen Universitäten die letzten Jahre fast über die Grenzen der Genügsamkeit hinaus zu nutzen gemacht. Außer gelegentlichen Baubeihilfen erhalten sie jetzt von der Regierung zusammen etwa 72000 £ jährlich und 1901 hat Carnegie für sie eine Stiftung von 2000000 £ errichtet, deren Ertrag teilweise zur Bezahlung von Kollegiengeldern, teilweise für technische und allgemein wissenschaftliche Zwecke zu verwenden ist. Wenn sie mit den geringen Einkünften der früheren Zeit auch nicht den gleichen Bildungsstand erzielten, wie ihn die Studenten ohne Grad in Oxford und Cambridge besitzen, so lieferten sie doch viele ausgezeichnete Leute und zählen viele hervorragende Gelehrte auf ihren Lehrstühlen. Reiche Schotten schicken heute ihre Söhne häufiger als früher auf die großen öffentlichen Schulen und Universitäten nach England; doch für die übrige Bevölkerung blieben die schottischen Universitäten das, was sie stets gewesen sind, nationale Einrichtungen und die richtige Ergänzung eines nationalen Unterrichtssystems.

Fünfter Teil.

Die Kirche.

Einundfünfzigstes Kapitel.

Organisation der Kirche.

Wenn eine Abhandlung über Universitäten in einem Werk dieser Art nicht am Platze sein würde, so würde ein Versuch, die vielseitige Betätigung der Kirche von England zu beschreiben, lächerlich sein; und dennoch werden amerikanische Leser leicht so wenig vertraut mit der Stellung der Kirche sein, daß sie ihr Verhältnis zum politischen Leben nicht verstehen. Die folgenden Seiten sind deshalb mit vollkommenster Klarheit darüber geschrieben, daß sie nichts enthalten, worüber sich ein Engländer nicht ganz klar wäre. Ich erhebe hierbei natürlich nicht den Anspruch, die Vorzüge und die Schattenseiten des Systems zu besprechen oder die Abänderungsvorschläge zu würdigen. Ich verfolge lediglich den Zweck, den Aufbau der Kirche so weit klar zu legen, als es zu einem Verständnis ihres Zusammenhanges mit dem öffentlichen Leben der Nation nötig ist; und meine Darstellung betrachtet die Sache unter dem rechtlichen und politischen und nicht dem religiösen Gesichtspunkte.

Charakter der Kirche.

Der Organismus der Kirche ist so gefugt und gegliedert, daß er eine fest zusammengefügte, wenn nicht gar eine zentralisierte Selbstverwaltung in irgend einer Form bedingt; und dennoch haben diese Organe so wenig Macht legislativer oder administrativer Natur und die einzelnen Instanzen sind so unabhängig, daß die Kirche im praktischen Leben mehr einem Beruf als einem Verbande ähnelt. Sie hat ein Parlament, dessen Machtvollkommenheit sich nicht auf ihren Aufbau, ihre Lehre oder ihren Ritus erstreckt und das ohne

Genehmigung der Krone nicht einmal diese Gegenstände besprochen oder beratend tätig sein darf — und diese Genehmigung ist während der 120 Jahre vor der Regierung der Königin Viktoria nicht ein einziges Mal verteilt worden und wird auch jetzt nicht ohne weiteres gegeben. Sie hat Bischöfe und Erzbischöfe, welche sie nicht wählt, deren Befehlsgewalt gegenüber der Geistlichkeit außerordentlich gering ist und die der Regel nach nicht einmal einen Pfarrer maßregeln, strafen oder versetzen können, außer im Wege des gerichtlichen Verfahrens vor weltlichen Richtern, das seinen Abschluß vielleicht vor einem Appellgericht findet, auf dessen Zusammenstellung die Kirche keinen Einfluß hat. In der Tat verdanken die Pfarrer, die die Masse der berufstätigen Geistlichkeit ausmachen, in den meisten Fällen ihre Stellen nicht Geistlichen oder auch nur unbedingt Angehörigen der Staatskirche, und so lange wie sie dem Gesetz gehorchen, wie es vom Parlament beschlossen und durch die Gerichtshöfe ausgelegt ist, sind sie tatsächlich frei von geistlicher Kontrolle. Die Autorität des Bischofs über sie ist mehr moralischer als rechtlicher Natur und nicht stets praktisch geltend zu machen. Und mehr noch, der Pfarrer ist von seinen eigenen Eingepfarrten ebensowenig wie von jemand anderem hinsichtlich seiner Stellung, seiner Bezüge und Akzidenzien abhängig. Dieser Zustand würde kaum bestehen können, wenn nicht die Rechte und Pflichten jedes Gliedes der Körperschaft gesetzlich festgelegt wären, und wirklich ist die Kirche in jeder Richtung streng durch Gesetze gebunden, welche nur durch das Parlament geändert werden können und an die man nicht so leicht rührt.

Erzbischöfe und Bischöfe.

England ist für die Zwecke der Staatskirche in die beiden Provinzen Canterbury und York geteilt, deren jede einen Erzbischof an ihrer Spitze hat. Die erstere, die viel größer ist, ist in 27 Diözesen mit 26 Bischöfen eingeteilt, während der Erzbischof selbst die Diözese Canterbury unmittelbar verwaltet. Die Provinz York ist in derselben Weise in 10 Diözesen eingeteilt und hat neun Bischöfe. Der Form nach wird ein Erzbischof oder Bischof noch durch den Dechanten und das Kapitel gewählt; das heißt durch den Dechanten und die Domherren des Domes, aber der von der Krone ausgehende congé d'élire, der das Wahlrecht verleiht, ist von einem Sendschreiben begleitet, welches die Person bezeichnet, die gewählt werden soll und diese müssen sie wählen, wenn sie nicht arg in die Klemme geraten wollen. Tatsächlich besetzt also die Krone die Stelle oder vielmehr der Premierminister mit Zustimmung der Krone. Wie fast jeder Beamte der Kirche, vom ständigen

Pfarrverweser aufwärts, bekleidet der Bischof sein Amt auf Lebenszeit. Früher saßen alle Bischöfe im Hause der Lords; als aber in der Mitte des letzten Jahrhunderts neue Bischofssitze geschaffen wurden, bestimmte man, daß die beiden Erzbischöfe nebst den Bischöfen von London, Durham und Winchester stets Sitze im Oberhause haben sollten und von den andern nur 21 in der Reihenfolge ihres Dienstalters, so daß es jetzt 11 Bischöfe gibt, die nicht im Hause der Pairs sitzen.[1]

Suffragan-Bischöfe (Weihbischöfe). Außer den gewöhnlichen Bischöfen kann ein Suffraganbischof an jedem von der Krone mit dem Staatsrate für zweckmäßig erachteten Orte angestellt werden. Sein Sitz liegt in einer regelrechten Diözese. Er wird von der Krone aus zwei vom Bischof vorgeschlagenen Kandidaten ausgewählt und ist in der Tat ein Gehilfe im bischöflichen Amt. Er versieht die ihm vom Bischof zugewiesenen Geschäfte, u. a. Einsegnung, Einführung von Priestern und ähnliches, ist aber nicht Mitglied des Oberhauses der Synode und hat keinen Sitz im Hause der Lords. Es gibt jetzt beinahe 20 Weihbischöfe, drei davon in der Londoner Diözese.

Dechanten und Kapitel. Im Range zunächst folgen die Dechanten und Domherren der Dome und Kollegiatkirchen, welche wie Westminster Abtei ein Kapitel ohne Bischof haben. Die Dechanten werden in der Regel direkt von der Krone angestellt, aber bei den Domherren findet sich eine große Buntscheckigkeit, einige von ihnen werden von der Krone designiert und andere von den Bischöfen, während das Kapitel zuweilen das Wahlrecht besitzt. Die Stellung des Dechanten und der Domherren hat sich im Laufe der Zeit eigenartig entwickelt. Sie haben nichts mehr mit der Verwaltung der Diözese zu tun, und andrerseits haben sie die ganze Verwaltung der Kathedrale, bei der der Bischof in Wirklichkeit nicht mehr zu sagen hat, als bei den anderen Kirchen seiner Diözese.

Archidiakone und ländliche Dekane. Die hauptsächlichsten Stützen des Bischofs bei der kirchlichen Lokalverwaltung sind die Archidiakonen und Landdekane, die beide in der Regel von ihm angestellt werden. Die Diözese ist in Archidiakonate eingeteilt und in jeder derselben nimmt ein Archidiakon die Visitationen mit geringer eigener Amtsgewalt vor. Die Archidiakonate sind wiederum in Dekanate eingeteilt, der auf Zeit bestellte Landdekan hat aber nur die Befugnis zu inspizieren und Bericht zu erstatten.

---

[1] Der Bischof von Sodor und Man hat einen Sitz, aber keine Stimme.

Weitaus der größeste Teil der Amtshandlungen der Kirche wird von dem Ortsgeistlichen versehen. Niemand kann mit der Seelsorge betraut werden, bevor er durch einen Bischof als Priester ordiniert ist, dem er den Nachweis seiner religiösen, moralischen und geistigen Befähigung erbracht hat.[1]

Der Klerus.

Aber die Ordination verleiht nur das Recht, ein geistliches Amt zu bekleiden, gerade wie die Zulassung zur Anwaltschaft die Befugnis zur Praxis gibt und das geistliche Amt verdankt er in der Regel nicht einer kirchlichen Instanz, also einem Kirchenbeamten oder einer Kirchengemeinde, sondern einem Patron.

Patronatsrecht (Advowsons).

Fast alle Ortsgeistlichen haben beneficia oder Pfründen (livings) wie sie gewöhnlich genannt werden, inne, deren Vergebung in der Hand einer Person oder einer Mehrheit von Personen liegt und dies Präsentationsrecht nennen die Juristen „advowson“ (Patronatsrecht). Wahrscheinlich hatte seit Alters her der Gründer einer Kirche ab und zu das Recht, die Pfarre zu besetzen. Gewiß ist, daß bei Auflösung der Klöster und der Fortgabe ihrer Ländereien viele Patronate in weltliche Hände gerieten und heutigen Tages steht ungefähr die Hälfte der Pfründen in England unter dem Patronate weltlicher Patrone. Die andere Hälfte wird von der Krone, dem Lordkanzler, den Bischöfen, Dechanten und Kapiteln und den Universitäten oder ihren Kollegien vergeben, wobei der Löwenanteil auf die Bischöfe und Domkapitel entfällt.

Präsentation und Ernennung.

Der Patron hat allerdings kein absolutes Berufungsrecht, er hat nur das Präsentationsrecht, und der Bischof der Diözese kann die Ernennung verweigern, wenn der Kandidat untauglich ist.[2] Der Ablehnungsgrund muß indessen ein persönlicher sein, gegründet auf die Untauglichkeit des Kandidaten, eine Pfarrstelle zu bekleiden. Es genügt nicht, daß er ganz ungeeignet für das in Frage kommende Kirchspiel ist, wenn er nur sonst ein ehrenwerter Mann ist.[3]

---

[1] Ein Diakon wird auf dieselbe Weise ordiniert. Er kann, wie es scheint, alle Funktionen eines Priesters ausüben, ausgenommen die Feier des hl. Abendmahls und das Aussprechen der Absolution, aber er kann keine Pfründe erhalten.

[2] In einigen Fällen hatte ein Patron früher das Recht der Berufung ohne Ernennung durch den Bischof. Solche Pfründen wurden geschenkte Pfründen genannt, aber durch das Pfründengesetz von 1898 wurde das Berufungsrecht in ein bloßes Präsentationsrecht umgewandelt. Wo der Bischof selbst Patron ist, präsentiert er sich natürlich nicht selbst einen Kandidaten und hat die sog. Kollation der Stelle.

[3] Mangelnde Kenntnis der Walischen Sprache ist aber ein ausreichender Ablehnungsgrund für die Pfarren von Wales.

Tatsächlich ist das Ablehnungsrecht kein willkürliches. Die Ablehnungsgründe müssen im Gesetz begründet sein, und im allgemeinen sind sie ziemlich dieselben wie bei der Ordination. Gegen eine unbegründete Ablehnung hat der Kandidat ein Rechtsmittel in Gestalt der duplex querela bei den kirchlichen Gerichtshöfen und der Patron das quare impedit bei den bürgerlichen Gerichten. Aber der gesetzliche Zustand wurde als unbefriedigend empfunden und durch das Pfründengesetz von 1898 wurde eine Anzahl von Ablehnungsgründen spezifiziert und die Berufung an ein aus dem Erzbischof und einem Richter des höchsten Gerichts bestehendes Gericht zugelassen.[1] Tatsächlich kommen Ablehnungen sehr selten vor.[2]

Eigentum am Patronate.

Religiöse Einrichtungen sind sprichwörtlich konservativ und vielleicht aus diesem Grunde hat die allgemeine Neigung, jede Art öffentlicher Gewalt als öffentliches Vertrauensamt zu betrachten, auf die Patronate kaum abgefärbt. Sie werden noch als vererbliches und wie Grundbesitz veräußerliches Privateigentum behandelt. Sie können in die Hände von Nichtangehörigen der Hochkirche, Juden, Türken, Ungläubigen und Ketzern übergehen, die dennoch für die Pfründe präsentieren können, denn abgesehen von den Römisch-Katholischen, wo das Präsentationsrecht gesetzlich von den Universitäten und von Ausländern, wo es durch die Krone ausgeübt wird, ist die Rechtgläubigkeit eines Patrons gesetzlich nicht vorgeschrieben. Die käufliche Erwerbung der Pfarrpräsentation durch einen Geistlichen wurde mit Recht in der ganzen Christenheit als Simonie (nach Simon Magus ihrem Erfinder), als furchtbares Verbrechen behandelt. In England aber wurde das Gesetz früher durch verschiedene Kniffe umgangen und Ausbietungen von Pfarren zum Kauf, öffentliche Auktionen und durch Makler vermittelte Kaufkontrakte, wobei der Preis durch das hohe Alter des Pfründners erhöht wurde, waren tägliche Vorkommnisse. Das Pfründengesetz von 1898 sollte den Verkauf einer bestimmten Pfarrbesetzung verhindern und verbot zu diesem Zwecke die sofortige Rückgabe nach

[1] Die Akte führt speziell körperliche Untauglichkeit, pekuniäre Notlage. schlechte Aufführung, Vernachlässigung kirchlicher Pflichten und käuflichen Erwerb der Präsentation auf. Die Berufung ist zulässig, wenn ein Bischof aus einem dieser Gründe oder aus irgend einem anderen Grunde (z. B. mangelhafte Bildung), abgesehen von Irrlehre, die Ernennung verweigert; und im Berufungstermin entscheidet der Richter über die rechtlichen und tatsächlichen Momente, und der Erzbischof darüber, ob der Sachverhalt, wenn gesetzlich ausreichend, Untauglichkeit bedingt.

[2] Während der fünf Jahre von 1899—1903 kamen im ganzen nur vier Ablehnungsfälle auf Grund dieses Gesetzes vor.

der Präsentation. Aber das Gesetz machte keinen Versuch, echte Verkäufe von Patronaten zu beschränken, es verlangte nur, daß sie registriert wurden und schon im nächsten Jahre wurden 75 Übertragungen verzeichnet, was nur wenig hinter der üblichen Höhe zurückzubleiben scheint.

Gründe für die Präsentation.

Die mit einem Gute verbundene Pfründe wurde als Erbgut eines jüngeren Sohnes betrachtet, eine im Besitz eines Kollegs befindliche Pfründe fiel einem Kollegiaten zu. In der Tat verblaßte früher die gute kirchliche Versorgung der Gemeindeglieder vor dem Wunsche, einem Nahestehenden eine Pfründe zu verschaffen.

Dies trifft heute weit weniger zu und bei Präsentationen werden gewöhnlich die moralischen und geistigen Eigenschaften des Kandidaten gewissenhaft berücksichtigt. Dennoch scheinen die besonderen Bedürfnisse der Gemeinde selten in Betracht gezogen zu werden. Das Kolleg versucht einen verdienten Studenten zu wählen, der beamtete oder weltliche Patron einen ernsthaften Mann; aber hierüber hinaus scheint es in der Regel wenn überhaupt kaum versucht zu werden, die Gemeindeglieder um ihre Ansicht zu fragen oder ihre Verhältnisse zu berücksichtigen. Dies System zeitigt heutigen Tages weit bessere Erfolge als ein Fremder erwarten könnte; denn die Geistlichkeit, besonders die Geistlichkeit der Hochkirche entwickelt große Energie und Hingebung in gemeindlicher und sozialer Arbeit.

Fehlen des Wunsches einer Gemeindewahl.

Auch zeigt sich in den Gemeinden kein allgemeiner Wunsch nach Einführung der Gemeindewahl der Pastoren. Die kürzlich einberufene Kommission über Kirchenzucht erhielt allerdings eine Denkschrift einer Anzahl von Kirchenvorstehern aus Manchester, die sich dafür aussprach, vor der Berufung eines Geistlichen die Zustimmung der Kirchspielversammlung einzuholen. Aber diese Ansicht war wenig verbreitet, was um so überraschender ist, weil in Schottland, nachdem die Frage des Widerspruchsrechts einer Gemeinde gegen die Berufung durch den Patron im Jahre 1843 einen Bruch und die Bildung der Freien Kirche hervorgebracht hatte, die Abneigung gegen das Patronat in der Staatskirche selbst so allgemein wurde, daß es 1874 aufgehoben wurde. Seit dieser Zeit wird der Geistliche von den Kommunikanten und Anhängern der Gemeinde gewählt. In England regelte sich die Sache nicht so einfach. Nur die Kommunikanten zu Wählern zu machen, würde dem Grundsatz zuwiderlaufen, daß die Englische Kirche jedermann zu sich zählt, und in den wenigen Fällen, besonders in London, wo die Gemeindeglieder das Privileg der Pfarrwahl haben, ist das Recht von der alten aus allen Steuerzahlern bestehenden Kirchspielsversammlung ausgeübt worden. Dies hat sich nicht gut bewährt, denn da viele Steuerzahler sich nicht um die Kirche kümmern und selbst ihr gar nicht angehören brauchen, haben Versuche ihre Stimmen durch Traktieren oder andere wenig schöne Mittel zu erhalten, zu Zeiten Ägernisse verursacht. Wenn eine Gemeinde keine Stimme bei der Wahl des Geistlichen hat, muß natürlich die Kirchenordnung feststehen; und die bloße Tatsache, daß sie durch Gesetz festgelegt ist, macht die Wahl der Persönlichkeit weniger wichtig, besonders da die Predigt nicht entfernt einen so bedeutenden Teil der Amtspflichten eines Geistlichen in der Kirche von England ausmacht wie in den meisten protestantischen Kirchengesellschaften. Aber ehe ich über die Regelung der Kirchenordnung spreche, werde ich zweckmäßig die Lage eines angestellten Geistlichen beschreiben müssen.

Lage der Pfründner.

Inhaber von Pfründen oder Pfründner führen den Titel Rektor, Vikar oder ständiger Kurat; der Rektor bezieht den vollen Zehnten und der Vikar einen Teil davon, während der ständige Kurat ein Einkommen in bar erhält.[1] Aber sie sind alle gleich darin, daß sie Amt und Einkünfte auf Lebenszeit besitzen und beide nur durch Abdankung oder durch den Spruch eines Gerichtshofes wegen geistlicher und sittlicher Verfehlungen verlieren können.[2] Sie verdanken ihre Berufung dem Patronatsbesitzer, sind sie aber einmal berufen, so unterstehen sie weder ihm noch der Gemeinde und sind freie Besitzer ihrer Pfründe aus eigenem Recht. Über zwei Drittel der englischen Ortsgeistlichen sind Pfründenbesitzer, die übrigen Hilfsgeistliche des Pfründners, welcher sie aussucht und bezahlt. Diese Hilfsgeistlichen haben also anders wie die Pfründeninhaber kein dauerndes Anrecht auf ihre Stellungen und müssen auch vom Bischof der Diözese eine Erlaubnis erhalten, die aus irgend einem ihm ausreichend erscheinenden Grunde widerrufen werden kann.[3]

Einheitlichkeit der Kirchenordnung.

Lehre und Kirchenordnung der Kirche von England wurden durch die Synode beschlossen und dann durch Gesetz festgelegt, so daß sie nur durch Parlamentsakt geändert werden können. Die

---

[1] Dies ist heute nicht der gesetzliche Unterschied, denn nach dem Gesetze wird jeder Pfründner, der Trauungen, Taufen usw. abhalten kann, Vikar genannt.

[2] Wenn ein Pfründner durch Alter oder Kränklichkeit verhindert ist, seinen Beruf zu versehen, kann der Bischof auf Bericht einer Kommission von ihm die Bestellung und Besoldung eines Vertreters verlangen und tatsächlich kann er dies stets dann verlangen, wenn die Gemeinde eines Stellvertreters des Pfarrers bedarf.

[3] Jedoch ist die Berufung an den Erzbischof zulässig.

39 Artikel, die die Lehren der Kirche enthalten, wurden 1571 gegesetzlich bestätigt; das jetzige Gebetbuch wurde durch den Act of Uniformity von 1662 genehmigt, während die Kleidung durch die Bekanntmachung von 1566, der Kirchenschmuck durch die Ornaments Rubric und Eduard VI. Gebetbuch von 1549 geregelt ist. Obgleich seitdem so lange Zeit verstrichen ist, sind Veränderungen hierin nur insoweit vorgenommen worden, als die Gesetz von 1871, 1872 und 1880 eine neue Bibeltextauswahl, abgekürzte Gottesdienstformen und Abweichungen von der regelmäßigen Begräbnisliturgie gestatteten. Die meisten Religionsgesellschaften wurden gebildet, um einen Streit um die richtige Lehre zu beenden, ein Dogma als ketzerisch zu brandmarken und damit von der Gemeinschaft der Gläubigen Leute auszuschließen, die ihre Ansichten für rechtgläubig hielten. Die 39 Artikel wollten dagegen weitherzig sein und Raum für weit auseinandergehende Meinungen lassen. In dem Gebetbuch ist aber die Kirchenordnung trotz der in Glaubenssachen gelassenen Freiheit, bis ins einzelne geregelt. „Es besteht die strenge Verpflichtung, die Richtschnur innezuhalten.“ „Keine Auslassung und keine Hinzufügung kann zugelassen werden. Eine Unterscheidung zwischen wesentlichen Bestandteilen und unwesentlichen Beiwerk ist speziell und nachdrücklich ausgeschlossen.“

Sie wird nicht streng durchgeführt.

Die Bestimmungen des Act of Uniformity sind tatschlich von der Geistlichkeit nie genau beobachtet worden, noch hat man seit dem letzten Teil des 17. Jahrhunderts irgendwie planmäßig ihre zwangsweise Durchführung versucht. Bis vor 60 oder 70 Jahren trugen die Abweichungen von den vorgeschriebenen Formen hauptsächlich die Gestalt von Auslassungen und bewegten sich in der Richtung des Zeremoniells der low church[1], aber um diese Zeit herum begann die ritualistische Bewegung, und Kirchengebrauch und Kleidung nach römischem Muster, wie sie sie immer mehr einzuführen bestrebt war, haben in den letzten Jahren viele Leute in der Kirche schmerzlich berührt. Dies hat zu einer Masse von Verfahren vor geistlichen Beamten und Gerichtshöfen zwecks Prüfung der Gesetzlichkeit verschiedener Gebräuche geführt; aber sie haben weder Einheitlichkeit gebracht noch die Mißstimmung gebannt.

Disziplinarverfahren.

Hilfspredigern kann die Erlaubnis für ihre Tätigkeit durch den Bischof entzogen werden und obschon man hiervon nicht stets da

[1] Anm. des Übersetzers: Streng protestantische Kirche im Gegensatz zur high church, der ritualistisch katholisierenden Kirche.

Gebrauch macht, wo Übertretungen des Rituals dies anscheinend gerechtfertigt erscheinen lassen, entstehen doch wirkliche Schwierigkeiten nicht bei ihnen, sondern bei den ständigen Pfarrern. Die letzteren können, abgesehen von wenigen Fällen wie z. B. dem Beginn eines Gewerbebetriebes oder der Aufgabe des Wohnsitzes im Kirchspiel nur durch ein Verfahren auf Grund eines von drei Gesetzen in dem Genuß ihrer Pfründen gestört werden. Diese Gesetze sind das Kirchenzuchtgesetz von 1840, das sich auf schlechte Aufführung aller Art bezieht, das Gesetz über die Regelung des öffentlichen Gottesdienstes von 1870, das nur Kirchenordnung und Kleidung im Auge hat und das Disziplinargesetz für die Geistlichkeit von 1892, das sich nur auf Vergehen gegen die Moral erstreckt. Das Verfahren auf Grund dieser Gesetze ist formell verschieden, hat aber zweierlei gemeinsam. Erstens, daß in Ermangelung einer Einigung zwischen dem Kläger und dem Beklagten darüber, daß die endgültige Entscheidung der Sache durch den Bischof in Person erfolgen soll, der Prozeß in der ersten Instanz oder auf Berufung vor einem geistlichen mit einem weltlichen Richter besetzten Gerichtshofe stattfindet und das letzte Rechtsmittel an den Rechtsausschuß des Staatsrats (Judicial Committee of the Privy Council) geht.[1] Zweitens, daß kein Verfahren ohne Zustimmung des Bischofs eingeleitet werden kann. Beides ist von Bedeutung.

Bedenken gegen einen weltlichen Gerichtshof.

Ein Pfründner ist im Genuß seiner Pfründe durch das Gesetz geschützt. Er kann wegen angeblicher schlechter Aufführung nicht abgesetzt, suspendiert oder auch nur gerügt werden, soweit dies nicht nach den Gesetzen zulässig ist, wie sie in letzter Instanz von einem rein weltlichen Gerichtshof ausgelegt werden; denn obschon die Erzbischöfe und Bischöfe die weltlichen Richter in ihren eigenen geistlichen Gerichtshöfen ernennen[2], werden die Mitglieder des Rechtsausschusses des Staatsrats von der Krone bestellt und die Bischöfe fungieren nur als Beisitzer mit lediglich beratender Stimme. Aber infolgedessen wird die Lehre des Geistlichen, die Kirchenordnung, die er befolgen muß, seine Kleidung und der Kirchenschmuck durch ein

[1] Nach dem Disziplinargesetz von 1892 muß die Geistlichkeit in Fällen, wo ein Geistlicher eines Verbrechens überführt oder gerichtlich schwerer Vergehen schuldig befunden ist, der Bischof sein Amt ohne weiteres Verfahren erledigt erklären.

[2] Nach dem Gesetze über die Regelung des öffentlichen Gottesdienstes von 1874 ist der Richter der zwei Provinzialgerichtshöfe dieselbe Person. Er wird durch die beiden Erzbischöfe vorbehaltlich der Bestätigung durch die Krone ernannt.

weltliches Gericht bestimmt. Es ist oft angeführt worden, daß der Rechtsausschuß des Staatsrats nicht den Anspruch der Kirche zu entscheiden, sondern nur die hierüber handelnden Gesetze auslegen will. Dennoch wird die Tatsache, daß diese Gewalt sich in den Händen weltlicher Richter befindet, von einem großen und wachsenden Teil der Geistlichkeit als Übelstand empfunden. Viele Geistliche gehen so weit, zu bestreiten, daß sie der getroffenen Entscheidung zu gehorchen brauchen; und die neuerliche Kommission über Kirchenzucht hat erklärt, daß unter diesen Umständen die Urteile des Rechtsausschusses praktisch nicht erzwungen werden können. Aber die Entscheidung eines Staatsgerichtshofes über diese Sachen ist, wenn auch nicht unvermeidlich, so doch ein natürliches Ergebnis der bestehenden Verfassung der Staatskirche und erscheint, wie bereits erwähnt, besonders da am Platze, wo die Gemeindeglieder weder bei der Wahl ihrer Geistlichen mitzureden noch einen Einfluß auf die Abhaltung des Gottesdienstes haben.

Wirkung des Vetos des Bischofs.

Infolge des Widerwillens gegen das Gericht, der Abneigung gegen gewissenhafte Übertreter zu Märtyrern stempelnde Strafen und der Furcht, die Meinungsverschiedenheiten auf die Spitze zu treiben, waren die Bischöfe bei Zulassung von Strafverfolgungen zurückhaltend. Sie verließen sich lieber auf ihren Einfluß auf die Geistlichkeit und erstrebten eher ein Kompromiß, anstatt zu versuchen, die Liturgien streng durchzuführen. Jeder Pfarrer verspricht bei seiner Ordination die gesetzlichen Befehle seines Bischofs zu befolgen, und obgleich dies mehr moralisch als rechtlich bindend ist, ist es doch besonders bei den extremen Hochkirchenleuten, deren Gebaren Anstoß erregte, von Bedeutung. Aber wenn auch die Bemühungen der Bischöfe in der Tat einige Erfolge erzielt haben, haben sie doch keineswegs allgemeine Befolgung der Gesetze erreicht. Die Kommission für Kirchenzucht kam zu dem Schlusse, daß das Gesetz über den öffentlichen Gottesdienst für die jetzige Generation zu eng gefaßt und die Organisation des Disziplinarwesens niedergebrochen sei. Sie empfahl daher größere Freiheit in unwesentlichen Dingen und Änderungen im Verfahren und in der Disziplin, die ihrer Meinung nach eine strenge Unterdrückung von ernsteren Überschreitungen möglich machen würden.[1]

[1] Sie befürwortete die Abschaffung des Vetos des Bischofs und ferner, daß in Fällen wo vor dem letztinstanzlichen Gericht eine Frage der Kirchenlehre oder Kirchenordnung nicht durch klare Gesetzessprache entschieden wird, die Entscheidung materiell von einer Versammlung aller Bischöfe getroffen werden solle.

Synode. Den nächsten Anklang an ein Parlament der englischen Staatskirche verraten die Synoden von Canterbury und York. Eine jede besteht aus zwei Häusern, die jedoch nicht immer gesondert tagen. Das Oberhaus besteht aus dem Erzbischof und den Bischöfen der Kirchenprovinz. Das Unterhaus besteht aus den Dechanten der Kathedralen und Kollegiatkirchen, einem gewählten Bevollmächtigten des Kapitels jeder dieser Kirchen, den Archidiakonen und zwei gewählten Vertretern des bepfründeten Klerus jeder Diözese oder in der Provinz York zwei Vertretern jeder Archidiakonie. In den letzten Jahren hat auch ein gewähltes Haus von Laien getagt mit beratender Stimme, aber es hat keine Machtvollkommenheit und ist im Rechtssinn kein Bestandteil der Synode. Die Kirche hat so ein gesetzgebendes Organ, dies ist aber an Händen und Füßen gefesselt, denn es wird von der Krone berufen und vertagt, kann nur die durch königliche „Geschäftsorders" genehmigten Geschäfte erledigen und kein Kirchengesetz ohne vorherige Zustimmung und spätere Publikationserlaubnis der Krone ändern. Außerdem ist ein beschlossenes Kirchengesetz ohne die Sanktion des Parlaments für die Laien nicht verbindlich und kann auch die Landesgesetze, die u. a. den gesamten Gottesdienst und die ganze Liturgie im Gebetbuch decken, nicht abändern.

Zweiundfünfzigstes Kapitel.

Einkünfte der Kirche.

Bis zur Regierungszeit der Königin Viktoria hatte die Kirche von England als solche über ihre Einkünfte und Ausgaben so wenig zu sagen wie über ihre Lehre, ihre Kirchenordnung und die Berufung ihrer Diener. Selbst heute noch ist das ihrer freien Verfügung unterliegende Eigentum beschränkt und kann nur für bestimmte Zwecke verwandt werden; denn die Kirche als solche kann, da sie keine Korporation ist, gesetzlich überhaupt keinen Besitz haben, und die Treuhänder, denen die Ländereien anvertraut sind, sind durch Gesetz für gewisse bestimmte Zwecke bestellt. Aber während die Kirche selbst gesetzlich die Korporationsrechte nicht besitzt, gibt es in ihr eine große Zahl Sonderkorporationen. Nicht allein bildet das Kapitel eines Doms oder einer Kollegiatkirche eine Korporation, sondern jeder Bischof, Dechant, Rektor und Vikar besitzt die Rechte einer Korporation, und sie zählen zu den ältesten dem englischen Gesetz bekannten Korporationen. Als solche besitzen sie Land und Einnahmen ihrer Pfründen auf ewige Zeit. Der Rektor oder Vikar zum Beispiel besitzt so das Pfarrgut oder die Pfründe und die Renten und Zehnten, die zu seiner Stelle gehören. Er hat auch das volle Eigentum an der Kirche und dem Kirchhof, obgleich er diese letzteren für den Gebrauch der Gemeindeglieder im Besitz hat.

Nicht die Kirche ist Eigentümerin, sondern die Pfründner sind es.

Die Einkünfte der geistlichen Pfründner stammen größtenteils aus Grundrenten und Zehnten, und die Ortsgeistlichkeit bezieht weitaus den größten Teil ihres Einkommens aus der letzteren Quelle. Die Zehnten waren ein Zehntel des jährlichen Ertrages des Landes und wurden zur Erhaltung der Religion gemäß der Lehre des Alten Testaments, wie sie durch christliches Herkommen übernommen und durch das Gesetz sanktioniert war, hergegeben. Der Zehnte wurde vom Bruttoertrage der Ernte, der Haustiere und des Geflügels und hier und da vom Nettoertrage der Fischerei und anderer Tätigkeit erhoben. Nun erhoben vor der Reformation viele

Die Zehnten.

Klöster die Zehnten von einem großen Bezirk und stellten dafür Priester für die Gemeindekirchen; und als die Klöster aufgehoben wurden, gingen die Zehnten mit den Stiftsländereien ganz oder teilweise auf die neuen Berechtigten über.[1] In der Regel gingen nur die größeren Zehnten in dieser Weise über, nämlich die auf Heu, Getreide oder Holz, während die kleineren von der sonstigen Ernte, von Tieren usw. dem Pfarrer der Gemeinde blieben, der dann den Titel Vikar führte. Nur durch den Genuß der geringeren Zehnten unterscheidet er sich einerseits von einem Rektor, welcher alle Zehnten erhält und andererseits von einem ständigen Kuranten, der keine Zehnten aber anstelle dessen eine Barbesoldung erhält. 1836 betrug der ganze Jahreswert der Zehnten in England etwas über £ 4000000, wovon drei Fünftel der Gemeidegeistlichkeit, weniger als ein Fünftel weltlichen Pfründenbesitzern, ungefähr ein Sechstel Bischöfen, Dechanten und Kapiteln nnd beinahe £ 200000 Universitäts-Colleges zuflossen. Bemerkt sei, daß diese Zehnten und die Geldzahlungen, in welche sie umgewandelt worden sind, heute nicht als eine Staatssteuer für religiöse Zwecke angesehen werden kann. Sie stellen eine Art von Eigentum dar, wovon fast ein Viertel weder an die Kirche entrichtet noch für ihre Zwecke verwendet wird.

Umwandlung und Ablösung der Zehnten.

Bis 1836 wurde ein großer Teil der Zehnten noch in natura entrichtet, in diesem Jahre bestimmte ein Gesetz ihre fast allgemeine Umwandlung in eine Geldrente namens „Zehntenrente“ (tithe rent-charge). Diese steigt oder fällt jährlich in dem Verhältnis, in dem der Durchschnittspreis von Weizen, Gerste und Hafer der vorangegangenen sieben Jahre zu dem Preise dieser Getreidearten im Jahre 1837 steht. Durch spätere Gesetze wurde die Ablösung dieser Rente durch Zahlung eines Kapitals vorgesehen, aber bei dem ständigen Sinken der Getreidepreise hat man hiervon recht wenig Gebrauch gemacht.[2] Die Zunahme des bebauten Landes im 18. Jahrhundert vergrößerte das Einkommen der Geistlichkeit; aber das Sinken des Getreidepreises während der letzten 60 Jahre und der Umstand, daß die Erträge von Bergwerken und Fabriken und die Hausrente, da sie keinen Landertrag darstellen, keinen Zehnten

[1] Auf diese Weise von Laien erworbene Zehnten nennt man „impropriated“; und die in der Hand einer anderen religiösen Körperschaft als des Pfründenbesitzers befindlichen heißen „appropriated“.

[2] Ein Kommissionsbericht aus dem Jahre 1892 ergab, daß nur $^1/_{205}$ der Zehntenrenten abgelöst worden war; dieser Prozentsatz erhebt sich auf $^1/_{59}$, wenn man die Fälle mitzählt, wo die Rente durch Zusammenfall des Berechtigten und des Verpflichteten in einer Person wegfiel.

entrichten, hat das Einkommen der Kirche im Verhältnis zum Gesamteinkommen der Nation gegen früher verringert.[1]

Königin Annas Gabe.

Vor 200 Jahren war das Einkommen vieler Stellen jämmerlich gering, und die Königin Anna überwies die Erstlinge und Zehnten, welche vom Papste von der Geistlichkeit eingezogen, und von Heinrich VIII. für die Krone in Anspruch genommen waren, an Bevollmächtigte. Der so gebildete Fonds, der noch Königin Annas Gabe genannt wird, wird zur Erhöhung kleiner Einkünfte verwandt. Elf Jahre lang, von 1809—1820, erhöhte das Parlament ihn jährlich um £ 100000 und für die Erleichterung des Loses armer Pfründner ist viel geschehen. Aber diese Bereitstellung von Mitteln sollte und konnte auch wegen ihrer unzureichenden Höhe nicht zum Bau neuer Kirchen genügen und wirklich war das ganze Kirchenwesen merkwürdig unelastisch. Es war auf den Unterhalt der Geistlichkeit in einem ackerbautreibenden und unveränderlichen Gemeinwesen berechnet. Dies machte sich insbesondere nach der Mitte des 18. Jahrhunderts fühlbar, als die Zunahme der nicht zehntpflichtigen Fabriken die Bevölkerung umherwirbelte. Große Städte wuchsen an Orten empor, wo die Geistlichen und Gebäude der Staatskirche nur für ein ländliches Dorf ausreichten und ihr die Mittel fehlten, beide entsprechend zu vermehren. An solchen Orten machten die anderen Religionsgesellschaften mit ihrer weniger starren Organisation reißende Fortschritte. Zur Abhilfe dieses Zustandes wurde 1818 die Kirchenbaukommission gebildet, die vom Parlament eine Million und später eine weitere halbe Million Pfund erhielt.

Die kirchliche Kommission (The Ecclesiastical Commission).

Zu weiteren Schritten führten die Untersuchungen einer 1835 gebildeten Kommission, welche berichtete, daß die Einkünfte der Bischofssitze und einiger Gemeindepfründen außerordentlich ungleich und die der Domkirchen und Kollegiatkirchen übertrieben hoch seien. Infolge dieser Berichte wurden die Einkünfte der Bischöfe durch Gesetz neu geregelt, die Einnahmen der Dom- und Kollegiatkirchen gekürzt und der sich so ergebende Überschuß wurde einer kirchlichen Kommission für die Erhöhung geringer Pfründen und die Neuerrichtung von Pfründen überwiesen.[2] Nach dem ursprüng-

[1] Siehe Eliot, „Staat und Kirche“, 2. Aufl. S. 85. Im Jahre 1891 wurde das Gesamteinkommen der Kirche aus allen Quellen von den Ecclesiastical Commissioners auf £ 57753557 angegeben.

[2] Durch spätere Gesetze wurden alle Ländereien und Zehnten der Bischofssitze und Kathedralen der Kommission überantwortet, die entweder so viel zurückgab, um das gesetzlich festgelegte Einkommen zu erreichen oder die Bezahlung dieses Einkommens übernahm.

lichen Gesetz von 1836 bestand die Mehrzahl der Kommissionsmitglieder aus Laien, aber einige Jahre später wurden alle Bischöfe ebenfalls Mitglieder, so daß die Verwaltung des Fonds tatsächlich in ihren Händen ruht. Die Aufgaben der Kirchenbaukommission wurden späterhin derselben Körperschaft übertragen, deren gute Wirtschaft die Einkünfte der bewirtschafteten Ländereien vermehrte; und so verfügen jetzt in vollkommenem Gegensatz zu dem früheren kirchlichen System die Bischöfe über sehr große Einkünfte, die sie nach ihrem Belieben für kirchliche Zwecke verwenden.[1]

Die Kirche wird nicht durch Steuern erhalten.

Im Anfange des 19. Jahrhunderts bewilligte das Parlament Gelder zur Verbesserung schmaler Pfründen und zur Errichtung neuer Kirchen, aber heutzutage geschieht nichts dergleichen mehr. Die Gelder für solche Zwecke stammen jetzt aus der besseren Ausnutzung des Kirchengutes oder aus freiwilligen Beiträgen. Die Gemeindekirchen werden ebenfalls nicht mehr durch örtliche Besteuerung erhalten, denn, wie bereits gesagt, können Zehnten gegenwärtig nicht als Steuern angesehen werden und Kirchensteuern wurden zu freiwilligen Steuern gemacht. Bis 1868 wurde von der Kirchspielversammlung eine Steuer für Kirchenreparaturen erhoben, in diesem Jahre aber wurde ein Gesetz beschlossen, das, ohne förmlich die Abgabe abzuschaffen, bestimmte, daß kein Zwangsmittel irgendwelcher Art zu ihrer Beitreibung zulässig sein solle. Von da an wurde sie in Wirklichkeit eine freiwillige Spende. Wenn wir also die schwierige Frage der freiwilligen Schulen ausscheiden, kann man behaupten, daß heutzutage die Kirche nicht von der Besteuerung lebt, sondern von den Erträgen ihres Besitzes und von den freien Gaben ihrer Mitglieder.

Entstaatlichung und Beschneidung der Einkünfte.

Man könnte annehmen, daß, wenn die Kirche nichts durch Besteuerung erhält, sie auch nichts durch Entstaatlichung verlieren könne; aber das ist durchaus nicht sicher. Als die Irische Kirche entstaatlicht wurde, wurde der Betrag ihrer Einkünfte, der den Bedarf für ihren eigenen angemessenen Unterhalt in der Zukunft und die Entschädigung für die durch den Wechsel benachteiligten Personen überstieg, zu wohltätigen Zwecken verwendet; und ein ähnlicher Weg könnte in England eingeschlagen werden. Zehnten, die ein Privatrecht auf eine Rente geworden sind, könnten kaum erlassen werden, aber das Einkommen der Dechanten und Domherren und ein Teil des

---

[1] Im Jahre 1904 belief sich die Reineinnahme der Kommission über die an die Bischöfe und Kathedralen gezahlten Summen auf ungefähr $1^1/_3$ Millionen Pfund.

Einkommens der Bischöfe könnte als unnötig für eine freie Kirche angesehen und in andere Kanäle abgeleitet werden; denn obgleich die Einkünfte der Kirche heutigen Tages nicht aus der Besteuerung fließen, so könnten sie doch wenigstens zum Teil als Nationaleigentum angesehen werden, das bisher einem Zweige des Staatsdienstes, nämlich der Erhaltung einer Staatskirche diente. Das Beispiel Irlands bietet den Vertretern dieser Ansicht sicher einen Präzedenzfall.

Die Forderung der Entstaatlichung kommt aus zwei verschiedenen Lagern. Sie wird von vielen Dissenters (nicht zur Hochkirche Gehörigen) laut vertreten und unter der Hand von einigen hochkirchlichen Geistlichen verfochten, die die Kirche der Kontrolle des Staates entzogen zu sehen wünschen. Die ersteren beklagen sich über die Mitgliedschaft der Bischöfe im Parlament; sind der Ansicht, daß die Religion etwas Freiwilliges sein solle und bekämpfen insbesondere eine Staatskirche, die nicht mehr eine Nationalkirche ist und einen großen Teil des Volkes, vielleicht seine Mehrheit, und auch sie speziell nicht umfaßt. Für Wales hat dies viel für sich, weil dort die Dissenters die Glieder der Kirche von England an Zahl bei weitem übertreffen, und tatsächlich hat die Walisische Kirchenentstaatlichung ständig einen Programmpunkt des liberalen Landesverbandes gebildet. Für das übrige Königreich liegt die Sache ferner. Selbst jene Hochkirchler, die gegen die staatliche Herrschaft wüten, fürchten die Einbuße an Nimbus und die mögliche Herabsetzung der Einkünfte. Sie würden für eine Beseitigung der Kontrolle ohne Verminderung der Vorrechte sein; wenn aber die gegenwärtige Generation die Entstaatlichung erlebt, wird sie von der anderen Seite kommen. Sie wird das Werk eines radikalen Parlaments sein und wird wahrscheinlich von einer gewissen Entziehung von Einkünften begleitet sein.

Die Kirche als politischer Machthaber.

Bei solcher Organisation tritt die Kirche natürlich in der Politik nicht als organisierte Körperschaft auf und ist hierzu auch nicht in der Lage. Während die Bischöfe natürlich im Hause der Lords etwas bedeuten und es freie politische Vereine von Geistlichen gibt, ist die Aktionsfähigkeit der Kirche als solche sehr gering. Sie ist zweifellos eine wirkliche Macht im öffentlichen Leben, aber diese Macht ist die eines großen Berufsstandes mit einem starken Interessengemeinschaftsgefühl. Es gibt nicht wenig liberale Geistliche, aber die große Masse der Ordinierten ist der Ansicht, daß die konservative Partei auf Förderung der Interessen der Kirche bedacht ist, und augenblicklich ist der Bund durch den Streit über die Stellung der freiwilligen Schulen noch enger geworden. Eine Staatskirche, der nur ein Teil der Nation angehört, hat ihre Nachteile; daß sie fest an eine politische Partei geknüpft ist, ist vom Übel. Nichtsdestoweniger hat die englische Kirche dem politischen System Festigkeit verliehen. Durch geringeren Appell an das gärende Element eines Volksglaubens hat sie zur Abwehr des Fanatismus beigetragen und so einen festigenden Einfluß auf den Lauf der politischen Ereignisse gehabt. Ihr Missionswerk unter den Armen, das von der Hochkirchgeistlichkeit mit besonderem Eifer betrieben wird, hat die Bestrebungen gefördert, die alle Klassen in nähere Fühlung miteinander gebracht haben, während gerade ihre Dezentralisierung sie davor behütet hat, offiziell eine Haltung einzunehmen, die zur Absplitterung der geistlichen und weltlichen Mitglieder führen würde, die mit ihrer Politik nicht einverstanden sind. Kurz die Tatsache, daß sie eine Staatsinstitution ist, und ihre Organisationsform haben es verhindert, daß sie zu einer politischen Sekte wurde.

Dreiundfünfzigstes Kapitel.

Der Freikirchenbund.

Seit das Reformgesetz von 1832 den neuen Fabrikstädten, in denen ihr Einfluß groß war, Parlamentssitze gewährte und das Wahlrecht innerhalb der Mittelklasse, auf der ihre Hauptstärke beruhte, ausdehnte, haben die Nichtstaatskirchler (Dissenters, Nonconformistes) stets eine große politische Rolle in England gespielt. Sie waren in der Regel Liberale und manchmal Radikale extremster Observanz und beanspruchten in der Geschichte des 19. Jahrhunderts einen hervorragenden Platz. Aber obgleich sie in der Hauptsache in politischen Fragen gleicher Meinung waren und obgleich ihre Führer und selbst ihre Geistlichen sich häufig lebhaft ins politische Leben stürzten, sind sie mehr als einem gemeinsamen Impulse gehorchende Einzelne, als ein organisiertes Heer. Die Nonkonformisten waren in der Tat in viele religiöse Gemeinschaften gespalten, die oft, wenn überhaupt, nur wenig in Lehrfragen auseinandergingen, sich aber in geschichtlicher Entwickelung, in der Form des Gottesdienstes und in der Art des Kirchenregiments scharf voneinander unterschieden. Hierher gehören die Kongregationalisten, die Baptisten, die Presbyterianer, die verschiedenen Methodistenspielarten und die Quäker. Neuerlich haben sich diese Gemeinschaften und einige andere fester zusammengeschlossen, und eine mächtige Organisation für gemeinsame Zwecke geschaffen.

Bildung des Nationalrats.

Teilweise veranlaßt durch die aggressive Haltung der Englischen Kirche wurde 1890 ein nonkonformistischer Kirchenkongreß angeregt. Der Vorschlag führte zu einem Kongreß in Manchester im November 1892 und zu einem weiteren in Leeds im März 1894, und als der letztere auseinander ging, waren die Fundamente ziemlich fertig. Es war eine regelrechte Organisation beschlossen worden und örtliche Kirchenausschüsse, die alle die verschiedenen evangelischen freikirchlichen Sekten in einer Stadt oder einem Bezirk umfaßten, hatten angefangen sich zu bilden. Diese vermehrten sich äußerst schnell. 1894 gab es nicht mehr als ein Dutzend, im nächsten Jahre waren es einhundertunddreißig; drei Jahre darauf fünfhundert und so weiter, bis sie 1906 nur um drei hinter neunhundert zurückblieben und tatsächlich ganz England und Wales überschwemmten. Das Freikirchenjahrbuch gibt in der Tat für dies Jahr Zahlen an, die zeigen, daß die religiösen Gemeinschaften des Bundes beinahe ebensoviel Kommunikanten zählen wie die der Kirche von England, während die Zahl der Sitzplätze und der die Sonntagsschulen besuchenden Schüler im Bunde bei weitem größer ist.

Seine Verfassung. Wie andere englische Verbände hält der Kongreß, der später den Namen Nationalrat erhielt, alljährlich seine Tagung in einer anderen Stadt ab. Er besteht aus den bereits erwähnten religiösen Gemeinschaften und andern vom Nationalrat zugelassenen evangelischen Kirchen und umfaßt in Wirklichkeit alle evangelisch protestantischen Kirchen des Landes. Um jedoch die Übereinstimmung unter den zugehörigen Elementen zu betonen, vertreten die Delegierten zur Jahresversammlung nicht die verschiedenen Kirchen, sondern die Ortsausschüsse, die ihrerseits aus allen Freikirchen ihrer Bezirke bestehen. Da sich bisher im Nationalrat keine ernsten Meinungsverschiedenheiten ergeben haben, hat es sich nicht als erforderlich erwiesen, in der Bundesverfassung die Zahl der von jedem örtlichen Verbande zu entsendenden Delegierten zu bestimmen und es gibt tatsächlich viele persönliche — geistliche und weltliche — Mitglieder des Rats, die auf Grund eines Jahresbeitrages mitarbeiten dürfen. Ein Präsident und andere Beamte werden alljährlich gewählt; und diese bilden mit den Expräsidenten, fünfzehn Geistlichen und ebensovielen Laien, die vom Nationalrat gewählt werden, sowie einigen zugewählten Mitgliedern den Arbeitsausschuß. Vermittelst des letzteren besitzt der Bund in der Memorial Hall in London eine ständige Vertretung, welche Druckschriften herausgibt, Missionare wie Gipsy Smith und Tolefree Parr aussendet und so auf die gesamten Nonkonformisten des Landes belebend einwirkt.

Ortsausschüsse. Als Zeichen der wachsenden Eintracht unter den nonkonformistischen Gemeinschaften bieten die Ortsausschüsse noch größeres Interesse als selbst die Jahresversammlung. Wie wir bereits gesehen haben, sind diese jetzt so allgemein, daß sie sich fast über das ganze Königreich erstrecken und vereinigen alle die verschiedenen evangelischen Sekten im gemeinsamen Streben nach größerer Kraftentfaltung und Vermeidung von Kraftvergeudung durch Übergreifen ins Gebiet des anderen. Wo diese Idee ganz durchgeführt ist, ist das Gebiet, auf das der Ortsausschuß seine Tätigkeit erstreckt, in Bezirke geteilt, von denen jeder Kirchengemeinschaft je einer als ihre besondere Gemeinde zugeteilt ist. Die Kirche macht sich selbst so viel wie möglich für die religiösen und sozialen Zustände dieses Bezirks verantwortlich, und zu diesem Zwecke besteht unter Beteiligung des Pfarrers und einer Laiengruppe eine Organisation zum Aufsuchen der Parochianen in ihren Häusern. Das Parochialsystem, wie es genannt wird, ist wertvoll zum Herankommen an alle Klassen der Bevölkerung; aber es setzt unbedingtes gegenseitiges Vertrauen und Fehlen jeder Eifersucht unter den Kirchen voraus. Man versuchte nicht die Sekten zu verschmelzen oder ihre Verschiedenheiten untereinander zu verwischen, sondern nur ein freundschaftliches Zusammenarbeiten herbeizuführen; und die Bewegung hat sicher eine herzlichere Kameradschaftlichkeit zwischen den Kirchen und einen häufigeren Austausch der Kanzelredner als jemals zuvor geschaffen. Als die Ortsausschüsse zunahmen, fühlte man das Bedürfnis nach einem Zwischenglied zwischen ihnen und dem Nationalrat. Es wurden daher Bezirksverbände gebildet, die überwiegend aus den Vertretern der Ortsausschüsse bestanden und einen Präsidenten, einen Arbeitsausschuß und selbstverständlich einen Sekretär als Triebfeder des Ganzen besaßen. England und Wales sind in fünfzig solche Verbände gegliedert worden, und so haben die Freikirchen sich eine Organisation nach dem üblichen Muster anderer freier Landesverbände Großbritanniens geschaffen.

Ihr Verhältnis zu den örtlichen politischen Verbänden.

Die moralische Seite, die die Politik hat, und die praktische Betätigung der Religion berühren sich leicht miteinander, und tatsächlich stemmte man sich in der ersten Zeit der Bewegung gegen die Bildung eines Freikirchenrats in Birmingham aus dem Grunde, daß solche Gemeinschaft Gefahr laufen würde, „ein politischer und kommunaler Partei caucus“ zu werden. Diese Befürchtung hat sich sicher nicht ganz erfüllt, und dennoch haben die Ortsausschüsse vom ersten Augenblick tätigen Anteil an den Wahlen für kommunale Körperschaften genommen. In einem von dem Sekretär des Nationalrats herausgegebenen Handbuch „Die Aufgaben eines Freikirchenrats“, wird es als äußerst wünschenswert bezeichnet, daß mit aller Kraft dahin gewirkt werde, Vertreter der Freikirche in die verschiedenen öffentlichen Körperschaften eines Ortes zu entsenden. Allerdings wird der Vorbehalt gemacht, „daß wir nicht für eine bestimmte politische Partei eintreten, sondern in erster Linie des öffentliche Wohl und in zweiter Linie die angemessene Vertretung des Freikirchentums erstreben, auf die wir nach unserer Zahl begründeten Anspruch machen können.“ Es sind in dem

Handbuch Anweisungen für das Vorgehen bei den Wahlen gegeben; und in den Jahresberichten des Landessekretärs finden sich häufige Hinweise auf die erfolgreiche Tätigkeit, die bei Kommunalwahlen von den Ortsausschüssen und den Verbänden in den verschiedenen Teilen des Landes entfaltet wird.

Die Unterrichtsfrage und die allgemeine Landespolitik.

Wenn auch die Freikirchenräte natürlich liberale Kandidaten zu unterstützen geneigt waren, war ihr Auftreten doch nicht streng vom Parteigeist beherrscht; aber der Kampf über das Unterrichtsgesetz von 1902 trieb den ganzen Bund endgültig in die Arme der Parteipolitiker. Nach Annahme des Gesetzes verlangten die Jahresversammlungen tatsächlich die Abschaffung der aus öffentlichen Steuermitteln unterhaltenen freiwilligen Schulen und der Bund wurde für die nächsten allgemeinen Parlamentswahlen auf Kriegsfuß gesetzt. Der Bericht für 1905 bedauerte, daß dies notwendig geworden sei und äußerte sich dahin, daß der Bund eine Bewegung für geistige Güter sei und sich an der gewöhnlichen Politik nicht beteiligen dürfe, daß aber die Lage eine außergewöhnliche sei und außergewöhnliche Maßnahmen erfordere. Es wurde daher eine besondere Abteilung für Wahlarbeit geschaffen; die Ortsausschüsse wurden zu größerer Betätigung angespornt; Flugblätter wurden herausgegeben, die Nonkonformisten wurden angehalten, sich in die Wählerliste eintragen zu lassen; viele der hervorragendsten von ihnen wurden veranlaßt, sich als Parlamentskandidaten aufstellen zu lassen und vielfach vom Nationalrat bei Bestreitung der Unkosten der Mandatserringung unterstützt. Auf diese Weise wurden zweihundert Freikirchler, die natürlich auf liberaler Seite standen, aufgestellt, während anderen Kandidaten eine Reihe von Fragen vorgelegt wurde, um sie auf die Schulpolitik des Nationalrats festzulegen.

Die Wahlen von 1906.

Kaum war es unzweifelhaft geworden, daß allgemeine Wahlen nahe bevorstanden, so erließ der Vorstand des Nationalrats ein Manifest, das nicht allein auf die Unterrichtsfrage Gewicht legte, sondern auch auf temperenzlerische Reformen und die Chinesenarbeit in Südafrika hinwies. Das Dokument trug äußerlich nicht den Stempel einer Kundgebung zugunsten der liberalen Partei und eine der brennendsten schwebenden Fragen, die der Vorzugszölle, war darin nicht erwähnt; aber in Wirklichkeit machte der Freikirchenbund die liberale Sache bei den Wahlen zu seiner eignen Sache. Er hielt große Demonstrationsversammlungen in verschiedenen Provinzstädten und kleinere Zusammenkünfte im ganzen Lande ab. Pfarrer nahmen regen Anteil an dem Kampf und sprachen sowohl auf Versammlungen unter freiem Himmel wie in bedeckten Räumen;

und ein halbes Dutzend der bedeutendsten von ihnen unternahm Autofahrten durch das Land und hielten unterwegs Ansprachen an begeisterte Zuhörer. In der Tat gingen Religion und Politik Hand in Hand. Auf Gebetsversammlungen wurden die Leute an die allgemeinen Wahlen erinnert und hier und da brachen sie bei politischen Versammlungen „in heiße Gebete aus". Das Schulgesetz von 1902 hatte ein Gefühl religiöser Unterdrückung ausgelöst und die Freikirchler glaubten für den Herrn und Heiland zu streiten. Nach beendeter Schlacht gaben sie sich der Überzeugung hin, durch ihre Beteiligung am Kampfe den Liberalen zu einem überwältigenden Siege verholfen zu haben.

Politische Aussichten.

Der Nationalrat war zwar in den politischen Kampf gezogen, vertrat aber während des ganzen Kampfes die Ansicht, daß er für religiöse und nicht für politische Ziele kämpfe und hoffte, daß er nur zeitweise ins politische Getriebe hineingeraten sei. Der Bericht für 1906 sagt im Eingang: „Es kann nicht oft genug betont werden, daß die Bundesbewegung zunächst und hauptsächlich für kirchliche Zwecke da ist. Wir hoffen jetzt, daß der Erziehungskonflikt, der uns aufgezwungen war, nun sein Ende erreicht hat und wir leben des frohen Glaubens, daß sich uns große und ungezählte Aussichten auf kirchliche und soziale Betätigung bieten." Aber ein nationaler Verband gerät leichter in die Politik hinein als wieder aus ihr heraus. Gleich dem Löwen, der Blut geleckt hat, bekommt er leicht einen dauernden Appetit. Der Schulstreit ist nicht zu Ende, und wenn sich die Politik nach seinem Abschluß nicht etwa um eine große wirtschaftliche Frage drehen sollte, werden sich vielleicht andere Fragen der Moral und Religion finden, die die Gemüter der Nonkonformisten stark erregen werden. Es ist deshalb nicht ausgeschlossen, daß der Bund noch viele Jahre lang eine lebhafte Rolle im politischen Leben spielen wird.

Sechster Teil.

Das Reich (Empire).

Vierundfünfzigstes Kapitel.

Bestandteile des Reichs.

Gegensatz zu dem römischen Reich.

Englische Schriftsteller vergleichen gern das Römische Reich mit ihrem eigenen und in vieler Hinsicht ist die Ähnlichkeit auffallend. Aus kleinen Ländern wurden beide zu weiten Ländergebieten, brachten ihre aufgeklärte Verwaltung, ihre Achtung vor dem Recht, allmählich auch ihre eigene Rechtsauffassung und schließlich einen Frieden und eine Ordnung mit sich, die man sich in England gewöhnt hat, unter Nachbildung des römischen Ausdrucks als Pax Britannica zu bezeichnen. Aber wenn auch die Ähnlichkeit groß ist, so sind doch die Unterschiede nicht weniger hervortretend. Die römischen Besitzungen lagen in unmittelbarem Zusammenhang und erstreckten sich von den Küsten des Mittelmeeres nach allen Himmelsgegenden; ihre Nachbarn befanden sich auf Armeslänge entfernt am äußersten Grenzrand; kein mächtiger Staat schob sich zwischen die verschiedenen Teile des Reiches. Überdies wohnten in den unter römischer Herrschaft stehenden Ländern alle Rom am meisten bluts- und kulturverwandten Völker und sie bildeten die Hauptmasse seiner Untertanen, denn Rom regierte keine gewaltig große in Rasse wie in Farbe ganz verschiedene Bevölkerung. Es war daher imstande, einem großen Teil seiner Herrschaftsgebiete die eigenen Wesenszüge unauslöschbar einzuprägen.

Geographie des Britischen Reichs.

Zu all diesem steht das Britische Reich in scharfem Gegensatz. Die englischen Kolonien sind fast in jeder bewohnbaren Breite über die ganze Oberfläche der Erde verstreut, und es gibt kaum zehn aufeinanderfolgende Längengrade, wo es nicht Fuß gefaßt hätte

Einschließlich Ägyptens liegen seine sechs wichtigsten Besitzungen in fünf verschiedenen Weltteilen und lassen sich nur durch lange Seereisen erreichen. Außerhalb der Britischen Inseln mit ihren hundertundzwanzigtausend Quadratmeilen besitzt es in Europa weiter kein Land von anderer als militärischer Bedeutung, aber es besitzt beinahe vier Millionen Quadratmeilen in Nordamerika, etwa ebensoviel in Afrika[1], über drei Millionen in Australien und beinahe zwei Millionen in Asien, neben unzähligen hier und dort auf der Weltkarte erscheinenden Inseln und kleinen Küstenstrecken.

Zahlenmäßiges Verhältnis der Rassen.

Die Bevölkerung des Reiches ist so buntscheckig wie seine Gestaltung auf der Erdkarte. Nur ein kleiner Bruchteil ist europäischen Ursprungs, und dieser Bruchteil ist weit kleiner als er vor hundertundfünfzig Jahren war, denn durch die Annexion von weitläufigen Landstrichen hat sich die Zahl der Asiaten und Afrikaner unter britischer Herrschaft enorm vermehrt, während die Leute europäischer Rasse in den Kolonien nur ungefähr viermal so zahlreich sind wie zu jener Zeit. In der Tat ist das ziffernmäßige Verhältnis der Leute europäischer Herkunft im übrigen Reiche zu den Bewohnern der Britischen Inseln wenig, wenn überhaupt, günstiger als es 1775 war. Der Abfall der amerikanischen Kolonien hinderte England nicht, wie damals manche glaubten, ein großes Reich zu errichten, hat aber dies Reich bisher daran verhindert, überwiegend angelsächsisch zu sein. Nach der letzten Volkszählung besaßen die britischen Herrschaftsgebiete, Ägypten und den Sudan mit eingerechnet, eine Gesamtbevölkerung von ungefähr vierhundertundzwanzig Millionen; hiervon entfallen auf Leute europäischer Abstammung ungefähr vierundfünfzig Millionen; auf afrikanische Stämme aller Art von Ägypten bis zum Kap einige zweiundsechzig Millionen; den Rest bilden Chinesen, Singhalesen, Malaien und Urbewohner verschiedener Spielarten.

Verteilung der europäischen Elemente,

Von den vierundfünfzig Millionen Seelen europäischen Stammes leben einundvierzig und eine halbe Million in dem Vereinigten Königreich und nur etwa zwölf und eine halbe Million auswärts. Auch nehmen diese letzteren nicht mit solcher Schnelligkeit zu, daß es wahrscheinlich wäre, sie könnten das Mutterland bald überholen. Wenn die Bevölkerung sich im Vereinigten Königreich, in Britisch Nordamerika und in Australien weiter in gleichem Maße sich vermehrt wie in den zehn Jahren vor der letzten Volkszählung, so würde die europäische Bevölkerung aller Kolonien zusammen noch etwa

[1] Einschließlich Ägyptens und des Sudans.

zwei Jahrhunderte lang die der Britischen Inseln nicht erreichen. Natürlich wird der Prozentsatz der Bevölkerungsvermehrung nicht unverändert bleiben und alle solche Berechnungen haben eigentlich nur insofern Bedeutung, als sie zeigen, daß das Vereinigte Königreich noch für unbestimmbare Zeit alle anderen englisch sprechende Staaten des Reiches an Bedeutung überragen muß.

und der englisch Redenden.

Überdies sind die zwölf und eine halbe Million Seelen europäischen Ursprungs in den Kolonien durchaus nicht sämtlich britischer Herkunft. Abgesehen von Strömen fremder Einwanderer, die bald mit dem Volke, unter dem sie leben, vermischt und ihm ähnlich geworden sein werden, gibt es gewisse alte Bestände ursprünglicher Ansiedler oder Ureinwohner wie die französischen Kanadier, die Kapholländer und die Malteser, die ihre Sprache und ihre Überlieferungen noch nicht verloren haben. Sie zählen ungefähr zwei und eine halbe Million, so daß nicht viel mehr als zehn Millionen englisch sprechender Untertanen übrig bleiben. Abgesehen vielleicht von Südafrika werden diese Bestände fremder europäischer Rassen kaum ernste politische Schwierigkeiten hervorrufen; aber sie werden auch kaum verschwinden. Während der letzten paar Jahre hat man allerdings versucht, das Englische in Malta mehr einzubürgern, und da Malta hauptsächlich eine britische Garnison ist, kann das Experiment vielleicht gelingen. In Kanada andererseits könnte so etwas nie versucht werden. Dort sitzen die Franzosen in einer Anzahl von mehr als anderthalb Millionen meistenteils in der Provinz Quebec zusammen und machen vier Fünftel ihrer Einwohnerzahl aus. Sie bilden eine geschlossene Gruppe, halten fest an ihren Überlieferungen und sind deshalb weder in nennenswertem Umfange von ihren Nachbarn aufgesogen noch haben sie sich diese in erheblichem Maße assimiliert. Obgleich fruchtbarer als die Engländer erhalten sie keinen Zuwachs von Einwanderern, indes sie in großer Anzahl über die Grenze in die Industriestädte von Neuengland wandern, und so bleibt ihr ziffernmäßiges Verhältnis zu den englisch Redenden im Dominium fast unverändert das von drei zu sieben.

In Südafrika haben die Entdeckung von Gold und der Burenkrieg eine derartige Lage geschaffen, daß man in den nächsten Jahren kaum voraussagen kann, wie sich die Rassenverhältnisse gestalten werden. Nimmt man die vier Kolonien Transvaal, Oranjefreistaat, Natal und Kapkolonie zusammen, so übertreffen die Holländer die Engländer etwas an Zahl; aber die Rassen sind räumlich mehr durcheinander geworfen und durch weniger einschneidende religiöse Unterschiede voneinander getrennt als Engländer und Franzosen in Kanada. Die Assimilierung des einen Volkes durch das andere erscheint deshalb nicht ausgeschlossen. Nun macht wenigstens in einigen Teilen von Europa die weniger kultivierte Rasse anscheinend Fortschritte auf Kosten ihres Nebenbuhlers, weil sie fruchtbarer ist, zäher an ihrer Sprache und ihren Sitten festhält und weil Mischehen zu ihrem Vorteil ausschlagen. Wenn dies in Südafrika, wo ständige Einwanderung in großem Maßstabe unwahrscheinlich ist, eintreten sollte, kann es mit der Zeit wesentliche Bedeutung für das ziffernmäßige Verhältnis der holländischen und englischen Elemente gewinnen.

Einkünfte.

Ungleich den außerhalb liegenden Teilen der meisten großen Reiche der Vergangenheit, sind die englischen Kolonien nicht tributpflichtig. Jede Kolonie, ob mit oder ohne Selbstverwaltung, erhält sich im allgemeinen selber. Sie steuert nichts zur Reichskasse bei und das Mutterland bestreitet nichts von den Kosten ihrer Verwaltung. Indien unterhält beispielsweise die dort stehenden Truppen und bezahlt sowohl die Gehälter der in seinem Dienste befindlichen englischen Beamten wie ihre Pensionen nach ihrer Verabschiedung; aber wenn dies für England auch von Vorteil sein mag, wird das Geld nur für die indische Verwaltung und im Prinzip wenigstens für indische Zwecke ausgegeben. Es werden in der Tat auf Kosten des Landes nur die Truppen gehalten, die zu seiner Verteidigung und zur Aufrechterhaltung der Ordnung für erforderlich erachtet werden. Gelegentlich schießt England einer der Kolonien später zurückzuerstattende Gelder vor, aber es erpreßt von ihnen nie ein Darlehn. Sie tragen nicht einmal zu den gemeinsamen Ausgaben oder regelmäßig zu der gemeinsamen Verteidigung des Reiches bei. Indische Truppen wurden allerdings in Ägypten 1882—1883 und 1898 verwandt und 1900 wurden englische Regimenter von Indien nach Südafrika geschickt. Die Kolonien mit Selbstverwaltung schickten auch ihrerseits Freiwillige in den südafrikanischen Krieg; aber während des Kriegsdienstes wurden diese Truppen alle von der englischen Regierung unterhalten und besoldet. In den letzten Jahren haben sich die Kolonien mit Selbstverwaltung allerdings zur Unterhaltung eigener Kriegsschiffe entschlossen, aber sie sind hauptsächlich zur Verteidigung ihrer eigenen Küsten bestimmt und sind unbedeutend im Vergleich zu den Kosten der englischen Flotte.

Handel.

Den Nutzen, den England aus seinen Kolonien zieht, zieht es nicht in der Gestalt eines Tributs, sondern besserer Chancen seiner

Bürger. Es ist viel über die Frage gestritten worden, ob der Handel der Flagge folgt[1], aber ob das direkt der Fall ist oder nicht, so kann darüber kaum ein Zweifel bestehen, daß die Beherrschung eines ungeheuren Reiches in der Vergangenheit eine indirekte Einwirkung gehabt hat. Wenn der Krieg von 1870 dazu beigetragen hat, die Aufmerksamkeit der ganzen Welt auf die deutsche Schule zu lenken, so ist das Wehen der britischen Flagge in allen Teilen der Welt eine fruchtbringende Reklame für britische Industrieerzeugnisse gewesen. Der englische Handel ist auch durch die Leichtigkeit des Transports auf den Schiffen der englischen Handelsflotte gefördert worden und diese wieder profitierte von der Ausdehnung der englischen überseeischen Besitzungen. Es mag wohl wahr sein, daß der Handel der Flagge jetzt weniger folgt als vordem, dennoch verhindert die Flagge ein Abschneiden desselben, denn heutzutage hat fast jedes Land, dessen Handel der Rede wert ist, entweder selbst Schutzzölle eingeführt, oder ist unter die Obmacht eines anderen Staates geraten, der durch einen feindseligen Tarif danach trachtet, den Handel soviel wie möglich für sich zu behalten. England hat dies in seinen Kolonien nicht versucht, seit es die Freihandelspolitik eingeschlagen hat; aber wenn es die Kolonien nicht besitzen würde, würden die Kolonien, die keine überwiegende weiße Bevölkerung haben, ganz sicher unter der Obmacht irgendeiner Nation stehen, die die Türe für englische Kaufleute weit weniger offen halten würde. Weit entfernt davon, den Handel im letzten halben Jahrhundert seinen Interessen entsprechend zu regeln, erlaubte England durch Gewährung von Selbstverwaltung an seine größeren weißen Kolonien es diesen, ihre Einkünfte nach ihrem Gutdünken zu erhöhen und sie führten Schutzzölle gegen seine Fabrikate ein. Neuerdings haben sie freilich englischen Waren Vorzugszölle bewilligt, doch manchmal nur in der Form einer weiteren Erhöhung ihrer Zölle anderen Nationen gegenüber. Mittlerweile ist durch Chamberlains kräftige Propaganda die ganze Frage allgemeiner Vorzugstarife eine brennende Frage der Reichspolitik geworden. Wenn dieser Gedanke in die Tat umgesetzt werden würde, könnte dies die Handelsbeziehungen zwischen England und seinen Kolonien sehr wohl ernsthaft zum Guten oder Bösen ändern, und in diesem Falle müßte das unweigerlich auch ihre politischen Beziehungen beeinflussen.

---

[1] Eine interessante Studie hierüber findet sich in Alleyne Irelands „Tropical Colonisation“.

Arten der Kolonialverwaltung.

Es gibt gegenwärtig im britischen Reiche drei Arten der Kolonialverwaltung, die der Kolonien mit Selbstverwaltung, die der Kronkolonien, und die, der in Ermangelung eines bezeichnenden Gattungsnamens Protektorate genannten Länder, das sind Staaten, die in der Form der Beratung der eingeborenen Herrscher mehr oder weniger vollständig von England verwaltet werden. Dies entspricht nicht ganz der offiziellen Einteilung, weil einige der Kolonien nicht unter dem Kolonialamt stehen und deshalb als Gruppe für sich angesehen werden. Indien zum Beispiel, das dem Indischen Amt untersteht, wird nicht Kolonie genannt, und dennoch ähnelt die Verwaltungsmethode im wesentlichen der einer Kronkolonie, soweit die Beziehung des Landes zum Mutterland in Betracht kommt. Ägypten wird ebenfalls überhaupt nicht als Kolonie angesprochen, weil es dem Namen nach keine britische Besitzung ist und praktisch vom Auswärtigen Amte verwaltet wird. Aber wenn wir die Frage außer Betracht lassen, von welcher Ecke des großen Gebäudes in Downing Street eine Kolonie regiert wird und nur auf die tatsächliche Verwaltungsform sehen, finden wir, daß sie ganz bequem in eine oder die andere dieser drei Rubriken passen. Jede dieser drei Verwaltungsformen wird in den folgenden Kapiteln betrachtet werden, und zwar nicht hinsichtlich der inneren Verwaltung der Kolonie, sondern einfach zur Illustrierung ihres Verhältnisses zu England.

Fünfundfünfzigstes Kapitel.

Die Kolonien mit Selbstverwaltung.

Die nordamerikanischen Kolonien.

Abgesehen von Indien, das unter der Verwaltung einer privilegierten Gesellschaft erst gerade anfing, mehr als die Zusammenfassung einer Anzahl von Handelsstationen zu sein, bestanden Englands auswärtige Besitzungen in der Mitte des 18. Jahrhunderts zum größten Teil aus den westindischen Inseln und den Kolonien längs der Küste von Nordamerika. Diese Kolonien waren ganz verschiedenen Ursprungs und hatten zunächst auch ganz verschiedene Regierungsformen. An den Kolonien des Festlandes, deren Bedeutung sich am meisten steigern sollte, nahm das Mutterland eine Zeitlang wenig Anteil und einige von ihnen besorgten ihre Geschäfte mit großer Unabhängigkeit. Dies galt besonders von Massachusetts Bay, denn infolge der Ausdehnung der Magna Charta auf Amerika wurde diese Kolonie fast von ihren ersten Anfängen an von ihren Freien regiert, die unbeschränkt ihre gesetzgebende Versammlung und ihren Gouverneur wählten. Als sich aber England der Wichtigkeit seiner überseeischen Besitzungen bewußter wurde, als es mit den Schiffahrtsgesetzen (Navigation Acts) eine koloniale Handelspolitik einzuschlagen begann und als seine inneren Kämpfe aufhörten, fing es an, sich mit den Kolonien mehr zu befassen. Durch ein Verfahren vor dem Lordkanzlergericht (Court of Chancery) wurde das alte Privileg von Massachusetts Bay für nichtig erklärt und 1691 ein neues verliehen, das die Ernennung des Gouverneurs der Krone übertrug. Durch Übertragung von Besitzrechten an mehreren Orten auf die Krone und durch mehrere anderweitige Neuerungen nahmen die Verwaltungsformen der Kolonien zum Schluß eine außerordentlich übereinstimmende Gestalt an.

Ein ernannter Gouverneur und ein gewähltes Parlament stellen die herrschende Regierungsform dar.

Nicht lange nach Beginn des 18. Jahrhunderts war eine bestimmte Regierungsform in den meisten wichtigen britischen Kolonien sowohl auf dem Festlande von Nordamerika wie in Westindien herrschend geworden. Sie wurde dargestellt durch einen von der Krone ernannten Gouverneur und ein Parlament mit einer auf allgemeinen Wahlen beruhenden Kammer, die von den Bewohnern der Kolonie gewählt wurde und alle Ausgaben und Einnahmen bewilligen mußte. Für ein Volk mit englischen Überlieferungen war diese Verfassung die gegebene. Wo Männer englischen Stammes das überwiegende Element der Bevölkerung bildeten, war es unmöglich, ihnen eine Wahlkammer zu verweigern, die befugt war, Steuern auszuschreiben und über ihren Ertrag zu verfügen; und andererseits mußte der Gouverneur von der Krone ernannt werden, wenn eine wirkliche Verbindung mit dem Mutterlande aufrecht erhalten bleiben sollte. Dies ist so natürlich, daß man sich auch in den Vereinigten Staaten für die Verwaltung der Territorien und Kolonien der Regel nach dieser Regierungsform bedient.

Mängel dieser Regierungsform.

Als zeitweises Auskunftsmittel hat sich dieser Gedanke in der amerikanischen Republik so lange gut bewährt, als ein Territorium noch zu dünn bevölkert ist, um als Bundesstaat zugelassen zu werden; aber als dauernde Einrichtung für ein Gemeinwesen, das reif genug ist, einen eigenen Willen zu haben, weist die Institution ernste Mängel auf. Sie führt unweigerlich zu Meinungsverschiedenheiten zwischen verschiedenen Machtfaktoren, ohne daß ein Schiedsrichter da ist, dessen Entscheidungen beide als maßgebend anerkennen müssen und in der Tat berichtet die Geschichte der britischen Kolonien im 18. Jahrhundert auf jeder Seite von Nörgeleien zwischen dem Statthalter und dem Parlament. Um ihn sich gefügig zu machen, bewilligte die Kammer beispielsweise sein Gehalt nur auf ein Jahr, bestellte bei Bewilligung von Geldern besondere Beamte zu ihrer Verausgabung oder verhinderte die Einlegung seines Veto dadurch, daß sie irgendeine Bestimmung in ein Kreditbewilligungsgesetz hineinflickte. Diese Streitigkeiten bereiteten den Boden für die Aufnahme der Saat der amerikanischen Revolution vor. Aber obschon es jetzt keinem Zweifel unterliegt, daß das System schlecht war, obschon wir heute darüber klar sehen, daß man sich bei solcher Lage der Dinge in einer Kolonie am leichtesten dadurch populär machen kann, daß man den Statthalter in der Kammer angreift und politische Maßnahmen befürwortet, die ihre Vertreter niemals in die Tat umzusetzen haben werden und für die sie deshalb dem Volke nie Rechenschaft zu geben brauchen; obgleich dies alles heute sichtbar vor Augen liegt, so ist es nicht ersichtlich, wie man es damals hätte besser machen können. Und lange Jahre lang kam man auch fernerhin auf keine bessere Idee, denn nach dem Verlust der amerikanischen Kolonien brauchten sich die britischen Staatsmänner lange nicht mehr ernsthaft mit dem Problem der Regierung von Kolonien, die vollkommene Selbstverwaltung begehrten, zu befassen. Aber mit dem Heranwachsen eines neuen Kolonialreiches wurde man aufs neue vor dies Problem gestellt und in der Lösung, zu der man schließlich gelangte, ist der alte Typus durch eine oder die andere der beiden Regierungsformen, wie sie die Namen Kolonie mit Selbstverwaltung und Kronkolonie andeutet, ersetzt worden. Die erstere entwickelte sich zuerst in Kanada.

Wahlkammern in Kanada.

Die in dem siebenjährigen Kriege eroberten französischen Besitzungen in Nordamerika wurden definitiv an England durch den Pariser Vertrag von 1763 abgetreten, und kurz darauf erhielt der Gouverneur der neuen Provinzen durch eine Proklamation den Auftrag, sobald es die Umstände erlauben würden, allgemeine Kammern nach Art der in den andern amerikanischen Kolonien bestehenden zusammenzurufen. Aber die Bevölkerung Kanadas bestand derzeit aus einigen kampflustigen englischen Protestanten inmitten einer großen Überzahl französischer Katholiken, denen die Selbstverwaltung etwas ganz Ungewohntes war. Daher entschied man sich — ohne Frage mit Recht — dafür, daß die Umstände die Einrichtung einer Volksvertretung nicht angängig erscheinen ließen; und so rief das Quebeck-Gesetz von 1774 an ihrer Stelle eine gesetzgebende Versammlung (legislative council), deren Mitglieder von der Krone ernannt wurden, ins Leben. Doch konnte dieser Zustand nicht für die Dauer bestehen bleiben, zumal nicht, nachdem der Ausbruch der amerikanischen Revolution eine starke Einwanderung von britisch Gesinnten nach Neuschottland und dem jetzigen Ontario mit sich gebracht hatte. 1791 wurden deshalb den britisch-nordamerikanischen Kolonien Wahlkammern bewilligt und, um Reibungen zwischen den Rassen durch ihre möglichst vollständige Trennung zu vermeiden, wurde die Hauptprovinz in Ober- und Nieder-Kanada geteilt, ersteres ganz englisch, letzteres überwiegend französich.

Der Aufruhr von 1837.

Einige Zeit ging alles gut, aber ehe 20 Jahre um waren, lernten die Franzosen in Unter-Kanada das in ihre Hände gegebene Instrument gebrauchen. Die Kammer, die danach strebte, ihre Macht zu vermehren, geriet in Kollision mit dem Gouverneur und den englischen Beamten, die die Verwaltung besorgten. Der Kampf wurde durch den Rassengegensatz verschärft und durch die wirtschaftliche Abhängigkeit Ober-Kanadas von seinem Nachbar weiter stromabwärts verwickelt. In Ober-Kanada brach gleichfalls ein Streit der üblichen Art zwischen der vollziehenden und der gesetzgebenden Gewalt aus. Diese Provinz litt nicht unter Rassegegensätzen, doch ergaben sich hier weitere Schwierigkeiten aus der weitverbreiteten Feindschaft gegen eine kleine Koterie, die politischen Einfluß besaß und nach den zwischen ihren einzelnen Mitgliedern bestehenden persönlichen Banden als „Familienclique" bezeichnet wurde. Wie Prof. Egerton in seiner neuen Auflage zu dem einführenden Bande von Lukas, „Historische Geographie der britischen Kolonien" sagt, war „das politische Leben in Kanada ein Irrgarten, in dem alle Leute und alle Parteien ihren Pfad verloren hatten." Zuletzt wurde die Stimmung so erregt, daß 1837 sowohl in Ober- wie in Unter-Kanada ein bewaffneter Aufstand ausbrach. Vom militärischen Standpunkte aus waren die Aufstände nicht ernst zu nehmen und wurden schnell unterdrückt; aber offenbar konnten die Dinge nicht so weiter gehen wie bisher. Das englische Ministerium sah ein, daß etwas geschehen mußte, suspendierte die Verfassung der Unteren Provinz und entsandte Lord Durham als Staatskommissar (High Commissioner), um die Ordnung wieder herzustellen und der künftigen Verwaltung in den Kolonien Gestalt zu geben.

Lord Durhams Bericht.

Lord Durhams Mission war für seine eigene Gemütsruhe gerade kein Erfolg. Die von ihm veranlaßte, gesetzlich nicht vorgesehene Verbannung einiger Hauptagitatoren nach Bermuda, zog ihm den Tadel englischer Politiker zu, und da er sah, daß die Minister ihn nicht verteidigten, gab er seine Stellung auf und kehrte in die Heimat zurück. Aber sein berühmter Bericht über die Angelegenheiten von Britisch-Nordamerika bleibt in verschiedener Hinsicht das lehrreichste politische Dokument über Kolonialverwaltung, das jemals geschrieben wurde. Neben der allgemeinen Frage der Regierungsform, die in jeder Provinz so ziemlich dieselben Schwierigkeiten bot, untersuchte er die politischen und sozialen Verhältnisse des Landes und seine Unter-Kanada betreffenden Bemerkungen über „die beiden sich im Herzen eines Staates bekämpfenden Nationen" und „die gegenseitige Bekämpfung der Rassen und nicht der Prinzipien" enthalten manches, was auch heute noch der Beachtung in vielen weitentfernten Ländern wert ist. Seine Ansicht, daß die Engländer schließlich in der Provinz vorherrschen und daß die Franzosen, wenn sie sachgemäß behandelt würden, durch sie assimiliert werden würden, hat sich allerdings als illusorisch herausgestellt, aber das beeinträchtigt den Wert seiner Schilderungen nicht.

Hauptsächlich zwecks Aufsaugung der Franzosen schlug er eine Vereinigung von Ober- und Unter-Kanada, die den Engländern eine Mehrheit in den geeinigten Provinzen sicherte, vor. Dieser Vorschlag wurde im Gegensatz zu einigen seiner anderen Vorschläge durch das Wiedervereinigungsgesetz (Reunion Act) von 1840 sofort in die Tat umgesetzt.

Seine Verurteilung des bestehenden Systems.

Hinsichtlich der Regierungsform nahm Lord Durham eine sehr entschiedene Stellung ein. Da durch die einander ähnlichen Verfassungen in allen Provinzen fast überall dasselbe Resultat erzielt wurde, so schloß er, daß ihnen ein gemeinsamer Fehler eigen sein müsse. Wie er ausführt, war es sowohl in Ober- und Unter-Kanada wie auf der Prinz-Eduard-Insel in Neubraunschweig, Neuschottland und Neufundland zu Streitigkeiten zwischen der vollziehenden Gewalt und der Volkskammer gekommen. Derartiges war in der Tat so allgemein üblich, daß er sagen konnte: „Man kann es ruhig sagen, daß der Normalzustand, in dem sich die Regierung aller dieser Kolonien befindet, der Konflikt zwischen der Exekutive und der Volkskammer ist.“ Vom Standpunkt eines Engländers seiner Zeit sprechend, fragt er, was in England eintreten würde, wenn die Krone ein Ministerium angesichts einer bei mehreren Wahlen hintereinander sich ergebenden feindlichen Mehrheit beibehalten würde; und doch ist dies in allen Provinzen vorgekommen. „Es ist schwer verständlich,“ so sagt er, „wie ein englischer Staatsmann auf die Idee kommen konnte, daß man Repräsentativverfassung und Unverantwortlichkeit der Regierung glücklich miteinander verbinden könne.“ Die Opposition der Volkskammer gegen die Regierung war anscheinend die unvermeidliche Folge eines Systems, das der Volkskammer die unentbehrlichen Rechte einer Wahlkammer vorenthielt. ... Vom Anfang bis zum Ende der Streitigkeiten, die die ganze parlamentarische Geschichte von Unter-Kanada kennzeichnen, sehe ich daher im Auftreten der Volkskammer einen beständigen Kampf mit der Exekutive, zwecks Erlangung der Rechte auf die eine Volkskammer der innersten Natur der Repräsentativverfassung nach Anspruch hat.“ Er macht auf die unglückliche Wirkung auf die Führer des Volkes aufmerksam. „Der Kolonialdemagoge macht stark in Popularität ohne Furcht vor späterer Bloßstellung ... und so werden die bedeutendsten Stellen in den Reihen der Opposition meistenteils von Männern mit starken Leidenschaften und rein rednerischer Begabung eingenommen, die sich wenig Sorgen darum machen, den Übelständen abzuhelfen, deren Bestehen ihnen zur Erregung von Unzufriedenheit dienen muß.“

Sein Abhilfsmittel gegen diese Übel ist die ministerielle Verantwortlichkeit nach dem englischen Muster; und er führt aus, daß sie ohne jede gesetzgeberische Maßnahme durch einen einfachen Auftrag an den Gouverneur, die Verwaltung denen anzuvertrauen, die über eine Mehrheit in der Kammer verfüge, und durch seine Verständigung dahin, daß er auf keinen Rückhalt daheim bei irgendeiner nicht direkt die Beziehungen mit dem Mutterlande betreffenden Meinungsverschiedenheit zu rechnen habe, eingeführt werden könne. In letzterem birgt sich eine Schwierigkeit, deren Größe er sich offenbar nicht voll bewußt wurde, denn, wie er es sich denkt, soll England für die Verfassung oder Regierungsform die auswärtigen Beziehungen, den Handel mit dem Mutterland, mit anderen Kolonien und mit fremden Nationen und für die Verfügung über Staatsländereien entscheidend sein. Vollkommene Unterordnung in diesen Dingen, so meint er, würde durch die Vorteile gesichert werden, die aus der Verbindung mit dem Reich erwüchsen. Nun haben spätere Ereignisse gezeigt, daß, wenn einmal die Verantwortlichkeit der Regierung zugestanden ist, diese Befugnisse der Oberherrlichkeit nicht dauernd zu erhalten sind. Für die Handelsverhältnisse und die Staatsländereien sind die Kolonien entscheidend geworden, Verfassungsänderungen werden zwar dem Buchstaben nach vom englischen Parlament vorgenommen, in Wirklichkeit aber in der Kolonie ausgearbeitet, ehe sie nach Westminster zu einer eigentlich nur formellen Ratifikation gesandt werden; und obgleich die auswärtigen Beziehungen sich weit mehr in der Hand der englischen Regierung befinden, ist die Kontrolle in Handelssachen keineswegs unbedingt und kann immer nur mit taktvoller Berücksichtigung der Stimmung in den Kolonien ausgeübt werden. Aber alle diese Fragen lagen damals noch in weiter Ferne.

Er trat für eine verantwortliche Regierung ein.

Lord Durhams Vorschlag der Bewilligung einer verantwortlichen Regierung fand nicht sogleich Gnade bei den Staatsmännern seiner Zeit. Ihnen schien dies unvereinbar mit der Souveränität des Mutterlandes, ein großer Schritt auf dem Wege zu einer Unabhängigkeit, gegen die sie zwar keinen Abscheu hatten, deren beschleunigte Herbeiführung aber durchaus nicht in ihrer Absicht lag. Doch wollten sie andererseits den Vorschlag auch nicht endgültig von der Hand weisen. Lord John Russell nahm eine einigermaßen unverbindliche Haltung ein, die leicht mißdeutet werden konnte; aber in Wirklichkeit erkannten die Gouverneure von Kanada in den nächsten acht Jahren eine Verantwortlichkeit ihrer Exekutivbehörden gegenüber der Kammermehrheit nicht an. Es blieb Lord Elgin, dem

Eine verantwortliche Regierung wird im Jahre 1848 eingeführt.

Schwiegersohn Lord Durhams, der 1847 Gouverneur wurde, vorbehalten, die Grundidee des Berichtes in die Tat umzusetzen. Er führte sie gründlich und zwar unter sehr schwierigen Verhältnissen durch, denn die von ihm im Jahre nach seiner Ankunft vorgenommene Berufung eines Ministeriums aus der französisch-radikalen Partei, die die Mehrheit in der Kammer erlangt hatte, führte zu einem Aufstand, bei dem sein Wagen angefallen wurde und das Parlamentsgebäude bis auf den Grund niederbrannte. Aber er blieb beharrlich, wurde von der englischen Regierung unterstützt und begründete das System so fest, daß es seitdem nie wieder verlassen wurde.

Das System wird allgemein durchgeführt.

Durham und Elgin waren weit davon entfernt, die Verantwortlichkeit der Regierung als eine Etappe auf der zur Trennung führenden Straße anzusehen. Beide waren ängstlich darauf bedacht, das Reich unversehrt zu erhalten. Aber diese Ansicht war bei den meisten ihrer Zeitgenossen nicht stark vertreten. Die schließliche Unabhängigkeit der von Leuten europäischer Rasse bewohnten Kolonien wurde von vielen britischen Politikern als nicht unwahrscheinlich angesehen und nicht notwendig als Unglück betrachtet. Die amerikanische Revolution schien auf ein solches Ende hinzudeuten; und gerade zu der Zeit, als die Verantwortlichkeit der Regierung eingeführt wurde, hatten die herkömmlichen Gründe, die für den Besitz von Kolonien sprechen, sich in England überlebt. 200 Jahre lang hatte man geglaubt, daß das Mutterland einen bedeutenden Vorteil aus ihrem Handelsverkehr zöge, und alle Nationen hatten sie in diesem Sinne verwaltet. Ihr Handel war unter dem Merkantilsystem mehr oder weniger streng auf das Mutterland beschränkt und dafür erhielten sie Vorrechte auf seinen Märkten. Gleich anderen Ländern hatte England diesen Weg verfolgt, aber als es 1846 endgültig zum Freihandel überging, schien der handelspolitische Grund für die Beibehaltung der Kolonien in Wegfall gekommen zu sein, und wirklich wurden auch die Schiffahrtsgesetze nach fast 200jährigem Bestehen 1849 aufgehoben. Es entsagte so vollständig jedem Gedanken der Beeinflussung der Wirtschaftspolitik der Kolonien im Eigeninteresse, daß seine Regierung es nach einigem Zögern 1858 ablehnte, die Genehmigung zu einem kanadischen Tarif zu versagen, der britische Fabrikate zollpflichtig machte.[1] Wenn solche Ansichten über das Verhältnis der Kolonien zum Mutterlande herrschten, überraschte es weiter nicht, daß englische Staatsmänner

---

[1] Grundsätzlich wurde das bei dem kanadischen Schutzzolltarif von 1879 anerkannt.

sich sehr schnell zu der Ansicht bekehrten, englischen Untertanen jenseits des Meeres die politischen Einrichtungen zu gewähren, die in der Heimat der Grundstein der britischen Verfassung geworden sind.

Verantwortliche Regierung wird anderen Kolonien bewilligt.

Der Grundsatz, daß in einer Kolonie mit einer zur Selbstverwaltung fähigen Bevölkerung die Minister der Volkskammer verantwortlich sind, wurde bald zum Axiom der englischen Kolonialpolitik. Ungefähr zur selben Zeit wie in Kanada wurde er in Neuschottland und Neubraunschweig eingeführt und in den sonstigen Kolonien, sobald er für sie passend erschien. Als die Volkskammer von Neuseeland 1854 eine verantwortliche Regierung verlangte, antworteten die englischen Minister, daß sie keinerlei Einwendungen zu machen hätten, und binnen zwei Jahren erhielten sie Neusüdwales, Viktoria, Tasmania, Südaustralien und Neufundland; Queensland folgte 1859. In der Kapkolonie kam es wegen der starken eingeborenen Bevölkerung und der Kaffernkriege, die die Anwesenheit britischer Truppen bedingten, erst 1872 zu dieser Neuerung, während die neueren Niederlassungen Westaustralien und Natal das Vorrecht 1890 und 1893 erhielten, sobald sie die genügende Größe erlangt hatten. Selbst bei den Kolonien Transvaal und Orangefreistaat sahen die Übergabebedingungen der Buren vom 31. Mai 1902 vor, daß die militärische Verwaltung sobald als möglich durch die Zivilverwaltung ersetzt werden solle und daß, sobald es die Umstände gestatten würden, repräsentative Einrichtungen mit dem Ziele der Selbstverwaltung eingeführt werden sollten. Dies wurde versprochen, obgleich es zum mindesten zweifelhaft war, ob die Buren, die kürzlich noch in Waffen gegen die Engländer gestanden hatten, nicht unter den Wählern überwiegen würden. Die Ereignisse folgten sich schneller als man dachte. Das konservative Kabinett bereitete vor seinem Sturz Ende 1905 bereits eine Verfassung für Transvaal vor und diese wurde in Verbindung mit voller Verantwortlichkeit der Minister der Kolonie gegenüber der Volkskammer im Dezember 1906 durch das liberale Ministerium in Wirksamkeit gesetzt; und sechs Monate später folgte ihr ein ähnliches Zugeständnis an die Orangefluß-Kolonie.

Staatenbünde in Kanada und Australien.

Eine Folge der Gewährung der Ministerverantwortlichkeit bestand in der Bildung von Staatenbünden in den beiden größten Gruppen von Kolonien mit Selbstverwaltung. Stets ging die Anregung von den Kolonien aus und die Tätigkeit des Mutterlandes beschränkte sich fast nur darauf, den Grundideen, über die sie sich bereits geeinigt hatten, die parlamentarische Sanktion zu geben.

Das Gesetz über Britisch-Nordamerika von 1867 vereinigte in dem Dominium Kanada die Provinzen Ontario, Quebeck, Neuschottland und Neubraunschweig und gestattete die Aufnahme neuer Mitglieder. Innerhalb weniger Jahre schlossen sich Manitoba, Britisch-Kolumbia und Prinz-Eduard-Insel dem Bunde an, und etwas später wurden die Nordwestterritorien zur Mitgliedschaft zugelassen, so daß sich das Dominium über den ganzen Kontinent erstreckte und das ganze bewohnte britische Nordamerika mit Ausnahme von Neufundland umfaßte. In Australien ging es mit der Entwickelung zum Staatenbund weniger schnell vorwärts. In Ermangelung eines großen Nachbarn, der Mißtrauen erwecken oder Vorstellungen von nationaler Größe nähren konnte, hatten örtliche Eifersüchteleien freieren Spielraum; und wenn auch keine Rassenunterschiede die Kolonien trennten, so kam eine abweichende Wirtschaftspolitik auf dasselbe heraus, da Neusüdwales streng am Freihandel festhielt, während Viktoria schutzzöllnerisch war. Es ist also nicht überraschend, daß der Staatenbund sich hinzögerte, sondern vielmehr, daß er sobald zustande kam. 1885 wurde für Australien ein Bundesrat geschaffen, aber seine Rechte waren sehr gering und er richtete nicht viel aus. Er bereitete jedoch den Boden für eine wirkliche Bundesverfassung, die durch Volksabstimmung in Neusüdwales, Viktoria, Südaustralien, Queensland und Tasmania genehmigt und dann durch das Parlament mittels des Commonwealth of Australia Act von 1900 sanktioniert wurde. Westaustralien schloß sich dem Bund an, bevor das Gesetz in Geltung trat, und so blieb denn von allen australischen Kolonien mit Selbstverwaltung nur das ferne Neuseeland für sich allein.

Folgen für das Mutterland.

Organisation und innere Verwaltung dieser Staatenbünde fallen aus dem Rahmen dieses Buches; aber so viel sei gesagt, daß ihre Bildung nicht ohne Einfluß auf das Verhältnis der Kolonien zum Mutterlande blieb. Anstatt in Kanada und Australien nur mit einem Dutzend kleiner Gemeinwesen, von denen selbst das größte kaum 2 Millionen Einwohner zählte, zu tun zu haben, steht es jetzt zwei Staatenbünden mit je rund 5 Millionen Einwohnern gegenüber. Es hat meist mit der Stimmung des ganzen Landes und nicht bloß der einer Provinz zu rechnen, und dies führt von selbst dazu, seinen Einfluß auf die inneren Angelegenheiten der Kolonien zu vermindern. In Kanada ist der Wechsel der Dinge dadurch unterstrichen, daß dem Generalgouverneur die Ernennung der Provinzgouverneure[1] und die Ausübung des königlichen Veto gegenüber

[1] Ihr Titel ist Leutnant Governor.

Provinzialgesetzen nebst anderen vormals von der Krone in den verschiedenen Provinzen unmittelbar ausgeübten Rechten übertragen wurde[1]; und obgleich die Zuständigkeit gesetzlich in einigen Fällen dem Generalgouverneur mit seinem Rat und in anderen dem Generalgouverneur allein übertragen ist, macht er von ihr stets nur in Übereinstimmung mit den Ministerien des Dominiums Gebrauch. Dies trifft für das australische Gemeinwesen nicht zu, wo die Gouverneure der angegliederten Kolonien oder „Staaten", wie sie jetzt genannt werden, direkt von der Krone bestellt werden; aber die Bildung des Gemeinwesens hat die Aufgaben der gesetzgebenden Faktoren in den verschiedenen Staaten sehr eingeschränkt, während das Heranwachsen eines australischen Nationalgefühls und die natürliche Neigung zur Zentralisation wahrscheinlich das Eingreifen des Reichs in die Angelegenheiten der Einzelstaaten mehr und mehr zurückdrängen wird.

Aufsicht über die Kolonien mit Selbstverwaltung.

Die englische Aufsicht über die Kolonien mit Selbstverwaltung wird jetzt in vierfacher Weise ausgeübt: durch den königlichen Gouverneur, das Vetorecht gegen Gesetze, die Oberleitung der auswärtigen Beziehungen und die Berufung gegen Urteile der Kolonialgerichte an den Rechtsausschuß des Staatsrates (Judicial Committee of the Privy Council).[2]

Der Gouverneur als Repräsentant Englands.

Der Gouverneur einer Kolonie mit Selbstverwaltung hat eine doppelte Stellung. Einmal ist er ein Beamter des Mutterlandes zur Wahrung seiner Rechte und Ausübung eines großen Teils der von ihm noch gegenüber der Kolonie behaupteten Aufsichtsbefugnisse und andererseits ist er auch der höchste Beamte der Kolonie für ihre innere Verwaltung. In beiden Eigenschaften handelt er als der Vertreter der Krone, aber, wenn man den Ausdruck gebrauchen darf, handelt er in der ersteren Eigenschaft für die Krone als Titular-

---

[1] Die Provinzialrichter werden ebenfalls vom Generalgouverneur ernannt.

[2] Fast jede der Kolonien mit Selbstverwaltung unterhält in England einen Agenten, der über ihre Interessen wacht; aber mit der zunehmenden Selbstbesorgung ihrer Angelegenheiten und der erleichterten direkten Verständigung durch das Kabel haben seine politischen Aufgaben abgenommen. Seine Tätigkeit ist häufig mehr die eines Finanz- oder Handelsagenten und zuweilen die eines Preßagenten. Sobald vor einigen Jahren in der Presse irgend etwas erschien, was ein ungünstiges Licht auf die wirtschaftlichen oder industriellen Verhältnisse in einer der Kolonien warf und möglicherweise ihren Kredit oder ihre Anziehungskraft für Kapitalsanlagen beeinträchtigen konnte, fühlte sich der Agent verpflichtet, sogleich an die Zeitungen zu schreiben und dem zu widersprechen. Als Bindemittel oder als politischer Beamter ist er jetzt kaum mehr erwähnenswert.

herrscher Englands oder des Reichs, in der letzteren für die Krone als Titularherrscher der Kolonie. Dieser Unterscheidung gemäß sagt man gewöhnlich, daß er in Dingen, die andere Teile des Reiches oder fremde Länder betreffen, nach eignem Ermessen handeln oder vom Staatssekretär in England Anweisungen einholen muß; während er in den inneren Angelegenheiten der Kolonie dem Rat seiner Minister am Platze folgen muß. Kein Teil dieser Behauptung ist indessen vollständig richtig. Ein Schutzzolltarif z. B. hat außerordentliche Bedeutung sowohl für das übrige Reich wie für fremde Länder, und dennoch ist jetzt anerkannter Grundsatz, daß der Gouverneur nicht daraufhin seine Zustimmung verweigern kann, und dasselbe gilt von anderen Arten der Gesetzgebung oder Verwaltung, wie z. B. dem Ausschlusse oder der Festhaltung von Einwanderern, wenn hierdurch kein Vertrag verletzt wird.

Als Chef der Kolonialverwaltung.

Andererseits folgt der Gouverneur in rein inneren Angelegenheiten der Kolonie nicht immer dem Rat seiner Minister. Vor einem Menschenalter und früher gerieten die Gouverneure nicht selten in Konflikte mit ihren Ministern oder mit dem Staatssekretär in der Heimat, infolge von Streitigkeiten zwischen den beiden Kammern der Kolonie oder zwischen den verschiedenen Parteien dort. Dies war hauptsächlich in Australien der Fall, denn obgleich dieser Kontinent mit Menschenmaterial von den britischen Inseln besiedelt war, von dem man hätte annehmen können, daß es die englischen politischen Traditionen geerbt hätte, funktionierte das politische Räderwerk im Anfang nicht ganz glatt. In der Tat hatten die meisten australischen Kolonien während einiger 20 Jahre nach der Bewilligung der Verantwortlichkeit der Regierung durchschnittlich fast jedes Jahr einen Ministerwechsel zu verzeichnen. Es entstanden Meinungsverschiedenheiten, die in England, wo die herkömmlichen Formen des Parlamentarismus völlig anerkannt und streng beobachtet werden, nicht möglich gewesen wären. Einigemal verlangte man vom Gouverneur die Sanktion zu einer Ausgabe, die nicht zu Recht bewilligt war, weil die erste Kammer (Legislative Council) ihre Zustimmung verweigert hatte. Manchmal wurde von ihm auch eine Parlamentsauflösung oder eine Ernennung gefordert, die dem Anscheine nach einen Mißbrauch der Macht für Parteizwecke bedeutete. In einigen dieser Fälle weigerte er sich und war imstande, das Gemeinwesen für sich zu gewinnen, in anderen kam er in Konflikt mit der Mehrheit der Wahlkammer, und manchmal gab er nach und erhielt einen Verweis aus Downing Street. Mit der anderweiten Zusammensetzung von verschiedenen ersten Kammern und einer größeren Vertrautheit mit dem Spiel der Parteien in einer Demokratie sind solche Schwierigkeiten seltener geworden, aber es kann kaum behauptet werden, daß sie gänzlich verschwunden wären. Einer der letzten Fälle ereignete sich 1896 in Kanada, als Sir Charles Tupper, der konservative Premierminister, dessen Partei bei den allgemeinen Wahlen unterlegen war, vom Generalgouverneur Lord Aberdeen die Besetzung einer Anzahl erledigter Sitze im Senat des Dominiums mit Konservativen vor Übernahme der Regierungsgeschäfte durch das neue liberale Ministerium forderte. Da dies das neue Kabinett ernstlich behindert haben würde, weigerte sich Lord Aberdeen und der Zwischenfall führte zu einer lebhaften Erörterung der Verpflichtung eines Gouverneurs, den Ratschlägen seiner Minister nachzukommen.

Ähnliche konstitutionelle Fragen könnten in England vorkommen, aber in Wirklichkeit tritt dieser Fall heutigen Tages nie ein, und daher ist der Gouverneur einer Kolonie nicht in derselben Lage wie der König. Trotz der verantwortlichen Regierung ist seine Stellung in reinen Fragen der inneren Politik wie auch in den die Außenwelt betreffenden noch immer eine delikate, die viel gesundes Urteil und Takt verlangt. Sein Hauptwert liegt jedoch mehr in seinem moralischen Einfluß als in seiner gesetzlichen Machtfülle. Gleich dem Könige hat er Bedeutung als ein soziales und zierendes Symbol des Reiches, und in der Tat hat die wachsende Erfahrung in der Selbstregierung durch Verminderung der Fälle, in denen er seine gesetzliche Autorität geltend machen muß, seine gesellschaftliche Bedeutung mehr in den Vordergrund gerückt und so eine Änderung in der Beschaffenheit der Gouverneure bewirkt. Vormals bildeten diese Posten in den meisten Kolonien mit Selbstverwaltung wie auch in den Kronkolonien die Stufenleiter einer lebenslänglichen Laufbahn, deren Stufen jemand eine nach der anderen erklomm; aber in den letzten Jahren hat sich eine starke Neigung der Kolonien mit Selbstverwaltung dazu gezeigt, große englische Edelleute mit hervorragenden Namen und großen Vermögen zu bevorzugen, die das Regierungsgebäude glänzend und anziehend machen. Kurzum, der Gouverneur nimmt, wenn auch noch in einigem Abstande, mehr und mehr die Stellung des englischen Königs ein.

Das Veto gegen Gesetze.

Ein anderes Mittel der Aufsicht über die Kolonien mit Selbstverwaltung liegt in dem Recht, die Zustimmung zu ihren Gesetzen zu verweigern. Wie in England bedarf jedes Gesetz für seine Gültigkeit der Zustimmung der Krone und der Gouverneuer kann nach der üblichen in den Verfassungen der Kolonien aufgenommenen Sitte entweder für die Krone einem Gesetzentwurf zustimmen oder seine Zustimmung verweigern, oder den Gesetzentwurf der Entscheidung des Königs unterbreiten; und selbst wenn ein Gesetz seine Zustimmung erhalten hat, kann die Krone noch gewisse Zeit lang, gewöhnlich ein oder zwei Jahre, Widerspruch dagegen erheben. Nun ist das Veto nicht wie in England tatsächlich außer Gebrauch gekommen, denn in allen Kolonien mit Selbstverwaltung zusammen werden jährlich durchschnittlich drei oder vier Gesetze auf diese Weise zum Scheitern gebracht.[1] Auch wird es nicht nur zur Abwehr von Maßnahmen benutzt, die anderen Teilen des Reiches oder fremden Ländern nachteilig sein könnten, obgleich hierin natürlich heute sein Hauptzweck liegt. Eine Durchsicht des dem englischen Parlament über den Gebrauch, der von ihm in neueren Jahren gemacht wurde, erstatteten Berichts zeigt, daß in Neufundland und Natal, Gesetzen über Wahlen und Stimmrecht — und hierbei handelt es sich doch entschieden um örtliche Angelegenheiten — die Zustimmung versagt wurde. Doch sei bemerkt, daß der Umfang, in dem man sich des Vetos gegen überwiegend innere Fragen betreffende Gesetzentwürfe bediente, im umgekehrten Verhältnis zur Größe der Kolonie steht.

Leitung der auswärtigen Politik.

Das tatsächliche Verhältnis des Vereinigten Königreichs zu seinen Kolonien mit Selbstverwaltung kann man nur schwer unter die üblichen Bezeichnungen der Staatsrechtslehre bringen. Aber ob diese Länder nun Kolonien oder Bundesstaaten sind, ob die Souveränität wirklich beim englischen Parlamente liegt oder geteilt ist, darüber kann kein Zweifel bestehen, daß fremden Nationen gegenüber das Britische Reich als eine Macht gilt und diese Macht England ist. Auf Vorschlag der englischen Minister werden Diplomaten ernannt, Verhandlungen geführt und Verträge geschlossen. Es ist jedoch beim Auftauchen einer wirklich wichtigen Frage, z. B. einer Frage zwischen Kanada und den Vereinigten Staaten üblich, eine Vertreter der Kolonien enthaltende Kommission zu bestellen, um der Stimmung an Ort und Stelle gerecht zu werden. Aber dieser Zustand ist etwas ungemütlich und in der Tat ähnelt die Stellung Kanadas ein wenig der eines Schulknaben mit einem großen Bruder. Die Stellung der Kolonien mit Selbstverwaltung in der auswärtigen

[1] Com. Papers, 1910 XI VI, 7, gibt eine Liste der neuerlichen Fälle, wo dies vorgekommen ist. Da das Veto gegen Gesetze der kanadischen Provinzen in den Händen der Regierung des Dominiums liegt, umfaßt die Liste nur elf Kolonien mit Einschluß der jetzt im australischen Gemeinwesen (Commonwealth of Australia) vereinigten.

Politik würde zweifellos sehr viel schwieriger sein und nicht unerhebliche Reibereien erzeugen, wenn nicht ihre Abgelegenheit sie ganz erheblich vor Verwickelungen mit anderen Ländern schützte.

Gerichtliche Berufungen.

Schließlich wird eine Verbindung mit England dadurch aufrecht erhalten, daß Berufungen gegen Urteile der Kolonialgerichte der Regel nach an den Rechtsausschuß des Staatsrats gehen. Ein zentralisierte Rechtspflege bildet einen der mächtigsten Faktoren politischer Einheit. Sie war einer der Haupthebel für die Befestigung der englischen Monarchie. Aber es ist nicht ersichtlich, welchen besonderen Wert das bloße Recht der Berufung an ein Londoner Tribunal, das nicht die letzte Instanz für England selbst ist, hat, insbesondere wenn die Berufungen teuer sind und die Sachen hauptsächlich von englischen Rechtsanwälten vertreten werden. Dies Recht ist in den Kolonien nicht allzu populär. Es wurde der Versuch gemacht, es für Kanada gesetzlich einzuschränken; und das das australische Gemeinwesen ins Leben rufende Gesetz bestimmte, daß, abgesehen von Fällen, in denen dies der durch Gesetz geschaffene höchste Gerichtshof der Kolonie für angemessen hält, in Verfassungsfragen keine Berufung nach England gehen solle, während Berufungen in anderen Dingen durch spätere Gesetze ausgeschlossen werden könnten. Dies war der einzige Artikel des Verfassungsentwurfs, dem sich die englischen Minister widersetzten und er wurde in etwas geändert, um ihren Anschauungen gerecht zu werden, aber in der Hauptsache gaben sie nach.[1]

Überblick über die veränderte Regierungsweise.

Die Ereignisse der letzten 100 Jahre haben so eine ganz neue Regierungsform in den britischen Kolonien hervorgebracht, wo die vorherrschende Bevölkerung europäischen Stammes ist. Die amerikanische Revolution und die späteren Unruhen in Kanada ließen klar ersehen, daß derartige Kolonien nicht von London aus regiert und Wahlkammern in den Kolonien nicht mit der Verwaltung eines von der Wahlkammer unabhängigen Gouverneurs vereint werden konnten. Man fand eine Lösung der Schwierigkeit darin, daß man die leitenden Beamten der Kolonien der Wahlkammer verantwortlich machte. In dieser Weise entwickelten sich die Kolonien mit Selbstverwaltung, in denen die Souveränität des Mutterlandes wenig mehr bedeutet als eine Kontrolle der auswärtigen Beziehungen und einiger für das Reich wichtiger Dinge; und selbst dieses zarte Joch wird

[1] Nach dem Verfassungsentwurf sollten keine Berufungen gegen das höchste Gericht der Kolonie zulässig sein, wenn nicht öffentliche Interessen der Besitzungen Ihrer Majestät außerhalb Australiens in Frage kämen.

eigentlich nur freiwillig getragen, denn es wird allgemein angenommen, daß, wenn es zum mindesten einer der größeren Kolonien einfällt, das sie mit England verbindende Band zu lösen, letzteres sie nicht mit Gewalt zurückzuhalten versuchen würde. Das System ist jetzt auf alle Kolonien ausgedehnt worden, auf die es wahrscheinlich ausgedehnt werden wird. Dies sind Kanada und Neufundland in Nordamerika; das australische Gemeinwesen und Neuseeland in Australien und in Südafrika die Kapkolonie, Natal, Transvaal und zu allerletzt noch die Orangeflußkolonie.

Folgen der Selbstverwaltung.

Wenn die Bewilligung und Ausbreitung der Selbstverwaltung die politische Kontrolle Englands über die von Menschen englischer Rasse bewohnten Kolonien sehr vermindert hat, so hat sie auch fast ganz die früher vorhandenen Reibungen beseitigt und es so ermöglicht, daß sich ein starker Imperialismus entwickeln konnte. Der Verminderung der Macht ist eine Vermehrung der Treue gefolgt. Diese Stimmung wurde durch andere Umstände gefördert, unter denen nicht die geringste Rolle die veränderte Stellung Englands gegenüber den Kolonien spielte. Man hört heute auf keiner Seite des Ozeans etwas über etwaige Unabhängigkeitsgelüste. Statt dessen erörtert man die Möglichkeiten eines engeren Zusammenschlusses des Reichs, eine Frage, die ich in einem späteren Kapitel besprechen werde.

Sechsundfünfzigstes Kapitel.

Die Kronkolonien.

Das alte System eines von der Krone ernannten Gouverneurs, gepaart mit einem vom Volke gewählten Parlament, ist auch fast in all den Kolonien verschwunden, deren Bewohner nicht überwiegend europäischen Ursprungs sind, aber hierbei ging die Entwickelung in entgegengesetzter Richtung vor sich. Und hier sei darauf hingewiesen, daß in einigen Kolonien, wo die Bevölkerung vor 100 Jahren eine weiße war, dies jetzt nicht mehr der Fall ist und zwar infolge einer großen Verschiebung in der ziffernmäßigen Stärke der Rassen, sondern weil die Sklaven, so groß auch ihre Zahl sein mochte, bis zu ihrer Befreiung keine politische Bedeutung besaßen. So wimmeln denn heute die meisten britischen Besitzungen in Westindien, wo früher die Europäer fast allein in Betracht kamen, von einer fruchtbaren freien Bevölkerung, von der die Weißen nur einen sehr kleinen Teil ausmachen.

Geschichte Jamaikas.

Die Geschichte Jamaikas kann als Beispiel für die Wandlungen dienen, die die einstige Form der Regierung bis zum Entstehen der modernen Kronkolonie durchlaufen hat. 1655 den Spaniern abgenommen, wurde die Insel sehr schnell von Engländern besiedelt und Lord Windsor wurde 1662 bei seiner Ernennung zum Gouverneur angewiesen, Kammern einzuberufen, wie sie in den anderen Kolonien üblich waren. So wurde eine Regierung bekannter Art geschaffen mit einem königlichen Gouverneur, einer ernannten I. Kammer (council) und einer Wahlkammer (assembly). Kaum waren 20 Jahre verstrichen, als Reibungen mit England begannen und obgleich in diesem Falle die Streitigkeiten bald geschlichtet wurden, so entstanden später wieder Unruhen, und so finden wir, wenn auch in abgeschwächter Form, das ganze 18. Jahrhundert erfüllt von ähnlichen Streitigkeiten zwischen dem Gouverneur und der Wahlkammer, wie dies in den nordamerikanischen Kolonien der Fall war. Die Wahlkammer weigerte sich Jahre lang, ständige

Einnahmen zu bewilligen und bestimmte, daß gewisse von ihr bewilligte Gelder nur durch von ihr ernannte Beamten verausgabt werden dürften. Durch eine Reihe von Lokalgesetzen wurde in der Tat die Beitreibung und Verausgabung der Einnahme dem Gouverneur fast ganz entzogen und Kommissaren übertragen, die in Wahrheit die Abgeordneten nur unter einem anderen Namen waren. Wäre die Insel nur von Engländern bewohnt gewesen, würden diese Schwierigkeiten möglicherweise wie in Kanada zur Bewilligung eines verantwortlichen Ministeriums geführt haben, aber das Vorhandensein von Sklaven in einer den freien Weißen zehnmal überlegenen Zahl führte im 19. Jahrdundert sowohl zu wirtsckaftlichen wie politischen Erhebungen.

Abschaffung der Sklaverei und Notlage auf der Insel.

1807 verbot das englische Parlament den Sklavenhandel, und dies führte einen Arbeitermangel in Jamaika herbei. 1833 ging es noch viel weiter und schaffte trotz eines Protestes der Wahlkammer, die sein Recht bestritt, sich in die inneren Angelegenheiten der Insel zu mischen, die Sklaverei ab, wobei es den Plantagenbesitzern eine von ihnen als gänzlich unzureichend angesehene Entschädigung gewährte. Da die Neger in diesem Klima leicht ihren Lebensunterhalt ohne Lohnarbeit aus herrenlosen Ländereien erwerben konnten, schlug die Sklavenbefreiung dem Gewerbefleiß der Kolonie tiefe Wunden. 1838 unternahm das Parlament es erneut, über innere Angelegenheiten der Insel zu bestimmen und zwar diesmal durch ein Gesetz, das die Bestimmungen über Gefängnisse der Zuständigkeit der Ortsbehörden entzog. Daraufhin beschloß die Wahlkammer in Anbetracht „der Angriffe, die das britische Parlament fortwährend auf die Volksrechte in der Kolonie mache“ sich „jeder gesetzgeberischen Tätigkeit zu enthalten, soweit eine solche nicht zur Erhaltung des Kredits der Insel bei dem Staatsgläubiger erforderlich sei.“[1] Das englische Ministerium brachte dann ein Gesetz ein, die Verfassung von Jamaika aufzuheben. Dies wurde jedoch im Hause der Gemeinen abgelehnt und verursachte dadurch den Sturz von Lord Melbournes Kabinett, und obgleich auch Sir Robert Peel wegen der berühmten „Schlafzimmerfrage“ („Bedchamber Question“) kein Ministerium zu bilden vermochte, machte Melbourne, als er wieder zur Macht gelangt war, keinen zweiten Versuch, das Gesetz durchzubringen.[2]

---

[1] Zitiert nach Egertons „Kurzer Geschichte der britischen Kolonialpolitik“ S. 329.

[2] Die Bestimmung in dem Gefängnisgesetz wegen der Zuständigkeit des Gouverneurs für die Gefängnisse hatte keine große praktische Wirkung erlangt.

Die Plantagenbesitzer müssen gedacht haben, daß England sie ins Verderben jage, denn 1846 wurden die Grundlagen ihres früheren Wohlstandes durch die Annahme des Freihandels und die Aufhebung der Vorzugszölle auf Zucker aus Britisch Westindien noch weiter untergraben. Unter dem Druck der wirtschaftlichen Notlage beschloß die Wahlkammer Ersparnisgesetze, die die ernannte erste Kammer als einen öffentlichen Vertrauensbruch verwarf, und die Stockung dauerte so lange, bis die Wahlkammer durch das Anerbieten eines Darlehns von einer halben Million Pfund 1854 dahin gebracht wurde, einer Revision ihrer Grundgesetze zuzustimmen. Die neue, aus diesem Jahre stammende Konstitution vergrößerte die Machtbefugnisse des Gouverneurs in verschiedener Richtung; unter anderem dadurch, daß man ihm die Funktionen übertrug, die bisher von den Abgeordneten als Kommissaren für die Beitreibung und Verausgabung der Einnahmen ausgeübt worden waren, und obgleich ihm bei der Ausübung seiner Pflichten ein aus drei Mitgliedern der Wahlkammer und einem Mitgliede der ersten Kammer bestehender Arbeitsausschuß zur Seite stehen sollte, konnte er sich diese Mitglieder selbst aussuchen.[1]

Die Verfassung von 1854.

Die neue Einrichtung bewährte sich für ein halbes Dutzend Jahre leidlich gut, aber an Gelegenheit für politische Stockungen fehlte es auch jetzt keineswegs und 1860 begann der Streit zwischen Wahlkammer und Gouverneur aufs neue. Die Sache kam zuerst zum Klappen bei der Frage der Verantwortlichkeit des Arbeitsausschusses für eine Mehrausgabe; aber wie es so oft geschieht, griff der Streit auf andere Gebiete über und würde fröhlich fortgedauert haben, wenn nicht 1865 ein beunruhigender Aufstand der Neger ausgebrochen wäre. Man beschuldigte zwar den Gouverneur Eyre der Grausamkeit bei seiner Unterdrückung, doch errang er durch sein kräftiges und entschiedenes Auftreten die Bewunderung der weißen Bevölkerung. Die Weißen hatten in der Tat einen ordentlichen Schreck bekommen, und waren bereit, ihre politischen Rechte einer starken Exekutivgewalt zu opfern. Ende 1866 ermächtigte daher das Parlament von Jamaika die Königin zur Einführung eines neuen Regierungssystems auf der Insel, und so nahm die Wahlkammer nach zweihundertjährigem Bestehen durch ein Reichsgesetz ihr Ende.

Der Aufstand von 1865 und der Sturz der Verfassung.

[1] Um dieselbe Zeit ließ ein neues Wahlgesetz viele Neger zum Wahlrecht zu und bald darauf zählte die Kammer eine Anzahl Farbiger zu ihren Mitgliedern.

Die Konstitutionen von 1866 und 1884. Unter der 1867 in Wirksamkeit tretenden Verfassung wurde die Insel eine Kronkolonie mit einer einzigen Kammer (Legislative Council), die aus sechs beamteten und sechs nichtbeamteten sämtlich von der Krone ernannten Mitgliedern bestand. Die ersteren waren die hauptsächlichsten Staatsbeamten der Insel, wie der Kolonialsekretär, der Kronanwalt und der Befehlshaber der Truppen, während der Gouverneur selbst den Vorsitz führte. Aber damit waren die politischen Experimente in Jamaika noch nicht erschöpft. Nach einigen Jahren erholten sich die Plantagenbesitzer von ihrem Schrecken und sehnten sich danach, die Verwaltung der Staatsangelegenheiten wieder in die eigenen Hände zu bekommen. 1876 sandten sie eine Denkschrift an das Haus der Gemeinen, in der sie forderten, daß die Einwohner Vertreter in der Kammer haben und über die Einnahmen verfügen sollten. Der Staatssekretär antwortete, daß der Zumutung, die erst so kürzlich eingeführte Verfassung zu ändern, nicht Raum gegeben werden könne. Als aber in späteren Jahren ähnliche Eingaben gemacht wurden, gab die Regierung insoweit nach, als sie zuließ, daß die Hälfte der Mitglieder aus Wahlen hervorgehen sollte. Die Änderung wurde durch die Verfassung von 1884 getroffen, nach der die Kammer aus dem Gouverneur und aus neun ernannten,[1] und neun gewählten Mitgliedern bestehen sollte. Insofern als der Gouverneur maßgebenden Einfluß auf die ernannten Mitglieder besaß, hätte es scheinen können, als ob er hierdurch eine beständige Mehrheit zu seiner Verfügung erhalten hätte, aber dies vermied man durch die Bestimmung, daß in Finanzfragen eine Zweidrittelmehrheit und in anderen Fragen die Einstimmigkeit der gewählten Mitglieder den Ausschlag geben solle, wenn nicht der Gouverneur die Sache für von überragender öffentlicher Bedeutung halte. Mit anderen Worten, er hatte die Macht, über die gewählten Mitglieder hinwegzuschreiten, sollte aber von dieser Macht bei gewöhnlichen Angelegenheiten keinen Gebrauch machen.

Übermannung der gewählten Mitglieder. Abgesehen von einigen wenigen Abänderungen, die uns hier nichts angehen, blieb die Verfassung von 1884 unverändert, bis die Kammer 1897 in einer Weise vergrößert wurde, die geschildert werden muß, um die jetzige Methode der Kontrolle über diese Körperschaft verstehen zu können. Die Zahl der gewählten Mitglieder wurde von neun auf vierzehn erhöht, je eins für jedes Kirchspiel der Insel. Gleichzeitig wurde die Zahl der beamteten und ernannten

---

[1] Vier davon Beamte und fünf Nichtbeamte.

Mitglieder nur auf zehn oder einschließlich des Gouverneurs auf elf erhöht, aber er wurde ermächtigt, vier weitere zu ernennen, wenn eine Frage von großer Wichtigkeit es notwendig mache. Kurz, er war der Regel nach in der Kammer in der Minderheit, konnte aber äußerstenfalls die von ihm ernannten Mitglieder in eine Mehrheit verwandeln. Dies tat er ein paar Jahre später, nach einer langen Reihe von Zänkereien (hauptsächlich in Steuersachen) mit den gewählten Mitgliedern. Seit einiger Zeit befand sich die Insel in einer schwierigen Finanzlage. Es hatten sich Defizits ergeben und Gouverneur und ernannte Mitglieder stimmten darin überein, daß die Einnahmen den Ausgaben angepaßt werden müßten, während die gewählten Mitglieder, die unter der Last der bestehenden Steuern seufzten, jede Erschwerung dieser Last perhorreszierten. Schließlich schlug der Gouverneur 1899 eine Steuer auf Schreibmaschinen, Nähmaschinen, Bücher und Zeitschriften vor, und als die gewählten Mitglieder sich weigerten, dafür zu stimmen, ernannte er die vier weiteren Mitglieder. Der Schritt wurde nach einer Beratung mit Chamberlain, dem damaligen Staatssekretär für die Kolonien getan, und obgleich die besagten vier Mitglieder bald darauf auf die Zusicherung der gewählten Abgeordneten, für die Steuer stimmen zu wollen, ihre Mandate niederlegten, bewies doch ihre Ernennung, daß die Regierung des Heimatlandes bei ernsten Mißhelligkeiten nicht davor zurückscheute, ihrer Autorität durch Unterbutterung der gewählten Mitglieder der Kammer Nachdruck zu verleihen.

Die Geschichte Jamaikas ist um so lehrreicher, weil das Regierungssystem bei seinem Übergang von dem alten Typus zu seiner jetzigen Gestaltung ungewöhnlich mannigfaltige Gestaltungsformen durchlaufen hat. Es hat neben dem Gouverneur eine ganz aus Wahlen hervorgehende Kammer, eine durchweg ernannte Kammer (Legislative Council) und eine Kammer, in der die gewählten Mitglieder eine Minderheit darstellten, an der Arbeit gesehen. Alle diese Formen finden sich noch in den Kronkolonien, aber mit sehr wenigen Ausnahmen ist die erste Form verschwunden und es überwiegen die Formen, bei denen das Parlament ausschließlich oder zum größten Teil aus ernannten Mitgliedern besteht.

Die Geschichte Maltas.

Ein neueres Beispiel von der Neigung, eine Wahlkammer da abzuschaffen, wo die völlige Verantwortlichkeit der Regierung nicht bewilligt werden kann, bietet Malta. Nachdem sie 1800 den Franzosen entrissen worden war, stand die Insel zuerst unter der alleinigen Gewalt eines Gouverneurs, der oftmals der Oberbefehlshaber der dortigen Streitkräfte war; und tatsächlich ist es die große Bedeutung Maltas als Flottenstützpunkt, die es verhindert hat, Selbstverwaltung in irgendwie größerem Umfange zu erlangen. Strategische Rücksichten erlauben es den Bewohnern nicht, sich in beliebiger Weise zu regieren, und doch sind sie, die sich bis zum Erscheinen der Johanniterritter einer Wahlkammer erfreuten, so zahlreich, daß der Platz nicht wie Gibraltar einfach als Garnison behandelt werden kann. Aber diese besonderen Umstände, die einerseits die Regierung durch ein verantwortliches Ministerium und andererseits ein rein militärisches Regiment ausgeschlossen haben, lassen die politischen Ereignisse auf der Insel für die Verdeutlichung der schwierigen Festhaltung einer halb demokratischen Regierungsform nichts an Wert einbüßen.

Bewilligung einer Wahlkammer.

1838—1839 wurde die Regierung Maltas durch eine beratende Körperschaft bereichert, doch wurde keine Spur von Volksvertretung eingeführt, bis 1849 die Krone durch Patent einen Regierungsrat schuf, der aus dem Gouverneur mit neun ernannten und acht gewählten Mitgliedern bestand. Dies ermöglichte es den Bewohnern der Inseln, ihre Ansichten zum Ausdruck zu bringen, aber nicht sie durchzusetzen, denn die Regierung hatte immer eine Majorität zu ihrer Verfügung und machte von ihr zeitweise so ausgiebig Gebrauch, daß der lebhafte Wunsch laut wurde, die örtliche Verwaltung einer wirksamen Kontrolle des Volkes zu unterstellen. Die Bewegung dauerte viele Jahre und schließlich wurde die auf Petition der Malteser beruhende Idee eines neuen Regierungsrates durch das Patent von 1887 verwirklicht.

Dies setzte die Zahl der ernannten Mitglieder auf sechs herab und vermehrte die der gewählten auf vierzehn, von denen zehn von den gewöhnlichen Stimmberechtigten gewählt wurden, während die Geistlichkeit, der Adel, die Inhaber akademischer Grade der Universität und die Handelskammer je einen Vertreter hatten.[1] So überwogen die gewählten Mitglieder beträchtlich, und was mehr sagen will, bei Finanzgesetzen wurden nur ihre Stimmen gezählt.[2] Andererseits hatte die Krone nicht allein das gewöhnliche Veto und ein ausschließliches Recht der Einbrindung von Steuervorlagen, sondern behielt sich auch das Recht, äußerstenfalls selbständig durch Kabinettsorder gesetzgeberisch tätig zu werden, vor.

---

[1] Der Geistlichkeit wurde ihr Vertreter 1898 infolge ihres Versuchs, die Obmacht im Rat zu erlangen, genommen.

[2] Gehälter, Pensionen und weitere £ 1000 wurden indessen auf die Liste der Zivilausgaben gesetzt und bedurften keiner jährlichen Bewilligung.

Die Malteser entdeckten bald, daß ihr tatsächlicher Einfluß auf die Regierung geringer war, als sie erwartet hatten, und schon 1891 kam es, nachdem die gewählten Mitglieder ihre Mandate als Protest gegen die Politik des Gouverneurs niedergelegt hatten, durch den Versuch des Pöbels, den Regierungsrat einzuschüchtern, zu einem Aufruhr. Die Streitigkeiten — gelegentlich mit der Waffe der Mandatsniederlegung geführt — dauerten fort, aber der Volkspartei fehlte bis 1898 für ihren Kampf der feste Boden einer aktuellen Streitfrage. In diesem Jahre weigerte sich Oberst Hewson, ein Offizier des britischen Heeres, der in englischer Sprache als Zeuge vernommen worden war und eine Übersetzung seiner Aussage ins Italienische, die Amtssprache des Gerichts, unterschreiben sollte, dies zu tun mit der Begründung, daß er das, was er unterschreiben solle, nicht lesen könne. Daraufhin wurde er wegen Ungebühr vor Gericht verhaftet; und obgleich der Gouverneur ihn vor dem Gefängnis bewahrte, empfand man es als unwürdig, daß ein britischer Offizier durch ein britisches Gericht ins Gefängnis geschickt werden könnte, weil er sich weigerte, eine Aussage in einer fremden von ihm nicht verstandenen Sprache zu unterschreiben. Chamberlain wies den Gouverneur an, dem Regierungsrat Verordnungen vorzulegen, die das Englische ebenso wie das Italienische zur amtlichen Gerichtssprache machten, und als der Rat sie verwarf, wurden sie durch Kabinettsorder vom März 1899 eingeführt. Die gewählten Mitglieder protestierten, legten ihre Mandate nieder, wurden ohne Opposition wiedergewählt und verweigerten dann die Annahme von Finanzgesetzen, die dann ihrerseits wieder durch Kabinettsorder in Kraft gesetzt wurden.

Die Frage der Gerichtssprache

Die Sprachenfrage bot ein eigenartiges Bild. Italienisch, das nach der englischen Okkupation bei den Gerichtshöfen an die Stelle von Lateinisch getreten war, war die Sprache der gebildeten Klassen, nicht aber die der großen Masse der Bevölkerung, die maltesisch, d. i. einen aus dem Arabischen stammenden Dialekt spricht. Man konnte daher mit gutem Gewissen behaupten, daß das Englische sich ebensogut zur amtlichen Sprache eigne wie das Italienische. Die Frage berührte nicht nur die Gerichte, sondern auch die Schulen. Etwas früher hatte man ein System eingeführt, nach dem die Kinder in den beiden untersten Klassen maltesisch unterrichtet wurden und dann den Eltern die Entscheidung überlassen blieb, ob sie englisch oder italienisch lernen sollten, wobei der bei weitem größere Teil von ihnen die erstere Sprache wählte. Aber nun forderten die gewählten Mitglieder des Regierungsrats unter der

und der Schulsprache.

Behauptung, daß die Wahl der Eltern nicht wirklich frei sei, daß italienisch der regelmäßige Unterrichtsgegenstand sein solle, und verweigerten einige Etatstitel für die Schulen, ehe nicht eine derartige Verordnung erlassen sei. In einer Besprechung mit Chamberlain gingen ihre Delegierten noch viel weiter, indem sie eine verantwortliche Regierung forderten. Dies Verlangen wurde natürlich abgeschlagen, und zwar mit dem Hinweis darauf, daß die gewählten Mitglieder keine angemessene Vertretung der Bevölkerung der Kolonie darstellten, und im Hinblick auf die geringe Anzahl der Wähler und die noch viel kleinere Zahl derer, die ihre Stimme abgaben, mag dies durchaus zutreffend gewesen sein.

Die Verfassung wird widerrufen.

Die Führer der Opposition gegen die Regierung entfachten eine kräftige Agitation auf der Insel, während sie im Regierungsrat ihre Verordnung für die Schulen beschlossen, mit dem einzigen Erfolge, daß ihr ein Veto gegenübergestellt wurde. Daraufhin lehnten sie das Budget ab, legten ihre Mandate nieder und wurden wiedergewählt. Zweifelsohne war eine Arbeit mit der Konstitution in ihrer damaligen Gestalt nicht möglich. Die Wahlkammer war entweder zu stark oder zu schwach, um irgend jemand zu befriedigen; und schließlich wurde 1903 der gordische Knoten durch ein Patent durchhauen, das den Regierungsrat abschaffte und dafür einen neuen schuf, der neben dem Gouverneur aus zehn ernannten und nur acht gewählten Mitgliedern bestand. Dem Gouverneur wurde auch das alleinige Recht gegeben, Vorlagen einzubringen, und so wurde der Regierungsrat zu einer beratenden Körperschaft erniedrigt, wo die Volksvertretung ihre Ansichten äußern dürfe, aber sie nicht verwirklichen könne. Nach einer siebzehnjährigen Erfahrung hat man die Konstitution von 1887 fallen lassen und den Zustand von 1847 wieder hergestellt. Auch lag dies nicht etwa an einem Wechsel der regierenden Partei in England, denn das Patent von 1887 war von einem konservativen Ministerium erlassen worden. Die Konstitution dieses Jahres war zum Mißglücken verurteilt, weil sie zwei unabhängige Faktoren, die fast mit Bestimmtheit in Kollision miteinander geraten mußten, ohne irgend einen Faktor schuf, der sie wieder ins Gleichgewicht hätte bringen können. Das parlamentarische Regierungssystem vermeidet tote Punkte dadurch, daß es die Exekutive dem Parlament verantwortlich macht. Das Präsidentschaftssystem vermindert die Stockungen, weil alle Staatsorgane sich letzten Endes einem höchsten Gericht unterwerfen müssen, den Wählern der Nation. Aber ein vom Volke gewähltes Parlament neben einem von einer fremden Macht ernannten Gouverneur dient nur dazu, Streitigkeiten hervorzurufen und sie zu verewigen.

Die vorhandenen Kronkolonien.

Ich habe die Regierungsformen von Jamaika und Malta deshalb so ausführlich behandelt, weil sie einen Beleg für einen allgemein gültigen Grundsatz liefern, der sich in der Geschichte der englischen Kolonisation in allen Teilen der Erde beobachten läßt. Die Natur ist reich an Fällen, in denen die extremen Arten gedeihen, während alles in der Mitte zwischen ihnen Liegende als untauglich ausgeschieden worden ist, und dies war in den britischen Kolonien der Fall. Eine Kolonie kann von der eigenen Bevölkerung regiert werden, oder sie kann vom Mutterlande regiert werden, aber unter gewöhnlichen Umständen kann sie durch eine Kombinierung dieser beiden Systeme nicht erfolgreich regiert werden, und daher sind die englischen überseeischen Besitzungen scharf in zwei Gruppen getrennt. Die eine, die der Kolonien mit Selbstverwaltung, die sich zu immer vollständigerer Selbstbesorgung ihrer Angelegenheiten entwickelt haben; die andere, die der Kronkolonien, deren Entwickelung sich in der Richtung des Verlustes der Reste der von ihnen besessenen Selbstverwaltung bewegte. Von der alten Art mit der reinen Wahlkammer und einem Gouverneur, dessen Minister dem Parlament nicht verantwortlich sind, bleiben nur noch drei Beispiele übrig. Dies sind Bermuda, die Bahama-Inseln und Barbados, von denen das erst- und das letzgenannte die ältesten Volksvertretungen im Britischen Reiche mit einziger Ausnahme des Hauses der Gemeinen besitzen. Die besonderen Verhältnisse auf diesen Inseln, die das fortdauernde Bestehen von Einrichtungen, die anderswo verschwunden sind, ermöglicht haben, brauchen hier nicht im einzelnen betrachet zu werden. Genüge es, zu sagen, daß sie eigenartig, aber durchaus nicht ganz gleichartig sind.

Verschiedene Arten.

Die übrigen Kronkolonien können in drei Gruppen eingeteilt werden. Erstens die Leeward-Inseln, Britisch-Guyana, Malta, Mauritius und die Fidschi-Inseln, wo die gesetzgebende Körperschaft gewählte Mitglieder enthält, diese indessen nur eine Minderheit bilden.[1]

---

[1] Britisch Guyana hat eine merkwürdige, von den Holländern übernommene Verfassung. In dem sich mit gewöhnlichen Gesetzen befassenden Court of Policy hat die Regierung eine sichere Mehrheit; aber der die Steuern erhebende Combined Court wird durch Hinzutritt weiterer gewählter Mitglieder gebildet. Wegen der Art und Weise der Beherrschung dieser Körperschaft siehe Ireland, „Tropical Colonisation“ S. 45—51, 65—66.

Cypern allein hat einen gesetzgebenden Körper, der ebensowohl gewählte wie ernannte Mitglieder enthält, wobei erstere in der Majorität sind. Dies ist,

Wo sich in der Bevölkerung eine beträchtliche Anzahl von Europäern oder anderen gebildeten Leuten befindet, hat dies den Vorteil, den Gouverneur und seine Ratgeber in amtliche Berührung mit einer einsichtigen öffentlichen Meinung am Platze zu bringen, die in Ermangelung von lebhaften Meinungsverschiedenheiten leicht bedeutend ins Gewicht fallen kann. Die zweite Gruppe der Kronkolonien ist die zahlreichste von allen; zu ihr gehören die, in denen die gesetzgebende Körperschaft ausschließlich aus ernannten Mitgliedern besteht. Dies gilt zum Beispiel von den verbleibenden britischen Besitzungen in Westindien und Mittelamerika, von Ceylon und den meisten der Kolonien an den tropischen Küsten von Afrika.[1] Dies System wird da fast zur Notwendigkeit, wo die Zahl der europäischen Bewohner verhältnismäßig gering ist, oder wo diese den örtlichen Gewerbfleiß nicht richtig vertreten. Schließlich hat der Gouverneur in rein militärischen Stationen wie Gibraltar und St. Helena und in halb erschlossenen Gebieten wie hier und da in Innerafrika überhaupt keinen gesetzgebenden Beirat.

Die Staatsbeamten.

Jede der östlichen Kolonien — Ceylon, Hongkong und die Straits Settlements mit Einschluß des malaiischen Staatenbundes — hat einen besonderen Staatsdienst, aber überall rekrutiert er sich aus den Londoner Wettbewerbprüfungen, die gemeinschaftlich für diese Posten, den indischen Staatsdienst und die Sekretärstellen erster Klasse in den englischen Staatsressorts abgehalten werden. Die Art dieser Prüfung ist bereits geschildert[2] und es ist darauf hingewiesen worden, daß die erfolgreichen Kandidaten in der Reihenfolge ihres Bestehens der Prüfung den Dienst wählen dürfen, in welchen sie eintreten wollen. Diejenigen, die für diese drei Kolonien bestimmt werden, nennt man Kadetten des Ostens (Eastern Cadets), und soweit als freie Stellen zu besetzen sind, können sie die Kolonie wählen, die sie bevorzugen. Sie werden dann sogleich in den Osten entsandt, um die nötigen orientalischen Sprachen zu lernen. Im allgemeinen kann man sagen, daß alle höheren Ämter in den öst-

---

wie wir gesehen haben, gewöhnlich auch in Jamaika der Fall; aber hier kann die Majorität jederzeit in eine Minderheit verwandelt werden.

[1] In Hongkong und in Straits Settlements werden die gesetzgebenden Körperschaften ganz ernannt, aber in beiden wird ein Paar Mitglieder von den Handelskammern oder anderen Körperschaften vorgeschlagen.

[2] Oben Bd. I S. 162—165. Siehe auch Lowell und Stephens, „Colonial Civil Service" S. 65—79.

lichen Kolonien außer denen des Gouverneurs und eines oder zweier seiner Untergebenen Männern, die sich in dieser Weise rekrutieren, vorbehalten sind; und das dem indischen Staatsdienst nachgebildete System bewährt sich vorzüglich. Gelegentlich erzeugt es allerdings einen reinen Gelehrten, der kein Verwaltungstalent besitzt, aber solche Fälle scheinen selten zu sein und niemand würde heutigen Tages ernstlich vorschlagen, davon abzusehen. Andererseits könnte man es kaum allgemein auf die sonstigen britischen Kolonien ausdehnen. Allerdings werden an einigen Orten Prüfungen mit freiem oder beschränktem Wettbewerb subsidiär in Anwendung gebracht, es bestehen aber gewichtige Bedenken dagegen, sie zur Grundlage des Staatsdienstes in allen Kronkolonien zu machen. Unter Außerachtlassung der östlichen Besitzungen ist keine der Kolonien allein groß genug, um sich einen derartigen Staatsdienst leisten zu können, und ein Versuch, sie zu diesem Zwecke in Gruppen zu vereinigen, kommt kaum in Frage. In Westindien sind die Einwohner einer Insel zum Beispiel durchaus fähig, viele Ämter zu versehen. Es würde daher nicht richtig sein, wenn man diese Stellen auf Grund von in London abgehaltenen, allen britischen Untertanen offenstehenden Prüfungen besetzen wollte, und andererseits haben die Westindier gewöhnlich nicht die Weite des Blicks, um außerhalb ihrer Kolonie von Nutzen zu sein. Das System kann wahrscheinlich auf einige der großen Besitzungen in Afrika, nicht aber auf die große Anzahl der kleinen, auf der Weltkarte verstreuten Kronkolonien ausgedehnt werden.

Die Laufbahn eines Gouverneurs.

Nichtsdestoweniger ist der Staatsdienst in allen Kolonien lebenslänglich und wird gut bezahlt. Vor allem bilden die Stellungen des Gouverneurs und des Kolonialsekretärs eine Laufbahn für Männer, die der Regel nach aber nicht notwendig auf den britischen Inseln geboren sind. Jemand, der vielleicht mit einem untergeordneten Posten angefangen hat, erhält eine Stellung als Kolonialsekretär in einer kleinen Kolonie. Schlägt er gut ein, wird er auf denselben Posten in einer größeren Kolonie befördert, dann zum Gouverneur einer kleinen Insel ernannt, und steigt so die Stufenleiter weiter hinauf zu den wichtigeren Gouverneursposten. Er bleibt nicht viele Jahre an einem Orte, und so hat der Gouverneur eine weite Erfahrung in Kolonialproblemen, obgleich ihm die von ihm verwaltete spezielle Kolonie neu ist. Dies gilt auch von den Ausnahmefällen, in denen jemand direkt aus seiner Tätigkeit im Londoner Kolonialamt herausgesandt wird. Kurz, der Gouverneur befindet sich in ziemlich derselben Lage wie der Minister an der Spitze eines englischen Ressorts. Er holt sich seine Kenntnisse über die aktuellen Fragen, mit denen er zu tun hat, von seinen Untergebenen an Ort und Stelle und bringt ihnen die weiteren Gesichtspunkte des Mannes aus einer höheren Lebenssphäre bei. Die wachsende Geschicklichkeit, mit der England ein kolossales und heterogenes Reich regiert, verdankt es in der Tat großenteils den vielen Männern, die in den verschiedenen Kolonien oder im Kolonialamt der Heimat ihr Leben damit zugebracht haben, die Frage unter den verschiedensten Gesichtspunkten zu studieren.

Siebenundfünfzigstes Kapitel.

Indien und die Protektorate.

Britisch-Indien ist selbst ein Reich, und zwar ein so merkwürdig kompliziertes Gebilde, daß es nur in Gestalt einer Abhandlung beschrieben werden kann, deren es glücklicherweise eine Menge guter gibt. Aber sein Verhältnis zu England ist verhältnismäßig einfach, weil das Land, wie schon bemerkt, abgesehen von der auswärtigen Politik, hauptsächlich von Indien und nicht von England aus regiert wird. Dieser glückliche Umstand erklärt sich vielleicht aus der Art und Weise, in der die Verwaltung in die Hände der Krone kam. Während des 17. und der ersten Hälfte des 18. Jahrhunderts war die Ostindische Gesellschaft, die die englischen Interessen in diesem Teile der Welt wahrnahm, eine wirkliche Handelsgesellschaft, die Handelsstationen — Faktoreien genannt — hauptsächlich in der Nähe der Küste unterhielt. Der Kampf mit Frankreich, wodurch die Gesellschaft in die Streitigkeiten der eingeborenen Fürsten verwickelt wurde, setzte diesem Stand der Dinge ein Ende, wobei der Wendepunkt in Clives Sieg bei Plassey 1757 und der Bewilligung einer Divans- oder fiskalischen Verwaltung von Bengalen durch den Mogul an die Gesellschaft im Jahre 1765 bestand. Eine Zeitlang beließ man die tatsächliche Verwaltung in den Händen des Nabob und der eingeborenen Herrscher, aber 1771 verkündete die Gesellschaft ihren Entschluß, „selbst als Divan aufzutreten", mit anderen Worten, die Verwaltung unmittelbar zu übernehmen, und von der Zeit an dehnte sie ihre Besitzungen fortgesetzt über einen immer größeren Teil der Halbinsel aus.

Die Ostindische Gesellschaft.

Es konnte nicht gut gestattet werden, daß eine Gesellschaft, die ihre Bureaus in London hatte, ein orientalisches Reich ohne jede Einmischung der britischen Regierung regierte, und 1773 regelte ein Gesetz (Regulating Act) ihr Geschäftsgebaren und bestimmte unter anderem, daß ihre Verwaltungs- und Justizbeamten nicht für eigene Rechnung Handel treiben dürften. Einige Jahre darauf schuf Pitt's India Act von 1784 eine Kontrollbehörde (Board of Control),

Sie wird ein Regierungsunternehmen an Stelle eines Handelsunternehmens.

die von der Krone zum Wirken neben und in mancher Hinsicht über dem Direktorium der Gesellschaft berufen werden sollte. Nach dem Gesetze von 1773 erlosch nun das Privilegium in 20 Jahren und bei jeder Erneuerung für eine entsprechende weitere Frist wurden die Privilegien der Gesellschaft, besonders in Handelssachen, beschnitten, bis sie schrittweise von einer Handelsgesellschaft zu einer reinen Regierungsbehörde ward. 1813 wurde ihr Handelsmonopol, abgesehen von dem Porzellan- und dem Teehandel, abgeschafft; 1833 wurde sie ihrer Handelsfunktionen ganz und gar entkleidet und 1853 verloren die Direktoren das Recht, die Kandidaten für den indischen Staatsdienst zu benennen. Vier Jahre darauf brach der Aufstand aus, der 1858 zum Übergange der Verwaltung von der Gesellschaft auf die Krone führte. So übernahm die Krone ein asiatisches Reich, das fast ein Jahrhundert hindurch von einer unter einer allgemeinen Oberaufsicht der Minister stehenden Privatgesellschaft regiert worden war, und die Überlieferungen, die sich in jener Zeit gebildet haben, scheinen bis auf den heutigen Tag auf die Art der Erledigung der Staatsgeschäfte abgefärbt zu haben. Eine Reihe von Gesetzen wurde zur Reorganisation der indischen Verwaltung erlassen, doch erging das letzte von ihnen 1861 und seit jener Zeit hat das Parlament sie eigentlich nur in Dingen von geringerer Bedeutung verbessert[1]; während die innere Landesverwaltung in der Hauptsache von den Männern ausgestaltet worden ist, die als indische Beamte Erfahrungen gesammelt haben.

Übertragung ihrer Rechte auf die Krone.

Der Vizekönig.

Es wird zuweilen gesagt, daß der Generalgouverneur oder Vizekönig von Indien und der Zar von Rußland die beiden großen Autokraten der modernen Welt seien. Aber ein Autokrat muß, wenn er nicht ein Mann von seltener Befähigung und Tatkraft ist, besonders wenn er wie der Vizekönig für ein paar Jahre in ein fremdes Land kommt, stark dem Einfluß von Ratgebern unterliegen, die gründlich mit dem zu beackernden Arbeitsfelde vertraut sind; und das trifft um so mehr zu, wenn diese Ratgeber einschließlich seines Privatsekretärs einer großen Organisation mit einem starken Korpsgeist angehören. Die Gouverneure von Bombay und Madras sind wie der Vizekönig selbst englische, von der Krone direkt ernannte Edelleute, aber sie müssen seinen Befehlen gehorchen, ihre Berechtigung, Gesetze zu erlassen, ist beschränkt und alle von ihnen geschaffenen Gesetze erfordern seine Zustimmung. Daher ist ihre Macht nicht

---

[1] Ilbert, „Die Regierung von Indien", S. 107. Dies ist das weitaus beste Buch über indisches Staatsrecht.

sehr groß und auch sie sind von ständigen Beamten aus dem Zivildienste umgeben. Die stellvertretenden Gouverneure oder Oberkommissare an der Spitze der anderen Provinzen werden von dem Vizekönig ernannt und regelmäßig aus dem ständigen Beamtentum entnommen, dem in der Tat der bei weitem größere Teil der höheren Verwaltungs- und Gerichtsstellen in Indien vorbehalten ist.

Das ständige Beamtentum Indiens.

Abgesehen von gewissen Stellen bei den Obergerichten und den Provinzialräten der verschiedenen Gouverneure und von besonderen Dienstzweigen, die besonders organisiert sind und sich besonders ergänzen, wie das Ingenieurwesen, die Forstverwaltung, die Polizei und das Unterrichtswesen kann man wohl sagen, daß fast alle Verwaltungsstellen, die irgendwelche ernste Verantwortlichkeit mit sich bringen, mit Angehörigen des indischen Verwaltungsdienstes besetzt sind. Ihren Reihen werden die Steuerbeamten in den verschiedenen Bezirken entnommen[1], die die tatsächliche Verwaltung des ganzen Landes führen und fast jeden Zweig der Verwaltung unter sich haben, wobei sie durchschnittlich über je 1000000 Menschen gesetzt sind. Einige der wichtigsten Unterbeamten in den Bezirken gehören ebenfalls dem Zivildienst an, während die anderen Ämter hauptsächlich niedrigeren Ranges von Landeseingeborenen ausgefüllt werden. So liegt die Regierung Indiens tatsächlich in der Hand von ungefähr 1100 Engländern, von denen ein paar hundert Militärs oder nicht geprüfte Zivilisten sind, während alle übrigen dem großen Zivildienstkorps angehören. Mit der Art, wie sich dies Beamtentum rekrutiert, sind wir bereits vertraut. Die Beamten gehen vor dem 24. Lebensjahre nach Indien, und nachdem sie dort 25 Jahre zugebracht haben, sind sie berechtigt, mit einer reichlichen Pension in den Ruhestand zu treten. Eine derartige Gemeinschaft, die größtenteils gleichen Ursprungs und auf englischen Universitäten erzogen ist und ihre tatkräftigen Jahre in den Dienst einer gemeinnützigen, außerordentlich große Verantwortlichkeit bedingenden Sache in einem orientalischen Lande stellt, wird sehr wohl Traditionen ohne bureaukratische Starrheit entwickeln können. Die Beamten verstehen ihre Mission nicht dahin, Indien zum Vorteil Englands zu regieren, und wenn sie auch einen Widerstreit der Interessen zwischen beiden nicht anerkennen, so ist doch ihre erste Sorge das Gedeihen Indiens so wie sie es verstehen.

---

[1] Der entsprechende Beamte in den Provinzen, die nicht unter die Ausführungsbestimmungen fallen, heißt Assistant Commissioner.

Eine Spur von Volksvertretung.

Das Gesetz von 1892 über die indischen Beiräte (Indian Councils Act) oder vielmehr die hierzu erlassenen Ausführungsbestimmungen führten eine Spur von Volksvertretung in das indische Regierungssystem ein. Sie verordneten, daß in die gesetzgebenden Beiräte der wichtigsten Provinzialgouverneure ein Teil der Mitglieder auf Vorschlag von Gemeinde- und Bezirksräten, von Grundbesitzern, Fabrikanten und Kaufleuten berufen werden sollte, während der Gouverneur andere „in einer Weise" berufen sollte, „wie dies nach seiner Meinung den verschiedenen Klassen des Gemeinwesens eine angemessene Vertretung sichern würde". Diese Mitglieder benennen in jeder der vier Provinzen Madras, Bombay, Bengalen und Nordwestprovinzen ein Mitglied für den gesetzgebenden Rat des Vizekönigs, während ein weiteres Mitglied von der Handelskammer in Kalkutta benannt wird und andere wiederum im Hinblick auf eine angemessene Vertretung verschiedener Klassen ausgesucht werden. Obgleich die so gebildeten gesetzgebenden Räte wenig wirkliche Machtbefugnisse haben, debattieren sie nicht nur über vorgeschlagene Änderungen der Gesetze, sondern können auch das jährliche Finanzexposé erörtern und in der im Hause der Gemeinen üblichen Art und Weise Anfragen stellen. Dies alles ermöglicht es der öffentlichen Meinung des Landes, in etwas sich den Regierenden vernehmbar zu machen und bietet ihnen eine wertvolle Gelegenheit, sich zu informieren.[1]

Eingeborene Beamte.

Ist die Spur einer Volksvertretung in Indien nur äußerst schwach, so werden doch in den Verwaltungsämtern die Eingeborenen viel verwandt. Die niederen Grade des Staatsdienstes sind ihnen fast ausschließlich vorbehalten, ebenso wie eine gewisse Anzahl verantwortlicherer Stellen. Sie können sich auch den regelmäßigen Londoner Prüfungen für den indischen Verwaltungsdienst unterziehen, was auch alljährlich vier oder fünf mit Erfolg tun. 1893 erklärte sich das Haus der Gemeinen sogar, um den Eingeborenen die Sache zu erleichtern, in einer Resolution dafür, daß die Prüfungen nicht nur in London, wo nur wenige von ihnen teilnehmen können, sondern auch in Indien abgehalten würden. Das Ministerium entschied sich aber nach Sammlung von Material über die Frage dahin, diese Neuerung nicht einzuführen, teilweise aus Furcht davor, das englische Element im Staatsdienst zu sehr zu vermindern, teilweise weil eine Wettbewerbprüfung wissenschaftlichen Charakters, die

---

[1] Der Indische Kongreß, von dem in den letzten Jahren so viel die Rede war, ist keine offizielle Körperschaft.

für Engländer paßt, keine geeignete Rekrutierungsmethode des Staatsdienstes für Eingeborene ist, bei denen die Aufnahmefähigkeit für Wissensstoff groß ist, die aber selten Verwaltungstalent besitzen, und teilweise endlich, weil eine solche Prüfung hauptsächlich Bengalen zugute kommen würde und die Mohammedaner, die einen großen Teil der Bevölkerung bilden und entschieden zum Regieren besser geeignet sind, ausschließen würde. In der Tat ziehen die Mohammedaner unzweifelhaft die Regierung der Beiten der der bengalischen Babus vor, die sie schleunigst stürzen würden, wenn die starke Hand Englands nicht mehr auf ihnen ruhte; und dies bringt uns auf einen der Hauptgründe der Fremdherrschaft der Halbinsel.

Die Bevölkerung Indiens keine Nation.

Die Bevölkerung Indiens bildet keine Nation, sondern eine Mischung vieler verschiedener Rassen und Religionen, die häufig nebeneinander am selben Ort und dennoch unvermischt und scharf voneinander getrennt leben. Grade dies hat, wie SEELEY in seiner „Expansion Englands" dargelegt hat, die Briten in den Stand gesetzt, das Land zu erobern und festzuhalten. Würden die Bewohner gemeinschaftlich vorgehen und übereinstimmend die Unabhängigkeit erstreben, so würden sie sie erlangen können. Kurz, wären sie fähig ihr Land selbst zu regieren, so würden die Engländer auf einem Vulkan leben und die Dauer ihrer Okkupation würde kurz sein. Der Aufstand wurde unterdrückt, weil er nicht allgemein war. Die Sikhs halfen bei der Unterwerfung der Sepoys, und solange als große Teile des Volkes einander gegenseitig mehr mißtrauen als den Engländern, hat die Unzufriedenheit wenig Aussicht, etwas Erhebliches zu Wege zu bringen.

Die Eingeborenenstaaten.

Nicht ganz Indien steht unter direkter britischer Verwaltung. Über die ganze Halbinsel sind Gebiete verstreut, die unter der Oberherrschaft der englischen Krone eingeborenen Herrschern unterstehen. Als Sir WILLIAM LEE-WARNER vor 14 Jahren sein Buch über die „Protektoratfürsten Indiens" veröffentlichte, gab es ihrer 680 mit fast 650 Quadratmeilen Landes und 67 Millionen Untertanen, gegen etwas weniger als 1 Million Quadratmeilen und ungefähr 220 Millionen Seelen unter direkter britischer Herrschaft. Die Staaten der Eingeborenen zeigen eine außerordentlich verschiedene Größe, angefangen mit dem des Nizam von Heiderabad mit 82000 Quadratmeilen und einer Bevölkerung von $11^1/_2$ Million bis herab zu winzigen Fürstentümern. Das Verhältnis der englischen Regierung zu diesen Staaten bildet eins der interessantesten und am wenigsten bekannten Kapitel in der Verwaltung von Kolonien. Es hat sich langsam entwickelt und obgleich großenteils auf Verträgen beruhend, ist es in keiner Urkundenfolge enthalten, sondern zum erheblichen Teile aus dem politischen Herkommen und der allmählichen taktvollen Ausübung eines gewissen Druckes erwachsen.

Ihr Verhältnis zur indischen Regierung.

Lee Warner nennt das Verhältnis einen (auf Unterordnung des einen Staates unter den anderen beruhenden) Bundesstaat und sicherlich ist es sehr weit von einer internationalen Verbindung souveräner Staaten entfernt, weil die indische Regierung in verschiedener Hinsicht eine Obergewalt ausübt, und zwar nicht allein für die eigene Sicherheit, sondern auch zur Beschützung der Untertanen der eingeborenen Herrscher. Im allgemeinen kann man sagen, daß die eingeborenen Staaten gegen äußere Feinde sowohl wie gegen innere Rebellion geschützt werden und daß andererseits ihr diplomatischer Verkehr untereinander und mit fremden Mächten in der Hand der indischen Regierung liegt. Sie haben auch militärische Verpflichtungen, die je nach den besonderen mit ihnen abgeschlossenen Verträgen ein gut Teil voneinander abweichen. Zuweilen müssen sie bestimmte der indischen Armee zur Seite stehende Truppenkontingente unter britischen Offizieren unterhalten, zuweilen wird ihre Hilfe in Kriegszeiten auf andere Weise geleistet, aber die Stärke ihrer Streitkräfte ist begrenzt, und unter allen Umständen müssen sie den indischen Truppen den Durchmarsch durch ihr Gebiet gestatten. Ganz abgesehen von militärischen Erfordernissen müssen sie ferner die Herstellung von Straßen, Eisenbahnen, Telegraphen und Bewässerungswerken innerhalb ihrer Grenzen erlauben, und so verstreut wie die Eingeborenenstaaten über die Oberfläche des Landes sind, würde in der Tat die Verbindung zwischen den verschiedenen Teilen Britisch-Indiens sonst außerordentlich schwierig sein. Sie dürfen ohne Zustimmung der indischen Regierung keine Engländer in militärischer oder Zivileigenschaft und sonstige Leute europäischer Rasse überhaupt nicht verwenden und alle Europäer innerhalb ihrer Grenzen stehen unter der Gerichtsbarkeit eines britischen Gerichtshofs.

Die Erbfolge der eingeborenen Fürsten auf Grund der Geburt oder der Adoption ist garantiert, vorausgesetzt, daß der Erbe von der indischen Regierung als geeigneter Nachfolger anerkannt wird. Ist das nicht der Fall, so wird ein würdiger Verwandter an seine Stelle gesetzt; denn seit dem Aufstande hat die Krone die Politik verfolgt, selbst bei Verwirkung der Herrschaft durch schlechte Verwaltung des Herrschers keine Eingeborenenstaaten zu annektieren. Jedoch kann der regierende Fürst wegen Treulosigkeit oder grober Mißregierung abgesetzt werden, und dies ist das äußerste Mittel für die Geltendmachung der britischen Autorität. Die indische Regierung kann in der Tat einschreiten, um Aufständen, groben Verfehlungen des Herrschers, unmenschlichen Sitten oder religiöser Unduldsamkeit entgegenzutreten, und wenn die Sache sehr schlimm ist, kommt es zuweilen zur Absetzung. In solchem Falle ist es von Vorteil ein Kind zum Nachfolger zu wählen, weil die indische Regierung das Recht hat, den Staat während der Minderjährigkeit zu verwalten und den Minderjährigen zu erziehen, was dazu führt, daß wenn er großjährig wird, sein Gebiet in Ordnung gebracht und er selbst mit englischen Regierungsbegriffen durchtränkt ist. Das Werkzeug, dessen man sich zur Überwachung der Eingeborenenstaaten bedient, ist der Resident, den der Fürst empfangen und dessen Rat er anhören muß. Er braucht ihn nicht immer zu befolgen, aber die Ermahnungen des Residenten haben auf die Dauer großes Gewicht. Durch einen derartigen Druck und durch Eingreifen in argen Fällen sind die Banden von Thags[1] und barbarische Bräuche, wie Kindesmord und Witwenverbrennung auf dem Scheiterhaufen des Mannes, in den Eingeborenenstaaten abgeschafft worden, und diese haben sich tatsächlich in mancher Weise bestrebt, dem Beispiel von Britisch-Indien in einigem Abstand zu folgen.

Der Malayische Staatenbund.

Die Politik der Belassung des eingeborenen Herrschers an der Spitze seines Staates, aber seiner Überwachung vermittelst eines britischen Residenten ist neuerdings in zwei Fällen angewendet worden, die anscheinend zu den erfolgreichsten Experimenten der Kolonialverwaltung gehören. In diesen Fällen hat man dies Prinzip sogar so weit getrieben, daß faktisch der Resident das Land im Namen der betreffenden Fürsten regiert. Das erste Beispiel bietet die malayische Halbinsel, wo eine Anzahl einheimischer Fürstentümer hinter den von England an der Küste besessenen Straits Settlements liegt. Unruhen unter den Malayen wurden durch die vielen chinesischen Einwanderer verschärft, die die reichen Zinnminen des Landes abbauen wollten. Da die beiden Rassen sich untereinander und miteinander stritten, waren weder Staatseinnahmen noch Minenbetrieb sicher, und schließlich wurden 1874 die Unruhen so lebhaft, daß sie den Handel in den Straits Settlements bedrohten. Nun schritt England ein und zwang die Sultane von Perak und Selangor, sich britische Residenten gefallen zu lassen. Das Jahr darauf wurde der Resident in Perak ermordet, es wurde aber eine Strafexpedition

[1] Anmerk. des Übersetzers: d. h. religiöse Fanatiker in Ostindien.

entsandt, die Mörder wurden gehängt, der Sultan abgesetzt und sein Nachfolger befolgte den Rat des Residenten. Negri Sembilan und Pahang wurden einige Jahre später englischer Überwachung unterstellt und 1895 wurden alle vier unter dem Namen Malayischer Staatenbund (Federated Malay States) vereinigt.

Die Verwaltung eines jeden Staates liegt in der Hand eines Staatsrats, der hauptsächlich aus dem Sultan und den vornehmsten Malayenhäuptlingen besteht, in Wirklichkeit aber vom Residenten geleitet wird; auch die Lokalverwaltung wird tatsächlich von englischen Beamten geführt, die unter ihm in den verschiedenen Bezirken wirken. Für den gesamten Staatenbund gibt es einen periodisch tagenden Durbar oder Rat, dem der Sultan mit seinen Vasallen beiwohnt; aber auch hier ist wieder der spiritus rector der Generalresident, der die Aufsicht über die Residenten der Einzelstaaten führt und seinerseits dem Gouverneur der Straits Settlements als dem Oberkommissar des Staatenbundes verantwortlich ist. Gewisse Verwaltungszweige sind innerhalb des ganzen Staatenbundes zentralisiert. Dies trifft z. B. bei den Eisenbahnen und der Polizei zu, die von englischen Offizieren befehligt wird und zum Teil aus indischen Sikhs besteht. Es sind also sowohl im Staatenbund wie in den Einzelstaaten Rang und nominelle Herrschergewalt der eingeborenen Fürsten erhalten geblieben und erweisen sich wertvoll zur Erhaltung des Gehorsams ihrer Untertanen, indes die Regierung wirklich in den Händen von für diesen Dienst ausgesuchten und vorgebildeten Engländern ist. Die Verhältnisse auf der Halbinsel paßten für diese Regelung ganz besonders gut. Die Minen, die jetzt Dreiviertel der jährlichen Weltproduktion an Zinn liefern, wurden von Chinesen betrieben, die gern für ihren Schutz schwer bezahlen wollten; und in Wirklichkeit bringt der Ausfuhrzoll auf Zinn einen großen Teil der gesamten Einkünfte. Mit den dieser Quelle entstammenden Geldern konnten die Residenten den eingeborenen Fürsten ein viel größeres Einkommen garantieren, als sie während ihrer eigenen schwachen Herrschaft genossen. Die Gewährleistung von Rang und Einkünften tröstete sie über den Verlust eigener wesentlicher Macht; und so setzte das Vorhandensein reicher Minen die Engländer durch bloße Herstellung der Ordnung in den Stand, sowohl die malayischen Herrscher wie die Chinesen zufriedenzustellen. Der Fortschritt in Ordnung, im Straßen- und Eisenbahnwesen, in allen Verwaltungszweigen und im materiellen Gedeihen unter britischer Herrschaft ist erstaunlich groß gewesen. Aber es ist nicht ebenso sicher, ob die Eingeborenen schließlich die Gewinnenden bleiben werden, denn die chinesischen Einwanderer sind jetzt ungefähr so zahlreich wie die Malayen, die vielleicht zum Verschwinden vor der Flut der lebenskräftigeren Rasse verurteilt sein mögen.

Ägypten.

Das andere neuere Beispiel dafür, den Regenten beizubehalten und ihn vermittelst eines englischen Beraters zu überwachen, nämlich das Beispiel Ägyptens, ist bekannter. Obgleich die englische Okkupation der Theorie nach nur zeitweilig ist, ist Ägypten in Wirklichkeit Englands dauerndes Besitztum, der Torweg zum Osten, den es nicht wieder aufgeben kann. Die Regierung hat die Gestalt eines Protektorates, aber der Mechanismus mit der nominellen Suzeränität der Türkei, den Überbleibseln von Rechten anderer Großmächte, der formellen Gewalt des Khedive und der tatsächlichen Regierung durch England ist zu verwickelt, um hier beschrieben werden zu können. In diesem Zusammenhange genügt der Hinweis darauf, daß, obgleich die Staatsminister Ägypter sind, hinter jedem von ihnen als Berater oder Unterstaatssekretär ein britischer Beamter steht, dessen Anregungen er gehorchen muß; während über allen diesen der englische Agent und Bevollmächtigte Minister als Berater des Khedive der wahre Beherrscher des Landes ist. In Anbetracht der Schwierigkeiten, denen man begegnete, der verschiedenen in Betracht kommenden Interessen und der zeitweiligen Natur der ersten Besitzergreifung muß die Verwaltung Ägyptens, ungeachtet der Kritik im einzelnen, als eine der hervorragendsten Taten der geschickten englischen Regierung abhängiger Staaten angesehen werden.

Achtundfünfzigstes Kapitel.

Der Reichsstaatenbund (Imperial Federation).

Der Wunsch nach engerem Zusammenschluß.

Während eines Menschenalters hat sich in der politischen Stimmung Englands auf keinem Gebiete ein so scharfer Umschwung vollzogen wie in der Stimmung gegenüber den Kolonien. An Stelle der fatalistischen Gleichgültigkeit, die vor 50 Jahren weit verbreitet war, ist der fast allgemeine Wunsch getreten, die Bande enger zu knüpfen, die das Mutterland mit seinen herangewachsenen Kindern, wie Redner sie gern nennen, verbinden. Eine solche Stimmung ist auf viele Ursachen zurückzuführen, worunter man sich häufig einiger ganz unbewußt ist. An die Spitze der Liste kann der Fortschritt der Kolonien mit Selbstverwaltung gestellt werden. Kanada, Australien und das Kap der guten Hoffnung ziehen die Aufmerksamkeit der ganzen Welt und natürlich Englands selber viel mehr auf sich als damals, als es ihnen mit der Bewilligung verantwortlicher Ministerien Glückauf wünschte. Es schätzt ihren Wert und ist stolz auf sie. Außerdem kann England seinen Unterhalt nicht mehr selbst bestreiten und seine Abhängigkeit von anderen Ländern hinsichtlich der Nahrungsmittel tritt mit der Zeit immer mehr hervor. Auch ist die Vergrößerung fremder Mächte nicht ohne Wirkung geblieben. Italien und Deutschland sind Nationalstaaten geworden, während die Vereinigten Staaten sich außerordentlich rasch entwickelt haben, und die beiden letzteren haben die britischen Inseln an Volkszahl überflügelt. England für sich allein scheint keinen so erheblichen Bestandteil der Völkerfamilie mehr zu bilden wie früher. Überdies ist es durch die große Zunahme der Rüstungen europäischer Länder gezwungen worden, eine Last fast allein auf seine Schultern zu nehmen, die seiner Ansicht nach seine Kinder in ihrem Alter ganz gut mittragen könnten. Der Wunsch nach einem Bundesverhältnis ist zweifellos auch durch seinen anscheinend anderweit erzielten Erfolg angeregt worden. Vor einem halben Jahrhundert bildeten die Vereinigten Staaten das einzige

Beispiel eines Staatenbundes im großen und sein Fortbestehen schien sehr zweifelhaft zu sein. Aber seit jener Zeit hat die amerikanische Republik ihre Stabilität bewiesen, Deutschland ist in einer ähnlichen Form geeinigt worden, die Schweiz hat sich auf dieser Grundlage glücklich entwickelt und die beiden größesten Gruppen der britischen Kolonien mit Selbstverwaltung haben dasselbe System zum Vorteil ihrer Völker angenommen.

Es handelt sich nur um die Kolonien mit Selbstverwaltung.

Es ist deshalb von Wichtigkeit zu wissen, was ein Reichsbund zu bedeuten hat; und zuerst sei betont, daß er sich nur auf Kolonien mit Selbstverwaltung erstrecken kann. Kolonien, die sich nicht selbst regieren, können vielleicht für allgemeine Verteidigungszwecke besteuert werden, aber sie können augenscheinlich keinen Anteil an der Regierung des Reiches haben. Wenn sie sich nicht einmal selbst regieren können, können sie sicherlich nicht fremde Leute regieren, und wenn sie es formell doch täten, wäre dies ganz offener Trug. Wenn beispielsweise Indien oder Westindien Abgeordnete in einen Reichsrat entsenden würden, würden diese nichts als Agenten des englischen Ministeriums sein und die Vertreter der Kolonien mit Selbstverwaltung zu einem unbedeutenden Bruchteil der Körperschaft degradieren. Indien und die Kronkolonien müssen weiter von England, oder was wahrscheinlich weniger wünschenswert ist, von dem Bund als solchem regiert werden und können an der gemeinsamen Regierung keinen wirklichen Teil haben. Annähernd 370 Mill. britischer Untertanen können deshalb im Reichsbunde nicht aktiv vertreten sein und dieser würde sich auf das Vereinigte Königreich mit einigen 42 Millionen Seelen und Britisch Nordamerika, Australien und das Kap mit ihren ungefähr 13 Millionen beschränken. Er würde so ein Bundesverhältnis zwischen einem großen europäischen Staate und einer Anzahl kleiner weit entfernter Staaten darstellen, die im ganzen nur ungefähr ein Drittel seiner Bevölkerung ausmachen. Diese Lage der Dinge muß man sich bei Erörterung der möglichen Formen eines engeren Zusammenschlusses vor Augen halten; denn während das ziffermäßige Verhältnis der Einwohner in verschiedenen Teilen des Reiches sich ohne Zweifel ändern wird, wird es, wie schon erwähnt, langer Zeit bedürfen, ehe die Volkszahl aller Kolonien mit Selbstverwaltung zusammen die der britischen Inseln erreichen wird.

Der gegenwärtige Zusammenhang.

Wie in den klassischen Zeiten der Griechen ist das Band, das die Kolonien mit dem Mutterlande verknüpft, hauptsächlich im Gefühlsleben begründet. Es wird ferner durch das gemeinsame Bürgerrecht und durch den von England gewährten Flottenschutz, für den die Kolonien nur einen verschwindenden Beitrag leisten, verstärkt.[1] So weit hat das Band sich als wirksam erwiesen und ist während der drei letzten Jahrzehnte entschieden stärker geworden. Aber es ist nicht auf eine harte Probe gestellt worden, weil England seit der Bewilligung der verantwortlichen Regierung in keinen Krieg mit einer Großmacht verwickelt war, der Gefahr oder Leiden für die Kolonien mit sich brachte; und worauf eine solche Probe hinauslaufen würde, ist vielleicht nicht so ganz sicher. Hätte die Venezuelafrage zum Kriege geführt und hätten die Vereinigten Staaten versucht, sich für den ihren ungeschützten Küstenstädten zugefügten Schaden durch Besitzergreifung der weizenbauenden Gegend westlich der großen Seen schadlos zu halten, wäre es dann ganz ausgeschlossen gewesen, daß Kanada den Versuch gemacht hätte, die Gefahr durch eine Neutralitätserklärung abzuwenden? Kurz, ist es ganz sicher, daß die Kolonien mit Selbstverwaltung bei eigenem schweren Schaden in einem Streit zu England halten würden, den sie nicht hervorriefen und in dem es sie nicht vollständig beschützen kann? Die Sicherheit und vielleicht gar das Bestehen des Reichs hängt an Englands Fähigkeit, den Verkehr mit den verschiedenen Reichsteilen aufrechtzuerhalten und sie zu verteidigen, und diese wieder hängt von der Beherrschung der See ab. Wenn nun auch die so weit entfernte Lage der Kolonien mit Selbstverwaltung einem Reichsbunde hinderlich ist, so ist die räumliche Verteilung des Reiches für die Entfaltung der Seemacht ganz besonders günstig. England hat fast an jeder wichtigen Verkehrsstraße Bollwerke, die den Weg für seine Flotten offenhalten und ihn zuweilen für die seiner Feinde sperren, während viele seiner entlegensten Besitzungen groß genug sind, um Vorräte zu liefern und einer Eroberung zur See auf unabsehbare Zeit zu widerstehen. Überdies sind Australien und das Kap wie auch die kleineren Inseln, und in Wirklichkeit kann man auch Ägypten hierher rechnen,

---

[1] Bernard Holland führt in seinem Buche „Imperium et Libertas" Zahlen an, die 1899 vom Reichsbundausschuß zum Beweise dafür zusammengestellt wurden, daß die Kolonien mit Selbstverwaltung mit fast einem Drittel der Bevölkerung des Vereinigten Königreichs und beinahe der Hälfte der Einkünfte weniger als ein Hundertstel der Kosten der Flottenverteidigung beisteuerten. Nach den Zahlen, die für die Kolonialkonferenz von 1902 zusammgestellt wurden, war die durchschnittliche Ausgabe für Flottenzwecke auf den Kopf der Bevölkerung in den Kolonien mit Selbstverwaltung 4 d, während sie für das Vereinigte Königreich 15 s 1 d betrug. Ebenso stellten sich die Ausgaben für das Heer pro Kopf auf 2 s 5 d gegen 14 s $1^3/_4$ d.

keinem Landangriff ausgesetzt; und Kanada grenzt nur an ein Land, mit dem England kaum je in bewaffneten Konflikt kommen wird. Während deshalb das Band mit den Kolonien mit Selbstverwaltung möglicherweise durch einen Krieg auf eine harte Probe gestellt werden kann, so ist das höchst unwahrscheinlich, solange als England eine genügende Flotte unterhält. Aber trotz seines Reichtums ist die Last der Behauptung der Meere gegenüber der ganzen Welt so schwer geworden, daß es das Bedürfnis fühlt, die Kolonien, für deren gemeinsamen Vorteil es sie seiner Ansicht nach trägt, zur Tragung ihres Anteils heranzuziehen, und dies läßt sich nicht durchführen, ohne ihnen ein wirkliches Mitbestimmungsrecht der auswärtigen Politik einzuräumen, zu deren Durchsetzung die Flotte gegebenenfalls verwandt werden soll.

Schritte auf einen engeren Zusammenschluß hin.

Die Bewilligung einer verantwortlichen Regierung war wahrscheinlich das damals einzig Mögliche, aber obgleich sie nicht, wie einige Leute damals prophezeiten, zu einer Trennung führte, war sie jedenfalls kein Schritt auf dem Wege zu einem Bundesverhältnis. Es brachte die Kolonien in eine Lage, mit der sie nicht unzufrieden zu sein scheinen.[1] Im wesentlichen können sie ihre Angelegenheiten so besorgen, wie es ihnen gefällt, in sie angehenden Fragen der äußeren Politik fällt ihre Ansicht schwer ins Gewicht und sie genießen den Schutz des englischen Namens und der englischen Flotte fast ohne Kosten. Einem Außenstehenden scheint es so, als ob, während England einen engeren politischen und finanziellen Zusammenschluß wünscht, die Kolonien hauptsächlich an der Festigung der Handelsbeziehungen interessiert sind. In einigen Richtungen ist man schon versuchsweise vorgegangen. Dampferlinien und unterirdische Kabel wurden gefördert, ein allgemeines Pennyporto eingeführt, und Vorzugstarife von fast allen Kolonien mit Selbstverwaltung eingeführt.

Vorzugstarife.

Schon 1892 ging in Kanada eine Resolution dahin durch, daß, wenn England seinen Erzeugnissen Vergünstigungen einräume, es zu Gegenzugeständnissen bereit sein würde. England antwortete auf dies Anerbieten nicht, Kanada aber räumte, nachdem es 1897 seine Schutzzölle erhöht hatte, im folgenden Jahre britischen Erzeugnissen einen Nachlaß von 25 % ein und erhöhte ihn 1900 auf $33\frac{1}{3}$ %, eine Konzession, die im neuen Tarif 1907 aufrechterhalten wurde. 1903 gewährten die südafrikanischen Kolonien, dem kanadischen

[1] Gegen nur zwei Stimmen sprachen sie sich auf der Kolonialkonferenz von 1897 in diesem Sinne aus.

Beispiel folgend, vielen britischen Waren einen Nachlaß von 25% und in demselben Jahre errichtete Neuseeland seine Tarifmauer gegen alle fremden Länder, nicht aber gegen England — ein Beispiel, was 1907 im wesentlichen von Australien nachgeahmt wurde. Natürlich werden diese Zugeständnisse nicht zum Schaden geschützter Kolonialinteressen gemacht und beibehalten, denn die Erfahrung lehrt, daß selbst in den verschiedenen Teilen desselben Landes die Leute an Tariffragen nicht selbstlos herantreten. Die Kolonien sind bereit, die von ihnen eingeführten Waren lieber aus England als anderswoher zu beziehen, aber es kann schwerlich von ihnen erwartet werden, daß sie gegen ihre Politik des Schutzes der heimischen Industrie handeln, und daher wird der England erwachsende Vorteil wahrscheinlich begrenzt sein. Einige von ihnen, vor allem Kanada, würden zweifellos gerne ein wirkliches Opfer gegen Einräumung von Vorzugszöllen für die eigenen Produkte bringen. Aber die Einfuhr aus den Kolonien mit Selbstverwaltung besteht in der Hauptsache aus Rohstoffen und Nahrungsmitteln, und viele Leute behaupten, daß eine ernstliche Besteuerung dieser Dinge von den arbeitenden Klassen und den englischen Fabrikanten schwer empfunden werden würde, während die England davor erwachsenden Vorteile nicht groß sein könnten, weil die Konsumtionsfähigkeit der Kolonien für englische Waren im Verhältnis zur Ausfuhr seiner Waren nach anderen Ländern noch gering ist. Über diese in England noch heiß umstrittene Frage kann der Verfasser sich nicht äußern, aber die allgemeinen Wahlen von 1906 ergaben deutlich, daß augenblicklich ein solcher Vorschlag keine Aussichten hat und die englischen Minister brachten dies ja auf der Kolonialkonferenz von 1907 auch deutlich zum Ausdruck.

Kolonialkonferenzen.

Die einzigen wichtigen Schritte auf der Bahn zu einem engeren politischen Zusammenschluß waren die Londoner Beratungen mit den Premierministern der Kolonien.[1] 1887 wurde bei Gelegenheit des Jubiläums der Königin die erste abgehalten. Eine zweite folgte 10 Jahre darauf und weitere 1902 und 1907. Auf dieser letzten schuf man eine ständige Organisation, indem Reichskonferenzen genannte Zusammenkünfte alle vier Jahre abgehalten werden sollten. Sie sollten aus dem englischen Premierminister und Kolonialsekretär und aus den Premiers und sonstigen Delegierten der Kolonien mit

[1] In Ottawa wurde 1894 eine ergänzende Konferenz abgehalten, um über unterirdische Kabel, Postdienst und Handelsbeziehungen zwischen Großbritannien, Kanada und Australien zu verhandeln.

Selbstverwaltung bestehen, wobei jedes vertretene Gemeinwesen eine Stimme hat. Natürlich ist die Konferenz nur beratend und hat nicht das Recht, das Mutterland oder irgend eine Kolonie ohne deren Zustimmung durch Majoritätsbeschluß zu binden. Sie ähnelt ihrem Wesen nach eher einem Diplomatenkongreß als einem Regierungsorgan. Selbst so, wie sie ist, war sie, wie dies wahrscheinlich auch weiterhin der Fall sein wird, für die Erleichterung des Meinungsaustausches, die Neigung zu gegenseitigen Zugeständnissen und die Erzielung einer allgemeinen Übereinstimmung in Dingen gemeinsamen Interesses von großem Werte. Dennoch darf man nicht vergessen, daß Interessen nicht immer in Übereinstimmung gebracht werden können und daß Regieren nicht Handeln auf Grund allgemeiner Übereinstimmung, sondern obligatorisches Beugen unter eine höchste Gewalt bedeutet. Diese Gewalt läßt sich für das britische Reich nicht leicht schaffen.

Schwierigkeit der Schaffung einer Bundesinstanz.

Das parlamentarische System ist innerhalb seiner Grenzen äußerst dehnbar. Bis zu einem gewissen Punkt ist es höchst elastisch, aber über diesen Punkt kann nicht hinausgegangen werden. Eins der Hauptverdienste der Verfassung der Vereinigten Staaten lag in ihrer Ausdehnungsfähigkeit auf eine zunehmende Anzahl neuer Staaten; aber der Parlamentarismus, wie er sich in England entwickelt hat, erweist sich hierfür nicht als geeignet. Das Beispiel Irlands ist lehrreich. Gladstone schlug in verschiedenen Stadien seiner Home Rule-Vorlage einmal vor, die Iren vom Hause der Gemeinen gänzlich auszuschließen, ein andermal, sie nur in Reichsangelegenheiten zuzulassen, und ein drittes Mal, sie als vollberechtigte Abgeordnete zu behandeln, und doch erhoben sich, ganz abgesehen von der Hauptfrage, ob man Irland ein eigenes Parlament geben solle, gegen jeden dieser Gedanken Einwände, die ebensosehr für die Kolonien galten. Der gänzliche Ausschluß der Iren würde sie jeder Mitarbeit in Reichsangelegenheiten berauben, und in dieser Lage befinden sich die Kolonien jetzt. Läßt man Abgeordnete aus den Kolonien für alle Geschäfte zu, so verstärkt man dadurch das Hindernis eines glatten Arbeitens des parlamentarischen Systems, das jetzt in Gestalt der irischen Abgeordneten vorhanden ist. Es würde bedeuten, daß das Schicksal eines Unterrichtsgesetzes und eines Ministeriums von Stimmen aus den Kolonien gegen die Ansicht der Abgeordneten der britischen Inseln entschieden werden könnte, was für England unerträglich sein würde. Läßt man sie nur in Reichsangelegenheiten zu, so heißt das, daß das Ministerium heute vielleicht eine Majorität hat, sie morgen verliert und am Tage

Vertretung im englischen Parlament.

darauf wieder erlangt, ein Stand der Dinge, der den Grundsatz der Verantwortlichkeit des Kabinetts fast ausschalten würde.

Auch würde kein Vorschlag dieser Art die Kolonien befriedigen, denn es würde bedeuten, daß die Geschäfte, die der Zentralgewalt übertragen sind, von englischen Ministern bearbeitet werden, auf deren Ernennung oder Politik sie vielleicht keinen wesentlichen Einfluß haben würden. Kurz, die direkte Vertretung im Hause der Gemeinen würde bedeuten, daß die Kolonien sich in weit übertriebenem Maße in die Verhältnisse Englands einmischen würden oder England die Kolonien viel zu weitgehend regieren würde. Diese Einwände gegen die Zulassung kolonialer Abgeordneter ins Parlament liegen in der Tat so klar zutage, daß dieser Gedanke schwerlich von irgend jemand gehegt wird.

Bedenken gegen einen Reichsrat.

Andrerseits sind die Schwierigkeiten, die sich der Verwirklichung des Gedankens der Schaffung einer Reichsinstanz außerhalb des Parlaments in den Weg stellen, nicht minder groß. Genau in dem Umfange, in dem man diese Instanz mit Rechten ausstattet, würde das Parlament eine untergeordnete gesetzgebende Körperschaft werden, und wird es denkbar, daß über die auswärtigen Beziehungen des Reiches Männer bestimmen, die sich nicht in Übereinstimmung mit den englischen Ministern befinden. Um diese Möglichkeit zu verdeutlichen, müssen wir prüfen, auf welche Weise ein Reichsrat gebildet werden könnte. Es ist kaum anzunehmen, daß die Kolonien bei annähernd ihrer jetzigen Bevölkerung eine Mehrheit der Mitglieder stellen würden. Würde das der Fall sein, so würde wahrscheinlich mehr oder weniger die Möglichkeit gegeben sein, daß der Reichsrat mit dem britischen Kabinett in Konflikt geraten könnte. Wenn die Zahl der Mitglieder sich dagegen nach der Bevölkerungsziffer richtete, würden die Kolonien ein Viertel und England drei Viertel der Mitglieder stellen; und in diesem Falle würde man sein Augenmerk darauf richten müssen, wie die englischen Delegierten gewählt würden. Wäre die Opposition irgendwie vertreten, könnte es wiederum wohl vorkommen, daß die Kolonialdelegierten mit einer Minderheit der englischen Vertreter den Reichsrat in einem den Ansichten der Führer des Hauses der Gemeinen entgegengesetzten Sinne beherrschten. Wenn aber, was wahrscheinlicher ist, die Vertreter des Vereinigten Königreichs von der Krone, das heißt vom Kabinett ernannt würden, dann würden sich die Abgeordneten der Kolonien in einer ständigen und hoffnungslosen Minderheit befinden. Sie würden ihre Ansichten aussprechen dürfen und nach Kräften versuchen können, die englischen

Minister zu überzeugen, aber wenn es zu einer Abstimmung käme, würden sie immer übermannt werden. Die Kolonien mit Selbstverwaltung würden in solchem Falle zu den Reichsausgaben beitragen müssen, ohne die Führung der Reichsgeschäfte irgendwie erheblich beeinflussen zu können. Durch ein Übereinkommen über die für gewisse Beschlüsse erforderliche qualifizierte Mehrheit, wie dies beim deutschen Bundesrat der Fall ist, könnten diese Schwierigkeiten vermindert werden, aber derartige Bestimmungen würden sich in einem Staatenbunde demokratischer Staaten schwerlich bewähren und sicherlich die Hindernisse nicht ganz aus dem Wege schaffen.

Schwierigkeiten der Einnahmebeschaffung.

Ferner taucht die Frage der Einnahmebeschaffung auf. Die Geschichte des Deutschen Bundes und der Vereinigten Staaten Nordamerikas unter den Bundesartikeln (Articles of Confederation) zeigt die Schwäche einer Bundesregierung, die keine eigenen Hilfsquellen hat und sich auf Anforderungen an die zugehörigen Staaten verlassen muß. Dennoch würde es zu scharfen Streitigkeiten führen, wenn man einem Reichsrat das Besteuerungsrecht für England und seine Kolonien einräumen wollte. Weitaus das passendste und wahrscheinlich das einzige anwendbare Mittel der Geldbeschaffung würde die indirekte Besteuerung sein, und man kann sich die Debatten vorstellen, die sich über die Frage der Zölle im Reiche und gegenüber fremden Ländern ergeben würden.

Die Hindernisse werden unterschätzt.

Die englische Rasse ist außerordentlich reich an politischem Talent und die Bildung eines Reichsbundes mag nicht außerhalb des Bereichs britischer Staatsmannskunst liegen. Einem Außenstehenden scheint aber das englische Publikum die Schwierigkeit der Aufgabe zu unterschätzen und die Tatsache außer acht zu lassen, daß die Bildung oder engere Knüpfung jedes Bundesverhältnisses eine Preisgabe gewisser Rechte bedingt, die ein Gemeinwesen nicht gerne opfert. Man scheint zu vergessen, daß die heutige bundesstaatliche Verfassung der Schweiz nach dem Sonderbundskrieg Gestalt gewann; daß trotz starken nationalen Sehnens das Deutsche Reich nicht durch Reden und Mehrheitsbeschlüsse, sondern durch Blut und Eisen begründet wurde; und daß, wie John Quicy Adams am 50. Jahrestag ihrer Annahme sagte, die Konstitution der Vereinigten Staaten „einer widerstrebenden Nation von der zwingenden Not abgerungen wurde“.

Siebenter Teil.

Die Gerichte.

Neunundfünfzigstes Kapitel.

Geschichte der Gerichte.

Zweck des Kapitels. Da dieses Buch von den englischen Staatseinrichtungen handelt, sind die Sondereinrichtungen Schottlands und Irlands nur insoweit dargestellt, als sie die Tätigkeit der Staatsregierung beeinflussen, und deshalb beschäftigt sich dieses Kapitel nur mit den englischen Gerichten. Es ist bereits darauf hingewiesen worden, daß sich das Gebiet des englischen gemeinen Rechts (Common Law of England) auch über Irland erstreckt, während Schottland ebenso wie sämtliche Länder des europäischen Festlandes kein hochentwickeltes System einheimischen Rechts ausgebildet und deshalb nach der Renaissance aus freien Stücken das Römische Recht (Civil Law) angenommen hat. Es ist daher natürlich, daß die irländischen Gerichte den englischen sehr viel ähnlicher sind als die schottischen[1], und tatsächlich ist auch von den folgenden Ausführungen über den Unterschied zwischen gemeinem Recht und

---

[1] Das wichtigste niedere Gericht in Schottland ist das des Sheriff, der „auf so lange, als er sich seines Amtes würdig zeigt", von der Krone ernannt wird, und dessen Gerichtsbarkeit in Zivilsachen der der englischen Grafschaftsgerichte, in Strafsachen der der sog. Vierteljahrssitzungen (quarter sessions) entspricht. Die höheren Gerichte sind entweder völlig in den „Court of Session" aufgegangen, oder bestehen aus denselben Richtern wie jener. Einige Mitglieder dieses Gerichts entscheiden als Einzelrichter in Strafsachen und Zivilsachen, und werden in letzterem Falle als „Outer House" bezeichnet. Das „Inner House", das als Appellationsgericht entscheidet, verhandelt in zwei Abteilungen zu je vier Richtern, die eine unter dem Vorsitz des Lord President, die andere unter dem des Lord Justice Clerc.

Billigkeit und über das gerichtliche Verfahren vieles auf Irland, aber nicht auf Schottland anwendbar.[1]

In einem Kapitel dieser Art kann die Verfassung und Zuständigkeit der Gerichte nur in den Grundzügen geschildert werden, aber auch diese lassen sich für einen im englischen Recht nicht bewanderten Leser nicht ohne eine kurze Darlegung des Ursprungs der verschiedenen Gerichtshöfe erläutern.

Die drei alten Gerichte des englischen gemeinen Rechts.

Um die Mitte des 13. Jahrhunderts hatten sich aus der „Curia“ oder dem kleinen Rat der normannischen Könige drei Gerichtshöfe herausgebildet. Der älteste unter ihnen, der später den Namen Court of Kings Bench erhielt, sprach Recht in Sachen, die die Krone angingen und besonders auch in Strafsachen. Der Court of Common Pleas entschied Prozesse zwischen Privatpersonen, und der Court of Exchequer beschäftigte sich mit Rechtssachen, die auf die Einkünfte des Königs Bezug hatten. Zur Vergrößerung ihres Ansehens und wegen der ihren Mitgliedern zufließenden Gebühren strebten der erste und der dritte dieser Gerichtshöfe jedoch ebenfalls nach Zuständigkeit für bürgerliche Rechtsstreitigkeiten, und sie erreichten dieses Ziel auf dem Wege von Fiktionen. Zivilklagen gegen Personen, die sich unter der Beschuldigung, den Königsfrieden verletzt zu haben, bereits in Gewahrsam königlicher Beamter befanden, konnten bei dem Gerichtshof Kings Bench erhoben werden. Wer also eine Sache vor dieses Gericht bringen wollte, stellte zunächst einen Scheinprozeß auf Verhaftung des Beklagten an und ging dann weiter gerichtlich gegen ihn vor mit der Begründung, daß er sich im Gewahrsam des Marschalls des Marschallgefängnisses (Marshall of the Marshallsea) befinde, und der Gerichtshof ließ ein Bestreiten dieser Behauptung durch den Beklagten nicht zu. Der Court of Exchequer dehnte seine Zuständigkeit auf ähnliche Weise aus. Er ließ Klagen in bürgerlichen Rechtsstreitigkeiten, die von Schuldnern des Königs erhoben wurden, zu, auf Grund der Annahme, daß die Weigerung des Beklagten, dem Klageanspruch stattzugeben, die Fähigkeit des Klägers, der Krone seine Schuld zu bezahlen, herabsetzen werde, und gestattete nicht, daß die Behauptung, der Kläger sei Schuldner der Krone, bestritten wurde.[2] Während jeder

---

[1] In Schottland ist die Unterscheidung zwischen Recht und Billigkeit prakisch unbekannt.

[2] Eine ähnliche Ausdehnung der Zuständigkeit der Bundesgerichte in den Vereinigten Staaten ergab sich aus ihrer Weigerung, zuzulassen, daß die Behauptung, sämtliche Teilhaber einer Gesellschaft seien Bürger des Staates, durch den sie konzessioniert worden war, bestritten werde.

dieser drei Gerichtshöfe eine besondere Zuständigkeit für sich behielt, entschieden sie hiernach sämtlich in bürgerlichen Rechtsstreitigkeiten.[1] Bis 1830 bestand jeder von ihnen aus einem chief justice (Oberrichter) und drei puisne judges (Beisitzern). Die Mitglieder des Court of Exchequer führten die alten Titel „baron" und „chief baron".[2] Gegen die Entscheidungen aller dieser Gerichte war wegen Mängeln des Verfahrens ein Rechtsmittel an die unter dem Namen Exchequer Chamber[3] in gemeinsamer Sitzung entscheidenden Mitglieder der beiden anderen und weiter an das Oberhaus gegeben.

Zentralisation der Rechtssprechung.

Vor der Gründung der neuen Grafschaftsgerichte im Jahre 1846 war die Zivilrechtssprechung nach gemeinem Recht in hohem Grade zentralisiert, da die königlichen Gerichte die alten örtlichen Gerichte verdrängt hatten, und diese fast völlig außer Tätigkeit getreten waren. Die alten Grafschaftsgerichte führten ein bedeutungsloses Dasein mit einer nominellen Rechtssprechung in Fällen, in denen der Wert des Streitgegenstandes 40 Schilling nicht überstieg. Daneben gab es noch einige wenige Gerichte, die eine wirkliche, wenn auch eng begrenzte Gerichtsbarkeit ausübten. Die meisten von diesen bestanden in Städten mit königlichen Freibriefen oder waren kleine „courts of request", die durch Statut errichtet waren, um einen besonderem örtlichen Bedürfnis zu entsprechen. Aber ihre Bezirke umfaßten nur einen Teil des Landes, und man kann ohne Übertreibung sagen, daß die Zivilrechtssprechung nach gemeinem Recht fast völlig in den Händen der drei Gerichte in Westminster lag. Damit soll nicht gesagt werden, daß alle Sachen dort verhandelt wurden. Seit der Zeit Heinrich II. sind fast ohne Unterbrechung königliche Beamte damit beauftragt worden, das Land zu bereisen und Gerichtstage abzuhalten. Im Laufe der Zeit wurde diese Pflicht praktisch, wenn auch nicht rechtlich auf die Richter der drei Gerichtshöfe beschränkt, und je zwei dieser Richter bereisten wenigstens zweimal jährlich jeden Teil von England, um mit Unterstützung örtlicher Geschworener bürgerliche und Strafsachen

Die Richter auf auswärtigen Gerichtstagen.

---

[1] Der Court of Common Pleas behielt die ausschließliche Zuständigkeit für Immobiliarklagen und einige hierzu in Beziehung stehende Sachen. Der Court of Exchequer erhielt auch eine gewisse Zuständigkeit in Billigkeitssachen, die 1841 dem Court of Chancery übertragen wurde.

[2] Sie waren nicht Barone im eigentlichen Sinne, d. h. nicht Pairs. 1830 wurde ein fünfter und 1868 ein sechster Richter jedem der Gerichtshöfe zugeteilt.

[3] Früher gingen Rechtsmittel wegen Mängeln des Verfahrens an das Gericht Kings Bench. Dies wurde jedoch 1830 durch Gesetz geändert.

zu entscheiden, die sonst vor die Gerichtshöfe in Westminster gekommen wären. Hauptsächlich durch diese mit der Abhaltung von Gerichtstagen beauftragten Richter (judges in eyre) wurden die alten örtlichen Gerichte zur Bedeutungslosigkeit herabgedrückt. Diese Richter waren es, die die Zentralisation der Gerichtsbarkeit bei den königlichen Gerichten ermöglichten und damit die Bildung eines wahrhaft nationalen Rechtssystems des englischen gemeinen Rechts.

Der Court of Chancery (Kanzlergericht).

Eine andere Art der Rechtsprechung entstand später und war noch mehr zentralisiert, da sie — außer Verbindung mit der Gepflogenheit der Gerichtstage — ausschließlich in Westminster geübt wurde.[1] Als sich das gemeine Recht entwickelte und ein eigentliches Rechtssystem mit schärferer Durchbildung und fester bestimmten Grundsätzen wurde, nahm es gleichzeitig an Starrheit zu. Eine seiner Regeln war die, daß es keine rechtswidrige Handlung gäbe ohne einen Rechtsbehelf dagegen, und dieser Satz erhielt die Bedeutung, daß das Vorhandensein eines Rechtsbehelfs Voraussetzung des Vorliegens einer rechtswidrigen Handlung sei. Nun hatten die Prozesse nach gemeinem Recht Prozeßmandate (writs) des Kanzleramtes zur Grundlage, und diese wurden mit der Zeit durch Präzedenzfälle festgelegt, so daß es schwer war, Abhilfe für eine neue Art von Rechtsverletzung zu erlangen. Die schärfere Durchbildung des Rechts hatte seine Anpassungsfähigkeit vermindert, und die Gesetzgebung war noch nicht so weit, um die Lücke auszufüllen, die durch die Unfähigkeit der Gerichte, mit den fortschreitenden Bedürfnissen einer zunehmenden Zivilisation Schritt zu halten, sich ergeben hatte. Aber noch war der König die Quelle des Rechts. Durch die Schaffung der drei großen Gerichtshöfe hatte er seine Befugnisse nicht erschöpft, und an ihn wurden in den Fällen, in denen nach den strengen Sätzen des gemeinen Rechts kein Rechtsbehelf gegeben war, die Gesuche um Abhilfe gerichtet. Wenn diese sich auf Privatangelegenheiten bezogen, wurden sie gewöhnlich dem Kanzler überwiesen, an den später die Gesuche auch unmittelbar gerichtet wurden. Er hob die Entscheidungen der älteren Gerichtshöfe nicht förmlich auf und ließ die auf gemeinem Recht beruhenden Berechtigungen als solche unberührt, dagegen verbot er den Berechtigten, bei Gefängnisstrafe von ihren Befugnissen einen Gebrauch zu machen, der gegen Billigkeit und gute Sitte verstoße.

---

[1] Mit Ausnahme der Kanzlergerichte in den Pfalzgrafschaften, von denen diejenigen in Lancashire und Durham noch bestehen.

In Wirklichkeit wurde dem alten Rechtssystem ein neues, das sog. Billigkeitsrecht (Equity) übergeordnet. Der Berechtigte behielt zwar den Genuß seiner Rechte aus dem gemeinem Recht, aber er würde sie im Gefängnis des Kanzleramts haben genießen können, wenn er dem Erlaß des Lordkanzlers den Gehorsam verweigert hätte. Das Billigkeitsrecht, das sich besonders auf den reicheren und schneller fortschreitenden Teil des Volkes bezog, wurde zu zwei Zwecken verwendet: zur Durchsetzung von Rechten, die dem gemeinen Recht ganz fremd waren, und zur Vermehrung der Zahl wirksamer Rechtsbehelfe für bereits bestehende Rechte. In ersterer Hinsicht führte das Billigkeitsrecht z. B. das Treuhandverhältnis (Trust) ein, sprach Ersatz für Schädigung durch arglistige Täuschung zu, der durch die Gerichtshöfe für gemeines Recht nicht gewährt wurde, und behandelte eine Verpfändung durch mortgage (ohne Besitzübertragung) als Sicherheit für eine Schuld an Stelle eines bei Nichterfüllung der Verpflichtung zum vollen Werte verfallenden Faustpfandes (pledge). In letzterer Hinsicht ermöglichte das Billigkeitsrecht beispielsweise die Anordnung, eine durch das gemeine Recht auferlegte Verpflichtung zu erfüllen oder eine Rechtsverletzung zu unterlassen, während die älteren Gerichtshöfe erst dann Schadensersatz zusprechen konnten, nachdem die Rechtsverletzung — häufig eine solche, die nicht wieder gut gemacht werden konnte — erfolgt war.

Spätere Gerichte für Billigkeitsrecht.

In langsamem Fortschreiten von einem Präzedenzfall zum andern entwickelte das Billigkeitsrecht — wie das gemeine Recht — eine reiche Fülle von Grundsätzen, und der Kanzler, dem viele andere Pflichten oblagen, übertrug einen Teil seiner anwachsenden richterlichen Tätigkeit auf den Master of the Rolls (Urkundenbewahrer). Doch der Geschäftsumfang des Gerichtshofs wuchs immer schneller, denn das Billigkeitsrecht gab den oberen Ständen die Mittel, Grundbesitz unter eingehenden Bestimmungen für die Zukunft rechtlich festzulegen, das Eigentum verheirateter Frauen gegenüber dem Ehemann und seinen Gläubigern sicher zu stellen und vieles andere zu erreichen, das für sie nötig war. Im 19. Jahrhundert wurden daher erst einer und später drei Vizekanzler ernannt. Von diesen und von dem Master of the Rolls ging ein Rechtsmittel an den Kanzler; aber auch in dieser Hinsicht wurde er 1851 durch die Ernennung von zwei Lord Justices of Appeal (Appellationsrichter) entlastet, gegen deren Entscheidung, wie gegen die des Kanzlers selbst, beim Oberhaus ein Rechtsmittel eingelegt werden konnte. Sämtliche Richter hielten nur in Westminster Gericht, und dieser

Zustand würde wahrscheinlich unerträglich gewesen sein, wenn der Court of Chancery nicht ein Gericht gewesen wäre, bei dem hauptsächlich reiche Leute Recht suchten.

In der ersten Zeit waren die Kanzler Geistliche. Sie waren daher im kanonischen Recht ausgebildet, das auf römischer Rechtswissenschaft beruhte, und schlossen sich bei ihrer Billigkeitsrechtsprechung formell und sachlich mehr diesem Recht an als der Praxis der älteren Gerichte. Doch der Gegensatz des Verfahrens Gemeinem Recht und nach Billigkeit folgt nicht nur aus der Verschiedenheit der für beide Rechtssysteme maßgebenden Vorbilder und Rechtsauffassungen sondern auch aus der Art der Urteilsfindung selbst. Diese hat in mehrfacher Hinsicht bedeutenden Einfluß gehabt. Nach Gemeinem Recht urteilten Richter und Geschworene. Die Geschworenen entschieden über Tatfragen, während die Rechtsfragen von dem Richter entschieden oder in Zweifelsfällen dem Gerichtshof, bei dem der Rechtsstreit angebracht war, in voller Besetzung vorgelegt wurden. Unter diesen Umständen war es natürlich, daß eine scharfe Scheidung von Rechtsfragen und Tatfragen erfolgte, und daß die letzteren den Geschworenen in einer möglichst einfachen Form unterbreitet wurden. Die Art der Prozeßführung durch die Parteien war dem Zweck der Sicherung dieses Ergebnisses wohl angepaßt, allerdings bisweilen um den Preis einer Einschränkung des vollen Vorbringens des Sachverhalts.

Verfahren nach Gemeinem Recht.

Ein bürgerlicher Rechtsstreit begann in der Regel mit einem Prozeßmandat (writ) des Kanzleramts, durch den die Rechtsnatur die Klage bezeichnete und der Beklagte geladen wurde. Dann erfolgte eine Erklärung, die kurz die Grundlage des Anspruchs darlegte. Falls der Beklagte sich auf den Standpunkt stellen wollte, daß diese Darlegung, auch wenn sie tatsächlich zutreffend sei, doch keinen ausreichenden Rechtsgrund dafür bilde, der Klage stattzugeben, so wies er auf diese Rechtsfrage durch eine Ausführung hin, welche die Richtigkeit der Tatsachen zugab (demurrer). Wenn er andererseits die Tatsachen oder einen Teil der angeführten wesentlichen Tatsachen nicht zugeben wollte, so trug er eine Gegenerklärung vor, in der er diese Tatsachen bestritt (traverse), aber zugab, daß sie, falls sie richtig seien, einen Rechtsanspruch begründeten. Wenn er drittens andere Tatsachen behaupten wollte, die eine Einrede gegen den Klageanspruch begründeten, so mußte er sie in einer Ausführung darlegen, die die Richtigkeit der Erklärung des Klägers anerkannte. Diese letztere Ausführung hieß plea in confession and avoidance. Der Kläger konnte seinerseits gegenüber einer solchen Ausführung entgegengesetzte Rechtsdarlegungen machen (demurrer), oder in einer Gegenerklärung bestreiten (traverse) oder ihre Richtigkeit anerkennen und im Wege der Einrede neue Tatsachen geltend machen (plea in confession and avoidance), und die Prozeßführung durch die Parteien wurde so lange fortgeführt, bis entweder ein „demurrer" oder ein „traverse" erfolgte. Durch „demurrer" wurde die Frage gestellt, ob der Kläger — die Richtigkeit sämtlicher tatsächlicher Behauptungen vorausgesetzt — einen rechtlich begründeten Anspruch erhoben habe, und diese Frage kam zur Entscheidung des Gerichtshofes. Der „traverse" betraf einen einzelnen streng begrenzten streitigen Tatbestand und wurde von den Geschworenen entschieden.[1]

Verfahren nach Billigkeitsrecht.

Bei der Billigkeitsrechtsprechung entschied der Richter ohne Geschworene, und es bestand daher kein Bedürfnis dafür, die Streitfragen festzustellen oder eine scharfe Grenzlinie zwischen Recht und Tatsachen zu ziehen. Dem Prozeß war schon von vornherein eine größere Anpassungsfähigkeit eigen, denn der Kläger war, da die Prozeßmandate des Kanzleramts nur in den vorerwähnten Fällen gebräuchlich waren, nicht auf bestimmte feste Klageformen beschränkt.

Der Rechtsstreit begann mit einer Klage in Form eines Gesuchs um Abhilfe, das in vollem Umfange den Anspruch und die Gründe, auf denen er beruhte, darlegte und vieles enthielt, was im Gemeinen Recht als Beweismaterial gegolten hätte. Der Beklagte gab seine Gegenerklärung in einer ebenso erschöpfenden Erwiderung ab. Falls diese neue Behauptungen enthielt, zu deren Widerlegung es der weiteren Gegenausführungen bedurfte, konnte der Kläger seine Klage ergänzen und dem Beklagten stand für seine Erwiderung die gleiche Befugnis zu. Beide Parteien mußten jede Behauptung beweisen und jeden Rechtssatz darlegen, soweit dies für die Sache wesentlich war.

Beweisregeln im Gemeinen Recht.

Ein weiteres Ergebnis des Geschworenenprozesses war die Entstehung genau durchgebildeter Beweisregeln. Da Geschworene naturgemäß keine Übung in der Beweiswürdigung haben, war es

---

[1] Die Theorie der Prozeßführung ist in dieser einfachen Form dargestellt, um ihr Prinzip klar hervortreten zu lassen. Tatsächlich waren die Parteien nicht so streng auf eine einzige Rechtsfrage und Tatfrage beschränkt, wie eine kurze Darstellung des allgemeinen Systems zu ergeben scheint. Eine vor den Geschworenen geschlagene Partei konnte vorgebrachte Rechtsfragen noch durch einen Antrag auf Unterbleiben des Urteils (motion for arrest of judgment) oder auf Urteil „non obstante vere dicto" zur Entscheidung bringen, und eine Partei, die beim demurrer unterlegen war, konnte um Erlaubnis bitten, ihr Vorbringen zu ergänzen.

wichtig, aus dem Bereich ihrer Erwägung solches Beweismaterial auszuschalten, das mehr dazu gedient hätte, sie zu beeinflussen und zu verwirren, als dazu, sie zum Finden der Wahrheit zu befähigen. Hieraus ergab sich z. B. der Grundsatz des Ausschlusses des Hörensagens. Die Regeln wurden immer strenger und formeller, bis es um die Zeit, als BENTHAM sie in seiner Schrift über den Beweis im Prozeß (Rationale of Judicial Evidence) angriff, zweifellos hierin so weit gekommen war, daß sie ernstlich im Widerspruch mit der Gerechtigkeit standen. Es ist interessant, die Beweisregeln der englischen Gerichte mit denen zu vergleichen, die durch die Strafgerichte auf dem Festlande in der Zeit vor der Revolution entwickelt wurden. Diese letzteren Gerichte, die ohne Geschworene entschieden, ließen Beweismittel jeder Art zu, bestimmten aber genau den Wert, der jedem beizulegen sei und die Menge des Beweismaterials jeder Art, das bei den verschiedenen strafbaren Handlungen nötig sei, um die Überzeugung von der Schuld des Angeklagten zu begründen. Diese Verschiedenheit des Beweisverfahrens ist denn auch zum großen Teil der Grund dafür gewesen, daß bei den Völkern, die das römische Recht aufgenommen haben, die Tortur zur Herbeiführung eines Geständnisses gebräuchlich war, während sie in England im allgemeinen nicht zur Anwendung kam.

Um ungeeignete Beweismittel von den Geschworenen fernzuhalten, mußte der Gerichtshof im voraus wissen, welcher Art die Zeugenaussage sein werde, und daher erfolgten Zeugenaussagen nur als Antwort auf Fragen des Anwalts oder des Gerichts.[1] Durch dieses Verfahren der Beweiserhebung ist die Gepflogenheit entstanden, die Zeugen auszufragen und ins Kreuzverhör zu nehmen, und ein kluger japanischer Beobachter hat mit Recht darauf hingewiesen, daß der Ruf des Verfahrens nach englischem Gemeinem Recht weniger auf die Einrichtung der Geschworenen, als auf die Kunst des Kreuzverhörs beruhe. Dies alles steht in ausgesprochenem Gegensatz zu dem Verfahren nach den französischen Prozeßordnungen, die bestimmen, daß ein Zeuge sich in der seiner Eigenart entsprechenden Form äußern und nicht unterbrochen werden soll, bis er seine Aussage beendet hat. In Frankreich hat in Strafsachen der Verteidiger des Angeklagten nicht das Recht, die

[1] Vor dem Gesetz von 1898 wurde in England ein Angeklagter zwar nicht zum Eid in seiner eigenen Verteidigung zugelassen, er durfte jedoch eine allgemeine nicht eidliche Erklärung zur Sache abgeben. Doch war dies eine nicht folgerichtige Ausnahme, die die Starrheit der Regel milderte.

Zeugen unmittelbar in Kreuzverhör zu nehmen, sondern nur das, Fragen vorzuschlagen, die dann durch den Vorsitzenden des Gerichts an sie gerichtet werden, und dies trifft für beide Parteien in bürgerlichen Rechtsstreitigkeiten zu. Noch bis zum heutigen Tage trägt jedes der beiden Systeme gelegentlich die Schuld an Fehlsprüchen der Gerichte. Man kann mit Sicherheit behaupten, daß Dreyfus von keinem Gerichtshof, der nach den englischen Beweisregeln verfahren wäre, hätte verurteilt werden können; dagegen wurde andrerseits in den Fall Adolf Beck, der 1904 in England großes Aufsehen erregte, der Angeklagte schuldig befunden, weil der Richter durch irrtümlichen Ausschluß eines Zeugenbeweises ihn daran verhindert hatte, den für ihn wesentlichen Entlastungsbeweis zu führen, nämlich den des Irrtums in der Identitätsfeststellung.

Beweis nach Billigkeitsrecht.

Da der Court of Chancery wie die Gerichte auf dem Festland ohne Geschworene entschied, bestand bei ihm nicht das gleiche Bedürfnis nach Beweisregeln wie bei den Gerichten für Gemeines Recht, und aus eigenem Antrieb hätte er sie zweifellos nicht entwickelt. Sein Beweisverfahren war vielmehr sehr verschieden von dem bei Geschworenenprozessen üblichen. Jede Partei konnte Fragen stellen und der Gegenpartei darüber den Eid zuschieben, und die Vernehmung dritter Personen als Zeugen erfolgte auf Grund von schriftlichen Fragen, die in früherer Zeit ohne Anwesenheit der Gegenpartei beantwortet wurden. Das Verfahren nach Gemeinem Recht und nach Billigkeitsrecht ging in einigen Punkten immer mehr auseinander, bis die Gerichte des Gemeinen Rechts es schließlich überhaupt ablehnten, die Prozeßparteien zum Eid zuzulassen mit der Begründung, daß diese durch ihr Interesse zur Sache beeinflußt und daher unglaubwürdig seien, während umgekehrt beim Billigkeitsrecht die beschworenen Behauptungen der Parteien und ihre Antworten auf die Fragen der Gegenpartei das wichtigste Beweismaterial bildeten. Die Verschiedenheit des Verfahrens wurde dadurch befördert, daß an den beiden Arten von Gerichten verschiedene Richter und meist auch verschiedene Anwälte tätig waren, aber auf die Dauer konnten doch zwei derartige Rechtssysteme nicht nebeneinander bestehen. Im Lauf der Zeit wurde der Abstand weniger unüberbrückbar, und es entstand der Wunsch nach einer Verschmelzung der beiden Systeme in ein umfassenderes und durch die dem römischen Recht entlehnten Grundsätze das Billigkeitsrecht bereichertes Gemeines Recht. Vor dem Ende des 19. Jahrhunderts war die Zeit reif für einen kräftigen Fortschritt in dieser Richtung, und er erfolgte, als durch das Gerichtsverfassungsgesetz (Judicature Act) von 1873 die alten Gerichtshöfe umgestaltet wurden.

Strafrecht.

Bevor wir die Reorganisation der Zivilgerichte darstellen, müssen wir einiges über die sonstigen Gerichte, die damals bestanden, sagen und zwar zunächst über die Gerichte in Strafsachen. Das Bürgerliche Recht trifft Bestimmung über die Durchführung privater Rechtsansprüche und den Schadenersatz für die Verletzung privater Rechtsgüter. Sein Zweck ist, jedermann die Möglichkeit zu geben, seine Rechte geltend zu machen oder Ersatz für ihre Verletzung zu erlangen und soweit er nach den gesetzlichen Bestimmungen handlungsfähig ist, steht niemand außer ihm die Befugnis zu, diese Rechte durchzusetzen oder aufzugeben. Das Strafrecht trifft Bestimmung über Rechtsverletzung gegenüber der Gesamtheit und ihre Bestrafung im öffentlichen Interesse. In England kann jeder die Bestrafung einer solchen Rechtsverletzung betreiben, während andrerseits die Krone den Prozeß niederschlagen und den Täter begnadigen kann. Sicher entscheidet in vielen Fällen tatsächlich der Wille des durch die strafbare Handlung Geschädigten darüber, ob eine Strafverfolgung eintreten soll oder nicht, aber das Gesetz gibt ihm kein subjektives Recht hierauf. Es ist klar, daß derselbe Vorgang zugleich ein Vergehen und eine zivilrechtlich unerlaubte Handlung darstellen kann, doch der Strafprozeß und der Zivilprozeß, die hieraus folgen, werden in England streng auseinandergehalten, und das Ergebnis des einen hat keine rechtliche Wirkung auf die Entscheidung des anderen. Trotzdem gibt es eine Art Fälle, in denen die beiden Rechtsmaterien absichtlich vermengt werden und bei denen die Form des Verfahrens die eines Zivilprozesses ist, der Zweck dagegen die Bestrafung eines Vergehens. Dies Verfahren wird in England penal action genannt und ist der Form nach ein von dem Verletzten oder einem öffentlichen Kläger geführter Prozeß auf Zahlung einer Buße, die nach dem Gesetz an ihn zu entrichten ist. Die Buße bemißt sich nicht nach der Rechtsverletzung und soll kein Ersatz hierfür sein, sie ist vielmehr als eine im Interesse der Allgemeinheit verhängte Strafe gedacht, die abschreckend wirken soll. Das bekannteste Beispiel hierfür ist der Habeas Corpus Act von 1679, und es gibt noch viele andere dieser Art mit dem Zweck der Verhängung einer Strafe, von der die Krone weder durch Niederschlag des Prozesses noch durch Begnadigung befreien kann.

Die Strafgerichte vor 1875.

Vor der Schaffung der Grafschaftsgerichte im Jahre 1846 war die Zivilrechtsprechung nach Gemeinem Recht straff zentralisiert und nach Billigkeitsrecht war dies in noch höherem Maße der Fall;

dagegen wurde die Strafgerichtsbarkeit von einer großen Zahl örtlich zuständiger Gerichte und ferner von den Richtern, die auswärtige Gerichtstage abhielten, ausgeübt. Dies folgte nicht etwa aus dem Bestehenbleiben von Volks- oder Lehnsgerichten der Frühzeit, denn diese waren längst zur Bedeutungslosigkeit herabgesunken, es ergab sich vielmehr aus der gesetzlichen Zuständigkeit der Friedensrichter. Die strafrichterliche Tätigkeit dieser Behörden braucht hier jedoch nicht im einzelnen erörtert zu werden, da sie bis zum heutigen Tage bestehen geblieben ist und weiter unten an gehöriger Stelle erwähnt werden wird.[1] Es genügt der Hinweis darauf, daß ihnen ihre Befugnisse Schritt für Schritt durch eine lange Reihe von Gesetzen, die sich auf mehr als sechs Jahrhunderte verteilen, übertragen wurden, und daß ihre Rechtsprechung sich von summarischen Prozessen über geringfügige Straftaten auf die Aburteilung sämtlicher Vergehen — mit Ausnahme der schwersten — in den sogen. Vierteljahrssitzungen (quarter sessions) unter Teilnahme von Geschworenen ausdehnte. Über ihnen standen die Gerichte in Westminster, denn obwohl das englische Recht bis 1907 nie ein allgemeines Rechtsmittelsystem in Strafsachen gekannt hat, war doch eine Nachprüfung bestimmter Arten von Fragen durch verschiedene Formen des Verfahrens ermöglicht. In erster Linie wurden die Friedensrichter von einer Überschreitung ihrer Zuständigkeit durch die vor das Gericht King's Bench gebrachten corits of mandamus, prohibition und certiorari gehindert, von denen später die Rede sein soll. Dann war auf Grund jedes Rechtsirrtums, der aus dem Protokoll einer Strafsache sich ergab, ein Rechtsmittel an das Gericht King's Bench und von dort an die Exchequer Chamber und das Oberhaus gegeben. Schließlich konnte bei einem Schuldspruch der Geschworenen der den Vorsitz führende Richter eine Rechtsfrage der Entscheidung durch den Court for Crown cases Reserved vorbehalten, gegen dessen Spruch es dann kein weiteres Rechtsmittel mehr gab. Dieser letztere Gerichtshof war 1848 begründet worden und bestand aus fünf, den Richtern der drei Gerichte des Gemeinen Rechts entnommenen Mitgliedern.

Die kirchlichen Gerichtshöfe.

In früheren Zeiten betraf die Rechtsprechung der kirchlichen Gerichte auch die Angelegenheiten des nicht dem geistlichen Stande angehörigen Staatsbürgers. Sie entschieden über die Gültigkeit

[1] Ihre verwaltungsrechtlichen Aufgaben sind in der Hauptsache gewählten örtlichen Körperschaften, die bereits in dem Kapitel über die Lokalverwaltung erwähnt sind, übertragen worden. Die Friedensrichter hatten auch eine beschränkte Zivilgerichtsbarkeit in sehr wenigen Fällen.

seiner Ehe und regelten die Verwaltung seines Nachlasses, doch jetzt ist ihre Zuständigkeit praktisch auf Fragen beschränkt, welche die Staatskirche und ihre Geistlichkeit angehen. Sie werden daher richtiger bei dieser Kirche als bei den staatlichen Gerichten besprochen. Im Jahre 1857 wurde ihre Zuständigkeit für die Prüfung von Testamenten und die Gewährung von Einweisungsbescheinigungen für Testamentsvollstrecker (letters of administration), dem Court of Probate (Testamentsgerichtshof) und ihre Ehegerichtsbarkeit dem Court for Divorce and Matrimonial Causes (Ehegerichtshof), übertragen. Beides waren neue besonders für diese Zwecke geschaffene Gerichte[1] und sind jetzt in einer Abteilung des High Court of Justice vereint.

Testaments- und Ehegericht.

Ein weiteres ehrwürdiges Gericht hat verschiedenartig wechselnde Schicksale durchgemacht. Dem Lord Großadmiral stand die Rechtsprechung über Vergehen und zivilrechtlich unerlaubte Handlungen zu, die auf See begangen waren. Sein Gerichtshof übte eine Gerichtsbarkeit aus, die zum Teil auf römischem Recht beruhte und zum Teil auf der Fiktion, daß das Schiff eine verantwortliche Person sei und durch Verkauf für die Zahlung seiner Schulden haftbar gemacht werden könne. Im Jahre 1861 wurde diese Strafgerichtsbarkeit — wenigstens tatsächlich — durch eine Bestimmung, daß auf See begangene Vergehen ebenso zu bestrafen seien, wie wenn sie auf dem Lande begangen wären, den ordentlichen Strafgerichten übertragen. Aber inzwischen hatte der Richter des Admiralitätsgerichts selbst eine eigenartige Verwandlung erlebt. Eine Zeitlang war er praktisch mit dem Dean of Arches dem wichtigsten kirchlichen Richter identisch. Dann wurde bestimmt, daß die Stelle bei ihrer nächsten Erledigung in Personalunion mit dem Amt des Richters des eben geschaffenen Probate

Der Admiralitätsgerichtshof.

---

[1] Es waren verschiedene Gerichte, doch praktisch war dieselbe Person in beiden ordentlicher Richter, während dem zweiten außerdem noch der Lord Kanzler und eine Anzahl der Richter nach Gemeinem Recht als Mitglieder angehörten und in einigen Spezialfällen, sowie bei Verhandlung von Rechtsmitteln gegen den ordentlichen Richter zur Teilnahme an der Sitzung geladen wurden. Vor dem Court of Probate und bei Klagen auf Lösung einer Ehe ging ein Rechtsmittel an das Oberhaus.

Die kirchlichen Gerichte konnten nur eine richterliche Trennung der Ehe aussprechen. Eine im vollen Umfang wirksame Entscheidung mit dem Recht der Wiederverheiratung war früher auf Personen beschränkt, die reich genug waren, eine private bill im Parlament einzubringen. Bei der Gründung der Court of Probate wurde die Befugnis zur Ehescheidung jedoch diesem Gericht übertragen.

Court verbunden sein sollte[1] und obwohl die beiden Ämter später für eine Sitzungsperiode getrennt wurden, lebte doch die Neigung, Testamente, Schiffszusammenstöße und Ehescheidungen als verwandte und von demselben Gericht zu entscheidende Sachen zu betrachten, wieder auf, als die große Reorganisation der Gerichte im Jahre 1873 erfolgte.

[1] Rechtsmittel in Sachen des Admiralitätsgerichts waren früher an den High Court of Delegates gegangen, 1832 wurden sie jedoch der Entscheidung der „Krone im Staatsrat" übertragen, an deren Stelle bald das Judicial Committee des Staatsrats trat.

Sechzigstes Kapitel.

Die heutigen Gerichte.

Die Gerichte mit dem Sitz in Westminster wurden 1873 völlig umgestaltet. Doch bevor von ihnen die Rede sein soll, erscheint eine Schilderung der niederen oder örtlich zuständigen Gerichte in ihrer jetzigen Gestalt angebracht. Hier sind die Zivilgerichte und die Strafgerichte völlig voneinander geschieden. Die ersteren bestehen aus den neueren Grafschaftsgerichten und wenigen älteren Behörden, die in einigen Orten bestehen geblieben sind, während der Typus der letzteren Art fast ausschließlich von den Friedensrichtern gebildet wird.

Die Grafschaftsgerichte.

Die heutigen Grafschaftsgerichte wurden 1846 geschaffen. Trotz ihres Namens ist das Gebiet, für das sie zuständig sind, nicht eine Grafschaft, sondern ein sehr viel weniger ausgedehnter und mit den Grafschaftsgrenzen nicht notwendig in Beziehung stehender Bezirk. Diese Regelung war ein Ergebnis der Mitte des 19. Jahrhunderts vorherrschenden Gewohnheit — Politik kann man kaum sagen — das Land für jeden neuen Zweck der örtlichen Verwaltung ohne Rücksicht auf die bestehenden Landesteile in immer neue Bezirke zu zerlegen, eine Gewohnheit, die das geographische Durcheinander zur Folge gehabt hat, von dem England sich in der neuesten Zeit mühsam zu befreien versucht. Die Bezirke der Grafschaftsgerichte können durch Königliche Verordnung im Staatsrat geändert werden. Ihre Zahl beträgt jetzt mehr als 500. Sie sind daher wenig umfangreich, und während dies für die Rechtsuchenden bequem ist, ist der Geschäftsumfang des einelnen Gerichts nicht genügend groß, um die volle Zeit eines Richters in Anspruch zu nehmen. Infolgedessen sind sie in Reisebezirke zusammengelegt, in denen gewöhnlich ein Einzelrichter den Dienst für sämtliche zugehörige Grafschaftsgerichtsbezirke wahrnimmt. Die Richter werden von dem Lordkanzler ernannt, und können von ihm entlassen werden, doch ihre Gehälter werden, wie die der Richter der höheren Gerichte, aus den konsolidierten Fonds bestritten.

Prozeßführen ist in England ein kostspieliger Luxus, und die Grafschaftsgerichte waren daher bestimmt, in geringfügigen Sachen billig Rechtsschutz zu gewähren. Obwohl ihre Zuständigkeit von Zeit zu Zeit erweitert worden ist, ist sie immer noch sehr eng begrenzt. Über einige wenige Arten von Sachen, wie Beleidigung durch Schmähschrift (libel), Verleumdung (slander) und Ehescheidung haben sie überhaupt nicht zu entscheiden. In einigen anderen, wie für bestimmte Ansprüche von Arbeiten auf Schadensersatz und von Pächtern wegen Aufwendungen auf das Pachtobjekt sind sie ausschließlich zuständig, im allgemeinen konkurrieren sie jedoch bis zu einem gewissen Betrag des Wertes des Streitgegenstandes mit dem High Court in allen Sachen nach Gemeinem und Billigkeitsrecht, in Angelegenheiten betreffend Prüfung der Testamente, in Konkurssachen und in Admiralitätssachen. Dieser Betrag ist ja nach der rechtlichen Natur der einzelnen Sache sehr verschieden, man kann jedoch im allgemeinen sagen, daß die gewöhnliche Grenze für Prozesse vor den Grafschaftsgerichten beim Gemeinen Recht 100 £ und beim Billigkeitsrecht 500 £ beträgt. Regelmäßig entscheidet der Richter die Rechtsfrage wie die Tatfrage, doch hat — ausgenommen in Fällen, in denen der Wert des Streitgegenstandes sehr gering ist — jede Partei das Recht auf eine Geschworenenbank von acht Personen. In Rechtsfragen ist Revision an den High Court[1] gegeben, mit dessen Zustimmung weitere Rechtsmittel eingelegt werden dürfen.

Außer den Grafschaftsgerichten bestehen einige wenige noch in Tätigkeit befindliche örtliche Zivilgerichte und eine Anzahl von Gerichten der gleichen Art, die ihre Geschäfte praktisch eingestellt haben.

Die Friedensrichter.

Die örtliche Strafgerichtsbarkeit wird von den Friedensrichtern und von Gerichten, denen in einzelnen Städten ihre Befugnisse übertragen worden sind, ausgeübt. Geographisch fällt ihr Bezirk normalerweise mit der Grafschaft zusammen und regelmäßig wird für jede Grafschaft eine besondere Kommission der Friedensrichter (commission of the peace) bestellt, obwohl dies in manchen Fällen auch für einen kleinen Bezirk geschieht. So gibt es besondere Kommissionen für jeden der drei Bezirke (ridings) von Yorkshire,

---

[1] Wenn der Streitgegenstand 20 £ übersteigt und in jeder Sache mit Genehmigung des Richters.

für jeden der drei Teile von Lincolnshire, für eine Anzahl besonderer „Freiheiten", die bestehen geblieben sind, und für viele Flecken, die ein entsprechendes Privileg erlangt haben. Früher war das Amt auf eine geringe Anzahl von Großgrundbesitzern beschränkt, die hier und da von Juristen unterstützt wurden. Als jedoch die Richter die Anerkennung der Gebührenforderungen der Juristen ablehnten, verschwanden die letzteren und da der Dienst unentgeltlich war, wurde die Stellung zu einem Ehrenamt, das von einer zunehmenden Anzahl von Personen begehrt wurde. In vielen Grafschaften enthalten die Listen jetzt 300 oder 400 Namen und in Lancashire sind es etwa achthundert, obwohl einige von diesen Herren niemals durch Ablegung der vorgeschriebenen Eide die Befugnis zu amtlicher Tätigkeit erwerben und die laufenden Geschäfte von einer verhältnismäßig kleinen Anzahl von Personen erledigt werden. Abgesehen von Mitgliedern des Staatsrats, Richtern, Pairs und deren ältesten Söhnen und einigen anderen Personen, deren Stellung als genügender Nachweis ihrer Befähigung für das Amt gilt, wurde bis vor wenigen Jahren ein Mindestmaß von Vermögen — nämlich Grundeigentum oder Besitz eines Wohnhauses mit mindestens 100 £ Jahresertrag — verlangt. Die Richter werden von der Krone ernannt und ihres Amts enthoben, aber seit mehreren Jahrhunderten sind Amtsenthebungen aus politischen Gründen nicht erfolgt. Hauptsächlich als Folge der Vorbedingung eines gewissen Vermögens ergab sich jedoch, daß die überwiegende Mehrzahl der Friedensrichter Konservative waren, und um ein solches Ergebnis, das natürlich für die Liberalen ein Gegenstand der Beschwerde war, auszuschließen, wurde die Vorbedingung eines Mindestvermögens 1906 völlig aufgehoben.

Ihre Zuständigkeit in Strafsachen.

Die Tätigkeit der Friedensrichter bei der Ausübung der Strafrechtspflege ist eine dreifache. Der einzelne Richter hat die Befugnisse einer Polizeibehörde. Er kann die Verhaftung eines Verdächtigen anordnen, führt die Voruntersuchung — ausgenommen bei Verbrechen gegen das Leben, bei denen besondere Geschworene (die „coroner's jury") berufen werden — und setzt entweder den Beschuldigten außer Verfolgung, oder überweist ihn mit oder ohne Stellung einer Bürgschaft der Anklagejury (grand jury) zur Beschlußfassung über die Erhebung der Anklage. Ein Einzelrichter ist weiterhin zur Festsetzung ganz geringer Strafen für unbedeutende Übertretungen befugt. Ferner gibt es eine ausgedehnte summarische Rechtsprechung über weniger schwere Straftaten durch zwei oder mehr Richter, die zu der sogen. „kleinen Sitzung" (petty session) zusammentreten. Sie verhandeln ohne Geschworene und entscheiden über die Rechtsfrage wie über die Tatfrage. Falls der Beschuldigte zu einer Freiheitsstrafe verurteilt wird, kann er jedoch regelmäßig durch Einlegung eines Rechtsmittels ein neues Verfahren vor den Richtern in der Vierteljahrssitzung erwirken und jeder, der sich durch die Entscheidung beschwert fühlt, kann bei den Richtern der kleinen Sitzung beantragen, den Stand der Sache durch Beschluß festzustellen (state a case) und dem High Court die etwa entstandenen Rechtsfragen vorzubehalten.

Schließlich treten sämtliche Friedensrichter oder vielmehr die, welche Dienst tun wollen, wenigstens viermal im Jahre zu sogen. Vierteljahrssitzungen (quarter sessions) zusammen. Die strafrechtliche Aufgabe dieser Sitzungen besteht erstens aus der Entscheidung der Fälle, in denen gegen die Urteile in summarischen Strafprozessen Rechtsmittel eingelegt worden sind, und zweitens aus der Aburteilung der schweren Straftaten mit Ausnahme der mit Todesstrafe oder lebenslänglichem Zuchthaus bedrohten Verbrechen und einiger weniger anderer schwerer Vergehen, die den Assisen, d. h. den Richtern von Westminster auf ihren auswärtigen Gerichtstagen vorbehalten sind. Im ersteren Falle entscheiden die Friedensrichter ohne Geschworenen, im zweiten mit Geschworenen und nach Anklagebeschluß (indictment) der „Grand jury". Tatsächlich werden im Königreich etwas weniger als ein Drittel der strafbaren Handlungen, bei denen ein solcher Anklagebeschluß erfolgt, von den Assisen und die übrigen von den quarter sessions entschieden, wobei den letzteren auch die für die Flecken bestellten Gerichte, die in vielen Orten die Aufgaben der Friedensrichter übernommen haben, hinzugerechnet sind.

Die Kontrolle durch das Obergericht.

Falls der Angeklagte von den Geschworenen für schuldig erklärt ist, können die Richter, soweit sie es für angemessen halten, eine Rechtsfrage feststellen und sie der Entscheidung des High Court unterbreiten. Doch auch abgesehen hiervon, haben die königlichen Gerichte von alters her über die Friedensrichter und in gewissem Umfang über kirchliche Gerichte, Kriegsgerichte und andere niedere oder besondere Gerichte eine wirkliche Aufsicht geführt. Sie wird durch verschiedene Mandate (writs) ausgeübt, die in bestimmter Form an das Gericht selbst ergehen. Es sind dies das writ of mandamus, das die Erfüllung einer Rechtspflicht fordert, das writ of prohibition mit dem Verbot, in einer Sache tätig zu werden, für die das Gericht nicht zuständig ist, und das writ of certiorari, durch welches das Gericht angewiesen wird, eine Sache an den

High Court zur Niederschlagung oder eigenen Entscheidung abzugeben.

Der Clerc der Friedensrichter.

Das oben geschilderte Verfahren, eine Liste aller reichen Einwohner einer Grafschaft aufzustellen und denen unter ihnen, die zufällig genügend Interesse haben, um zu erscheinen, die Befugnis zu geben, zu einem Strafgerichtshof zusammenzutreten — und dies ohne die geringste Sicherheit dafür, daß sie irgendwelche Rechtskenntnisse besitzen — scheint vielleicht eine merkwürdige Methode der Auswahl von Strafrichtern. Aber tatsächlich haben die Friedensrichter mehr die Eigenschaften von Geschworenen als von Richtern und sie stehen, wie schon in einem früheren Kapitel bemerkt wurde, sehr stark unter dem Einfluß ihres Clerk (Sekretär). Dieser ist ein Solicitor und auch wenn er nicht ein durchgebildeter Jurist ist, so muß er doch mit den Gesetzen, nach denen die Friedensrichter entscheiden, und mit ihrer Auslegung durch die Rechtsprechung genau vertraut sein, und was noch mehr ist, er kennt das übliche Verfahren und die Überlieferungen des betreffenden Gerichts, sowie die Urteile, die dort gewöhnlich gefällt worden sind. Für die ganze Grafschaft ist ein Friedensgerichtsschreiber (Clerc of the Peace) bestellt, ein Amt, das schon von alters her besteht. Er ist bei den Vierteljahrssitzungen stets zugegen und wird mit Recht als der Mittelpunkt des Systems bezeichnet. Ferner gibt es einen Clerc für jede „kleine Sitzung", der die Friedensrichter, die daran teilnehmen, vor Rechtsirrtümern und Mißgriffen bewahrt.

Strafgerichte für die Flecken.

Die Grundsätze über Strafrechtspflege durch Friedensrichter finden für die größeren Städte nur mit wesentlichen Abänderungen Anwendung. Die kleinsten Flecken haben keine besonderen Friedensrichterkommissionen und werden hinsichtlich der Strafrechtspflege einfach als Teile der Grafschaft behandelt, in der sie liegen. Die übrigen haben besondere Friedensrichterkommissionen mit oder ohne Vierteljahrssitzungen. Falls sie keine eigenen Sitzungen dieser Art haben, unterstehen sie den Vierteljahrssitzungen der Grafschaften; falls sie besondere Vierteljahrssitzungen haben, werden diese nicht von den ordentlichen Friedensrichtern wahrgenommen, sondern ausschließlich von einem sogen. Recorder, einem Barrister, der von der Krone zu seinem Amt berufen wird, und ein bescheidenes Gehalt von dem Flecken bezieht. In beiden Fällen nehmen die für die Flecken bestellten Friedensrichter an den Vierteljahrssitzungen nicht teil. Als Einzelrichter haben sie die gewöhnlichen Befugnisse der Polizeibehörden und in Kollegien zu zwei oder mehr Mitgliedern üben sie die summarische Rechtsprechung aus. Die Friedensrichter der Grafschaft können dabei dieselben Befugnisse ausüben, ausgenommen in den Flecken, die vor 1835 das Recht erworben haben, von ihrer Gerichtsbarkeit ausgeschlossen zu sein. Kurz gesagt, eine besondere Friedensrichterkommission bedeutet nicht ganz das, was ihr Name sagt. Sie hat nur die Bedeutung, daß eine besondere Liste von Friedensrichtern vorhanden ist, deren Zuständigkeit sich auf die weniger wichtigen Strafsachen des Fleckens beschränkt. Besondere Vierteljahrssitzungen bedeuten die Übertragung der gesamten Strafrechtspflege in wichtigen Fällen von den Friedensrichtern auf einen einzelnen Berufsrichter.

London. In der City von London sind der Mayor und die Ratsherren von Amtswegen Friedensrichter mit Befugnissen, die das gewöhnliche Maß überschreiten, während der „Recorder", der „Common Sergeant" und der Richter des „City of London Court" besondere Stellungen innehaben und viele Strafsachen entscheiden. Doch sehr viel wichtiger ist der außerhalb der City liegende Teil der Hauptstadt, in dem das System der ehrenamtlich tätigen Friedensrichter seit mehr als einem Jahrhundert aufgegeben und durch ein besoldetes Beamtentum ersetzt ist. Gegenwärtig finden die Quarter sessions für die Grafschaft London zweimal im Monat statt unter der Leitung eines besoldeten Richters, während die weniger wichtigen Rechtssachen von einer größeren Anzahl besoldeter Polizeirichter erledigt werden, von denen jeder die Befugnisse von zwei Friedensrichtern in kleiner Sitzung hat. Auf Wunsch kann jede Provinzialstadt für den gleichen Zweck einen besoldeten Polizeirichter — sogen. stipendiary magistrate — haben, aber selbst von der größten hat nur ein Teil auf diese Einrichtung Wert gelegt. Alle diese Beamte werden von der Krone ernannt und wenn man Fälle wie die der City von London, der Bürgermeister der Flecken und der Vorsitzenden der Grafschafts- und Bezirksräte ausnimmt, die von Amtswegen Friedensrichter sind, so läßt sich als allgemeine Regel feststellen, daß alle örtlichen Richter und Friedensrichter, in Civil- und Strafsachen, von der Krone oder in ihrem Namen von dem Lordkanzler ernannt und gegebenenfalls nach Maßgabe der gesetzlichen Bestimmungen ihres Amts enthoben werden.

Stipendiary magistrates.

Der Supreme Court of Judicature. Durch das Gesetz über das höchste Gericht (Supreme Court of Judicature Act) von 1873 und die Novelle hierzu von 1875 erfuhren sämtliche höhere Gerichte eine Umwandlung. Außer dem Oberhaus, dessen Gerichtsbarkeit höherer Instanz entsprechend dem ursprünglichen Plan in Fortfall kommen sollte, wurden sie alle in eine neue Organisation verschmolzen, die den Namen Supreme Court of Judicature (höchstes Gericht) führt und in zwei Teile, nämlich den High Court of Justice (Obergericht) und — ihm übergeordnet — den Court of Appeal (Appellationsgericht) zerfällt.

Der High Court und seine Abteilungen.

Dem Obergericht wurde die Rechtsprechung der Gerichtshöfe übertragen, an deren Stelle es trat und demgemäß wurde es auch in Abteilungen gegliedert, die genau diesen Gerichten entsprachen. Die Kanzlerabteilung (Chancery Division) übernahm die Tätigkeit der Kanzlergerichte. Für das Gemeine Recht bestanden zunächst drei Abteilungen unter den Namen Queen's Bench, Common Pleas und Exchequer. Ihnen wurden die Aufgaben, der gleichnamigen alten Gerichte, der Courts of pleas für Lancaster und Durham[1] und — nach einigen Schwankungen — auch die des Londoner Konkursgerichts (London Court of Bankruptcy) übertragen. Später wurden jedoch durch eine Königliche Verordnung im Staatsrat von 1880, die auf Grund einer in dem Gesetz erteilten Ermächtigung erging, die Abteilungen Common Pleas und Exchequer beseitigt oder vielmehr mit der Abteilung Queen's Bench — jetzt King's Bench — verschmolzen. Schließlich wurden der Abteilung für Testaments-, Ehe- und Admiralitätssachen (Probate, Divorce and Admiralty Division) die Aufgaben der Gerichte, die mit diesen Gebieten befaßt gewesen waren, zugeteilt.

Jede der drei Abteilungen hat einen Präsidenten. Für die Kanzlerabteilung ist dies der Lordkanzler, für die King's Bench Abteilung der Oberrichter von England (Chief Justice of England), während der Leiter der Abteilung für Testaments-, Ehe- und Admiralitätssachen — in Ermangelung höheren Fluges der Phantasie — einfach als Präsident dieser Abteilung bezeichnet wird. Der Geschäftsumfang in den drei Abteilungen ist natürlich sehr verschieden und daher ist auch die Zahl der in jeder von ihnen tätigen Richter nicht die gleiche. Zurzeit arbeiten — einschließlich der Präsidenten — in der Kanzleiabteilung sieben, in der King's Bench-Abteilung fünfzehn und in der Abteilung für Testaments-, Ehe- und Admiralitätssachen nur zwei Richter.

Beziehung zwischen Gemeinem Recht und Billigkeit.

Es scheint hiernach vielleicht so, als ob das Obergericht, so weit seine ersten beiden Abteilungen in Frage kommen, nicht viel mehr als ein gemeinsamer Name für die älteren Gerichte sei, doch ist dies nicht völlig zutreffend und zwar mit Rücksicht auf zwei

[1] Die Kanzlergerichte von Lancaster und Durham hatten praktischen Nutzen und man ließ sie weiterbestehen. Bei den Courts of pleas war dies nicht in gleichem Maße der Fall, weil gemeinrechtliche Fälle in der Grafschaft selbst durch die Richter auf auswärtigen Gerichtstagen verhandelt wurden.

wichtige Bestimmungen des Gesetzes. Die erste von ihnen gestattet dem Richter, der einer der Abteilungen angehört, in jeder anderen Sitzungen wahrzunehmen, während die zweite feststellt, daß sämtliche nach Billigkeitsrecht zulässige Ansprüche, Einreden und Rechtsbehelfe in jeder Abteilung des Gerichts geltend gemacht werden können, und daß umgekehrt auch jede Abteilung den auf Gemeinem Recht beruhenden Rechansprüchen stattgeben soll. Mit anderen Worten: Klagen und Einreden nach Billigkeitsrecht können im gerichtlichen Verfahren vorgebracht werden und umgekehrt. Außer ihrem unmittelbaren Einfluß auf das gegenwärtige Verfahren, hat diese Bestimmung vielleicht Bedeutung für die künftigen Beziehungen zwischen Gemeinem Recht und Billigkeitsrecht. Bis jetzt haben sich allerdings die beiden geschichtlichen Systeme weniger als man erwartete einer Verschmelzung genähert. Abgesehen von Fragen, die innerhalb des einzelnen Prozesses beiläufig zur Entscheidung kommen, werden sie in der Hauptsache immer noch getrennt gehandhabt, jedes von Richtern, die in den Überlieferungen des eigenen Systems groß gezogen sind. Auch die Anwälte, die auf den beiden Rechtsgebieten tätig sind, scheiden sich fast ebenso scharf voneinander als jemals und jede Gruppe betrachtet das Arbeitsfeld der andern mit Empfindungen, die nicht durchweg als vollkommene Hochachtung bezeichnet werden können. Trotzdem sind doch die beiden Systeme in engere Beziehung gebracht, und der Weg für eine möglicherweise eintretende schließliche Vereinigung ist bereitet.

Die Regeln des Verfahrens.

Es mag auch erwähnt werden, daß die Grundsätze über das Verfahren vor den neuen Gerichten von Zeit zu Zeit durch den Kanzler und die Mehrheit der Richter mit der Maßgabe abgeändert werden dürfen, daß sie dem Parlament vorzulegen sind und wirkungslos werden, falls eines der beiden Häuser binnen vierzig Tagen einen entsprechenden Beschluß faßt. Diese Art der Regelung des gerichtlichen Verfahrens ist höchst anpassungsfähig und zweckmäßig und hat große Einfachheit und Gleichmäßigkeit im Prozeßbetrieb der Parteien und der gerichtlichen Prozeßleitung nach Gemeinem Recht wie nach Billigkeitsrecht zur Folge gehabt.[1]

---

[1] Das Verfahren hat einige Züge dem Gemeinen Recht und einige dem Billigkeitsrecht entlehnt. Von jeder Partei kann die Führung des Beweises für den ganzen Prozeßstoff verlangt werden, doch ist der Richter befugt, einen Streitpunkt, der zu kompliziert für die Geschworenen ist, auszuscheiden. Das Beweisverfahren stammt in der Hauptsache aus dem Gemeinen Recht, ist jedoch durch die dem Billigkeitsrecht entlehnte Übung der Fragestellung ergänzt.

Verhandlung der Sachen vor dem Obergericht.

Die Richter des Obergerichts entscheiden teils als Einzelrichter, teils in Gerichtshöfen nach Abteilungen. Die gewöhnliche Verhandlung einer Sache — d. h. die Beweiserhebung und das Urteil erster Instanz — erfolgt durch einen Einzelrichter, gleichgültig, ob es sich um eine Zivil- oder Strafsache handelt, ob nach gemeinem Recht oder Billigkeit, mit oder ohne Geschworene zu entscheiden ist. Eine Prozeßsache nach Billigkeitsrecht wird regelmäßig durch einen Richter der Kanzlerabteilung, der in den königlichen Gerichten am Strand tagt, ohne Geschworene entschieden, falls nicht mit Genehmigung des Gerichts eine Frage zur Entscheidung durch Geschworene formuliert wird. In letzterem Falle wird die Sache gewöhnlich auf die Liste der Prozesse gesetzt, die durch einen Richter der King's Bench Abteilung zu entscheiden sind. Andererseits kann in einer Zivilsache nach Gemeinem Recht im allgemeinen jede Partei die Zuziehung von Geschworenen verlangen; und der Prozeß wird — gleichgültig, ob letzteres der Fall ist oder nicht — regelmäßig durch einen Richter der King's Bench Abteilung entschieden, der je nach Lage der Sache mit oder ohne Geschworene entweder in den königlichen Gerichten am Strand oder auf Gerichtstagen im Lande Recht spricht.[1] Strafsachen, die vor das Obergericht kommen, werden fast ausschließlich durch die Richter auf ihren Gerichtstagen oder in dem Zentralstrafgericht (Central Criminal Court) in London abgeurteilt.

Spezialgeschworene.

Vielleicht ist die Bemerkung von Interesse, daß es mehr als eine Art von Geschworenen gibt. Die gewöhnliche Geschworenenbank besteht aus Personen, die ein gewisses kleines Mindestvermögen haben müssen, wobei im allgemeinen Landbesitz mit einem Jahresertrag von zehn Pfund den Maßstab bildet. Das Recht zum gewöhnlichen Geschworenendienst ist hiernach weniger allgemein als das heutige Wahlrecht zum Parlament, doch ist es keineswegs eng begrenzt. Die Vergütung beträgt nur einen Schilling täglich. Andererseits ist jede Prozeßpartei befugt, eine Spezialgeschworenenbank zu verlangen, die sich aus Personen zusammensetzt, welche die Vorbedingung eines höheren Mindestvermögens erfüllen und auf Kosten der Parteien eine Entschädigung von einer Guinee für den Tag erhalten. Der Kreis der für diesen Geschworenendienst Befähigten beschränkt sich auf solche, denen die Bezeichnung Esquire oder ein höherer Titel zusteht, auf Bankiers und Großkaufleute,

---

[1] Ein Richter aus einer der anderen Abteilung kann ebenfalls mit Abhaltung von Gerichtstagen beauftragt werden, dies ist jedoch nicht üblich.

sowie auf Personen, die ein Haus mit einem Jahresertrage von 50—100 Pfund je nach der Größe der Stadt, eine Farm mit jährlich 300 Pfund Ertrag oder sonstigen Grundbesitz mit 100 Pfund Jahresertrag innehaben. Daß diese Spezialgeschworenen beliebter sind als die gewöhnlichen Geschworenen — und zwar besonders bei Beklagten — ergibt sich aus ihrer Zunahme während der letzten Jahre und zwar scheint die Statistik zu zeigen, daß sie nicht nur gegenüber den gewöhnlichen Geschworenen, sondern auch gegenüber den Prozessen vor Richtern ohne Geschworene an Boden gewinnen.

Die auswärtigen Gerichtstage der Richter.

Es gibt drei Arten von Kommissionen für die Rechtsprechung auf auswärtigen Gerichtstagen. Die Assisenkommission, die über Zivilsachen des Obergerichts aus den auswärtigen Grafschaften befindet, und die Kommissionen „of gaol delivery“ und „oyer et terminer“ für die Entscheidung von Strafsachen. Die Kommissionen umfassen viele Mitglieder, doch wird teils auf Grund des Gesetzes, teils nach den Festsetzungen der Kommissionen selbst und teils gewohnheitsgemäß die wirkliche Arbeit von den zugehörigen Richtern des Obergerichts geleistet, insoweit nicht ein Richter einen King's Counsel (vgl. S. 442), der ebenfalls Mitglied der Kommission ist, ersucht, einige der weniger wichtigen Sachen zu entscheiden, was bisweilen vorkommt, wenn die Prozeßliste überfüllt ist. Die Richter für die Gerichtstage werden fast stets aus der King's Bench Abteilung genommen, und sie reisen, wenn sämtliche drei Kommissionen ausgesandt sind, paarweise, so daß der eine die Zivilsachen, der andere die Strafsachen erledigt. Dies ist nicht immer der Fall, da die Kommissionen für Strafsachen für das ganze Land dreimal und für einige Orte viermal jährlich, die Assisenkommissionen dagegen für den größeren Teil des Landes nur zweimal im Jahre entsandt werden.

London bildet eine Ausnahme. Dort gelangen Zivilsachen unmittelbar und ohne daß eine Kommission nötig wäre, vor die Richter des Obergerichts, und für Strafsachen besteht eine auf gesetzlicher Bestimmung beruhende ständige Kommission, die im Zentralstrafgericht und in Old Bailey als ein dauerndes Gericht für den ganzen Umfang der Hauptstadt tagt. Zu der Kommission gehören die Richter der Gerichtshöfe für die City von London, welche die Hauptmasse der Prozesse entscheiden, und ebenso die Richter des Obergerichts, von denen einer die schwereren Vergehen aburteilt.

Abgesehen von einigen Neubenennungen haben die Gerichtsverfassungsgesetze nur eine wichtige Änderung in dem System der auswärtigen Gerichtstage eingeführt. Sie besteht darin, daß der Assisenrichter das Recht erhalten hat, alle Fragen selbst zu entscheiden und in den vor ihn gebrachten Prozessen ein Endurteil zu fällen[1] — eine Befugnis, die den Kommissionen in Strafsachen von jeher zustand.

Die Gerichtsabteilungen.

So viel von den Pflichten des Einzelrichters. Als Gerichtsabteilung — das heißt in einer Besetzung mit zwei oder mehr Richtern der Abteilung ohne Zuziehung von Geschworenen — entscheidet das Obergericht über die Sachen, die nicht einem Einzelrichter überlassen sind. Seine Hauptaufgabe hierbei ist die Verhandlung über Rechtsmittel gegen die Entscheidungen der niederen Gerichte, über Anträge auf neue Verhandlung in Sachen, die vor den Geschworenen gewesen sind, über Fragen, die von einem Einzelrichter der Entscheidung des Obergerichts vorbehalten sind, und über Anträge auf Erlaß von writs of mandamns, prohibition und cartiorari. Es mag bemerkt werden, daß der „High Court" in seiner Gesamtheit trotz seines Namens niemals als Gerichtshof zusammentritt, und das gleiche gilt für seine beiden größten Abteilungen. Tatsächlich haben diese Behörden nur die Bedeutung von Richterverzeichnissen, aus denen einzelne Richter oder Gruppen von solchen dazu bestimmt sind, für verschiedene Zwecke einen Gerichtshof des Obergerichts zu bilden. Dies Verfahren war zwar nicht völlig neu, seine grundsätzliche Annahme für die Rechtsprechung des Obergerichts und des Appellationsgerichts bildet indessen eine der wesentlichen Änderungen, die durch die Gerichtsverfassungsgesetze eingeführt worden sind.

Der Court of Appeal.

Am Appellationsgericht (Court of Appeal) wirken als regelmäßig tätige Mitglieder der Master of the Rolls, der jetzt keine sonstigen richterlichen Pflichten mehr hat, und fünf besonders für diesen Zweck ernannte Richter (Lords Justices); doch gehören dem Gericht auch die Präsidenten der drei Abteilungen des Obergerichts an und auf Ersuchen des Kanzlers können frühere Kanzler an den Sitzungen teilnehmen. Das Gericht arbeitet ausschließlich in Senaten, gewöhnlich zu je drei Richtern, und tagt nur in London. Seine Tätigkeit, die auch die früher der Exchequer Chamber und den Appellationsrichtern des Kanzleramts (Lords Justices of Appeal in Chancery) überwiesenen Aufgaben umfaßt, besteht hauptsächlich in der Verhandlung über Rechtsmittel gegen Entscheidungen des Obergerichts,

[1] In diesem Zusammenhang mag erwähnt werden, daß statt der früher üblichen Einwirkung von writs des Kanzleramtes in Zivilsachen, die Ladungen (summons) und sonstigen obrigkeitlichen Verfügungen, auf denen die Prozesse beruhen, von sog. district registries erlassen werden, die über das Land verteilt sind.

doch in einigen Fällen verhandelt es auch über Rechtsmittel, die unmittelbar gegen andere Gerichte — z. B. die Kanzlergerichte in Lancashire und Durham und alle für Entmündigungssachen zuständige Gerichte — eingelegt werden.

Hinsichtlich der Rechtsmittel ist ein wichtiger Unterschied zwischen Zivil- und Strafsachen hervorzuheben. In der Regel kann jede Zivilsache vor das Appellationsgericht und von dort vor das Oberhaus gebracht werden. Wo keine Geschworenen mitwirken, und der Richter über die Rechtsfrage und über die Tatfrage entschieden hat, stehen dem keine Schwierigkeiten entgegen, doch ein Spruch der Geschworenen kann an sich nicht mit einem Rechtsmittel angefochten werden. Eine Partei, die sich nicht beruhigen will, kann jedoch behaupten, daß — angenommen, der Spruch sei zutreffend — doch das Urteil auf Rechtsirrtum beruhe. Sie kann ferner die Aufhebung des Spruches und die Anberaumung einer neuen Verhandlung beantragen, weil der Richter den Geschworenen eine unrichtige Rechtsbelehrung erteilt oder zu Unrecht eine Beweiserhebung zugelassen oder abgelehnt habe, oder schließlich, weil die Geschworenen bei richtiger Beweiswürdigung nicht zu einem solchen Spruch hätten gelangen können. Alle diese Fragen kann die Partei zur Entscheidung der höheren Instanzen bringen, wenn sie Geld genug hat, die Kosten zu bestreiten. Andererseits bestand in Strafsachen bis 1907 kein allgemeines Recht auf Einlegung eines Rechtsmittels. Der Richter, der eine Sache aburteilte, konnte auf Schuldspruch der Geschworenen eine Rechtsfrage vorbehalten, die dann dem aus fünf Richtern des Obergerichts bestehenden Court for Crown Cases Reserved vorgelegt und dort ohne die Möglichkeit weiterer Anfechtung entschieden wurde. Ferner konnte eine Sache vor die höhere Instanz kommen auf Grund eines aus dem Protokoll ersichtlichen Fehlers im Verfahren, wobei die Frage aufgeworfen werden durfte, ob der Anklagebeschluß unrichtig oder das Urteil ungesetzlich sei. Doch falsche Rechtsbelehrung an die Geschworenen und unrichtige Leitung der Beweiserhebung sind nicht aus dem Protokoll zu ersehen, und infolgedessen konnten einige der wichtigsten Fragen, die sich in dem Prozeß ergeben, vor keine höhere Instanz gebracht werden.

Das Fehlen von Rechtsmitteln in Strafsachen kann manchmal schweren Rechtsbruch zur Folge haben. Dies geschah kürzlich bei dem Fall des Adolf Beck, der keine Mittel hatte, eine richterliche Nachprüfung seines Prozesses zu erlangen, und jahrelang keine Untersuchung des Home Office durchsetzen konnte, die genügt hätte, um eine Begnadigung herbeizuführen. Die Angelegenheit erregte das Volksempfinden sehr heftig und gab teilweise den Anlaß dazu, daß 1907 ein allgemeines Appellationsgericht in Strafsachen (Court of Criminal Appeal), bestehend aus Richtern der King's Bench Abteilung, geschaffen wurde. An dieses Gericht kann jeder schuldig Befundene aus Rechtsgründen oder mit Zustimmung des Gerichts selbst oder des Richters, der die Sache verhandelt hat, auch aus Gründen tatsächlicher Art Rechtsmittel einlegen und den Beweis führen, daß der Spruch unrichtig sei. Doch ein System von Rechtsmitteln und Einwendungen in Strafsachen hat seine zwei Seiten. Ein Angeklagter, der eines schweren Verbrechens schuldig gesprochen ist, hat bei einer Verzögerung alles zu gewinnen und nichts zu verlieren, und sein Verteidiger macht — wenigstens in Amerika — unbegründete Einwendungen bis zur Erschöpfung der letzten Möglichkeit geltend. Wir haben es erlebt, daß in diesem Lande, wo ein solches System ohne Einschränkung gilt, Zeugen mehrere Jahre lang in der Erwartung der Entscheidung von Fragen, die sich auf die Zulässigkeit einer Beweiserhebung oder ähnliches bezogen, in Haft gehalten worden sind, und die Schrecken der Lynchjustiz stehen nicht außer Beziehung zu der Verzögerung der Strafrechtssprechung.

Das Oberhaus.

Das Gesetz, das 1873 die Gerichte reorganisierte, beseitigte die Gerichtsbarkeit des Oberhauses in höherer Instanz völlig und sah die Teilnahme von Richtern aus Schottland und Irland im Appellationsgericht vor. Doch bevor diese Bestimmungen durchgeführt wurden, trat ein grundsätzlicher Umschwung ein und statt der Abschaffung des Oberhauses als Gericht wurde seine Stärkung durch Zuteilung rechtskundiger Mitglieder beschlossen.

Das Gesetz von 1876 stellte hiernach die Gerichtsbarkeit des Oberhauses in höherer Instanz wieder her und verfügte die Berufung von zunächst zwei und gegebenenfalls vier Pairs auf Lebenszeit unter dem Namen von Lords of Appeal in Ordinary. Ferner bestimmte das Gesetz, daß die Einlegung von Rechtsmitteln an das Oberhaus gegen jedes Urteil oder jeden Beschluß des Appellationsgerichts für England statthaft sein sollte, und daß das gleiche für die schottischen und irischen Gerichte gelte, bei denen dies schon früher der Fall gewesen sei. Mit Rücksicht auf die Zuständigkeit des Oberhauses für Rechtsmittel aus Schottland und Irland, ist es üblich, je einen der Lords of Appeal aus diesen Königreichen zu berufen.

Die Lords of Appeal.

Die Stellung des Oberhauses als Gericht birgt einen Widerspruch in sich. Vom Rechtsstandpunkte aus betrachtet und nach der Art seiner Beschlußfassung handelt es als Kammer. Infolgedessen sind seine sämtlichen Mitglieder zur Teilnahme befugt, und das geschichtliche Empfinden würde verletzt werden, wenn Pairs, die nicht Juristen sind, durch Gesetz ausgeschlossen würden, doch andererseits würde der gesunde Menschenverstand noch mehr verletzt sein, wenn sie sich wirklich an der Rechtsprechung des Oberhauses beteiligten. Niemand wäre heute in der Lage, einen Pair zu hindern, seine Stimme bei der Entscheidung eines Prozesses abzugeben, wenn er darauf bestehen wollte. Als im Jahre 1845 das Oberhaus die Rechtsgültigkeit der Verurteilung O'Connells nachzuprüfen hatte, und die Mehrheit der rechtskundigen Lords geneigt war, gegen die Regierung zu entscheiden, wollten denn auch einige andere Pairs an der Entscheidung teilnehmen, unterließen dies jedoch auf den Rat des Kanzlers Lord Lindhurst. Während das Gesetz von 1876 von den nicht rechtskundigen Pairs schweigt, erkennt es die besonderen Aufgaben der rechtskundigen Pairs an und stellt fest, wer sie sind. Es sieht vor, daß über Rechtsmittel nur verhandelt werden darf, wenn die Lords of Appeal zugegen sind, und bestimmt, daß als solche der Lord Kanzler, die Lords of Appeal in Ordinary und alle sonstigen Pairs, die ein hohes Richteramt bekleiden oder bekleidet haben, gelten, wobei der letztere Begriff, wie bereits früher festgelegt war, sämtliche Ämter des Supreme Court of Judicature in England und der schottischen und irischen Gerichte entsprechenden Ranges umfaßt. Sonderbarerweise besteht eine andere Vorschrift, die unter gewissen Voraussetzungen die Wirkung haben würde, die nicht rechtskundigen Pairs überhaupt auszuschließen. Früher konnte das Oberhaus zu keinem Zwecke Sitzungen abhalten, solange das Parlament aufgelöst war. Doch es war unzweckmäßig, daß die ordentliche Rechtsprechung durch ein politisches Ereignis dieser Art gehemmt wurde, und daher enthielt das Gesetz eine Bestimmung, daß die Lords of Appeal während der Zeit, in der das Parlament aufgelöst ist, im Namen des Hauses Sitzungen abhalten und entscheiden dürfen. Die ungeschriebene Vorschrift, daß nur rechtskundige Lords an der Sitzung teilnehmen sollen, wenn das Oberhaus zur Entscheidung von Rechtssachen zusammentritt, ist eine der mit der größten Genauigkeit beobachteten konventionellen Regeln der Verfassung, und doch scheint die richterliche Tätigkeit nicht ausnahmslos auf die Lords of Appeal — wie dieser Begriff in dem Gesetz von 1876 festgelegt ist — beschränkt zu sein, denn Lord James of Hereford hat oft an der Entscheidung von Prozessen durch das Oberhaus teilgenommen, in besonderer Weise bei dem der schottischen Freikirche im Jahre 1904. Er war Barrister von Beruf und Attorney-General gewesen, doch hatte er niemals ein hohes Richteramt bekleidet und war daher streng genommen nicht Lord of Appeal.

Das Judicial Committee des Staatsrats.

Das Oberhaus ist nicht das einzige Gericht letzter Instanz in England. Es gibt noch ein zweites Gericht dieser Art, das zum großen Teil die gleichen Mitglieder hat, dessen Zuständigkeit jedoch eine ganz andere ist. Dies ist das Judicial Committee of the Privy Council (Richterlicher Ausschuß des Staatsrats). Es entscheidet über Rechtsmittel gegen die kirchlichen Gerichte, über solche von den Kanalinseln und der Insel Man, aus den Kolonien und Dependenzen und ferner über Rechtsmittel gegen Entscheidungen der durch Staatsvertrag im Ausland bestellten englischen Gerichte. Es ist erstaunlich, daß ein Gericht imstande sein soll, so mannigfache Rechtssysteme, wie sie von das Judicial Committee kommen, verständnisvoll zu handhaben. Auf seiner Prozeßliste kann man einen Fall aus Australien finden, bei dem englisches gemeines Recht oder Billigkeitsrecht, einen anderen aus Kanada, bei dem französisches Recht römischen Ursprungs in Frage kommt, ein dritter erfordert die Kenntnis holländischen Rechts gleichen Ursprungs, wie es in Guiana oder am Kap gilt, bei einem weiteren handelt es sich um hindu- oder mohammedanisches Recht aus Indien und so fort durch die lange Reihe englischer Besitzungen auf der ganzen Erdoberfläche. Die Fähigkeit des Gerichts, sich mit allen diesen Fragen zu befassen, ist um so mehr zu bewundern, als seine ordentlichen Mitglieder größtenteils dieselben Personen sind, die als Richter im Oberhaus tagen.

Mitgliedschaft.

Früher war das Judicial Committee tatsächlich wie rechtlich eine von dem Oberhause in dessen Eigenschaft als Gericht ganz verschiedene Kärperschaft mit einem völlig anderen Bestand an Mitgliedern. Als aber besoldete Pairs auf Lebenszeit berufen wurden, kam man auf den Gedanken, ihnen die große Masse der Arbeit beider Gerichtshöfe zu übertragen. Zunächst wurden zwei Lords of Appeal in Ordinary berufen und ermächtigt, im Judicial Committee mit zu entscheiden, und es wurde weiterhin bestimmt, daß anstatt der Neubesetzung von frei werdenden Stellen der anfänglichen besoldeten Mitglieder des Judicial Committee ein dritter und vierter Lord of Appeal in Ordinary zu berufen sei. Dies ist längst geschehen und hat zur Folge gehabt, daß vor wenigen Jahren das Judicial Committee fast ganz aus den gleichen Personen bestand, die die richterliche Tätigkeit im Oberhaus erledigen. In ihrer

Eigenschaft als Mitglieder des Staatsrates waren die letzteren sämtlich befugt, an den Sitzungen des Judicial Committee teilzunehmen, und andererseits waren tatsächlich fast alle Mitglieder des Judicial Committee Lords of Appeal. In letzter Zeit hat dagegen der Wunsch, die Bande des Reichs enger zu knüpfen, dazu geführt, Richtern aus den Kolonien Sitz im Judicial Committee einzuräumen, und hierdurch hat die Zahl der Mitglieder desselben, die dem Oberhaus nicht angehören, zugenommen. Von Zeit zu Zeit ist die Berufung eines großen Gerichts letzter Instanz für das ganze Reich angeregt worden, doch augenblicklich scheint dieser Plan weiter von seiner Verwirklichung entfernt zu sein als vor einem Dutzend Jahren. Das Judicial Committee besteht jetzt aus einem oder zwei besonders hierzu berufenen früheren indischen Richtern[1], die zusammen achthundert Pfund erhalten, aus den Lords of Appeal in Ordinary, aus allen Mitgliedern des Staatsrates, die ein hohes Richteramt im Vereinigten Königreich oder — unter Beschränkung auf fünf Personen — in den Kolonien mit Selbstverwaltung bekleiden oder bekleidet haben, und zwei anderen Mitgliedern des Staatsrats, die von der Krone als hierzu geeignet berufen werden.[2]

Entscheidungen im Oberhaus und im Judicial Committee.

Weder im Oberhause noch im Judicial Committee entspricht die Form der Urteilsfällung der sonst bei Gerichten üblichen. Die rechtskundigen Lords sprechen einer nach dem anderen zum Hause, als ob sie vor der Gesamtheit der Pairs einen Antrag erörterten, und der Prozeßvorgang wird in die Protokolle des Hauses als ein Teil seiner Verhandlungen eingetragen. Andererseits hat eine Entscheidung des Judicial Committee die Form eines Rates an die Krone über die von dieser zu treffenden Maßnahmen nebst erschöpfender Darlegung der Gründe — ein Rat, der natürlich ausnahmslos befolgt wird. Ein anderer Punkt, der gleichfalls die Art der Urteilsfällung betrifft, hat sachlich größere Bedeutung. Die in solchen Gerichten, die ihre Überlieferungen aus englischen Quellen schöpfen, herkömmliche Gewohnheit, abweichende Voten zu veröffentlichen, kann, falls die verschiedenen Meinungen im Gericht annähernd gleich vertreten sind, ungünstige Wirkungen haben. In einem solchen Falle ist die Entscheidung nicht völlig maßgebend für die Rechtsfrage, um die es sich handelt, denn wenn einige

[1] Etwa die Hälfte der vor dem Judicial Committee verhandelten Fälle kommen aus Indien.

[2] Bei Rechtsmitteln gegen die Entscheidungen kirchlicher Gerichte sind bestimmte Erzbischöfe und Bischöfe zur Teilnahme an den Sitzungen befugt, doch seit 1876 nur als Beisitzer mit beratender Stimme.

unter denjenigen Richtern, aus denen die Mehrheit sich zusammensetzt, sterben oder ihr Amt niederlegen, und andere an ihre Stelle berufen werden, kann möglicherweise dieselbe Rechtsfrage aufs neue gestellt und vielleicht anders beantwortet werden. Diese Schwierigkeit wird bei beiden britischen Gerichten letzter Instanz vermieden, wenn auch auf verschiedene Weise. Das Oberhaus hält sich jetzt selbst für unzuständig, sich mit seinen eigenen früheren Entscheidungen in Widerspruch zu setzen und dem Judicial Committee, das ein einheitliches Gesamtvotum abgibt, ist es untersagt, Verschiedenheiten in der Abstimmung oder in der Auffassung seiner Mitglieder kenntlich zu machen.[1]

Barristers und Soliciters.

Während die juristische Ausbildung bis vor kurzem sehr unsystematisch war, beruht der Ruhm des englischen Rechts als einer Schöpfung der Rechtswissenschaft auf der Art des Verfahrens, nach dem der Richter- und Rechtsanwaltsstand sich ergänzt. Wie in den meisten Ländern Europas unterscheidet man zwei Arten der Rechtsanwaltspraxis, und zwar die der Barristers und die der Solicitors oder Attorneys. Nur der Solicitor oder Attorney kommt in unmittelbare Beziehung mit den Klienten. Er genießt ihr Vertrauen als Ratgeber und Freund, setzt ihre Urkunden auf, führt für sie Geschäfte aller Art, die eine — wenn auch nur beiläufige — Beziehung zu Rechtsfragen haben, bereitet eine Streitsache bis zur Verhandlung vor und darf vor niederen Gerichtshöfen selbst verhandeln. Voraussetzung für die Zulassung als Attorney durch das Gericht ist nur eine Lehrzeit und das Bestehen einer Reihe von Prüfungen. Diese letzteren werden von der Incorporated Law Society geleitet, die aus Solicitors besteht und viel dafür getan hat, den Stand der juristischen Erziehung in diesem Beruf zu heben. Auch andere Kräfte haben in der gleichen Richtung gewirkt, denn die geschäftliche Seite der Rechtsanwaltspraxis hat wie überall so auch in England an Bedeutung gewonnen, und die großen Solicitor-Firmen haben eine so einträgliche und geachtete Stellung errungen, wie man es vor hundert Jahren kaum für möglich gehalten hätte.

Der Barrister erteilt dem Solicitor Gutachten über zweifelhafte Rechtsfragen und hat das ausschließliche Vorrecht, vor den höheren Gerichten zu verhandeln und Rechtsausführungen zu machen. Im

[1] In Frankreich verkündet das Gericht einfach den Urteilstenor nebst kurzer Darlegung der angewandten gesetzlichen Bestimmungen des Tatbestands und der sich hieraus ergebenden Schlußfolgerungen, doch ohne richterliche Meinungsäußerungen, die irgend etwas wie Rechtsausführungen oder Festlegung von Rechtsgrundsätzen enthielten und ohne Erwähnung abweichender Abstimmungen.

Gegensatz zu den Solicitors, die über das Land zerstreut wohnen, sind die Barristers hauptsächlich in London konzentriert.[1] Diejenigen, deren Praxis in Kanzleigerichtssachen besteht, halten sich fast sämtlich ständig dort auf, während die bei den Gerichten des Gemeinen Rechts tätigen Barristers sich einer der Gerichtsreisen anschließen. Barristers, die eine hervorragende Stellung einnehmen, werden zu King's Counsels (Räten des Königs) ernannt. Diese Würde berechtigt zum Tragen einer seidenen Robe und zu einer höheren Gebührentaxe, bedingt jedoch die Aufgabe der bei den jüngeren Barristers üblichen Art der Tätigkeit und erhöht daher nicht immer das Einkommen. Die Barristers sind streng aristokratisch organisiert. Sie gehören sämtlich zu einer oder der anderen der vier Inns of Court (Juristeninnungen): Inner Temple, Middle Temple, Lincoln's Inn und Gray's Inn. Jede Innung wird durch einen Vorstand geleitet, dessen Mitglieder, die sog. Benchers, sich durch Kooptation aus den leitenden oder älteren Angehörigen der Bar ergänzen. Im Besitz einer fast unkontrollierten Befugnis zur Aufnahme oder zum Ausschluß von Mitgliedern der Innungen haben die Benchers die Schlüssel des Berufs in Händen, doch verweigern sie tatsächlich dem Bewerber, der an den vorgeschriebenen gemeinsamen Mahlzeiten teilnimmt und die erforderliche, nicht übermäßig schwierige Prüfung besteht, nur sehr selten die Aufnahme. Eine Organisation dieser Art, der übrigens auch die Richter weiterhin angehören, gibt der Bar ein starkes Gefühl der Zusammengehörigkeit und befähigt sie, ihre Überlieferung zu wahren.

Der verstorbene Lord Coleridge, Oberrichter von Queen's Bench, hat einmal gesagt, die Trennung der beiden Arten des Anwaltsberufs sei besser für die Entwicklung des Rechts, während die amerikanische Sitte ihrer Vereinigung wahrscheinlich mehr im Interesse des Klienten liege. Vom Standpunkt der Durchbildung des Rechts hat das englische System zwei Vorzüge. Statt einen großen Teil ihrer Zeit auf geschäftliche Dinge zu verwenden, widmen sich diejenigen Anwälte, die die Gerichte bei der Urteilsfindung unterstützen, völlig der Erforschung der Rechtsgrundsätze und der Übung der Rechtspraxis als einer besonderen Kunst. Ferner werden sie von Solicitors, die selbst Berufsjuristen sind, ausgewählt und beauftragt und nicht von Klienten, bei denen geschäftliche Beziehungen, billige Berühmtheit oder gewinnende Umgangsformen vielleicht mehr von Einfluß sind als gründliche Rechtskenntnis.

---

[1] Indessen gibt es auch Barristers in den größten Provinzialstädten.

Richtergehälter.

Die Auswahl der Richter ist sicher nicht weniger wichtig. Sie werden aus den Barristers genommen, wie dies in den meisten modernen Gesetzen ausdrücklich vorgesehen ist. Bei den höheren Gerichten werden sie aus den leitenden Persönlichkeiten der Bar berufen. Eine Zeitlang beschränkten sich die Ernennungen überwiegend auf Anhänger der herrschenden Partei, doch trifft dies nicht mehr zu mit Ausnahme der Stellungen des Kanzlers und des Chief Justice, (Oberrichters), die noch jetzt als politische Ämter gelten.[1] Tatsächlich kann ein Barrister, sofern er entsprechend Hervorragendes in seinem Beruf leistet, auf einen Richtersitz rechnen, wenn er vielleicht auch länger hierauf warten muß, falls er der nicht regierenden Partei angehört. Es mag darauf hingewiesen werden, daß die Gehälter der Richter hoch sind, so daß das Richteramt ebenso einträglich ist wie hochangesehen. Ein erfolgreicher Anwalt ist also nicht wie in Amerika genötigt, ein schweres Geldopfer zu bringen, wenn er ein Richteramt annimmt. Das Gehalt des Kanzlers beträgt 10000 £, von denen 6000 £ als Entgelt für seine richterliche Tätigkeit im eigentlichen Sinne angesehen werden. Der Lord Oberrichter von England erhält 8000 £, die Lords of Appeal in Ordinary 6000 £, die Richter des Obergerichts und des Appellationsgerichts 5000 £, der Recorder der City von London 4000 £ und selbst die Richter der Grafschaftsgerichte erhalten jeder 1500 £, ein Gehalt, das höher ist als das der mit Gerichtsreisen beauftragten Richter und Distriktsrichter bei den Gerichten der Vereinigten Staaten, deren Zuständigkeit der des englischen Obergerichts entspricht.

[1] Da der Kanzler Mitglied des Kabinetts ist, muß er natürlich mit dem Ministerium wechseln.

Einundsechzigstes Kapitel.

Der englische Rechtsbegriff.

Einfluß des Rechts in der englischen Geschichte.

Während des ganzen Verlaufs der englischen Geschichte hat das Recht eine ungewöhnlich hervorragende Rolle gespielt. Nachdem England — zuerst von den modernen Staaten — aus der Verwirrung des frühen Mittelalters sich erhoben hatte, bildete es sich zur Nation aus in einer Zeit, in der eine dem Recht zugewandte Gedankenrichtung herrschend war. In dieser Zeit wurde der Grund zu den englischen Staatseinrichtungen gelegt und diese nahmen mehr und mehr rechtliche Form an. Hierin scheint die wahre Bedeutung der Magna Carta gelegen zu haben, „denn kurz gesagt, hatte sie den Sinn, daß der König unter dem Recht steht und stehen soll" (aus Pollock und Maitland „History of English Law 1. Aufl. I 152). Die Magna Carta ist denn auch als der Wendepunkt der Entwicklung von dem Lehnsstaat, wie er in Nordwesteuropa allgemein verbreitet war, zu der England eigentümlichen beschränkten Monarchie betrachtet worden, und obwohl sie nicht das einzige Beispiel einer derartigen Urkunde im Mittelalter bildet, folgte ihr doch in England — was in keinem anderen Lande der Fall war — der Aufbau eines Rechtssystems, das die königliche Gewalt dauernd einschränkte. König und Parlament gaben ihren Willen in förmlichen Gesetzen (statutes) kund, die von den staatlichen Gerichten zugleich mit dem aus ihren eigenen Entscheidungen entwickelten Gemeinen Rechte erklärt und durchgesetzt wurden. Ferner wurde die persönliche Freiheit auf Rechtssätze begründet und zwar größtenteils nicht auf Privilegien einzelner Stände und Ortschaften, sondern auf allgemein anwendbare, unter dem Schutz der Gerichte stehende Prinzipien. Das gesamte öffentliche Leben zeigte daher eine dem Recht zugewandte Richtung, die so stark ausgeprägt war, daß sie auch dann keineswegs völlig verschwand, als die Umwandlung der Lebensbedingungen des Mittelalters in die der neueren Zeit die Herrscherhand einer starken Regierung forderte. Sie blieb in England bestehen, während die anderen Staaten Europas eine Zeit autokratischen Regiments durchlebten, und als die Kämpfe des 17. Jahrhunderts vorüber waren, gewann sie aufs neue ihre Macht über die Seele des Volks. Bei dem Bestreben, politische Ansprüche zu rechtfertigen, suchte man mehr nach Präzedenzfällen als nach abstrakten Prinzipien, und das Recht erhielt wieder seinen Platz als Eckstein englischen öffentlichen Lebens. Ungefähr zwei Jahrhunderte seit dieser Zeit hat sich zwar das politische System der Nation in der Form außergesetzlicher Sitte, statt durch Gesetzgebung fortentwickelt, doch hat dies, wie in der Einleitung zu der Darstellung der Verfassung bereits ausgeführt worden ist, nicht im geringsten die Genauigkeit beeinträchtigt, mit der das Recht durchgesetzt wird und die rechtlichen Formvorschriften beachtet werden.

Englisches Recht in Amerika.

Bemerkenswerterweise konnte sich die politische Entwicklung Amerikas von der Englands etwa zu Beginn des 18. Jahrhunderts, beinahe zwei Menschenalter vor der Erhebung der amerikanischen Kolonien gegen das Mutterland, also in einer Zeit, in der die dem Recht zugewandte Gedankenrichtung den Höhepunkt ihrer Entwicklung erreicht hatte. Die amerikanischen Staatseinrichtungen weisen daher jetzt noch in manchen Punkten eine Ähnlichkeit mit den englischen zur Zeit des Todes der Königin Anna auf, nicht zum wenigsten hinsichtlich der Macht der Rechtsüberlieferung, die bei ihrer Übertragung auf die neue Welt eher gekräftigt als abgeschwächt wurde. Die späteren Änderungen der britischen Verfassung wurden jenseits des atlantischen Ozeans nicht nachgeahmt, zweifellos hauptsächlich deshalb, weil sie sich in der Form der Sitte nicht in der des Gesetzes vollzogen und daher nicht leicht zu beobachten waren. Blackstones Kommentar wurde freilich in Amerika eifrig gelesen, doch seine politischen Ideen beruhten auf streng juristischer Auffassung und blieben weit hinter den tatsächlichen Verhältnissen seiner eigenen Zeit zurück. Es ist eine bemerkenswerte Tatsache, daß die Vereinigten Staaten in sehr viel engerer Beziehung zu der juristischen als zu der politischen Gedankenwelt des Mutterlandes geblieben sind. Englische Gerichtsentscheidungen sind an amerikanischen Gerichten stets als maßgebend angeführt worden, während Parlamentsbeschlüsse sehr viel weniger häufig und politische Sitten wohl überhaupt niemals nachgeahmt worden sind. Heute sind die politischen Einrichtungen der beiden Länder sehr verschieden, doch ihr rechtswissenschaftliches System und ihr Rechtsbegriff ist in der Hauptsache der gleiche.

Einfluß der Juristen im öffentlichen Leben.

Die politische Bedeutung des Rechts und die Stellung der Bar im Gemeinwesen hat den großen Einfluß von Juristen im öffentlichen Leben Englands wie Amerikas zur Folge gehabt. Sie sind keine Schönredner, die bei sensationellen Strafprozessen den Beifall der Menge erworben haben, wie sie sich manchmal in den Parlamenten des europäischen Festlandes finden, sondern haben sich meist durch gründliche Beherrschung ihres Berufs ausgezeichnet. In England wie in den Vereinigten Staaten stehen ihnen seit lange die höchsten Stellen offen und einige von ihnen sind stets in den Adel (nobility) erhoben worden, denn der Lord Kanzler und der Lord Oberrichter werden regelmäßig zu erblichen Pairs ernannt. So haben Juristen einen bedeutenden Einfluß auf die Entwicklung des öffentlichen Lebens ausgeübt und zwar — wie sich feststellen läßt — im ganzen als ein konservatives Element. Wenigstens hat ihre Mitarbeit in der Richtung einer gemäßigten und folgerechten Politik gewirkt. Die Beziehung des Rechts und der Juristen zur Politik steht in enger Verbindung mit einem Grundsatz der englischen Rechtswissenschaft, der mit dem ganzen politischen System verwoben ist.

Die Gerichte und der englische Rechtsbegriff.

Die geschichtliche Stellung der königlichen Gerichte hat eine einschneidende Wirkung auf den Begriff des Rechts in England gehabt und dieser hat seinerseits wieder den Gang der Gesetzgebung und die Stellung der Gerichte selbst beeinflußt. Für jeden Angehörigen eines englisch sprechenden Volkes — gleichgültig, ob er Jurist ist oder nicht — bedeutet Recht die Gesamtheit von Vorschriften, die durch die Gerichte erzwungen werden. Hierbei ist es unerheblich, ob die Tätigkeit der Gerichte als Schaffung oder als Feststellung des Rechts aufgefaßt wird, denn es handelt sich nicht um die Quelle oder den Ursprung, sondern einfach um das Kriterium des Rechts. Worauf es ankommt, ist der Umstand, daß das, was die Geriche anerkennen und erzwingen, Recht ist, und das, dessen Anerkennung sie ablehnen, nicht. Eine solche Begriffsbestimmung des Rechts wird gewöhnlich als ein Axiom[1] angesehen, und doch ist

[1] In seinem Werke über Verfassungsrecht (Law of the Constitution) sagt z. B. Professor Dicey bei der Darstellung des Unterschiedes zwischen dem Recht und den Konventionalregeln der Verfassung:

„Die eine Art von Vorschriften sind im strengsten Sinne Rechtssätze, die . . . von den Gerichten erzwungen werden.

„Die andere Art von Vorschriften besteht aus Konventionalregeln, Veres weder allgemein in sämtlichen Ländern anerkannt, noch ist es selbst in England stets anwendbar gewesen. Es darf daher vielleicht ganz kurz in seiner geschichtlichen Entwicklung, seinen philosophischen Ergebnissen und seinen praktischen Wirkungen erörtert werden.

Geschichtliche Entwicklung.

Die Vorstellung, daß das englische Recht eine Gesamtheit von Vorschriften sei, die durch die Gerichte erzwungen werden, läßt sich bis auf die zentralisierende Herrschaft der normannischen Könige und der Plantagenets zurückführen, die dem Volke hauptsächlich durch ihre Hofgerichte und ihre das Land bereisenden Richter auferlegt wurde. Diese verdrängten die örtlichen und lehnsrechtlichen Gerichte und schufen den Begriff eines nach feststehenden Grundsätzen von ordentlichen, ständigen Gerichten geübten gemeinen Rechts für das ganze Reich.

Die Königliche Rechtsprechung der Frühzeit.

Aber es währte lange Zeit, bis das Bewußtsein erwachte, daß das Recht auf diese Weise geübt werden müsse, und daß es kein Recht geben könne außerhalb dessen, das durch die ordentlichen Gerichte erzwungen werde. Die Krone war immer noch der Born der Gerechtigkeit und diese Quelle war nicht versiegt. An die

---

einbarungen, Gewohnheiten und Gebräuchen, die zwar das Verhalten der verschiedenen Faktoren der höchsten Gewalt, des Ministeriums oder anderer Beamten regeln mögen, jedoch in Wirklichkeit überhaupt keine Rechtssätze sind, da sie von den Gerichten nicht erzwungen werden."

In diesem Werk legt Professor Dicey ein Prinzip des englischen Staatsrechts dar, das dem Verfasser grundlegender zu sein scheint als selbst die Zusammensetzung der gesetzgebenden Gewalt und ihre Beziehung zur vollziehenden Gewalt.

In ausgezeichnet klarer Weise tritt die Verschiedenheit der Fassung des Rechtsbegriffs durch die englischen und die deutschen Juristen in der Kritik hervor, die Professor Hatschek in seinem kürzlich erschienenen „Englischen Staatsrecht" (Bd. I S. 546 Anm. 1) an dieser Ausführung des Diceyschen Werkes übt. Selbst wenn es richtig wäre — führt Hatschek aus —, daß eine Konventionalregel kein Rechtssatz ist, da sie nicht durch die Gerichte anerkannt wird, ist etwa das Unterhaus kein Gericht (Court)? Er folgert weiter, daß die Konventionalregeln der Verfassung Rechtssätze seien, weil, wie Professor Dicey hervorhebe, ihre Verletzung schließlich zum Bruch wichtiger Rechtssätze führe und weil eine solche Sanktion eine wirkliche Rechtssanktion sei. Ferner behauptet er, daß viele Konventionalregeln Rechtssätze im strengen Sinne seien, weil ihre Nichtbeachtung einen Konflikt mit dem parlamentarischen Verfahren zur Folge haben würde, das er als Gewohnheitsrecht ansieht. Endlich zieht er die Schlußfolgerung (S. 557), daß die parlamentarische Exekution — mit anderen Worten die Ministerverantwortlichkeit — ein Rechtsinstitut sei, da durch Nichtbefolgung ihrer Grundsätze Rechtssätze verletzt oder überflüssig gemacht werden würden.

Krone und in der Frühzeit auch an das Parlament wurden Beschwerden wegen Rechtsverletzungen gerichtet, gegen welche die Gerichte nicht einschritten, und in solchen Fällen konnte in Übereinstimmung mit den allgemeinen Grundsätzen der Gerechtigkeit Abhilfe gewährt werden. Beschwerden an die Krone in Zivilsachen wurden allmählich gewohnheitsmäßig dem Kanzler überwiesen, der bei ihrer Entscheidung die Regeln der Billigkeit entwickelte. Ferner erwuchsen Strafgerichte aus der Gerichtsbarkeit, die der Krone im Staatsrat (Crown in Council) vorbehalten blieb. Hierher gehören die Sternkammer (Star Chamber) und der Court of High Commission, doch unter den ersten Stuarts wurden diese Behörden in solchem Maße zu politischen und kirchlichen Zwecken verwendet, daß sie sämtliche außerordentlichen Gerichte in Verruf brachten und hierdurch einen weiteren Schritt in der Entwicklung des englischen Rechtsbegriffs herbeiführten.

Abschaffung der außerordentlichen Gerichte.

Die Lehre, daß es kein Recht gebe außer dem, das von den ordentlichen Gerichten erzwungen werde, war das Ergebnis des Kampfes, der die erste Hälfte des 17. Jahrhunderts erfüllte. Es handelt sich hierbei um ein Ringen auf Leben und Tod zwischen dem römischen Recht und dem englischen Gemeinen Recht, denn die außerordentlichen Gerichte waren stark von den Grundsätzen des römischen Rechts beeinflußt. Der Kampf begann mit einem Konflikt über die Zuständigkeit der Gerichte des gemeinen Rechts, writs of prohibition zur Einschränkung der Tätigkeit der außerordentlichen Gerichte zu erlassen, wobei Coke der große Vorkämpfer der ersteren war, und erreichte seinen Höhepunkt in dem Gesetz von 1640, das die Sternkammer und die anderen Gerichte mit ähnlichen Befugnissen abschaffte, und dem Staatsrat und seinen Mitgliedern untersagte, in englischen Zivilprozessen Recht zu sprechen. Diese Bewegung räumte mit allen Gerichten auf, die nicht eine feste Stellung als ordentliche Gerichte erlangt hatten. Selbst der Court of Requests, den der Volksmund den Gerichtshof des armen Mannes nannte, verschwand in den Stürmen der Zeit.

Fortdauer des Billigkeitsrechts.

Das Kanzlergericht mit seinen wohlbegründeten Prinzipien war fester gewurzelt. Es entsprach einem tatsächlichen Bedürfnis und blieb trotz heftiger Angriffe bestehen, doch noch lange Zeit nachher galt es bis zu einem gewissen Grade als eine Einrichtung außerordentlicher Art, denn während die Krone Gerichtshöfe des gemeinen Rechts in den Kolonien einsetzen konnte, war die Justizverwaltung — wenigstens bis 1827 — im Zweifel, ob die Krone ohne gesetzliche Ermächtigung dort Gerichte nach Billigkeitsrecht berufen dürfe. In England hat das Kanzlergericht seine Stellung als ordentliches Gericht behauptet mit der Wirkung, daß die Lehren des Billigkeitsrechts zu einem wesentlichen Teil der englischen Rechtswissenschaft geworden sind.

Festlegung des Grundsatzes.

Seit der Zeit der Restauration kann der Grundsatz, daß das Recht eine Gesamtheit von Vorschriften sei, die von den ordentlichen Gerichten erzwungen werden, als endgültig festgestellt gelten. Zwar wurde eine Zeitlang die Inanspruchnahme außerordentlicher Gerichte durch den Versuch ersetzt, die ordentlichen Gerichte als Werkzeuge für politische Zwecke zu benutzen. Dieser Versuch wurde jedoch durch verschiedene Maßnahmen durchkreuzt. Eine von ihnen war die Strafklage (penal action) nach der Habeas Corpus Act von 1679, die willkürlicher Verhaftung wirksam vorbeugte, eine weitere die Vorschrift der Act of Settlement, auf Grund deren den Richtern ihr Amt „auf so lange als sie sich dessen würdig zeigten“ verliehen und dadurch ihre Unabhängigkeit gegen politische Beeinflussung gesichert wurde. Späterhin verminderte die Ausbildung der Gesetzestechnik und die Zunahme des Verständnisses zwischen Krone und Parlament die Versuchung für die Regierung, Gerichte als Werkzeuge für politische oder soziale Zwecke zu benutzen. Falls eine Beschwerde sich ergab, eine Änderung nötig erschien, ein Hindernis der Entwicklung im Wege lag, konnte das gewünschte Ergebnis leicht durch ein Gesetz erreicht werden, das von den Gerichten sofort als ein Teil des im Staate gültigen Rechts erzwungen wurde. So gedieh im 18. Jahrhundert der Grundsatz, daß als Gesetz gilt, was die Gerichte erzwingen, ohne Störung und kam zur vollen Reife.

Philosophische Ergebnisse.

Der in der Praxis geltende Satz, daß das Kennzeichen des Rechts in der Anerkennung durch die Gerichte liegt, hat der englischen Rechtsphilosophie ihren Charakter gegeben. Er hat den Begriff des Rechts auf positives, erzwingbares Recht, auf einen fest umschriebenen Kreis durch sichtbare Autoritäten gehandhabter Vorschriften beschränkt. Diese Theorie, die durch Hobbes klar aufgestellt ist, erhielt ihre erschöpfende systematische Durchbildung durch Austin, und während seine Lehre, daß die einzige Quelle des Rechts der Befehl einer bestimmten politischen Autorität, verbunden mit einer Sanktion sei, fast allgemein aufgegeben ist, hat seine scharfe Unterscheidung zwischen dem, was tatsächlich Recht ist und dem, was Recht sein sollte, unwiderlegt Geltung behalten. Das letztere definiert er nicht als Recht, sondern als bloße positive Moral. Eine solche Unterscheidung steht im Widerspruch zu den Vorstellungen auf dem Festland, vor allem zu der Naturrechtstheorie, wie sie deutsche Juristen gelehrt haben. Ein im englischen gemeinen Recht ausgebildeter Jurist hat Mühe, diese Theorie zu verstehen, sie scheint ihm das, was ist und das, was sein soll, Recht und Ethik, Tatsachen und Postulate, Wirkliches und nur Vorgestelltes zu vermengen. Bisweilen zerbricht er sich den Kopf darüber, ob das Völkerrecht, das die Maßnahmen souveräner Staaten regelt — auch soweit es durch Verträge und die allgemeine Beachtung der zivilisierten Staaten festgelegt ist —, wirklich als Recht im strengen Sinne aufzufassen sei, da es ja an einem Gericht fehle, das die Macht habe, es zu erzwingen. Andererseits erscheint einem festländischen Juristen die englische Auffassung eng. Sie setzt an die Stelle einer wissenschaftlichen Rechtsforschung das Studium der menschlichen Gesetzgebung. Sie begrenzt das Recht auf das Gebiet der Philosophie des positiven Rechts unter Ausschluß der weiterreichenden Rechtsphilosophie und läßt den Sinn für Gerechtigkeit außer acht, die, wie jeder zugeben muß, nicht immer mit den tatsächlichen Vorschriften des Rechts zusammenfällt.[1]

Das Naturrecht in Rom.

Die Lehre des Naturrechts hat eine lange und wechselvolle Geschichte von der alten Welt durch das Mittelalter hindurch bis hinab zu der Neuzeit. Bei den römischen Juristen, die, wie die englischen, auf das Praktische gerichtet waren, wurde das Naturrecht eng verbunden mit dem ius gentium, das als ein Teil des allen Völkern gemeinsamen positiven Rechts aufgefaßt wurde. Als solches konnte es erzwungen werden und es wurde auch praktisch auf die Prozesse von Personen angewandt, die den Gesetzen Roms nicht unterstanden.

In Deutschland.

Für die Philosophen und Juristen in den Ländern, die das römische Recht aufgenommen haben, besonders in Deutschland, war die Bedeutung des Naturrechts mehr kompliziert. Sie erblickten in ihm ein rechtswissenschaftliches System, das durch Vernunftschlüsse unmittelbar aus der Natur des Menschen abzuleiten sei und das außerhalb des positiven Rechts und ganz unabhängig von ihm bestehe.

---

[1] In seinem kürzlich erschienenen „Englischen Staatsrecht“ Bd. I S. 13 spricht Professor HATSCHECK von einer bis zum heutigen Tage unüberbrückten Kluft in England zwischen Politik und Rechtsphilosophie auf der einen und Recht auf der anderen Seite und fügt hinzu, daß festländische Betrachter den großen Fehler gemacht haben, anzunehmen, daß Staatsphilosophen wie Hobbes, Locke usw. englisches Staatsrecht geben wollten. Indem er die Sache vom deutschen Standpunkt aus beurteilt, behauptet er (S. 10), daß England, weil es das römische Recht nicht rezipiert und sein Studium an den Universitäten nicht entwickelt habe, niemals ein wirkliches System des Staatsrechts besessen habe.

Es war ein philosophisches Rechtsschema, eine Gesamtheit von Prinzipien, die eigentlich in Geltung sein sollten, es aber nicht notwendig zu sein brauchten. Nach dem 17. Jahrhundert wurde das Naturrecht sorgfältig von der Moral oder Ethik unterschieden. Man nahm an, daß die letztere Lebensregeln enthalte, die den einzelnen im Gewissen verpflichteten, jedoch für niemanden Rechte begründeten und durch die Staatsgewalt nicht zum Gegenstand zwingender Vorschriften gemacht werden durften. Doch andererseits tritt der Unterschied zwischen Ethik und positivem Recht nicht immer klar hervor. Bisweilen wird positives Recht als die Form definiert, die das Recht augenblicklich gerade habe. Doch dies ist zu unbestimmt. Wenn das deutsche Wort „Recht", dem kein englischer Ausdruck völlig entspricht, im Englischen mit „justice" — wörtlich Gerechtigkeit — wiedergegeben wird, so ist zu beachten, daß die Gerechtigkeit, wie oft bemerkt worden ist, keine Schöpfung des positiven Rechts ist, daß vielmehr das letztere seine Macht der ihm innewohnenden Gerechtigkeit verdankt. Indessen fallen positives Recht und Gerechtigkeit nicht stets zusammen und mit Rücksicht auf diesen Umstand, der gerade eine der Ursachen für das Studium des Naturrechts gewesen ist, erscheint es von Interesse, festzustellen, welche Wirkung das positive Recht in einem solchen Falle hat. Die Antwort hierauf ist nicht zu allen Zeiten die gleiche gewesen, es hat vielmehr hierin eine allmähliche Entwicklung stattgefunden, die nicht außer Beziehung zu der Bildung straff zentralisierter Staatsgewalten in Deutschland steht.

Im späteren Mittelalter galt das Naturrecht nicht nur als die Grundlage, auf der der Staat beruhe, sondern auch als die Quelle subjektiver Rechte, die bis zu einem gewissen Grade auch gegenüber dem vom Landesherrn gesetzten positiven Recht wirksam seien. Als die deutschen Verhältnisse durch die Rezeption des römischen Rechts und die Umwälzungen des Dreißigjährigen Krieges ein ganz verändertes Aussehen gewonnen hatten, blieb der Begriff des Naturrechts als einer ewigen und unabänderlichen Norm zwar bestehen, die Vorstellung seiner Beziehung zum positiven Recht indessen verwandelte sich langsam. Trotz der Abneigung, irgendeine Gewalt im Staate als völlig willkürlich in der Ausübung ihrer Befugnisse anzuerkennen, sah man mehr und mehr die durch das Naturrecht bedingten Beschränkungen als wirkungslos an, falls sie mit dem Willen des Souveräns im Widerspruch standen, bis schließlich ein allgemeines Einverständnis dahin erzielt wurde, daß dem Befehl des Souveräns in allen Fällen Gehorsam zu leisten sei. Dennoch galten subjektive Rechte, die aus dem Naturrecht hergeleitet wurden, als Rechte im eigentlichen Sinne, jedoch mit der Maßgabe, daß sie nur insoweit erzwingbar seien, als der Staat geneigt sei, sie durchzusetzen.

Recht und Gerechtigkeit.

Nun enthält für den Angehörigen eines Volkes angelsächsischer Abstammung der Begriff eines nicht erzwingbaren subjektiven Rechts einen Widerspruch in sich. Und doch muß zugegeben werden, daß ein Rechtssatz der Gerechtigkeit, und daß eine Handluug zwar der Moral, aber nicht der Gerechtigkeit widersprechen kann, daß also kurz gesagt die Gerechtigkeit sich weder mit der Moral noch mit dem positiven Recht völlig deckt. Von diesem Standpunkt aus hat eine Analyse des Begriffs der Gerechtigkeit zweifellos Wert, doch scheint sie für einen im englischen gemeinen Recht ausgebildeten Juristen mehr auf dem Gebiet der Philosophie als auf dem der Rechtswissenschaft zu liegen. Ein Versuch, aus diesem Begriff bestimmte Rechtsgrundsätze herzuleiten, hat denn auch seine großen Schwierigkeiten. Die Meinung darüber, was in jedem tatsächlich zur Entscheidung gelangenden Prozeß der Gerechtigkeit entspreche, hängt in hohem Grade von den positiven Rechtsvorschriften ab, die für die dem Prozeß zugrunde liegenden Vorgänge maßgebend sind, und daher führt der Versuch, ein Naturrechtssystem bis in die Einzelheiten auszubauen, leicht entweder zu einer ziemlich durchsichtigen Rechtfertigung bestehender Rechtsinstitute oder zu phantastischen Deduktionen. Deshalb sind Abhandlungen dieser Art für den Juristen eine unfruchtbare Lektüre. Erfolgreicher können solche Untersuchungen sein, wenn sie sich auf ein Gebiet beziehen, für das kein positives Recht besteht, und hierin hat das Naturrecht der Menschheit seinen wichtigsten Dienst geleistet — die Schöpfung des modernen Völkerrechts durch Hugo Grotius und seine Nachfolger. Vielleicht beruht die Entwicklung des deutschen Verwaltungsrechts auf einem ähnlichen Vorgange.

Das Naturrecht in England.

Die Idee eines Naturrechts ist in England weder unbekannt noch einflußlos gewesen, obwohl man ihm gewöhnlich andere Namen gegeben hat. Es galt jedoch nicht als eine Gesamtheit von Prinzipien, die von den Juristen abseits von dem positiven Recht zu finden seien, sondern als ein allgemeines Rechtsempfinden des Gerichts, das dieses bei der Entscheidung zweifelhafter Fälle leiten solle. Durch den Gebrauch von Ausdrücken wie malum in se und malum prohibitum würde der Unterschied zwischen einer Handlung, die ihrer Natur nach rechtswidrig und einer solchen, die willkürlich durch Gesetz dazu erklärt sei, deutlich anerkannt. Die natürliche

Gerechtigkeit war nicht verschieden von der Gerechtigkeit, die durch die Gerichte ausgeübt wurde. Im Gegenteil, das Recht, das sich in Westminster bildete, wurde als das Ergebnis der Vernunft, wenn auch — wie Coke zu Jakob I sagte — einer einigermaßen erkünstelten Vernunft, angesehen. Unter dem Namen des Menschenrechts und der Vernunft galt die natürliche Gerechtigkeit als im gemeinen Recht verkörpert, während die Kanzler in ihr unter dem Namen Billigkeit und guter Sitte die wahre Grundlage ihrer Prinzipien zu sehen glaubten.

Seine Beziehung zu den Gesetzen.

Gesetzesrecht ließ sich offenbar nicht auf den gleichen Ursprung zurückführen, und die Gerichte machten daher eine Zeitlang weitschweifige Ausführungen über ihre Befugnisse, Parlamentsbeschlüsse außer acht zu lassen, falls sie der natürlichen Billigkeit, den Menschenrechten und der Vernunft entgegenständen, denn — wie Hobart 1615 sagt — „jura naturae sunt immutabilia" und sie sind „leges legum". Die im Mittelalter häufig aufgestellte Lehre, daß ein Rechtssatz nichtig sei, falls er dem Naturrecht widerspreche, erhielt für England ihre philosophische Form durch Locke und findet selbst bei Blackstone einen entfernten Widerhall. Gegen Beginn des 18. Jahrhunderts verschwand diese Lehre jedoch mit dem Anwachsen der parlamentarischen Allgewalt aus den Gerichten. Doch dies war gerade der Moment, in dem die politische Gedankenrichtung der amerikanischen Kolonien von der des Mutterlandes sich abzweigte, und diese Lehre trug nicht nur indirekt zu der Entwicklung des Verfassungsrechts in den Vereinigten Staaten bei, sondern ist gelegentlich sogar ausdrücklich von amerikanischen Richtern wiederholt worden.

Erhebung des Naturrechts zum Gesetz.

Obwohl die englischen Gerichte aufgehört haben, längere Erörterungen über Naturrecht — mit welchem Namen man es auch bezeichnen mag — anzustellen, ist erstaunlicherweise die Vorstellung, daß es als positives Recht erzwungen werde oder werden könne, nicht völlig verschwunden, denn wir finden Anweisungen an Gerichte der britischen Dependenzen, in Ermangelung positiven Rechts die Grundsätze der Gerechtigkeit, Billigkeit und guten Sitte anzuwenden oder auch einheimisches und sonstiges Recht, falls es der natürlichen Gerechtigkeit nicht widerspreche. Doch bedeutet hier wie überall im englischen Rechtsleben natürliche Gerechtigkeit keine Gesamtheit abstrakter Prinzipien, sondern praktische Grundsätze, die durch das Gericht bei der Entscheidung vorliegender Prozesse anzuwenden sind.

Kurze Darstellung der Beziehung zwischen Naturrecht und positivem Recht in Deutschland.

Die Geschichte der Naturrechtslehre kann von diesem Standpunkt aus kaum besser skizziert werden als durch einen Auszug aus dem, was Gierke in seinem Buch über Althusius darüber gesagt hat.[1] Als das Mittelalter theoretisch zu denken begann — so führt er aus —, erwies sich der altgermanische Begriff des Rechts-Staates, der nur auf Grund des Rechts und durch das Recht besteht, als nicht mehr ausreichend, und es wurde allgemein die Idee angenommen, daß der Staat das Recht geschaffen habe. Dennoch blieb die mittelalterliche Doktrin stets bei der Überzeugung von der dem Recht innewohnenden ursprünglichen Kraft, auf der der Staat selbst beruhe. Dem Widerspruch zwischen der Hervorbringung des Rechts durch den Staat und des Staats durch das Recht begegnete man dadurch, daß man ein positives und ein natürliches Recht unterschied. Es wurde ausführlich über das Wesen der Souveränität im Staate gestritten, dagegen bestand allgemeine Übereinstimmung darüber, daß die Souveränität nicht durch die Bestimmungen des positiven Rechts beschränkt werde, da der Souverän dieses Recht geschaffen habe und es daher auch abändern könne. Auf der anderen Seite stand das Naturrecht außer und über dem Staate und jeder anderen irdischen Gewalt und war ein wahres und vollkommen bindendes Recht. Es konnte durch das positive Recht erweitert und abgeändert, aber nicht aufgehoben werden. So waren durch das Naturrecht der Gewalt des Souveräns Schranken gezogen, aber es bestand eine Meinungsverschiedenheit darüber, welche Wirkung ihre Durchbrechung habe. Die ältere, nie ganz aufgegebene Meinung, sah Handlungen, die diese Schranken durchbrachen, als nichtig und für niemanden bindend an. Mit der Entwicklung des Begriffs des Souveräns kam dagegen die Lehre auf, daß dieser formell allmächtig auf dem Gebiet des Rechts sei, daß daher seine Befehle nach außenhin bindend seien und ihnen höchstens passiver Widerstand entgegengesetzt werden dürfe. Praktisch hatte hiernach die Einschränkung seiner Gewalt nur die Bedeutung einer Berufung auf seinen Gerechtigkeitssinn, trotzdem galt sie als rechtliche und nicht nur als moralische Beschränkung. Wer auf sie gestützt dem Herrscher ungehorsam war und die Folgen auf sich nahm, galt als in Aus-

[1] „Johannes Althusius und die Entwicklung der naturrechtlichen Staatstheorien" 2. Aufl. S. 264—320.

übung seiner rechtlichen Pflicht handelnd. Die Entwicklung der Rechtslehre nach dem 16. Jahrhundert verfolgte die gleiche Richtung. Die Unterscheidung zwischen positivem Recht und Naturrecht blieb bestehen und es wurde mehr und mehr die Meinung herrschend, daß der Wille des Souveräns die wahre Quelle des positiven Rechtes sei. Doch sein Wille galt als gebunden durch die Vorschriften des Naturrechts und man bemühte sich, den Begriff einer „potestas legibus soluta" zu vermeiden. Viele feine Unterscheidungen wurden erdacht, viele Theorien ausgebildet. Doch dies interessiert hier nicht. Es genügt darauf hinzuweisen, daß nach dem 16. Jahrhundert der Hauptpunkt der Naturrechtslehre die Stellung dieses Rechts als Grundlage, Ziel und Schranke des Staates war. Wie im späteren Mittelalter galt das Naturrecht als die Rechtsgrundlage jeder politischen Macht, äußerlich bindend, jeder irdischen Gewalt zeitlich vorangehend und für sie unabänderlich. Es bildete immer noch eine Schranke für den Souverän, denn der Satz „potestas legibus soluta" bezog sich nur auf das positive Recht, und obwohl mehr und mehr die Auffassung durchdrang, daß das Naturrecht nur eine „vis directiva" und keine „vis coactiva" habe und also nur auf das Gewissen des Herrschers wirke, so galt dennoch die Beschränkung wenn auch nicht für politisch erzwingbar doch als ausgesprochen rechtlicher Natur. In Übereinstimmung mit dieser Meinung wurden aus dem Naturrecht hergeleitete subjektive Rechte von den deutschen Schriftstellern fast allgemein als Rechte im eigentlichen Sinne angesehen. In England verwarf zwar Hobbes den Gedanken, daß das Naturrecht unmittelbar die Grundlage subjektiver Rechte bilde, doch er hatte auf dem Festland wenig Schüler. Seine Ideen fanden dort allgemeinen Widerspruch und Puffendorf, einer der großen Führer der deutschen Rechtswissenschaft, bekämpfte seine Theorie und trat für den Rechtscharakter des Naturrechts und seine bindende Kraft für den Souverän ein. Puffendorf gab jedoch zu, daß es ein unvollkommenes Recht sei und daß es zu seiner tatsächlichen Durchführung der Sanktion des Souveräns bedürfe, dem er nur eine „obligatio imperfecta" auferlege. Thomasius vertrat die gleiche Auffassung, obwohl er als erster scharf zwischen Naturrecht einerseits und Moral und Politik andererseits unterschied und seine Meinung wurde im allgemeinen von seinen Landsleuten angenommen.

Gegen Ende des 18. Jahrhunderts erlangten zwei Strömungen Bedeutung. Die eine suchte aus der reinen Vernunft ein allumfassendes Rechtssystem zu entwickeln. Die andere betrachtete den Staatszweck als begrenzt auf die Verwirklichung eines solchen

Rechtssystems und beschränkte somit die Tätigkeit des Staates ausschließlich auf rechtliche Zwecke. Kant führte diese beiden Richtungen bis zum Gipfel. Er gab die Einteilung des Rechts in Naturrecht und positives Recht auf und erkannte nur ein einziges Vernunftrecht an, das für den Staat unabänderlich sei. Doch wie seine Vorläufer erklärte auch er, daß dieses Recht nur durch einen Staatsakt, d. h. durch freie Gesetzgebung wirksam werde und er bestritt die Möglichkeit jeder äußeren Garantie gegen unangemessenen Gebrauch der Staatsgewalt.

Diese kurze Skizze darf ich vielleicht durch Beispiele aus zwei oder drei Führern der deutschen Rechtslehre auf diesem Gebiet ergänzen. Puffendorf, dessen Werk „de jure naturae" 1672 veröffentlicht wurde, definiert das Recht im gewöhnlichen Sinne als den Befehl des Souveräns und das Naturrecht als göttlichen Befehl, der durch die menschliche Vernunft und durch Offenbarung erkannt werden könne. In dem größeren Teil eines umfangreichen Bandes behandelt er die verschiedenen Arten subjektiver Rechte vom Standpunkte des Naturrechts aus, wobei er häufig sehr ins einzelne geht, wie z. B. bei der Erörterung der Verträge, der Ehe und der Übertragung und Verpachtung von Eigentum. Am Schluß seines Werkes behandelt er die Beschaffenheit und Verfassung der bürgerlichen Gesellschaften oder Staaten. Wie andere Schriftsteller seiner Zeit sieht er ihr Wesen in einem Sozialvertrage und findet in jedem Staat eine höchste Gewalt, die von niemandem zur Rechenschaft gezogen werden könne und über allen menschlichen Gesetzen stehe. Vorsichtig prüfend und unter Vermeidung eines logischen Dilemma, als ob er nicht gern den Grundsatz klar darlegen wollte, berührt Puffendorf die Frage nach dem Widerstand gegen die Befehle eines Souveräns. Ein Untertan, so führt er aus, hat Rechte und kann daher von dem Souverän in ihnen verletzt werden, doch selbst wenn er mit dem schwersten Übel bedroht wird, ist es richtiger für ihn, zu fliehen als Widerstand zu leisten. Wenn ein Fürst eine Handlung befiehlt, die nicht ohne Schuld erfolgen kann — sagt Puffendorf weiter —, so hat er sich selbst zu einem Staatsfeind gemacht, und die Verpflichtung zum Gehorsam muß als von ihm aufgehoben gelten. Doch soll in solchem Falle der Untertan sich der Gefahr durch die Flucht entziehen, und falls er nicht entrinnen kann, sich lieber töten lassen, als selbst töten. An der Stelle, an der die unmittelbare Beziehung zwischen Naturrecht und positivem Recht behandelt wird, vermeidet Puffendorf den Streitpunkt noch mehr. Im Gegensatz zu Hobbes — die deutschen Rechtsphilosophen dieser Periode verwendeten einen großen Teil ihrer Energie auf die Widerlegung von Hobbes —, vertritt er die Ansicht, daß die Feststellung, welche Handlungen Vergehen seien, nicht der Willkür der staatlichen Gesetze überlassen sei, und daß Gerechtigkeit und Ungerechtigkeit früher bestanden hätten als die Staatsgewalten. Die Naturrechte, so behauptet er, sind allgemein anwendbar, doch die Staatsgewalt gibt ihnen die Wirksamkeit bindender Vorschriften für die Gerichte und bestimmt, welche Vergehen strafbar sind. Er räumt daher die Möglichkeit ein, daß ein staatliches Gesetz im Widerspruch mit dem Naturrecht erlassen werde, fügt jedoch hinzu, daß niemand, der im Besitz gesunden Verstandes sei, jemals daran denken werde, ein solches Gesetz zu erlassen, falls er nicht das ganze Gemeinwesen umstürzen und zerstören wolle.

Eine Generation später lehrte Christian Thomasius, der einen wichtigen Beitrag zur Rechtswissenschaft lieferte, indem er zum ersten Male den Unterschied zwischen Naturrecht und Moral auf eine feste philosophische Grundlage stellte. Wie sein Lehrer Puffendorf erklärt er das Recht als das Gebot eines Höherstehenden und Gott als den Urheber des Naturrechts. Dieses sei wirklich göttliches Recht, das den Menschen ins Herz geschrieben sei und sie verpflichte, das zu tun, was mit der Natur eines vernünftigen Menschen übereinstimme und zu vermeiden, was ihr widerspreche. Er folgert hieraus, daß das Naturrecht unveränderlich sei, und daß von seiner Vorschrift kein Dispens erteilt werden könne, so wenig wie von den Geboten der menschlichen Vernunft selbst. Doch obwohl nach der Auffassung des Thomasius das Naturrecht unveränderlich ist, so ergibt sich doch hieraus nicht das gleiche für die aus diesem Recht gezogenen Schlußfolgerungen, Thomasius unterscheidet vielmehr das Naturrecht selbst von den aus ihm abgeleiteten subjektiven Rechten. Das erstere sei unveränderlich, dagegen könne das subjektive Recht und die hiermit verbundene Verpflichtung durch den Willen einer politischen Autorität abgeändert werden. Gerade aus der Begriffsbestimmung des Rechts als des Befehls einer Autorität leitet er den obersten praktischen Grundsatz der Rechtslehre ab, nämlich den, daß dem Herrscher Gehorsam geleistet werden müsse. Diesen Grundsatz führt er sehr streng durch, denn nachdem er in der üblichen Weise von der Souveränität als der höchsten, in ihrer Ausübung keiner menschlichen Autorität unterworfene und über allen menschlichen Gesetzen stehenden Befehlsgewalt gegenüber den Staatsbürgern gesprochen hat, führt er weiter mit offenbarer Billigung die Behauptung an, daß nicht nur der Widerstand gegen die rechtmäßigen Anordnungen der souveränen Gewalt rechtswidrig sei, sondern daß man auch Härten geduldig tragen und das schwerste Unrecht ohne Widerstand leiden müsse. Kurz, er glaubt wie die anderen Schriftsteller an ein unveränderliches Naturrecht, das im Falle des Konflikts mit dem positiven Recht und der Unmöglichkeit zwangsweiser Durchführung jede praktische Wirkung verliert, aber trotzdem nicht aufhört, verbindlich zu sein.

Kant bedeutet eine weitere wichtige Epoche der deutschen Rechtsphilosophie. Er betont stärker die dem Recht innewohnende Gerechtigkeit, während er gleichzeitig ihre praktische Wirksamkeit noch entschiedener bestreitet als die meisten seiner Vorläufer. Er behandelt das angeborene Recht auf Freiheit, Gleichheit und freie Meinungsäußerung in öffentlichen Angelegenheiten, behauptet im Gegensatz zu Hobbes, daß der Staatsbürger gewisse unzerstörbare subjektive Rechte besitze und brandmarkt als höchst verwerflich dessen Lehre, daß der Souverän dem Untertan kein Unrecht tun könne. Doch diese subjektiven Rechte, so führt er aus, sind nicht erzwingbar und ihre Ausübung hängt von dem guten Willen des Souveräns ab. Mehr ins einzelne gehend, legt er dar, warum rechtlich betrachtet Privilegien nicht erblich seien und bestehende Religionen nicht für immer aufrecht erhalten werden könnten. Eine in dem ursprünglichen Gesellschaftsvertrage enthaltene Bestimmung letzterer Art würde, so behauptet er, völlig nichtig sein und ein entsprechendes Gesetz niemals den wahren Willen eines Monarchen zum Ausdruck bringen. Trotzdem könne einem solchen Gesetz, wenn es wirklich ergangen sei, kein Widerstand entgegengesetzt werden. Überhaupt gebe es keinen Grund, der Widerstand gegen den Souverän rechtfertigen könne, dem in allen Fällen Gehorsam geschuldet werde.

Als ein Beispiel für die das Recht schärfer betonende Auffassung einer sehr viel späteren Periode ist Gierkes eigene Meinung über die Frage von Interesse. Sie ist am Ende der geschichtlichen Darstellung der Naturrechtstheorien in seinem Werke über Althusius kurz dargelegt. Das Recht, so führt er aus, wird nur durch den Zwang wirksam und gesichert, obwohl es weder von dem Staat noch von irgendwelcher politischen Macht geschaffen wird. Das Recht ist nicht das Ergebnis eines Gesamtwillens, daß eine Sache sein soll, sondern einer Gesamtüberzeugung, daß sie tatsächlich vorhanden ist, und diese Uberzeugung kann durch Gewohnheit zum Ausdruck kommen oder durch ein Organ des Staates festgestellt werden. Wenn der Gesamtwille anordnet, daß ein Recht erzwungen werden soll, so schafft er dieses Recht nicht, sondern sichert es nur, und wenn auch ein Gesetz nur durch den Staat erzwungen werden kann, so ist doch ein nicht sanktioniertes Gesetz wirklich ein Gesetz, falls die Gesamtüberzeugung dahin geht, daß die Sanktion, wenn eine solche erfolgt wäre, rechtmäßig sein würde. Kurz, ein Gesetz kann wirklich selbst dann im strengen Sinne ein solches sein, wenn der Staat und die Gerichte seine Anerkennung und zwangsweise Durchführung ablehnen. Natürlich gibt Gierke hierbei die Möglichkeit eines Konflikts zwischen dem materiellen oder theoretischen und dem formellen oder praktischen Recht zu.

Genau so wie die deutschen Schriftsteller des 17. und 18. Jahrhunderts darüber einig sind, daß es ein Naturrecht gebe, das nicht notwendig erzwingbar oder mit dem bestehenden staatlichen Recht identisch sei, stimmen die englischen Staatsphilosophen in der Auffassung des Rechts als einer Gesamtheit wirklich erzwungener Vorschriften überein. So sehr Hobbes und Locke in ihren Meinungen auseinandergehen, so sind sie doch einig in der Auffassung, daß Recht ausschließlich positives Recht bedeutet. Hobbes lebt, ohne daß es ihm selbst zum Bewußtsein gekommen wäre, ganz in dem englischen, den deutschen Juristen nicht vertrauten Begriff des Rechts und stellt sich daher auf den Standpunkt, daß das Naturrecht nicht erzwungen werden könne und somit nicht Recht sei, während Locke, von derselben Ansicht ausgehend, behauptet, es sei Recht und daher sei es erzwingbar.

Der englische Begriff des Rechts ist vielleicht nirgends schärfer hervorgehoben worden als von Hume in seinem Essai über den Ursprung der Staatsgewalt. „Der Mensch, durch Geburt Mitglied einer Familie“, so führt er aus, „wird durch Bedürfnis, natürliche Neigung und Gewohnheit auf die Begründung der Gesellschaft hingewiesen. Weiterhin gelangt derselbe Mensch dazu, die staatliche Gesellschaft zu begründen und zwar zum Zwecke der Rechtsübung, ohne die weder Frieden, noch Sicherheit, noch gegenseitige Hilfe unter den Menschen möglich wäre. Wir müssen daher annehmen, daß unser gewaltiger Regierungsapparat kein anderes Endziel hat als die Rechtsprechung oder mit anderen Worten die Bestellung der zwölf Richter. Könige und Parlamente, Flotten und Heere, Hof- und Steuerbeamte, Gesandte, Minister und Staatsräte, alle sind sie schließlich im letzten Endzweck nur für diesen Teil der Staatstätigkeit da.“

Zweiundsechzigstes Kapitel.

Wirkungen des Rechtsbegriffs.

Vom Richter geschaffenes Recht.

Man gewinnt nicht ganz leicht die Überzeugung, daß das Studium des Naturrechts als einer von dem positiven Recht unabhängigen Materie auf dem europäischen Festlande und andererseits das Fehlen einer solchen Unterscheidung in England in engem Zusammenhang mit der Tatsache steht, daß vom Richter geschaffenes Recht einen eigenartig wichtigen Faktor der englischen Rechtswissenschaft bildet. Auf dem Festland werden die Grundsätze über das, was der Gerechtigkeit entsprechend sei, von dem Juristen im Arbeitszimmer durch Forschung gefunden und von dem Richter einfach angewandt. In neuerer Zeit sind sie auch in Kodifikationen verkörpert worden, die dem Richter wenig Freiheit lassen, da sie die Rechtsfälle für ihn entscheiden. In England dagegen werden diese Prinzipien von den Gerichten bei der Entscheidung der Prozesse herausgebildet und finden ihren Ausdruck in den Voten der Richter, die zu maßgebeden Quellen der Grundsätze des geltenden Rechts werden. Eine andere Wirkung der Verschiedenheit in der Fassung des Rechtsbegriffs auf den beiden Seiten des Kanals kann mit größerer Sicherheit nachgewiesen werden und hat das heutige öffentliche Leben in einer mehr sichtbaren Weise gekennzeichnet.

Fehlen von Verwaltungsgerichten.

Der englische Rechtsbegriff hat das Königreich zu dem gemacht, was Gneist, ein genauer aber nicht ganz objektiver Kenner der vergleichenden Geschichte britischer und festländischer Staatseinrichtungen einen Rechtsstaat nennt. Das parlamentarische Regiment in England ist, wie er sagt, ein Regiment, das auf Recht sich gründet und mit rechtlichen Mitteln geführt wird, ein Satz, der in Professor Diceys Verfassungsrecht (Law of the Constitution) erschöpfend begründet wird. Eine Folge dieser Tatsache ist das Fehlen eines Verwaltungsrechts mit eigenen, besonderen, durch Spezialgerichte, die von den ordentlichen Gerichten verschieden sind, erzwungenen Rechtssätzen. Ein solches Rechtssystem besteht in den meisten großen Staaten Europas, und etwas Ähnliches wurde, worauf Gneist gern hinweist, in England durch die Sternkammer entwickelt, verschwand jedoch mit der Beseitigung der außerordentlichen Gerichtshöfe, seit der die Tätigkeit der Gerichte in Sachen der Verwaltung in mehr und mehr ausgeprägter Weise den Charakter richterlicher Entscheidungen auf der Grundlage der gewöhnlichen Rechtsgrundsätze angenommen hat.[1] Auch die starke Ausdehnung der Aufsicht der Zentralinstanzen über die örtliche Verwaltung, wie sie im 19. Jahrhundert eintrat, hat keine wirkliche Annäherung an ein Verwaltungsrecht nach festländischen Typus mit sich gebracht. Wenn auch Behörden mit richterlichen Funktionen begründet worden sind, wie z. B. die Eisenbahnkommission (Railway Commission), so haben diese doch keineswegs die Stellung von Verwaltungsgerichten, da sie den Beamten keinen Schutz gewähren und da die Grenzen ihrer Befugnisse von den ordentlichen Gerichten durch writs of prohibition bestimmt werden.

Die Haftung der Beamten.

In England gibt es einen Grundsatz, der so oft wiederholt wird, daß er beinahe zum Gemeinplatz geworden ist. Es ist der, daß niemand über dem Gesetz steht, daß mit einziger Ausnahme des Souveräns jedermann bis hinauf zu den Staatsministern — er mag Beamter einer öffentlichen Körperschaft oder Privatmann sein — nach dem Gemeinen Recht des Landes vor den ordentlichen Gerichten belangt oder zur Verantwortung gezogen werden kann. Von dieser Regel gibt es einige — scheinbare und wirkliche — Ausnahmen, doch der allgemeine Grundsatz des englischen Rechts über die Beamtenhaftung ist offen ersichtlich.[2]

---

[1] Gneist, „Englisches Verwaltungsrecht" I 389—390. Gneist selbst sah hierin eine ungünstige Wendung. Mehr als irgend ein anderer hat er das moderne deutsche Verwaltungsrecht begründet und einer der Hauptzwecke seiner zahlreichen Werke war der, die Notwendigkeit eines solchen Systems darzulegen und dies durch Beispiele aus der englischen Geschichte zu beweisen. Man fühlt jedoch, daß er niemals völlig in den Sinn eindrang, der dem englischen Rechtsgedanken zugrunde liegt.

[2] Die Immunität des Lord Lieutenants von Irland während seiner Amtszeit gegenüber einer Rechtsverfolgung in diesem Lande bildet eine Ausnahme. In anderen Fällen ist es dagegen nicht ganz klar, ob eine Befreiung von der Rechtsverfolgung einem Beamtenprivileg oder der diskretionären Natur der in Frage stehenden Amtsgewalt zuzuschreiben ist. Denn es ist ein allgemein gültiger Grundsatz, daß überall da, wo einen Beamten durch das Gesetz eine gewisse Freiheit des Ermessens in der Ausübung seines Amtes zugestanden ist, seine Amtsgewalt innerhalb dieser Grenzen als diskretionär und als frei von richterlicher Kontrolle anzusehen ist. So sind z. B. Parlamentsmitglieder und Richter für die in Ausübung ihrer Funktionen begangene Handlungen nicht haftbar.

für unerlaubte Handlungen.

Um mit der Haftung der Beamten für positive Rechtswidrigkeiten oder unerlaubte Handlungen (torts) zu beginnen, so ist zu sagen, daß jedermann, Privatperson oder Beamter, wegen einer unerlaubten Handlung belangt werden kann und in seiner Gegenerklärung nachweisen muß, daß er zu der Handlung nach dem Gesetz befugt war. Wenn beispielsweise jemand mein Vieh in Besitz nimmt, kann ich gerichtlich gegen ihn vorgehen, und er kann dann geltend machen, daß er ein Zurückbehaltungsrecht an dem Vieh habe oder es wegen Weidefrevels gepfändet oder auf der Landstraße frei ohne Aufsicht gefunden und ins Gehege getrieben habe. Nun kann die Befugnis hierzu durch das Gesetz jedermann übertragen sein oder nur einen Beamten, doch der Privatmann wie der Beamte muß, falls er gerichtlich belangt wird, je nach Lage der Sache, vor einem ordentlichen Gericht beweisen, daß er tatsächlich nach dem Gesetz befugt war, das Vieh in Besitz zu nehmen. Die bloße Tatsache, daß jemand in amtlicher Eigenschaft gehandelt hat, ist an sich kein Grund für oder gegen seine Haftung. Der Umstand, daß eine Rechtsverletzung durch einen nachgeordneten Beamten, der den Anordnungen eines Vorgesetzten Folge zu leisten hat und für dessen Verhalten der Vorgesetzte politisch verantwortlich ist, begangen worden ist, macht den Vorgesetzten nicht haftbar für den Schaden, außer wenn es sich klar ergibt, daß er die Handlung persönlich angeordnet oder sich selbst daran beteiligt hat. Auch das Innehaben eines Amtes, die Befehle eines Vorgesetzten oder die Staatsnotwendigkeit schließen die Haftbarkeit für eine Rechtsverletzung nicht aus.[1] Der Beklagte muß beweisen, daß er nach dem Gesetz zu dem, was er getan hat, befugt war, oder daß sein Vorgesetzter das Recht hatte, die Anordnung zu treffen.[2] Wenn ein Oberst den Befehl erteilt, auf einen Volksauflauf zu feuern, so hat der Soldat möglicherweise die Wahl, zu gehorchen und als Mörder gehenkt oder nicht zu gehorchen und nach kriegsrechtlichem

---

[1] „Was die Rechtsausführung über Staatsnotwendigkeit oder die angebliche Verschiedenheit von Vergehen gegen den Staat und sonstigen Vergehen anlangt, so sind solche Erwägungen dem Gemeinen Recht fremd und auch unsere Literatur enthält keine Unterscheidung dieser Art". (Aus einer Gerichtsentscheidung.)

[2] Auch hier gibt es Ausnahmen, wie z. B. für Sheriffs und Constables (Exekutivbeamte), die nicht haftbar sind, falls die betreffende Handlung sich als formell zulässig, wenn auch materiell als Amtsüberschreitung darstellt. Doch auch in diesem Falle muß der Beamte dem Gericht die formelle Zulässigkeit der Amtshandlung nachweisen.

Spruch erschossen zu werden. Das gehört nun einmal zu dem Risiko seines Berufs.

Für das Gericht ist nur die Frage erheblich, ob die Handlung innerhalb der gesetzlichen Zuständigkeit der Beamten liegt, und man hat daher versucht, die Befugnisse der Beamten öffentlicher Körperschaften so genau wie möglich zu bestimmen. Wo sie nicht genau festgelegt werden können, dem Beamten vielmehr eine gewisse Freiheit des Ermessens zusteht, gelten seine Befugnisse innerhalb dieser Grenzen als diskretionär, und das Gericht prüft regelmäßig nicht, ob seine Beweggründe tatsächlich gut oder schlecht waren und sogar nicht, ob er seine Befugnisse für den Zweck, zu dem sie ihm verliehen worden sind, gebraucht hat oder nicht.[1] In einigen Fällen wird zwar vorausgesetzt, daß die Ausübung seiner diskretionären Befugnis vernünftig war, die Befugnis besteht also nur innerhalb der Grenzen vernünftigen Ermessens. Dies ist jedoch ein allgemeiner Grundsatz, der ebenso für Privatangelegenheiten wie für öffentliche Angelegenheiten gilt. Der Grundsatz ist der gleiche, ob er nun auf einen militärischen Befehlshaber angewendet wird, der einen Volksauflauf zertreut, oder auf ein städtisches Ortsstatut über das Fuhrwesen oder einen Privatmann, der bei der Verteidigung seines Eigentums einen Dieb verletzt. In jedem Falle hat das Gericht — unterstützt durch das Urteil von zwölf unparteiischen Männern — zu entscheiden, ob unter Berücksichtigung der gesamten Sachlage eine Handlung vorliegt, wie sie ein verständiger Mann unter dem Einfluß angemessener Beweggründe vollbracht haben würde.[2]

Vernachlässigung von Amtspflichten.

Soviel über die Haftbarkeit der Beamten für Handlungen, die sich als zivilrechtlich unerlaubt darstellen würden, falls sie ohne gesetzliche Ermächtigung erfolgten. Ihre Haftung gegenüber Personen, die durch Vernachlässigung von Amtspflichten geschädigt worden sind, richtet sich bis zu einem gewissen Grade nach den gleichen Grundsätzen. In einem Prozeß wegen unerlaubter Handlung handelt es sich ausschließlich um die Frage, ob der Beklagte zu der Handlung befugt war, denn das Gericht kann regelmäßig

[1] Auch dies gilt nicht ganz ausnahmslos. Ein Friedensrichter haftet in gewissen Fällen nur für „nominal damages“, außer wenn er arglistig gehandelt hat.

[2] Die strafrechtliche Verantwortlichkeit der Beamten nach Gemeinem Recht beruht auf denselben Grundsätzen wie ihre Haftbarkeit für unerlaubte Handlungen. Da jedoch Beamte heute fast in allen Ländern nur vor den ordentlichen Gerichten belangt werden können, ist es nicht nötig, bei diesem Gegenstand zu verweilen.

nicht untersuchen, ob er von seiner Befugnis einen zweckmäßigen Gebrauch gemacht hat oder nicht, und auf Grund der gleichen Erwägung kann ein Beamter regelmäßig nicht dafür haftbar gemacht werden, daß er es überhaupt unterlassen hat, seine Befugnis auszuüben. Wo die Ausübung der Befugnis diskretionär ist, kann das Gericht nicht sein eigenes diskretionäres Ermessen an die Stelle desjenigen des Beamten setzen. Und selbst wenn dessen Pflicht genau festgelegt ist, so daß ihm keine Wahl bleibt, lautet doch die allgemeine Regel in England dahin, daß die Amtspflicht nur der Krone gegenüber besteht, und daß die Gerichte sie nicht erzwingen können, es sei denn, daß sie nachweisbar im Interesse der einzelnen Mitglieder der Volksgesamtheit begründet worden ist[1], was häufig der Fall ist. Es mag hier noch bemerkt werden, daß in den Fällen, in denen eine Amtspflicht in dieser Weise begründet ist, die King's Bench Abteilung nach diskretionärem Ermessen ihre Erfüllung durch „writ of mandamns" anordnen kann, statt zu warten, bis die Rechtsverletzung erfolgt ist und eine Klage auf Schadensersatz erhoben wird.

Haftung des Staates.

In England kann der Staat nur durch einen Prozeß gegen den König gerichtlich belangt werden und hierzu ist dessen Zustimmung erforderlich. Streng genommen hat also niemand ein Recht dazu, den Staat in irgendwelcher Weise zu belangen. Doch praktisch wird eine Klage in der Form eines Gesuchs um Recht (petition of right) eingebracht und die königliche Zustimmung stets erteilt, wo es sich darum handelt, Rückgabe oder Ersatz privaten Eigentums, das in den Besitz der Krone gekommen ist, zu erlangen, oder wo der Anspruch sich auf einen Vertrag stützt. In Fällen dieser Art ist der Staat tatsächlich ersatzpflichtig, doch bezieht sich diese Pflicht nicht auf unerlaubte Handlungen von Beamten.[2] Derentwegen ist nur gegen den Beamten selbst, der vielleicht zahlungsunfähig ist, eine Klage gegeben. Bei Ansprüchen aus Verträgen kann also der Geschädigte Ersatz vom Staat verlangen, doch nicht gegen den Beamten vorgehen[3], dagegen hat er bei Ansprüchen aus unerlaubten

---

[1] In den Vereinigten Staaten geht eine Strömung dahin, anzunehmen, daß die Gerichte die Erfüllung aller sog. „ministerial duties" erzwingen können, d. h. der Amtspflichten, die absolut und nicht diskretionär sind.

[2] In einigen Kolonien ist die Ersatzpflicht auf unerlaubte Handlungen ausgedehnt worden.

[3] Wie jeder andere Beauftragte, der im Namen des Auftraggebers einen Vertrag abschließt, ist ein Beamter für einen namens des Staates geschlossenen Vertrag nicht persönlich haftbar.

Handlungen keine sichere Aussicht auf Befriedigung, kann sich aber an dem Beamten, der ihn geschädigt hat, rächen.

Außer dem unmittelbaren Vorgehen gegen den Staat und seine Beamten, üben die Gerichte mittelbar eine wirksame Kontrolle über die Verwaltung aus. Zur Erzwingung des Rechts wird häufig ihre Hilfe durch „writs of mandamus" oder andere Maßnahmen erbeten. Was aber noch mehr ist, falls in einem Rechtsstreit zwischen zwei Privatpersonen beiläufig die Frage nach der Gesetzlichkeit irgendwelcher Maßnahmen einer Behörde, nach der Rechtsgültigkeit der von einem Ressort erlassenen Bestimmungen gestellt wird, und das Gericht sie nicht als dem Gesetz entsprechend anerkennt, so wird diese Entscheidung von der Regierung gewöhnlich als maßgebend angesehen. Denn es ist ganz klar, daß anderenfalls bald Interessenten gegen die betreffenden Beamten Klage erheben, und daß die Gerichte bei ihrer Präjudiz verbleiben würden.[1]

Verwaltungsrecht in Frankreich.

Die großen Länder des europäischen Festlandes, deren Rechtslehre auf dem römischen Recht aufgebaut ist, haben diese Frage in einer völlig abweichenden Art entschieden. In Frankreich, wo das Verwaltungsrecht älter und höher entwickelt ist als anderswo, werden die Handlungen öffentlicher Beamter in persönliche Handlungen, Verwaltungshandlungen und Regierungshandlungen eingeteilt.

Haftung der Beamten.

„Persönliche Handlungen" sind solche, die schwere persönliche Verfehlungen der Beamten in sich schließen. Sie sind in der Literatur nicht genau festgelegt. Wenn jedoch der Verfasser mit dem Mut der Unkenntnis eine Begriffsbestimmung vorschlagen darf, so möchte er sie als solche Handlungen bezeichnen, zu denen sich kein vernünftiger Beamter unter dem Einfluß berechtigter Beweggründe für befugt ansehen kann. Sie umfassen nicht nur Rechtswidrigkeiten, die von einem Beamten ohne gesetzliche Ermächtigung begangen worden sind und für die er in England haftbar sein würde, sondern auch den Mißbrauch der ihm gesetzlich übertragenen Befugnisse[2]

[1] Bei Betrachtung der englischen Staatseinrichtungen vom festländischen Standpunkt, legte Gneist auf diese Tatsache großen Wert.

[2] Obwohl es die Pflicht des Gemeindevorstehers ist, über einen anderen Beamten Bericht zu erstatten, würde doch eine absichtlich falsche, verleumderische oder in bösem Glauben abgegebene Äußerung eine persönliche Handlung sein. Ebenso wurde das Verhalten eines Gemeindevorstehers, der in der Absicht, eine Beerdigung ohne kirchliche Feierlichkeit zu verhindern, die Tore des Kirchhofs verschließen ließ, so daß der Sarg durch eine Lücke der Mauer getragen werden mußte, vom Gericht als persönliche Handlung angesehen, weil ein Mißbrauch seiner Befugnis, in solchen Fällen die Ordnung aufrecht zu erhalten, vorliege.

und grobe Vernachlässigung der Amtspflichten.[1] Andererseits sind sämtliche in Überschreitung der Amtsgewalt begangenen Handlungen nicht „persönliche Handlungen". Falls sie im guten Glauben als im öffentlichen Interesse liegend begangen sind, stellen sie sich als „Verwaltungshandlungen" dar, und die Anordnung eines Vorgesetzten liefert hierfür eine Vermutung, wenn auch nicht vollen Beweis.[2] Nun kann ein Beamter im Zivilprozeß vor den ordentlichen Gerichten wegen persönlicher Handlungen und nur wegen dieser haftbar gemacht werden. Für Verwaltungshandlungen kann er, auch wenn sie noch so ungesetzlich sein mögen, vor keinem Gericht persönlich auf Ersatz des Schadens belangt werden, und während er strafrechtlich wegen Vergehen, die er bei Führung seines Amtes begangen hat[3], vor den ordentlichen Gerichten zur Verantwortung gezogen werden kann, steht der Prozeß in einem solchen Falle völlig unter der Kontrolle der Regierung. Ferner haben die ordentlichen Gerichte nicht das Recht zu bestimmen, ob eine persönliche oder eine Verwaltungshandlung vorliegt, vielmehr geht die Sache, falls dies streitig ist, an den Gerichtshof zur Entscheidung von Konflikten[4], der die Grenzen der Zuständigkeit zwischen den ordentlichen und den Verwaltungsgerichten bestimmt.

Haftung des Staates. Verwaltungshandlungen.

Obwohl wegen Verwaltungshandlungen keine Zivilklage auf Schadensersatz gegen die betreffenden Beamten gegeben ist, ist es für den Geschädigten doch keineswegs stets unmöglich, Ersatz zu

---

[1] Zum Beispiel bei dem Bau einer Brücke, bei Unterlassung der Bestellung eines Briefes oder bei einem Versehen hinsichtlich eines Telegramms.

[2] Beispielsweise befreien Anordnungen des Ministers des Innern einen Präfekten nicht von der Verantwortlichkeit für die im Widerspruch zu den Bestimmungen der Strafprozeßordnung erfolgte Beschlagnahme einer politischen Schrift.

[3] Das trifft nicht durchweg zu.

[4] Der Gerichtshof besteht aus drei Mitgliedern des Kassationshofes — des höchsten ordentlichen Gerichts —, drei Mitgliedern der Sektion des Staatsrates — des höchsten Verwaltungsgerichts — und dem Justizminister. Falls das ordentliche Gericht meint, daß eine persönliche Handlung vorliege, und daß es daher befugt sei einzuschreiten, kann der Konflikt nur von dem Präfekten, als dem Vertreter der Regierung, erhoben werden. Ist der Konflikt erhoben, so wird das Verfahren ausgesetzt und die Frage dem Gerichtshof zur Entscheidung von Konflikten vorgelegt. Die Verfassung vom Jahr VIII bestimmte, daß Beamte zivil- oder strafrechtlich nur mit Genehmigung der Regierung belangt werden dürften. In der aufgeregten Zeit, die dem Sturze Napoleon III. folgte, wurde dies durch Dekret vom 19. Dezember 1870 aufgehoben. Doch hatte dieses Dekret nur geringe Wirkung, da der Gerichtshof zur Entscheidung von Konflikten die Auffassung vertrat, daß es sich nur auf

erlangen, denn die finanzielle Haftbarkeit des Staates für die Handlungen seiner Vertreter beruht auf einem im englischen gemeinen Recht nicht anerkannten Grundsatz und beschränkt sich keineswegs auf den Fall des Vertrages.[1] Jedoch werden nicht sämtliche Verwaltungshandlungen gleich behandelt. In den Ländern des Festlandes unterscheidet man die Ausübung der öffentlichen Gewalt des Staates gegenüber den Staatsangehörigen von seinen geschäftlichen Beziehungen zu ihnen. Hinsichtlich der letzteren ist der Staat nicht nur aus Verträgen, sondern auch aus unerlaubten Handlungen und selbst für ungenügende Führung der Dienstgeschäfte durch die Beamten haftbar. In Deutschland wird in solchen Fällen der beklagte Staat als Fiskus bezeichnet, und die Prozesse gegen ihn werden vor den ordentlichen Gerichten angestrengt.

Actes de gestion.

In Frankreich besteht die gleiche Unterscheidung. Handlungen bei der Verwaltung der Staatsbetriebe heißen nach der neuesten Benennung actes de gestion, Handlungen, die bei Ausübung der öffentlichen Befehlsgewalt des Staates gegenüber seinen Angehörigen erfolgen, actes d'authorité.

Obwohl bei den beiden Arten von Handlungen die Form der Klage und ihr Ergebnis verschieden ist, kann ein auf sie gestütztes Verfahren regelmäßig nur bei den Verwaltungsgerichten anhängig gemacht werden. Es ist ein allgemeiner Grundsatz des französischen Rechts, daß die ordentlichen Gerichte nicht über die Gesetzmäßigkeit einer Verwaltungsmaßnahme befinden können, gleichgültig, ob die Frage hiernach bei einem Prozeß gegen einen Beamten oder bei anderer Gelegenheit auftaucht. Allerdings wird dieser Grundsatz nicht streng

---

den persönlichen Schutz der Beamten beziehe, und den Grundsatz der Trennung der Gewalten, der nach französischer Auffassung den ordentlichen Richtern die Entscheidung über die Gesetzlichkeit von Verwaltungshandlungen untersagt, nicht berühre. Infolgedessen erweiterte das Dekret die Zuständigkeit der ordentlichen Gerichte nicht, sondern gab ihnen nur die Möglichkeit, ohne Genehmigung der Regierung in Zivilsachen gegen Beamte wegen persönlicher Handlungen tätig zu werden, was früher nicht unbeschränkt statthaft gewesen war. In Strafsachen gab das Dekret den Gerichten die Befugnis, ohne die förmliche Zustimmung der Regierung zu handeln, dies hat jedoch nur wenig Bedeutung, da der Staatsanwalt nicht ohne Billigung der Regierung einschreitet.

[1] Hatscheck (Englisches Staatsrecht I, 79—81) schreibt das Fehlen einer solchen Haftung in England dem Umstand zu, daß die Auffassung des Staates als einer Korporation dort nie zur Entwickelung kam, so daß der Staat selbst zum Träger von Rechten und Verpflichtungen geworden wäre. Seine einzelnen Organe hätten Rechte und Verpflichtungen gegeneinander und gegen Privatpersonen, da aber der Staat selbst keine habe, sei ein Gegensatz zwischen öffentlichem und privatem Recht nicht entstanden.

durchgeführt. In erster Linie fallen Angelegenheiten aus der Verwaltung des „domaine de l'état“, des Privateigentums des Staates, unter die Zuständigkeit der ordentlichen Gerichte. Ferner kommen Sachen betreffend die indirekten Steuern oder die Landstraßen niederer Ordnung vor diese Gerichte, während Angelegenheiten, die direkte Steuern oder Landstraßen höherer Ordnung betreffen, zur Entscheidung der Verwaltungsgerichte gelangen. Weiterhin gilt es bis heute als allgemeine Regel, daß die Verhaftung eines Beschuldigten und das sonstige vorbereitende Verfahren in einer Strafsache zur richterlichen Zuständigkeit gehört, und daß daher bei einem Prozeß wegen rechtswidriger Verhaftung die ordentlichen und nicht die Verwaltungsgerichte über die Gesetzmäßigkeit der Verhaftung zu befinden haben.[1] Auch können die ordentlichen Gerichte in den Fällen, in denen die Regierung ihre Hilfe in Anspruch nimmt, um Verwaltungsmaßnahmen durchzusetzen, wie z. B. in einem Verfahren zur Eintreibung einer Geldstrafe wegen Verletzung einer im Verwaltungswege erlassenen Verordnung, diese Hilfe ablehnen, falls die Verordnung nicht rechtsgültig erlassen ist.

Es ist nun zu beachten, daß zwar die Zuständigkeit der Verwaltungsgerichte zum Teil auf Gesetz beruht, daß dagegen das materielle Verwaltungsrecht — im Gegensatz zum Zivilrecht — niemals kodifiziert worden ist. Eine Kodifikation würde auch das Element freien Ermessens zerstören, das einen der Gründe für das Vorhandensein des Verwaltungsrechts bildet. So weit es nicht in Gesetzen und Verordnungen enthalten ist, hat es sich wie das englische gemeine Recht durch Entscheidungen und Präjudizien entwickelt, und die Quellen für sein Studium sind daher die Sammlungen der Gerichtsentscheidungen und die Schriften der Juristen. Dieser Umstand hat dem Verwaltungsrecht eine Fähigkeit der Anpassung und des Wachstums gegeben, die in der Ausdehnung seiner Grundsätze im letzten Jahrhundert deutlich zum Ausdruck kommt und es gerechtfertigt erscheinen läßt, die Entwickelungstendenz des Verwaltungsrechts nicht weniger eingehend darzulegen als dieses Recht selbst.

In den Fällen der „actes de gestion“ hat eine sichtliche Weiterbildung des Verwaltungsrechts stattgefunden, und es besteht jetzt im allgemeinen die Neigung dazu, den Staat für jeden aus Hand-

---

[1] Sobald Verwaltungsbehörden nach Maßgabe der Bestimmungen der Strafprozeßordnung verfahren, handeln sie als Organe der gerichtlichen Polizei, und ihr Verfahren unterliegt der Prüfung der ordentlichen Gerichte.

lungen dieser Art sich ergebenden Schaden haften zu lassen, außer wenn sie sich als „persönliche Handlungen", d. h. als schwere persönliche Verstöße des Beamten darstellen. Jeder hierdurch in seinem Eigentum oder in seinen sonstigen Rechten Geschädigte kann vor den Verwaltungsgerichten auf Unterlassung und Schadensersatz klagen, und zwar nicht nur dann, wenn die Handlung ohne rechtliche Befugnis begangen worden ist, sondern auch — wovon weiter unten noch die Rede sein soll —, wenn sie einen Mißbrauch der Amtsgewalt enthält und in gleicher Weise bei Fahrlässigkeit, z. B. bei Beschädigung eines Handelsschiffes durch Zusammenstoß mit einem Kriegsschiff.

Actes d'autorité.

Andererseits begründen „actes d'authorité" regelmäßig keine Haftung des Staates für Schaden. Sie können jedoch durch ein besonderes, unmittelbar vor dem Staatsrat oder vielmehr vor der Sektion des Staatsrats, die als höchstes Verwaltungsgericht entscheidet, anhängig gemachtes Verfahren aufgehoben werden. Dieses Verfahren kann von den durch die Verwaltungsmaßnahme in ihrem Eigentum oder ihren sonstigen Rechten Geschädigten ebenso aber auch von denen, die ein Interesse an der Aufhebung der Maßnahme haben, beantragt werden. Hiernach zerfallen „Verwaltungshandlungen" in zwei Gruppen: „actes de gestion" und „actes d'authorité". Für beide sind Rechtsbehelfe gegen den Staat gegeben. Das Verfahren wegen „actes de gestion", das nur denen zusteht, deren Rechte verletzt worden sind, wird zunächst bei den unteren Verwaltungsgerichten anhängig gemacht und geht in der Hauptsache auf Schadensersatz. Das Verfahren bei „actes d'authorité", das jedem offensteht, der ein Interesse zur Sache hat, kommt direkt vor den Staatsrat und hat in erster Linie die Aufhebung der betreffenden Verfügung zum Ziel.

Mißbrauch der Amtsgewalt.

Obwohl der Rechtsbehelf wegen „actes d'authorité" als „recours pour excès de pouvoir" bezeichnet wird, beschränkt es sich nicht auf Fälle, in denen die Verfügung die Befugnis des Beamten überschreitet und daher im eigentlichen Sinne ungesetzlich ist, kann vielmehr auch dann angewandt werden, wenn es sich lediglich um einen Mißbrauch gesetzlicher Befugnis handelt. Dieser Grundsatz, der dem englischen gemeinen Recht in dieser Form völlig fremd ist, beruht auf dem Begriff des sog. „détournement de pouvoir", d. h. dem Gebrauch einer amtlichen Befugnis für einen anderen Zweck als für den, zu dem sie verliehen ist. Dieser Grundsatz geht durch das ganze französische Verwaltungsrecht und findet auf „persönliche Handlungen" der Beamten, auf „actes de gestion" und auf „actes d'authorité" Anwendung. Der Fall, in dem dieser Grundsatz in der schärfsten Form anerkannt worden ist, ereignete sich im Jahre 1874 und ist unter dem Namen des Beschwerdeführers, Laumonnier-Carriol, bekannt. Die Regierung hatte sich entschlossen, ein Staatsmonopol für Herstellung von Streichhölzern zu begründen und deshalb alle bestehenden Fabriken aufzukaufen. Um aber hierzu nicht mehr als nötig auszugeben, wies sie die Präfekten an, auf Grund ihrer Befugnis zum Verbot von Gewerbebetrieben, die den gesundheitlichen Anforderungen nicht entsprechen, alle ohne Erlaubnis eröffneten Fabriken zu schließen. Ohne zu prüfen, ob die Fabrik tatsächlich als gesundheitsschädlich geschlossen werden dürfe, hob jedoch der Staatsrat die Verfügung, durch welche die Schließung angeordnet worden war, auf mit der Begründung, daß die gesetzliche Befugnis zu einem anderen Zweck angewandt worden sei als zu dem, zu dem ihre Verleihung erfolgt sei. Der Beschwerdeführer klagte sodann vor den Zivilgerichten gegen den Finanzminister und den Präfekten, doch der Konflikt wurde erhoben, und der Gerichtshof für die Entscheidung von Konflikten stellte fest, daß in diesem Falle die Verfügung, wenn sie auch aufgehoben worden sei, sich doch als „Verwaltungshandlung" darstelle, und daß daher — wenn überhaupt — nur der Staat, und zwar vor den Verwaltungsgerichten, belangt werden könne. Bei einem Verfahren dieser Art entschied der Staatsrat, daß ein Mißbrauch polizeilicher Befugnisse gewöhnlich eine Haftung des Staates nicht begründe, daß dagegen im vorliegenden Falle die Verfügung im finanziellen Interesse des Staates ergangen sei und dieser daher für den Verlust, den der Fabrikant während der Zeit des Stillstehens der Fabrik erlitten habe, aufkommen müsse.

Regierungshandlungen.

Schließlich liegen „Regierungshandlungen", d. h. solche, die aus Gründen der Staatsraison im Hinblick auf die öffentliche Sicherheit erfolgen, ohne Rücksicht darauf, ob sie sich innerhalb der gesetzlichen Befugnis der Regierung halten oder nicht, außerhalb der Zuständigkeit der ordentlichen wie der Verwaltungsgerichte. Sie können weder im Wege des gerichtlichen Verfahrens aufgehoben werden, noch begründen sie einen Schadensersatzanspruch gegen den Staat oder seine Beamten. Erklärlicherweise ist die Auffassung, welche Art von Handlungen hierunter fallen, nicht stets die gleiche gewesen. Unter dem zweiten Kaiserreich galten die willkürliche Unterdrückung einer Zeitung und die Vernichtung der Korrekturbogen eines von dem Herzog von Aumale verfaßten Buches über die Fürsten seines Hauses als „Regierungshandlungen", während unter der dritten

Republik in Fällen, die dem letzteren ganz ähnlich waren, und in einem Fall, bei dem es sich um die Beschlagnahme eines politischen Rundschreibens zugunsten der Monarchie handelte, die Entscheidungen in anderem Sinne ausfielen. Zurzeit geht die herrschende Meinung dahin, daß die durch diesen Grundsatz bedingte Freiheit des Handelns sich nur auf Maßnahmen zur Sicherung des Staates nach außen, auf die Kriegsführung, auf die Erklärung des Belagerungszustandes und vielleicht auf einige gesundheitspolizeiliche Angelegenheiten[1] beziehe, dagegen nicht auf andere zur Erhaltung der Ordnung vom Staate getroffene Verfügungen.

Entwickelung des Verwaltungsrechts.

Es mag darauf hingewiesen werden, daß auf dem ganzen europäischen Festlande das Verwaltungsrecht immer fester Fuß faßt. Die Literatur über Verwaltungsrecht hat rasch zugenommen, und es hat sich zu einem wirklichen Rechtssystem mit einem besonders geregelten Prozeßverfahren entwickelt. Dies ist allerdings erst seit ziemlich kurzer Zeit der Fall. Bis 1831 waren die Verhandlungen des französischen Staatsrats nicht öffentlich und er hatte bis 1872 mit Ausnahme der drei Jahre von 1849—1852 nur die Befugnis, dem Staatsoberhaupt Rat zu erteilen. Wenn dieser Rat auch anscheinend immer befolgt worden ist, so wird doch wohl keiner, der sich mit den Entscheidungen des Staatsrats beschäftigt, übersehen können, daß der Staatsrat in den letzten Jahren der Regierung gegenüber ein größeres Maß von Unabhängigkeit gezeigt hat. In Deutschland sind die Verwaltungsgerichte sogar noch jüngeren Ursprungs. Das erste ständige Gericht dieser Art wurde 1863 von Baden begründet, das nächste 1872 von Preußen, 1876 folgte Württemberg, 1878 Bayern. Österreich traf 1875 die gleiche Maßnahme.

Vorzüge der beiden Systeme im Verhältnis zueinander.

Die Befürworter der Verwaltungsgerichte weisen daraufhin, daß der Einzelne nach dem festländischen System in vielen Fällen sein Recht verfolgen könne, in denen dies in England nicht möglich sei, so z. B. wenn ein Beamter sich einer Vernachlässigung seiner Amtspflicht schuldig gemacht habe, wofür er in England nicht hafte, oder wenn ein Mißbrauch der einem Beamten zweifellos gesetzlich zustehenden Amtsgewalt erfolgt sei. Sie führen ferner aus, der Einzelne habe ein sehr viel wirksameres Mittel, Ersatz zu erlangen, da in vielen Fällen die Klage gegen den Staat zulässig sei, in denen nach englischem Recht nur der Beamte belangt werden könne, der vielleicht ganz außerstande sei, die dem Kläger zugesprochene

[1] 1857 wurde ein Dekret, das die Destillation von Getreide verbot, als eine „Regierungshandlung“ erklärt.

Schadensersatzsumme zu zahlen. Alles dies ist zweifellos richtig und insoweit ein Vorzug des französischen Systems. Doch ist dieser Vorzug nicht so bedeutend, als er vielleicht auf den ersten Blick erscheint, denn in England ist die Verwaltung sehr viel mehr dezentralisiert als in Frankreich, und die Kommunalverbände sind dort für viele Dinge haftbar, für die in Frankreich der Staat aufkommen muß.

Weiter behaupten die Freunde der Verwaltungsgerichte, daß Gerichte, die sich aus Verwaltungsbeamten zusammensetzten, besser dazu befähigt seien, in verwaltungsrechtlichen Sachen zu entscheiden, als Richter der ordentlichen Gerichte. Sie meinen, daß die letzteren leicht entweder notwendige Verwaltungsmaßnahmen verzögerten und hemmten oder andererseits aus Furcht hiervor bei dem Schutz der Rechte des Einzelnen zaghaft vorgingen. Dies würde zweifellos eine sehr ernste Gefahr sein, wenn die Richter in England rein akademisch ausgebildet wären. Tatsächlich ist jedoch stets eine größere Anzahl von ihnen wohl vertraut mit dem öffentlichen Leben. Eine gewisse Beimischung von Richtern mit politischer Erfahrung ist denn auch wirklich nötig, um die Gerichte zu einem verständigen Urteil über Fragen, die die Staatsverwaltung berühren, zu befähigen. Es ist dies einer unter den vielen Fällen, in denen der Erfolg der Tätigkeit einer öffentlichen Körperschaft davon abhängt, daß in ihr in kleinen Mengen ein Element vertreten ist, das in großen Mengen wie ein Gift wirken würde.

Es braucht durchaus nicht bestritten zu werden, daß das englische Rechtssystem dem Geschädigten eine geringere Möglichkeit, finanziellen Ersatz zu erlangen gewährt, dafür sichert es aber zweifellos in höherem Grade eine strenge Beobachtung des Rechts. Erstens, weil die Richter der ordentlichen Gerichte sich strenger an die gesetzlichen Vorschriften binden — und dies ist gerade einer der Gründe, aus denen man auf dem Festland Verwaltungssachen in die Hand von Verwaltungsgerichten statt in die von reinen Verwaltungsbehörden legt —; zweitens, weil es keine Fragen der hohen Politik gibt, in denen die Regierung freie Hand hat und nicht der Kontrolle der Gerichte untersteht, und drittens, weil die unmittelbare Inanspruchnahme des Beamten, obwohl sie finanziell weniger befriedigend für den Geschädigten ist, sich doch besser dazu eignet, den Beamten innerhalb der Grenzen seiner Befugnis zu halten als ein in letzter Stelle eintretender Rechtsbehelf gegen den Staat, mit dem Ziel des Schadensersatzes oder der Aufhebung der ungesetzlichen Maßnahme.[1] Das heutige französische System beruht auf dem Gedanken, dem Einzelnen gegen Vermögensverlust den größtmöglichen Schutz zu geben, der mit der Freiheit der Regierung, Maßnahmen zum Schutze der öffentlichen Ordnung und Sicherheit zu treffen vereinbar ist. Das englische System beruht auf der Überlieferung der Gesetzmäßigkeit. Es erstrebt nicht in erster Linie den Ausgleich von Vermögensverlusten des Einzelnen, sondern die Aufrechterhaltung des Rechts und die Verhütung seiner willkürlichen Verletzung und auf diese Weise hat es den Konflikt zwischen der Idee der Ordnung und der des Fortschritts, der in anderen Ländern die Staatsmänner beschäftigt hat, verhindert, denn es hat die Sicherheit auf dem Recht begründet.

Es ist ein großer Irrtum anzunehmen, daß in Frankreich die Regierung gewöhnlich ein obsiegendes Urteil vor den Verwaltungsgerichten erstreitet. Dies zeigte sich in einem Fall aus dem Jahre 1895, der politische Berühmtheit erlangt hat. Der Minister des Innern und die Eisenbahngesellschaften waren verschiedener Meinung hinsichtlich der Auslegung eines Gesetzes, das sich auf die staatliche Zinsgarantie für Eisenbahnobligationen bezog. Die Sache kam vor den Staatsrat, der zugunsten der Eisenbahngesellschaften entschied. Der Minister des Innern legte hierauf sein Amt nieder, während die anderen Mitglieder des Kabinetts sich für verpflichtet hielten, sich der Entscheidung zu unterwerfen. In der Deputiertenkammer kam es jedoch zu einer Debatte, bei der den Ministern ein Vorwurf daraus gemacht wurde, daß sie durch ihr Verfahren die Anbringung der Sache beim Staatsrat möglich gemacht hätten. Eine von der Kammer angenommene regierungsfeindliche Tagesordnung hatte den Sturz des Kabinetts zur Folge, und dieses Ereignis wurde der Anlaß für die Amtsniederlegung des Präsidenten der Republik Casimir-Perier.

Auch in zahlreichen sonstigen Fällen haben die Verwaltungsgerichte gegen den Wunsch der Regierung entschieden und manchmal, wie bei dem bereits erwähnten, die Fürsten des Hauses Orleans betreffenden Fall, kamen dabei politische Momente in Frage. Trotzdem kann man zweifelhaft darüber sein, wie groß die Unabhängigkeit der Verwaltungsgerichte bei einer wirklich wichtigen politischen

[1] Hatscheck (Englisches Staatsrecht I, 93) hebt als einen Vorzug der persönlichen Haftung der Beamten in England hervor, daß sie den Polizeischutzmann oder Steuereinnehmer davor bewahre, sich als eine Inkarnation der Staatsidee zu fühlen; auf diese Weise bewähre sich der Individualismus des Volkes.

Angelegenheit sein würde. Im Jahre 1880 erließ die Regierung Verfügungen betreffend Aufhebung aller nicht gesetzlich zugelassenen geistlichen Orden. Es bestanden starke Zweifel an der Gesetzmäßigkeit dieser Verfügungen, und die aus den Niederlassungen vertriebenen Ordensleute erhoben in verschiedenen Teilen Frankreichs Klage vor den ordentlichen Gerichten. Viele dieser Gerichte hielten sich für zuständig, in der Sache zu verhandeln und wiesen die Kläger in einigen Fällen für die Dauer des Prozesses vorläufig wieder in den Besitz ein. Der Gerichtshof zur Entscheidung von Konflikten bestimmte jedoch, daß die ordentlichen Gerichte nicht befugt seien, sich mit der Sache zu befassen und es ist bezeichnend, daß die Kläger die Frage der Gesetzlichkeit der Verfügungen nicht vor den Staatsrat brachten.

Achter Teil.

Schlußbetrachtungen.

Dreiundsechzigstes Kapitel.

Aristokratie und Demokratie.

Politik ist keine exakte Wissenschaft.

Wenn man nach einer sorgfältigen Zergliederung eines Regierungssystems in allen seinen Einzelheiten schließlich einige allgemeine Schlüsse ziehen will, so möchte man mit Taine in seinem Werk über die französische Geschichte ausrufen: „Bis jetzt habe ich nur einen einzigen politischen Grundsatz entdeckt, und zwar einen so einfachen, daß ich ihn kaum zu erwähnen wage. Und das ist der, daß jede menschliche Gesellschaft, und insbesondere eine moderne Gesellschaft, einen sehr vielseitigen und verwickelten Charakter trägt.“ Ein Versuch, den Knäuel menschlicher Handlungen zu entwickeln, planmäßig irgendeinen Faden zu verfolgen, eine Staatseinrichtung auf die andere zurückzuführen, und alle die traditionellen und momentanen Einflüsse zu kennzeichnen, die die Politik eines Landes bestimmen, bringt nahezu unlösbare Schwierigkeiten mit sich. Und je mehr man das Problem studiert, desto schwieriger wird es. Die Volkswirtschaftslehre, die im wesentlichen von einem einzigen menschlichen Triebe ausgeht, nämlich dem Erwerbssinn, der die Menschen vollkommener beherrscht als irgend ein anderer Trieb, kann leicht Ursachen und Wirkungen in ein richtiges Verhältnis zueinander bringen. Man hat ja sogar versucht, hierauf mathematische Formeln anzuwenden, z. B. die Menge einer verkauften Ware als eine Funktion des Preises zu behandeln, und hat damit immerhin wertvolle Ergebnisse erzielt. Aber derartige Methoden können bei den komplizierteren politischen Problemen kaum viel Nutzen bringen. Ihre Gültigkeit beruht auf der die

Grundlage der Naturwissenschaft bildenden Lehre von der Erhaltung der Energie mit ihrer notwendigen Ergänzung, der Lehre vom Parallelogramm der Kräfte. Sie beruht auf der Annahme, daß jede Ursache unabhängig von der anderen wirkt, so daß ihre Wirkungen voneinander getrennt, und jede für sich gesondert, und sodann alle zusammen in ihrer Gesamtwirkung gewürdigt werden können. Aber das gilt nicht für die Politik, in der die bewegenden Kräfte sich gegenseitig derartig beeinflussen, daß zwei Einrichtungen oder zwei Motive, die jede für sich allein ein bestimmtes Ergebnis zeitigen würden, durch ihr Zusammenwirken gerade das entgegengesetzte Resultat hervorrufen. Daher muß die Politik für immer eine nichtexakte Wissenschaft bleiben, und der einzige Schluß, den man mit Bestimmtheit ziehen kann, ist eigentlich der, daß in einem gegebenen Milieu ein gewisses Zusammenwirken von Umständen ganz bestimmte Wirkungen erzeugt. Wir können die Faktoren ermitteln, die bestimmend für das öffentliche Leben eines Landes sind, und wir können überzeugt sein, daß beim Fehlen auch nur eines dieser Faktoren das Ergebnis ein anderes als das tatsächlich vorhandene sein würde, aber wir können keineswegs behaupten, daß die Gesamtheit dieser Voraussetzungen anderswo dieselben Wirkungen zeitigen würde.

Korruption in England und Amerika.

Man kann die Schwierigkeit und die Gefahr von Verallgemeinerungen nicht besser kennzeichnen, als durch die so oft gestellte Frage: „Warum herrscht in den Vereinigten Staaten so viel mehr Korruption als in England?“ Und sicherlich könnte man über diese Frage ebensogut eine Doktordissertation schreiben als über so manche andere. Aber eine erschöpfende Beantwortung dieser Frage würde, wie jede allgemeine Betrachtung über das englische Regierungssystem, eine Wiederholung vieles bereits Gesagten bedingen, weil es sich doch nur darum handelt, die im einzelnen bereits erreichten Ergebnisse unseres Studiums unter einem neuen Gesichtswinkel zu sehen.

Zunächst ist wohl der Unterschied in der Ausdehnung der Korruption — wenigstens bei der Staatsverwaltung — nicht unerheblich übertrieben, und weiterhin ist die Stellung, die man dem politischen Leben gegenüber einnimmt, in beiden Ländern ganz verschieden. Vor 20 Jahren fanden gebildete Amerikaner Gefallen daran, ihr Regierungssystem verächtlich zu machen, und diese Gewohnheit ist noch nicht gänzlich geschwunden. Veranlassung zu derartigen Redensarten gaben ihnen teils ihre paar Freunde, die im politischen Leben tätig waren, teils führte sie auch der Kontrast zwischen ihren hohen Idealen und der schmutzigen Wirklichkeit und die innere Genugtuung über den Splitter in des Nächsten Auge zu solchen Behauptungen. Schließlich glaubten und kolportierten sie jede Schandtat und malten das an sich nicht erfreuliche Bild noch in den düstersten Farben aus.

Stolz des Engländers auf seine Regierung.

In England betrachtet man das öffentliche Leben von einer ganz anderen Seite. Die Engländer sprechen zwar gern von den Mängeln ihrer industriellen Entwickelung; ja sie sprechen so beharrlich vom Mangel gewerblichen Unternehmungsgeistes und Fortschrittes in ihrer Nation, daß dem, der das wirtschaftliche Vorwärtskommen des Landes mit ansieht, eine gewisse Übertreibung nicht entgehen kann und er bald zu der Meinung kommt, daß die Industrie, wenn sie nicht zu sehr durch den Staat und die Gewerkvereine behindert wird, durchaus nicht so rückständig ist, als man nach solchen Reden annehmen sollte. Andererseits glaubt der Durchschnittsengländer felsenfest, daß sein Regierungssystem bei weitem das beste der Welt sei, und ist besonders stolz darauf. Natürlich stimmt er nicht immer mit der gerade befolgten Politik überein, das hängt ganz davon ab, ob seine Partei gerade zur Rechten oder zur Linken des Sprechers des Unterhauses sitzt. Wenn er liberal ist, so wird er zu gewissen Zeiten der Überzeugung sein, daß die Tories die Nation an den Rand des Abgrundes führen, oder daß das Oberhaus ihr ein Joch um den Hals legt; wenn er dagegen ein Konservativer ist, so wird er der Meinung sein, daß die gerade herrschenden Radikalen das Land ruinieren; unter allen Umständen aber bekennt er sich zu der Überzeugung, daß sein Regierungssystem nahezu die Vollkommenheit erreicht, und setzt ein unerschütterliches Vertrauen in die persönliche Unantastbarkeit der Staatsmänner. In dieser Beziehung beherzigt er den Bibelspruch: „Du sollst nicht übel reden von den Regierenden deines Volkes.“ Das hat eine ausgezeichnete Wirkung auf das heranwachsende Geschlecht, denn es lehrt es einen Mangel an Ehrlichkeit in öffentlichen Dingen als eine unverzeihliche Sünde anzusehen, die kein achtbarer Mann begeht, und Achtbarkeit (respectability) gehört in England zu den Haupttugenden. Abgesehen von gelegentlichen Mißbräuchen, so z. B. von der herrschenden Gewohnheit, geheime Kommissionsgebühren zu nehmen, ist man in der Tat überrascht von der Ehrlichkeit der Engländer nicht nur bei ihren Geschäften mit einem Fremden, sondern noch mehr von dem Vertrauen, mit dem sie ihm begegnen, und von der allgemeinen Voraussetzung, daß jeder Mann die Wahrheit spricht. Wenn es etwa jemand gelingt, durch seine Geriebenheit einen anderen übers Ohr zu hauen, so wird man alles andere als Bewunderung für ihn empfinden.

Klassenherrschaft. Ferner ist der Umstand, daß die Regierung hauptsächlich in der Hand der oberen Klasse liegt, nicht ohne Wirkung auf das Niveau des politischen Anstandes. Die Herrschaft einer Aristokratie ist zwar durchaus nicht immer gleichbedeutend mit einem besonders hohen Grade der Moral oder des politischen Anstandes; Ferrero schildert in seinem kürzlich erschienenen Geschichtswerke das Sinken der öffentlichen Moral des römischen Adels im Gefolge der Erweiterung seiner politischen Machtsphäre und seines Reichtums, sowie der zunehmenden Ausdehnung des Reiches. In England dagegen hat ein äußerlich nicht ganz unähnlicher Gang der Ereignisse zu einem ganz verschiedenen Ergebnis geführt. Die Korruption, die im 18. Jahrhundert klar und offen zutage trat, wird heute als Schande empfunden. Tatsächlich regieren die oberen Klassen in England heute nicht auf Grund der politischen Privilegien, die sie noch besitzen, sondern infolge des Geschehenlassens der großen Masse des Volkes, dessen Vertrauensleute sie sind. Ihre Führung wird vom Volke gern gelitten, beruht aber auf dem großen Respekt, den die Nation vor Männern von vornehmer Gesinnung und ehrlichem Charakter hat, und wenn einmal dieser Ruf ernstlich leiden würde, würde die herrschende Klasse bald die Macht verlieren. Wenn nun auch ein solcher Grund, sich makellos zu halten, nicht klar ins Bewußtsein des Politikers kommen mag, so äußert er nichtsdestoweniger seine Wirkungen und führt dazu, daß die im öffentlichen Leben stehenden Männer ängstlich jede nicht ganz einwandsfreie Handlung vermeiden, Skandalgeschichten keinen Glauben schenken und Beschuldigungen gegen Männer ihrer eignen gesellschaftlichen Schicht entgegentreten. So ist dann die Wirkung eine doppelte; einmal kommen Verstöße gegen die öffentliche Moral kaum vor und zweitens bleibt die Vorstellung von der makellosen Reinheit unerschüttert. Dazu kommt, daß die meisten Männer, die im Vordergrund des politischen Lebens als Vertrauensmänner des Volkes stehen, sich zusammen in der Schule und auf der Universität im Sport geübt haben und sich beständig in der Londoner Gesellschaft treffen. Schon dies allein führt dazu, daß sie sich mit offenen Waffen gegenübertreten und den jeweils üblichen Ehrenkodex beobachten.

Schilderung dieser Klasse. Wir sehen hier ein Regierungssystem, das Professor Burgess „eine Regierung des Volkes für das Volk durch die Besten des Volkes“[1] nennen würde. Ohne mich in weitere Erörterungen darüber einzulassen, in welchem Sinne sie die Besten des Volkes sind, so ist

[1] „Political science and Constitutional Law“, Bd. II S. 4.

doch soviel klar, daß die meisten Sitze im Hause der Gemeinen noch heute von Leuten aus einer ganz bestimmten sozialen Schicht eingenommen werden. Diese Schicht ist freilich durchaus nicht identisch mit der Schicht, die vor einem Jahrhundert die Aristokratie des Landes darstellte. Der alte Landadel ist weniger stark vertreten und der Reichtum aus den Kreisen von Industrie und Handel spielt eine größere Rolle als damals; aber die englische Aristokratie ist ja niemals ein fest abgeschlossener Kreis gewesen, sie öffnete stets bereitwilligst ihre Pforten dem Erfolge, dem Reichtum und dem Verdienste. Sie hat stets in ihren Bestandteilen gewechselt und wahrscheinlich gehören zurzeit ebensoviel Mitglieder des Hauses der Gemeinen zur guten Gesellschaft von London wie jemals zuvor. Der Zusammenhang der guten Gesellschaft mit der Politik ist noch ein sehr enger und alles in allem vielleicht ein noch engerer, als jemals früher.[1]

Die „Gesellschaft" gehört in England zu den Staatseinrichtungen. Sie ist nicht etwa eine Zusammenfassung verschiedener lokaler Gruppen, sondern eine einzige Körperschaft mit Verzweigungen über das ganze Land und einem allgemeinen Treffpunkt während der Saison in London. Während alle anderen Klassen des Gemeinwesens lokalen Charakter tragen, ist die Gesellschaft universal. Ihre Glieder haben einen ganz außerordentlich weiten Bekanntenkreis von einem Ende des Landes bis zum anderen, sie sind miteinander verbunden durch Heirat, durch frühes Drücken derselben Schulbank und gleichzeitiges Studium in Oxford oder Cambridge, und sie werden andauernd durch Gesellschaften in der Hauptstadt, oder durch Besuche auf den Landsitzen miteinander in Berührung gebracht. Eine derartige Organisation gibt der Gesellschaft festen Zusammenhalt und großen Einfluß, ohne daß sie deshalb in die Beschränktheit und Steifheit verfällt, die einer rein erblichen Kaste anhaftet.

Gründe dieser Herrschaft einer Klasse.

Wie oben bereits gesagt, liebt es die Volksmasse, durch Männer, die eine gewisse soziale Stellung einnehmen, vertreten zu werden, und je höher diese soziale Stellung ist, desto mehr hat man für einen Kandidaten übrig, wobei man natürlich voraussetzt, daß die Partei, zu der er gehört, bereit ist, spezielle Wünsche zu erfüllen, und die Parteien sind, wie wir sehen werden, beinahe stets nur allzuwillig, sich den Wünschen der Wähler anzupassen. Es fehlt

[1] Redlich spricht ausführlich über die Wichtigkeit dieses Gesichtspunktes bei Betrachtung des öffentlichen Lebens Englands („The Procedure of the House of Commons", Engl. Ausgabe, Bd. II S. 125ff.) und Sidney Low widmet ihm ein ausgezeichnetes Kapitel („The Governance of England", Kap. X).

in England fast ganz an dem Zuge nach allgemeiner Gleichheit und dem in anderen Ländern so verbreiteten Klassenhaß. Im Gegenteil kann man sagen, daß die Ehrerbietung vor den höheren Klassen bei den untersten Klassen am höchsten ist. Wenn die Arbeiter nicht irgendeinen ganz bestimmten Beschwerdegrund haben, um für einen Arbeiterkandidaten zu stimmen, so stimmen sie lieber für einen Mann mit einem hohen Titel, und daher kommt es, daß die neueste Ausdehnung des Wahlrechts die Macht der herrschenden Klasse im öffentlichen Leben eher vermehrt als vermindert hat.

Auch gibt die allgemein übliche Wahl von Kandidaten, die ihren Wohnsitz nicht im Wahlbezirk haben, Männern von Rang und Besitz einen Vorsprung. Sie können in jedem Wahlkreis des Königreiches mit guten Aussichten auf Erfolg als Kandidaten auftreten, während der aus bescheidenen Verhältnissen stammende Mann, falls er nicht etwa auf besondere Verdienste pochen kann, kaum einen Wahlbezirk, in dem er nicht wohnt, gewinnen wird. Und selbst im heimatlichen Wahlbezirk ist es für einen Mann, der nicht die üblichen öffentlichen Ämter bekleidet hat oder sich im politischen Leben allmählich heraufgearbeitet hat, äußerst schwer, in das Haus der Gemeinen zu kommen.

Kosten eines Parlamentsitzes.

Neigt schon die allgemeine Volksstimmung dahin, die politische Führung der oberen Klasse aufrecht zu halten, so wirkt der direkte Einfluß des Geldes in derselben Richtung, und zwar ist der Einfluß des Geldes auf das öffentliche Leben im allgemeinen in England und Amerika ganz verschieden. In Amerika bedient man sich nicht selten des Geldes, um sich irgendwelche besonderen Vergünstigungen von der gesetzgebenden Körperschaft oder den Stadtgewaltigen zu verschaffen, und noch viel häufiger dazu, um sich eine gleichmäßige Behandlung mit der Konkurrenz zu sichern, oder sich gegen nichtswürdige Angriffe zu schützen. Die direkte Bestechung von Abgeordneten wird mit der Zeit seltener, man gibt das Geld mehr in der Form einer Spende zum Wahlfonds der Partei her, und zahlt es an den Parteihäuptling (boss) des Ortes. Eine Spende dieser Art sichert zwar nicht immer eine bestimmte Gegenleistung, gibt aber doch immerhin einen Anspruch auf Dankbarkeit und Berücksichtigung in der Zukunft. Dagegen werden in England die Mandate beinahe nie zum Gelderwerb ausgenutzt, dafür wird aber Geld reichlich ausgegeben, um sich ein Mandat zu verschaffen. Die Parlamentsmitglieder erhalten keine Diäten, und die gewöhnlichen Wahlkosten sind meist recht erheblich und fallen, abgesehen von den Arbeiterkandidaten, deren Wahlkosten durch die Gewerkschaften aufgebracht werden, hauptsächlich dem Kandidaten zur Last, der außerdem noch sehr erhebliche Summen für das „Warmhalten“ (nursing) seiner Wähler aufbringen muß. Das Resultat ist natürlich, daß ein Parlamentssitz zum Luxus wird, den sich nur die obere Gesellschaftsschicht leisten kann.

Anziehungskraft des politischen Lebens für diese Klasse.

Dies alles bringt es zuwege, daß die Führung im öffentlichen Leben der Nation in der Hand der reicheren Klasse liegt, auf die so wie so die Politik eine beinahe unwiderstehliche Anziehungskraft ausübt. In England ist der Wunsch, im öffentlichen Leben eine Rolle zu spielen, bei denen, die die Zeit dazu haben, viel allgemeiner als bei der entsprechenden sozialen Klasse irgendeines anderen Landes. Im allgemeinen hat man mehr Vorteile davon als anderswo und weniger Nachteile. Wenn auch das Haus der Gemeinen nicht mehr der beste Klub von London ist, so ist es doch ein sehr amüsanter Aufenthalt und der Schlüssel zu vielen angenehmen Dingen. Das Parlament tagt während der Saison in der Reichshauptstadt, wo die Gesellschaft des ganzen britischen Reiches ihren Treffpunkt hat, und wo man so ziemlich alles, was in der Welt eine Rolle spielt, an sich vorüberziehen sieht. Zu dieser großen Welt Londons gehören die aristokratischen Vertreter der Provinzialmarktflecken wie die meisten anderen Abgeordneten und sie spielen dort eine Rolle. Die Sache könnte sich freilich plötzlich ändern, wenn mit der Einführung von Diäten eine große Anzahl Leute aus anderen Gesellschaftskreisen in das Parlament käme, und wenn das Parlament nach der Lehre vom geographischen Schwerpunkt, die in den Vereinigten Staaten merkwürdigerweise so sehr herrscht, seinen Sitz in Nottingham statt in London hätte.

Es kommt hinzu, daß die Art und Weise, wie man in das Parlament gelangt, nichts besonders Erniedrigendes für einen Kandidaten hat; er braucht keinen langen Lehrgang im öffentlichen Leben durchzumachen, er braucht sich nicht mit Männern von wenig Lebensart herumzuschlagen und sich der persönlichen Beschimpfung auszusetzen, die bei den englischen Kommunalwahlen und bei den politischen Wahlen aller anderen Länder so gebräuchlich ist, und endlich ist das Parlament der bequemste Weg, um sich auszuzeichnen und um Ehren aller Art zu erreichen, und beinahe der einzige Weg zu den höchsten Stellungen, die die Nation zu vergeben hat. Denn wenn auch das durchschnittliche Parlamentsmitglied für seine Person nur sehr geringen Einfluß auf das öffentliche Leben hat, so werden doch die Anhänger der gerade am Ruder sitzenden Partei, auch wenn sie kein ausgeprägtes Talent zeigen, sondern nur reich sind und ihre Treue bewährt haben, oft mit einem Baronstitel oder selbst mit der Pairswürde belohnt, und nur auf dem Wege durch das Parlament kann man Minister werden. Vielleicht gibt es keine andere Karriere, in der sich ein bemittelter Mann aus guter Familie mit guten Anlagen und mäßigem Fleiße so leicht einen Namen machen kann als im englischen politischen Leben. Er läuft auch nicht einmal die Gefahr, die in anderen demokratisch regierten Ländern so groß ist, daß er ohne ernsthaftes Verschulden seinerseits wieder in das Meer der Vergessenheit versinkt, nachdem er einmal eine hohe Stellung errungen hat. Wer einmal in der vordersten Reihe steht, bleibt in England eigentlich stets an der Spitze, und ein früherer Minister, der noch im Vollbesitz seiner Kräfte ist, kann mit ziemlicher Sicherheit auf einen Sitz im nächsten, von seiner Partei gebildeten Ministerium zählen. Und selbst wenn er das nicht erreicht, so kann er doch, wenn er wohlhabend genug ist, einen Sitz im Hause der Lords beanspruchen. Der Rat, den Präsident Roosevelt den jungen Amerikanern gab, die ihn um seine Ansicht über die politische Karriere fragten, daß die Beschäftigung mit der Politik etwas Ausgezeichnetes sei, daß aber die politische Karriere gewisse unvermeidliche Versuchungen mit sich bringe, gilt nicht für England. Daher ist es durchaus nicht überraschend, daß ein Parlamentssitz für junge Leute der englischen herrschenden Klasse einen starken Reiz hat.

Die herrschende Klasse und das Ministerium.

Die Leute aus der besten Gesellschaft von London überwiegen, wie schon Sidney Low richtig bemerkt hat, noch mehr im Ministerium als im Hause der Gemeinen.[1] Er führt das zum Teil auf die unbestreitbare Tatsache zurück, daß man viel mehr Aussicht hat, Minister zu werden, wenn man jung in das Haus der Gemeinen eingetreten ist, und das kann eben nur jemand tun, der durch ererbten Reichtum vor der Notwendigkeit, seinen Lebensunterhalt zu erwerben, bewahrt ist. Noch größeres Gewicht legt er darauf, daß Männer aus der obersten Schicht zu Ministern gemacht werden, weil sie den Parteiführern durch gesellschaftlichen Verkehr bekannt sind, oder mit ihnen durch Bande des Blutes oder der Freundschaft verbunden sind. Dagegen haben die Wähler, wenn man vielleicht von ein paar bedeutenden Persönlichkeiten oder den Vertretern besonders markanter Anschauungen absieht, „kein besonderes Interesse daran, ob dieser oder jener Abgeordnete Minister wird. Sie haben ihre Schuldigkeit an den Urnen getan, und haben erklärt,

---

[1] „The Governance of England“, S. 184ff.

daß sie durch A. und seine Partei regiert werden wollen, und nicht durch B. und dessen Anhänger, und überlassen die Zusammensetzung des Exekutivkomitees und die Verteilung der verschiedenen Ämter in diesem Komitee ruhig dem Parteiführer und seinen Beratern". In der Tat ist die Gleichgültigkeit des Volkes hinsichtlich der Auswahl vieler Minister etwas sonderbar.

In dieser Hinsicht ist der allmähliche Wechsel von Bedeutung, durch den das Kabinett auf Kosten des Hauses der Gemeinen an politischer Macht gewonnen hat, denn gerade im Kabinett ist die herrschende Klasse am stärksten vertreten. Vielleicht wird das nicht immer so bleiben, aber bis auf den heutigen Tag haben sich alle Prophezeiungen über den nivellierenden Einfluß der Demokratie in Großbritannien als irrtümlich erwiesen. In Ländern, wo der politische Klassenhaß nicht stark ausgebildet ist, gehören gesellschaftlicher Ehrgeiz und gesellschaftliches Zusammengehörigkeitsgefühl zu den stärksten Triebkräften der menschlichen Natur, und in einer so zentralisierten und so festgefügten Gesellschaft wie der englischen werden sie schwerlich sobald in den Hintergrund treten. Freilich gilt alles das Gesagte viel mehr für die konservative als für die liberale Partei. Aber selbst in der liberalen Partei ist der gesellschaftliche Einfluß eine große Macht und zwar eine Macht, die voraussichtlich auch in der Zukunft ihre Bedeutung behalten wird.

Vierundsechzigstes Kapitel.

Staatliche, private und lokale Interessen.

Gründe für das Überwiegen öffentlicher Tagesfragen.

Wenn sich das englische politische Leben ziemlich frei von Korruption, wenigstens in ihrer groben Gestalt, Ämterergatterungsversuchen, Einwirkung privater und örtlicher Interessen und politischen Schachergeschäften, dem sog. „log-rolling“ hält[1], die in so vielen Staaten an der Tagesordnung sind, so verdankt es das dem Umstande, daß sich das politische Leben beinahe ganz auf staatspolitische Fragen beschränkt. Private und örtliche Interessen spielen nur eine sehr untergeordnete Rolle, und haben kaum einen Einfluß auf die Amtsdauer der Minister. In anderen parlamentarisch regierten Ländern hat man keineswegs immer dasselbe Resultat erzielt, und man kann es daher nicht allein dem Prinzip der Ministerverantwortlichkeit zugute schreiben, wenn auch letzteres in England ohne Frage erheblich mit in die Wagschale fällt. Man muß es auf verschiedene Umstände zurückführen, die Minister und Abgeordnete freimachen von Zumutungen, denen sie in anderen Ländern nachzugeben gezwungen sind. Die meisten dieser Umstände habe ich schon in früheren Kapiteln in ähnlichem Zusammenhange erwähnt, aber ich möchte doch hier noch eine Gesamtübersicht über sie geben.

Das lebenslängliche Beamtentum.

Die vornehmste Rolle unter diesen Faktoren spielt das Vorhandensein eines auf Lebenszeit angestellten Beamtentums, und zwar eines Beamtentums, das nicht nur die mittleren und unteren Beamtenstellungen ausfüllt, sondern auch Stellungen mit hoher

---

[1] Anm. des Übersetzers: Der Ausdruck log-rolling stammt aus folgender Gedankenverbindung: „Du hilfst mir meinen Klotz (log) fortzuschaffen (roll), der für mich allein eine zu große Last darstellt und dafür helfe ich Dir bei Fortbewegung Deines Klotzes.“ Die praktische Nutzanwendung für Parlamentarier ist etwa die: „Du hilfst mir, eine für meinen Wahlkreis wichtige Eisenbahn im Parlament durchzubringen, dafür trete ich für eine Zollerhöhung auf den von Dir fabrizierten Artikel ein.“

Verantwortlichkeit und zwar alle Regierungsämter mit Ausnahme der Ministerstellungen selbst. Ein jeder dieser zahlreichen Staatsbeamten behält seine Stellung ohne Rücksicht auf einen Wechsel der regierenden Partei; und beinahe sämtliche Ämter werden ohne Rücksicht auf politische Beziehungen besetzt. In den meisten Dienstzweigen werden alle den lebenslänglichen Beamten offenstehenden Ämter mit Ausnahme einiger ganz hoher auf Grund der Ablegung eines Examens besetzt, das jedermann frei steht und Vorbedingung der Erlangung des Amtes ist. Ein derartiges System, daß vielleicht den auffallendsten Unterschied zwischen der englischen und der amerikanischen Staatsverwaltung darstellt, hält die Politik fern von dem Beamtentum, und verhindert es, daß die Staatsämter als Beute der jeweilig zur Macht gelangenden Partei betrachtet werden. Es führt zu einer stetigen zweckentsprechenden Verwaltung, und macht einen Wechsel der Partei möglich, ohne daß dadurch die Verwaltung leidet. Minister und Abgeordnete können ihre Aufmerksamkeit den großen staatspolitischen Fragen widmen, und brauchen sich nicht damit abzugeben, ihre getreuen Anhänger zu belohnen, und eine Menge von Gesuchstellern zu befriedigen, ferner werden auch geographische Gesichtspunkte gänzlich ausgeschaltet. Ein Engländer würde es lächerlich finden, wenn man verlangte, daß die Amter auf die verschiedenen Teile des Landes je nach der Volkszahl verteilt werden müßten. In ihren Berichten über das Resultat des Examens für die höchsten Sekretärstellungen, heben die Mitglieder der Prüfungskommission zwar die Universitäten hervor, auf denen die erfolgreichen Kandidaten studiert haben, und hier und da auch den Stand ihrer Eltern, aber niemals erwähnen sie die Grafschaften, in denen sie ihren Wohnsitz haben. Kein Mensch kümmert sich darum, ob Schottland oder Yorkshire oder London mehr Ämter ergattert haben als Wales oder Ostangeln, und keine Provinz würde sich darüber beschwert fühlen, daß in diesem jedermann zugänglichen Examen ein anderer Teil des Landes einen größeren Erfolg davon getragen habe als man selbst.

Die Methode der Besetzung verantwortlicher Stellen auf Grund eines Wettbewerbes hat die Ursache ihres Erfolges hauptsächlich in dem dabei befolgten Grundsatze, daß man eine große Menge junger Leute auf Grund eines Examens auswählt, das ihre allgemeine Bildung und Qualifikation zeigt, und dann diejenigen von ihnen zu höheren Posten beruft, die sich den Erfordernissen des Dienstes gewachsen zeigen. Kein Examen kann einen Maßstab für praktisches Verwaltungstalent bilden, da letzteres auf persönlichen Eigenschaften beruht, die mit der Menge der erworbenen Kenntnisse gar nicht zusammenhängen. Und andererseits hat, wie bereits in dem Kapitel über das lebenslängliche Beamtentum ausgeführt wurde, die Geschäftsroutine, die bei Stellungen, die man nur für eine kurze Zeit inne hat, als Voraussetzung sofortiger Anstellung so wichtig ist, sehr geringe Bedeutung bei der Auswahl junger Leute für einen Lebensberuf. Dazu würde auch das Erfordernis einer derartig praktischen Geschäftserfahrung viele der besten Bewerber ausschalten, die in diesem Falle gezwungen sein würden, sehr viel Zeit auf das Erlernen von Dingen zu verwenden, die für sie beim Nichtbestehen des Examens von gar keinem Nutzen sind. Aus diesem Grunde bekannte die Macaulaysche Kommission sich zu dem Grundsatze, daß das Examen sich nur auf Gegenstände erstrecken solle, die zur allgemeinen Bildung gehören, und diesen Grundsatz hat man mit der Zeit auch auf die unteren Stellungen des englischen Beamtenheeres ausgedehnt. Das entgegengesetzte Prinzip, nämlich das einer auf technische Vorbereitung gestützten Prüfung hat man in Holland für den Kolonialdienst in Java versucht. Auf Grund langjähriger Erfahrungen hat man es aber aus den von Macaulay angegebenen Gründen aufgegeben.

Nun könnte man ja eine derartige Prüfung auf allgemeine Bildung, wie die Prüfung für die höchsten Sekretärstellungen kaum aufrecht erhalten, wenn nicht ein auf der Universität erlangter Grad im allgemeinen als ein zuverlässiger Maßstab der Bildung gälte. In Amerika, wo man den Wert der Erziehung im allgemeinen an der Möglichkeit der praktischen Nutzbarmachung der erlangten Kenntnisse mißt, würde man ein derartiges Befähigungszeugnis nicht ohne weiteres anerkennen. Und daher kommt es, daß man zwar den Befähigungsnachweis in sehr weitgehendem Maße durchgeführt hat, um untere und mittlere Beamtenstellungen politischen Einflüssen zu entziehen, aber bei Ämtern mit eigner Verantwortung bisher nur sehr geringe Fortschritte gemacht hat. Und gerade in letzterem ruht der große Vorzug des englischen Systems, denn eben dadurch, daß man diese Ämter dem Parteikampf entrückt hat, hat man den Ämterschacher von der Politik fern gehalten. —

Frei-handel. Ist schon durch die Organisation des Beamtentums dafür gesorgt, daß viele persönliche Interessen in den Hintergrund treten, so trägt auch manches andere dazu bei, daß private und lokale Interessen kein bedeutendes Gewicht gewinnen können. Man mag wie man will über die wirtschaftlichen Folgen des Schutzzollsystems denken, man mag es z. B. für notwendig halten zur Entwicklung der Industrie eines jungen Landes, man kann aber darüber nicht im Zweifel sein, daß die englische Freihandelspolitik aus dem Kampf der Parteien eine Menge von Streitigkeiten zwischen den verschiedenen Landesteilen und den verschiedenen Erwerbszweigen ausgeschaltet hat. Man redet ja soviel über einen nach wissenschaftlichen Grundsätzen aufgestellten Tarif; in der Praxis aber bedingt die Feststellung der einzelnen Tarifpositionen in einem gesetzgebenden Körper so manche gegenseitige Konzession der verschiedenen Erwerbszweige aneinander und jeder vertritt dabei seine eigenen Interessen mit aller ihm zu Gebote stehenden Kraft.

Fehlen staatlicher Meliorationstätigkeit.

In zweiter Linie ist es die Tradition, die die Verwendung von Staatsgeldern zugunsten eines bestimmten Ortes verbietet, die erheblich dazu beigetragen hat, die Lokalinteressen aus der Politik auszuschalten. Natürlich muß die Regierung in einer Anzahl von Seehäfen Werften unterhalten und die Werftabgeordneten sind im politischen Leben Englands sprichwörtlich geworden. Aber hiervon abgesehen wendet die Regierung kein Geld für Häfen auf. So hat z. B. die Bevölkerung von Liverpool, Glasgow und anderen Städten auf ihre eigenen Kosten die kolossalen Hafenausbauten ausgeführt. Die Postämter, die die Regierung freilich unterhält, hat sie eben überall. Dagegen baut sie weder Straßen noch Kanäle und wenn sie große Mittel für die Ortspolizei, das Schulwesen und andere Verwaltungszweige zur Verfügung stellt, so tut sie das auf Grund allgemeiner Prinzipien, die gleichmäßig auf alle Landesteile angewandt werden. Ein derartiges System gräbt die in anderen Ländern so verderblich wirkende Beeinflussung der Abgeordneten durch Lokalinteressen an der Wurzel ab und erleichtert damit sowohl die Tätigkeit der Abgeordneten als auch die ordnungsmäßige Führung der politischen Geschäfte.

Gesetze von persönlichem Interesse.

Eine weitere sonst sehr ergiebige Quelle für die Beeinflussung der Abgeordneten durch Personal- und Lokalwünsche ist in England durch die Art und Weise verstopft, in der man Privatinteressen betreffende Gesetzentwürfe behandelt. Bei dem halbrichterlichen Verfahren vor kleinen unparteiischen Kommissionen, das hierbei Platz greift, ist es den Abgeordneten kaum möglich, von ihren Freunden oder Wählern gewünschte Maßnahmen durchzusetzen und es fehlt im allgemeinen auch an Gelegenheit zu wirksamer Bekämpfung von ihren Wählern unwillkommenen Privatgesetzen. Man kennt in England den Typ des Volksvertreters nicht, der, um eine für seinen Wahlkreis wichtige Wasservorlage durchzubekommen, seine Stimme in anderen Angelegenheiten gegen Unterstützung bei diesem Gesetze verschachert; und tatsächlich stellt ja ein derartiger Mann, ohne sich eines Vorstoßes gegen die öffentliche Moral bewußt zu werden, ein demoralisierendes Element in einem gesetzgebenden Körper dar. In einem Sinne freilich benutzt jeder Abgeordnete seine Stimme bei einem Gesetze als Mittel andere durchzubringen, denn in der Absicht, seine Partei im Besitze der Macht für bestimmte ihm wichtige Ziele zu erhalten, stimmt er in all den Fragen, in denen er keine bestimmten Ansichten hat, mit seiner Partei. Das Prinzip der Ministerverantwortlichkeit zwingt ihn zwar in ganz eigenartiger Weise in rein politischen Fragen den Einpeitschern seiner Partei Gefolgschaft zu leisten, aber diese Treupflicht erstreckt sich nicht auf Fragen von privatem oder örtlichem Interesse.

Macht der Parteien.

Die scharfe Trennung der Parteien im Unterhause ist sowohl Ursache als Wirkung des Überwiegens der rein politischen Fragen gegenüber privaten und örtlichen Interessen. Angesichts der ganzen Nation führen die beiden vordersten Bänke einen unaufhörlichen Krieg, an dem jedermann Interesse nimmt. Jedermann bildet sich auf Grund der klaren Kampfstellung der Parteien ein, daß er versteht, worum sich der Streit dreht. Zwei Schlachtreihen von Kriegern stehen sich hier gegenüber und kämpfen um einen ganz bestimmten Einsatz, nämlich darum, welche von ihnen die Regierung des Landes führen soll. Das Ziel ist klar und Differenzen zwischen den Führern spielen keine Rolle. Die in der vordersten Reihe fechtenden Männer müssen daher bestimmte politische Forderungen aufstellen und die Abgeordneten müssen sich für oder wider entscheiden. Wer als Abgeordneter der gerade herrschenden Partei gegen ihre Führer stimmt, läuft Gefahr, sie zugunsten eines Ministeriums der Opposition zu stürzen, und bei der hierdurch bedingten Parlamentsauflösung wird er bei seinen Wählern kaum viel Sympathie finden; denn letztere interessieren sich in erster Linie dafür, daß ihre Partei die Oberhand behält. Bei einer „präsidentiellen" Regierungsform[1] lassen sich die Abgeordneten sehr schwer zum Parieren zwingen, weil man ihnen nicht mit Auflösung des Parlaments oder Wechsel des Ministeriums drohen kann und daher fallen ihre persönlichen Ansichten und ihre Wünsche für ihre Freunde und Wähler mehr ins Gewicht. Das gleiche gilt für das parlamentarische System Frankreichs, weil der Sturz eines Ministeriums keineswegs gleich-

[1] Anm. des Übersetzers: Der Verfasser hat hier die amerikanische Verfassung in erster Linie im Auge.

bedeutend mit einem Wechsel der herrschenden Partei ist. Aber in England führen die Minister und die Mehrheit muß ihnen folgen. Der Gegensatz liegt so auf der Hand und wurzelt so tief im öffentlichen Bewußtsein, daß die Minister sich nicht durch Gewährung von persönlichen oder lokalen Sondervorteilen die Unterstützung dieses oder jenes Abgeordneten zu erkaufen brauchen. Sie können sich auf ihr politisches Programm stützen und es liegt durchaus in ihrem Interesse, das zu tun. Und tatsächlich halten sie sich auch fast ganz von allen Dingen zurück, die Privatinteressen und einschlägige Gesetzentwürfe betreffen. In Wiederholung des Schlusses, zu dem ich bereits in einem früheren Kapitel gelangt bin, sei nochmals hervorgehoben, daß die politischen Parteien Englands unter ihren verantwortlichen parlamentarischen Führern einen ganz außerordentlichen Einfluß auf die Gesetzgebungsmaschine haben, sich aber fast gänzlich auf rein politische Fragen beschränken.

Offensichtlich hat es große Vorteile, daß die Politik sich nur um politische, nicht aber um örtliche und private Interessen dreht. Es mindert die Versuchung, persönliche Vorteile zu erstreben oder Cliquen hinter den Kulissen zu bilden, die wenn auch nicht offener Korruption so doch dem Niedergange der politischen Moral Tür und Tor öffnen und so manches Parlament in Mißkredit gebracht haben. Andererseits bringt es aber auch Gefahren mit sich, die in gewissem Sinne mit einer Erscheinung von Weltbedeutung, dem neuzeitlichen Wiederaufleben des Paternalismus in Zusammenhang stehen.

Fünfundsechzigstes Kapitel.

Fortschritte des Staatssozialismus (Paternalismus).

Laissez-faire.

Der Übergang aus der alten Zeit zum modernen Wirtschafts- und Gesellschaftsleben brachte zwischen der Mitte des 18. und der des 19. Jahrhunderts ganz erhebliche Abänderungen von Gesetz und Recht mit sich. Eine Menge von Gesetzen, die auf inzwischen in Wegfall gekommene Bedürfnisse berechnet waren, hatte jetzt keinerlei Zweck und Sinn mehr und hinderte nur den natürlichen Fortschritt, so daß man alle Eingriffe des Staates als präsumptiv schädlich und die einstmaligen Schöpfer jener Gesetze als polizeiwidrig dumm und töricht anzusehen begann.

Damals machte ja auch Rousseau die vielsagende Entdeckung, daß alle Kultur von vornherein ein trauriger Irrtum sei. In Frankreich schwemmte dieser neue Geist, von der Revolution entfesselt, alle wichtigeren Teile der alten Verfassung mit sich fort, und in England, wo konservativer Sinn und Abneigung gegen plötzlichen Umsturz die Verbreitung radikaler Theorien auf politischem Gebiete hintanhielt, wurden auf wirtschaftlichem Gebiete äußerst radikale Anschauungen herrschend. Das findet seine natürliche Erklärung dadurch, daß die Theorie von der möglichsten Beschränkung der Staatseingriffe in das Wirtschaftsleben dem Bedürfnisse jener Zeit entsprach. Die Industrie Großbritanniens entwickelte sich äußerst schnell und die Gesetzgebung hatte im zweiten Viertel des letzten Jahrhunderts reichlich damit zu tun, die Hindernisse, die ihrer Entwickelung im Wege standen, zu beseitigen. Die schwierigen Probleme, deren Lösung die Industrie aufgeben würde und die Mißbräuche, die sie hervorrufen sollte, bemerkte man zunächst nicht in ihrer vollen Größe. Die Arbeiter ihrerseits waren noch nicht genügend organisiert, um ihre Stimme wirksam geltend zu machen, denn die Ausdehnung des Stimmrechtes hatte sich hauptsächlich auf die Mittelklassen erstreckt, die bei der Entwickelung der Industrie und der Bildung von Kapital in erster Linie ihre Rechnung fanden. Überdies glaubten ja die Propheten der neuen Zeit, daß schließlich jedermann an den Vorteilen des kapitalistischen Systems teilhaben müsse und daß man durch Verfolgung seiner eigenen Interessen gleichzeitig auch dem Gesamtinteresse am besten diene. Die Laissez-faire-Theorie der klassischen Nationalökonomie, wie sie jetzt von der Manchester Schule für die praktische Politik verwertet wurde, gründet sich ja tatsächlich auf die Annahme, daß das aufgeklärte Selbstinteresse eines jeden mit den Interessen aller anderen vollkommen harmoniere; und besondere Enthusiasten sahen im Geiste schon einen Zustand allgemeinen wirtschaftlichen Gedeihens auf der Basis allgemeiner Verfolgung des Selbstinteresses vor sich.

Wechsel der ökonomischen Anschauungen.

Jedes politische System trägt in sich den Keim seiner eigenen Zerstörung, da es ja bis zu einem gewissen Grade fehlerhaft sein muß. Je vollkommener es in der Praxis verwirklicht ist, desto deutlicher treten seine Mängel hervor. Infolgedessen pflegt eine ökonomische Lehre, die Allgemeingut geworden ist und den Geist der Zeit wiederzugeben scheint, nicht fern von ihrem Sturze zu sein. Der Fortschritt der Menschheit gleicht dem Lavieren gegen den Wind, einmal nach Steuerbord und das andere Mal nach Backbord, denn die Menschen, die nun einmal die absolute Wahrheit nicht finden können, helfen sich dadurch vorwärts, daß sie immer irgend ein Prinzip übertreiben. Die Lehre vom Laissez-faire machte davon keine Ausnahme. Die Leiter der neuen Industrie wollten gute Geschäfte machen und behandelten, da kein Gesetz sie daran hinderte, ihre Arbeiter nach dem Gesetz von Angebot und Nachfrage, ohne sich viel um ihre Wohlfahrt zu kümmern und so führte denn der kolossale Aufschwung der Industrie zu viel Elend der niederen Arbeiterklassen und insbesondere der Frauen und Kinder in Fabriken und Bergwerken. Als man sich dieser Schattenseiten allgemein bewußt wurde, schuf man die Fabrikgesetzgebung. Schritt für Schritt wurde die Kinderarbeit beschränkt, wurden die Arbeitsstunden festgesetzt, die sanitären Verhältnisse verbessert, Schutzvorrichtungen für gefährliche Maschinen angeordnet, wurde weiterhin die allgemeine Schulpflicht durchgedrückt und der Arbeitgeber für Unfälle seiner Arbeiter haftpflichtig gemacht. Die ersten derartigen Gesetze traten in Kraft lange bevor die Laissez-faire-Theorie auf dem Gipfel ihrer Macht angelangt war und seitdem haben sie sich mehr und mehr gehäuft.

Diese Gesetzgebung bedingt das Eingeständnis, daß das bewußte

Selbstinteresse von Arbeitgeber und Arbeiter keinen genügenden Schutz gegen Bedrückungen bietet.[1]

Der sozialistische Beigeschmack.

Die Fabrikgesetze schlugen eine tiefe Bresche in die Grundsätze des Laissez-faire, die sich mit der Zeit immer mehr vertiefte, so daß die Trümmer der Doktrin einer philanthropisch sein wollenden Gesetzgebung kaum noch wirksamen Widerstand entgegensetzen. Die Nationalökonomie wies geschäftig ihre Fehler und Grenzen nach. Auch wurde sie unterminiert durch sozialistische Theorien, die auf ganz entgegengesetzten Grundsätzen beruhten, und wenn diese Theorien auch nicht zum Glaubenssatz eines irgendwie beträchtlichen Teiles des englischen Volkes wurden, so durchdrang doch ihr Sauerteig alle Klassen. Sie stützen sich auf die Prämisse, daß die Interessen der Menschen wesentlich voneinander abweichen und daß der Staat eingreifen muß um den Widerstreit der Interessen auszugleichen und Mißbrauch des wirtschaftlichen Übergewichts zu verhindern. In konsequenter Durchführung würde diese Theorie die gesamte Industrie in die Hand des Staates bringen und privaten Geschäftsbetrieb ausschließen. Wie weit man die Ansicht von dem natürlichen Widerstreit der menschlichen Interessen treiben kann, erhellt aus zwei lebenswahren Fabeln von H. G. Wells, wie sich ja manchmal eine Ansicht ebenso klar aus einer Dichtung, wie aus einer feierlichen Abhandlung ergibt. In „The Time Machine" versetzt er sich in eine um viele Jahrtausende vorgeschrittene Welt, in der die Menschheit aus zwei Klassen besteht, von denen die kräftigere die andere als Nahrungsmittel unterhält. Im „War of the Worlds" (Weltenkampf) fristen die überirdischen Geschöpfe, die die Erde vom Mars her erobern, ihr Leben durch Schlürfen des Blutes der Menschen, die sie vorfinden. Diese Geschichten sind mit ganz bestimmter Tendenz geschrieben und es ist nicht ein gelegentlicher Einfall eines Schriftstellers, der den ungefesselten Egoismus schließlich in Kannibalentum endigen läßt. Sie zeigen die schärfste Schwingung des Pendels von den Grundideen des Laissez-faire an. Die Engländer, die ja sicher nicht dazu neigen, sich für die Anschauungen von einem notwendigen Widerstreit der menschlichen Interessen zu erwärmen, glauben auch nicht länger an ihre unbedingte Harmonie und sind, wenn sich ein Mißstand herausstellt, gern bereit, ihn abzustellen, statt in blindem Vertrauen darauf zu

---

[1] Über diese ganze Frage vergleiche man das lichtvolle Werk von Prof. A. V. Dicey, „Law and Opinion in England".

warten, daß im natürlichen Laufe der Dinge alles schon wieder ins Lot kommen werde.

Die Zunahme des menschlichen Solidaritätsbewußtseins.

Die neue Saat fiel in Acker, der für sie bereits durch den Fortschritt humanitärer Ideen vorbereitet war. Vielleicht kann man den Grad einer Kultur an der Verbreitung menschlicher Sympathie messen. Im Anfang haben die Menschen das Gefühl der Brüderlichkeit nur für Mitglieder ihrer eigenen Familie, ihres Geschlechtes oder Stammes. Alle übrigen Völker gelten als natürliche Feinde, die man vernichten oder unterjochen muß. Allmählich erstreckt sich das Gemeinschaftsgefühl auf größere Körper, auf die Stadt, den Staat oder sogar eine ganze Rasse, die dieselbe Sprache spricht oder dieselbe Gottheit anbetet; aber immer noch bleiben die Grenzen eng. Selbst im klassischen Zeitalter Griechenlands sah man in den Sklaven mehr Werkzeuge im Dienste des erhöhten Lebensgenusses einer herrschenden Kaste als Wesen, deren Glück an sich irgendwelche Bedeutung hatte. Der Gedanke, daß alle Menschen, welcher Rasse, Hautfarbe oder Religion sie auch sein mögen, gleichmäßig auf Hilfe und Freundschaft Anspruch machen können, ist im Bewußtsein des Volkes etwas verhältnismäßig Neues und kann sich auch heute noch im Kampfe des modernen Lebens schwer durchsetzen. Endlich erregten auch die Tiere mehr Mitgefühl als jemals früher und die Menschen wurden sich bewußt, daß jedes Geschöpf, das Schmerz und Freude empfinden kann, einen Anspruch auf menschliches Mitgefühl hat.

Wenn man den Kulturfortschritt am Wachstum des Mitgefühls messen kann, so hat die Vorwärtsbewegung, die in Europa in der Mitte des 18. Jahrhunderts einsetzte, seitdem in immer steigendem Maße angehalten. Die rapide Zunahme der öffentlichen und privaten Tätigkeit zur Linderung des Leidens und Verbesserung der Lebensverhältnisse und Lebensaussichten der Armen, das „Settlementwork“ und das allgemeine Interesse für alle philanthropischen Bestrebungen liefern einen genügenden Beweis hierfür. Wenn sich auch diese Bestrebungen vielleicht nicht immer in der richtigen Richtung bewegen, so ist doch das sie beseelende Gefühl stark und echt, wie man überall beobachten kann. Vor einigen Jahren erzählte man dem Verfasser die Äußerung eines alten Herrn, daß, als er als junger Mensch nach London kam, die Katzen vom Menschen fortgelaufen seien, während sie jetzt herankämen, um sich streicheln zu lassen; in dieser kleinen Bemerkung liegt ein Kapitel menschlichen Fortschritts. Zwar sind die Bärenhetzen auch im heutigen England noch nicht verboten, weil sie den Zuschauern Spaß machen.

Die volkstümlichen Vergnügungen der Jetztzeit wie die berufsmäßigen Cricket- und Fußballspiele sind vielleicht keine sonderlich erbauliche Form der Zerstreuung, doch wird der Sport, wenn man, was beachtenswert genug erscheint, von den oberen Klassen absieht, nicht grausam und niemals verroht er Zuschauer oder Teilnehmer.

Abnahme der Roheit.

Trotz der Fälle von Weiberprügeln und anderen Gewalttätigkeiten, von denen man noch hört, scheint doch die Roheit unter den Volksmassen Englands sehr erheblich nachgelassen zu haben, und in der Tat zeigt auch die Gerichtsstatistik eine ständige Abnahme der Roheitsverbrechen. Man sieht nicht mehr die ständigen Männer- und Knabenzänkereien auf den Straßen, die Dickens beschrieben hat. Die Trunksucht ist natürlich eine Seuche und zwar besonders in Schottland, wo die Verbreitung der Trunksucht und die geringe Beachtung, die man ihr schenkt, erschreckend ist. Aber nach den Berichten der Beamten der indirekten Steuern hat sich der Alkoholkonsum in den allerletzten Jahren vermindert, und ohne Frage ist die Begeisterung für Straßenkämpfe nur des Ulkes halber ziemlich ausgestorben.[1] Noch bezeichnender ist vielleicht die Stellung der Regierung gegenüber dem Verbrechen, wie sie sich ausspricht in der Inschrift des kürzlich auf der Stelle des Old Bailey errichteten Gerichtsgebäudes nahe dem Platze, wo das Newgategefängnis stand mit seiner langen Geschichte von Vergeltung und Leiden. Über dem neuen Gebäude steht der Sinnspruch: „Du sollst die Kinder der Armen schützen und die Übeltäter bestrafen“.

Abnahme der Gelassenheit.

Die Zunahme humanitären Empfindens nebst dem Wechsel in der nationalen Sinnesart, den es bedingt, steht auch im Zusammenhang mit dem Anwachsen der Städte. Nach ihrem Wohnorte betrachtet sind die Engländer jetzt hauptsächlich ein städtisches Volk und in ihren Eigenschaften sind sie es vielleicht noch ausgeprägter, denn die städtische Eigenart stützte sich in der Vergangenheit hauptsächlich auf den durch das städtische Leben bedingten ständigen Verkehr mit anderen Leuten. Der Städter nahm schnell Ideen auf und gab sie weiter. Er wurde gewandt, hellhörig, eindrucksfähig und handelte bereitwillig mit seinen Genossen gemeinschaftlich, während der Landbewohner langsamer, nachdenklicher

[1] In einer höheren Gesellschaftsschicht zeigt sich derselbe Wechsel der Anschauungen ebenso deutlich im Verschwinden des Barbarismus, der mit dem Fuchsdienst in den großen öffentlichen Schulen zusammenhing.

und selbständiger Natur war. Aber das leichte Reisen, die Schnelligkeit des Verkehrs, die Post und die Tagespresse haben das Landleben in der ganzen Welt von Grund auf umgewandelt und vielleicht nirgends in gleichem Maße wie in England. In gewissem Sinne hat das ganze Königreich Vorstadtcharakter angenommen. Diese Zunahme des städtischen Lebens und der große Fortschritt humanitärer Ideen hat neben vielem Guten auch manches weniger Gute mit sich gebracht. Die alte Gelassenheit ist zum Teil geschwunden und durch größere Lebhaftigkeit ersetzt. Besonders während des Südafrikanischen Krieges überschritt die Aufregung des Volkes alle Grenzen und namentlich nach britischen Siegen wurde sie geradezu krankhaft. Niemand, der in London zur Zeit des Entsatzes von Mafeking war, wird je den Höllenlärm in den Straßen an dem Abend, wo die Nachricht eintraf, vergessen, noch den Jubel am nächsten Tage. All das war offenbar spontan und daher um so lehrreicher. Freilich handelte es sich hier um ganz besondere Verhältnisse und doch zeigt uns die zutage tretende Aufregung, wenn auch in einer außerordentlich übertriebenen Form, doch einen wirklichen Wandel an, der sich im Nationalcharakter vollzogen hat. Der typische John Bull in seiner Gelassenheit und Starrköpfigkeit, der sich nur im Notfall auf einen Streit einließ, ihn dann aber energisch durchführte und die althergebrachten Wege allen neumodischen Verbesserungen vorzog, ist zwar nicht ganz ausgestorben, ist aber doch mit dem Niedergang der Landwirtschaft eine viel weniger alltägliche Erscheinung geworden. Sozialen Problemen gegenüber zeigt sich der heutige Engländer lebhaft und ungeduldig, er will alle Übel aus der Welt schaffen und alle möglichen Experimente versuchen. Tritt eine Übervölkerung in den Städten ein, so baut er sofort einige Wohnhäuser. Ist die Lage der landwirtschaftlichen Arbeiter schlecht, so bringt er ein Gesetz zustande, auf Grund dessen einige von diesen Arbeitern Landstücke erhalten können. Wenn sich diese beiden Heilmittel als nicht allzu wirksam erweisen, so baut er noch einige Häuser mehr und macht eine wirkungslose Novelle zum Ansiedelungsgesetz. (Allotment Act.) Ist die Kindersterblichkeit groß, so hat er hier und da sogar eine Versorgung mit städtischer Milch ins Werk gesetzt. Alles in allem sieht er die Schattenseiten des Lebens weder in seinem eigenen Falle noch in dem anderer als Teil eines unabänderlichen Naturgesetzes an, dem man sich geduldig fügen müsse, sondern er versucht ihnen abzuhelfen und zwar sobald als irgend möglich.

Stellung zu wirtschaftlichen Fragen.

Der Niedergang der Lehre vom Laissez-faire in Verbindung mit dem Anwachsen altruistischer Gesinnung und einem gewissen Wechsel des Volksempfindens hat so eine veränderte Stellung gegenüber den sozialen und wirtschaftlichen Fragen hervorgerufen. An Stelle des alten Glaubens, daß beim Wachsen des Reichtums jedermann gewinnen würde, ist die Fürsorge für die Lage der weniger bemittelten Klassen getreten und das ist noch mehr hervorgetreten infolge der Ausdehnung des Wahlrechts. Der Umstand, daß die große Masse der Wähler jetzt zu den wenig bemittelten und für den Lebensunterhalt auf ihren Lohn angewiesenen Klassen gehört, hat alle Politiker sehr hellhörig für die Wünsche der Arbeiter gemacht. In auffallendem Gegensatze zu den vor 60 Jahren herrschenden Ideen konzentriert sich das politische Interesse Englands mehr auf die Güterverteilung als auf die Gütererzeugung und dies trotz der vielen Geschäftsleute im Unterhause. Vielleicht würde das anders sein, wenn nicht ein großer Teil der Leute, die von ihrem Einkommen leben, wenigstens einen Teil ihrer Einnahmen aus im Auslande angelegten Kapitalien bezögen; doch das ist eine Sache von geringerer Bedeutung und keiner der Kardinalpunkte.

Zunahme der staatssozialistischen Gesetzgebung.

Alle diese Ursachen haben zu sehr viel paternalistischen um nicht zu sagen altväterisch anmutenden Gesetzen geführt. Diese Tendenz beschränkt sich natürlich keineswegs auf England und macht sich überall geltend. Und bis zu einem gewissen Grade mußte man eigentlich hierauf rechnen, denn wenn man sich nicht gerade zur Laissez-faire-Lehre in ihrer schärfsten Ausprägung bekennt, kommt man notwendig zu einer mehr oder minder einschneidenden Regulierung der wirtschaftlichen und sozialen Verhältnisse. Der erste Schritt von einer Wirtschaftsform zur anderen ist natürlich die Aufhebung lästig gewordener Gesetze und dann macht man sich an die Festlegung neuer Gesetze, die der veränderten Lage der Dinge angepaßt sind. Aber wenn auch dieser Gang der Dinge überall zu beobachten ist, so tritt er doch in England besonders scharf in die Erscheinung, weil er so auffallend in Widerspruch mit den früher herrschenden Theorien steht und weil man gerade hier in mancher Hinsicht sehr weitgegangen ist. Auch ohne daß man den Dingen sehr tief auf den Grund geht, kann man die Richtigkeit dieser Tatsache dadurch feststellen, daß man die Gesetzsammlung der wenigen Jahre des neuen Jahrhunderts durchblättert. Das Fabrik- und Werkstättengesetz von 1901, in der Hauptsache eine Zusammenfassung früherer Gesetze, regelt die Gesundheitsverhältnisse in Fabriken und Werkstätten, die Höchstzahl der Menschen, die in einem bestimmten Luftraum arbeiten dürfen, die Umwährung der Maschinen, die Rettungsgeräte aus Feuersgefahr, den Betrieb gesundheitsgefährlicher Gewerbe, die Feuchtigkeitsgrenze in Textilfabriken und die Arbeitsstunden für Frauen und Kinder; ein Stab von Gewerbeinspektoren wird unterhalten, um die Durchführung dieser Bestimmungen zu überwachen. Das Gesetz über die Handelsschiffahrt von 1906, das eine Reihe bestehender Gesetze auf fremdländische Schiffe ausdehnt, regelt Ladelinie, Schiffsladung, Ausrüstung, ferner die Unterbringung und Beköstigung von Passagieren und Mannschaft. Eine andere Reihe von Gesetzen, die ihren Abschluß im Gesetz über die ländlichen Pachtgüter vom gleichen Jahre findet, gewährt dem Pächter eines landwirtschaftlichen Grundstücks ohne Rücksicht auf die Bestimmungen irgend eines in Zukunft abzuschließenden Pachtvertrages, Schadloshaltung für die von ihm vorgenommenen Meliorationen und für Wildschaden, der ihm durch Wild, zu dessen Abschießen er nicht berechtigt ist, zugefügt wird, gestattet ihm die Aberntung des Landes nach seinem Ermessen und entschädigt ihn bei Beendigung seines Pachtverhältnisses aus anderen als guten und ausreichenden Gründen ohne Rücksicht auf den Ablauf des Pachtvertrages. Ein Arbeiterentschädigungsgesetz bildet eine Zusammenstellung und Erweiterung einer anderen Gruppe von Gesetzen; es bestimmt, daß Arbeitgeber jeder Art bis zu einem gewissen Betrage haftbar für durch Zufall hervorgerufene Unfälle ihrer Arbeiter sein sollen und zwar sowohl für Unfälle, die durch die Nachlässigkeit anderer Arbeiter als auch für solche, die durch die Fahrlässigkeit des verunglückten Arbeiters selbst hervorgerufen sind, wenn nicht der Unfall auf ein ernstliches eigenes Verschulden des Arbeiters zurückzuführen ist oder zum Tode oder dauernder Erwerbsunfähigkeit führt. Sowohl in diesem wie auch in anderen Fällen können diese gesetzlich gewährten Rechte auch durch Vereinbarung zwischen den Beteiligten nicht ausgeschlossen werden.[1]

Altersrenten nach deutschem Muster wurden vor einigen Jahren viel erörtert aber schließlich doch nicht eingeführt; die Kosten des Krieges in Südwestafrika schieden diese Frage für eine Zeit lang aus der praktischen Politik aus.

Außer der geschilderten Gesetzgebung wird viel praktischer Staatssozialismus mit Hilfe der Lokalinstanzen getrieben. Die Gesetze über die Verpachtung von Grundstücksparzellen an kleine

---

[1] Eine Ausnahme ist vorgesehen für Vereinbarungen, die eine entsprechende hohe Entschädigung festsetzen.

Leute z. B. sehen den Ankauf von Land zur Verpachtung als Kleingärten für Arbeiter vor, und die Gesetze über die Arbeiterwohnungen den Bau von Wohnungen und Logierhäusern für Arbeiter, die nicht notwendig arm zu sein brauchen. Weiter öffnet sich da das weite Feld wirklicher städtischer Gewerbstätigkeit, das bereits in einem früheren Kapitel erörtert wurde, der Gas- und Elektrizitätswerke, der Trambahnen und anderen Erwerbszweige, die sich im Besitz und Betrieb öffentlicher Verbände befinden. Unzweifelhaft paternalistischen Charakter trägt ein kürzlich ergangenes Gesetz, das die Lokalbehörden ermächtigt, den Ladenschluß auf eine bestimmte ihnen angemessen erscheinende Stunde festzusetzen. Endlich gestattet ein Gesetz von 1906 ihnen, den Schulkindern Mahlzeiten zu liefern und die Kosten hierfür von den zahlungsfähigen Eltern beizutreiben; sind aber die Kinder aus Nahrungsmangel nicht in der Lage, den Unterricht voll auszunutzen, so können die Mahlzeiten auch aus öffentlichen Mitteln bestritten werden, ohne daß dies als Armenunterstützung gilt.

Neigung zur Behandlung der Krankheitszeichen statt der Krankheiten selbst.

So segensreich auch ein guter Teil dieser Gesetzgebung fraglos ist, so bringt sie doch Gefahren mit sich, die durch die englische Regierungsform nicht gemildert werden. Die Wissenschaft unserer Tage führt die Menschen mehr zur induktiven als zur deduktiven Art des Denkens und zur Beurteilung von wissenschaftlichen Lehren mehr nach ihren praktischen Wirkungen als nach ihrer vernunftgemäßen Begründung.[1] Die wichtigste Frage bei jeder politischen Maßnahme ist nicht die, warum sie sachlich berechtigt ist, sondern vielmehr, welche praktische Wirkung sie hat. Daher herrscht dann in der modernen Welt und insbesondere in Ländern, die sich seit langer Zeit im Besitze freier Staatseinrichtungen befinden, die Neigung, die Wirkung in den Vordergrund zu stellen und nicht abstrakte Theorie. Das hat gewiß sein Gutes, kann aber, wie alles an sich Gute leicht übertrieben werden. Der Mensch hat in der wachsenden Macht über die Naturkräfte solche Wunder gewirkt, daß er dazu neigt, alle Übel für heilbar und zwar für alsbald heilbar anzusehen. Die Welt von heute hat es eilig. Sie mißt nicht nur die Richtigkeit einer Maßnahme an ihren Resultaten, sondern sie will auch diese Resultate sehen. Sie verlangt von jedem Manne und von jeder politischen Maßnahme sofortigen Erfolg. Umgekehrt begnügt sie sich bei hervortretenden Mißständen nicht damit

[1] Die Benthamsche Nützlichkeitslehre hat diese Neigung in England gefördert.

abzuwarten, ob nicht die Dinge sich im natürlichen Laufe der Dinge wieder von selbst einrenken werden oder auch nur bis das Problem gründlich untersucht ist. Man sucht nach einem sofort wirkenden Heilmittel und greift oft zu dem ersten einigermaßen annehmbaren Vorschlage. Man läßt sich auch nicht durch Anzeichen künftiger Schwierigkeiten beunruhigen, weil man mit den Tagesaufgaben alle Hände voll zu tun hat. Alles in allem neigt die Welt dazu, sich nur mit den dringenden und offensichtlichen Fragen zu beschäftigen und daher mehr die äußeren Symptome einer Krankheit als die wirklichen Krankheitsursachen zu behandeln.

Besondere Stärke dieser Neigung in England.

Die Mode sich nur mit den unmittelbar brennenden Bedürfnissen des Tages zu beschäftigen, statt ihren letzten Ursachen nachzugehen, ist in den Ländern besonders stark, wo das Ministerium, das ja seinerseits das Unterhaus führt, die ganze Staatsgewalt in der Hand hat und daher berufen erscheint, allen Mißständen abzuhelfen. Die Minister müssen Schritte zur Abhilfe jeder Not tun oder die Öffentlichkeit von der Unrichtigkeit irgendwelchen Eingreifens überzeugen und das letztere ist keineswegs leicht. Andererseits sind sie, auf deren Schultern die ganzen Sorgen der Nation lasten, nicht geneigt, ihre Last noch dadurch zu vermehren, daß sie in Dinge hineinsteigen, die ihnen nicht dringlich erscheinen und an denen das Publikum kein großes Interesse hat. Gladstone, der doch in vielfacher Hinsicht ein typischer Vertreter des englischen parlamentarischen Systems war, gestand ein, daß er niemals „imstande war, die geeigneten Maßnahmen zur Lösung einer schwierigen Frage zu finden, bis diese Frage selbst vernehmlich an die Türe klopfte“.[1] Das bezeichnet klar und deutlich die übliche Haltung eines britischen Ministeriums. Es führt aber leicht zu kurzsichtigen Maßnahmen und hindert eine weitschauende Politik, die auf Erfolge erst in später Zukunft rechnet. Bei der herrschenden Denkweise und dem rapiden Wechsel der jeweils herrschenden Partei in den Staaten der Volkssouveränität wird diese Neigung, statt der Krankheiten selbst die Symptome der Krankheit zu kurieren, zu einer charakteristischen Erscheinung der modernen Demokratie; infolge der Konzentration aller Macht in der Hand des Ministeriums tritt diese Erscheinung aber in England am schärfsten hervor.

[1] „Gleanings of Past Years“ Bd. VII, S. 133.

Sechsundsechzigstes Kapitel.

Partei- und Klassengesetzgebung.

Die Forderung von Privilegien.

Während die humanitären Ideen der Gegenwart die Menschen dazu geneigt machen, alles Elend auf einmal aus der Welt zu schaffen, die moderne Gedankenrichtung unmittelbare Erfolge sehen will und die Regierungsweisheit der Jetztzeit dazu neigt, sich mehr mit den an der Oberfläche liegenden als mit den grundlegenden Problemen zu befassen, setzt das allgemeine Stimmrecht alle verschiedenen Klassen im Staate in die Lage, ihre besonderen Interessen kraftvoll zu vertreten. Vor hundert Jahren kleideten sich viele Forderungen dieser Art in die Gestalt der Forderung der Aufhebung von Privilegien oder Beschränkungen, die durch die frühere Gesetzgebung statuiert waren, und man stellte sie daher im Namen von Freiheit und Gleichheit. Aber mit der Beseitigung von alten Schranken und der Entwickelung eines neuen Systems von Normen, die den gegenwärtigen industriellen Verhältnissen angepaßt sind, hat sich die Gestalt dieser Forderungen verändert und die Klassen, die positive Gesetzgebung erstreben, gelangen dazu, tatsächlich eine Art von Privileg anzustreben. Ob es sich nun um Grundbesitzer und Landwirte handelt, die ihre Steuern niedriger veranlagt wünschen als andre Leute, Geistliche, die Zuwendungen für ihre Schulen anstreben, Industrielle, die Schutzzölle gegen fremden Wettbewerb oder bessere Chancen auf fremden Märkten wünschen, Arbeiter, die die Zahl der Arbeitsstunden abgekürzt sehen wollen, oder Gewerkschaften, die von der Haftpflicht befreit sein wollen, tatsächlich erstreben alle diese Leute Sonderrechte, die bestimmten Klassen Vorteile bieten, wenn sie auch im Auge ihrer Befürworter natürlich als einfache Forderungen der Gerechtigkeit erscheinen.

Die Stellung der Minister.

Die Männer, die die öffentlichen Ämter innehaben oder sie erstreben, müssen bei den Wahlen siegreich sein, um ihre Ansichten wirksam vertreten zu können. Um erfolgreich zu sein, müssen sie, soweit es ihr Gewissen erlaubt, die Stimmen der verschiedenen

Wählerkreise gewinnen, und besonders müssen sie versuchen, die Stimmen wenigstens eines Teiles der arbeitenden Klasse zu erringen, die ja doch den größten Teil der Wähler der Nation darstellt. Nun liegt die Versuchung hierzu bei dem englischen parlamentarischen System besonders nahe, weil das Ministerium zu jeder Zeit für den ganzen Stand der Gesetzgebung verantwortlich gemacht werden kann und zwar sowohl für die Gesetze die es schafft, wie für die, die es einzubringen unterläßt. In Ländern, wo sich die Macht auf eine Anzahl von Körperschaften verteilt oder verborgen in Komitees ruht, ist die Verantwortlichkeit ein ungreifbares Etwas. Jeder kann sie von seinen Schultern abwälzen und sie kann der Gegenstand eines Versteckenspiels werden. Bei der Verworrenheit der politischen Fäden kann der Wähler nicht so leicht einen Mann oder eine Partei verantwortlich machen für das Unterlassen einer Maßnahme, die ja vielleicht niemals aus dem Schoße eines Komitees herausgekommen sein mag, und daher wird oft die Unterstützung mächtiger Männer, die man sich durch mehr oder minder einwandsfreie Mittel gesichert hat, mehr Einfluß auf die politische Zukunft eines Abgeordneten haben als seine Stellung gegenüber einem Gesetze von öffentlicher Bedeutung. Wo noch dazu, wie z. B. in den gesetzgebenden Körperschaften der amerikanischen Einzelstaaten, die Parteigrenzen nicht sehr fest umrissen sind, wird ein Abgeordneter nach seiner eigenen Überzeugung oder nach der seiner Wähler stimmen, ohne sich viel darum zu bekümmern, was seine Abstimmung für eine Wirkung auf die Aussichten seiner Partei an anderen Orten haben mag. Unter solchen Umständen ist es offensichtlich sehr schwierig, eine Partei für das Geschick politischer Maßnahmen verantwortlich zu machen.

Dagegen ist in England die Verantwortlichkeit vollkommen klar, denn das Kabinett kann beinahe immer auf seine Partei rechnen, und jeder Wähler weiß, daß er durch die Abgabe seiner Stimme bei einer allgemeinen Wahl für oder gegen die Politik der Minister stimmt. Tatsächlich wenden sie sich ja an das Land auf Grund eines gesetzgeberischen Programms, das sie unter gewöhnlichen Umständen durchzuführen in der Lage sind, und wenn sie dies nicht tun, so wird die Nation ihr Urteil über diese Unterlassung bei der nächsten Wahl fällen. Auf ihr Haupt fällt aller Ruhm und alle Schande für die Taten und die Unterlassungen des Unterhauses, insoweit staatspolitische Maßnahmen in Frage kommen, und man darf nicht vergessen, daß Klassengesetzgebung der von uns betrachteten Art zu den staatspolitischen Angelegenheiten gehört, für die das Kabinett verantwortlich ist. Hierfür werden sie durch die Wähler streng zur Verantwortung gezogen, und sie haben weder persönliche Sondervorteile noch örtliche Zuwendungen zur Verfügung, um das Resultat beeinflussen zu können. Da die Partei unter der Leitung der Minister in allen wichtigen Fragen als eine Einheit handelt, so kann jede Wählerklasse beide vertrauensvoll als ein Ganzes unterstützen oder bekämpfen auf Grund dessen, was beide geleistet und was sie zu tun versprochen haben. Daher gibt gerade der Umstand, daß die Politik sich in England nicht mit privaten und örtlichen Interessen beschäftigt, sondern politische Fragen zum Gegenstande hat, hinsichtlich derer sich bestimmte Parteigegensätze herausgebildet haben, Veranlassung, sich um die Gunst der verschiedenen sozialen Klassen zu bewerben, indem man ihren Wünschen entgegen kommt. Unter den letzten konservativen Regierungen wurden Beschwerden laut über Almosen, die man den Grundeigentümern, der Kirche von England und den Schankwirten gemacht habe, jetzt unter der liberalen Regierung über Zugeständnisse an die Nonkonformisten und an die Gewerkvereine. Kurz gesagt, besteht in Westminster eine besonders starke Versuchung dazu, seiner Partei politischen Zulauf dadurch zu sichern, daß man breite Wählerklassen sich freundlich zu stimmen sucht, während die Zuwendung spezieller oder lokaler Vorteile nicht in Betracht kommt.

Parteischeidung unabhängig von Klassengegensätzen.

Das größte Übel in dieser Hinsicht, nämlich eine Scheidung der Parteien in Reiche und Arme, die über die Art der Verteilung der Güter fechten, ist zwar vorausgesagt worden, aber bis jetzt ganz gewiß noch nicht in die Erscheinung getreten. Wenn auch die Gefahr schwerwiegend zu sein scheint, so steht eine derartige Entwickelung doch im Widerspruch mit der englischen Geschichte. Auf dem Festlande haben sich die Parteien seit dem Mittelalter bis auf den heutigen Tag oft nach sozialen Schichten gruppiert, und diese Tatsache erklärt zum großen Teil das Wachsen und langjährige Bestehen der absoluten monarchischen Gewalt, denn diese ist der geeignetste Boden für den Klassenkampf. In England dagegen ist eine derartige Scheidung der Klassen niemals gebräuchlich gewesen, und die Linien politischer Spaltung liefen gewöhnlich mehr in vertikaler als in horizontaler Richtung. Soweit als man die heutige Lage auf irgend einen überlegten Plan zurückführen darf, ist sie das Werk Disraelis, der trotz mancher Leichtfertigkeit, um nicht zu sagen Charlatanerie in der Wahl seiner Mittel doch während seiner ganzen politischen Laufbahn stets die Harmonie der sozialen Schichten im Auge behielt. In seiner Jugendzeit interessierte er sich für die phantastische Jung-England-Bewegung, die das Ziel durch gesellige Zusammenkünfte von Reichen und Armen auf Landsitzen zu erreichen suchte. Später strebte er dahin, seine Tory-Gefolgschaft zu einer Volkspartei zu machen, die Leute aller sozialen Schichten umfaßte, und hierauf bestand er so lange, bis der Erfolg schließlich seine Bemühungen krönte. In der Überzeugung, daß die Arbeiter von Natur weitgehend konservativ sind, brachte er seine widerstrebende Partei dazu, einer Ausdehnung des Stimmrechts auf sie im Jahre 1867 zuzustimmen, und bereitete den Boden vor für eine Politik der Gesetzgebung in ihrem Interesse, die man später als Torydemokratie[1] bezeichnet hat. Dank seinen Bemühungen oder auch dank den „erhabenen Instinkten eines alten Volkes" sind die Parteien in England durchaus nicht nach sozialen Schichten getrennt, und wenn nicht die Arbeiterpartei in einer unwahrscheinlich erscheinenden Weise wachsen sollte, besteht auch keine Wahrscheinlichkeit dafür, daß sie in naher Zukunft in dieser Weise geschieden sein werden.

Jede Partei wirbt um die Stimme des Arbeiters.

Heute liegen die Dinge so, daß jede der beiden großen Parteien Arbeiter als Mitglieder in ihren Reihen zählt und sich ihre Unterstützung durch Entgegenkommen gegen ihre Wünsche zu sichern versucht. Das letzte Beispiel dieser Art ist das Gesetz über die gewerblichen Streitigkeiten (Trade Disputes Act) von 1906, daß jede Schadensersatzklage gegen eine Gewerkschaft untersagt und damit diese Körperschaften, denen es doch gestattet, ihre für Wohlfahrtszwecke bestimmten Gelder zur Führung eines Streiks zu verwenden, aller Haftbarkeit für hierbei zugefügten Schaden enthebt. Dieses Gesetz schafft ein Privileg, daß sich durchaus im Widerspruch mit den Grundsätzen des Gemeinen Rechts befindet und zwar trotz des einstimmigen Gutachtens der königlichen Kommission, die zur Untersuchung dieser Frage eingesetzt war, und im Gegensatz zu der ursprünglichen Absicht der Regierung. Und doch wurde dies Gesetz mit Rücksicht auf den starken Einfluß der Gewerkschaften bei den Wahlen von einem liberalen Kabinett eingebracht und von dem konservativen Oberhaus, abgesehen von einigen unwesentlichen Abänderungen, die sich auf Streikpostenstehen und Landinteressen beziehen, ohne Abstimmung angenommen.

[1] Dies ist die allgemein herrschende Ansicht; Lord Rosebery ist aber der Meinung, daß Disraeli niemals „für irgend eine Art der Torydemokratie verantwortlich gemacht werden kann", da letzteres Wort seiner Meinung nach einen Widerspruch in sich selbst bedeutet. („Lord Randolph Churchill," S. 11, 12.)

Man könnte annehmen, daß das Volk als ganzes sich auch am meisten um die Interessen der Volksgesamtheit kümmert, aber das ist nur zum Teil wahr. Ein Gemeinwesen besteht aus vielen Elementen, und jedes von diesen ist der Regel nach mehr bedacht auf seine eigenen Ziele als auf das allgemeine Wohl. Daher hat die Demokratie die Natur der Klassengesetze geändert, aber keineswegs ihre Gefahren ausgeschaltet. Sie zeigt sich in allen Demokratien der Gegenwart, und in einer oder der anderen Form ist sie von jeder Regierungsform untrennbar. Aber bei dem englischen parlamentarischen System fällt sie besonders schwer ins Gewicht. In kurzen Worten gesagt liegt die Gefahr in England nicht in der persönlichen Korruption oder im Druck örtlicher Interessen oder der Umwandlung eines Abgeordneten in einen Boten seiner Wähler, was zu so lebhaften Befürchtungen geführt hat, sondern in dem Versuch ganzer Wählerklassen, die Gesetzgebung zu ihren Gunsten zu beeinflussen. Wahrscheinlich stellt dies letztere die ernsteste Gefahr dar, der die englischen Staatseinrichtungen zurzeit ausgesetzt sind.

Korrektive hierfür im englischen System.

Wenn also auch eine große Gefahr der Klassengesetzgebung in England vorliegt, so sind doch auch Kräfte am Werk, die diese Gefahr eindämmen; dahin gehört die Schwierigkeit des Durchbringens von Gesetzen, die kleine Zahl von Gesetzen, die in einer Session angenommen werden können, und die neue Theorie, daß das Parlament keine irgendwie weittragenden Maßnahmen ohne ein Mandat der Nation durchführen darf. Diese Dinge sind bereits früher erörtert worden, und ihre Wirkung insofern als Aufschub herbeigeführt und Zeit zur Überlegung gewonnen wird, ist nicht zu unterschätzen. Es kommt hinzu, daß ein Ministerium heute der Regel nach Gesetze nur mit der Zustimmung ziemlich aller seiner Anhänger im Unterhause schaffen kann, und hierin zeigt sich ein wichtiger Unterschied zwischen den Parteien in England einerseits und den meisten anderen Staaten Europas andererseits. Auf dem Festland ist eine Partei gewöhnlich eine Gruppe von Leuten, die eine bestimmte politische Ansicht oder Lehre vertreten, und daher können ihre Anhänger wohl in ihrer Ansicht über bestimmte Maßnahmen, die mit diesem Grundsatze nichts zu tun haben, auseinandergehen, sie können aber ihre Partei ohne Parteiverrat nicht verlassen. Bei dieser Lage der Dinge wird die Partei der Regel nach von dem energischeren Teil ihrer Mitglieder geleitet werden, von denen also, die die stärkste Überzeugung haben, die sie in der aggressivsten Form betätigen, d. h. also durch den extremen Flügel.

So kam es denn oft dazu, daß die Politik zu einem Kampf zwischen den Extremen wurde, und die gemäßigten Elemente, die vielleicht in Wirklichkeit die Ansichten der großen Masse des Volkes vertraten, nur zu einem unverhältnismäßig kleinen Teil bei der Regierung des Landes zur Geltung kamen. In England dagegen, wo die Parteien nicht durch tiefe politische Glaubensunterschiede getrennt sind, sondern im wesentlichen Werkführer zur Handhabung der Regierungsgewalt sind, die über ganz bestimmte Fragen im Streite liegen, wird der Wähler so lange sich zu seiner Partei zählen, als ihre Politik im ganzen genommen mit seinen Ansichten besser übereinstimmt als die der Gegenpartei, und wenn sie das nicht mehr tut, so wird er zur Gegenpartei übergehen. Nun sind natürlich die Wähler, die der Gegenpartei am nächsten stehen, am geneigtesten zu ihr überzugehen, und daher ist ihre Ansicht von besonderem Gewicht. Unter normalen Verhältnissen, wo England in zwei Parteilager getrennt ist, werden die Parteien leicht außerordentlich durch ihre gemäßigten Elemente beeinflußt, und die Nation wird so, um einen Ausdruck des Festlandes zu gebrauchen, mehr durch das Zentrum als durch die äußerste Rechte und Linke regiert. Dies führt natürlich zu einer gewissen Sicherheit, und ist eine gesunde politische Lage; es hemmt den Fortschritt nicht, hindert aber zu plötzliche Veränderungen und vermeidet heftige Erschütterungen und scharf zugespitzte Konflikte.

Der Umstand, daß die Regierung in der Hand einer kleinen Oberschicht liegt, während andererseits die Wählerschaft hauptsächlich aus Arbeitern zusammengesetzt ist, hat ebenfalls eine sehr bemerkenswerte Wirkung. Wenn auch die Männer, die im Parlament und im Kabinett sitzen, genötigt sind, den Wünschen der Wählermassen zu folgen und im Wettstreit miteinander um ihre Unterstützung zu buhlen, so können sie sich doch nicht ganz von den Anschauungen befreien, die ihnen durch Erziehung und Umgebung eingeimpft sind; sie sind meistenteils Männer von Reichtum und einer gewissen sozialen Stellung, die nicht als Führer in einem Klassenkampf oder einem allgemeinen Ansturm auf das Eigentum dienen können, und in der Tat klagen die sozialistischen Arbeiterverbände bitterlich, daß die beiden großen Parteien in ihrem Herzen kapitalistisch fühlen. Wohl mögen die parlamentarischen Führer ziemlich weit mit sozialistischen Gesetzen gehen, aber sie können doch nicht allzu schnell vorgehen, und es gibt auch eine Grenze, die sie nicht überschreiten werden. Es ist ganz unbedenklich und manchmal durchaus richtig, einen Mann mit konservativen Traditionen mit der Ausführung eines radikalen Programms zu betrauen. Ein derartiges Verfahren hindert zwar starken und erfolgreichen Druck zugunsten demokratischer Klassengesetzgebung nicht, aber immerhin wirkt es als ein abschwächender Faktor.

Politischer und sozialer Schwerpunkt.

Man kann dies auch anders ausdrücken. Der Begriff der Regierung bedingt Zwang und beruht daher im letzten Grunde auf der Gewalt. Aber die Gewalt hat auf dieser Erde viele Machtquellen, von denen die nackte Zahl nur eine ist. Andere Machtquellen sind Reichtum, Organisationstalent, Intelligenz, und ohne irgendwie erschöpfend zu sein, könnte man mit Leichtigkeit noch viele andere nennen. Faßt man alle die verschiedenen Machtquellen zusammen, und schätzt jede nach ihrer richtigen Bedeutung ein, so wird man das finden, was man den tatsächlichen Schwerpunkt eines Gemeinwesens nennen könnte. Er wird nicht in allen Ländern oder zu allen Zeiten gleich sein. Er wird durch solche Dinge, wie Verteilung des Eigentums und die jeweils herrschenden geistigen und sittlichen Überzeugungen beeinflußt werden, denn Ideen sind eine sehr wesentliche Seite des Problems. Z. B. könnte zu einer Zeit die Priesterschaft eine große Macht ausüben und zur anderen Zeit gar keine. Aber theoretisch würde es doch möglich sein, den tatsächlichen Schwerpunkt eines Gemeinwesens zu einer bestimmten Zeit zu ermitteln. Ganz eine andere Sache ist es mit dem politischen Schwerpunkte. Nominell richtet er sich nach der Verteilung der politischen Macht, oder in der Demokratie nach der Ausdehnung des Wahlrechts; praktisch wird man ihn in einer anderen Weise ermitteln. Nun können diese Schwerpunkte niemals auf die Dauer voneinander weit getrennt bleiben. Das, was wir den tatsächlichen Machtschwerpunkt genannt haben, wird sich durchsetzen, und zwar wenn es geht auf friedliche Weise, sonst mit Gewalt. Eine Regierung, die sich in wesentlichen Dingen nicht im Einklang mit ihm befindet, wird so lange auf Widerstand stoßen, bis sie weicht. Wenn die Kopfzahl ungenügend vertreten ist, kommt es vielleicht zu heftigen Ausbrüchen. Der Druck anderer Machtfaktoren äußert sich im allgemeinen mehr durch ihre beharrliche, stillschweigende und oft keinerlei Aufmerksamkeit hervorrufende Einwirkung. Dies hat in allen Zeitaltern gegolten, und nicht zum wenigsten in der jüngsten Zeit. Wir leben in einer Periode der Demokratie, wo die Stimme eines jeden Mannes das gleiche Gewicht hat, aber trotz der großen Macht, die die Organisation in die Hände der Volksmassen gelegt hat, ist doch die Volkszahl noch nicht die einzige Machtquelle. Erziehung und Reichtum bedeuten noch viel, und sie machen sich hier durch die ihnen zufallende natürliche Führung der Wähler, dort unglücklicherweise durch Korruption geltend. In England wird anscheinend das Gleichgewicht zwischen der reinen Kopfzahl und den anderen Machtfaktoren im Staate zu einem großen Teil dadurch hergestellt, daß die Wählerschaft beinahe das ganze Volk umfaßt, während die direkte Geschäftsleitung hauptsächlich in der Hand einer kleineren regierenden Schicht ist.

Siebenundsechzigstes Kapitel.

Schluß.

Die Schriftsteller, die die britische Verfassung gründlich studiert haben, haben oft tief unter dem Eindruck der sinnreichen Verteilung der Kräfte gestanden, die ihr Gleichgewicht aufrecht erhalten, und sie waren der Regel nach der Ansicht, daß jede Störung dieser Kräfte unwiederbringlich das Gleichgewicht umstürzen würde. Daher neigten sie dazu, konservativ zu sein und jeden radikalen Wechsel zu verwerfen. Dies gilt in besonders hohem Maße von Bagehot, dem gründlichsten dieser Beobachter, der die Wirkung der Ausdehnung des Stimmrechts im Jahre 1867 fürchtete. Aber ihre Befürchtungen haben sich nicht ganz verwirklicht, denn wenn auch das alte Gleichgewicht zerstört wurde, so ist es doch durch ein neues ersetzt worden, das in seinen Grundzügen nicht erheblich von ihm abweicht. Wenn der Verfasser versucht, das Spiel der Kräfte zu schildern, wie es heut zutage tritt, so gibt er sich nicht dem Glauben hin, daß diese Kräfte unverändert bleiben werden. — Ewiger Wechsel ist das Gesetz des Lebens, sowohl bei Einrichtungen wie bei Lebewesen, aber in England vollzieht sich dieser Wechsel nicht ganz in derselben Weise wie in einigen anderen Ländern.

Eine geschriebene Verfassung läßt einen weiten Aktionsspielraum ohne eine dauernde Änderung ihrer Struktur. Der Präsident der Vereinigten Staaten kann zu einer Zeit eine weit größere Machtvollkommenheit ausüben, als zu einer anderen Zeit, ohne daß das die Staatseinrichtungen dauernd beeinflußt. Zu einer Zeit mag ihn ein glänzender Schriftsteller wie Woodrow Wilson sogar als gänzlich abhängig vom Kongresse hinstellen und zwanzig Jahre später kann wieder seine Autorität die des Kongresses ganz in Schatten stellen. Wo eine geschriebene Verfassung vorhanden ist, wird man natürlicherweise die Verfassungsurkunde als maßgebende Autorität ansehen, so daß diese dahin neigt, einen Verlust gesetzlicher

Befugnisse durch Nichtgebrauch zu verhindern, wenn es sich nicht, wie bei den Rechten des Wahlkollegiums (des Präsidenten) um ganz unzweckmäßige handelt. In der Tat besteht eine Tendenz, nach einem Abweichen von der herrschenden Gewohnheit zu dem normalen Typ zurückzukehren. Dagegen ist in England, wo die Machtverteilung nicht auf gesetzlichen Bestimmungen, sondern hauptsächlich auf konstitutionellem Herkommen beruht, das Herkommen die Grundlage aller Gewalt. Daher wacht man eifersüchtig auf jeden Wechsel der herrschenden Praxis, der sich infolgedessen nur langsam durchsetzen kann, und es besteht keine Neigung, auf frühere Stadien zurückzugreifen. Hat man einmal eine Neuerung vorgenommen, so wird sie wahrscheinlich von Dauer sein. Kurz gesagt kann man in den Vereinigten Staaten die rechtliche Gestalt und die wirkliche Betätigung der Staatsorgane scharf auseinanderhalten. Dagegen sind in der englischen Verfassung, ebenso wie beim Golfstrom oder bei einem Wirbelwind äußere Form und praktische Betätigung identisch.

Die britische Verfassung wird daher Abänderungen erfahren, aber diese werden allmählich eintreten durch beständige Anpassung des Organismus an das jeweilige neue Gleichgewicht, und die einzige Prophezeiung, die man mit gutem Gewissen machen kann, ist die, daß jedes neue Gleichgewicht der Kräfte voraussichtlich ebenso verwickelt, ebenso hübsch ausgeglichen und ebenso ernster Beachtung würdig sein wird wie die früheren.

FSC
www.fsc.org
MIX
Papier | Fördert gute Waldnutzung
FSC® C083411

Kolibri 360 GmbH
Ferdinand-Jühlke-Straße 7
99095 Erfurt, Deutschland
produktsicherheit@kolibri360.de